新世紀
法學叢書

修訂三版

民事 Zivilprozessrecht
訴訟法

魏大喨

學歷／
臺灣大學法學博士（1993年1月）

現職／
最高法院民事庭法官兼庭長

三民書局

劉　序

　　本書作者魏大喨法官，輔仁大學法學士、法碩士，臺灣大學法律學博士。民國七十六年司法官訓練所結業，先後在臺北、金門、桃園地方法院，臺灣高等法院服務，並曾擔任司法院大法官書記處處長一職，九十八年初調任最高法院服務迄今，司法界資歷已逾二十餘年。

　　吾於最高法院民事庭期間與魏法官同事多年，魏法官審理案件認真負責，法律見解精闢，天資聰穎，思考細密周詳，博覽中外法學書籍，文筆流暢、個性坦率誠懇謙恭待人。而每次最高法院舉行民事法律問題座談會前，魏法官都會自行研究法律爭議點，鉅細靡遺、旁徵博引，提出論述明確之鴻文，供同仁會前參酌。會議討論時，亦必言其所當言，詳述其立論，引發同仁熱烈迴響，力求最妥適正確之決議。魏法官對法律問題之慎思明辨，探尋研析不輟之研究精神，誠令吾等印象深刻，是一位傑出優秀法官。

　　魏法官因長期擔任民事審判工作，對於民事訴訟法之理論與實務見解，多所鑽研，且多年來在政治大學、輔仁大學法律系所兼任副教授，講授民事訴訟法。又常在司法官及法官學院授業，且在各法學專刊發表當下新生法律問題見解之文章，甚受法學界及司法界重視。三民書局早邀請撰寫民事訴訟法大學用書。惟因法官職責繁重，案牘勞形，民事訴訟法又多次修法，加以其個性嚴謹慎重其事，歷經數載始完成此鉅著，書名為「民事訴訟法」，全書共約

近五十萬言。為使讀者能快速理解民事訴訟法之精華理論，內容編排不循法條之條次論述，而採理論體系方式，依學理加以分類，共分為九編，全書理論與實務並重，除提出魏法官個人之見解，並適度加入司法院解釋、最高法院相關判例及民事庭會議決議，復將我國與日本等國學者之見解，予以說明引用，以供讀者參考。

　　本書出版，不僅可供國內大學法律系所莘莘學子研讀民事訴訟法之用書，對於從事司法實務及法學界研究民事訴訟法者，亦深具重要參考價值。茲值魏法官所著「民事訴訟法」，即將付梓出版之際，對於魏法官致力於法學研究之卓越成就與貢獻，讚佩之餘，謹綴數語，並樂為之序。

劉延村
最高法院前庭長
民國一〇四年六月

三版序

　　2019 年憲法訴訟法修正公布後取代原司法院大法官審理案件法，刪除機關就歧異見解聲請統一解釋之規定。為解決普通法院與行政法院間的消極審判權爭議，法院組織法及本法因而於 2021 年 12 月配合增修訂審判權劃分與衝突處理之相關規定。本書再版時，雖已增列審判權衝突理論，因本法相關法條已修正施行，修訂三版因此配合條次之增刪調整內容。

　　何謂既判力，法無定義，僅有違反禁止再起訴效果，及既判力主客觀範圍有所規定，固可勾繪其輪廓。應具如何不變特徵，始可稱為法規範意義之既判力，則須一併探究既判力之本質。既判力主客觀擴張，與參加效或失權效，本質上及法功能面有無不同，可否因程序權保障充足，而同一視之，或突破其規範功能設計，學說存在歧異。程序權保障究係既判力成立先決要件，或既判力破除之正當事由，凡此，修訂三版主張應從既判力本質觀點，提出既判力二個不變特徵，即不可再事爭議（第一特徵），及程序參與權保障（第二特徵）。但本法所稱既判力，所欲實現之目的，乃與參加效、失權效有別，縱使第二特徵相同，彼此間之概念意義及功能，仍清晰可分。惟無可否認的，程序權保障係既判力正當性事由或依據，如有欠缺，應構成既判力破除原因。

　　共同訴訟類型，可分普通及固有必要共同訴訟二基本

類型，但二者間存在不少修正類型。共同訴訟人中一人訴訟行為之效力，是否及於他人，各不同類型所建構之標準，並非絕無相互流動可能。又訴之種類，學理上區分為給付、形成、確認三類型，但本法並未限定，審判實務常見其他型態。民事訴訟制度存在目的，在解決人民生活紛爭，其訴訟程序類型解讀運用，並非法規範類型之涵攝或解釋，無法從法規範導出，須立足解決生活紛爭事實之現實，實無各個紛爭事實強行套入固定或理論所建構之三類型中。質言之，不能斷然排除混合型態出現之可能。袋地通行訴訟，即為適例。

修訂二版出書後，喜好本學門學生之中，有函三民書局表示已整本詳讀，也有帶著色筆圈滿並筆記密密麻麻心得的課本，前來學校課堂要求解惑者，且不忘指正錯漏字、法條誤植，或解說不明處，著令著者感動不已，深覺教學著書責任之重，不亞於審判職責。特向學生們申致謝忱，修訂三版已一併檢正，同時增列審判實務見解，望有助學梓研讀。著者學植有限，更期待本學門專家教授賢達，繼續賜正。

魏大喨
民國一一二年七月

自 序

　　作者長期擔任民事庭法官一職，審判過程中，屢有民事訴訟程序疑義發生，於蒐集研讀文獻資料後，隨手寫下心得，久而積沙成塔，進而興起撰寫民事訴訟法教科書念頭。我國已不乏權威著作，有從基礎理論出發，有以實務見解為先者，學習者當可從中汲取許多學問；作者公務原已繁重，豈敢不自量力，惟身為民事庭法官，審案過程中隨時面臨著教科書所未啟蒙之難題，著書研究已非純學理研究興趣，而是具體個案審判程序公正性的嚴肅課題，因而抱持著學以致用與教學相長心情，撰寫本書。

　　現今民事訴訟理論不斷推陳出新，有如潮水湧至，著實令莘莘學子難以應付。有感於此，本書先從基礎理論作體系性之介紹，並論及憲法訴訟權保障之根本內涵，及其與訴權之關連，以之為解說本法立法原理之最頂點位置。再值一提者，民事訴訟理論固然百家齊放、錯綜複雜，惟仍有一定脈絡可循，因此簡要介紹羅馬法與日耳曼法二大法系訴訟觀之差異後，對學習者而言應有提綱挈領之效果。

　　法律學科研究，不外以有助於社會現實生活之實踐為目的；而民事訴訟法學，無論傳統或獨創理論，必須通過實務檢驗後，方有經世濟民之功。作者審判實務經驗中，無論學理發展如何快速，仍永遠追不上現實需求；抽象空洞理論雖有啟發作用，惟具體個案妥當性之追求，判決先例、決議意見反而彌足珍貴，因此本書不忘適予引用以為

解說題材，並藉之提醒學習者，民事訴訟法學不能只談雲端理論，實踐之可行性與否，才是本學門最關鍵位置。

著書期間，家父魏丁萬先生、家母趙罔受女士，半夜見作者埋首案牘，常再三告誡身體為重。今書雖成，二老卻相繼離世，而叮嚀情狀仍留耳際，謹以本書永懷親恩；並借付梓之機，向尚堅守審判崗位之法官同仁們，聊表敬意。

魏大喨
民國一〇四年六月

民事訴訟法

目 次
CONTENTS

第 一 編 ▶

基礎理論

第一章　民事紛爭之解決

一　民事紛爭

　　人類經營社會生活，難免發生紛爭，因此須有一定機制作為消弭紛爭手段，以回復社會生活平靜。國家組織出現後，為防免自力救濟造成更大危害，因而以公權力手段發布法律制度，以預防紛爭發生，並執為解決紛爭之依據，以求社會生活秩序之回復。法治國意義下，規範人民私生活秩序之私法體系為人民私生活之共同準則，具有劃定私權關係功能，因而當某一紛爭事實發生，並與私法秩序發生關聯時，既存之私法規範體系，成為紛爭解決及法秩序回復之憑據與目標。

　　法規範意義下之紛爭解決制度，雖以社會紛爭事實為解決對象，但法規範意義之紛爭事實，仍與社會紛爭事實有別。社會紛爭事實，為社會客觀存在之事實狀態，不一定具備法規範意義，而無啟動國家司法組織運作必要。反之，具有法規範意義之紛爭事實，因已涉及私法秩序之衝突，及侵害依私法而可以享有之權利，為回復私法秩序及回復當事人之實體權利，而有利用民事訴訟制度必要。基此，社會紛爭事實，須具有法規範評價之價值，始能作為民事訴訟制度之審理對象。因此民事訴訟法（下稱本法），將社會紛爭事實稱為基礎事實（第 255 條第 1 項第 2 款），而將具法規範評價意義與價值之社會紛爭事實，稱為原因事實（第 244 條第 1 項第 2 款）。

二　民事紛爭之訴訟解決

　　民事紛爭之訴訟制度，以法規範為實體與程序依據。民事紛爭解決程序，係法規範評價作用過程。過程中，社會紛爭事實被分析為與法規範構成要件有關之事實及法規範構成要件以外之事實，其最終目的，在完成法規範效力之評價。以此為前提，民事訴訟係程序主體，依既存之訴訟制度，就社會紛爭事實之法律解決或為法之地位形成，而裁判即為權利義務關係確定之一種形態❶。又有謂民事紛爭，係生活利益之衝突，當發生利益衝突時，得以訴向法院請求解決，而法院

---

❶ 上野泰男，戰後日本の民事訴訟法学説における紛争解決の観念，民事訴訟雜誌，第 46 號，第 118 頁。

回應請求之方法係將具體之事實關係，透過法規之解釋及適用，為請求有無理由之判斷，因此被主張之生活利益，必須係被法律承認之權利或利益，始足當之 ❷。

　　民事紛爭之訴訟解決，法院因受原告之請求而開始，稱為起訴。請求者，以原告訴之聲明及主張之原因事實為特定方法（第 244 條第 1 項第 2、3 款）。原因事實者，以一定紛爭事實為基礎，訴訟程序終結時，原告所主張之該社會紛爭事實不能證明存在者，法院應駁回其請求，但當該社會紛爭事實被證明存在時，原告所主張之權利或法律關係或法之地位，仍不一定被承認存在，而須該當於一定法律構成要件。因此，訴訟程序，係社會紛爭事實法規範評價活動過程，可稱為等價作用，乃透過三段論法，在大前提與小前提交互運作下，以獲取結論。等價作用目的，於實定法國家在確認權利義務關係存在；在非實定法國家，則在發現法（正義）之存在。

　　而於民事紛爭之訴訟解決中，原告起訴時，有無主張法評價後原因事實義務，或僅陳述社會紛爭事實即足？有認法與事實應區別，法之解釋適用是法官權責，當事人只須提出具體社會紛爭事實即可。亦有認為言詞辯論時，當事人所陳述者，非過去發生之社會紛爭事實，而係法律世界之構成單位事實之存否 ❸。自解釋論言，本法第 244 條第 1 項第 2 款規定，起訴狀應記載原因事實，非曰基礎事實，當解為當事人依法有主張法評價後事實義務，其主張如有不明瞭或不完足者，審判長有闡明義務，資以特定起訴時之請求，及定訴狀送達後請求是否同一。

三　自主紛爭解決

　　民事紛爭之解決，國家機關獨享審判權，惟仍本私法自治原則，在國家公權力參與下，尊重當事人紛爭之自主解決，並於立法上為自主紛爭解決制度性保障。紛爭之訴訟解決機制，固具強制力、確定力，理論上當事人及法院均不得再與確定裁判為相反之主張，但實質上仍有再起爭端可能，再審事件即為一例。加以司法資源有限，現今各國無不積極謀求自主紛爭解決機制之法制面建設，承認其法律上效力。例如，依鄉鎮市調解條例成立之民事調解，經法院核定者與民事確定判決有同一之效力（鄉鎮市調解條例第 27 條第 2 項）。出租人與承租人，因耕地租佃發生爭議，經調解或調處成立，當事人一方不履行義務時，他方得逕向該管

---

❷ 小山昇，民事訴訟法，現代法律學全集 (22)，2001 年，青林書院，第 23 頁。
❸ 小室直人，訴訟物與既判力，民事訴訟法論集（上），第 8 頁。

司法機關聲請強制執行（耕地三七五減租條例第 27 條）。由法院參與者，例如依本法第 416 條第 1 項成立之調解，與訴訟上和解有同一效力、第 380 條第 1 項明定，訴訟上之和解，與確定判決有同一之效力。均屬自主紛爭之解決。

四 仲 裁

仲裁制度亦屬審判外自主紛爭解決機制❹。依國民主權原理，人民為私法上權利主體，於程序上當然居於主體地位，享有程序處分權及程序選擇權，於不妨礙公益範圍內，自得以合意選擇循審判外之程序解決爭議。

仲裁之性質為何，仲裁行為有無司法審判權行使性格，固有爭議，惟民事、刑事、行政訴訟之審判及公務員之懲戒，屬司法權（憲法第 77 條），依憲法法官保留原則，具終局紛爭解決性質之審判權，應由享有身分獨立及職務獨立二項基本保障（憲法第 80、81 條）之法官行使，且人民有受法定法官審判權利。因此，民事紛爭之訴訟解決，保留由法官為之。仲裁委員會固可稱為私法院，而仲裁人之判斷，與法院確定判決有同一效力（仲裁法第 37 條第 1 項），仲裁人執行仲裁判斷職務時，亦具獨立性（仲裁法第 15 條第 1 項），但不受身分獨立保障，欠缺憲法保留性格，其行使職權不能認有法官本質，亦非司法審判權之行使。

仲裁法就仲裁庭之組織、仲裁人資格、仲裁人職務獨立、仲裁程序、證人或鑑定人到場應詢、仲裁評議不公開原則、當事人陳述意見之聽審權保障、仲裁判斷書作成、仲裁判斷之與確定判決同一效力，均定有明文，而有強制紛爭解決之準司法權性格。但仲裁判斷對當事人之拘束力，源於仲裁協議（仲裁法第 1 條第 1 項），此與國家審判權行使原理不同。因此，仲裁協議存在瑕疵，或仲裁程序違法時，仍須保障當事人之訴訟權，允其提起撤銷仲裁判斷之訴（仲裁法第 40 條第 1 項），以保障其司法救濟途徑。仲裁判斷之得由法院撤銷，有謂係國家保留審查其是否符合國家法秩序權力，而對仲裁程序施以適當之監督統制。亦有謂仲裁判斷賦予相當於既判力之法效力，係因當事人間仲裁契約，拘束力源自於契約自由，屬自主紛爭解決，當仲裁判斷程序之基礎要件欠缺時，仲裁判斷拘束力失其正當性，受不利判斷之當事人，即有不服利益，得請求撤銷，以回復仲裁前狀態。以上二說，以後說為當。仲裁法關於仲裁判斷撤銷事由（仲裁法第 40 條），即因仲裁程序之基礎要件欠缺之故。

---

❹ 參照釋字第 591 號。

第二章　民事訴訟制度目的論

一　學　說

民事訴訟制度之設置或所欲完成之目的為何，學說爭議甚多，主要者有三：

㈠權利保護說

認為法治國原理下，實體法權利義務於訴訟前即已存在，國家設置民事訴訟制度目的，在透過獨占之訴訟制度，確認當事人先存之權利義務關係，並命義務人為給付或形成一新的權利義務關係。本說源於羅馬法下訴訟觀，當實體法上既存實質權受到不法侵害時，即應有訴訟制度作為必要之救濟手段，以回復其權利❺，因此民事訴訟制度目的，在於保護人民私法上權利。

㈡私法秩序維持說

認為民事訴訟目的，當從國家公的利益出發，即目的不在保護私權，而在維護及發展國家制定與人民私權利義務有關之實體法秩序。

權利保護說與私法秩序維持說之對立，為 20 世紀初民事訴訟法學重要爭點。前說從個人利益立場出發，後者則自私法秩序維持公益面觀察。主要爭點為，前者認權利先於訴訟前存在，訴訟目的在確認既存權利；但私法秩序維持說認為，權利或訴權於訴訟前並不存在，原告或被告於法院判決前，無權請求為自己有利裁判，權利於訴訟繫屬中係浮動與不確定，國家設立法院之目的，在除去其不確定。又就法與訴訟制度之關係言，私法秩序維持說認為，有限之立法手段無法先行預測社會各種現象，法本身即欠缺嚴密性；且因法之抽象化，常因人之詮釋結果致評價基準不一，不能自己完成一致性之判斷，當發生衝突時，須由國家訴訟制度介入，以完成私法秩序。

權利保護說則提出反駁，認為訴訟過程雖有造成既存權利不能被證明存在之虞，但不能因而認為訴訟制度及其活動有創造權利機能。既存之權利，於具體訴訟過程中，可能因訴訟懈怠、舉證失敗，或因自認、認諾之故，使判斷結果失真，

---

❺ 權利保障之主張與權利保護說相類似，其將權利分為實質權與救濟手段。前者，指將法所保護之權利或價值，定其分配之機能；後者，指當實質權受到侵害時所賦予之救濟機能。竹下著【目的】，第 1 頁以下。

但權利之存在並非不能經由訴訟予以確認，亦不能因而誤解訴訟之本質在創造權利或創造法存在❻。

　　再自法哲學立論之不同言。權利保護說，認為法係一完滿自足之體系，無待於訴訟制度之介入，私權亦能存在；基於法治國原理，法官無創造法之功能，只是精準的複印機，判決僅是法律之精確複寫而已。反之，私法秩序維持說則否定法之圓滿性，亦不認為私法秩序得以自己完成，其須透過法官經驗認識，而為法之創造或續造。

㈢紛爭解決說

　　為日本學者兼子一所主張，此說運用了私法秩序維持說之方法，將訴訟性質理解為一經驗的、實證的、動態的，及具有發展性的過程。所不同者，紛爭解決說，從民事訴訟制度發展歷史觀察：當人類社會構成員間發生私權紛爭時，須有一定解決機制以回復和平，因此民事訴訟之紛爭解決機制，係先於國家法規範出現前，即已存在，私法只是各個具體裁判例所累積發展而來，因此民事訴訟目的不在維持私法秩序，在於紛爭之解決。

　　兼子一之紛爭解決說，其中心理論有二，即將訴權把握為本案判決請求權，以及既判力本質為權利實在說❼。

二　紛爭解決說之修正與批判

　　民事訴訟目的論，以紛爭解決說為通說，但此說被質疑與法治國原理相違，因而出現一些修正學說。兼子一認為民事訴訟目的，係國家對私人紛爭或利害關係之衝突，所為法律的調整或解決，而訴訟係就原告請求之當否，給予本案判決；所謂請求之當否，即為請求之法律上當否。學者三ケ月章，則以兼子一紛爭解決說為本，認為在請求權競合情形，如以實體法作為頂點，強將本來僅為單一的社會紛爭事實，分割成數個客體，則屬不當，惟其亦強調法之地位形成，此說可認為係紛爭法之解決說。

　　兼子一與三ケ月章之紛爭解決說，係以社會紛爭事實之解決，作為程序最頂點位置，在戰後日本雖成為通說，但反對者例如學者藤田宙靖指出，紛爭解決說與「法治國原理相牴觸」，且「無視於實體法之存在」❽。亦有認為，如將紛爭解

---

❻ 新堂著【民訴】，第 9 頁以下。
❼ 新堂著【民訴】，第 13 頁以下。

決說理解為私的紛爭解決手段，在屬和解、調解制度之體系中，固無不妥，但於與其相對之民事訴訟制度言，則不能無視於法官須依法為裁判之本質，否則即與近代裁判理論相違背❾。晚近學者則延續法治國理念，以憲法作為最頂點位置，認為訴訟並非單純就紛爭予以解決而已，司法權所解決之紛爭，為法律上之紛爭，而司法權之具體意義，係在具體爭訟中，以法律之適用為裁判。司法之核心功能，乃以憲法為實證法之最頂點，給予依憲法原則產生之各種權利，經行對審構造程序後，賦予確定力，以為必要之救濟程序❿。

　　另有學者自立法論與解釋論，說明民事訴訟制度之目的者⓫。其認為目的論之最高價值，固在以之作為立法上指導原理，但民事訴訟既為解決私人間之紛爭或調整私人間利害，而實體法乃為人民私法生活之行為規範及生活準則，再因訴訟結果須具可預測性，因此實體法實具有社會生活安定之保障機能，紛爭之解決當以之為基準，並應保障其實效性，故而民事訴訟目的，應具備此保障功能；又認為法治國原理，權利先於訴訟前存在，民事訴訟目的亦須具有保護私權功能。此外，國家設置民事訴訟以解決人民私權紛爭，當人民請求國家依實體法解決紛爭時，訴訟即為開始，而判決之效力及於當事人，因此民事訴訟制度，亦同時具有私法秩序維持及紛爭解決目的。依此，民事訴訟制度，從實體法面觀察，具有權利保護目的與價值；從程序法面觀察，則對訴訟當事人有程序保障目的與價值；如從國家立場觀察，因訴訟制度設計之效率化與合理化，於國家司法資源有限性條件下，為有效率又不害及權利保護目的之民事訴訟制度，同為民事訴訟制度所要追求之目的。基此，本說主張民事訴訟制度目的，不能固於一說之見，於立法論上與解釋論上，應相對地個別考量及把握各種價值，以為決定。此說應值贊同。

---

❽ 藤田宙靖，現代裁判本質論雜考——所謂【紛爭の公權的解決】なる視點を中心として，社會科學の方法，第34號；新堂著【民訴】，第20頁。

❾ 新堂著【民訴法5版】，第6頁。

❿ 竹下著【目的】，第6頁以下。

⓫ 新堂著【民訴】，第9頁以下；新堂著【民訴法5版】，第7頁以下。

第三章　民事訴訟制度之法系

　　民事訴訟，可分為大陸法系與英美法系二大制度。其形成原因、內容及訴訟構造，大異其趣，形成對比❷。民事訴訟制度為歷史產物，二大法系制度各有其本源。簡單歸類，大陸法系民事訴訟制度源於羅馬法，英美法系民事訴訟制度源於日耳曼法。又，同為大陸法系之民事訴訟體制及其研究方法，亦因本於羅馬法系或日耳曼法系，在學說解釋論或立法論上，亦有不同結論。因此，探討民事訴訟制度或各種學說理論時，對二大法系之法源與脈絡，有先予理解必要。

一　二大法系之形成

　　羅馬藉其強大帝國力量，頒布成文法，其訴訟制度以法所承認之 actio 為出發。actio 一詞，含有原告行為、訴、訴權、辯論、方式書等語意。早期羅馬法因實體法與訴訟法、請求權與訴權概念不分，因而 actio 同時具有請求權與訴權雙重性格。於法律訴訟程序時期，訴訟須依法律所定之 actio 為之，分為在法務官面前之法庭程序，與在審判人面前之程序兩階段。原告應先在法務官面前主張對被告有一 actio 存在，請求依 actio 為審判之許可，而此 actio 僅以十二表法及其後制定之市民法中之規定者為限，且在法務官面前，嚴格規定其所用語言及以象徵性動作，始得主張。法務官則應就原告已否依法定程序，及是否符合 actio 要件，予以審理。如認不備此要件時，即應拒絕並中斷訴訟程序。如具備者，即為爭點決定，開始審判人面前之程序。審判人由當事人選擇，當審判人認其成立 actio 要件事實時，即應為該當於 actio 之判決，否則應為原告敗訴判決。其後，因社會生活關係複雜，十二表法及其特定法規已不能配合，又因法律訴訟程序之嚴格形式，實施不易，至共和制中葉時，乃改採方式書訴訟程序，即於法庭程序，原告得不依法定用語，以方式書形式，向法務官提示其依市民法或類推市民法，認為自己應有之 actio，請求承認其得依方式書在審判人面前實行審判程序。遞至元首制時期，由元首或其官員，以統治者地位對被統治者之當事人間之爭訟，為裁判程序。其後廢止了法律訴訟程序及方式書訴訟時期之審判人面前程序，改由法務官為全面

---

❷ 中村英郎，民事訴訟におけるローマ法理とゲルマン法理，民事訴訟法論集第 1 卷，1977年，成文堂，第 13 頁以下。

審判，進入非常訴訟程序。即法務官就任後發布告示，並予以彙集成立永久告示錄，漸形成具有制定法效力，而有裁判規範性格，但仍以市民法為基礎，因此告示錄被認為係市民法之延長，同時具有行為規範性質。此時期，人民主張係基於此規範之權利而提起訴訟，法務官亦係就事件之權利存否予以審理，現代民事訴訟制度於焉成立。

日耳曼人則無如羅馬強大國家，直至紀元前 1 世紀前，仍以血族團體為單位，集數血族成一部族，再由數部族成一小國 (givitas)，小國與其成員間地位平等，無法以國家地位頒布法律制度為社會生活規範，乃以祖先歷代相傳之正義與和平秩序之習慣，以維持生活秩序。惟正義或習慣，非人之意志所制定，所以係一種先存之正義或習慣之被發現，此與希臘所謂之規範 (nomus) 相似，nomus 有分配之意，即分配定其身分、財產、權利、地位之意。因此 nomus 即指社會所定之法、習慣、制度之謂，當此身分財產受到侵害時，人民有權提起訴訟。惟訴訟者，非如羅馬法下之主張其權利，乃在向管轄之百人會傾訴其遭遇，請求回復。百人會裁判官有形式訴訟指揮權，但實質裁判權仍歸由裁判民團體，由團體判斷何者為正義。

二　二大法系訴訟制度之發展

西元 5 世紀時優士丁尼大帝曾集羅馬法大全；其後因羅馬帝國沒落，羅馬法大全之影響力隨之消弱。至 12 世紀後，教會有獨自制定教會法之立法權，發展出實用合理之羅馬寺院法，並隨教會勢力擴大，而為一般法院所採行。德國為日耳曼民族，至 12、13 世紀時，仍沿用日耳曼法，但因經濟發展及方便交易，須有一超越各部族而能共同適用之法律，故於 14、15 世紀間，繼受羅馬寺院法。1495 年德國成立最高帝國法院，訴訟程序即以繼受之寺院民事訴訟為本。

因德國繼受羅馬法之故，日耳曼法於歐陸雖漸漸式微，但卻因日耳曼民族入侵英國，反而延續了日耳曼法。1051 年諾曼第公威廉一世統治英國，設置中央集權之司法制度，漸統一英國法律，使日耳曼法在英國奠下根基，至 12、13 世紀時為普通法 (common law) 之判例法成立，成為英國法。再至 17 世紀因新大陸之發現，英國普通法傳入至北美洲大陸，成為今日之美國法。

三　二大法系對訴訟制度之影響

羅馬法系與日耳曼法系訴訟制度之基本差異，影響深遠。前者，自十二表法以來即屬成文法，訴訟制度立足於規範本身；後者，因欠缺成文法，訴訟制度建立在藉由各個具體事例中為法之發現，屬事實案例型。兩者因其本質之不同，對繼受者之訴訟制度發展、訴訟目的、訴訟對象、當事人地位、既判力理論，而有差別。現代大陸型訴訟與英美型訴訟之分野，即係分別繼受了二大法系之故。

舉例言之❸，羅馬法系訴訟，既把握權利先於訴訟即存在，因此當實體上權利不能獲得滿足時，對國家即有訴權產生，訴訟目的在保護當事人之實體權利，與現今權利保護說不無關聯。而日耳曼法系既無成文法，由祖先所留傳之法的正義為社會規範，並於具體事件中予以發現，當發生侵害和平事件時，人民為求和平之回復，乃向法院尋求回復，以解決紛爭。此對現今所稱之紛爭解決說，應有一定程度之啟發作用。

就訴權觀之❹，羅馬法之 actio 以現今法概念言，有實體法上請求權及訴訟法上之訴權二機能。德國普通法時期，則專以實體法上請求權予以理解，訴權即為實體法上請求權，以此建構而成私法訴權說。其後因確認之訴成為獨立訴之類型，私法訴權說對此類型訴訟難以解釋，代之而起者為公法訴權說，此說又分為抽象說與具體說，亦即訴權究係私法上權利，或係對國家之公法上權利。又因公法學之發達，訴權不以實體法上請求權存在為前提，因而訴訟再被理解為有如日耳曼法之就事件本身請求法院為裁判之權利。

就訴訟對象（客體）而言❺，羅馬法之 actio 係以法律化之事件為對象，僅在該當於法律所定之 actio 時，始允許依訴訟解決。而訴訟係在審理 actio 之存否，非指事件本身，此階段實體法與程序法不分。其後因 actio 之請求權與訴權分離❻，實體法為有系統之抽象法規，而 actio 存否之訴，係事件本身與實體法構成

---

❸ 中村著，第 35 頁以下。

❹ 中村著，第 38 頁以下。

❺ 中村著，第 40 頁以下。

❻ 羅馬法之 actio 制度，請求權與訴權不分，後經羅馬法大全之集成，因此有案例法性格，再因註釋法學派之解釋建立體系化，又自具體事件脫離漸趨於抽象，此後 actio 制度即朝訴訟法與實體法、訴權與請求權分離方向發展。

要件之評價，因而訴訟對象即為實體法上法律關係，此即為舊訴訟標的理論之原型。反之，日耳曼法系既無 actio，民事紛爭係社會紛爭事實本身，非為法規範構造化之紛爭事實。當發生血族 (sippe) 和平事件時，即須予以裁判，訴訟目的非在確認 actio，乃在發現正義以回復秩序，因此訴訟對象即為該事件本身，此與羅馬法先有實體權利存在者不同，反係專從訴訟程序面觀察。依此，現今所謂新訴訟標的理論，即與此類型相合。

就訴訟當事人而言，羅馬法之訴訟當事人，以事件中有 actio 者為原告，其主張 actio 事件中之義務人為被告，其他與事件有關之關係人，若原告對之不行使 actio，則不成為當事人。因此所謂當事人乃權利義務關係對立之人，訴訟即在該二當事人中所展開之對立構造過程。德國繼受羅馬法後，基本上即以此對立構造為訴訟基本構造。反之，日耳曼法既以事件本身為對象，訴訟當事人即無權利義務關係主體對立型態，係以事件關係人為當事人，有利害關係之人，均得參加訴訟；而訴訟即各當事人向法院傾訴其悲情而主張其權利，由法院宣示各當事人所應得之判決，因此所謂當事人非對立構造，而係平行並列存在。

就既判力而言❶，羅馬法之 actio，實體法上請求權與訴訟法上之訴權未分離，在法務官面前做成爭點決定後，actio 即被消耗，不得再就同一 actio 為請求，有一事不再理適用，相當於現今之既判力。方式書訴訟時期，即承認判決之確定力，當事人得為既判事項之抗辯，既判力概念因而成立。可見既判力之正當性，實源自於羅馬法，此即訴權消耗理論。反之，日耳曼法以事件本身為對象，判決既判力即源自於事件本身而生，事件因審理而為法之發現，及宣示判決後，事件當事人即受判決之拘束，不得再為爭議。日耳曼制度引入英國後，紛爭事實經法院判斷者，本於禁反言法理而有拘束力，當事人不得為相反主張。現今主張既判力正當性來自於程序保障說者，其法理基礎與日耳曼訴訟制度，有重要關聯。

現代大陸法系民事訴訟法，係源於德國，但德國為日耳曼民族，原屬日耳曼法系制度。中世紀時，因日耳曼民族一部納入羅馬版圖，而受羅馬法影響，16 世紀至 19 世紀間德國普通法時代，其法學家即以羅馬法觀點分析解釋日耳曼法❶，普通法末期，實體法與程序法未分離，此時訴訟程序仍以實體法為中心。其後，兩者逐漸分離，訴訟法被發展成一獨立於實體法之學問，惟 1877 年德國民事訴訟

---

❶ 中村著，第 43 頁以下。

❶ 中村著，第 32 頁。

法制定，其內容雖已摻入部分日耳曼法要素，但仍以羅馬訴訟法理為基礎。進入 20 世紀後，因德國民事訴訟法學界，強調日耳曼法之優越性，羅馬法之法理始漸消退。

　　由以上學者之研究分析，可見羅馬法與日耳曼法之訴訟觀，深深影響現今民事訴訟法學各種理論形成❶❾。

---

❶❾ 中村著，第 33 頁。

第四章　法之存在及誠信原則

▶ 第一節　法之存在與性質

一　立法形式

　　我國民事訴訟法自 19、20 年由國民政府制定分二次公布，21 年 5 月 20 日施行，全文共 534 條，再於 24 年 2 月修正公布名稱及全文共 636 條，同年 7 月 1 日施行，此為「現行民事訴訟法」❷。本法之法體例雖與德國、日本不盡相同，惟均屬大陸法系訴訟制度。此法系以德國法為母法，訴訟制度以實體法規範存在為前提，有規範出發型民事訴訟法或權利本位出發型之稱。

　　本來中國傳統法治思維，植基於四維八德與人倫秩序，惟本法創立之初，並不採該思維，而是引進現代法治國原理下之權利觀。所謂權利，被定義為依法律所保護之利益❷，此與中國傳統法治觀有別。以此為前提，本法立法思維，一開始即導入德國法之私權利保護，雖德國實體法與程序法分離方向發展，但私權保護說至今仍深深影響我國審判實務，在訴訟標的理論，私權保護說迄未根本改變，不僅如此，法條解釋、運用，亦可發現私權保護之痕跡。

二　法之沿革

　　本法自公布施行後歷經多次修正，24 年將名稱「民事訴訟法」更名為「中華民國民事訴訟法」，57 年 2 月再將名稱改為「民事訴訟法」，其後名稱沿用迄今。惟其過程多達 20 餘次修正，約略而言，較具特色者，有強調紛爭自主解決機制，如 88 年 2 月修正之調解程序強化。

　　89 年修法，增訂當事人就其提出之事實，應為真實及完全之陳述，即真實義務、適時提出主義及逾時攻防提出之失權效果、法官闡明義務等，最具重要意義者為，於第 244 條有關起訴時原告特定請求義務，明定起訴除應以訴狀表明訴訟

---

❷ 陳榮宗、林慶苗，民事訴訟法（上），2001 年，三民書局，第 77 頁。
❷ 洪遜欣，中國民法總則，1987 年，三民書局，第 50 頁。

標的、應受判決事項之聲明外，亦應記載原因事實。惟增訂原因事實記載，並未因此改採新訴訟標的理論，僅在使訴狀所表明之事項更加明確而已。另一重點為審理制法制化，以充實準備程序為主要目標，增訂書狀先行整理及協議簡化爭點以進審理集中化。

92 年 2 月修法，於第 507-1 條以下增設第三人撤銷訴訟程序，保障受判決效力所及第三人之權益，此制係既判力破除的另一種方式，著重事後程序權保障。

98 年 1 月修法重點集中在民事及行政審判權劃分標準之困難複雜，如因審判權錯誤時，大法官釋字第 540 號解釋創設審判權發生衝突時，不同種類法院間之移送制度，由行政法院移送普通法院，受移送之法院應受移送之拘束，不得再行移送或作不同之認定；基於訴訟經濟、程序安定性等考量，爰參酌前開解釋意旨及行政訴訟法相關規定，增訂移送制及停止審判聲請大法官為統一解釋制度。同年 7 月本法再次修正，重點在配合民法親屬編之親子關係，包括婚生否認及終止收養關係之修正，暨民法總則、親屬編有關監護宣告、輔助宣告制度相關人事訴訟程序之修正，資以配合。

102 年修正案，係立法體例之重大變革，本來本法採財產權訴訟與人事訴訟合一體例，因 101 年家事事件法之制定公布，將第九編第 568 條以下之人事訴訟程序規定刪除。

104 年修法係因應社會常見以支付命令作為假債權及詐騙集團犯罪工具，因而強化債權人聲請支付命令時之釋明義務，並取消確定支付命令之具有實質確定力之規定，僅賦予執行力。

110 年 12 月修法。因關於民事審判權與其他審判權爭議解決，原規定之第31-2 條、第 182-1 條，應依司法院大法官審理案件法所定機關間見解歧異之統一解釋規定處理，而司法院大法官審理案件法於 108 年修正為憲法訴訟法，刪除審判權爭議處理程序規定，法院組織法因而於 110 年 12 月配合修正增訂審判權爭議解決規範，為免重複規定，本法配合刪除第 31-1 條至第 31-3 條，及修正第182-1 條。又基於程序安定，使審判權爭議得以儘速確定，同時修正判決違背法令，如本法第 469 條相關規定。

三　形式與實質意義民事訴訟法

民事訴訟法如以法存在外觀作為觀察對象，可分為形式意義民事訴訟法及實

質意義民事訴訟法。前者，側重於形式上之存在意義，即現行之民事訴訟法之謂；後者，側重於實質上意義，不以本法為限。

民事訴訟法係實施各種程序行為時，應遵守之行為及違背時之法律效果，即行為規範與評價規範。規範內容，可分兩大類，即靜態程序構造與動態程序行為之發展過程。靜態構造，包括法院之組織、審判權限、管轄權決定、當事人之資格、訴訟費用額及事件屬性等；動態方面，各個訴訟主體（含法院）於訴訟過程實施之各種程序行為等。本法之規範內容，含靜態程序構造與動態程序行為發展應循準則，有行為規範與評價規範之實質內容。雖非本法，但如法規範內容實質上含有程序構造（靜態內容）或程序發展應遵循之規範內容（動態內容），即為實質意義之民事訴訟法，其散見於各法規中，無論係以實體法或以程序法型態呈現。

四　法之性質

㈠定型性與合意性

民事訴訟法為民事紛爭解決之程序法依據，法治國原理，不能違背憲法訴訟權保障基本價值，展現在立法層次之具體規範內容須符合訴訟權保障意旨。包括有權利應有救濟、提供符合憲法獨立審判意義職權行使之法官，制定合於正當法律程序之訴訟制度，作為具體個案審判時法院及當事人各種訴訟行為之準則並防免訴訟程序進行之恣意。

民事訴訟既係客觀性訴訟制度保障，有一般性適用效力，非僅針對某具體個案訴訟程序進行之規範，因此對所有訴訟當事人及法院（法官）均有拘束力，並通案性適用於任何相同類型之具體案件之處理，不能因案而異其程序，原則上禁止採取所謂便宜訴訟或任意訴訟方式。換言之，民事訴訟法作為客觀訴訟制度性保障一環，除規範國家司法權對人民審判權行使時，應遵守或踐行之程序外，在未經立法授權法官裁量情形下，程序法規具體內容不容任意變更或選擇適用，以符合平等原則，在此範圍內，屬定型性規範效力，目的在防免審判程序失於偏頗，亦是審判結論對兩造具拘束力、強制力之正當性基礎。

從另一角度觀察，民事訴訟程序規範之審判客體（對象），在利益相對立之兩當事人，為司法資源使用與訴訟主體，當請求法院就彼此私益爭執予以審判，法院為公法上義務人，有以裁判主文回答並說明其理由之義務。當事人有處分權限之私益爭執，以定型化規制之程序規範，便宜訴訟之禁止不再是絕對性原則，從

立法論或解釋論面而言，應容許當事人本於自主性，對規範內容得予一定程度之調整。調整方式，或明定容許單獨一方為之者，此為程序選擇權。通常情形，係透過雙方當事人之合意，變更既有規範內容，例如合意管轄。再如，本屬通常訴訟程序事件，允許當事人合意適用簡易訴訟程序（第 427 條第 3 項）。因爭點整理捨棄之證據資料，亦得歸入合意性範圍，非有特別情事，再行提出應受禁止（第 270-1 條第 2 項）。解釋論方面，應承認訴訟證據限制契約之有效性。

(二)強行性規定與任意性規定

民事訴訟法內容有強行性規定與任意性規定。前者，例如有關法院專屬管轄、當事人能力、不變期間之遵守、法官當然迴避事由、審判程序公開、法定要件欠缺之規定，均屬強行性規定。強行性規定目的在保障當事人之基本程序，不受法院或當事人態度（不抗辯）影響，亦不得任意排除適用。如有違反，所為訴訟行為及所實施之程序，將歸於無效，亦不因當事人是否責問而治癒。

法院之訴訟行為違背任意性規定者，例如就審期間不足，當事人不抗辯為本案言詞辯論，基於程序安定理由，而得治癒。當事人有自主性、合意性之訴訟程序規定，原則上均屬任意性規定。私法上（實體法）當事人有處分權限者，呈現於民事訴訟法之程序規定，原則上容許當事人以合意變更之。屬任意性規定者，如訴訟上和解、自認效力，屬之。此類規定，被認為乃合意性之訴訟法上制度化。即使訴訟法上欠缺明文規定，如不起訴合意、訴之撤回合意、證據契約，亦應承認其有訴訟上效力❷❷。

(三)程序法性

法律以所規範之對象為區分，如規範者為實體上權利義務關係，屬實體法，規範者為程序事項者，為程序法。民事訴訟法主要以規範程序事項，自屬程序法。但仍有部分事項含有實體權利義務關係，例如第 531、533、538-2 條之因保全處分而生之損害賠償規定。此類損害賠償，係特殊侵權行為性質。程序法與實體法區分實益，在法律變更時新舊法之如何適用，基本上程序從新（民事訴訟法施行法第 2 條），實體法則有法律不溯既往原則適用（民法總則施行法第 1 條）。本法第 531 條等損害賠償規定，如因實體法規範之變更，原則上依舊法，如係責任成立要件（責任法）之變更，當依新規定，但保全債務人依舊法已取得之損害賠償權利不受影響。

---

❷❷ 新堂著【民訴法 5 版】，第 47 頁。

▶ 第二節　一般性誠信原則

一　一般性原理原則

　　民法第 148 條第 2 項明定，行使權利，履行義務，應依誠實及信用方法。學者有謂其為帝王條款。日本民法第 1 條第 2 項，亦有相同規定。所不同的，日本於其民事訴訟法第 2 條後段再明定，當事人應依誠信原則遂行訴訟，本法雖無明文，此原則之存在，乃當然之理。何孝元先生於其大作《誠實信用原則與衡平法》一書中指出，法律乃社會之軀殼，社會乃法律之靈魂；並引凱因斯名言，法律之實質，乃社會環境之反應，社會之情形在流動狀態中，而法律亦應隨時調整；管子有云，法與時轉則治，治與世宜則有功。英美法雖以判例為原則，以保法律之穩定，但需能謀取人民之福利，而調和法律與社會變遷之調劑，依梅因斯所述，有三，即擬制、衡平法、立法。又指出擬制雖可變通法律之硬性，但對於更改之法律仍須保留其原有條文，使外界莫測更改之真相，不知所從，故現已不再適用；立法配合社會環境，固屬最適當方法，但遇有訴訟糾紛，一時法無明文可應付，司法亦將束手無策，斯時唯有衡平法足以肩負鉅任，因「衡平法」富有彈性，可以擴大、變更或更改現行法律，以符輿情，而「誠信原則」，亦有同一功效[23]。換言之，誠信原則被賦予如同衡平法一般具有彈性調整法規範不足以應付社會變遷之救濟手段功能。實則誠信原則，於大陸法系民事實體法中，確被賦予補充法律規範不足任務，同時是法規範解釋內在基準，及嚴苛法規範之調和劑，其功能正如同英美法之衡平法[24]。並謂本法固無一般性誠信原則明文，當然受此原則支配，否則縱所有民事法規皆為誠信原則之規定，亦無法達到公平正義誠實信用原則之最高境界[25]。

　　審判實務方面，最高法院 104 台上 552 民事判決指出，「民法第 148 條第 2 項規定，行使權利，履行義務，應依誠實及信用方法。此項誠實信用原則，乃法律倫理價值之最高表現，具有補充、驗證實證法之機能，更為法解釋之基準，旨在

---

[23] 何孝元，誠實信用原則與衡平法，1966 年，三民書局，第 1–3 頁。

[24] 何孝元，前揭書，第 6、7 頁。

[25] 何孝元，前揭書，第 151 頁。

實踐法律關係上之公平妥當，應斟酌各該事件情形衡量當事人利益，具體實現正義。該項原則不僅於權利人直接實現權利內容的行為有其適用，即於整個法領域，無論公法、私法及訴訟法，對於一切權利亦均有適用之餘地，故該條項所稱之行使權利者，應涵攝訴訟行為在內」。

二 適用對象

　　誠信原則適用之主體，日本民訴法第 2 條後段以當事人為對象，法院之責務則於同條前段，法院應努力於民事訴訟公正且迅速之處理進行，學說則認受誠信原則規範之主體，除當事人，參與訴訟之任何人，包括輔助參加人、訴訟代理人，法院對當事人亦負此責務。訴訟行為之實施，包括各種聲明（如起訴）、聲請、事實主張、證據聲明，及各個攻擊防禦方法提出、責問權行使、訴之撤回、訴訟上和解等訴訟上權能之行使，及訴訟上義務之履行，均須合於誠信原則。法院之職務履行，及其對任何訴訟關係人所實施之訴訟行為，如程序裁量權、闡明權行使、舉證責任之分配、裁罰之科處、失權效果之決定等，同有此原則適用。如從責務之觀點理解誠信原則，其乃訴訟遂行之義務[26]。學者即謂法院審理案件及採取證據時之自由裁量（自由心證），應斟酌全辯論意旨及調查證據結果，固為法官之主觀判斷，但是否符合客觀妥適性，應視是否符合誠信原則為斷[27]。

　　當事人之間有誠信原則之適用，惟當事人對法院有無誠信原則，一般持肯定見解，此又涉及誠信原則與權利濫用之關連性，及權利濫用有無獨立存在必要？亦即，如果誠信原則之類型，包含訴訟上權能濫用之禁止，則要否承認另一獨立於誠信原則以外之權利濫用？上開疑義，除訴訟上權能濫用之禁止否為誠信原則類型之一外，當事人對法院有無誠信原則義務，又為先決條件，彼此互為關聯。通說則肯認訴訟上權能濫用之禁止，係誠信原則類型之一（如後述），權利濫用禁止已成為誠信原則類型之一，被誠信原則吸收，因此無再存在另一獨立之權利濫用禁止必要。反對者認為，如果誠信原則僅指當事人相互間，及法院對當事人之責務，不包括當事人對法院時，則獨立的權利濫用之禁止，仍有存在價值，且兩者之意義及功能，明顯的有所不同。日本早期學說較主張無獨立存在必要說，惟採獨立說者，已具體提出兩者適用基準（理念）之不同處，主張誠信原則是公平

---

[26] 新堂幸司、高橋宏志、高田裕成，裁判所及び當事者び責務，兼子著【條解】，第28頁。
[27] 何孝元，前揭書，第7、8頁。

原則（衡平），而權利濫用禁止是「迅速經濟原則」，各自承擔不同的功能❷。

三　誠信原則之規範具體化

　　誠信原則係一般抽象性原則概念，如立法者已依法條文義使其具規範效，成為規範依據時，非有特別情事（如違憲），否則應直接被援用。此為誠信原則之具體化。本法雖無一般性誠信原則明文，惟各個法條中不乏誠信原則之具體規範內容。例如第 82 條，當事人不於適當時期提出攻擊或防禦方法，或遲誤期日或期間，或因其他應歸責於己之事由，致訴訟延滯者，雖該當事人勝訴，其因延滯而生之費用，法院亦得命其負擔全部或一部。第 196 條第 2 項，當事人意圖延滯訴訟，或因重大過失，逾時始行提出攻擊或防禦方法，有礙訴訟之終結者，法院得駁回之。攻擊或防禦方法之意旨不明瞭，經命其敘明而不為必要之敘明者，亦同。再如第 25 條，被告不抗辯法院無管轄權，而為本案之言詞辯論者，以其法院為有管轄權之法院。第 77 條，輔佐人所為之陳述，當事人或訴訟代理人不即時撤銷或更正者，視為其所自為。第 197 條第 1 項，當事人對於訴訟程序規定之違背，得提出異議。但已表示無異議或無異議而就該訴訟有所聲明或陳述者，不在此限。第 255 條第 2 項，被告於訴之變更或追加無異議，而為本案之言詞辯論者，視為同意變更或追加。

四　一般性誠信原則之類型化

　　當本法缺乏規範具體化之法條得為依據時，則可否直接援引一般性誠信原則，作為審判依據。具一般性、原則性之誠信原則，固可作為各個法條之解釋基準，但為預防誤用或防免恣意，一般性誠信原則之適用，需藉由類型化予以限制，此為規範外之具體化。經類型化後之誠信原則，主要建構在四個項目上，包括訴訟上權能濫用之禁止、訴訟上之禁反言、訴訟上權能之失效、訴訟狀態不當形成之排除❷。至於以誠信原則作為確定判決理由遮斷效方面，則以禁反言及權利失效二大類型為主。

---

❷ 鈴木正裕，新民事訴訟法における裁判所と當事者，收載於竹下守夫、今井功編，新民事訴訟法 I，1998 年，弘文堂，第 41、42 頁。

❷ 新堂幸司、高橋宏志、高田裕成，裁判所及び當事者び責務，兼子著【條解】，第 30 頁以下。

訴訟上權能濫用之禁止。此類型，例如因為遲延訴訟目的而為法官迴避之聲請。聲請法官迴避權能濫用，本法第 37 條已有對應之方法。亦即聲請迴避者，在該聲請事件終結前，雖應停止訴訟程序，但其聲請因違背第 33 條第 2 項（已就本案有所聲明或陳述，而以法官執行職務有偏頗之虞者），或第 34 條第 1 項（未證明原因）或第 2 項（未於三日內釋明事實）之規定，或顯係意圖延滯訴訟而為者，不在此限。惟聲請迴避權能濫用，不以消極的不停止訴訟程序作為防治方法為限，依誠信原則，可以認定其為聲請迴避權能之濫用，法官得採取積極的訴訟行為，例如由被聲請迴避法官自行以裁定駁回其迴避之聲請❸。

訴訟上禁反言。如係前案確定判決中之舉動因而獲得勝訴判決之當事人，於後案中不得為相反之舉措之類型，可歸入確定判決理由遮斷效範圍。又如甲於訴訟程序中主張某一不動產為債務人乙所有，執行債權人丙俟後對乙所有之該不動產聲請法院強制執行時，甲竟又出而主張該不動產為自己所有，此類情形，即有違誠信原則之禁反言❸。

最高法院 105 台上 1675 判決則指出，當事人於第一審已表明不請求損害賠償，於第二審再主張請求損害賠償，究係禁反言之違背，或屬訴之追加合法性與否，或提出新攻擊防禦方法之禁止？換言之，是否為本法第 446 條第 1 項但書、第 447 條問題，而非禁反言之違背。此涉及禁反言之定義，如禁反言，係指當事人不得為前後舉措矛盾之禁止，無其他要件限制，案例情形，屬之。惟一般而言，禁反言源於誠信原則，是否違背禁反言，應綜合審視各個具體情事後，方能判定。

訴訟上權能之失效。一般指當事人在訴訟上之權能因長期間不行使，致相對人有合理正當期待其不為行使，因而造成失權效果。權能失效之期間為何，應視各種情形而定。日本案例，勞工或公司職員之解僱，已經過相當期間後，始提起確認解職無效訴訟，是否構成權能之失效，因涉及原告之訴訟救濟途徑是否被遮斷（剝奪），影響其訴權，因此究應以訴權濫用或禁反言方式解決，係值得探討問題❸。勞工解僱爭議事件，確認解僱無效訴訟程序，因長期化結果，如解職後受

---

❸ 中野等著【講義】，第 26 頁。

❸ 日本最高裁判所昭和 41 年 2 月 1 日判決，參看新堂幸司、高橋宏志、高田裕成，裁判所及び當事者び責務，兼子著【條解】，第 32 頁。

❸ 參看新堂幸司、高橋宏志、高田裕成，裁判所及び當事者び責務，兼子著【條解】，第 32 頁。

僱人另已有相當於原職務之他職，歷經數年後始對原僱主起訴確認解僱無效，如獲勝訴，僱主須給付未提供勞務服務期間之薪資報酬，因勝訴判決有獲得不能同併存之雙重報酬情事，應僅能給予其差額。此外，其長期不為解僱無效之主張，本於誠信原則，應斟酌是否構成權能失效，或禁反言，應視具體個案而定❸。

最高法院 102 台上 1732 民事判決指出，「行使權利，履行義務，應依誠實及信用方法，民法第 148 條第 2 項定有明文。上開規定，依勞基法第 1 條第 1 項後段規定，對於該法所規範之事件，亦有其適用。而權利人就其已可行使之權利，在相當期間內一再不為行使，並因其行為造成特殊情況，足以引起義務人之正當信任，以為權利人已不欲行使其權利，經斟酌該權利之性質，法律行為之種類，當事人間之關係，社會經濟情況，時空背景之變化及其他主客觀因素，如可認為權利人在長期不行使其權利後忽又出而行使權利，足以令義務人陷入窘境，有違事件之公平及個案之正義時，本於誠信原則所發展出之法律倫理（權利失效）原則，應認此際權利人所行使之權利有違誠信原則，其權利應受到限制而不得再為行使」。

訴訟狀態不當形成之排除。例如共同訴訟之被告數人，其住所不在一法院管轄區域內者，各該住所地之法院俱有管轄權，為本法第 20 條之規定，原告因考慮自己實施訴訟之方便性，期待由自己住居所地法院管轄，將某住居於同一法院管轄範圍之關係人（如在場見聞之證人），列為侵權行為之共同被告。此時即有管轄選擇權濫用情事❸。

---

❸ 秋山幹男等著，第 46 頁。
❸ 松本、上野著，第 99 頁。

第五章　訴訟法規之整體面

▶ 第一節　本法在程序法體系位置

一　程序法體系之融整需求

　　民事訴訟法是程序法規種類之一，於近代法學理論，程序法無論在立法體系或法學理論發展，漸與實體法分離，獨立成專門學科，不再為實體法服務。程序法以程序事項為規範內容，對行使審判權之法官及訴訟關係人，有法規範拘束力。程序法不僅存在於民事訴訟法，從整體程序法規範觀察，作為法規中之一，究處於規範體系如何位置，與其他程序法規範如何調適，亦為研究本學科重點之一。

　　以哈特之承認規則理論，並以憲法訴訟權保障作為最頂點之實證法位置，下位階之程序法以實踐訴訟權保障為規範目的，所建構之程序法體系，民事訴訟法為其中之一，民事訴訟法同時併立之其他各個程序法項目甚多。再從法治國原理或權力分立，經由立法程序而規制施行之各個程序法，各有其效力領域，相互構足一完整程序法體系。因彼此適用對象，或因立法技術困難未周，或為完成本身規範目的需求，因而擴大適用範圍，難免造成各規範間之積極衝突，與消極規範不足。有特別法或優越法位置者，當取得優先適用權，否則執法者不能任取其一，充為程序法適用依據。

　　形式意義之民事訴訟法（本法），相對於行政訴訟法或家事事件法，雖常處於普通法位置，特別法中亦以「除本法另有規定外」，立法優先選用特別程序規定，仍難免因立法規範之不完全，而與其他特別法發生衝突。此時，仍應力求整體規範體系解釋之融整與協調。例如民事審判權與行政審判權、民事事件與家事事件種類之劃分。

二　垂直與水平程序法規範

　　實質意義及形式意義民事訴訟法，在規範程序實施應遵循之規定。法治國原則，實判組織、程序進行，應依法行之。所謂法，當先指具有法拘束力之實定法，

所謂依實定法審判,其意義與內涵,乃以憲法訴訟權保障作為最上位指導原理,包括實證憲法與不成文憲法原理,並受憲法訴訟權保障拘束,不得與之牴觸。立法者因履行訴訟權制度性保障立法義務,依紛爭事件類型實際需求,規劃制定出種類繁多,位階相同之程序法,如涉外民事法律適用法、非訟事件法、家事事件法、行政訴訟法、強制執行法,甚或刑事訴訟法有關刑事附帶民事訴訟程序規定❸❺,各自承擔不同功能任務。當人民發生私權紛爭,請求法院為強制性之紛爭解決時,執行者有按立法規劃之程序法規定,為紛爭解決之公法義務,本法與其他相同位階之程序法,乃構成水平性規範關係。水平性程序法,彼此間常有特別法與普通法關係,本法一般僅承擔補助性功能,法規適用面,常須優先適用程序特別法。

以憲法作為最頂點之程序規範,從層級式規範體系,憲法、法律、規則命令三級制度,本法中間承遞憲法訴訟權保障意旨,或因立法者礙於程序規範事項技術性繁瑣,難求周詳,為免遺漏,授與法規主管機關發布授權命令,以補法之不足,或因民事審判法庭本於審判權行使之自主性需求,制定並發布各種附隨之規則命令,包括授權命令與職權命令。我國程序法規主管機關為司法院,本於授權命令或職權命令,定頒有「辦理民事訴訟事件應行注意事項」、「辦理強制執行事件應行注意事項」、「民事保全程序事件處理要點」、「法院辦理民事調解暨簡易訴訟事件應行注意事項」、「法院辦理民事事件證人鑑定人日費旅費及鑑定費支給標準」、「法院適用鄉鎮市調解條例應行注意事項」等等,不一而足。共同構成一完

---

❸❺ 最高法院民事大法庭 108 台抗大 953 裁定主文:「刑事附帶民事訴訟,經刑事庭依刑事訴訟法第 504 條第 1 項規定裁定移送於同院民事庭後,民事庭如認其不符同法第 487 條第 1 項規定之要件時,應許原告得繳納裁判費,以補正起訴程式之欠缺。因犯罪而其私權受到損害之人,本得提起民事損害賠償之訴,惟刑事訴訟法特別規定,其得於刑事訴訟程序中附帶為民事損害賠償,從私權救濟途徑而言,兩者事物本質同為損害賠償請求之提出,均有中斷時效之效果,二者並無不同。惟刑事程序係以行使國家刑罰權為目的,與民事訴訟不同,刑事被告受無罪諭知、免訴或為不受理之判決,僅國家對其刑罰權之不存在或有行使之障礙,並不影響被害人在民事訴訟損害賠償求償程序之實施,因此刑事附帶民事訴訟之原告,得聲請法院將附帶民事訴訟移送管轄法院之民事庭,此時即脫離刑事訴訟程序,進入民事審判,並以民事訴訟法為民事審判程序之依據,原告依規定並有先行預繳裁判費義務。至於將來刑事部分,縱然被告是否受有罪判決確定,均不影響已實施之民事訴訟審判結果。」

整的、垂直性與水平性之程序法規範體系，具規範效之程序法規，亦有所謂拘束力，不能任意違背，否則亦有判決違背法令之可能。惟下位階之規則命令不能與憲法或法律牴觸。如有牴觸，法官得拒絕適用。

在程序法規範理論之解釋，以合於憲法意旨——訴訟權保障為基底，同時必需取得縱橫規範理論間之融整，避免相互衝突。

▶ 第二節　民事訴訟法與憲法

一　訴訟權之憲法保障

法治國原理以憲法為實證法最頂點位置，於層級式法體系中，具有統制下階層法律命令之功能。憲法明示人民有訴訟權（憲法第 16 條），得請求獨立於政治權力以外之司法機關，本於公正程序審判權利，屬受益權。訴訟權既屬受益權，即應形成制度性保障，並應以法律命令具體化，而作為民事紛爭強制解決機制之民事訴訟法、非訟事件法及同位階之法院組織法，及更下位階之規則命令，無論就審判法院之組織、權限、審判程序，均應構築一得以符合憲法訴訟權保障之審判過程程序，並受憲法審查；因此訴訟權保障，有指導民事訴訟法各項原理原則作用。而於解釋適用本法疑義時，除探求立法真意外，憲法更立於最高效力，立法權及司法權行使，均不得逾越。

二　訴訟權之保障與限制

憲法訴訟權具主觀個人權利保護與客觀制度保障二功能。前者有對抗國家權力之防衛權性格，後者為客觀上憲法所要實現之價值。當多元價值秩序在民事訴訟程序中發生衝突時，亦得以憲法之基本原理，作為解決方法，例如比例原則。再就主觀權利作用言，除防衛權外，亦可擴大請求國家設置一正當組織與程序制度之制度性保障❸❻。依此，人民得積極請求國家設置法院、法官、符合正當法律程序之訴訟制度，以適時解決私權紛爭。

訴訟權非不得予以限制，但須符合比例原則。限制原因常因公益理由需求，

---

❸❻ 陳慈陽，憲法學基礎理論(一)基本權核心之實證化及其難題，1997 年，翰蘆圖書，第 90 頁以下。

其限制範圍及方法乃屬立法形成自由。大法官釋字第 170、279、448 號，指出人民訴訟權固為憲法所明文，惟訴訟如何進行，應另由法律定之，如因訴訟經濟目的，得加以限制。釋字第 213 號關於再審原因，承認得由立法裁量限制。釋字第 229 號關於顯無勝訴之望者，得駁回訴訟救助之聲請，以及對和解成立後請求繼續審判，因維持法律秩序安定，因而就本法第 380 條第 2 項之請求繼續審判期間，規定準用第 500 條再審期間，均認不牴觸憲法訴訟權保障。再就審級救濟制度言，釋字第 442 號指出，訴訟救濟應循之審級制度及相關程序，立法機關衡量訴訟性質，在不違反比例原則下，得以法律為合理之規定。又如為公益目的而限制第二審新攻擊防禦方法之提出（第 447 條），均屬之。當訴訟權主體間因利益或價值發生衝突，而有調整必要時，亦得為調合必要。證據提出之聽審權，如嚴重侵害他造之隱私權時，聲明證據之權利非不得予以限制。又如有本法第 277 條但書之顯失公平情形，或如有證據偏在者，於具體個案中允許法官得為舉證責任之調整。

三　受法定法官審判權

訴訟權之保障事項範圍，並不明確[37]，惟在民事訴訟法領域中應實現者，最低應包括受法定法官審判權、權利之救濟程序保障及正當法律程序。

受法定法官審判權，源於禁止特別法院之設置。此權利於現代意義，包括得請求國家提供有效率公平正直之審判組織、法官，及合於公正之程序規定，以供人民之請求審判。因此人民受裁判權，就審判主體方面，含法院組織、管轄，以及法官之組成三項保障事項。特別法院之設置雖原則禁止，但得例外依立法而設立，家事法院之設屬之。關於民事紛爭之解決，本法有普通、小額、簡易程序之分，但均無獨立於普通民事法院以外之特別法院，並無特別法院設立；而家事事件之處理，立法移交予少年及家事法院，因係立法許可設立，自無違背受法定法官審判權可言。

法院組織法及本法關於司法事務官之建置，以及由其處理之司法事務，因移交其承擔者，限於審判核心以外之司法事務，尚不違反受法定法官審判權。參審

---

[37] 有認至少應包括「有權利即有救濟」、「終審法院應為憲法法官所組成的法院」、「訴訟程序應以法律定之並須符合正當法律程序」、「訴訟過程應有審級救濟制度」四項，且其具體內涵具有流動性，吳庚，基本權的理論體系，憲法的解釋與適用，2003 年，第 130 頁以下。

制或陪審制,係由人民代表參加裁判,屬民主主義及國民主權原理,一般認對導正官僚主義之裁判官有正面功能❸;但在大陸法系國家,卻被質疑違背受法定法官審判權。

法院組織已於法院組織法第 3 條予以明定。至於各法院之管轄權,本法採立法保留方式,同法第 1 條至第 19 條,及各不同種類事件之職務管轄規定是。例如家事事件法第 6 條之立法授權法官,得依裁量取得管轄權;法院組織法第 7 條有關各法院與其分院間之管轄區域劃分,則授權司法院定之。管轄固屬法定法官原則一環,但除違反專屬管轄規定外,本法明定不得以之為廢棄原判決理由,亦非當然違背法令或提起再審之事由(第 452 條第 1 項、第 469 條、第 496 條)。

具體個案審判事務之分配,屬法院內部事務,但仍屬法定法官原則一環,因而具體事件之審理法官產生,未依法定方式或法律授權制定之規範者,亦係侵害法定法官原則。事務分配方面,法院組織法授權司法院及各法院制定一般抽象性規範方式為之(法院組織法第 79 條第 1 項)。所訂規範密度,依釋字第 665 號解釋,須足以摒除恣意或其他不當干涉案件分配作業之程度。惟違背事務分配規範所組成之審判庭,其所為之審判,仍然有效(法院組織法第 5 條第 1 項)。

四 訴訟權與訴權

(一)訴訟權與訴權

訴訟權,係人民對國家之裁判請求權,國家機關不得拒絕審判,以保障人民之受裁判權。訴權,則指原告基於如何之地位,得以起訴之權能言。兩者之關係,學說上,有主張應結合觀察者,即任何人當自己權利或利益受到侵害時,即得請求法院就其主張之當否為判斷之權能。以此為前提,訴權乃有實現憲法受裁判權之積極意義與功能,因此訴權乃受裁判權之內在意義,而受裁判權則為訴權之外部規範。

反之,否定論者認為,訴權與憲法上訴訟權,兩者預設之基礎不同;訴權是 19 世紀權利意識產物,人民利用訴訟制度,其關係非私人與國家間之權利義務關係,亦非國家對私人之恩惠,國家訴訟制度建立及人民之須服從裁判權,僅係一種事實而已,人民利用法院進行訴訟乃當然之理,因此於民事訴訟法學中,強調

❸ 宮內裕,裁判と民主主義,利谷信義、小田中聰樹編,裁判と国民の権利,1978 年,三省堂,第 30 頁。

原告或被告之訴權存在及其概念，並無必要，兩者並無結合觀察必要❸。

(二)訴權學說

訴權理論，於 19 世紀之德國，認係私法上之請求權，因私法上權利被侵害時而衍生之權利，非為公法上關係。19 世紀中葉，因公法學之發展，訴權被認係人民對國家之裁判請求權，此即公法訴權說。私法訴權說現幾已無採用者。

公法訴權說，又因應否具體化訴權內容，可分為抽象訴權說與具體訴權說。前者又稱司法行為請求權說，此說將訴權描述為得對法院起訴之法律地位或可能性，起訴之合法要件則無須加以限制。後者認為，抽象訴權說使得起訴缺乏具體內容，因而主張訴權係請求法院為自己有利判決之權利，且訴權存在須具備一定訴訟要件，即：訴權主體須有被保護之資格（當事人適格），且訴訟內容須為值得保護之利益（訴訟權利保護要件），以及實體上須有其所主張之實體權利或利益存在；此說亦可稱為權利保護請求權說。惟其缺失在於，將導致訴權於訴訟前不存在之結論，且亦不能說明當原告受實體敗訴判決時，何以仍有訴權存在。再者，國家制度也無為原告有利判決之義務。

抽象訴權說內容過於空洞，而具體訴權說之訴權存在條件又過於狹隘，因而有本案判決請求權說出現。此說認為訴訟制度目的，係就權利義務關係紛爭之實質解決❹。因此訴權，乃原告請求法院為本案判決之權利，即使判決結果不利於原告，原告之訴權仍可達成目的。此說又認原告請求為本案判決，僅須具備一般訴之要件與訴訟權利保護要件即足，不以具備實體權利為必要，此與權利保護請求權說有別。惟此說對於何以僅在請求本案判決情形，始承認訴權存在，其他類型之判決，如訴訟判決即無訴權，並未予以解釋。其後又有兼子一之紛爭解決說，主張以本案判決請求權說為基礎，並將訴權視為係紛爭解決請求權，認為訴權之要件，僅須具訴之利益及當事人適格即可。惟此說亦受批評，認為訴權係個人主觀權利，紛爭解決說卻將客觀制度目的置入訴權概念中❹。此外訴權之學說理論與訴之利益應具備如何要件，亦有重要關聯存在。

(三)訴權與訴訟權結合

另有主張將訴權與私權之保護徹底分離，而與憲法做結合者。此說認為法治

---

❸ 三ケ月著【民訴】，第 13 頁。

❹ 三ケ月著【民訴】，第 12 頁。

❹ 新堂著【民訴法 5 版】，第 243 頁。

國家之憲法，保障人民有請求法院裁判權利，法院不得拒絕。此說以法秩序維持說為本，認為訴訟目的不僅在獲取法院之判決權利，也包含依法指定期日、依法送達權利。此說，又有主張，發揮訴權之理論的或實際的效用，應與憲法訴訟權保障積極結合，訴權並須導入憲法受益權概念，此即司法保護請求權說❷。

人民有向法院請求裁判之公法上權利，其為受益權，國家有為給付義務，自此立論出發，則訴權正係訴訟權之實現。訴權否定論者，亦不否定訴訟權存在，僅認無須將訴權與訴訟權結合觀察而已。訴權之各種學說理論，與訴訟要件及民事訴訟目的論，有相當重要學理關聯。簡單而論，訴權兩大基本理論，抽象訴權說與具體訴權說之差異，正處於理論之二端位置，即須具備如何之訴訟要件，訴權始為存在，得為合法的請求法院審判。而本案判決請求權說，則立於中間位置。民事訴訟目的論，採權利保護說者，較與具體訴權說相合；反之，法秩序維持說者，則與抽象訴權說相合；而紛爭解決說，則以本案判決請求權說為基礎。又依抽象訴權說，因其起訴要件，未設任何限制，不生限制受裁判權問題，惟其內容過於空洞；具體訴權說以訴權主體須具備實體權利，始有訴權，則不能說明何以受實體敗訴判決之原告，仍有受裁判權之疑問。

再就本法之規範內容與訴訟權保障關連言。本法關於受裁判權之限制，於第249條第1項規定，起訴要件不合法者，法院得以裁定駁回原告之請求。另欠缺權利保護要件者，實務則以訴訟判決駁回，依此，法院得拒絕原告請求審判者，係以訴訟要件欠缺為前提，應認係對訴訟權之合理限制，不致侵害人民之訴訟權❸。起訴前之強制調解程序，係基於公益理由所為限制，調解不成者視為起訴，同不生此問題。當事人不為起訴之協議，有認為係當事人間債之約定，初不涉及對國家請求裁判權之限制，因此應不侵害訴訟權❹。如立於訴訟權作為公法上主觀權利觀點，其雖以對抗國家之立法權及其他權力行使為目的，但私人間之不起訴協議之效力，屬自己決定權行使，但如不起訴協議無其他代替審判之機制，如調解或仲裁制度可為援用者，私權爭議將永無救濟機會，無異於以協議放棄公法上請求權——受裁判請求權。而一部請求之合法性，學說見解不一。殘餘請求之

---

❷ 此說為日本學者齋藤秀夫所主張。新堂著【民訴法5版】，第244頁。

❸ 日本最高裁判所認為欠缺訴之利益之訴訟，法院以訴不合法駁回者，不違背受法院裁判之訴訟權。有倉遼吉編，判例コンメンタール2，三省堂，第29頁。

❹ 沈冠伶，不起訴協議，月旦法學教室，第2期，2002年，第10頁。

訴權要否限制，固屬立法論問題，但訴權如係對國家請求裁判之司法行為請求權，基於司法資源有限性之公益目的，則公法上之權利，當得為必要之合理限制。再自紛爭解決機制言，民事訴訟目的既在解決紛爭，紛爭者係請求權人與被請求人間之同一紛爭事實，而一部請求亦係該紛爭事實全部向法院請求解決，法院已為公法上之給付，如承認殘餘請求之訴權存在，無異於就同一紛爭審理之回復，而與訴訟經濟、司法資源之合理公平分配有違。

五　受適時裁判權

受裁判權之發展，除訴權外，請求於適當期間受裁判之適時裁判請求權，成為現代民事訴訟法學重要科目。咸認受裁判權主體，如因審判長期化，使事實難於解明致不能期待法律之正確適用，亦係受裁判權之不能實現[45]。因此人民有權請求國家提供有效率之司法制度、審判體系與組織[46]。

為符合受適時裁判權要求，本法採適時提出主義，課以當事人失權效果，行集中審理制，第二審限制新攻防之提出，強化調解功能及其他代替審判機制，並擴大仲裁對象，均為保障受適時裁判權之具體措施。

六　訴訟地位之平等權

民事訴訟既判力之正當性來自於程序權保障，並以對審權及言詞辯論為中心，且於訴訟實施過程中應保障其主體地位之實質平等。受判決效主觀作用效力所及之第三人，亦同[47]。憲法平等權非僅追求形式平等，在於實質意義平等權實現。為追求此實質平等，法院須保持中立性，但必要時仍被要求應做合理調整，適當地依職權介入。例如逾時提出攻防之失權，如使當事人訴訟地位發生重大不利時，法院得依職權考量當事人之法律知識程度，以為調整。闡明義務、舉證責任分配之調整[48]，而強化法律扶助制度，亦係為實現訴訟地位之實質平等而設。

---

[45] 中野著【民訴】，第 15 頁。

[46] 中野著【民訴】，第 15 頁。

[47] 上田徹一郎，當事者平等權の展開，1997 年，有斐閣，第 2 頁。

[48] 舉證責任分配，法院得因舉證難易、證據距離、資訊取得容易度，為適當之調整。上田徹一郎，當事者平等權の展開，1997 年，有斐閣，第 11 頁以下。

七 程序權保障

訴訟權所保障之程序權，主要者有：

㈠合法聽審權

德國基本法第 103 條明示，任何人在法院之前有合法聽審權。如有違反，依同法第 93 條得為憲法訴願事由。合法聽審權，包括受程序通知權、事實主張與聲明證據及獲取對造陳述與證據方法之權。法院有聽取審酌當事人主張陳述，及於判決理由中說明義務。歐洲人權公約第 6 條，亦有同旨規定。

本法第 297 條，當事人對於證據調查結果，有向法院表明意見之權利；而調查證據結果，應曉諭當事人為辯論，目的在保障合法聽審權❹。本法第 100 條及第 199-1 條闡明權行使，亦屬之❺。合法聽審權保障對象，包括對受判決效影響之第三人，本法第 67-1 條訴訟告知及第 507-1 條第三人撤銷之訴程序，即是。

合法聽審權賦予有資格者陳述意見機會，但得放棄。例如，有本法第 386 條各款情形之一者，得為一造辯論判決；第 507-1 條，可歸責於自己之事由，未參加訴訟者，喪失提起第三人撤銷訴訟之權。

關於合法聽審權之限制，本法為實踐受適時裁判權要求，常以違反促進訴訟義務，課以失權效果，如符合比例原則，非不得為之❺❶。本法第 196 條第 1 項之失權，以意圖延滯訴訟或因重大過失，有礙訴訟終結為要件。但失權規定，係因法官程序指揮違反義務所致之遲延、或法院之違失，如準備期日之不足者，即生爭議❺❷。違反合法聽審請求權者，當事人得藉上訴、抗告程序資救濟，但非判決當然無效。

㈡公正程序請求權

公正程序請求權，為訴訟程序最基本權利，程序之不公正難期完成程序所追

---

❹ 關於合法聽審權是否課以法院與當事人為法律的討論義務，為避免突擊性裁判發生，德國民事訴訟法第 287 條課以法院就事實關係之法律評價，如與當事人意見不合時，或從法律上觀點之訴訟標的之考察與當事人觀點不同時，有說明義務。

❺ 我國學者主張依本法第 199 條第 2 項，審判長應適度表明法律見解或開示狹義心證，此係源於程序主體權與合法聽審權。邱著【程序】，第 158 頁以下。

❺❶ 德國聯邦憲法法院，允許在當事人因違反訴訟促進義務，得限制其合法聽審權。姜世明，論遲延提出攻擊防禦方法之失權，法官協會雜誌，第 2 卷第 2 期，第 182 頁。

❺❷ 松本博之、吉野正三郎編譯，ドイツ民事訴訟の理論と實務，1991 年，信山社，第 138 頁。

求之實質內容實現。公正程序請求權，早期學說認為源於司法給付請求權或權利保護請求權之訴權。德國公正程序請求權，則依附於基本法第 103 條之合法聽審權。惟亦有認為合法聽審權，係訴訟繫屬後始有之權利，即任何人在法院前均有合法聽審權，但公正程序請求權並無此限制。德國聯邦憲法法院，早期則援用基本法第 14 條之所有權保障，作為公正程序請求權之依據，例如強制執行之拍賣事件，執行法院將時價九萬五千馬克之土地，以一萬五千馬克拍定事件，認係侵害基本法所有權保障，而將基本權加入實體權之構成要素，以得到程序法構成要素。但自訴訟法與實體法漸分離，將公正程序請求權架構在憲法對實體法財產權之保障，亦受批評。有學者再以基本法第 20 條第 3 項法治國家原則導出公正程序請求權；另有學者將公正程序請求權稱為適正程序請求權，此種權利存在於當事人及其他程序關係人間，同為憲法所保障之要素，包括合法聽審權（基本法第 103條）、訴訟法上武器平等原則（源於基本法第 3 條第 1 項平等原則）、社會國原則（基本法第 20 條第 1 項、第 28 條第 1 項之權利實施機會平等）、對法院之接近權（基本法第 19 條第 4 項）、法官獨立（基本法第 92、97 條）、受法定法官裁判權（基本法第 101 條第 1 項第 2 段），以及財產權之保護（基本法第 14 條第 1 項），而非單一源自於法治國原則 ❸。雖則如此，公正程序請求權普遍被承認係訴訟程序基本權，屬抽象概念，須於程序法中予以具體化，並於各個案例中為裁判之發現創造。

公正程序權之具體內容，難予積極定義，一般從消極面為之。例如醫療責任舉證責任分配，法院如未適當創造出患者舉證責任之減輕，以符證據法之公正程序義務，反嚴守舉證責任分配法則，未積極調整證據弱勢一方舉證責任者，即可能違反公正程序義務。另當事人之真實陳述義務，亦源於此原則。

㈢對審權保障

日本憲法第 82 條揭示，裁判之對審應於公開法庭行之。我國憲法雖無對審明文，但大法官釋字第 396 號解釋，就公務員懲戒案件之審議，明示審議機關應採法院之組織，案件之審議應本正當法律程序原則，對被付懲戒人予以充分之程序保障，如採取直接審理、言詞辯論、對審及辯護制度，並給予被付懲戒人最後陳述意見機會，以貫徹憲法第 16 條保障人民之訴訟權。本解釋已間接宣示若干憲法

---

❸ 松本博之、吉野正三郎編譯，トイツ民事訴訟の理論と実務，1991 年，信山社，第 173 頁以下。

訴訟權保障在程序法所應踐行之重要原則。對審構造，即為訴訟權內容之一。

對審權亦屬合法聽審權之一，所不同者，合法聽審權著重於當事人意見表示機會，對審權則注重在當事人法庭活動對抗機會，即給予對立兩造平等的請求、主張、舉證、陳述及上訴之權能，因此對審權即與憲法平等權有關。對審權具體內容，包括言詞辯論、直接審理等訴訟基本原則，並與公開法庭原則相結合，其目的在藉國民共同監督司法之手段，以保障當事人在法庭遂行公平對抗訴訟行為，增進國民對裁判信賴，確保司法公信力。

八 自己決定權在本法之實現

自己決定權雖非訴訟權內容，但其原理亦成為本法指導原則。自己決定權之意義，指在不侵害他人之權利及不違反憲法秩序或道德律前提下，有自由發展人格權利，屬人格自由發展權利。我國憲法雖未明文，惟憲法第 22 條之凡人民之其他自由及權利不妨害社會秩序公共利益者，均受憲法之保障，當可作為導出自己決定權之依據，其亦為普世價值，無待明文。私法自治原則、處分權主義即源於此。民事訴訟程序因原告起訴而開始，訴因原告撤回而終結，請求審判之對象及範圍任由原告決定，當事人得為訴訟上和解、認諾、捨棄；此外，程序選擇權之法理，為當事人對程序之處分權，同以自己決權行使為依據❺❹。仲裁法第 1 條第 1 項規定，當事人對於現在或將來之爭議，得訂立仲裁協議，對司法機關有拘束力。本法有關程序選擇權，如第 427 條第 3 項、第 435 條第 1 項之合意適用簡易程序、第 436-8 條第 4 項之合意適用小額程序，亦屬之。自己決定權通常以契約方式對當事人及國家發生拘束力。單方決定權行使，於程序法中亦可承認之。如處分權主義下之提訴階段、訴訟標的之決定❺❺。但為保障其他權利，自己決定權得予限制，例如處分權主義、辯論主義在家事事件程序中常受到限制（家事事件法第 10 條）。又為合理分配司法資源，使人民有公平利用法院機會，簡易訴訟程序解釋上即不得任由當事人基於自己決定權及程序選擇權，而合意選擇適用通常訴訟程序。關於一部請求之合法性問題，如立於自己決定權，則應予尊重，惟自司法行為請求權之訴權說觀之，非不得立法限制❺❻。

---

❺❹ 有認為承認處分權主義之目的，係為使當事人有機會追求程序利益，以同時維護其受憲法保障之系爭外財產權、自由權。邱著【程序】，第 34 頁。

❺❺ 坂田宏，民事訴訟における處分權主義，有斐閣，2001 年，第 18 頁以下。

九 比例原則在民事訴訟程序之運用

比例原則之衍生法則，即合適性原則、必要性原則、及禁止過量原則，於立法論及解釋論，須加注意運用。本法之立法，立法者因公益理由對訴訟權行使，常加以合理及必要限制，惟是否逾越，即以比例原則作為審查基準。例如為合理分配司法資源，審級救濟程序得予限縮；為完成保護未成年子女目的，限制處分權主義適用；為滿足受適時裁判權要求，得限制攻擊防禦方法提出之時期。又當憲法保障之其他權利或價值與訴訟權保障發生衝突時，衝突法益之調整亦以比例原則作為界限。例如為保護當事人之隱私、營業秘密，公開審判權、合法聽審權，非不得為必要合理限制。本法第 195–1 條及第 242 條規定，得不行公開審判程序，又得不准或限制閱覽、抄錄或攝影卷內文書。但限制或禁止之界限基準，應符合比例原則。違法取得之證據，應否禁止其提出，亦視是否符合比例原則而定。

---

56 坂田宏，民事訴訟における處分權主義，有斐閣，2001 年，第 19 頁。

第六章 民事訴訟法與民事實體法

一 訴訟法與實體法分離

訴訟法與實體法同為紛爭解決依循之準則。但兩者究處於如何關係，亦為現在研究民事訴訟法者重要爭議。羅馬法在法律訴訟程序時期之 actio 訴訟體系，訴訟法被視為實體法之輔助法，受實體法支配；訴訟法問題之解讀，如民事訴訟目的、訴訟主體、訴訟標的、判決效力等無不受實體法學主宰。甚至德國 1877 年制定之民事訴訟法，訴訟仍被視為只是借法院裁判實現實法上請求權之一種程序而已，而訴訟法學為私法學中實行權利之一部分。但自 19 世紀中期，因公法學發達公法意識抬頭，訴訟被視為係國家裁判權行使之公法關係，又因確認訴訟難以解釋為係實體權之行使，開始強調訴訟法之獨立性，訴訟法漸自實體法脫離，而有自己獨立之研究領域，並建構自己之獨立理論體系。其後更有主張訴訟法學應完全自實體法分離之論出現❺。程序法與實體法之結合分離，其法理基礎及歷史背景，當然與羅馬法、日耳曼法，及德國之繼受、背離羅馬法，有著極深遠關係。

二 具體影響

實體法與訴訟法之結合、分離，其意義非僅係在於回顧羅馬法與日耳曼程序法之歷史學、比較法學，或法哲學而已，現今民事訴訟法學研究或實務運用發生疑義時，解釋時所持之基本態度，究係著重於實體法或程序法觀點，而影響其訴訟觀，也因訴訟觀之差異，而影響民事訴訟各個具體領域之解釋運用。有趣者，民事訴訟理論之各家學說或學派之爭，多少與其所立位置有關，而有不同結果。茲舉若干例子說明之。

民事訴訟目的為何，從早期之私權保護論、法秩序維持說，再至兼子一提出之紛爭解決說逐漸發展。前二者，即從實體權保護立場說明；紛爭解決說，認為於實體法出現前，人類生活社會即存在著民事紛爭解決訴訟機制，訴訟目的僅在解決紛爭而已。而訴訟標的之傳統說與新訴訟標的理論，前者將訴訟標的視為實體法上權利或法律關係，以實體法之實體權關係，作為訴訟中審判對象；後者基

❺ 兼子著【程序】，第 69 頁。

本上不強調實體法上之權利，而在於法律之受給付地位或形成地位。又如，抗辯之意義為何，自實體權觀點切入，則解為係對原告主張之實體權之發生，予以提出或主張其權利發生之障礙，或已消滅之事實存在；反之，自訴訟法說，則強調與實體法上法律效果無關之妨訴抗辯、證據抗辯等訴訟程序上之主張。再自訴訟審理之客體對象為何，說明兩者立場之不同；立足於實體權關係者，因原告主張之事實須與實體權結合觀察，因此審理之客體事實，即為法規範構造事實，此為傳統訴訟標的理論者之基本態度；但從程序法觀點，則指向經法評價前之社會紛爭事實。又以既判力之本質論觀察，主張實體權論者，認為確定判決如同和解契約一般，係就實體法上權利或法律關係再為確認或變更；惟程序法論者，則認為與實體權無關，係禁止後訴法院與前訴確定判決為相反判斷之訴訟法上效力。再如，第二審新攻防提出之例外，所謂顯失公平，如自實體權觀點，則將被解讀為如於第二審程序中因其新攻防提出，顯然影響其實體權利之判決結果者，應考慮允許其提出；如自程序法觀點，則應考慮第一審程序中，是否符合武器平等，及闡明權行使當否等程序地位平等問題。

三　同時觀察態度

　　訴訟法學疑義之解釋，該採如何之基本態度。正如同其他跨越不同領域法學研究一般，常發生本身所用之抽象名詞、概念定義、結構及其適用範圍，要否受其他學門影響問題。例如遺產及贈與稅法第 17 條免徵遺產稅之計算、於民國 74 年 6 月 4 日以前夫妻婚姻關係存續中取得之財產，得否列入夫妻間剩餘財產差額分配請求權計算範圍等。釋字第 620 號解釋持肯定見解，惟此關於公法之解釋，於親屬法關於法定夫妻財產制消滅後之剩餘財產計算，應否循同一標準，亦生疑義。換言之，夫妻剩餘財產之分配，應否循自己之夫妻財產制理論體系為不同解讀，不受稅法解釋影響？

　　兼子一自人類社會紛爭解決之歷史沿革，認為於實定法出現前，即為因應社會紛爭事實之解決，當然先已存在訴訟制度，因此提出紛爭解決說，此說立即成為日本通說。惟亦有學者認為在法治國原理下，程序法不能無視於實體法之存在[58]。而司法權意義，乃在具體爭訟中，適用依憲法原則產生之各種實體權利，

---

[58] 藤田宙靖，現代裁判本質論雜考——所謂【紛爭の公權的解決】なる視點を中心として，社會科學の方法，第 34 號；新堂著【民訴】，第 20 頁。

予以確定及為必要救濟❺❾。基此，於紛爭解決過程所適用之程序法發生疑義時，不能僅依程序法理，而實體權關係，於解釋民事訴訟法各項疑義時，亦具重要性，因此解釋方法應同時兼顧為宜❻⓪。例如，在決定判決效主觀與客觀範圍，應否及於受程序權保障之關係人時，其決定基準，不能單依程序法之評價，須同時合併觀察實體權關係。又如，決定何人得以自己名義實施訴訟行為，其形式當事人地位之取得，無非係就訴訟標的具有實體權利義務關係之利益歸屬者，予以決定。再就判決效主觀作用擴張言，於決定如何之第三人應受程序權保障時，則須以該第三人與當事人間，存有一定實體關係者，始有受訴訟告知之必要。換言之，實體權關係有指示判決效主觀與客觀範圍作用，同時具有預告在如何範圍之主體，有訴訟參加必要之機能❻❶。

---

❺❾ 竹下著【目的】，第 6 頁以下。

❻⓪ 採相同觀察方法者，如陳、林著（上），第 77 頁。

❻❶ 上田徹一郎，判決效の範圍決定と實體關係の基準性，民商法雜誌，第 93 卷第 5 期，第 4 頁以下。

第七章 相關法規

▶ 第一節 訴訟與非訟

一 訴訟與非訟之區分

民事事件之解決程序，向採訴訟與非訟程序二分法。自立法外觀言，訴訟程序者，指民事訴訟法所規定之程序；非訟程序，主要以非訟事件法規定之，但此非為辨別之唯一標準。民事訴訟法亦有非訟程序，如調解程序、保全程序、督促程序、公示催告程序；而其他程序法中亦有訴訟程序規定者，例如家事事件法第3條所定甲、乙、丙三類事件程序是。而非訟程序，亦不以非訟事件法所定之程序為限，分散於各程序法中且種類繁多，例如家事事件法、強制執行法、破產法、提存法規定之程序，亦有非訟事件之非訟程序。

非訟事件，為因應其不同性質及立法目的，有須兼顧利害關係人之程序權者，有著重於程序之迅速性者，有須兼顧保密性者；因此於各特別非訟事件法中，有不同之程序設計。例如要否行公開程序、要否保障陳述意見權利或機會、審級救濟程序如何設計等，均各有不同程序法所要完成之目的。

訴訟與非訟程序主體，其意義與範圍亦有不同。前者稱為當事人，即原告、被告；後者，稱為利害關係人。關係人包括形式上參與非訟程序之人，即聲請人與相對人。雖非參與非訟程序之人，但受裁定內容影響之法律上利害關係人，亦為關係人，關係人如因裁定受到不利者，亦應賦予救濟途徑，得為抗告、再抗告或聲請再審。民事訴訟程序，係以言詞辯論為中心，行公開對審程序，須充足保障對立當事人間之程序主體權，就實體權利義務關係存否予以審理判斷，適用處分權主義、辯論主義，並以判決形式及公開宣判程序，宣示判決結果。因已充足程序權保障，本於自己責任原則，法院既判決事項發生既判力，當事人及法院不得另行爭執其不當。民事非訟程序，通常以簡便程序行之，不行嚴格意義下之辯論主義，大致上非以實體權利存否為審理對象，因而適用職權主義、職權探知主義，以裁定不經公開宣示之方式，宣示其結果，法院之決定僅具暫定性、未來性。

因未充足保障其程序權,裁定結果無終局確定力,利害關係人對實體權利存否仍有再以訴訟方式爭執可能,且裁定法院亦得以裁定自為更正。因此兩者之機能與目的不同。

二 訴訟非訟化及其界限

二元方法論之訴訟程序,以實體判決既判力正當性為中心,具終局紛爭解決效果,保障當事人對審權,並行嚴格意義下之辯論程序;反之,非訟程序目的,不在終局解決實體事項爭議,故得行任意言詞辯論程序。晚近學說認為,雖為非訟程序,但如法院在裁定形成過程中,已踐行與訴訟程序相同之程序保障,亦得就實體爭議事項予以審理,並賦予實質確定力。又因非訟程序審理,賦予法官更大裁量空間,得以解決因訴訟程序採用處分權主義、辯論主義所致之程序冗長,以及因訴訟對審構造實施,法官難依職權介入事實調查,致不能完成保護弱勢者之目的,因而主張應將若干原具對立性格之訴訟事件,改依非訟程序處理,而有訴訟事件非訟化之議。

訴訟事件非訟化固有簡化程序優點,但對審權為訴訟權核心領域,非所有之訴訟事件均得改依非訟程序審理,而有其界限。民事紛爭解決,應否賦予當事人對審權利,並採取嚴格證明貫徹處分權主義,遵守最嚴謹概念下之所謂訴訟原型❻❷,或應運用非訟程序法理,強調彈性、快速、職權介入、干涉,以符合訴訟經濟原則,已非立法形成自由問題,乃涉及訴訟權保障❻❸。釋字第 396 號亦宣示對審權為訴訟權內容之一,應予保障。

三 對審權與裁量權

對審權不容侵害,但訴訟事件非訟化仍有其必要性,如何調整兩者衝突及選擇適合非訟化事件,實為重要。一般以裁量權與對審權為劃分基準;裁量權,指

---

❻❷ 三ケ月章,訴訟事件の非訟化との限界,民事訴訟法研究,第 5 卷,1972 年,有斐閣,第 57 頁。

❻❸ 日本舊家事審判法第 9 條第 1 項乙類事件,將具紛爭性之夫妻財產分與、財產分割、婚姻費用分擔、未成年子女監護、扶養費用分擔、遺產分割事件規定以非訟程序審理,多次被提出違憲訴訟。野田愛子,家事事件審判の總則課題,岡垣學、野田愛子編,講座‧實務家事審判法,第 12 頁。

立法者賦予法官就法律效果審酌之權限；對審權者，即爭訟事件兩對立當事人之請求嚴格意義之言詞辯論程序之謂。非訟事件有形成性、裁量性、迅速性、便宜性、無對立性、隱私性，其中更以裁量性與無對立性，為非訟程序最重要特性❻。日本最高裁判所係以裁量性高低，作為對審構造程序採否判別標準；學說則以裁量權與對審權之象限座標圖，說明訴訟與非訟之關係及其界限。

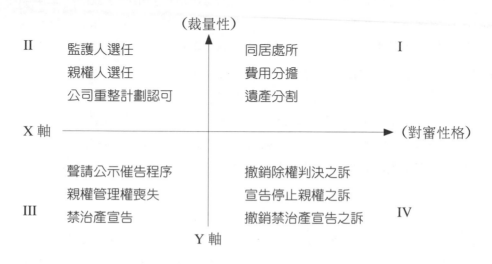

　　X 軸代表對審性，往右之對審性格越強。Y 軸代表裁量性，往上則法官裁量空間越廣。象限 II 內之事件，對審性低而裁量性高，屬本質非訟事件；象限 III 內，裁量性與對審性均低，但因法律要件事實較 II 更明確，裁判違背法律之觀念較強，屬非訟事件，但當法院依聲請以裁定宣告後，因裁定受不利益者，如有不服，其與聲請人間之對立性出現，應即保障兩對立當事人之對審權，不服程序改依訴訟程序審理，而移至象限 IV。象限 I 與 IV 自始存在兩對立當事人，屬對審權保障範圍，須行對審構造程序。但象限 I 內之事件，如夫妻履行同居之處所方法之決定，或婚姻費用如何分擔，立法者已賦予法官高度裁量權，並採職權探知主義或職權主義，於保障其低度之對審權（如陳述意見機會）者，非不得依非訟程序處理，此部分為訴訟事件非訟化最典型部分。又因非訟裁定之暫定性，未來情事發生變更時，對立當事人非不得另行聲請更為適當處分。但非訟化之界限，係以權利義務本身以外之爭議為對象，不涉及權利義務本身有無爭議，因此如屬

---

❻ 新堂幸司，訴訟と非訟，三ケ月章、青山善充編，民事訴訟法の爭點，第 18 頁。

權利義務有無之爭議，則屬象限 IV 內之訴訟程序範圍❻❺。象限 IV 內之事件，因裁量權低而對審性強，幾無非訟化可能，此部分應保留訴訟原型。

四 家事事件法之非訟化

現代司法權被要求擴大其機能，因此民事程序之多樣性與實效性，有其必要，除固有之訴訟原型外，司法權之其他機能，亦漸受重視❻❻。因此在保障當事人主體地位前提下，適度調整裁量權與對審權關係，已受立法肯定。此種趨勢於我國亦然，家事事件法第 3 條戊類事件，將原具紛爭對立性但法官有裁量權之事件，如贍養費事件、夫妻同居事件、指定夫妻住所事件、給付家庭生活費用事件、定對於未成年子女權利義務之行使負擔及交付子女事件，改依非訟程序處理。

▶ 第二節 民事訴訟法與家事事件法

一 兩程序之分立

本法原於第九編第 568 條以下定有人事訴訟等程序規定，以處理相關親屬身分人間之訴訟事件，並於非訟事件法中規定人事非訟事件程序，而無統一家事事件程序法。101 年 1 月 11 日立法通過家事事件法共 200 條。此後民事訴訟法與家事事件法分離。

二 家事事件法之體例

家事事件係特別事件，本法共分六編，含總則（第 1 至 22 條）、調解程序（第 23 至 36 條）、家事訴訟程序（第 37 至 73 條）、家事非訟程序（第 74 至 185 條）、履行之確保及執行（第 186 至 195 條）、附則（第 196 至 200 條）。可見，內

---

❻❺ 日本最高裁判所昭和 40 年 6 月 30 日大法廷判決認為，夫妻同居義務、家庭生活費用負擔之實體權利義務事項之確定，應以訴訟對審方式為之，家事審判事件範圍，限於就權利存否並無爭議，僅就給付之方法、期間、時期、場所、態樣等具體內容或方法之形成處分，及基此處分而命為給付之事件審理；又因其無既判力，審判確定後，對前提權利義務有無，得另以訴訟解決。齋藤秀夫、菊池信男編，注解家事審判法，1992 年，青林書院，第 44 頁。
❻❻ 田中成明，司法の機能拡大と裁判官の役割，司法研修所論集，第 80 頁以下。

容包含自主紛爭解決機制（調解）與強制紛爭解決機制（裁判）。而在程序種類方面，包括訴訟事件與非訟事件程序。同時有權利確認程序（權利決斷）與權利實現程序（強制執行）。

三　家事事件法之特殊性

家事事件法之程序功能與目的，在解決具一定身分關係人間之家事紛爭，事件性質涉及人倫性、隱私性，與民事訴訟程序，在規範私人間財產權益爭議解決程序不同，因此家事事件程序之設計，有其特殊性。包括：採專業法官原則（家事事件法第 8 條）；採專家共同參與制，如社工陪同（同法第 11 條）；為保護特定人之程序利益，特設程序監理人（同法第 15 條）及家事調查官（同法第 18 條）。均為民事訴訟程序所無。

四　家事事件之範圍

家事事件程序之特殊性，程序規範並不採相對等之程序法理，本於保護特定人程序利益需求，相關程序規定已作必要調整，因此本法隨處可見國家公權力之介入，採職權探知主義，並賦予法官高度程序裁量權。相對的，因程序之特別調整，因而有特別優惠利害相對立關係人一方之情，調整目的在求程序實施之實質平等，並保護特定人，如未成年子女之利益。惟此類程序主體權並不對等之事件範圍，要屬立法形成空間，有特別事件性格，不能任由審判機關任意擴大適用事件範圍。此與特別法院非經立法授權，不得任意設立有關。本此原理，家事事件之範圍，須基於法定，或立法明確授權主管機關訂定，否則個案審理法官，不得將原屬民事訴訟之事件，改依家事事件程序處理。

家事事件範圍，明定於家事事件法第 3 條。依各該事件類型之訟爭性強弱程度、當事人或利害關係人對程序標的之處分權限及法院職權裁量之需求程度，將性質相近之事件類型，分為甲、乙、丙、丁、戊等五類。本條除明定家事事件範圍及類屬外，同時具有劃定家事事件審理程序之採訴訟或非訟程序法理之功能。

五　家事事件之程序法理

家事事件法之審理程序，不同於民事訴訟程序。包括：

1.程序不公開主義（第 9 條），因家事事件紛爭常涉及家庭成員隱私之故。

2.因保護特定人程序主體權需求，以職權探知主義為原則，於本法第 10 條，明訂法院得視個案具體情形所需，斟酌當事人所未提出之事實，並於未能由當事人聲明之證據獲得心證時，得依職權調查證據。但於當事人有處分權之事件，仍保留部分處分權主義、辯論主義三衍生法則。

3.為達紛爭一次性解決目的，以免家族成員長期涉訟，特別制定各種家事事件之合併審理，排除不同類屬事件主觀及客觀請求合併、變更、追加要件限制（第 41 條以下）。

4.有關家事保全制度方面，本法分別家事訴訟事件與家事非訟事件而有不同之保全規定。家事訴訟事件之保全，係透過本法第 51 條準用民事訴訟法第 522 條以下保全程序規定；家事非訟事件，則於本法第 85 條以下特別制定暫時處分制度為之。暫時處分制度之具體內容與民事訴訟法之民事保全程序不同。

六　家事訴訟之準用民事訴訟程序

家事訴訟事件，除家事事件法別有規定外，依本法第 51 條規定，準用民事訴訟法之規定。立法理由說明，家事訴訟事件性質上為人事訴訟之一種，為免本法規定不備，乃仿強制執行法第 30-1 條及破產法第 5 條規定。家事事件本有家事財產爭訟事件，以財產上之給付為訴訟標的，程序法理自與民事訴訟法採辯論主義相當。但家事身分事件，涉及公益，為求法院裁判與事實相符，以發現真實，並保護受裁判效力所及之利害關係第三人，須採職權探知主義（本法第 10 條），程序法理與民事訴訟顯然有別，而無準用餘地。

第八章　審判權劃分與衝突

▶ 第一節　審判權

一　審判權意義

　　審判權係指國家司法機關行使審判權之權限，有廣狹之分。廣義審判權，包括涉及國家領域內，對與涉外事件有關之爭議事件之審判權。此一層次之審判權，具高權性國家主權作用，受國際公法規範限制，以對在內國領域範圍內之人或物，擁有審判權力為原則。但在一定條件下，在內國領域內之特定人，有不受內國審判權拘束之特權，而有豁免權。

　　主權作用之審判權，憲法第 77、78 條規定，為實定法之法源依據，並受憲法統制。審判權之行使範圍，受權力分立限制，不得逾越其他憲法機關權力核心領域，例如立法權之立法形成自由，行政權之行政裁量權限等。人民為國家主權享有者，憲法明定享有訴訟權，審判權之行使之終局目的，係對人民履行司法給付義務，當審判權行使與訴訟權保障發生齟齬時，人民之訴訟權立於最優先位置，此於說明審判權劃分與衝突之解決，具指導原理作用。

　　如以審判事務性質之不同，作為審判權劃分方法，可分為民事審判權、刑事審判權、行政審判權（含法官法之職務處分）、公務員懲戒權（含法官法之法官檢察官之司法懲戒權）、大法官憲法解釋權及統一法令解釋權。審判權之掌理，憲法第 77 條雖曰由司法院掌理之，實質內容係交予法官（憲法第 80 條），但未明示僅限於職業法官。有關審判權之行使，憲法未要求應由不同專業領域之法官為之，因此專業法院或專業法庭之設立，屬立法形成。另，審判權之劃分，除憲法解釋權（含審判權）及統一解釋法令權，交由司法院大法官掌理外（憲法第 79 條第 2 項），於同法第 77 條固有民事、刑事、行政訴訟及公務員懲戒之名，並未明示各種審判事項必需由不同審判體系之法官分別掌理，因此審判權劃分及如何劃分，要屬立法形成自由，可由立法者制定各類型之法院組織法規劃之。

二 民事審判權

民事審判權之意義，指涉及私法法律關係爭議之事件，內國法院劃歸由民事審判體系之法官行使審判權力之謂。其存在目的，在解決私權關係之紛爭。民事審判權適用範圍，以私權紛爭事件之解決為限，與私權無關之事件，不屬之。法規範意義之私權，乃私實體法上之權利義務，其定性從實體權角度出發，非依程序法定之。以民事與行政訴訟審判權劃分為例，大法官釋字第758號解釋意旨，即以實體權為準。私法上權利為私權，公法上權利為公權，惟界定私法或公法之標準及方法不易，學說即有：主體說、法律關係性質說、利益說之分。主體說，認法規範法律關係之主體，單方或雙方均為國家或公共團體者，為公法；反之，雙方均為私人者，為私法。法律關係性質說（或稱從屬說），認為法律關係有權力服從性質者，為公法；屬平等對立關係者，為私法。利益說，以法規範本身所保護之目的為公益者，為公法；保護私益者，為私法。歸屬說，係按法律制定之依據及其實現為區分標準，不須經私人自律之立法行為，為公法；須經私人之自律之立法行為者，為私法[67]。亦有主張，應從程序法觀點判別，如應依民事訴訟程序法為之者，為私法；反之，依行政訴訟程序審判者，為行政訴訟審判權。亦有主張，需綜合觀察實體法與程序法後判定，包括問題所涉法律關係之利益狀況，及法規範旨趣等。

▶ 第二節 審判權種類及劃分標準

一 審判權種類

我國之審判權，究劃分為幾元，辨別基準何在。與民事審判權有關的，將之與行政訴訟審判權合併觀察，採二元說。此種分類法，僅立於民事與行政訴訟之審判權分屬不同審判體系而已。如從國家主權作用之立場觀察，審判權可分為對外之主權作用及對內之主權作用之審判權。對外主權言，審判權既係主權作用，各個國家主權作用，有國際間之界線，受國際法約束。對外主權作用言，我國之主權屬國民全體（憲法第2條），再因憲法權力分立制衡設計，如前述，司法權劃

---

[67] 洪遜欣，中國民法總則，1987年，三民書局，第10頁。

由司法院掌理（憲法第 77 條），實則由法官行使民事、刑事、行政訴訟、公務員懲戒之審判權 （憲法第 77、80 條），以及由大法官掌理釋憲及統一法令解釋權（憲法第 79 條）。無論是權力分立，或司法制度存在目的，仍在保障人民之訴訟權（憲法第 16 條），審判權係審判機關（大法官、法官）因履行保障人民訴訟權職責義務之手段，訴訟權保障為目的。因此，從憲法角度觀察，審判權係訴訟權保障之手段非目的，存在目的單一——保障人民之訴訟權。

審判權行使，如前述，憲法第 77、78 條固揭示，包括民事、刑事、行政訴訟、公務員懲戒，釋憲及統一解釋法令，且將釋憲及統一解釋法令權保留由大法官行使，但各種審判權究應交由何種類型審判體系行使，憲法並未明定，亦無應採如何標準以為劃分，因此審判權劃分立法形成自由。雖則如此，審判權劃分須受訴訟權保障清單（具體內涵）約束。保障清單中，首推「有權利斯有救濟」，如因審判權劃分不清，發生審判權消極衝突，如各種審判體系均以之為由拒絕審判時，當然牴觸訴訟權保障意旨。

二　審判權劃分標準

㈠法規範劃分之困難

如前述，審判權劃分屬立法形成自由，審判權歸屬，立法者可按立法計劃所欲實現之目的，定各種不同屬性之審判體系（法院、法庭）。法規範方面，包括組織法與作用法二種。前者，係以法院組織成立之依據，作為基準；後者，則從各種不同事件審判程序所依循之程序法，作為劃分標準。

本來訴訟權保障，源於特別法院設立之禁止，時至今日，審判體系，為因應專業化需求，具特別性質之專業法院，咸認經立法許可者，其設立並不牴觸特別法院設立禁止原則。我國方面，各類型專業法院日益增多，且專業法庭之成立，法院組織法第 79 條第 2 項，亦授權得由司法院另以辦法定之。

一般性質法院之設立，係依「法院組織法」，稱為普通法院。特別法院方面，經立法特許，並以特別法院組織法許可成立者，已有行政法院組織法、智慧財產及商業法院組織法、少年及家事法院組織法、懲戒法院組織法。此外，屬實質特別法院性質者，例如依法官法設立之司法院職務法庭，亦屬之。各類法院組織法，係各種不同審判體系法院職掌之審判事項，乃分屬不同之審判權。因此，如以法院組織法作為劃分標準，則我國審判權不僅二元，乃屬多元。

如以審判程序依循之程序法，作為審判權劃分標準時，因涉及應以程序法理，或以最終審級法院是否同一之難題，亦非適當。換言之，以程序法理為準時，則同屬職權探知主義為程序法理時，則家事事件採職權主義，而與行政訴訟程序同，豈不歸入同一審判權範疇。如以最終審級法院是否同一，則民事訴訟程序中有小額、簡易及普通訴訟程序之分，因其最終審級，分屬地方法院合議庭與最高法院民事審判庭，豈不被判定為不同之審判權。

再者，如以審判體系所掌理之審判事項是否具有高權性，作為區分標準，則同屬高權作用之審判權，如刑事訴訟事件審判、行政訴訟事件審判、公務員懲戒事件審判，及法官職務處分事件等審判程序，又將歸類為屬同一審判權。

㈡劃分標準再定位

法規範所定審判權劃分，應兼顧憲法、法院組織法與程序法規範目的實現。其劃分原則上按各法院組織法有關職掌事件之性質為分類標準，大致可符合憲法第 77 條司法院掌理審判事項之文義，及特別法院設立之特別許可、法官專業分流。換言之，可分為民事、刑事、行政訴訟、公務員之懲戒審判權，加上，大法官釋憲權、統一法令解釋權（憲法第 78 條），以及憲法增修條文第 5 條第 4 項之總統副總統彈劾權與政黨違憲解散事件審判權（憲法法庭職權）。

審判權劃分，除憲法、法院組織法外，在審判權歸類判定方面，亦應兼顧審判組織功能及程序法理。例如法院組織法所定之法院，民、刑事及其他法律規定訴訟案件之審判權，分設有民事法庭、刑事法庭之審判組織，兩者之組織功能目的，不同，後者在實現國家刑罰權，乃不同之審判權。

家事法院掌理之家事事件，本質上同屬民事爭議事件，但從法院組織法第 2 條，可知家事事件已自普通民事事件分離，劃歸由不同屬性之特別法院掌理，有不同之審級制度、適用不同之程序法理，配置特別制度（如程序監理人、家事調查官），明定應由具專業能力之法官擔任，在審判權劃分歸類上，家事事件審判權與民事審判權，應非同一。智慧財產及商業法院掌理之商業事件，雖採二級二審制，有別於普通民事事件，同屬處分權主義範疇，採辯論主義（商業事件審理法第 35 條），仍應劃入同一審判權範圍。

三　審判客體之判斷標準

審判權劃分與系爭事件之定性、事件含括範圍有關。以釋字第 758 號解釋為

例。民事訴訟事件與行政訴訟事件之審判權劃分，以法律關係之公、私法屬性為準，但其屬性應以如何素材，作為定性標準。換言之，依全案例事實決定，或僅以所謂「訴訟標的」（實體法上法律關係）決定？本號解釋文，認應依原告起訴時所主張之訴訟標的法律關係，不受兩造攻擊防禦方法涉及之法律關係（公私法）影響。

換言之，係依訴訟標的，非依攻擊防禦方法決定。惟該號解釋持不同意見者❻❽，則認應按原因事件（原因事實）請求權基礎範圍可能涉及之「法規範」整體評價定之，如侵害源之法律性質，有對抗國家高權性者，屬公法關係，應由具專業性之行政法院取得審判權❻❾。易言之，不同意見，所指之「原因事實」係指全案例事實，不以原告主張之原因事實為限，包括兩造攻擊防禦方法指涉之社會紛爭事實，且請求權基礎之法規範，亦不以原告主張之實體法權利主張為限，包括系爭社會紛爭事實，所涉及之法規範，均應作整體評價。兩相比較，可見本號解釋文之審判權劃分標準，憑為判斷基礎之素材——紛爭事實，及實體上請求權，其範圍遠小於不同意見所指範圍。

解釋文與少數說，就審判權劃分標準之取材，要否受原告起訴主張之限制，影響有審判權限法院之審理範圍，及確定裁判既判力客觀範圍。如依不同意見之理論發展，有審判權法院確定判決之判決效，必大於解釋文所指之紛爭事實範圍❼⓿。

四　訴訟權與審判權劃分

各種審判權之行使，欲實現之目的有別，立法者藉各種不同審判制度及程序法理設計，予以完成。例如為實現國家刑罰權目的，乃將審判權劃歸入刑事審判權；為解決民事私權紛爭，將之劃歸普通民事審判權；為解決人民與國家公權力間之糾紛，劃歸行政訴訟審判權。不同審判權範疇，因該事件應適用之法規範，包括實體法與程序法，各有不同之法理，行使審判權之法官，就不同領域之專業知識能力，直接影響審判品質，此關涉憲法保障之財產權等（實體權），以受適時

---

❻❽ 詳見許宗力大法官該號解釋不同意見書。

❻❾ 詳見許宗力大法官該號解釋不同意見書。

❼⓿ 詳請參看拙文，公私法交錯之民事與行政訴訟審判權劃分，收於拙著，民事訴訟法理實踐，2019 年，新學林。

裁判權（程序權）。因此審判權劃分制度設計，專業化需求，乃成現今審判權劃分最原始目的。換言之，審判權劃分，有助於審判專業化，及保障當事人實體權與程序權，而有正面價值。

惟從反面立場觀察，因實體法關係定性難明；或因各個具體事件指涉之法律關係，在不同屬性審判權之程序，互為先決條件；或同一訴訟程序，起訴時同時含有不同屬性，原告為合併請求；或訴訟過程中，為不同屬性事件之請求之追加變更，或屬不同屬性事件反請求之提出，苟審判權劃分過度強調專業化功能，並廣設特別法院（庭），在多元審判權體系制度，非但造成審判權之消極衝突與積極衝突，進而影響人民之實體權及受適時裁判權之反效果。審判權衝突無論屬消極衝突或積極衝突之解決，應以人民訴訟權保障為指導原理，包括「有權利斯有救濟」、「受適時裁判權」、「程序權保障（既判力正當性原理）」。其解決之道，具處分權主義色彩事件❼，應肯認當事人有合意選擇審判權體系法院之決定權，在積極衝突方面，如不影響當事人之實體利益者，應淡化審判權劃分之嚴苛性，承認不同審判權體系法院確定判決之效力。

以上立場，係從人民訴訟權保障角度，看待審判權劃分之價值意義——專業性、有權利斯有救濟、受適時裁判權、程序權保障。

➤ 第三節 審判權欠缺之處理

一 判決確定前

審判權有無，屬審判法院應依職權調查之事項。民事審判權應調查者，包括涉外民事訴訟事件，及審判權劃分意義下之民事審判權事項。審判權存在為獨立之訴訟要件，訴訟程序任何階段，法院均需調查之。訴訟事件不屬普通民事法院權限者，受訴之民事法院應依本法第 249 條第 1 項第 1 款本文規定，以裁定駁回原告之訴。本法原於第 31-2 條第 2 項規定應移送於有受理訴訟權限法院者，應

---

❼ 此所稱具處分權主義色彩事件，例如釋字第 758 號之土地所有權關係事件。雖行政處分或行政事實行為之撤銷訴訟事件，有審查行政機關行政為適法性之公益性，惟從土地所有權人提訴目的，仍在維護其個人私有財產權之私益目的，相對人雖為行政機關，本質上仍為財產權私益受到侵害之救濟程序。

依職權裁定移送於該管轄法院，惟 110 年 12 月因配合法院組織法第 7-2 條第 1 項、第 2 項規定，而予刪除。另民事審判權欠缺，本屬同法第 469 條第 3 款所定法規權限之有無辨別不當之當然違背法令，得為上訴第三審事由，惟同年本條款亦配合修正。詳請參看本書審判權衝突之章節，茲不贅述。

二　判決確定後

欠缺審判權，應依上開程序處理，惟民事法院未發現審判權之欠缺，為實體判決確定者，是否發生形式確定力與實體確定力。從審判權劃分並非訴訟之本質，乃立法者之劃定，因此審判權錯誤，解釋上應降低其嚴苛性，不因之當然無效，如有再審事由者，應循再審程序處理為妥。再審法院亦不能僅以原確定判決法院欠缺審判權為由，廢棄原確定判決。

從訴訟經濟觀點及確定裁判安定性觀點，原屬行政訴訟事件，雖民事法院有審判權錯誤情事，苟該事件援引之審理程序法理，已依行政訴訟相關法令審認，兩造當事人程序權保障復無欠缺，未曾提出審判權欠缺異議，此類情形之審判權欠缺，有緩和審判權欠缺之違背法令嚴苛性必要，仍應肯認判決效力。反之，原確定判決適用之程序法理有誤，且影響判決結果者，即由再審法院（原民事法院）將原確定判決廢棄自為裁判即可，不宜將事件移送於有受理審判權限之管轄法院，以免當事人奔波於不同審判體系法院間，重複循另一審級救濟程序。審判權錯誤而有以再審程序救濟必要者，於再審之訴判決確定前，不影響原確定判決之效力。

欠缺審判權之民事確定判決，本文主張其非當然無效判決，主要理由：

第一、釋字第 115 號解釋，政府依實施耕者有其田條例所為之耕地徵收與放領，人民僅得依行政救濟程序請求救濟，不得以其權利受有損害為理由，提起民事訴訟，請求返還土地。解釋文雖認為，普通法院對此事件所為之相反判決，不得執行。惟解釋文未採納大法官王之倓、景佐綱先生之「普通法院就此事件所為之實體判決無效」之不同意見。

第二、釋字第 540 號解釋意旨，經大法官解釋屬民事事件，而普通法院前以無審判權為由駁回之裁定，乃權限認定有誤之顯有瑕疵，應不生羈束力（拘束力），需回復事件之繫屬並予審判。本號解釋係就審判權之消極衝突所作統一解釋，非積極衝突之解釋，無從援為民事法院之確定判決當然無效之依據。

第三、92 年本法增訂第 182-1 條第 1 項但書，兩造合意願由普通法院為裁判

者，普通法院就該事件有審判之權限。換言之，審判權劃分成為當事人得處分之程序事項，可見審判權劃分已相對化，屬得處分之程序事項，當事人未於訴訟過程中為異議，且於判決確定後未於法定期間內依再審程序聲明不服，自應承認該確定判決之效力。

▶ 第四節　審判權衝突

一　審判權衝突意義

內國司法審判機關行使審判權，先受國際法有關管轄權之限制。其次受憲法權力分立下司法權限範圍限制。末者，審判權行使之目的，在履行保障人民訴訟權義務，審判權之行使，乃手段非目的。審判權衝突，當包括國際管轄權之衝突與內國法院行使審判權權限之衝突❷。此所指之審判權衝突，以後者為限。

審判權衝突和權力分立有關。立法權有法形成自由，行政權有行政裁量、行政判斷餘地，監察權有其固有權限領域，司法權僅在自己權限範圍內享有司法審判權、解釋權，不能逾越權限行使。審判權衝突亦與審判權自我權限劃分有關。同屬司法權內容，憲法已劃分大法官與普通法院法官職權範圍。後者屬立法形成範圍。大法官與普通法院法官審判權亦有衝突之可能，其出現原因發生在大法官所作部分違憲宣告解釋與普通法院法官合憲性限縮解釋部分。

合憲性解釋是普通法院法官具體個案適用法律前之解釋階段，因法律之有效性以合於憲法意旨為前提，合憲性解釋乃法律解釋方法之一，合於憲法意旨之規範解釋方法，限縮了法律文義可及之全部範圍，將與大法官所作法規範部分違憲解釋，在剔除違憲外之合憲解釋範圍，雖兩者功能目的不同，但仍發生作用功能重疊現象。普通法院合憲性解釋，無權宣告規範何部分違憲效果（無效）。此種功能重疊部分，在各類型之審判權，如刑事審判權、民事審判權、行政訴訟審判權，甚或司法懲戒權（含懲戒法院與司法院職務法庭），均可能發生。

審判權衝突，可分為積極衝突、消極衝突。無論何類型衝突，均就同一事件

---

❷ 92年本法於第182-2條增訂，就已繫屬於外國法院之事件，在我國如有承認其效力之可能，且被告之應訴無重大不便者，我國法院得在外國法院判決確定前，裁定停止訴訟程序。本條係國際管轄權之積極衝突，立法承認外國法院就國際私法事件所為確定判決之效力。

之審判權言，不包括不同事件。積極衝突，係指不同審判權體系之法院，就同一事件，均宣稱自己有審判權；消極衝突，則指均宣稱自己無審判權。另一類型之審判權衝突，則非存在於同一事件上，惟屬不同審判權體系之具體審判事件，與其他不同審判權法院受理之其他事件，有共通之先決問題，或以該事件之請求有無理由為先決條件之謂。

二　同一事件與先決問題

審判權衝突分消極衝突與積極衝突。無論是消極衝突或積極衝突，衝突對象（客體）係指同一事件而言。所謂同一事件，並無規範性定義，需視各種不同審判權衝突類型而定。例如民事法院與行政法院間審判權歸屬劃分，雖以公私法關係屬性決定，但同一事件究指原因案件之「案例事實」❼❸，或指審判對象之「法律關係」？行政訴訟法第 2 條，公法上之爭議應依行政訴訟法規定，提起行政訴訟。此公法上爭議，指紛爭事實涉及之法規範之性質，亦需先確定該紛爭事實範圍，以及要否受原告起訴主張之權利或法律關係之拘束。則所謂同一事件，正如傳統訴訟標的理論與新訴訟標的理論之爭，即便採新訴訟標的理論，亦有一、二、三分支說之爭。如前述，釋字第 758 號解釋文，採傳統訴訟標的理論之解釋方法。少數意見，有採以全案例事實涉及之所有法規範之性質，有無對抗國家高權性而定，如為肯定，應由具專業性之行政法院取得審判權。

在審判權衝突方面，如同一事件係指全案例紛爭事實（含兩造攻擊防禦方法），則涉及之所有法規範有對抗高權性，該事件即由行政法院取得審判權。反之，如受原告主張之法律關係拘束，並以發生該法律關係之原因事實為限，則原告起訴主張之法律關係屬私法屬性，或屬公法屬性，即分由不同審判權法院取得審判權。

另一類型之審判權衝突，非前揭所謂「同一事件」之審判權衝突，而是分屬不同審判權之「不同事件」，因各法院之終局裁判，互以其他審判權事件所涉法律關係成立與否，或其法律效力，作為本案請求有無理由之先決條件（先決問題）。

---

❼❸ 臺灣高等法院 94 勞抗 8 民事裁定，指係基礎事實同一，非法律關係。「行政訴訟法第 12 條立法意旨乃因我國採司法二元化制度，同一基礎事實所衍生之民、刑事訴訟及行政訴訟分由普通法院及行政法院審理，難免會有法律見解不同或對於事實之認定互相牴觸之情形發生」。

先決問題之處理，行政訴訟法第 12 條第 1、2 項「民事或刑事訴訟之裁判，以行政處分是否無效或違法為據者，應依行政爭訟程序確定之」、「行政爭訟程序已經開始者，於其程序確定前，民事或刑事法院應停止其審判程序」，換言之，行政爭訟程序優先。但如無行政爭訟程序之繫屬，或當事人不為行政爭訟程序之提出，或行政爭訟程序已被否准，民刑事訴訟爭議事件仍須審理進行，因先決問題為本案請求有無理由之前提條件，或抗辯事由之成立與否，如民刑事法院不併予審查者，即無從為本案終局判決，此情自應併予審理。最高法院往例，認該先決問題，應先依行政爭訟程序確定❼，惟晚近案例，有認得由民事法院就該先決問題併予審查❼。

民事法院有關本案請求之先決問題，如審認對象為公法上行政處分時，公法學者有認僅能審認行政處分之效力，非審認其合法性。行政處分之合法性，其依據如為實體法規定時，則民事法院可審查行政處分之合法性❼。民事審判實務，有關私設道路如未經私設道路土地所有人之同意，行政管理機關擅自舖設柏油路面、路燈、號誌、標線等公共設施，土地所有人依侵權行為、所有物返還請求權法律關係請求行政主管機關予以除去，行政機關如以該私設道路屬既成道路或公用地役關係存在為辯，則民事法院就有關既成道路形成之先決問題（公法上法律關係），可為審查❼。

無論行政法院或民事法院就先決問題所作判斷，對其他法院本案判斷有無拘

---

❼ 最高法院一向認為行政爭訟先決問題須先由行政法院確定後，始得為本案民刑事訴訟程序審判程序實施。例如 93 台上 2014 民事判決，民事或刑事訴訟之裁判，以行政處分是否無效或違法為據者，應依行政爭訟程序確定之；前項行政爭訟程序已經開始者，於其程序確定前，民事或刑事法院應停止其審判程序，行政訴訟法第 12 條第 1 項、第 2 項分別定有明文。由是以觀，民事或刑事法院在行政爭訟程序確定前，既應停止其審判程序，足見行政處分是否無效或違法，應先由行政爭訟程序確定之。倘行政法院對於行政處分之違法性已有認定，民事或刑事法院就此即不得再為實體審查而為相左之認定。又 91 台上 1956、90 台上 523 民事判決意旨同。

❼ 最高法院 109 台上 2492 民事判決。

❼ 學說有認民事法院就先決問題行政處分之合法性無審查權，僅能就其效力為之，但涉及以實體法之規定為依據。必須以處分之合法性為準非以其效力為準者，如國家賠償訴訟或類似徵收之補償訴訟，則普通法院得審查其處分之合法性。見陳清秀，行政訴訟法，2018 年，元照，第 35 頁。

❼ 可參看最高法院 109 台上 2492 民事判決。

束力，亦屬審判權衝突之另一型態。詳如後述審判權積極衝突。

三　消極衝突之解決

㈠聲請統一解釋

　　審判權消極衝突及其解決，著重於應使審判權之決定得以早日確定，以保障人民之受裁判權（有權利斯有救濟）。審判權消極衝突，係指二個以上關涉事件之審判法院，已明確宣示自己對該事件無審判權，且均拒絕為實質上審判之謂。消極衝突之解決，因與人民權利司法救濟途徑——訴訟基本權有關，但尚無任何法院作成實體判決，於不同審判體系法院、當事人間不生判決既判力或拘束力問題，此與積極衝突，其他法院、當事人應否受先為判決效力拘束不同。

　　民事與行政訴訟審判權消極衝突，在審判實務屢見不鮮，110 年 12 月法院組織法增修訂前，本屬大法官統一解釋法令權限，且占統一解釋事件之大宗。當同一事件，普通法院或行政法院以無審判權裁定駁回其訴，另一審判權體系法院亦認無審判權，此等情形，顯非法規範劃分審判權制度之本意，規範本身同樣不容許有二個法院均認其無審判權情形出現❼❽。其解決之道，憲法訴訟法施行前之司法院大法官審理案件法（大審法）第 7 條第 1 項第 1、2 款、110 年 12 月之行政訴訟法第 178 條（現已刪除）及民事訴訟法第 182–1 條第 1 項本文，即定有一套聲請統一解釋之程序規定。聲請之要件，大審法第 7 條第 1 項第 1 款規定「中央或地方機關，就其職權上適用法律或命令所持見解，與本機關或他機關適用同一法律或命令時所已表示之見解有異者」，得聲請統一解釋法令。聲請統一解釋法令，前揭規定，已分別定明係法院義務。例如已刪除之行政訴訟法第 178 條規定，行政法院就其受理訴訟之權限，如與普通法院確定裁判之見解有異時，應以裁定停止訴訟程序，並聲請司法院大法官解釋。上開規定，不以審判權消極衝突為限，包括積極衝突，惟適用情形仍以消極衝突居多。

　　法院組織法修正增訂第 7–1 條至第 7–11 條，就不同審判權法院之審判權劃分，透過立法方式予以界定，且就審判權衝突之積極衝突與消極衝突之解決，有明確規範。各種不同程序法規，如民事訴訟法、行政訴訟法等，亦配合修正（本法配合刪除第 31–1、31–2、31–3 條，修正第 182–1 條、第 249 條），並將審判權衝突終局裁決，由大法官統一解釋法令職權行使，改交由最高法院、最高行政法

---

❼❽ 黃國昌，合意決定審判權歸屬之射程，月旦法學教室，第 50 期，2006 年，第 14 頁。

院或懲戒法院第二審合議庭掌理。

㈡合意決定審判權歸屬

審判權消極衝突，修法後本法第 182-1 條第 1 項但書第 2 款，及修法後法院組織法第 7-4 條就民事法院受理由行政法院移送之訴訟，當事人得合意由民事法院為裁判。

修法前本法第 182-1 條第 1 項但書已有人民得合意該事件由普通法院行使審判權，避免因停止審判聲請統一解釋之曠日廢時。惟有認為，審判權劃分具公益性，不適合當事人合意由普通法院取得審判權，因行政訴訟負有確保國家行政權合法行使之公益性目的，且行政法院判決拘束力主觀範圍不同於民事判決，將公法事件合意交由普通法院依民事訴訟程序審理，形成處分行政處分現象；並主張雖合意普通法院取得審判權已立法實施，但須作限縮解釋，如行政法院已以裁判宣示其有審判權時，即無所謂消極衝突可言❼❾。另最高法院 92 年第 20 次民事庭會議決定事項㈢，亦認此之合意，限於普通法院就其受理訴訟之權限，與行政法院確定裁判之見解有異情形，始有適用。

民事與行政訴訟審判權劃分，以訴訟標的之實體法律關係為準，但公法與私法、公權與私權、權利與反射利益區辨困難，加以公私法請求權競合（含請求權規範競合），或公法關係進入私法，或攻擊防禦方法涉及公私法關係，或互以之為先決條件，行政訴訟審判對行政爭訟事件固較具專業性，對抗國家高權作用事件，先依行政爭訟程序為之，固於法有據。惟上述公私法交錯案例，如堅守專業分流、不能跨越不同審判權領域，對有使用訴訟制度之人民言，恐將奔波於民事、行政法院之間。審判制度目的，在提供人民因營運社會生活紛爭之解決，並期待能獲得公平審判與及時有效之司法救濟，如因案件公法或私法性質之爭議，延誤其訴訟救濟，並不符法治國保障人民訴訟基本權，且各種不同法院審判權，除專業領域不同外，並無優劣或等差評價之理，況跨領域事件，不同審判體系各有專長，肯認當事人得合意選擇審判權法院，不失為有效解決方案之一❽❿。修法後本法及法院組織法之合意選擇由普通法院行使審判權，仍以民事法院受理由行政法院移送之訴訟事件為限，不包括起訴時即有合意選擇權。未來應可考慮朝此方向思考。

---

❼❾ 陳計男，法院對於民事事件與行政事件審判權衝突之解決上若干問題之檢討——民事訴訟法研究會第八十六次研討紀錄，法學叢刊，第 49 卷第 3 期，2004 年，第 148 頁。

❽❿ 釋字第 758 號解釋部分不同意見書，蔡明誠大法官亦肯認合意選擇審判法院之適當性。

四　積極衝突

　　審判權積極衝突，係指數個不同審判權體系法院，就同一事件均認有審判權，而予實體裁判之謂[81]。不同事件分別繫屬於不同審判權體系法院，各事件彼此間如有共同之先決問題，就該先決問題，應由何法院判斷，及其判斷有無拘束力，亦屬審判權之積極衝突。

　　同一事件之審判權歸屬，屬立法規劃，本無審判權積極衝突可言，其如為同一請求目的（給付目的），而有不同公私法規範請求權基礎者，例如釋字第 758 號原因案件情形，該事件已分別繫屬於不同審判體系法院，無論其為積極衝突或消極衝突，如得合併由同一法院合併審理，自屬最佳審理方式。如未予合併，審判權歸屬已生爭議，當俟爭議之終局決定；如未生爭議，各法院亦可曉諭當事人就審判權之歸屬，陳述意見後，作成中間裁判，該中間裁判只受同一審判權體系法院之審級審查，不同審判權法院應受其拘束。換言之，應相互承認不同審判權體系法院就有關審判權歸屬所為裁判之效力，方能迅速解決歸屬爭議，保障人民受適時裁判權。

　　審判權積極衝突，指二個以上不同審判權法院就同一事件均認有審判權之衝突，惟先受理之法院認自己有審判權，依修正後法院組織法第 7-2 條第 2 項規定，訴訟已繫屬於法院者，當事人不得就同一事件向不同審判權之法院更行起訴。並參酌立法理由三意旨：當事人就同一事件，已經向任一法院提起訴訟時，為尊重該法院之處理情形，以及避免裁判分歧，當事人應不得再向不同審判權之法院更行起訴，因此參酌修正前民事訴訟法第 31-1 條第 2 項、行政訴訟法第 12-1 條第 2 項規定，增訂之。質言之，後受理之法院，應各依民、行政訴訟法有關重複起訴禁止規定，為不受理之裁定。如民、行政法院未依規定辦理，並作成實體裁判者，應循審級救濟方式解決[82]。如後受理法院已判決確定者，該判決並非當然無效，修正後法院組織法第 7-2 條第 3 項，法院認其有審判權而為裁判經確定者，其他法院受該裁判關於審判權認定之羈束。此觀諸本條立法理由四，為儘速確定審判權，如法院已認定其有審判權並裁判經確定者，該確定裁判有關審判權

---

[81] 參看自陳計男，前揭文，前揭法學叢刊，第 147 頁。

[82] 按此審級救濟，依法院組織法第 7-5 條第 3 項規定，受移送法院或經終審法院指定之有審判權法院所為裁判，上級審法院不得以無審判權為撤銷或廢棄之理由。

部分之認定對於其他審判權之法院亦有羈束力可明。

五　審判權衝突之緩和

審判權衝突之解決，晚近立法態度，改採緩和處理方式，於相關程序法作調整規定。此改變之基本構想，本於「為儘速確定審判權，如果普通法院已認定其有審判權並進而為裁判經確定者，即不容再由其他審判權法院為相異之認定，應受該裁判之羈束」（參照 98 年本法第 31-2 條修法理由），因而於修法前本法第 31-2 條、行政訴訟法第 12-2 條，作調整往緩和方向立法。調整規範原由，立法理由明揭，為不使訴訟審判權歸屬認定困難之不利益由當事人負擔，如普通法院認其對訴訟無審判權，應依職權以裁定移送至有審判權法院。又為使普通法院有無審判權能儘速確定，如當事人對普通法院有無審判權有爭執者，普通法院應就此部分先為裁定。如普通法院認其無審判權，自應裁定移送，如認其有審判權之裁定確定，其他法院受該確定裁定之羈束。凡此均為審判權劃分之緩和，對人民訴訟權保障，當具正面意義，頗值肯定。

110 年 12 月修正法院組織法、民事訴訟法、行政訴訟法，立法者仍本於上開緩和原則，刪除民事訴訟法第 31-2 條、行政訴訟法第 12-2 條，移列入法院組織法，並在法院組織法第 7-1 條明示，普通法院及其他審判權法院間審判權爭議之處理，適用本章之規定。換言之普通法院（含民、刑事法院）與其他專業法院，如行政法院、懲戒法院、商業及智慧財產法院有關審判權爭議事件之處理，均有適用。

審判權劃分，現代意義係基於法院專業化考量，以提昇裁判品質，但劃分如過於精細嚴格，或強調違背審判權劃分之違背法令，反而有害於人民訴訟權保障及訴訟經濟原則。法院組織法、特別法院組織法，及各種審判程序法，本文前曾建議（本書第二版）修法時，有關法院組織不合法之判決違背法令類型，可將審判權錯誤，予以刪除，僅在審判程序所依循之程序法理援用錯誤，且影響判決結果情形，作為再審事由即足。修正後法院組織法相關規定，顯然有朝緩和普通法院與專業法院審判權劃分方向的修法現象。本法第 469 條第 3 款雖仍保留法院於審判權之有無辨別不當之當然違背法令規定，但增列當事人未於事實審爭執，或法律別有規定者❽❸，不在此限明文。

---

❽❸ 所謂「法律別有規定」，詳見 110 年 12 月本條立法理由。

▶ 第五節　各種審判權之衝突

一　民事審判權與行政訴訟審判權之衝突

審判權衝突不以民事與行政訴訟事件為限，各種不同審判權均可能發生。包括同一事件之積極與消極衝突，或互為先決問題，或有共同之先決問題。民事與行政訴訟審判權衝突，基於專業或因公益性需求，或考慮行政處分合法性審查具高權性質，而由行政法院取得審判權。

二　具高權性審判權之衝突

同具對抗高權性之同一事件，分屬不同審判權體系法院，如何定審判權歸屬。例如有關撤銷假釋行政處分事件，當受撤銷假釋行政處分之受刑人，不服撤銷處分時，其救濟途徑，可循刑事訴訟相關規定，聲請刑事庭撤銷該撤銷假釋行政處分，亦可循行政程序規定救濟。

惟依釋字第 691 號解釋意旨，受刑人不服行政機關不予假釋之決定，其救濟有待立法為通盤考量決定，在相關法律修正前，由行政法院審理。亦即由行政法院取得審判權。其後釋字第 796 號解釋，謂：刑法第 78 條第 1 項，假釋中因故意更犯罪，受有期徒刑以上刑之宣告者，於判決確定後六月以內，撤銷其假釋，因不分受假釋人是否受緩刑或六月以下有期徒刑之宣告，以及有無基於特別預防考量，即一律撤銷其假釋，於此範圍內，因而被宣告牴觸比例原則而違憲。本號解釋又謂，各受假釋撤銷之受刑人如不服撤銷假釋行政處分，得向刑事法庭聲明異議撤銷該違憲之行政處分。亦即此類於違憲範圍內之事件，得由刑事法院將行政處分予以撤銷。

依本號解釋，有關具行政處分性之假釋處分之撤銷，得由刑事法庭為之，因此最高法院 109 台抗 1358 刑事裁定，指出其得撤銷之對象，包括檢察官指揮執行殘刑指揮書，及該指揮書前提之法務部撤銷假釋之司法行政處分。亦即，刑事法庭依刑事訴訟法第 484 條規定，得審查法務部撤銷假釋之決定及檢察官執行殘刑之指揮處分。因此，法務部之撤銷假釋決定成為刑事法院審查對象。當受撤銷假釋處分之受刑人，不服法務部有關撤銷其假釋處分之決定，其司法救濟途徑，即

存在二條路徑，行政爭訟程序與刑事異議程序。此情形，有發生審判權積極或消極衝突之可能。

三　民事審判權與刑事審判權之衝突

審判權衝突同樣可存在於刑事審判權與民事審判權間。權利人聲請發還沒收物、追徵財產，或因犯罪而得行使債權請求權之人已取得執行名義者聲請給付，除應破毀或廢棄者外，檢察官應發還或給付之；其已變價者，應給與變價所得（刑事訴訟法第 473 條第 1、2 項），聲請人就發還、給付之執行不服者，得向諭知該裁判之法院聲明異議（準用同法第 484 條）。換言之，得依刑事訴訟程序向刑事法庭聲明異議。但刑法第 38–3 條第 1、2 項規定，經刑事法庭判決諭知沒收之財產，於判決確定時移轉為國家所有，第三人對該沒收標的之權利不受影響，而犯罪被害人仍保有所有權（刑事訴訟法第 473 條立法理由）[84]。

上開沒收標的之所有人、權利人，如循刑事聲明異議程序請求發還經駁回確定時，因法無明文排除或優先適用刑事沒收之救濟途徑，則權利人或所有人，本於所有權或其他權利，以國家機關為被告，向民事法院提出所有物返還、不當得利，或國家賠償訴訟者，亦無不可。又所有人或權利人向檢察官聲請發還扣押物，經檢察官函復否准者，非不得就該行政處分提出行政救濟程序。亦即，有關刑事扣押物、沒收物之發還。權利人之司法救濟途徑多元，且分屬多數不同審判權體系法院，審判權積極衝突，當可能發生，亦可能同受不同審判體系以無審判權為由拒絕受理，致造成消極衝突。

質言之，因刑事擴大利得沒收範圍，受有財產權益損害者，因權利人之權利、所有權不受影響，其循民事救濟途徑，民事法院不能謂非屬民事審判權範圍，此類情形，同有審判權衝突可言。

---

[84] 最高法院 108 台抗 863 刑事裁定。

第 二 編 ▶

訴訟主體

概　說

　　訴訟關係為原告、被告與法院三者間之關係。民事訴訟係原告與被告間之私權紛爭請求法院裁判解決。於當事人間具有對立性，本於訴訟地位平等原則，於訴訟過程中各自為有利自己之主張、陳述、聲明證據，因而有兩造之對立性。法院關於人民之訴訟行為，本於公法上之義務，對於原告之請求應以裁判為一定之回應，資以解決紛爭。法院於形成裁判前，須先受領當事人所提出之各個訴訟資料，依證據法則認定事實、適用法律。因此訴訟主體除兩造外，法院亦立於訴訟主體地位，形成三面關係。法院固以職司審判之法官為主，但司法事務官於職務移交範圍，行使審判核心以外之司法事務、書記官之固有職務領域，各於其職權範圍內同屬程序主體，本書另將其置於訴訟程序中併予論述。

第一章 法 院

▶ 第一節 通 則

一 法院組織

㈠廣義與狹義法院

　　法院，有廣義法院及狹義法院之分，前者指法院組織法上意義之法院，係國家為行使司法權而設之人及機關；後者為訴訟法上意義之法院，專指對具體案件行使審判權之機關，即獨任法官或合議庭。依我國法院組織法第 1 條之規定，法院分為三級，即最高法院、高等法院、地方法院。我國憲法，雖無特別法院禁止設置明文，惟其成立須依法律規定為之。現有特別法院之建置，如行政法院、智慧財產法院、少年及家事法院。

㈡法院構成員

　　對廣義法院而言，法院之組織成員包括法官、司法事務官、書記官、庭務員、錄事、執達員等。法官之資格取得，除大法官之身分取得屬憲法保留外（憲法第 79 條第 2 項），餘依法律之規定，屬立法形成自由。法官之本質，憲法第 80、81 條保留有二項基本元素，即職務獨立與身分獨立。民事審判，法官依據法律獨立審判，只服從憲法及法律，不受判例與決議拘束；因此於具體個案審判，本於自己法律確信，認為判例或決議牴觸憲法或法律時，不予適用即足，無須停止審判聲請大法官解釋。司法事務官及其他各法院組織成員，雖不受憲法職務獨立之保障，但除法律另有規定外，本於權責相符法理，於自己職務範圍亦獨立行使職權。例如司法事務官之處分裁定、書記官筆錄製作等，均不受法官之指揮監督，如其處分與人民之權利有關者，則須賦予人民司法救濟途徑。

㈢審判機關

　　審判機關之法院，包括獨任制與合議制。合議制，就地方法院合議庭、高等法院之審判機關而言，以三人組成合議庭，最高法院則為五人。我國現制，並無類似德國、日本之大法庭制度。最高法院為統一法律見解，係以民事庭會議做成

決議公告方式為之，但決議制度係將法律見解予以抽象化，該法律見解並不依附於具體個案審判中，非無逾越立法權之議；且法官須依自己法律確信為個案審判，如須受決議法律見解之拘束，顯違反憲法第 80 條規定，並有違權責相符法理。未來立法，審判機關就有法律原則重要性，如有統一民事法律見解，或為完成民事法續造功能必要者，應由大法庭藉由個案審判權行使予以達成，始能符審判權本質。

　　合議庭，由審判長、受命法官與陪席法官組成。審判長為合議庭之主席或代表，有其固有權限，如法庭之開閉及審理訴訟之指揮權、開庭秩序之維持、法庭行為禁止權、裁判評議時之主席等是；又於言詞辯論時，得為發問、曉諭，及闡明權行使。審判長作為合議庭代表所為之行為，並受上級審之監督❶。審判長固為評議時之主席（法院組織法第 102 條），負責綜合及整理各成員之意見，惟其評決權與受命法官、陪席法官平等，無最終決定權，亦不得獨自變更評決結論或評決理由。受命法官為受合議庭委託處理法定事項之成員，由審判長以裁定指定之（第 202 條第 1 項），此裁定屬訴訟程序中審判長職權行使，不得抗告。陪席法官指審判長及受命法官以外之合議庭成員；受託法官則指受審判機關法院之囑託處理受囑託事項者，並非受訴法院成員。本法關於受託法官之規定，例如法院因使辯論易於終結，得於言詞辯論前使受託法官調查證據（第 269 條第 5 款）。對於受命法官或受託法官所為裁定，不得抗告，但其裁定如係受訴法院所為而依法得為抗告者，得向受訴法院提出異議（第 485 條第 1 項）。

二　民事審判權

㈠意　義

　　民事審判權，指特定法院對具體私權爭議事件享有審判權限。審判權行使為國家裁判性作用，由狹義之法院行使。審判權限之具備，為訴訟要件之一，否則法院應以不合法裁定駁回請求。民事審判權之界限，包括人的範圍及物的範圍。人的範圍，凡在我國境內之人，除有治外法權者外，對之均有民事審判權限；物的範圍，則以私權之法律上爭議為範圍。日本最高裁判所關於政黨內部決定內容之當否，例如對黨員之處分，認不屬法院審判權範圍，即不屬物的審判範圍，蓋其非私權之法律上爭議❷。

❶ 新堂著【民訴法 5 版】，第 79 頁。

㈡審判權與管轄權之區辨

我國關於案件之繫屬管轄法院，原則上依立法方式，各於民事訴訟法、刑事訴訟法、行政訴訟法及相關法規範明文定之。換言之，法院管轄多屬法律保留，非經明確授權，司法行政機關無權以命令就管轄權另作劃分，而行使具體案件審判權者，亦不得任意為管轄之移轉，否則有違法定法官原則。

㈢民事審判權與行政訴訟審判權

1.劃分標準

廣義之法定管轄權，包括審判權之劃分。我國審判體系採民事訴訟及行政訴訟（下稱民行政訴訟）二元論，分由不同性質之普通民事法院與行政法院審理，除法律別有規定，如國家賠償法外，審判權劃分各依「法律關係」之不同定之。劃分標準，依大法官釋字第 448、466、540、695、758 號解釋，以「公私法關係」為定。此與行政訴訟法第 2 條所定，公法上之爭議，除法律別有規定外，得依本法提起行政訴訟規定意旨相合。

所謂「公私法關係」之區別標準如何，雖大法官曾做成多號解釋❸，仍無法徹底解決。釋字第 758 號則以就該原因案件❹，原告起訴時主張之「請求權基礎」在實體法上之屬性為準，縱兩造攻擊防禦方法涉及公法關係所生之爭議，亦不受影響。原因案件，土地所有權人既依民法第 767 條第 1 項請求，雖原因事實涉及公法上關係，普通法院仍有審判權。依此意旨，如原告主張依公法上事實行為之結果除去請求權為請求，則由行政法院取得審判權。解釋文係採傳統訴訟標的理論，當私法上與公法上請求權競合時，仍以實體法上請求權為判準，其判決之既判力範圍，亦限於起訴時主張之實體上法律關係。惟本號解釋少數說，採用類似於新訴訟標的理論方法，公私法劃分，須視「請求權基礎涉及之法規範」之特性而定，如法規範有對抗國家高權性質者，縱然原告主張之請求權為私法上請

❷ 日本最高裁判所昭和 63 年 12 月 29 日判決，谷口、井上編【新判例 1】，第 16 頁。

❸ 例如釋字第 695 號解釋意旨指出，行政院農業委員會林務局所屬各林區管理處，對於人民依據國有林地濫墾地補辦清理作業要點申請訂立租地契約未為准許之決定，具公法性質，申請人如有不服，應依法提起行政爭訟以為救濟，其訴訟應由行政法院審判。

❹ 原因案件。原告以被告市政府未經同意在其所有土地鋪設柏油路面供民眾通行，依民法第 767 條規定，向民事法院訴請刨除柏油路面並返還土地。民事法院認係公法關係爭議，裁定移送行政法院審理，而行政法院認係屬普通民事法院權限，因而裁定停止審判，移請大法官為統一解釋。

求權，亦具公法性。少數說之見解，係從原因案件之整體事實可能涉及之法規範全體作為辨別基準，訴訟標的理論係立於新說之「事實出發型」，因此起訴範圍及既判力範圍將及於案例事實全部。依多數說，則原因案件既判力範圍僅及於所有物返還請求權存否，自不及於公法上結果除去請求權之有無；如依少數說，則既判力範圍及於全部❺。

2.權限爭議之處理程序

我國審判制度採民行政訴訟二元論，分由不同屬性法院掌理，行政法院屬專業性、特殊性法院，乃特別法院，其成立須經立法特別許可，因而有行政法院組織法。審判權劃分，依公私法屬性，但因公私法區分標準不同，常難期一般人民得以正確辨別，起訴時之受訴法院之錯誤，本於保障人民訴訟權意旨，須有解決之道，現行民事訴訟法與行政訴訟法，已有若干緩和規定。

民事、行政訴訟審判權之辨別，相當不易。因審判權歸屬判定錯誤發生，致影響人民之訴訟權時，該如何處理？110 年 12 月修法前（下稱修法前、後）本法原參酌行政訴訟法第 12-1 條（現已刪除）相關規定，增訂第 31-1 條至第 31-3 條規定，資以解決。因同年法院組織法增訂第 7-1 條至第 7-11 條就各種審判權歸屬、衝突之解決統一規定，因而刪除本法前開法條，及相關法條修正。除第一編第八章審判權劃分與衝突（總論）介紹外，茲再將民事審判權與行政訴訟審判權劃分與衝突解決說明之。

(1)修正法院組織法

修法前本法第 31-2 條第 1 項原規定，普通法院認其有受理訴訟權限而為裁判經確定者，其他法院受該裁判之羈束。亦即當本案判決確定，縱使普通法院無審判權，該確定裁判對有審判權之法院，仍發生拘束效力；反之，普通法院認其無受理訴訟權限者，應依職權裁定將訴訟移送至有受理訴訟權限之管轄法院，不以聲請為限（第 2 項）。當事人就普通法院有無受理訴訟權限有爭執者，普通法院應先為裁定，該裁定得為抗告（第 3、4 項）。普通法院為無審判權之移送（第 2 項），及審判權爭議裁定（第 3 項）之裁定前，應先徵詢當事人之意見（第 5 項）。另移送前，因有急迫情形時之必要處分（第 29 條），及移送訴訟之裁定確定，視為訴訟自始繫屬於受移送法院（第 31 條）之規定，於無審判權之移送（第

---

❺ 詳請參看拙文，公私法交錯之民事與行政訴訟審判權劃分——大法官釋字第 758 號解釋評析，收載於拙著，民事訴訟法理實踐，2019 年，新學林，第 75 頁以下。

2 項）情形準用之（第 6 項）。本條規定目的，原在保障時效利益。且無審判權之裁定移送確定後，正如同無管轄權裁定移送，因此準用本法第 29、31 條規定，而書記官應速將裁定正本附入卷宗，送交受移送之法院。本法修正，因配合修法後法院組織法增訂第 7-2 條第 3 項、第 7-3 條及第 7-7 條規定，而予刪除。配合法院組織法第 7-1 條以下修正，本法刪除者，有第 31-1、31-2、31-3 條。

(2)本法第 182-1 條規定

　　修法前本法第 182-1 條，係針對普通法院就系爭事件審判權有無之見解，與行政法院確定裁判之見解有異時，明定應先裁定停止訴訟程序，並聲請司法院大法官解釋，惟當事人合意願由普通法院為裁判者，則由普通法院裁判（同條第 1 項），經司法院大法官解釋普通法院無受理訴訟權限者，則應將該訴訟移送至有受理訴訟權限之法院（同條第 2 項）。

　　其後因配合法院組織法增訂第 7-4 條第 1 項之修正，本法本條第 1 項修正為，普通法院就行政法院移送之訴訟認無審判權者，應以裁定停止訴訟程序，並請求最高法院指定有審判權之管轄法院（前段），但移送經最高行政法院裁判確定者，不在此限（但書第 1 款）。但書第 1 款，乃因行政法院移送裁定經最高行政法院裁判確定無審判權者，該審判權爭議已經終審法院判斷，為避免不同審判權之終審法院重複審查、相互尊重，受移送之普通法院即應受該移送裁定羈束，不得再行請求最高法院指定。又當事人就行政法院移送之訴訟，如合意願由普通法院為裁判，普通法院就該事件即有審判權限，自不得再行請求最高法院指定（本條第 1 項修正理由參照），因此訂定本條第 1 項但書第 2 款及同條第 2 項規定。指定審判權事件之請求，因攸關當事人程序利益，同條第 3 項增訂，最高法院於裁定前，應使當事人有陳述意見之機會。

　　同條第 4 項再規定，普通法院就行政法院移送之訴訟為裁判者，上級審法院不得以其無審判權而廢棄之。因普通法院之受移送，既經最高行政法院裁判確定，或經依法院組織法第 7-5 條第 1 項後段規定指定，即取得審判權，普通法院及其上級審法院，均應受移送或指定裁定羈束，惟限於審判權判斷，不包括其他依該訴訟應適用之程序法規及實體法規（立法理由參照）。

　　本條第 1 項適用前提為，就該事件審判權之有無，行政法院已經作成確定裁定表示審判權歸屬普通民事法院，而普通法院就審判權有無之意見，又與行政法院見解有異，即自認無審判權之意，始應依本條規定辦理；如認行政法院送裁定

並無不當者，則應開始為本案審理程序。

(3)法院組織法特別規定

①無審判權之移送及必要處分

　　普通法院受理之事件，如認無審判權者，本法修法前第 31-2 條第 2 項原規定，普通法院應依職權裁定將訴訟移送至有受理訴訟權限之管轄法院。修法係因配合法院組織法增訂第 7-3 條規定，而予刪除。法院組織法該條第 1 項明定，法院認其無審判權者，應依職權以裁定將訴訟移送至有審判權之管轄法院，但其他法律另有規定者，不在此限。有審判權之管轄法院為多數而原告有指定者，移送至指定之法院（同條第 2 項）。當事人就法院之審判權有爭執者，法院應先為裁定（同條第 3 項）。法院裁定前，應先徵詢當事人之意見（同條第 4 項）。第 1 項及第 3 項裁定，得為抗告（同條第 4 項）。

　　移送前必要處分。普通法院認無審判權，為移送訴訟前，如有急迫情形，應依當事人聲請或依職權為必要之處分（法院組織法第 7-7 條第 1 項）；移送訴訟之裁定確定時，視為該訴訟自始即繫屬於受移送之法院，並將卷宗等移送（同條第 2、3 項）。

②自認有審判權

　　普通法院於事件繫屬後自認有審判權，即應開始進行訴訟程序，當事人對審判權亦無不同意見者，從增訂法院組織法第 7-2 條第 1 項，起訴時法院有審判權者，不因訴訟繫屬後事實及法律狀態變更而受影響，及同條第 2 項，訴訟已繫屬於法院者，當事人不得就同一事件向不同審判權之法院更行起訴，暨同條第 3 項，法院認其有審判權而為裁判經確定者，其他法院受該裁判關於審判權認定之羈束等規定以觀，該事件之確定判決當有既判力，亦不得認係違背審判權之劃分。另可參閱第一編第八章第四節四積極衝突之解決。

3.**法律關係之變更追加**

　　公私法法律關係交錯於同一事件時，例如大法官釋字第 758 號案例事實，行政機關於私有土地，以既成道路為由鋪設柏油路面，私有土地所有權人主張依民法第 767 條所有物返還請求權為請求，並請求回復原狀，將鋪設之柏油清除。依本號解釋意旨，請求權基礎為私法上法律關係，應由普通法院行使審判權。惟如原告於法院審理中，追加或變更依行政事實行為結果除去請求權為請求，則審判權之劃分基準，應否受到影響，有無相互移送審理必要，本號解釋並未說明。增

訂法院組織法第 7-2 條第 1 項已明定，起訴時法院有審判權者，不因訴訟繫屬後事實及法律狀態變更而受影響。亦即仍應由原受理之普通法院審理，不因訴訟繫屬中訴訟標的之變更、追加公法上之法律關係受影響❻。

4. 公私法關係事件審判權選擇

公私法關係之法律爭議解決所應依循之程序法理不同，私法部分依民事訴訟法理審理，公法部分依行政訴訟法理處理，法院組織法第 7-5 條第 1 項後段所指之羈束力，不包括訴訟應適用之程序法規及實體法規（立法理由參照）。換言之，各依事件之屬性，分別適用不同規定。惟普通法院並非行政訴訟之專業法院，行政法院亦較不熟悉於處分權主義、辯論主義之民事訴訟程序，則民事與行政法院審判權限劃分之基於專業性考量，或將失其意義。因公私法律關係區辨困難，原告向受訴法院請求受理該類型事件時，晚近學說不乏主張，審判權劃分應採較寬鬆處理方式，於公私法交錯事件，可給予原告有選擇審判權法院之選擇權❼。惟釋字第 540 號解釋，認為「國家為達成行政上之任務，得選擇以公法上行為或私法上行為作為實施之手段。其因各該行為所生爭執之審理，屬於公法性質者歸行政法院，私法性質者歸普通法院。惟立法機關亦得依職權衡酌事件之性質、既有訴訟制度之功能及公益之考量，就審判權歸屬或解決紛爭程序另為適當之設計。此種情形一經定為法律，即有拘束全國機關及人民之效力，各級審判機關自亦有遵循之義務」。換言之，有關審判權劃分，一經法定即具拘束力，有強行法規性質，不能任由當事人選擇行使審判權之法院。修法後法院組織法，並未增訂選擇權，僅有合意由普通法院取得審判權。

5. 重複起訴判斷標準

民事及行政訴訟審判權劃分，係職權上之分工，不同屬性法院之確定裁判一經作成，即有確定判決效力，包括形式上確定力、既判力（實質確定力）、形成力及執行力，以及羈束力。因此修法前本法第 31-1 條第 2 項規定，訴訟已繫屬於

---

❻ 修法前本法第 31-1 條第 1 項規定，起訴時法院有受理訴訟權限者，不因訴訟繫屬後事實及法律狀態變更而受影響。亦即訴訟繫屬中訴訟標的之變更、追加公法上之法律關係，仍由原受理之普通法院審理。

❼ 沈冠伶教授於民事訴訟法研究會第 138 次研討，即再次重申其於 2002 年時之主張，即公私法交錯，可以運用程序法理交錯，承認原告有選擇權，見法學叢刊，第 252 期，2018 年，第 176 頁研討會紀錄。

不同審判權之法院者，當事人不得就同一事件向普通法院更行起訴，修法後法院組織法，亦同（如前述）。違反者（已經行政法院判決確定或已起訴者）❽，應依本法第 249 條第 1 項第 7 款裁定駁回其起訴。

惟是否重複起訴，其判斷標準，係以兩種訴訟所受理之事件是否同一而定，而同一與否之標準，應依訴訟標的決定，非依攻擊防禦方法。行政訴訟之訴訟標的理論，除行政訴訟類型中之撤銷訴訟外，餘與民事訴訟並無不同❾。如民事訴訟起訴之訴訟標的，與現繫屬行政法院之訴訟標的同一者，受繫屬在後之民事法院，應依前揭規定，以起訴不合法裁定駁回。雖則如此，何謂訴訟標的同一（或請求基礎事實同一），而為同一事件，判斷標準涉及前訴審判範圍之認定（既判力主客觀範圍、時間範圍），僅能藉由審判實務及學說理論共同建構。

6.違反審判權限之效果

本法第 249 條第 1 項第 7 款，當事人就已繫屬於不同審判權法院之事件更行起訴者，法院應以裁定駁回之。民事及行政訴訟之審判權劃分，具有強行法性質，如有違背，係本法第 469 條第 3 款法院於審判權之辨別不當之當然違背法令。但普通法院受移送，如經最高行政法院裁判確定，或經最高行政法院依法院組織法第 7–5 條第 1 項後段規定指定，或當事人就普通法院無審判權之事件，依第 182–1 第 1 項第 2 款規定，合意由普通法院裁判，普通法院依法即為有審判權之法院，則其所為判決，自非無審判權之違法判決（第 469 條立法理由參照）。

㈣民事審判權與事務處理權限

民事審判權或事務處理權限，均屬廣義之管轄權，但理論層次略有不同。家事事件之事務審理權限，家事事件法以「處理權限」稱之，以劃分家事法院與普通法院之事務處理權限，例如家事事件法第 4 條處理權限之衝突、第 7 條處理權限劃分規定。就狹義管轄權之概念意義，審判權及事務處理權限需有區隔，例如家事事件法第 6 條第 1 項，法院受理家事事件之全部或一部不屬其管轄者，除當事人有管轄之合意外，應依聲請或依職權以裁定移送於其管轄法院，但法院為統合處理事件認有必要，或當事人已就本案為陳述者，得裁定自行處理。本條之「管轄」，係指同屬家事事件有事務處理權限之法院間管轄權劃分而言，非指家事法院

---

❽ 可參看 98 年 1 月 21 日第 249 條立法理由說明二。

❾ 詳請參看拙文，公私法交錯之民事與行政訴訟審判權劃分——大法官釋字第 758 號解釋評析，前揭書，第 87 頁以下。

（庭）與普通民事法院間之處理權限。因此家事事件法第 6 條第 1 項之授權原無法定管轄權之法院，因統合處理事件之必要，得裁定自行處理而取得管轄權，係立法授權取得「管轄權」，非指取得「處理權限」。

依法院組織法第 7 條，就各法院與其分院間之管轄區域劃分，立法授權由司法行政主管機關（司法院）定之。較特殊者，如家事事件法第 7 條第 2 項：「同一地方法院家事法庭與民事庭之事務分配，由司法院定之」，立法理由謂：「同一地方法院家事法庭與民事庭相互間，關於某類事件之處理權限，乃同一地方法院內部之事務分配問題，因其分配辦法事涉瑣細，亦宜授權司法院另行規定」等語。依本條及立法理由說明，係將此類型之處理權限定性為各法院之內部事務分配，非處理權限之爭議。惟設有家事法院處理家事事件之地區，家事法院就家事事件之處理權，乃家事審判權之意，正如同普通民事法院與行政法院之審判權劃分，此部分之權限爭議，可類推適用前述民行政事件審判權之爭議程序。未設家事法院而由同一地方法院分設家事法庭與民事法庭者，雖組織隸屬同一地方法院，實質上為家事事件與普通民事事件處理權限之劃分（審判權劃分），要非內部事務分配。亦即家事法庭與民事法庭，兩者間無所謂「案件處理權限之事務分配」可言。依此，家事事件法第 7 條第 2 項之規定，應指同一法院內部家事法庭與民事法庭，「法庭人員組織」之事務分配，即法院組織法第 79 條之年終事務分配範圍，惟立法理由說明卻謂「關於某類事件之處理權限，乃同一地方法院內部之事務分配問題」，將處理權解為「內部事務分配」，不無造成相同事件，因家事法院之設立有無而異其程序，並影響第 469 條第 3 款之適用，有違平等原則。

三 管轄權

管轄權，指國內各法院就民事審判權之分擔行使，即以民事審判權存在為前提，就各個具體民事事件依法分配，由各法院分別行使審判權權能之謂。至管轄權之有無，一般係依程序法之規定，屬法定法官原則一環；惟如有違背者，除違背專屬管轄規定外，並非當然違背法令。各法院以管轄權存在為要件，故亦為訴訟要件之一。法院就繫屬之民事事件，無管轄權者，應依聲請或依職權以裁定移送於有管轄權法院（第 28 條第 1 項）。

▶ 第二節　法院之管轄

一　管轄分類

管轄之分類，依發生事由可分為：法定管轄、指定管轄、合意管轄、應訴管轄。法定管轄，指法律之規定而發生之管轄，再因分擔基準不同，又有職務管轄與土地管轄之分。前者，依各法院功能之不同而為管轄之分擔，又可分為審級管轄與事務管轄；例如少年及家事法院與普通民事法院管轄之劃分，即為事務管轄。後者，指同種類法院依所在地之不同而分擔之管轄。指定管轄者，因共同之上級法院指定而發生之管轄。合意管轄，係因當事人之共同意思而發生之管轄。應訴管轄，又稱擬制合意管轄，即被告不抗辯該法院無管轄權仍為本案言詞辯論，使該法院因而取得管轄權。選擇管轄，指同一訴訟事件，數法院均有管轄權，當事人得任意選擇其一之謂，或稱為審判籍之競合，例如被告住所法院與侵權行為地法院均有管轄權時，原告得任向其中一法院起訴（第 22 條）。選擇管轄，其他有管轄之法院之管轄權並未因之而喪失❿。另有裁量移送管轄，指有管轄權之法院，為避免訴訟之遲滯或權衡兩造之利益，而以裁定將已繫屬之訴訟移送於其他有管轄權之法院，例如日本民事訴訟法第 17 條之裁量移送規定。我國家事事件法第 6 條第 1 項定有無管轄權之法院，認有統合處理家事事件必要，法院得裁定自行處理，因此而取得管轄權者。

二　專屬管轄

乃法定管轄中，為求審判之正確、迅速或因公益目的需求，不許當事人任意與法定管轄為不同管轄之意思者。專屬管轄一般而言，須法律有明定者。土地管轄或職務管轄中，明定為專屬者，如不動產物權事件（第 10 條）、再審之訴（第 499 條）、督促程序（第 510 條）、撤銷除權判決事件（第 551 條）、第三人撤銷訴訟事件（第 507-2 條）、家事身分關係訴訟事件（家事事件法第 52、61 條）；又本法以外明定為專屬管轄者，如破產訴訟事件。職務管轄係法院職務權限之規定，

---

❿ 反之，為優先管轄。即同一訴訟事件數法院均有管轄權，如法律規定，以當事人所選擇之最初法院有管轄權者，即有優先管轄。

性質上當然為專屬管轄,無待明定其專屬管轄。任意管轄與專屬管轄相反,係因當事人之便宜、公平而定之管轄,以保護私益為目的,得因當事人之意思及態度而變更法定管轄。專屬管轄有排他性,不生與其他法定管轄競合問題。裁定管轄移送一經確定,受移送法院不得再以裁定將之移送他法院,但違背專屬管轄者不在此限(第 30 條第 2 項但書)。例外者如家事事件法第 6 條第 5 項,受移送確定之法院不得以違背專屬管轄為由,再裁定移送他法院。

違背專屬管轄係上訴第三審理由。第二審法院不得以第一審無管轄權而廢棄原判決,但違背專屬管轄者,不在此限(第 452 條)。違背專屬管轄規定者,判決當然違背法令,得為上訴第三審理由(第 469 條第 3 款)。

三 職務管轄

因法院職務行為對象之不同而定之管轄,稱職務管轄,有審級管轄與事務管轄之分。審級管轄與法院審級制度有關,不得任意由當事人或法院之意思而變更❶❶。審級制度以三級三審制為原則,並依法院組織法或各程序法相關規定。例外採三級二審,甚或無審級救濟者。上訴管轄法院,因事件之不同而有不同審級救濟規定者,屬立法形成自由。例如簡易訴訟事件,第二審上訴由地方法院或其分院之合議庭為管轄,第三審之上訴,則由最高法院管轄(第 436-1、2 條)。

就事務管轄言,本法就特定事件,設有特別之事務管轄者,如再審事件(第 499 條)、第三人撤銷訴訟事件(第 507-2 條)、督促程序(第 510 條)、保全程序(第 524 條);又,普通法院與特別法院就處理民事事務權限之劃分問題,亦可歸類為事務管轄❶❷,例如智慧財產事件、家事事件是。特別法院成立須經由立法方式為之,其得處理之事務,係以法律明定或授權命令移交之事務為限,例如家事事件法第 2、3 條之規定。違背事務管轄規定之判決,並非違背專屬管轄,無第 452 條規定適用,第二審不得以之為廢棄理由;其亦不屬判決當然違背法令,不

---

❶❶ 家事事件法第 41 條第 3 項有不同規定;即為統合家事事件紛爭之解決,當事人或法院得將繫屬第一審法院之家事事件,裁定移送繫屬最先之第二審法院。

❶❷ 德國採四級三審制。於定第一審訴訟事件管轄法院時,須按事件之性質、金額,分由區法院或地方法院管轄,亦屬事務管轄。我國採三級三審制,無此分類必要。惟地方法院或其分院受理第一審訴訟事件,將部分事件歸入為小額或簡易訴訟事件,因仍為同一法院管轄,僅分別適用不同審理程序而已,與德國之職務管轄屬各法院管轄權劃分者不同。

得持為上訴第三審理由。惟如其所適用之程序法有誤，例如普通法院違背事務管轄，誤家事事件為普通民事事件，且未依家事事件法規定審理者，上訴審法院仍應予糾正；如有維護審級利益必要者，得依家事事件法第 51 條準用本法第 451 條規定，將原判決廢棄、發交家事法院審理。

四　土地管轄

㈠意　義

土地管轄指同種類法院，因其所在地之不同，定其分擔同種類職務而定之管轄；亦即同一種類法院，執行審判職務之區域界限之謂。定土地管轄之基準，以事件之審判籍所在地為區分，因此土地管轄與審判籍發生連結，而定法院管轄。所謂審判籍，又與事件之當事人或訴訟標的物有關之特定地點，如事件當事人之住居所或標的物之所在地或履行地有關。

㈡審判籍

審判籍，有普通審判籍與特別審判籍之分。

1.普通審判籍

定普通審判籍，以保障被告公平應訴權利為考量。亦即依被告之生活所在地，為審判籍，而非以事件之種類而定。訴訟事件發生時，原告應向被告生活所在地法院起訴，此為以原就被原則。自然人以其住所地、居所地、中華民國住居所、中央政府所在地之法院有管轄權（第 1 條）。法人及其他團體則以其所在地、主要事務所或營業所所在地法院為管轄法院（第 2 條）。

2.特別審判籍

相對於普通審判籍者為特別審判籍，係就特別事件而定之審判籍。特別審判籍在與普通審判籍發生管轄競合時，特別審判籍除專屬管轄外，並無排除普通審判籍作用，原告得選擇任一法院起訴（63 台上 1863、22 抗 531 判例）。學說之分類有將特別審判籍分為：該特別事件與其他事件無關之獨立審判籍，及與其他事件有關聯之關聯審判籍。前者，例如本法第 3 條之因財產權涉訟者，得由可扣押之財產或請求標的所在地之法院管轄。獨立審判籍與普通審判籍，可能發生管轄競合關係，此時為原告便宜起訴目的，得任選擇其一審判籍法院起訴，但同時有使被告住所地之普通審判籍，因原告之選擇而被故意排除之虞。為解決此問題，立法形成設計可為裁量管轄之移送。關聯審判籍，指以一訴為數請求之合併請求

審判籍。例如某一法院對其一請求有管轄權時,對其他請求雖原無管轄權,因合併請求之故,得同為一併審理。又如共同訴訟,訴訟標的之權利或法律關係,於該當事人共同者,基於同一事實上及法律上之原因起訴,亦同。

　　本法所定之特別審判籍,種類繁多。因財產權涉訟之特別審判籍,如:對於在我國無住所或住所不明之人,因財產權涉訟者,得由被告可扣押之財產或請求標的所在地之法院管轄 (第3條第1項);被告可扣押之財產或請求標的為債權者,以債務人住所或該債權擔保之標的所在地法院管轄 (第3條第2項);對於生徒、受僱人或其他寄寓人,因財產權涉訟者,得由寄寓地之法院管轄 (第4條);對於軍人或海員因財產權涉訟者,得由其公務所,軍艦本籍或船籍所在地之法院管轄 (第5條)。對於設有事務所或營業所之人,因關於其業務涉訟者,得由該事務所或營業所所在地之法院管轄 (第6條)。因船舶涉訟之特別審判籍,如:因船舶或航行涉訟者,得由船籍所在地之法院管轄 (第7條);因船舶債權或以船舶擔保之債權涉訟者,得由船舶所在地之法院管轄 (第8條)。因社員資格涉訟者,得由該團體主事務所或主營業所所在地之法院管轄 (第9條第1項);團體或其債權人或社員,對於團體職員或已退社員有所請求而涉訟者,準用前項規定 (第9條第2項)。

　　因不動產涉訟之特別審判籍,如:因不動產之物權或其分割或經界涉訟者,專屬不動產所在地之法院管轄 (第10條第1項)。此為專屬管轄規定,因不動產所在地法院就該不動產之情事較為熟稔,且與公益有關之故。其他因不動產涉訟者,得由不動產所在地之法院管轄 (第10條第2項)。對於同一被告因債權及擔保該債權之不動產物權涉訟者,得由不動產所在地之法院合併管轄 (第11條)。所謂因不動產物權涉訟,除所有權外,其他關於不動產物權,如不動產役權、地上權、質權、抵押權均屬之。民法第767條之所有物返還請求權、妨害除去請求權及妨害預防請求權亦同。惟如因買賣、贈與或其他關於不動產之債權契約請求履行,不屬之 (71台上4722判例)。不動產經界之訴,即定不動產界線或設置界標之訴,請求確定至一定界線之土地屬自己所有,為確認不動產所有權之訴,非不動產經界之訴 (27上1451判例)。

　　因契約涉訟者,如定有債務履行地,得由該履行地之法院管轄 (第12條)。本於票據有所請求而涉訟者,得由票據付款地之法院管轄 (第13條)。本於票據之請求指付款請求權與追索權,不包括利益償還請求權,以及因票據原因關係涉

訟之訴。

　　因關於財產管理有所請求而涉訟者，得由管理地之法院管轄（第 14 條）。因侵權行為涉訟者，得由行為地之法院管轄（第 15 條第 1 項）。行為地，包括一部實行行為或其一部行為結果發生地（56 台抗 369 判例）。因船舶碰撞或其他海上事故，所生損害賠償訴訟，得由受損害之船舶最初到達地，或加害船舶被扣留地，或其船籍港之法院管轄（第 15 條第 2 項）。因航空器飛航失事或其他空中事故，請求損害賠償訴訟，得由受損害航空器最初降落地，或加害航空器被扣留地之法院管轄（第 15 條第 3 項）。海難救助涉訟，得由救助地或被救助之船舶最初到達地之法院管轄（第 16 條）。因登記涉訟者，得由登記地之法院管轄（第 17 條）。

　　因自然人死亡而生效之行為涉訟者，得由該自然人死亡時之住所地管轄（第 18 條第 1 項）。惟因自然人死亡發生繼承關係，家事事件已有特別規定管轄法院者，依其所定之特別審判籍。例如屬家事事件法第 70 條之因繼承回復、遺產分割、特留分、遺贈、確認遺囑真偽或繼承人間因繼承關係所生請求事件，得由繼承開始時被繼承人住所地之法院或主要遺產所在地之法院管轄；被繼承人於國內無住所者，得由其在國內居所地之法院管轄。如屬同法第 127 條第 1 項之關於遺產清冊陳報、債權人聲請命繼承人提出遺產清冊、拋棄繼承、無人承認之繼承、保存遺產、指定或另行指定遺囑執行人等家事非訟事件者，以及其他繼承事件（如大陸地區人民繼承臺灣地區人民之遺產事件），專屬繼承開始時被繼承人住所地法院管轄；如屬第 127 條第 2 項之保存遺產家事非訟事件者，得由遺產所在地法院管轄。

　　自然人死亡時之該住所地法院不能行使職權，或訴之原因事實發生於該自然人居所地，或其為中華民國人，於死亡時，在中華民國無住所或住所不明者，其管轄法院準用第 1 條規定（第 18 條第 2 項）。因遺產上之負擔涉訟，如其遺產之全部或一部，在第 18 條所定管轄區域內者，得由該法院管轄（第 19 條）。

　　共同訴訟之被告數人，其住所不在一法院管轄區域內者，各該住所地之法院俱有管轄權（第 20 條），此為關聯審判籍。本條並不適用於本法第 53 條第 3 款所定之共同訴訟情形。多數有管轄權之法院，原告有自由選擇起訴法院之權（18 上 2231 判例）。但依第 4 條至前條規定有共同管轄法院者，由該法院管轄（第 20 條後段）；此一規定，非專屬管轄性質。

五　合意管轄

㈠意　義

合意管轄，指依當事人之合意定其管轄。承認合意管轄在於尊重當事人訴訟主體地位，兼顧各法院事務分擔之平衡公益。合意管轄受一定限制，其以第一審法院為限（第 24 條第 1 項）。不同審級之職務管轄，不得為合意管轄。事務管轄亦因事務之性質定其管轄法院，其或基於專業性，合意管轄亦受一定條件限制，例如家事事件不允任意合意由普通法院管轄（家事事件法第 5 條）。合意管轄以關於由一定法律關係而生之訴訟為限（第 24 條第 1 項）。當事人合意未來所有之訴訟由該法院管轄者，因有害被告管轄利益而為無效；但就某特定法律關係而生之訴訟而為合意，其範圍明確，則無不可。至於合意排除某一管轄法院者，非此所謂之合意管轄。合意管轄限於非專屬管轄（第 26 條）。

㈡合意方式及時期

合意管轄須以書面為之（第 24 條第 2 項），以確保當事人意思真意，避免引起爭議。合意管轄如與私法上契約同時約定者，仍屬訴訟法上契約性質，私法上契約有無效或撤銷原因，不當然影響合意管轄約定。合意之時期，法未特別限制，已向法定管轄法院起訴者亦得再行為合意管轄之約定；但因管轄恆定，原有之管轄法院並非因而喪失管轄權，應解為係當事人合意請求為管轄之移送❸。

㈢合意之效力

當事人為管轄之合意，僅在當事人間發生效力，原則上不及於第三人，但對破產管理人及一般承繼人有拘束力，訴訟擔當人亦應受合意之拘束。合意管轄雖為另一獨立之訴訟契約，但如與私權契約同時訂立且與之不可分，或因變更管轄合意使實體權變更者，其合意對繼受訴訟標的法律關係之特定繼受人，亦有拘束力。

下述合意管轄有無排除法定管轄之效力。合意管轄可分為二類，即附合合意與專屬合意。前者，指除法定管轄法院外，得為增加管轄法院之合意；後者，指除合意管轄法院外，排除其他法定管轄法院之合意。依此，專屬合意有排除法定管轄效果，但為避免強凌弱，如其約定顯失公平者，得依第 28 條第 2 項為移送之聲請。雖為專屬合意，但無排除法定專屬管轄效力（第 26 條），當事人即便有專屬合意，受訴法院仍應以無管轄權為由，裁定移送至專屬管轄法院。

---

❸ 另有學者持不同見解，陳著（上），第 65 頁。

六　應訴管轄

被告不抗辯法院無管轄權，而為本案之言詞辯論者，以其法院為有管轄權之法院（第 25 條）。應訴管轄權之發生，與合意管轄同，限於非專屬管轄事件（第 26 條），並以第一審管轄之事件為限。所謂本案，指訴訟標的權利或法律關係存否之事項為辯論，被告雖已為駁回原告之訴之聲明，惟如其係以訴訟要件欠缺為由者，或聲請法官迴避、聲請展延辯論期日，均非為本案之言詞辯論。已為本案言詞辯論，不以言詞辯論期日為限，準備程序期日同可發生應訴管轄效力。又訴訟代理人所為者，亦包括之。

七　指定管轄

係具體事件之管轄法院不明確時，因當事人之聲請或受訴法院之請求，由該關係法院之共同上級法院，以裁判定管轄法院之謂。故因共同上級法院之指定而生之管轄，稱為指定管轄。指定管轄原因，依本法第 23 條第 1 項規定，包括：有管轄權之法院，因法律或事實不能行使審判權，或因特別情形，由其審判恐影響公安或難期公平者；因管轄區域境界不明，致不能辨別有管轄權之法院者。所謂管轄區域境界不明，係指管轄區域相毗連而不明其界線之所在而言，被告所在不明，非此所指管轄區域境界不明（44 台聲 30 判例）。如直接上級法院不能行使職權者，依第 23 條第 2 項，由再上級法院指定之。指定管轄之聲請或請求，得向受訴法院或直接上級法院為之；聲請或請求再上級審法院指定者，得向受訴法院或再上級法院為之　（第 23 條第 3 項）。　上級法院或再上級法院關於指定管轄之裁定，不得聲明不服（第 23 條第 4 項）。

八　管轄之調查

㈠調查之方法

管轄權之有無為訴訟要件之一，受訴法院應依職權調查證據。但法院調查結果仍不能認該事件之管轄法院者，應裁定駁回原告請求，因此管轄權存在之利益在原告，其就受訴法院有管轄權之原因事實，仍依舉證責任分配法則由原告負舉證之責。

㈡管轄恆定

定管轄權有無，以起訴時為基準（第 27 條）。起訴後定管轄之情事有變更，該法院亦不失其管轄權（22 抗 391 判例），此為管轄恆定原則。起訴時，係指訴訟繫屬之時。訴訟於特定法院繫屬者，該法院法官之職務義務因而發生。至於訴訟繫屬之時期，學說有不同見解，有認指訴狀提出於法院，亦有認須送達於被告時為準。

九　訴訟之移送

㈠意義及原因

訴訟之移送，指在該移送法院所生之訴訟繫屬，因移送之裁判，而移至其他法院之謂。受訴法院將已繫屬事件移送他法院之原因，有：無管轄權之移送；即訴訟之全部或一部，法院認為無管轄權者，依原告聲請或依職權以裁定移送於其管轄法院（第 28 條第 1 項）。法院認無管轄權，與欠缺其他訴訟要件不同，不得逕以訴不合法駁回，應依原告聲請或依職權裁定移送。移送之機能，以原告之利益為出發，因得以免其另向有管轄權法院起訴，而負擔訴訟費用損失，並使時效中斷效果及期間遵守之利益，得以維持。因職務管轄錯誤，誤向上級審起訴者，上級審應為移送有管轄權之第一審法院之裁定。例如在第二審提起主參加訴訟，須以本訴訟中兩造為共同被告，如不具備此訴訟要件，惟已具備獨立訴之要件時，第二審法院仍應以裁定將該訴訟移送於第一審管轄法院（73 台上 856 判例）。

因衡平兩造利益而裁定移送者，即第 24 條之合意管轄，當事人之一造為法人或商人，依其預定用於同類契約之條款而成立，按其情形顯失公平者，他造於為本案之言詞辯論前，得聲請移送於其管轄法院。但兩造均為法人或商人者，不在此限（第 28 條第 2 項）。此外，基於處分權主義，已繫屬有管轄權法院之事件，因兩造之合意管轄，應視為兩造已有聲請管轄移送之合意，法院應為移送之裁定。

㈡移送之裁定及效力

關於移送訴訟聲請，法院認為不合法或無理由者，應以裁定駁回其聲請，移送訴訟之聲請被駁回者，不得聲明不服（第 28 條第 3 項）。有理由者應為移送之裁定。移送訴訟之裁定確定時，受移送之法院受其拘束，不得更移送他法院（第 30 條第 1 項），當然亦不得將之移回移送法院。惟專屬管轄事件，受移送之法院非專屬管轄法院者，得更移送專屬管轄法院（第 30 條第 2 項）。所謂得更移送專

屬管轄法院，包括原裁定移送法院，受移送法院更行移送方式，審判實務即於裁定主文諭知「本件移送於〇〇法院」即可，非將移送法院之移送裁定廢棄（最高法院 112 台聲 41 裁定）。日本民事訴訟法第 22 條亦有移送裁判之拘束力規定 ⓮。

移送裁定確定時，視為自始即向受移送法院起訴（第 31 條第 1 項），因此有中斷時效及遵期起訴效力。移送訴訟前如有急迫情形，法院應依當事人聲請或依職權為必要之處分（第 29 條）。所謂必要處分，指保全證據或假扣押假處分等情形（70 台聲 201 判例）。無管轄權法院移送前所為之訴訟行為，有認基於訴訟繫屬一體性，其效力存續者；有認除違反專屬管轄，餘均有效者；有採否定說者，認為有管轄權為法院本案審理之前提要件，無管轄權法院之審理如生拘束力，即與理論不合 ⓯。移送裁定確定後，法院書記官應速將裁定正本附入卷宗，送交受移送之法院（第 31 條第 2 項）。

十　管轄違背之效果

管轄權之違反，視違背之情況而定，一般而言，專屬管轄規定與公益有關，其違背亦為當然違背法令（同條款）。違背專屬管轄以外管轄規定者，則不得以之為廢棄原判決之理由，亦非當然違背法令或提起再審之事由（第 452 條第 1 項、第 469、496 條）。

▶ 第三節　法院職員之迴避

一　迴避之法理

法官依據法律獨立審判，為憲法所明定，亦為法治國原則之一。法官就具體事件行使審判權，人民有受公正審判權利，如法官與審判事件之當事人或與該事件有特殊關係，為保障當事人免於受不公正審判影響，法律即有設立法官迴避制度，以建立審判制度之可信賴性。又法官迴避，可分為法官自行迴避與聲請法官

⓮ 日本民事訴訟法第 22 條關於移送裁判之拘束力，原未明定不得更為移送，但學說採拘束力肯定說，認為如准再為移送，恐遲滯訴訟。三宅等編【注解 1】，第 206 頁。惟現行法於同條第 2、3 項已明示不得再為移送，且其移送有自始繫屬效力。

⓯ 三宅等編【注解 1】，第 207 頁。

迴避。

二　法官自行迴避

㈠自行迴避

　　法官因有法定事由，當然不能執行該事件之審判職務，稱為自行迴避。有自行迴避原因者，無待乎當事人之聲請，亦無論法官或當事人是否知悉迴避原因存在，均應迴避；其仍然執行審判職務者，當事人亦得聲請迴避（第 33 條第 1 項第 1 款）。自行迴避原因，有因法官與當事人有特殊之人的關聯者，或因與事件有特殊關聯者。

㈡自行迴避原因

　　法官自行迴避原因，本法第 32 條規定原因，共有七款，可分為二類：

1. 特殊人之關聯者

　　法官與事件之當事人有人之特殊關係，致可能危害審判之公正者。其情形如：法官或其配偶、前配偶或未婚配偶，為該訴訟事件當事人（第 1 款）；法官為該訴訟事件當事人八親等內之血親或五親等內之姻親 ，或曾有此親屬關係者 （第 2 款）；法官或其配偶、前配偶或未婚配偶，就該訴訟事件與當事人有共同權利人、共同義務人或償還義務人之關係者（第 3 款）；法官現為或曾為該訴訟事件當事人之法定代理人或家長、家屬者（第 4 款）；法官於該訴訟事件，現為或曾為當事人之訴訟代理人或輔佐人者（第 5 款）。

2. 特殊事件之關聯者

　　法官於該訴訟事件，曾為證人或鑑定人者（第 6 款）。本款所定應自行迴避原因，在於避免法官之預斷。

　　法官曾參與該訴訟事件之前審裁判或仲裁者（第 7 款）❶❻。所謂參與前審裁判之範圍為何，文義並不明確。最廣義之解釋，認為凡參與該應迴避審級之前所有各審級裁判之法官，就該事件恐已形成預斷，即須迴避。換言之，迴避原因在避免預斷。依此，應迴避之法官範圍過廣，亦係對法官公正性之不信任。較可接受之解釋乃，本款規定目的在於維護審級救濟功能，而與第 6 款法官曾為證人、鑑定人應迴避以避免預斷者有別。所謂保障審級救濟制度功能，係指上下級審間而言，同一審級間因非審級救濟目的存在，無迴避問題。例如參與第一審審判法

---

❶❻ 現行本法第 32 條第 7 款已刪除「更審前之裁判」。

官甲，該事件經第二審廢棄發回者，甲法官於發回後之第一審與之前其參與之第一審為同一審級，非本款所稱之前審裁判，無須迴避。又此所稱之前審，指該上訴聲明不服事件之下級審言，因此在上級審參與廢棄發回裁判之乙法官，在下級審亦無須迴避。至於參與更審前之下級審法院裁判法官，於更審後之上級審要否迴避問題，例如丙法官在第二審參與裁判，於該事件上訴第三審，經第三審廢棄發回第二審，第二審由丙法官以外之其他法官參與裁判，後當事人不服上訴第三審，此時丙法官調往第三審，於第三審要否迴避之問題。審級救濟目的，法官須自行迴避之法理，係以「法官不能審查自己之判決」為出發，德國民事訴訟法第41條第6款之規定，學說亦解為「任何法官所參與之判斷，自己不能在審級救濟程序中再親自參與」。法官之自行迴避須符合：法官所參與之判決，成為該應迴避被審查之判決，如在上級審所參與之判決雖為同一事件，但非自己先前在下級審所參與之判決者，即無須迴避；法官應迴避之「審」，為審查該被提起上訴判決之直接上級審而言，非直接審查該判決之上級審，因非自己審查自己判決，亦不在迴避之列，例如參與第一審審判之法官，其判決經第二審法院判決後，上訴第三審時，參與第一審審判之法官，因第三審所審查對象，為第二審之判決，亦無須迴避。

　　第三審廢棄發回第二審者，本法無如日本民事訴訟法第325條第4項經第三審廢棄發回之裁判，參與發回前第二審裁判之法官不得參與發回審裁判之特別規定，故無須在該發回後第二審迴避。

　　再述再審程序之迴避問題。對於確定之第二審判決提起再審之訴者，該事件之第一審判決，對於第二審之再審程序，實務見解認為屬前審裁判，參與第一審判決之法官，於第二審之再審程序應自行迴避（23上1141判例）。日本實務認為，再審程序之於原確定裁判程序係同一審級，不在迴避之列❶。釋字第256號解釋文表示，為維審級救濟利益及裁判公平，參與該確定終局判決之法官，於再審程序，應自行迴避，但各法院法官員額有限，參考行政訴訟法第6條第4款（現行法第19條第6款）規定，其迴避以一次為限。例如對於再審確定終局判決及原確定終局判決又合併提起再審之訴者，僅參與再審確定終局判決之法官須迴避，而參與原確定終局判決之法官則否。此解釋與前開日本實務見解不同；惟再審由同審級法院審理，亦具確定錯誤裁判糾正功能，如未因此剝奪其審級救濟利

---

❶ 日本大審院昭和18年6月22日判決；最高裁判所昭和39年9月4日判決。

益者，並無禁止參與原確定裁判之法官審理必要。

　　前審裁判，係被上訴聲明不服之裁判，固指前審之終局判決而言，但如影響終局判決判斷之裁判，如參與中間裁判之法官，於上級審亦應迴避，以使審級救濟功能得以發揮。參與訴之變更許否之裁判亦同；但如僅參與訴訟指揮之裁判則否。參與者，指對事件裁判因判斷作用之裁判評議而言。評議以外之言詞辯論程序或準備程序之參與，均不屬之。

三　聲請法官迴避

㈠意　義

　　係法官有當然迴避以外之原因，例如其執行職務有妨害公正審判之情形存在，或法官有當然迴避原因，而不自行迴避者，由當事人聲請法官迴避之制度。

㈡聲請迴避原因

　　聲請法官迴避原因有：法官有當然迴避原因，不自行迴避者；法官因一定情事，足認其執行職務有偏頗之虞者（第 33 條第 1 項第 1、2 款）。實務認為，所謂一定情事，指法官對於訴訟標的有特別利害關係，或與當事人一造有密切之交誼或嫌怨，或基於其他情形客觀上足疑其為不公平之審判者。若僅當事人主觀臆測，或不滿意法官進行訴訟遲緩，或認其指揮訴訟欠當，尚不得謂其有偏頗之虞（69 台抗 457 判例）。當事人合意停止訴訟後，法官復通知續行訴訟（49 台抗 36 判例）；或聲請假處分，法官不調查當事人是否適格，又不命其提供擔保（31 抗 732 判例）；或審理期日，法官較少為發問或曉諭者，均不得因此認執行職務有偏頗之虞（21 抗 851 判例）。當事人曾指摘法官之執行職務，亦不得遽認該法官因此與有嫌怨（27 抗 552 判例）。

㈢聲請時期

　　當事人如已就該訴訟有所聲明或為陳述後，不得聲請法官迴避，但迴避之原因發生在後或知悉在後者，不在此限。聲請迴避，以使該法官不執行職務為目的，事件已為終局判決，即不得再行聲請（27 抗 423 判例）。辯論終結後，發見法官有聲請迴避之原因而聲請迴避，因事件未終結，如無本法第 37 條第 1 項但書之情形者，應停止訴訟程序，不得為終局裁判（73 台上 3385 判例）。

㈣聲請迴避之程序

　　聲請法官迴避，應舉其原因，向法官所屬法院為之（第 34 條第 1 項）。聲請

人應自聲請之日起三日內釋明迴避原因，如迴避原因發生在後或知悉在後者，就該事實同應釋明（第 34 條第 2 項）。被聲請迴避之法官，對於該聲請得提出意見書（第 34 條第 3 項）。被聲請迴避之法官，以該聲請為有理由者，毋庸裁定，應即迴避（第 35 條第 3 項）。法官迴避之聲請，由該法官所屬法院以合議裁定之；其因不足法定人數不能合議者，由兼院長之法官裁定之；如並不能由兼院長之法官裁定者，由直接上級法院裁定之（第 35 條第 1 項）。被聲請迴避之法官，不得參與裁定（第 35 條第 2 項）。聲請法官迴避經裁定駁回者，得為抗告，其以聲請為正當者，不得聲明不服（第 36 條）。

㈤聲請迴避之效力

聲請法官迴避目的在排除其職務執行，如經聲請仍執行職務，聲請目的將不能完成，因此法官被聲請迴避，在聲請事件終結前，應停止訴訟程序（第 37 條第 1 項前段）。所謂該聲請事件終結，係指當事人聲請迴避事件，經法院裁定確定，或因其他事由而終結者而言（78 台上 1943 判例）。惟其聲請因違背第 33 條第 2 項，或第 34 條第 1 項或第 2 項之規定，或顯係意圖延滯訴訟而為者，不在此限（第 37 條第 1 項後段）。停止訴訟程序中，如有急迫情形，例如證據保全、假扣押命令，仍應為必要處分（第 37 條第 2 項）。前開之必要處分作成後，如聲請迴避有理由者，有認為無效，但通說認為仍為有效[18]，因法律規定目的在求迅速裁判。非為急迫之必要處分之效力，雖於法不合，其後如法官無迴避原因者，其瑕疵即被治癒。迴避聲請後，始為終局判決者，如其後迴避聲請有理由確定者，乃訴訟程序重大瑕疵，成為廢棄發回理由（第 451 條第 1 項、第 478 條第 2 項），如為確定裁判，得為再審理由（第 496 條第 1 項第 4 款）。

四　職權裁定迴避與同意迴避

第 35 條第 1 項所定為裁定之法院或兼院長之法官，如認法官有應自行迴避之原因者，應依職權為迴避之裁定（第 38 條第 1 項）。法官有第 33 條第 1 項第 2 款之情形者，經兼院長之法官同意，得迴避之（第 38 條第 2 項）。

五　書記官及通譯之迴避

關於迴避之規定，於法院書記官及通譯準用之（第 39 條）。惟法院書記官及

---

[18] 松本、上野著，第 62 頁。

通譯職務性質，並未參與評議，因此所謂參與前審裁判或仲裁之規定，並不準用❶。至其應迴避之職務事項，以具有獨立性為限，例如筆錄記載。須服從法官之命或須法官許可之職務，例如公示送達要件具備否，依第 149 條第 1 項規定由受訴法院依聲請為准駁裁定，非書記官得獨立為之，不生書記官迴避問題。

❶ 最高法院 108 台聲 878 裁定。

第二章 當事人

➤ 第一節 當事人意義及其確定

一 意 義

訴訟法上當事人概念，與實體法上權利義務關係主體不同。訴訟法上之當事人，指以自己名義，向法院請求就其權利主張當否為裁判之人及其相對人。在此意義，凡在訴訟程序中爭執法律關係或權利義務之人，即為民事訴訟上之當事人，因此訴訟當事人常與實體權結合，但不以此為限，亦不以此作為判斷訴訟當事人之基準。雖非法律關係主體，但有訴訟實施權限之人，例如訴訟擔當或確認他人法律關係存否者，亦得成為當事人，以此概念為前提，當事人概念與實體權利義務或法律關係主體分離，訴訟上之當事人，為形式意義上之當事人概念。

形式意義之當事人，以自己名義實施訴訟，而為判決內容之名義人。於該當訴訟中爭執訴訟標的內容權利義務關係，但不一定即為該權利義務之歸屬者。例如基於代位權行使之債權人，對被代位債務人之他債務人提起之訴訟，代位債權人為實施訴訟之當事人，被代位之人雖為實質利益之歸屬者，但非實施訴訟行為之當事人。破產管理人亦非權利義務主體，因被賦予訴訟實施權，同為形式意義下之當事人。

二 兩當事人對立原則

民事訴訟以兩對立當事人實施訴訟為原則，程序上行對審程序，並於訴訟過程，保障其平等主張之機會，再由法院就權利義務關係存否予以判斷。因此，訴訟以有兩對立當事人存在為必要，此為二對立當事人原則。起訴一造稱為原告，其對造為被告。上訴審程序中，提起上訴一造為上訴人，其對造為被上訴人。當事人之一造或兩造為多數人者，為共同訴訟類型，但各共同訴訟人與他造間仍為對立當事人，亦不失為二對立當事人。訴訟參加人雖非該訴訟之當事人，但因參加效之故，亦為判決效所及之人，於參加效範圍，同有當事人概念，當須受程序

權保障，否則參加效正當性不存在。

三 當事人之特定

㈠當事人特定之必要

在具體訴訟，何人為當事人，有其重要意義。其為判決效及於何人之決定基準，以及法院管轄權決定、法官要否迴避、當事人能力、訴訟能力、訴訟實施權有無、證人能力，均有賴當事人之特定。因此原告起訴狀須記載當事人，此為其必要記載事項（第 244 條第 1 項第 1 款）。

㈡特定之基準

當事人為何人，法院應依職權調查。當事人特定之基準，學說主要有：1. 原告意思說：以原告及原告主觀所欲以之為對造之人為訴訟事件之當事人。2. 訴狀表示說：以起訴狀所記載之當事人為當事人。3. 行動說：以在訴訟上實質實施訴訟行為之人為當事人。4. 適格說：以適格之當事人為當事人。5. 規範分類說：分別訴訟開始階段與訴訟終了階段，做不同之確定基準；開始階段，為求明確，採表示說；終了階段，為求程序之安定及訴訟經濟要求，須做不同之判斷基準。

表示說強調當事人之明確性，最嚴格之表示說，即純以起訴狀當事人欄之記載為基準，如與訴訟進行中之當事人不一，則應依任意當事人變更理論處理。惟此說因須同時擴大任意當事人變更理論之適用範圍，而任意當事人變更理論之爭議問題，亦屬複雜，仍不易予以區別。現採表示說者，多不採形式表示說之純以起訴狀當事人欄為唯一基準，認應審酌訴之聲明、原因事實，為合理解釋，以確定當事人。實質之表示，如與現實之當事人不一致時，始依當事人任意變更法理，稱為實質表示說，而與形式表示說有異[20]。我國實務及通說採表示說，如訴狀所表明之當事人不明確時，則例外採意思說，法院應闡明以探求原告起訴時之真意[21]，此時以原告之意思來認定當事人為何人。

㈢當事人之更正

訴訟當事人為何人，如有疑義，法院應依職權調查並予特定。如僅單純表示錯誤者，在不害及當事人同一性原則下，應予更正[22]，法院並須依職權行使闡明

---

[20] 上田著，第 83、84 頁。

[21] 楊著【問題一】，第 10 頁；三人合著，第 48 頁；陳著（上），第 92 頁；參照 29 上 1639 判例。

權促使更正。經闡明後，已非起訴狀所表示之當事人，當事人已失同一性，則屬得否為任意變更當事人問題。同一性之認定基準，因學說理論之差別，而有不同。當事人之更正，於訴訟中得任意為之，並承繼更正前之一切訴訟效果❷。裁判後之更正溯及於裁判時發生效力。上訴或抗告之不變期間，不因更正裁定而延長（79 台聲 349 判例）。

㈣冒名、以死亡者為被告之訴訟

　　當事人同一性否之判斷，因各說見解而有不同。例如：甲冒乙名對丙起訴。如依表示說，因訴狀記載乙為原告，因此原告確定為乙，此時應依任意當事人變更法理解決；如依意思說及行動說，則原告被確定為甲非乙，此時起訴狀所記載之乙應更正為甲。又如：甲以乙為被告起訴，而丙冒乙名應訴或偽造乙之訴訟代理人委任狀實施訴訟行為。如依表示說及意思說，則將丙之訴訟程序予以排除後，確定乙為被告，並繼續訴訟程序即可；但依行動說，則須將乙變更為丙，而確定以丙為被告。判決後發現冒名訴訟者，依意思說或表示說，判決效將及於被冒名者，必須依上訴或再審程序救濟。依行動說，則判決效當然不及於被冒名者。

　　以死亡之人為被告之訴訟，依意思說及行動說，繼承人如已為實施訴訟情形，其繼承人為當事人，則更正當事人之記載即可，如已經判決確定者，判決效及於繼承人❷。依表示說，則其表示以死者為當事人，當事人不存在，其訴為不合法，其確定判決者，因判決之名義人不存在而當然無效。亦有謂，訴訟繫屬中當事人始死亡者，則由其繼承人承繼訴訟地位，依此類推解釋，如起訴狀送達法院後，於送達被告前被告死亡者，應準用關於當事人死亡時之承受訴訟規定，由其繼承人承繼訴訟，被告之繼承人受領死者訴狀應訴，因其為死者之繼承人，則得予以變更，如未變更當事人，經判決確定者，應解為效力及於繼承人❷。

---

❷ 參照 43 台上 601 判例；其認為商號與其經營者屬一體，原告起訴狀，亦列經營者為該商號之法定代理人時，只須更正經營者為當事人。惟 40 台上 105 判例，則認被告由分公司變更為總公司，則不具同一性，為訴之變更。

❷ 石川明，はじめて學ぶ新民事訴訟法，1994 年，三嶺書房，第 96 頁。

❷ 日本大審院昭和 11 年 3 月 12 日判決。

❷ 上田著，第 85 頁。

四 當事人之任意變更

㈠意 義

當事人變更，有基於法定，或因當事人之同意而變更者。法定變更，例如第64、168、172、174、254、581條所定之當事人變更是；經當事人同意而變更者，稱為當事人任意變更，有廣狹二義。狹義當事人任意變更，指新舊當事人之更替；廣義當事人任意變更，則包括追加新當事人之謂，追加後當事人成為共同訴訟人。

當事人任意變更與當事人之更正，兩者概念不同。例如訴訟繫屬後，原告以起訴時之被告有誤為由，請求更替被告，或原告以起訴時之原告有誤，請求更替原告。此類當事人變更，變更後之訴與原訴因已失其同一性，非當事人之更正問題❷⁶，乃當事人之任意變更。我國學說及實務大多承認此類型變更，認為第255條為訴之變更追加之概括規定，不能排除訴三要素之當事人變更，且實務問題之處理並無困難❷⁷。反對說認為，訴之變更之要件，係得以利用舊訴程序之訴訟資料，為新訴之訴訟資料為前提，當事人之變更，除第64、168條以下、第254條第2項之承受訴訟外，並不承認訴訟狀態之繼續，故由新原告利用舊訴訟程序，對被告提起新訴，或由舊原告利用舊訴訟程序，對新被告提起新訴，應非本法所預想之訴之變更追加❷⁸。亦有認為因當事人任意變更，將影響原訴之訴訟標的，於訴訟經濟並無實益❷⁹，甚或使訴訟程序複雜化，有礙訴訟終結，其於第二審變更者，並有害審級利益，如承認已實施之訴訟程序對新當事人生拘束力，亦有背於辯論主義、處分權主義。當事人任意變更之容許性，與後述之性質論有關。

㈡性 質

當事人任意變更之性質，學說有：1. 訴之變更說：認為訴之三要素，當事人、訴訟標的、訴之聲明，任何一項之變更均屬之，當事人變更即訴之變更類型之一，其要件、法律效果均依訴之變更規定。此說之變更當事人，須依本法第

---

❷⁶ 參照40台上105判例；其認為分公司為總公司之獨立機構，就其業務範圍內之事項涉訟時，有當事人能力，原告對分公司起訴後，更正被告為總公司，屬訴之變更。

❷⁷ 參照26渝上386、41台上184判例；楊建華、王甲乙、吳明軒、張特生、曾華松，民事訴訟法第66次研討會之發言，民事訴訟法之研討㈧，1999年，三民書局，第207頁。

❷⁸ 駱著【研究】，第116頁。

❷⁹ 陳計男，民事訴訟法第66次研討會書面意見，民事訴訟法之研討㈧，第177頁。

255、446 條之規定為之；變更前之當事人已實施之訴訟程序，對變更後之當事人繼續有效。2. 複合行為說：認為任意的當事人變更，係舊訴訟之撤回及新訴訟之提出，兩者併合之訴訟現象。依此說觀之，任意當事人變更，分別依舊訴撤回及新訴提出規定為之，且舊訴之訴訟程序對新訴無拘束力。3. 特殊行為說：認為此類型變更，其要件及效果法無明文，無從依循既有制度，應取決於當事人之意思。而其變更須分原告變更或被告變更， 分別經新舊當事人之同意 。 4. 限縮適用說❸：我國學者提出，認為當事人任意變更，須符合本法第 255 條變更要件外，尚須依其他原理原則為之。例如，原告之變更，新原告就舊原告之訴訟程序，並無處分權，因此須經新原告同意，以符處分權主義；又如，辯論主義衍生之法則，自認之拘束力，舊當事人之自認，並非當然拘束新當事人❸。

　　性質論之立論，及此類型變更之許否，其立論基礎，或立於既存規範要件之適用，或新當事人程序權保障、審級利益維護，或舊訴訟資料繼續沿用之訴訟經濟目的。訴之變更說，因適用本法第 255、446 條既存規定，當可使訴訟程序單純，具有實用性；惟如許任意變更，因新當事人須承受舊程序之效果，程序權保障成為問題核心。複合行為說，對新當事人之程序權保障較為重視，惟因舊訴訟程序實施之法律效果不及於新當事人，而使當事人任意變更，以訴訟經濟考量之價值喪失。特殊行為說，立於新舊當事人之意思決定，而使舊訴實施程序效力及於新當事人，取得正當性，但因其變更要件及其效果，無法律規定可資遵循，有使此類變更之審理程序，更為複雜難解。而限縮適用說，其要件與效果則相對明確，兼顧程序權保障，就追求個案之妥當性言，不失較為周延，惟其缺失，在於因舊當事人之各個訴訟行為，須另依各個訴訟原理原則，重新檢視，始能定其效果，使訴訟程序上效果，被割裂認定❸。我國實務見解，大多依訴之變更說，並認以是否符合本法第 255、446 條之要件以定其變更程序之合法性。因而於第二審

---

❸ 姜世明，訴之變更、追加理論中之利益衝突，台灣本土法學雜誌，第 91 期，2007 年，第 206 頁；沈冠伶，被告之變更，月旦法學教室，第 36 期，2005 年，第 21 頁。

❸ 邱聯恭，民事訴訟法第 33 次研討會發言，民事訴訟法之研討㈢，1990 年，三民書局，第 573 頁。

❸ 此類當事人變更包含各種類型，其要件及效果無從做相同規定，因此有必要依新舊訴間關聯之多樣性，為不同之規制。例如法人格否認下，有密切關聯之公司法人變更為對其代表人之變更類型，與兩同名同姓者間之變更，為完全不同之訴之變更，即不能適用同一之規範基準。新堂著【民訴法 5 版】，第 845 頁。

程序中，如係符合第 255 條第 1 項第 2 款之請求基礎事實同一之要件者，即准為任意當事人變更❸，對新當事人之審級利益有所危害，且新當事人須承受舊當事人在第一審之訴訟行為效果，亦有不當。以上各說，以限縮適用說為可採。

㈢程　序

　　如許當事人任意變更者，則新訴之訴訟費用，無須重複繳納；又如維護審級利益，則須限制其應於第一審言詞辯論終結前為之；變更後舊當事人脫離訴訟，但新當事人並非因訴訟承繼而繼受舊當事人地位。時效中斷效力及期間遵守，亦以舊訴提出時為基準點。採訴之變更說，則舊訴訟資料對新訴當然有效。新當事人主張援用舊訴之訴訟資料時，他造當事人不得再行反對；惟採限縮適用說，則舊當事人之自認無拘束新當事人效果，至其他已進行之訴訟程序，仍應分別依各原理原則決定；為期公平，新舊訴訟當事人之訴訟實施，既實質上視為同一，須承受原有訴訟程序，新當事人不得爭執舊當事人訴訟行為對其是否有效。

▶ 第二節　當事人能力

一　概　說

　　能力者，係資格或地位，民事訴訟法上規定之能力有二，即當事人能力與訴訟能力。兩者概念不同，而得以民法上之權利能力與行為能力為對照觀察，但其範圍並不相同。欠缺能力，有得為補充者，例如訴訟能力之欠缺，即得為補充；有無從為補充者，例如當事人能力之欠缺，無從令其補正。

二　當事人能力

㈠意　義

　　當事人能力乃訴訟法意義之地位或資格，即得成為民事訴訟上一般主體地位與得為訴訟效果歸屬主體之資格言。原告或被告在訴訟程序中，以其訴訟上地位被充分保障為前提，並承擔其訴訟實施後之法律效果。當事人能力，為訴訟成立要件之一，無論訴訟進行至如何程度，法院均應依職權調查。

---

❸ 參照 94 台抗 916 裁定。

㈡有當事人能力之人

當事人能力係訴訟法上意義之能力，而非實體法上意義之能力，二者概念不同。實體法上權利義務之主體，當其權利義務關係發生紛爭，有以訴訟方式為解決必要者，當然享有訴訟法上意義之當事人能力，以使訴訟效果得歸屬於其本人。因此自然人、法人，及胎兒關於其可享受之利益，有當事人能力（第40條第1、2項）。但享有當事人能力者，不一定有實體法上權利能力，例如設有代表人或管理人之非法人之團體，有當事人能力（第40條第3項）。非法人團體雖無法人格，但仍有團體性，故有給予當事人能力必要。是否屬此之非法人團體，一般認應具備若干要件，例如該團體不因其成員之變動而使團體失其同一性、其代表人或管理人對外須有獨立性，並有獨自之財產、有一定之組織經營及財產管理之內部組織❸❹等，始足當之。中央或地方機關，雖無獨立法人格，但因係基於法律之授權執行職務，並以機關名義行使私法上權利或負擔義務，被認為有當事人能力（第40條第4項）。實務見解認為，祭祀公業如登記為法人者，享有當事人能力，未登記為法人者，如符合非法人團體要件者，亦有此能力。而分公司為本公司管轄之分支機構，雖無獨立財產，但為謀訴訟上便利，就其業務範圍內事項涉訟，有當事人能力，亦得以總公司名義起訴（66台上3470判例）。未經認許而成立之外國法人，不能認其為法人，亦屬非法人團體，如設有代表人或管理人者，不問其在臺灣是否設有事務所或營業所，亦有當事人能力（50台上1898判例）。村為地方行政區域，為全村人民之集合團體，有村辦公處之組織，村長為其代表人，有執行上級機關交辦及村民大會決議事務之職權，亦不失為非法人之團體，有當事人能力（43台上1064判例）。寺廟設有管理人、辦事處及獨立之財產、目的者，相當於非法人之團體，亦有當事人能力（43台上143判例）。

---

❸❹ 參照64台上2461判例：「……所謂非法人之團體設有代表人或管理者，必須有一定之名稱及事務所或營業所，並有一定之目的及獨立之財產者，始足以當之。……」。

➤ 第三節　訴訟能力及其補充

一　訴訟能力

㈠意　義

　　訴訟能力，指得獨立以自己行為為有效訴訟行為，或受領訴訟行為之能力言。有當事人能力者，成為訴訟實施主體，並承擔自己訴訟行為之效果，因此在訴訟上為自己之利益所為之訴訟行為，須具備訴訟能力，始足以充分主張及防衛自己之利益。訴訟能力與行為能力，均係為保護當事人而設之手段。

㈡訴訟能力之分類

　　訴訟能力有無之基準，本法係以能否獨立以法律行為負義務為斷（第 45 條）。依此，成年人與已結婚之未成年人、被允許獨立營業之人，均有行為能力，而有訴訟能力。無訴訟能力人，如未成年人、受監護宣告之人（民法第 15 條）。因欲為有效之訴訟行為，須先具備意思能力，實質上意思能力欠缺者，不能為有效之訴訟行為，其所為之訴訟行為無效❸❺。因年齡或監護宣告，而無訴訟能力者，係基於形式之規定。受輔助宣告之人依民法第 15-2 條規定，不因輔助宣告而喪失行為能力，因此於婚姻事件有程序能力，但就關於財產訴訟行為，為訴訟行為之捨棄、認諾、撤回、和解者，須經輔助人書面同意（家事事件法第 51 條準用本法第 45-1 條第 3 項）。

　　關於民事訴訟上有無限制訴訟能力人之類型，例如本法第 45-1 條之受輔助宣告人之訴訟能力，是否屬限制訴訟能力，實體法為保護受輔助宣告人之實體利益，受輔助宣告人為一定行為時，應得輔助人之同意（民法第 15-2 條第 1 項），此係受輔助宣告人之實體法上行為能力之限制。所謂一定行為，包括訴訟行為在內（同項第 3 款），是以民法亦將受輔助宣告人之訴訟行為，列入須經同意範圍。而本法第 45-1 條第 1 項，亦再規定受輔助宣告人為訴訟行為應經輔助人同意，其同意應以文書證之。有疑義者，本條之同意性質屬訴訟行為或私法行為。民法既已明定應得同意，乃屬私法行為性質，因此一經輔助人向受輔助人為同意之表示，受輔助宣告人即取得訴訟能力，文書則屬證據方法，無須輔助人向法院為同

---

❸❺　新堂著【民訴法 5 版】，第 154 頁。

意之表示。換言之，受輔助宣告之人，其訴訟能力之取得係依民法第 15-2 條第 1 項第 3 款之規定，本條項之文書則屬證據方法。又本條與民法之規定應得輔助人同意之事項範圍並不一致。凡屬民法第 15-1 條之受輔助宣告人之訴訟行為，除本法第 45-1 條第 2 項所定之就他造之起訴或上訴為訴訟行為，無須經輔助人同意外，其餘之訴訟行為均應得輔助人之同意，不以因民法第 15-2 條第 1 項各款所列之事件涉訟者為限。至受輔助宣告之人就他造所為相當於起訴、上訴，如聲請、抗告，而為訴訟行為時，雖未明文，應解為不須經輔助人同意。

　　所謂應得輔助人之同意，係指同意其就特定事件，全面為訴訟行為之實施之謂，非謂以輔助人為法定代理人，亦非以之為訴訟上之法定代理人 ❸❻。輔助人之同意應以書面證之，因此書面為法定證據方法。訴訟行為之同意，含有保護受輔助宣告人外，另有訴訟程序進行便宜及程序安定、他造信賴保護等多重目的，因而同意須就特定事件之訴訟行為概括為之，不得僅就各個訴訟行為同意，但不妨就各個審級分別為同意 ❸❼。就他造之起訴或上訴，受輔助宣告人提出之反訴，亦須得輔助人同意。受輔助宣告人其為捨棄、認諾、撤回或和解，應經輔助人以書面特別同意（第 45-1 條第 3 項）。特別同意雖規定於本法，惟其性質同屬私法行為，且須以文書證之。以此分析，受輔助宣告人非限制訴訟行為能力人，無須以輔助人為法定代理人。

(三)外國人之訴訟能力

　　外國人之行為能力依其本國法，惟如依其本國法為無行為能力或僅有限制行為能力，而依中華民國法律有行為能力者，就其在中華民國之法律行為，視為有行為能力（涉外民事法律適用法第 10 條第 1、3 項）。依此，外國人之訴訟能力，如其依其本國法有行為能力，亦有訴訟能力。依其本國法無訴訟能力，而依中華民國法律有訴訟能力者，視為有訴訟能力。有行為能力人之行為，不因其國籍變更而喪失或受限制（涉外民事法律適用法第 10 條第 2 項）。因此有行為能力之外國人變更其國籍，其訴訟能力不因之而成為無訴訟能力。

(四)補正及追認

　　無訴訟能力人或限制訴訟能力之人，均為欠缺訴訟能力人。訴訟能力為訴訟要件之一，法院無論訴訟程序進行程度，應依職權調查。

---

❸❻ 高橋宏志，重點講義民事訴訟法（上），第 2 版，2011 年，有斐閣，第 191 頁。
❸❼ 新堂著【民訴法 5 版】，第 156 頁。

原告起訴後訴訟繫屬中，無論原告或被告之訴訟能力欠缺，而可以補正者，法院應先定期命補正，如恐遲延致該當事人受損害者，得許該欠缺訴訟能力之當事人暫為訴訟行為（第49條），例如為證據保全是。惟事後仍須經補正，否則無效。所謂命補正，係指命原告補正，不為補正時，法院應以裁定駁回原告之訴（第249條第1項第4款），其不利歸於原告。訴訟繫屬後，始發生當事人喪失訴訟能力者，則依訴訟程序當然停止之規定處理（第170、173條）。其所為或所受領之訴訟行為，乃既已存在之行為，因此不能略過已進行之訴訟程序，而須有一定救濟方法資以解決。本法第48條規定，經取得能力之本人、取得法定代理權或允許之人、法定代理人或有允許權人之承認，溯及於行為時發生效力，是得以追認方式為補正。限制訴訟能力人所為訴訟行為（第50條）、及受輔助宣告人之訴訟行為（第45-1條），欠缺同意者，亦均得為補正。

追認須就過去所有之一切訴訟行為為之，不得僅就某特定訴訟行為追認。追認之時期，須在得為追認之行為前為之，訴經不合法裁定駁回確定者，無從再為追認。於上訴第三審程序，或再審程序中，亦得就前訴訟程序中所欠缺之訴訟能力予以追認。追認應向法院或相對人以意思表示為之，明示或默示意思表示均無不可，例如法定代理人於上訴審，不爭執未成年人之欠缺訴訟能力，而為本案言詞辯論，應認係默示追認。

(五)欠缺訴訟能力之效果

關於欠缺訴訟能力人所為所受之訴訟行為，及其所進行之程序效力問題，學者將之分為訴訟成立過程訴訟能力之欠缺，及非成立過程之欠缺。前者例如，欠缺能力人所為之起訴或對之所為之訴狀送達，係不合法之訴訟繫屬，法院不得為本案判決。如不能補正者，應以不合法裁定駁回其訴，惟其對此裁定，所提出之上訴或抗告，應認合法，否則無異於剝奪其爭執訴訟能力是否欠缺之審級救濟。欠缺訴訟能力人所進行之訴訟程序，法院未發現而為判決者，因欠缺程序權保障，而不生判決既判力，但因判決之外觀形式存在，因此得依上訴程序予以廢棄，並將之發回第一審以補正訴訟能力；其已確定者，依再審程序救濟。後者則並非訴訟要件之不備，僅為各個訴訟行為之無效。前訴訟行為無效者，其後續之訴訟行為亦無效，例如以無訴訟能力人名義所為之期日通知送達無效，該期日不能為訴訟行為 ❸。此說並認為，法院未發現訴訟能力欠缺，而為本案判決者，即使已不

---

❸ 新堂著【民訴法5版】，第163頁以下。

得依再審程序救濟，或已發給強制執行名義，亦得爭執執行名義之存否❸❾。

亦有認欠缺訴訟能力人所為之訴訟行為，法院未發現而為本案判決者，並非當然無效。例如訴訟能力受限制者提起之上訴為有效，因此對其所為送達有效，而於上訴期間經過後，判決仍生確定效果，但得依再審程序，以為救濟，而於判決確定前得為上訴，乃屬當然之理❹❶。

欠缺訴訟能力一方獲得本案勝訴判決者，受敗訴判決之他方不得以此爭執訴訟效力，上訴審不得因此廢棄原判決，亦非為再審之理由。

二 代理及代表

㈠代理意義

民法上法律行為有所謂之代理，而民事訴訟上訴訟行為之實施，亦有訴訟上之代理。代理有法定代理及訴訟代理之分。前者，係基於法律規定而發生之代理，其作用通常在補充欠缺訴訟能力人之訴訟行為能力；後者，係基於訴訟代理權之授與而發生，其作用在補充法律知識之不足。惟無論為法定代理或訴訟代理，代理人所為之訴訟行為效力直接歸屬於當事人本人。

㈡法定代理人

1.法定代理人之產生

法定代理又有依實體法規定之代理，及依訴訟法上規定之代理。

⑴依實體法規定之法定代理人

實體法上之法定代理人，於訴訟上即由其任法定代理人。本法第 47 條規定，關於訴訟之法定代理及為訴訟所必要之允許，依民法及其他法律之規定。民法有所規定者，例如未成年人以親權人（父母）為法定代理人（民法第 1086 條），無親權人者由其監護人任之（民法第 1098 條）；親權人或監護人與未成年人之利益相反而有訴訟之必要者，則得由法院選任特別代理人；受監護宣告之成年人由監護人任之（民法第 15 條）。此外，雖非行為能力之欠缺，法律仍規定由他人為代理人者，例如遺囑執行人（民法第 1215 條第 2 項）、遺產管理人（民法第 1184 條）。訴訟法上必須經允許者，例如受輔助宣告之人之行為，須經輔助人之同意。輔助宣告非行為能力或訴訟能力之剝奪，因此輔助人非受輔助宣告人實體法上之

❸❾ 新堂著【民訴法 5 版】，第 163 頁註文。
❹❶ 中野等著【講義】，第 95 頁。

法定代理人，亦非程序法上之法定代理人。

⑵依訴訟法規定之訴訟代理人

　　本法第 51 條第 1 項規定，對於無訴訟能力人為訴訟行為，而無法定代理人，或法定代理人不能行代理權，恐致久延而受損害者，得聲請受訴法院之審判長選任特別代理人。無訴訟能力之人，有相同原由者，其親屬或利害關係人，亦得聲請審判長選任之（第 51 條第 2 項）。選任特別代理人應以裁定為之，並應送達於特別代理人（第 51 條第 3 項）。特別代理人於法定代理人或本人承當訴訟以前，代理當事人為一切訴訟行為，但不得為捨棄、認諾、撤回或和解（第 51 條第 4 項）。選任費用及特別代理人代為訴訟所需費用，得命聲請人墊付（第 51 條第 5 項）。

2.法定代理人權限

　　法定代理權之權限範圍，亦依民法及其他法令規定。除法令另有規定外，法定代理人有為一切訴訟行為之權。例如監護人非為監護人之利益，不得處分受監護人之財產，其為不動產之處分者，應得法院之允許（民法第 1101 條），其為訴訟上和解，有處分性質者，其法定代理權受到限制。法定代理權消滅，訴訟程序當然停止（第 170 條）。消滅原因，則依民法及其他法令之規定。例如本人或代理人死亡、本人之訴訟能力之取得或回復，或親權之停止（民法第 1090 條）、監護人之撤退（民法第 1106 條）。實體法上法定代理權消滅，是否使訴訟上法定代理權消滅，本法並無如日本民事訴訟法第 36 條規定，須經通知他造始生效力；我國學者認為，如訴訟程序不當然停止者，例如未成年人已成年者，應通知；如訴訟程序當然停止者，他造當能知之，無庸通知❹。

　　法定代理人有數人者，要否共同代理或得由一人或數人代理，依民法及其他法令規定。例如父母為共同親權人，應由父母共同任法定代理人。父母對子女之重大權利行使意見不一致時，民法第 1089 條第 2 項規定，得聲請法院依子女最佳利益酌定之。惟法院不能代為行使親權，所稱酌定之，係指法院依子女最佳利益酌定父母一人，任法定代理人之謂。民法或其他法令未規定者，則任一法定代理人均得單獨代理（院解 2936 號）。

　　法定代理權存在為法院應依職權調查事項（第 249 條第 1 項第 4 款），有欠缺者審判長應命原告補正，未補正者以訴不合法裁定駁回。命補正期間為恐訴訟遲

---

❹ 陳著（上），第 120 頁。

延造成損害，得許其暫為訴訟行為（第 49 條），經補正者，其訴訟行為溯及行為時發生效力。無法定代理權之人所為之訴訟行為不生效力，法院未發現而為判決者，為訴訟程序有重大瑕疵，如同依無訴訟能力人之訴訟行為所為判決，非當然無效（採非當然無效說），但得對之上訴（第 469 條第 4 款）或再審程序（第 496 條第 1 項第 5 款）救濟。

㈢法人之代表人

代表人為法人之機關，以法人之名義本於自己之意思為法律行為，其效果直接歸屬於法人者。法人如為有行為能力之主體，則無以其代表人為法人之法定代理人必要，惟法人成為訴訟當事人時，事實上即須有由代表人以法人名義實施訴訟行為之必要，其訴訟行為效果直接歸屬於法人。法人之代表人為何人，依民法及其他法令定之。實務上將法人之代表人視為法定代理人（院解 2936 號），並以法定代理人稱之。非法人團體有當事人能力者，則由其代表人或管理人，實施訴訟行為，機關則由機關之代表人實施。其他依法令得為訴訟上行為之人，例如商號經理人、公司監察人，因其性質與法人之董事同，故依本法第 52 條規定準用關於法定代理之規定，實務上並以法定代理人稱之。實施訴訟行為之代表人究為何人，如有爭議，是否以登記之代表人為準，及有無表見代理法理適用，學說見解不同。消極說認為民法之表見代理於訴訟法並未準用，訴訟係求訴訟過程真實，法人須由真實之代表人實施訴訟，程序權始足以獲得保障，故不能僅以登記簿為判斷基準，無表見代理之適用。積極說認為，雖法無明文，惟訴訟亦屬交易之延伸，於訴訟程序上，同應重視交易安全保護及訴訟程序之安定，且登記簿上登記之代表人非為真正之代表，致他人誤信為真正，同有可非難處，因此可類推適用民法表見代理規定，於訴訟上以登記之代表人為法人之代表人提起之訴訟，應推定為善意❷。惟我國實務，認為表見代理僅適用於意定代理，法定代理不適用之（79 台上 2012 判例）。依此，法人之代表無準用民法表見代理規定餘地，法理上應以積極說為可採。

欠缺代表權所為之訴訟行為不生效力。代表權之欠缺，得為補正，亦得由有代表權人追認。其補正準用法定代理權欠缺之補正（第 52 條準用第 49 條）。未補正之法律效果，及法院未發現代表權欠缺所為判決效力及救濟，與欠缺法定代理權情形同。

---

❷ 松本、上野著，第 77 頁；中野等著【講義】，第 108 頁。

㈣訴訟代理人

1.意　義

　　訴訟代理人指因訴訟當事人本人之授權，代理本人為訴訟行為之人。訴訟代理人，一般係基於本人之授權，但有因法令規定而取得代理權者，例如海商法第18 條共有船舶經理人，關於船舶營運，在訴訟上代表共有人者是。此之代表，指因法令規定當然取得訴訟代理權之謂❸，非為法人或非法人團體代表之意。又船舶共有人並非行為能力或訴訟能力欠缺之人，船舶經理人自非其法定代理人。訴訟代理權之取得，亦有由法院或審判長為當事人選任者，例如家事事件之當事人為無程序能力人，或與其法定代理人有利益衝突，或法定代理人不能行使代理權，或行使代理權有困難，或為保護有程序能力人之利益認有必要者，法院得依聲請或依職權為之選任程序監理人（家事事件法第 15 條第 1、2 項）；程序監理人有為受監理人之利益為一切程序行為之權，並得獨立上訴、抗告或為其他聲明不服（家事事件法第 16 條第 2 項）。惟程序監理人之性質、意義及權限，與本法之訴訟代理人有別。程序監理人制度具有相當程度之公益性及家事事件專業性考量，非因私益性目的，由當事人自行選任之訴訟代理人。

2.訴訟代理權之授與

　　訴訟代理權之授與，於本人與代理人內部間依委任關係處理，但須以委任書向法院提出，表明其代理權授與。以言詞授與代理權者，應由法院書記官將代理權授與意旨記載於筆錄，始得行使訴訟代理權。經法院、審判長依法選任，例如因訴訟救助選任訴訟代理人者，不在此限（第 69 條第 1 項）。委任須向法院為表示，始對外部發生授與訴訟代理權之效果，此屬訴訟行為。委任書為委任人與受任人間委任關係存在之證明文件，屬文書證據❹，應以原本證之，不屬第 116 條第 1 項所稱之書狀，亦非同條第 3 項所得以電信傳真或其他科技設備傳送於法院之書狀。以傳真等方式為委任之證明者，審判長得裁定命當事人本人補正，不補正者，即應通知本人實施訴訟。委任或選任訴訟代理人，應於每審級為之，但當事人就特定訴訟於委任書表明其委任不受審級限制，並經公證者，或前述之選任程序監理人，則無庸於每審級為之（家事事件法第 16 條第 3 項）。受特別委任之

---

❸ 伊藤真，民事訴訟法，第 4 版，2011 年，有斐閣，第 154 頁；松本、上野著，第 80 頁。

❹ 谷口安平、井上治典編，新・判例コンメンタール民事訴訟法⑴，1993 年，三省堂，第559 頁。

訴訟代理人，其為當事人提起上訴後，代理權消滅，須另受委任方得在上訴審代為訴訟行為（69 台上 1574 判例、院 1841 號解釋）。訴訟代理權人之授權複代理人，亦屬當事人本人之授權，效力直接歸屬本人。參加人雖非訴訟當事人本人，亦得授與訴訟代理權。

3. 律師獨占主義及例外

民事訴訟程序係依法律所定程序實施進行，不具備法律知識之一般當事人，基於私法自治原則，法官立於裁判者立場不能過度介入，因此須有以富於法學知識經驗之律師為訴訟代理人必要，較足以保障當事人權益，亦可節省司法資源及增進裁判之可信賴性。外國立法例即有採律師獨占主義，以律師為訴訟代理人作為訴訟程序合法要件者；但律師獨占主義制度，因增加當事人訴訟費用負擔，本法原則上不採之，許當事人本人自為訴訟行為，但例外地針對第二審判決上訴者，上訴人若非委任律師為訴訟代理人（第 466-1 條第 1 項），其上訴合法要件即有欠缺。

當事人委任訴訟代理人者，以委任律師為原則，但經審判長許可者，亦得委任非律師之人（第 68 條第 1 項）。審判長已許非律師為本案訴訟行為者，應視為已有許可，但審判長亦得隨時以裁定撤銷其許可，並應送達於為訴訟委任之人（第 68 條第 2 項）。至於非律師為訴訟代理人之許可準則，由司法院定之（第 68 條第 3 項）。訴訟代理人以自然人為限，如有委任法人或其他機關為訴訟代理人者，逕列其代表人為訴訟代理人 [45]。

4. 訴訟代理權之範圍

可分為當事人自行委任之訴訟代理人及法院或審判長選任之訴訟代理人。前者，訴訟代理人就其受委任之事件有為一切訴訟行為之權（第 70 條第 1 項前段）。所謂一切訴訟行為，凡不屬該條項但書所定特別委任之事項，均包含在內。依此，關於他造提出之反訴，亦有訴訟實施權。代受送達、合意管轄，訴訟代理人亦得為之（44 台抗 192、23 抗 1589 判例）。其他與本案訴訟有關之附隨程序，如保全程序亦同。具攻擊防禦方法性質之實體法上形成權，如抵銷權行使或受領他造抵銷之意思表示，亦得為之 [46]。捨棄、認諾、撤回、和解、提起反訴、上訴或再審之訴及選任代理人，則非受特別委任，不得為之（第 70 條第 1 項後段）。

---

[45] 參照民國 63 年第 3 次、民國 64 年第 5 次民庭總會決定。

[46] 松本、上野著，第 78 頁。

關於強制執行之行為或領取所爭物，則須受特別委任（第 70 條第 2 項）。

訴訟代理權之限制，應於向法院提出之委任書或筆錄內表明（第 70 條第 3 項）。有和解權限之訴訟代理人，固得就訴訟標的範圍內為和解，例如金錢借貸返還請求權，於借貸金額範圍內，訴訟代理人有和解之權限，但超過訴訟標的外，與實體法上權利義務或法律關係之變更或處分，訴訟代理人得否為之，有不同見解。有認為尊重當事人本人之自己決定權，因此訴訟代理人無權限者；有主張為促進紛爭之和平解決，而得為之者❹。惟自當事人與訴訟代理人間之委任關係，係以信任為基礎，而向法院表示授與訴訟代理權之觀點而論，訴訟代理人和解權限，如未逐一予以限制者，訴訟代理人以解決訴訟標的法律關係之爭議為目的所做之相互讓步，自會涉及實體權之處分或變更，因此仍未背離內部委任及外部授權目的，是宜採肯定說為妥。如與訴訟標的無關之實體權變更或處分，則不在此限，應採否定見解。

法院或審判長為維持兩造當事人程序上實質對等，得為當事人選任訴訟代理人，此與當事人自行選任訴訟代理人目的，在維護委任一方利益者有別。既係在維持程序實質對等目的，被選任之訴訟代理人代理權範圍，自得為一切訴訟行為，但因捨棄、認諾、撤回或和解，與上開目的有違，而不得為之（第 70-1 條第 1 項）。依此，選任之訴訟代理人權限，較當事人自行委任無特別代理權之訴訟代理人為廣，於提起反訴、上訴、再審之訴或選任代理人，均得為之。

因法律上一定之身分或地位，而取得訴訟代理權，其權限範圍依法令規定❹。例如共有船舶經理人關於船舶營運，有訴訟上及訴訟外之代表權限，其權限為概括的被授與代理權，因而在訴訟代理權限範圍，如同本人自己實施訴訟，被授與概括的訴訟代理權，而得為捨棄、認諾、撤回、和解，及提起反訴、上訴、再審之訴或選任代理人。

5. 數訴訟代理人

訴訟代理人有二人以上者，均得單獨代理當事人（第 71 條第 1 項）。違反該規定而為委任者，對於他造不生效力（第 71 條第 2 項）。各訴訟代理人均得單獨代理，各訴訟代理人之訴訟行為均直接對本人生效。數訴訟代理人之行為不一致，或前後矛盾者，前一訴訟代理人所為之訴訟行為，依撤回或撤銷訴訟行為處理。

---

❹ 松本、上野著，第 78 頁。
❹ 松本、上野著，第 80 頁。

訴訟代理人有為特別委任，及一般委任者，各訴訟代理人各依其委任權限行使訴訟代理權。數訴訟代理人所為事實上陳述矛盾時，與本人自為前後矛盾者同，其可信與否，由法院依自由心證判斷之。

6. 訴訟代理人與本人之訴訟行為

訴訟代理人之訴訟行為對本人發生效力，但訴訟代理人關於事實上之陳述，經到場之本人，即時撤銷或更正者，不生效力（第72條）。撤銷或更正權，僅限於到場之當事人本人，其他訴訟代理人，無此權限❹。訴訟代理人與本人間基於代理權授與對外發生效力，非本人之代言機關，故不得以與當事人或本人之真意不符，而否認其效力（49台上2362判例）。

7. 訴訟代理權之欠缺

訴訟代理人之代理權有無欠缺，為訴訟要件，法院應依職權調查。訴訟代理權有欠缺而可以補正者，審判長應定期間命其補正。但得許其暫為訴訟行為（第75條第1項）。經補正者，其暫行之訴訟行為溯及生效，否則不生效力。無訴訟代理權人所為或他造對之所為之訴訟行為，對本人不生效力，其經補正者，溯及於行為時發生效力（第75條第2項準用第48條）。下級審所為之訴訟行為，經當事人本人在上級審承認者，溯及於行為時發生效力（28上1131判例）。欠缺特別代理權之訴訟代理人所為訴訟上和解，亦得為補正（18抗268判例）。

8. 訴訟代理權之消滅

因當事人委任而取得訴訟代理權，其消滅原因與民法不同，即不因本人死亡、破產或訴訟能力喪失而消滅。法定代理人有變更者，亦同（第73條）。此外，訴訟擔當人之訴訟實施權喪失、法人之因合併消滅、遺囑執行人或破產管理人之更替，均不影響訴訟代理權。訴訟代理權消滅之事由，例如代理人死亡、委任關係終止、審判長以裁定撤銷許可非律師為訴訟代理人者（第68條第2項）。訴訟委任之終止，非通知他造，不生效力（第74條第1項），並應以書狀或言詞提出於法院，由法院送達或告知於他造（第74條第2項）。終止委任者，自為終止之意思表示之日起十五日內，仍應為防衛本人權利所必要之行為（第74條第3項）。

由法院或審判長選任訴訟代理人，其訴訟代理權因當事人自行委任訴訟代理人，或表示自為訴訟行為而消滅（第70-1條第2項），選任之訴訟代理人不適任者，得隨時解任，如有正當理由，亦得自行辭退。惟應通知選任之訴訟代理人及

---

❹ 參照最高法院31年11月9日民事庭會議決議。

他造當事人（第 70-1 條第 3 項）。法令上之訴訟代理權，授權人死亡，或其地位資格消滅者，其訴訟代理權消滅。例如海商法第 18 條船舶經理人之委任關係消滅，其訴訟代理權隨之消滅，此與當事人本人之委任訴訟代理人者不同。

三　輔佐人

㈠意義及權限

　　當事人或訴訟代理人經審判長之許可，得於期日偕同輔佐人到場（第 76 條第 1 項）。法定代理人，本法無得偕同輔佐人之規定。輔佐人以補充當事人或訴訟代理人之陳述為目的，因此限於期日偕同到場，否則不得自行到庭陳述，當事人或訴訟代理人退庭者，即失其輔佐人資格，不得自行為訴訟行為（41 台上 824 判例）。期日外之訴訟行為，輔佐人不得為之，亦不能單獨代理本人到場陳述。

　　輔佐人之權限，凡當事人或訴訟代理人本人，於期日所得為之一切訴訟行為，輔佐人均得為之。輔佐人所為之陳述，其效果直接歸屬本人，通說認亦屬代理人性格[50]。輔佐人之陳述，包括得為事實上之陳述及法律上之一切陳述。當事人或訴訟代理人不即時撤銷或更正其陳述者，視為其所自為（第 77 條）。所謂其所自為，指視為當事人或訴訟代理人自己之陳述。又既因視為當事人或訴訟代理人自己之陳述，未經即時撤銷或更正者，其法律效果直接歸屬於本人。

㈡聲請及許可

　　輔佐人並無資格限制，不以具律師資格者為限，但須經審判長之許可。聲請輔佐人，以書面為之，但於期日到場以言詞聲請者，亦無不可。許可由審判長以裁定為之，於期日亦得以言詞許其聲請。審判長得隨時撤銷其許可（第 76 條第 2 項）。其撤銷方式不以書面為必要，經記載於筆錄者即發生效力。許可及駁回之裁定，不得抗告。

---

[50] 上田著，第 124 頁；松本、上野著，第 81 頁。

第三章　多數主體訴訟

多數主體訴訟程序，指於同一訴訟程序中，實施訴訟之主體一方或雙方有二人以上之特殊訴訟型態之謂。民事訴訟程序之基本型態，係以單一原告與單一被告就單一請求，所實施之二對立當事人訴訟程序；惟因社會生活複雜，於訴訟實務常見之訴訟，並非全屬單一主體訴訟型，多數主體訴訟屢見不鮮，多數主體間之利益糾葛，確有賴此類型訴訟為一次解決需求。於立法制度設計上，承認多數主體訴訟類型，亦有助於節省司法資源及避免裁判矛盾，而有擴大此類型訴訟之必要。

多數主體訴訟之類型甚多，以是否為自己為請求而參與訴訟實施為區分，前者稱為多數當事人訴訟，如共同訴訟、主參加訴訟是；後者如訴訟參加。以新主體參與訴訟後，原訴訟主體是否脫離訴訟為區分，前者為一般型態之多數主體訴訟；後者由新訴訟主體取得訴訟實施權，原主體脫離訴訟程序，例如選定訴訟當事人、訴訟承繼是。再以訴訟主體對立性外觀區分，有二對立及三對立訴訟主體型態者，前者為一般型態；後者，例如主參加訴訟。此外，由參與訴訟實施之時間區分，訴訟繫屬時即參與者為常態；訴訟實施後參與者，例如強制固有必要共同訴訟追加（第 56–1 條）、訴訟承繼屬之。

多數主體訴訟，雖不一定有為自己請求而參與訴訟實施，但各訴訟主體間均有其實施訴訟利益存在，例如訴訟參加人因參加而生參加效。多數主體訴訟，多數主體間之利益或對立或同一，訴訟程序相當複雜，須注意各主體間之程序權保障，否則將喪失判決效之正當性，而訴訟告知及承認各主體之程序主體權，為其重要手段方法。

▶ 第一節　共同訴訟

一　共同訴訟概說

㈠意義及類型

共同訴訟，指同一訴訟程序中當事人之一方或雙方，有數人參與實施訴訟行

為之多數當事人訴訟型態。處於多數一方之當事人，稱為共同訴訟人，亦可稱為主觀訴之合併。訴之主觀合併，本法第 53 條以下定有明文。

共同訴訟，於不同當事人與他造間之各個紛爭，均為獨立之請求，因有牽連關係，在同一程序內同時受審判，可避免審理之重複，節省訴訟資源及紛爭之統一解決，亦可防止裁判之矛盾，有其正面功能。如各個訴訟無合併審理必要，或有延滯訴訟可能時，例外承認得為分別辯論及裁判（第 205 條第 3 項、第 381 條第 2 項）。

共同訴訟類型甚多，除以當事人身分參與訴訟實施類型外，尚有兼以參加人身分為之者，例如共同訴訟參加（第 62 條）、主參加訴訟（第 54 條），稱為當事人參加。當事人參加，於參加訴訟後成為當事人。而本法立法體系，將主參加訴訟列入共同訴訟中。

㈡共同訴訟之要件

共同訴訟或主觀訴之合併之要件，應符合主觀與客觀二要件。主觀要件為：被告之住所在同一法院管轄區域內 ， 或有本法第 4 條至第 19 條所定之共同管轄法院者為限（第 53 條）。客觀要件為：訴訟標的之權利或義務，為其所共同者；或本於同一之事實上及法律上原因者，或係同種類，而本於事實上及法律上同種類之原因者。

客觀要件，係基於合併審理之必要性或合理性為考量，而以訴訟標的之權利或義務，有其同一性、共通性或關聯性為基礎。所謂共同者，指共同訴訟人同有權利或同負義務之謂，例如權利或義務之共有人、連帶債務人、主債務人與保證人。所謂本於事實上及法律上同一之原因，指共同訴訟人因同一事實或法律關係，享有權利或負義務之謂，例如本於同一借貸契約，或因同一侵權行為之原因事實，造成數被害人受有損害之損害賠償請求是。所謂同種類且事實上及法律上同種類者，例如房屋出租人與數承租人，分別締結同性質之租賃契約者是。

主觀訴之合併，其要件之具備非關公益，非法院應依職權調查事項，被告對合併要件之欠缺有異議，經調查如欠缺民事訴訟法第 53 條規定之要件，只應就各訴分別為辯論及裁判，不得將各訴或其中之一訴駁回（32 上 1677 判例）。

㈢發生原因及類型

共同訴訟，有於起訴時即成立者，如訴之主觀的合併、主參加訴訟是；有於他人訴訟實施中，加入成為當事人者，如訴之主觀追加合併❺❶、共同訴訟參加是；

亦有因法院命合併辯論或訴訟承受而成為共同訴訟人者。

　　共同訴訟，現行法分為二類，即本法第 55 條之通常共同訴訟，及第 56 條之訴訟標的對於共同訴訟之各人必須合一確定之必要共同訴訟。後者，又依起訴時要否一併起訴或被訴始為當事人適格，再分為固有必要共同訴訟與類似必要共同訴訟。此外，主觀預備訴之合併，亦屬另一類型共同訴訟，因與訴訟程序安定及備位當事人程序主體權之保障有關，於學說及實務上，其容許性備受爭議。

二　通常共同訴訟

㈠意　義

　　共同訴訟類型中，各共同訴訟人與他造之訴，屬不同之訴，其實施訴訟權能各自獨立，且不因其他共同訴訟人之事實上主張、請求之捨棄、認諾、撤回、和解而受影響，共同訴訟人之提出上訴、效力亦不及於其他共同訴訟人，而具有獨立性原則之共同訴訟型態。通常共同訴訟係因訴訟資料並無共通性必要，訴訟標的法律關係，亦無合一確定必要，故法院得將訴訟程序予以分離。

㈡審理原則

1.獨立性原則

　　通常共同訴訟，各共同訴訟人之實體法上權利義務各自獨立，於訴訟之實施，不受其他共同訴訟人之牽制，此為獨立原則。本法第 55 條規定，共同訴訟中，一人之行為或他造對於共同訴訟人中一人之行為及關於其一人所生之事項，除別有規定外，其利害不及於他共同訴訟人。獨立性原則下，各共同訴訟人一人所為之訴訟行為，如訴訟標的之捨棄、認諾、撤回、訴訟上和解，效力不及於其他共同訴訟人；事實之自認或否認，亦同。共同訴訟既係數訴，且因獨立性原則，各共同訴訟人裁判結果有不同之可能。共同訴訟人中一人，有訴訟當然停止或裁定停止原因者，效力不及於其他共同訴訟人。此時，訴訟程序之審理應予分離。共同訴訟人一人之上訴，移審效與遮斷效不及於未上訴之其他人，而無上訴不可分原則適用。例外者如，共同訴訟人一人上訴結果，如與其他未上訴之共同訴訟人之確定判決可能發生裁判矛盾，為確保裁判之合一性，無獨立性原則適用❺❷。例如

---

❺❶ 主觀追加合併成為共同訴訟，有基於法律之規定及當事人之任意追加者。前者例如本法第
　　56-1 條規定原告追加強制起訴者是；後者則屬廣義當事人任意變更類型。

❺❷ 伊藤真，民事訴訟法，第 4 版，2011 年，有斐閣，第 611 頁。

共同侵權行為人為共同被告，其相互間所負連帶損害賠償，於賠償債權人後，內部間之求償關係應如何處理，乃息息相關於各共同侵權行為人，因此一人上訴或對其中一人上訴，上訴審判決結果可能影響其內部責任分擔，故此類型訴訟，其中一人上訴，其效力及於其他共同訴訟人。

2. 獨立性原則之界限

(1)原　理

　　共同訴訟人間獨立性原則係立於處分權主義，主要內容與訴之繫屬、審判範圍有關，例如提起訴訟、訴之撤回、請求審判對象、上訴權捨棄、上訴提出其不服程度、撤回上訴。屬處分權能者，例如訴訟上和解、訴訟標的之捨棄認諾。處分權主義源於私法自治原理，法院受當事人意思拘束。處分權主義在各當事人相互間，各有自己實體私益上之處分權限，不受其他私權主體拘束，呈現於訴訟程序面，各有獨立性訴訟主體權，不容他當事人干預影響，此即共同訴訟之獨立性原則。

　　依處分權主義，共同訴訟程序之審理，雖受獨立性原則控制，各共同訴訟人有關自己私益之訴訟資料之提出，得各自決定，各共同訴訟人所提訴訟資料，本不應影響其他共同訴訟人，無所謂主張共通、證據共通原則適用。惟從訴訟法制發展觀察，共同訴訟制度存在之規範目的，本期待能於同一期日為統一性紛爭解決，以節省訴訟成本符合訴訟經濟，避免裁判歧異，增進法院裁判可受信賴，而獨立性原則極度發展，實無異於分別辯論與分別判決，將使共同訴訟喪失其制度功能。況獨立性原則，可能形成紛爭解決之更加複雜，自應有其界限。例如主債務人與保證人為共同被告時，主債務人為訴訟資料之完整提出，保證人一方則否，若堅持獨立性原則，主債務人與保證人分獲勝敗判決，保證人賠償後，對主債務人求償之許否，必使紛爭解決更形複雜[53]。

　　共同訴訟制度存在，有追求訴訟經濟及統一紛爭解決目的[54]，因此共同訴訟人獨立性原則，如影響其他價值維護，本於共同訴訟人間之公平性，有予合理限制必要。此合理限制，學者指出，應從共同訴訟之效用、當事人間之公平觀點，在共同訴訟人間考慮適用主張共通、證據共通原則[55]，在輔助參加共同訴訟，主

---

[53] 笠井正俊、越山和廣編，新コンメンタール民事訴訟法，2013年，日本評論社，第173頁。

[54] 本法第53條立法理由：「民事訴訟律之宗旨，在節省費用勞力及時間，共同訴訟，應發揮此宗旨而生，共同訴訟之條件，則發揮此宗旨之關鍵也。」

張共通、證據共通原則，可完成統一紛爭解決目的❺❻。

(2)證據共通原則

　　共同訴訟人一人聲明之證據資料，對其他共同訴訟人有無證據共通原則適用。多數說及民事審判實務，多持肯定說，主要理由為依照自由心證主義，法院認定事實僅能一個，若不採證據共通原則，事實之認定將生矛盾，且共同訴訟制度本被期待在同一期日完成共同訴訟人統一紛爭解決目的，證據共通乃具實質價值意義❺❼。有限制肯定說，即在利害相對立之共同訴訟人間，為避免因共同訴訟人一人之證據聲明，對其他共同訴訟人程序權保障（防禦權）造成不利，需其他共同訴訟人加以援用，或經法院闡明確認其援用，不致造成突擊前提下，始有適用❺❽。亦有認為其他共同訴訟人未為反對或雖反對該證據聲明，如法院未為辯論之分離者，仍得成為共通之證據資料❺❾；有主張視該事項是否共同而定❻⓪；有認為其他共同訴訟人有參與證據調查表示意見機會時，始有證據共通原則適用❻❶。

　　本書認為，證據共通原則涉及法官自由心證形成，及過去事實僅能有一個，法院於同一裁判中有關事實之認定不能自我矛盾，但各共同訴訟人關涉自己私權之訴訟資料，本有自己決定提出與否之處分權，他共同訴訟人之證據聲明顯然不利於其他共同訴訟人，且表示反對者，法院應審酌是否為審理程序之分離，並予有陳述意見機會，惟法院不為分離審理者，仍有證據共通原則適用。

(3)主張共通原則

　　主張共通原則，在通常共同訴訟類型，日本實務持反對見解❻❷。否定說理由

---

❺❺ 新堂著【民訴法 5 版】，第 788 頁。

❺❻ 亦有認為，共同訴訟於共同訴訟人間並無法律上關聯，既合併於同一程序，法院心證形成是共同的。但共同訴訟人間之步驟常非一致，輔助參加之參加效力在如何限度得予承認，欠缺判斷上之明確標準，主張共通原則或將造成訴訟程序之混亂，三ケ月著【民訴】，第 255 頁。

❺❼ 堀野出，同時審判の申出がある共同訴訟，笠井正俊、越山和廣編，新コンメンタール民事訴訟法，2013 年，日本評論社，第 173 頁。

❺❽ 秋山幹男等著，第 388 頁。

❺❾ 中野等著【講義 2】，第 516 頁。

❻⓪ 姜世明，民事訴訟法，上冊，2016 年，新學林，第 229 頁。

❻❶ 邱聯恭，口述民事訴訟法講義(二)，2017 年，第 273 頁。

❻❷ 日本最高裁判所昭和 43 年 9 月 12 日判決、45 年 1 月 23 日判決。參看德田和幸，共同訴

為依照處分權主義及辯論主義，事實主張及證據聲明為當事人責任，亦為處分權之權能，如承認主張共通，無異於將他人之主張，作為未為該主張之其他共同訴訟人之訴訟資料，當抵觸獨立性原則及有違辯論主義第一衍生法則❸。亦有認為共同訴訟人間之主張常不一致，主張共通原則，如對其他共同訴訟人發生影響，應斟酌是否有利於其他共同訴訟人❹。

　　在共同利害關係之共同訴訟，如主債務人與保證人之共同訴訟中，無論由主債務人或保證人為主張，均可適用。亦有認為共同訴訟人中一人之主張，如與未為該主張之其他共同訴訟人之積極行為不相牴觸，且有利於其他共同訴訟人者，當可適用❺。採限制肯定說者，認為應尊重其他共同訴訟人之選擇權，自己決定是否援用主張共通原則❻，有認為如確切的給予程序權保障避免意外裁判，應可承認❼。亦有認為視該主張於共同訴訟人間之關聯性強弱而定，如主債務人與保證人就債權是否成立或消滅，具強度關聯，經闡明援用否，其他共同訴訟人明確表示不援引時，仍應尊重其程序處分權❽。

　　本書認為，共同訴訟制度存在，雖有追求訴訟經濟及統一紛爭解決目的，但私法自治及處分權主義，基本上仍主導私益性紛爭強制解決機制，訴訟資料之提出否，屬私權主體自己決定權領域，事實之主張與否，法院受其拘束，其他共同訴訟人亦不能干涉，乃獨立性原則一環。共同訴訟人一人之主張，其他共同訴訟人表示不予援引者，當尊重其決定，因不同訴訟主體之程序處分權呈現衝突，審判程序難期圓熟順遂進行，審判長應考慮分離審判程序。如認該主張顯不影響其他共同訴訟人私權；或分離審判顯然重大妨害共同訴訟制度價值追求（如顯然浪費司法資源、增加共同訴訟人高額不成比例成本負擔），而不為分離審判裁量權之行使；或因適用證據共通原則，統一紛爭解決以符實體真實並確保裁判可信賴性；

訟人の地位，收載於三宅省三、塩崎勤、小林秀之編集，注解民事訴訟法Ⅰ，2002 年，青林書院，第 374 頁。

❸ 德田和幸，共同訴訟人の地位，收載於三宅省三、塩崎勤、小林秀之編集，注解民事訴訟法Ⅰ，2002 年，青林書院，第 374 頁。

❹ 參看三谷忠之，民事訴訟法講義，2011 年，成文堂，第 281 頁。

❺ 新堂著【民訴法 5 版】，第 788 頁；兼子著【條解】，第 208 頁。

❻ 兼子著【條解】，第 209 頁。

❼ 邱聯恭，口述民事訴訟法講義（二），2017 年，第 274 頁。

❽ 姜世明，民事訴訟法，上冊，2016 年，新學林，第 229 頁。

或共同訴訟人間彼此利益相同（如主債務人與保證人），則仍有主張共通原則適用。換言之，應具體審酌各個事件之性質，及規範價值目的而定。

三　必要共同訴訟

㈠意　義

必要共同訴訟，指訴訟標的之法律關係，對於共同訴訟人全體必須合一確定之特殊共同訴訟類型。所謂訴訟標的須合一確定，指法院於各共同訴訟人間，不得有分歧之判斷之謂。為達判決合一確定目的，為判決基礎之訴訟資料及訴訟實施，於共同訴訟人間須一致。獨立性原則於此類型訴訟大部分受到限制，但與合一確定無關者，各共同訴訟人仍得單獨為之，例如各自選任訴訟代理人、各自收受訴訟文書之送達[69]者是。必要共同訴訟中，又依是否須全體共同訴訟人一同起訴或被訴，當事人始適格，再區分為固有必要共同訴訟及類似必要共同訴訟二種類型[70]。

㈡固有必要共同訴訟

1.判斷基準

訴訟標的法律關係，於共同訴訟人間須合一確定外，且須一同起訴或被訴，否則當事人適格即有欠缺之謂，如有不同意一同起訴或被訴者，另有視同起訴規定（第 56-1 條）。如何之類型紛爭，須以固有必要共同訴訟處理之，法無統一規定。一般認應從訴訟標的法律關係之性質，或與他人權利關係因判決結果有無變動，及全體共同訴訟人之程序參與權保障，避免裁判矛盾之程序需求[71]，並以紛爭解決之實效性等為綜合判斷[72]。

2.具體事例

例如因形成之訴而使他人間之權利或法律關係發生變動者，如：第三人提出之撤銷婚姻之訴，應以夫妻為共同被告、養子女以養父母為共同被告之撤銷收養之訴或終止收養關係之訴等。又與形成判決同有使權利或法律關係發生變動效果

---

[69] 參照 21 抗 346 判例指出，須合一確定訴訟，上訴期間各自受判決送達時起算；惟其中一人上訴者，視與全體在上訴期間內提起上訴。

[70] 駱著【研究】，第 132 頁。

[71] 上田著，第 515 頁。

[72] 新堂著【民訴法 5 版】，第 773 頁。

之確認之訴者，例如由第三人提起之確認婚姻無效之訴，原則上以該權利關係之主體為共同被告；又如養子女以生存中之養父母為共同被告之確認收養關係成立或不成立之訴，若以養子女為被告，則養父母應成為共同原告。由第三人提起者，應以養父母及養子女為共同被告。

就他人財產有管理處分權之數人之情形，例如破產管理人有數人、選定當事人中有多數被選定人實施訴訟，應為共同原告或被告，始為當事人適格。關於共有財產紛爭之情形，例如分割共有物之訴（42 台上 318 判例）、分割遺產之訴（33 上 1814 判例）、因合夥債權債務紛爭事件之訴（18 上 848 判例）等。

(三)類似必要共同訴訟

1.判斷基準

共同訴訟人雖不以共同起訴或被訴為必要，而得單獨起訴或被訴，但如為共同起訴或被訴時，訴訟標的法律關係，對於全體共同訴訟人，必須合一確定，法院不得為不同之判決，稱為類似必要共同訴訟。此類型訴訟既須合一確定，為達其目的，仍有本法第 56 條規定之類推適用。惟所謂合一確定，其判斷基準不一。依傳統學說理論，所謂合一確定，須判決既判力主觀作用擴張及於其他共同訴訟人[73]，或受判決反射效所及者為限[74]。

從民事訴訟法角度，合一確定係指多數訴訟主體間，法院就訴訟標的之判決，其既判力不許有不同結果之謂。依此，如各別提出之訴訟，各判決內容僅存有理論上矛盾可能者，不一定屬合一確定。例如因同一事故之數被害人之損害賠償請求、或主債務人與保證人之共同訴訟，因既判力主觀作用互不相及，即無合一確定必要，自不應歸入類似必要共同訴訟。反對說因此認為，雖非合一確定，如對紛爭解決有其實益，或為避免複雜法律關係造成裁判矛盾必要，亦應與合一確定者做相同處理[75]。例如上例之同一事故之數被害人之損害賠償請求、主債務人與保證人之共同訴訟，因其請求基礎之重要爭點共通，不能為矛盾之判決，其訴訟標的法律關係雖無合一確定必要，仍應依類似必要共同訴訟法理處理。以數人為被告之請求，因手段與目的關係，而須對全體被告獲得勝訴判決，否則不能達其

---

[73] 兼子著【體系】，第 385 頁；三ケ月著【民訴】，第 261 頁。

[74] 兼子著【體系】，第 385 頁。

[75] 新堂著【民訴法 5 版】，第 781 頁。此說係以避免裁判矛盾為出發，認須擴張所謂合一確定概念之範圍。

目的者，例如甲以乙、丙為共同被告，依序請求塗銷所有權移轉登記之訴，亦屬之。共同訴訟人之一人，因其對共通爭點為不利益之訴訟行為，而使其他共同訴訟人同受有不利益者，亦須與合一確定者做相同處理❼❻。對於反對說擴大類似必要共同訴訟適用範圍，非無質疑者，認為如擴張類似必要共同訴訟範圍，即限縮通常共同訴訟獨立性原則適用，各共同訴訟人之程序權將受到相互牽制，此與民事訴訟個別化之本質不無牴觸，此點須予正視❼❼。

2.具體事例

我國審判實務，有採傳統理論，認為合一確定，係指在法律上有合一確定之必要，若各共同訴訟人所應受之判決僅在理論上應為一致，而其為訴訟標的之法律關係，非在法律上對於各共同訴訟人應為一致之判決者，非此所指之必須合一確定（32 上 2723 判例）。原告行使代位權及自己之請求權，訴請被告甲將系爭土地之所有權移轉登記予被告乙，再由被告乙移轉登記予原告，其訴訟標的對於共同被告之各人，非必須合一確定，仍屬普通共同訴訟❼❽。

審判實務或學說，認為：(1)股東會之召集程序或其決議方法違反法令或章程，股東依公司法第 189 條提起撤銷股東會決議之訴，因判決既判力擴張至其他股東，須合一確定，惟無全體股東共同起訴必要；(2)分別共有人依民法第 821 條規定，對第三人就共有物之全部為本於所有權之請求，以共有人一人起訴；(3)公同共有人中之一人，依民法第 828 條第 2 項規定，經其他共有人全體同意，為公同共有物之處分或其他權利行使，而單獨起訴或被訴者；(4)債權人依民法第 242 條規定，代位債務人對第三債務人請求給付之訴，因其判決效及於債務人及其他債權人，均屬類似必要共同訴訟❼❾；(5)第三人依強制執行法第 15 條提起執行異議之訴，債務人亦否認第三人就執行標的物有足以排除強制執行之權利時，得以債務人列為共同被告，亦為類似的必要共同訴訟❽❽。

3.審判實務新發展

我國審判實務就類似必要共同訴訟與通常共同訴訟之判準，及援引本法第 56

---

❼❻ 新堂著【民訴法 5 版】，第 781 頁。

❼❼ 三ケ月著【民訴】，第 262 頁。

❼❽ 最高法院 64 年度第 5 次、67 年度第 6 次民事庭會議決議。

❼❾ 駱著【研究】，第 143 頁。

❽❽ 最高法院 63 年度第 1 次民事庭會議決議。

條第 1 項規定，晚近有二則判決，可供檢視。

(1)連帶債務訴訟

　　連帶債務人為共同被告，其中一人提出非基於個人關係之抗辯，法院認為有理由者，實務大多肯定有本法第 56 條第 1 項規定「適用」（33 上 4810、41 台抗 10 判例）。所謂適用係指某案例事實為該法條涵攝範圍，連帶債務人成為共同被告，並非訴訟標的於各連帶債務人必須合一確定，不能逕解為適用該條項規定。所謂合一確定定義，傳統理論及反對意見如前，自影響連帶債務於共同訴訟類型之位置。共同訴訟兩基本型，通常共同訴訟與固有必要共同訴訟，有二截然不同之特質，前者在獨立原則，後者著重於訴訟標的之合一確定。連帶債務人在程序法之關係，並無訴訟標的合一確定關係，但在實體法關係上，民法第 281 條規定，連帶債務人中之一人，因清償、代物清償、提存、抵銷或混同，致他債務人同免責任者，得向他債務人請求償還各自分擔之部分，及承受債權人之權利；第 276 條，債權人免除部分連帶債務人債務，除無消滅全部債務之意思表示，否則他債務人同免責任，消滅時效完成者亦同；另第 275 條，連帶債務人一人受確定判決，而其判決非基於該債務人之個人關係者，為他債務人之利益，亦生效力。連帶債務訴訟，以通常共同訴訟類型視之，其審理程序本於處分權主義、辯論主義、獨立性原則，裁判結果，有使連帶債務人內部或與債權人外部關係，益形複雜化，不利於紛爭之統一解決，造成裁判矛盾可能，雖非本法所指之訴訟標的合一確定關係，有擴大所稱合一確定範圍必要，而做相同處理。最高法院 112 台上 308 判決，採相同論述模式。

(2)袋地通行訴訟

　　民法第 787 條規定，土地因與公路無適宜之聯絡，致不能為通常使用時，土地所有人得通行周圍地以至公路。有通行權人應於通行必要之範圍內，擇其周圍地損害最少之處所及方法為之，稱為袋地通行權。規範目的在使袋地發揮經濟效用，以達物盡其用之社會整體利益，擴張通行權人之土地所有權，令周圍地所有人負容忍義務。

　　審判實務上，最高法院 111 台上 1331 判決指出，訴訟標的對於共同訴訟之各人必須合一確定者，適用本法第 56 條各款規定，其所謂合一確定，係指依法律規定或依法理推論，數人必須一同起訴或一同被訴，而判決應同勝同敗者而言。並指出，對於多數被告方面，其等就不同訴訟標的，應為一致之判斷，不宜割裂處

理。此規定在判決效力及於第三人之情形，如有數人共同被訴者，為免裁判矛盾，即使非實體法上所規定應共同被訴，仍有類推本條規定之必要。而在訴訟標的對於數人，法院在裁判權限之行使上，不宜割裂者，亦應比照之。民法第 787 條之袋地通行權訴訟，通行權人通行之必要範圍，應擇周圍地損害最少之處所及方法為之，法院有裁量權，有給付兼形成訴訟之性質。周圍地有多筆土地時，本則判決認為法院就各被告應如何提供通行之方法等共通事項，法律雖未規定通行權存在之共同訴訟，對於各被告中一人之裁判效力及於他人，惟法院裁量權之行使，不宜割裂，自不得任由判決之一部先行確定，使符此類事件之本質，自有類推適用第 56 條規定之必要，認在通行之必要範圍內，共同訴訟人中一人上訴效力，及於未上訴之他共有人，以達訴訟目的。

　　周圍地有多筆不同土地存在，各筆土地所有權人間並無實體權之關聯性，並無一同起訴或被訴，始具當事人適格性問題，且訴訟標的（袋地通行權）於各周圍地所有權人間，亦非屬合一確定或勝敗同一關係，反而，袋地通行權究存在於甲或乙筆土地，甲、乙土地所有權人之利益正相反，其性質較接近於通常共同訴訟，惟因為完成民法第 787 條袋地通行權規範目的，使袋地與公路有適宜之聯絡，物盡其用，處分權主義受到限制，因此類推適用第 56 條第 1 項規定。

㈣必要共同訴訟之程序

1.起　訴

　　固有必要共同訴訟之起訴，須一同起訴或被訴，當事人始為適格，如有欠缺得以訴訟判決駁回原告之訴。惟因本法已有視同起訴之規定（第 56-1 條），其瑕疵得為補正。起訴時未共同起訴，其他共同訴訟人另案起訴者，或為訴之主觀追加合併，得以合併辯論方法，達合一確定目的，其瑕疵亦得治癒。各個共同訴訟人之訴訟要件如有欠缺，因影響固有必要共同訴訟當事人之適格，應以不合法駁回全部之訴。第一審未發現其瑕疵，而為共同訴訟人一方勝訴判決者，因無礙於共同訴訟人一方之審級利益，應得於上級審為補正。

　　類似必要共同訴訟，未一同起訴被訴者，不生當事人不適格，如一同起訴或被訴，僅其中一人或數人欠缺訴訟要件者，以裁定駁回該部分即可，不影響其他共同訴訟人之適格性。

2.訴訟程序之進行

　　必要共同訴訟，為達合一確定目的或避免裁判結果矛盾，訴訟資料及訴訟程

序之進行於共同訴訟人間必須統一。因此，期日之指定、證據調查及辯論，不得分離。法院亦不得為一部裁判，共同訴訟人一人之上訴，對全體共同訴訟人發生上訴效力。共同訴訟人如有受輔助宣告之人時，共同訴訟人中一人提起上訴，其效力當然及之，無須經輔助人同意；就他造之上訴為訴訟行為時，亦無須經輔助人同意（第 56 條第 2 項、第 45-1 條第 2 項）。

　　必要共同訴訟人之行為若不一致，則訴訟資料恐無法統一，將影響合一確定目的或使裁判發生矛盾，故本法第 56 條第 1 項第 1 款規定，共同訴訟人中一人之行為有利益於共同訴訟人者，其效力及於全體；不利益者，對於全體不生效力。即以對其他共同訴訟人有利與否，為判斷要否對其他共同訴訟人發生效力基準。所謂有利否，指共同訴訟人行為當時之外觀形式為準，非以法院審理之結果為斷（52 台上 1930 判例）❸。如主張有利之事實、聲明之擴張、有利證據之提出、對他造主張之事實為否認或抗辯、共同訴訟人中一人之遵守期日，或提出上訴，均屬有利（32 抗 470 判例）。共同訴訟人一人之合法上訴，即使其他共同訴訟人上訴不合法，全體共同訴訟人之上訴為合法（33 上 1814 判例）。審判實務，如共同訴訟人之上訴不合法而為駁回其上訴之裁定，無庸將其他共同訴訟人併列為上訴人❷。再審之訴之提出，其效力亦及於其他必要共同訴訟人❸。反之，行為時外觀為不利者，如自認、捨棄、認諾、訴訟和解等，效力不及於其他共同訴訟人。同條項第 2 款規定，他造對於共同訴訟人中一人之行為，其效力及於全體。他造之行為，不論其為何種行為及是否有利，效力均及於全體共同訴訟人。依此，他造提出之攻擊防禦方法、訴訟上自認、為捨棄認諾、提起上訴，對全體共同訴訟人發生效力。同條項第 3 款規定，共同訴訟人中之一人生有訴訟當然停止或裁定停止之原因者，其當然停止或裁定停止之效力及於全體。因必要共同訴訟為求合一確定目的，訴訟資料及訴訟程序之進行，有一致性必要。

3. 判　決

　　必要共同訴訟，為求各訴訟人間之合一確定，對共同訴訟人間，當然不得為相歧異之判決，或互為矛盾之裁判。理論上雖不屬合一確定類型者，例如以主債務人與保證人為共同被告，雖非不得分別為勝敗之判決，惟關於主債務之是否存

---

❸ 日本實務見解，大致採相同標準。參看松本、上野著，第 319 頁。
❷ 最高法院 63 年度第 4 次民事庭會議決議。
❸ 松本、上野著，第 319 頁。

在，不得為相矛盾之認定。有合一確定或為免裁判矛盾之共同訴訟，法院亦不得為一部終局判決，須同時為全部終局判決。而判決確定時期，則以全體共同訴訟人，均已不得依上訴程序聲明不服時，始生確定力，否則將因一人之上訴效力及於其他必要共同訴訟人。

(五)共同訴訟之續行與通知

共同訴訟人，各有續行訴訟之權（第 57 條第 1 項）。無論其屬通常共同訴訟或必要共同訴訟，各得進行訴訟程序實施。訴訟程序當然停止者，得聲明承受訴訟；裁定停止者，得聲請法院撤銷裁定。言詞辯論期日他造不到場者，得聲請法院一造辯論判決。共同訴訟既合併數訴於同一程序審理，因此法院指定期日者，應通知各共同訴訟人到場（第 57 條第 2 項）。

四　主參加訴訟

(一)意義及機能

本法第 54 條規定，就他人間之訴訟，對其訴訟標的全部或一部，為自己有所請求，或主張因其訴訟之結果，自己之權利將被侵害者，得於第一審或第二審本訴訟繫屬中，以其當事人兩造為共同被告，向本訴訟繫屬之法院起訴。稱為主參加訴訟。主參加訴訟原因有二，一為自己有所請求之主參加訴訟，稱為權利主張參加；另一為主張因他人訴訟結果自己權利被侵害之主參加訴訟，稱為權利侵害防止參加❽❹。主參加訴訟雖名為參加訴訟，但與輔助參加不同，後者並無自己獨立之請求，主參加人則對兩造當事人均有一定之請求，而形成一對立之三面訴訟關係，而與一般共同訴訟係二面對立當事人訴訟關係者有異。

主參加訴訟類型存在之機能目的，在避免三者間之裁判矛盾而有為統一解決紛爭必要，本質上不一定求判決之合一確定。又因於同一訴訟程序實施，兼有訴訟經濟功能。本法之主參加訴訟與日本現行民事訴訟法第 47 條之獨立當事人參加，兩者規定之要件相同，但日本獨立當事人參加，參加人得以訴訟當事人之兩造或一造為相對人，視紛爭之性質有無統一解決必要而定❽❺。本法之主參加訴訟，文義規定以當事人兩造為共同被告，惟解釋上，此訴之機能在詐害訴訟之防止者，縱主參加人對其中一當事人受敗訴判決，亦可達同一目的，因此並無同時以本訴

❽❹ 關於日本學者之分類，參看中野等著【講義】，第 472 頁。
❽❺ 中野等著【講義】，第 472 頁。

訟當事人兩造為共同被告之必要。

㈡主參加訴訟之要件

1.起　訴

　　本法關於主參加訴訟之規定，係以本訴訟之兩造為共同被告，此與日本現行民事訴訟法第 47 條獨立當事人參加規定不同。解釋上，本訴當事人一方對於參加人之請求，非一定存在爭執，且有無以之為共同被告必要，尚須視個案情形而定，並無以之為共同被告之絕對必要。主參加訴訟，亦係起訴，自須具備一般訴之要件。又因屬參加訴訟，因此參加訴訟部分應準用輔助參加程序。本訴之兩造對主參加訴訟之聲請，得為異議，異議有理由者，應駁回參加聲請，但其仍具實質意義之起訴，該部分視為獨立起訴。

　　主參加訴訟以訴訟經濟及避免裁判矛盾出發，故主參加訴訟應於本訴第一審或第二審訴訟繫屬中，向本訴繫屬法院起訴。在第二審中為參加者，審級利益可能減縮，惟因主參加訴訟與本訴訟事件有所關聯，其重要攻擊防禦方法有其同質性，訴訟資料互可援用，實質審級利益亦非全無兼顧。第三審為法律審，不得在該審中為之，但經第三審廢棄發回更審者，仍得為參加。

2.主參加聲明

　　主參加訴訟參加人，對於本訴當事人，以原告地位而有自己之聲明。又因其仍為參加訴訟，因此同時有參加聲明與訴之聲明。主參加人同時以本訴兩造為共同被告者，須對兩造均有聲明，其聲明無須為相同之內容，共同被告亦無勝敗合一必要❸❻。主參加聲明內容，視各種不同情形而定，難以一一列舉。於詐害訴訟防止參加型，例如本訴原告甲以土地移轉登記有無效原因，請求被告乙（抵押人）塗銷移轉登記，丙為抵押權人，為防止甲乙之詐害訴訟，其對甲之主參加聲明，不能僅為駁回甲之塗銷登記請求，須為確認其抵押權存在，始為合法❸❼。於權利主張型，一般而言對本訴原告之請求（聲明），正與本訴原告之請求不能兩立，而對本訴被告，則求為與原告相同權利內容之給付請求。例如雙重買賣，買受人甲依買賣關係，起訴請求出賣人乙給付買賣標的物，另一買受人丙提起主參加訴訟，以甲乙後發生之買賣行為有害其債權，請求撤銷，並本於買賣關係，求為給付丙該買賣標的物。

---

❸❻ 兼子著【體系】，第 389 頁。
❸❼ 新堂著【民訴法 5 版】，第 832 頁。

本訴當事人之一方對主參加人之權利主張，如無爭執，其聲明應何如？詐害防止類型，雖外觀上並無爭執，但如本訴當事人間之法律上利益共同，且實質上與參加人之主張對立者，為求紛爭之統一解決，有同予確認之利益。例如原告以不動產移轉登記有無效原因，對被告為塗銷登記請求，參加人則係向被告承租占有不動產之人，雖被告並不爭執其租賃權存在，亦有同予確認必要。權利主張型，則如當事人一方之主張與參加人之權利主張不能兩立者，應為相同解釋❸。

3. 參加原因

本條規定，主參加訴訟原因有二。其一、權利主張參加者，即就他人間之訴訟之訴訟標的之全部或一部，為自己有所請求。其二、權利侵害防止參加者，係主張因他人間訴訟之結果，自己之權利將被侵害。

所謂訴訟標的之全部或一部，包括訴訟標的之權利關係，及該權利關係所指之財產本身。例如所有物返還請求訴訟，應含括所有物返還請求權之權利或法律關係，及被請求標的物權利之歸屬。茲舉一例如下：甲以乙為被告，主張其間有不動產買賣法律關係存在，訴請乙為不動產所有權移轉登記。訴訟繫屬中，丙出而主張該不動產為其所有，因其與乙間之前不動產所有權移轉登記有無效原因，而以甲乙為共同被告，對乙本於所有物返還請求權法律關係，求為塗銷所有權移轉登記；對甲則求為確認就該不動產有所有權存在。

主張自己之權利將被侵害而參加訴訟之目的，在防止本訴當事人之詐害行為。認為他人間之有害行為，在私法上得為撤銷（民法第 244 條）或主張無效（民法第 87 條）者，在訴訟上同得以主參加訴訟方式予以防止。惟學說就得以提出主參加訴訟者，究須具備如何條件，非無爭議。 1.判決效說：須因本訴判決之判決效或反射效所及之人，始得提出。此說之條件過於嚴格，例如前例之抵押權人於土地所有權移轉登記塗銷請求訴訟中，因不受判決效或反射效影響，不能為主參加訴訟，只得為輔助參加，不能與被輔助人行為相牴觸，無從阻止詐害訴訟行為。 2.利益說：即第三人之權利或法律上地位，因他人訴訟標的權利關係之存否，事實上受有影響者即得為之，不以受該判決既判力或反射效所及之人為參加要件。惟此說之參加條件又過於寬鬆，被認為與輔助參加類型難以區別。 3.詐害訴訟防止說：認為主參加訴訟，源於法國之詐害訴訟判決之防止，目的在透過第三人參加訴訟，使訴訟程序得以為完全之實施。第三說自訴訟參加之功能，在充實訴訟

---

❸ 新堂著【民訴法 5 版】，第 833 頁。

程序出發，為有力學說。惟參加人之利益於訴訟過程中，亦須予重視，因而有主張應與第二說合併觀察者；換言之，其參加要件應與輔助參加同，為廣義之輔助參加，且參加人亦須有確實之利害關係❽存在。而參加目的在防止被參加人之不熱心訴訟實施。

㈢主參加訴訟之審判

主參加訴訟係三對立當事人訴訟類型，其機能在統一解決紛爭及避免裁判矛盾，非在於合一確定目的。因此主參加訴訟之審理程序，雖準用第 56 條必要共同訴訟規定（第 54 條第 2 項），但並不適用該條之合一確定關係。又為避免裁判矛盾，本法第 205 條第 3 項前段規定，主參加訴訟即有與本訴訟合併辯論及裁判必要。

主參加訴訟，本訴原告之請求與參加人之請求，處於對立關係，為達統一解決目的，訴訟資料及證據共通有其必要性。主參加訴訟之參加人與本訴原被告，立於三對立互為制衡地位，而其制衡方法，乃以須經任一方之同意，否則對之不生效力方式為之（準用第 56 條第 1 項第 1 款）。例如原告或被告之捨棄、認諾、訴訟上和解或自認，參加人如有爭執者，不生效力。主參加訴訟，任何一造對於他造之任何一人之行為，其效力及於利益同一之另一造（準用第 56 條第 1 項第 2 款）。例如受敗訴判決之原告、被告或主參加人，以獲得勝訴判決之他造為被上訴人提起上訴者，上訴效力（移審效、遮斷效）及於同受敗訴判決之另一造，並同列為上訴人，該另一造之敗訴判決部分同成為上訴審審判對象❾。又任何一造生有訴訟當然停止或裁定停止之原因者，其當然停止或裁定停止之效力及於全體（準用第 56 條第 1 項第 3 款），以上均係求統一解決紛爭目的。又為達主參加訴訟目的，審理期日應同一，訴訟資料應共通，並應合併辯論合併裁判，不許為一部判決，如有一部判決者，不得為補充判決，而應依上訴程序救濟，以避免裁判矛盾。惟如不影響統一紛爭之解決者，非不得為程序分離之裁量。同理，法院於必要時，得於主參加訴訟終結前，以裁定停止本訴訟程序（第 184 條）。主參加訴訟之判決，亦屬本案判決，其確定判決，於原告、被告及主參加人間，均生既判力，不得另為請求。

---

❽ 三宅等編【注解 1】，第 467 頁；中野等著【講義】，第 473 頁。

❾ 中野等著【講義】，第 477 頁。

㈣訴之撤回

三對立當事人訴訟之主參加訴訟人，與本訴當事人間，原告撤回本訴之起訴，應經被告及參加人同意，因原、被告間之訴訟實施，對主參加訴訟人存有利益，其撤回再行起訴有害主參加訴訟機能。參加人亦須經原、被告同意後，始得撤回主參加訴訟。

原告之本訴經合法撤回者，主參加訴訟回歸為一般共同訴訟類型，並以原來本訴之原被告為共同被告人，依共同被告程序處理。主參加人撤回其參加之訴，或其參加經不合法駁回者，本訴之訴訟程序繼續實施。

關於權利主張之參加人參加訴訟後，本訴之原告或被告，如已無繼續訴訟實施之必要者，可否由參加人承繼訴訟，使本訴當事人之一方脫離訴訟之問題，本法並無如日本民事訴訟法第 48 條，權利主張參加類型中，參加前之原告或被告經對方之同意後得脫離訴訟之規定；惟主參加訴訟如有輔助參加之性質者，可類推適用第 64 條參加人承擔訴訟規定，使本訴之原告或被告脫離訴訟。

五　主觀預備訴之合併

㈠意　義

訴之主觀的預備合併，指於同一訴訟中，共同原告因實體法上不能兩立之對他造請求、或因原告對共同被告有不能兩立之請求，原告指定其審理順序，當先位請求無理由時，則求為就備位請求為審理判決之一種共同訴訟型態之謂。其與主觀的選擇合併之區別，一般係以實體法上之關係是否得為兩立之請求而定，不能兩立者屬主觀預備合併範圍，得為兩立者則為主觀選擇合併。對此分類法，有質疑者認為，不能兩立之請求如未指定其審理順序，而請求為擇一裁判時，亦可視為主觀之選擇合併❾❶。

主觀預備訴之合併，係因權利關係主體間之實體權利關係不明確且不能兩立，為使其在同一訴訟程序中併予審理，而有其存在價值。其類型，包括共同原告之先備位關係，與共同被告先備位關係。因其實體權之不能兩立，於同一程序中即無同為勝訴判決可能，因此有助於避免裁判矛盾，且因無須於他訴中另為請求，而可節省司法資源；如能解決後述否定說之否定理由，非無承認此類型訴訟存在價值。

---

❾❶ 井上治典，多數當事者訴訟の法理，1981，弘文堂，第 183 頁。

㈡實務見解

至於主觀預備訴之合併容許性，實務尚未統一見解。限制肯定見解者認為，原告為先備位關係，其主張有同一性非對立地位，並得因任一原告勝訴而達訴訟之目的，如無礙於訴訟安定，或經對造同意予以承認，則有助於訴訟經濟、防止裁判矛盾、發見真實、擴大解決紛爭（94 台上 283、1078 判決）。惟亦有持否定說者（91 台上 2308 判決）。而日本最高裁判所採否定見解，惟其下級審法院有持肯定說者[92]。

㈢學說理論之發展

主觀預備訴之合併，係以先位請求有理由為備位請求解除條件，學說就此類型之共同訴訟之容許性，亦有不同見解。

否定說認為，承認此類型合併，對備位被告地位言，其主體地位不安定且不公平，例如原告對先位被告之請求有理由時，備位被告訴訟繫屬溯及而歸於消滅之情形，已實施之訴訟歸於消滅，無異於剝奪備位被告追求勝訴判決權利。其次，若承認此種類型訴訟，對統一裁判目的亦不能完成。因先備位請求，其訴訟標的法律關係並無合一確定必要，各共同訴訟人依通常共同訴訟審理獨立性原則，無裁判矛盾情形發生可能。且原告先位請求有理由，先位被告上訴，其移審效如僅限於先位請求部分，在上訴審亦不能維持訴之合併型態。

肯定說認為，此類型合併，可避免被告利用二個不同審理程序，各自達脫免責任目的，有利於統一裁判、避免裁判矛盾功能。否定說所質疑，對備位被告不公平或地位不安定論點，肯定說認為於先位訴訟經判決後，因解除條件成就，則對備位被告請求之審理溯及消滅，而原告如另案對備位被告起訴時，則可依爭點效及禁反言法理解決。而關於不能完成統一裁判目的之論點，肯定說認為可以準用必要共同訴訟之審理原則，於先位被告提起上訴時，上訴效力及於全部。

另有指定順位單純合併訴訟說。此說認為，否定或肯定說之立論基礎，係以客觀預備訴之合併審理原則為思考模式，換言之，在訴訟處理程序上，將主觀預備訴之合併，理解為有數個請求發生訴訟繫屬，並以先位之訴有理由為備位之訴之解除條件，先位之訴無理由為備位之訴之停止條件。質言之，由備位原告提起、或對於備位的被告所提起之備位請求，應於先位原告或對先位被告之先位請求無理由時，始得為裁判，先位請求有理由判決確定時，備位請求因解除條件成就，

---

[92] 最高裁判所昭和 43 年 3 月 8 日判決。參看中野等著【講義】，第 453 頁。

訴訟繫屬溯及消滅。惟學說上另有將主觀預備合併類型，以指定順位單純合併訴訟型態，予以說明。而持肯定見解者，其理由與肯定說不同。其認為主觀預備合併，如將之理解為，對先位被告之請求有理由，即有不請求法院對備位請求予以審判，乃不適當，毋寧認係有指定審理順序之意；且具體內容應為，對先位被告之請求有理由，即係對備位被告之請求為無理由。依此，主觀預備訴之合併之審理程序，與客觀預備訴之合併明顯不同，前者無異於法院對先備位當事人均有其裁判，且法院受原告指定順位之拘束。此時，對實體法上不能兩立之共同訴訟人為請求時，原告係求為有理由判決之順位指定，且係求為就全部之請求為判決。又既為順位指定之單純合併，先位請求有理由，與之相矛盾之請求即應為無理由之駁回判決，如此否定說所持之對備位被告不公平或不安定問題，即不致於發生。指定審判順序之訴訟合併類型，日本民事訴訟法已有明文，惟我國法尚無此制存在，主觀預備訴之合併，尚難援引以之為解決主觀預備訴之合併類型容許性之依據。

此外，主觀預備訴之合併之容許性問題探討，另有認為不能一概而論，應視各個事件之不同，本於衡平當事人之利益以為判斷者[93]。

▶ 第二節　選定當事人及公益法人之不作為訴訟

選定當事人類型分為一般選定當事人、選定社團法人為當事人、併案請求之視為選定當事人三類，其均為任意訴訟擔當類型。而本法第 44-3 條之公益法人提出之不作為團體訴訟，係法律特別賦予其訴訟實施權。質言之，前三者之訴訟實施權係實體權受侵害之人之授與或讓與，而後者則基於法定而來。

一般選定當事人屬典型任意訴訟擔當，與選定社團法人為當事人、併案請求之視為選定當事人及公益法人之不作為團體訴訟者不同；後者均係因應工商業發達、科技進步，公害、藥害、事故、商品瑕疵或其他本於同一原因事實而被害之現代型紛爭解決而設，因受害之人為潛在性、集團性，而有擴散性等特質，原受害人與加害人間之實質能力，並不對等。受害人可能人數眾多，損害多屬小額，如其全體起訴，訴訟程序難免延緩；如由受害人個別起訴，或可能知難而退，以致社會大眾權益無從補償。為解決上開難題，因而有上述新類型訴訟之設。

---

[93] 井上治典，多數當事者訴訟の法理，1981 年，弘文堂，第 190 頁。

一　一般選定當事人

㈠意義及性質

多數有共同利益之人，不合於非法人團體有當事人能力要件者，得由其中選定一人或數人，為選定人及被選定人全體起訴或被訴（第 41 條第 1 項），為一般選定當事人訴訟。共同訴訟人之人數眾多，訴訟程序之進行、文書之送達，或個人有停止訴訟之原因，有使程序不能順利進行之虞；選定當事人制度，即有使訴訟程序單純化，方便程序進行之功能。

選定當事人之選定行為，得發生一定訴訟法上效果，其性質為訴訟行為。選定後之被選定人，其所為之訴訟行為，係為自己及選定人而實施，因此選定人及被選定人，同受判決效力所及。選定行為一經選定人之選定，即生選定當事人效力，不以經被選定人同意為必要，故為單獨行為。選定行為得以發生程序法上效果，係因選定人授與被選定人訴訟實施權之故，而屬任意訴訟擔當類型[94]。但選定行為之內部關係，係選定人與被選定人間之委任關係。因此內部關係上，選定人係將自己實體法上權利之管理權或處分權，委由被選定人，被選定人即負有忠實義務，並得請求償還因處理委任事務所生之費用。選定行為如欠缺基本選定要件，如選任非共同利益之人為被選定人者，可認為係欠缺該被授與之實體法上權利義務之管理權或處分權，發生當事人不適格問題。

㈡選定要件——共同利益存在

選定當事人，不以共同訴訟人全體一致之選定為要件，多數有共同利益者，無論其為原告或被告，均得為選定行為。所謂多數，指二人以上。而選定之必要條件，為共同訴訟人間，選定人與被選定人存有共同利益，否則即屬要件之欠缺。惟所謂共同利益，並非全體共同訴訟人間之利益完全同一，亦得分組選定不同之人，或僅由部分共同利益人選定一人或數人為被選定人，而與未參與選定之其他共同利益人一同起訴或被訴。又因本法第 41 條第 2 項明定，訴訟繫屬後，選定當事人者，其他當事人脫離訴訟，因此選定後，選定人與被選定人，相互間不成為共同訴訟人[95]。

所謂有共同利益，學說見解不一。早期採狹義說，限於必要共同訴訟關係類

---

[94] 新堂著【民訴法 5 版】，第 798 頁。
[95] 日本民事訴訟法第 30 條第 3 項，同有該類型之選定當事人制度。

型者；新說則認為，選定當事人目的，在使訴訟程序單純化，因此應以主要攻擊防禦方法是否共通，以及社會通念是否共同與對造對立而定❾⑥。我國實務上，關於訴訟標的合一確定之多數當事人之訴（42 台上 982 判例）、分割公同共有物之訴（33 上 871 判例）、分別承租人本於同一原因為租賃權行使之訴（29 滬上 112 判例），均被承認有共同利益存在，應係擴大選定當事人制度適用範圍，採後說見解。選定當事人須自共同利益人中為選定，不得選定共同利益以外之人，否則其選定不生效力。

㈢選定程序

選定行為係授與訴訟實施權之授權行為，選定方式雖非要式行為，不以文書為必要，但被選定人之資格須以文書證之（第 42 條）。選定行為乃訴訟行為，選定人須具備訴訟能力。選定係各選定人與被選定人間之信賴關係，其利益存在於各選定人，因此決定有無共同利益，係基於各選定人之利益而決定，非以多數共同利益人之多數決定之。選定不得附條件，惟得限定於特定審級，而於該審級終了時失其選定效力。

選定時期，於訴訟繫屬前或繫屬後，均得為選定當事人。惟訴訟繫屬中選定者，應於言詞辯論終結前為之，並準用關於當事人變更之程序處理。第二審程序，亦得選定當事人。被選定人有為選定人為一切訴訟行為之權，但選定人得於證明選定資格之文書上，或向法院提出書狀，限制其為捨棄、認諾、撤回或和解權限（第 44 條第 1 項）。惟選定人中一人所為之限制，其效力不及於他選定人（第 44 條第 2 項）。選定行為之信賴關係，得由選定人隨時撤回，或變更被選定人，或增減被選定人人數，或限制其捨棄等權限，但非通知他造，不生效力（第 42 條、第 44 條第 3 項）。

㈣選定之效力

被選定人有為自己及選定人，以當事人之地位實施訴訟行為之權。同一選定團體所選定之被選定人有多數人時，該多數被選定人間，成為必要共同訴訟當事人。不同利益團體間各自選出之被選定人間，依普通共同訴訟當事人法理解決。訴訟繫屬後，經選定當事人者，選定當事人脫離訴訟，並禁止為重複起訴。被選定人所受之判決效力及於選定人，其為給付判決者，對選定當事人有執行力。

---

❾⑥ 新堂著【民訴法 5 版】，第 798 頁；陳著（上），第 189 頁。

㈤被選定當事人資格之喪失

數被選定人之訴訟，依必要共同訴訟須合一確定法理進行，但其中有因死亡或其他事由喪失其資格者，其他被選定人得為全體為訴訟行為（第 43 條）。因其他事由而喪失資格者，例如選定人撤回其選定或變更被選定人是。被選定人全部喪失其資格者，訴訟程序當然停止，由選定人全體或由新被選定人承繼訴訟。因選定之撤回或變更選定者，有學說認為，因選定人或新被選定人，既得實施訴訟，無當然停止訴訟程序必要[97]。至於選定人死亡、喪失行為能力或共同利益喪失情形，不影響選定效力[98]。

㈥被選定人資格欠缺之法律效果

選定當事人資格之存否為訴訟要件，法院應於訴訟程序中各階段，依職權調查。起訴階段，被選定人資格欠缺者，為當事人不適格[99]。不同者，被選定人資格欠缺，為得為補正事項，法院應以裁定先命補正（第 50 條準用第 48 條）。訴訟繫屬中被選定人資格欠缺，如不為補正，不生選定效力。

欠缺資格之被選定人所為訴訟行為，如經有資格之被選定當事人追認者，其瑕疵得為補正。不為補正拒絕追認者，應以訴不合法駁回。法院未發現被選定人資格欠缺所為之判決，得為上訴第三審理由。已判決確定者，對選定人不生判決效及執行力。亦有認應類推適用再審規定，以為救濟[100]。

二 選定社團法人為當事人

㈠意 義

多數有共同利益之人為同一公益社團法人之社員者，於章程所定目的範圍內，得選定該法人為選定人起訴（第 44-1 條第 1 項），即以法人為被選定人。

㈡性 質

本條之選定，被選定之社團法人與選定人間，不以具備共同利益為要件，此與一般選定當事人須具備共同利益者有別。惟本條第 3 項又明定，準用本法第 42 條及第 44 條之一般選定當事人規定，因此其性質為何，頗受爭議；有謂其為任意

---

[97] 兼子著【體系】，第 398 頁；新堂著【民訴法 5 版】，第 801 頁。

[98] 新堂著【民訴法 5 版】，第 801 頁。

[99] 參照 80 台上 1828 判例；陳著（上），第 194 頁。

[100] 三宅等編【注解 1】，第 312、299 頁。

訴訟擔當團體訴訟類型者❶，惟一般任意訴訟擔當之選定目的，在維護個別選定人之利益，此與德國法制之團體訴訟有別。此外團體訴訟係為自己權利主張，並無訴訟擔當型態可言，且團體訴訟之判決效，原則上僅及於團體本身，不及於團體以外之人。因此，此類型訴訟，除以團體名義起訴外，餘均與團體訴訟有別，不能謂係團體訴訟；其以團體起訴者，應係為求訴訟經濟並便利各社員行使權利，擴大選定當事人訴訟制度類型而已❷。因此如就選定社團法人為當事人訴訟類型，係以選定行為作為判決效及於選定人之基礎出發，應認有任意訴訟擔當性質。

㈢選定程序及權限

選定行為，準用一般選定當事人程序，其選定及其更換、增減，應以文書證之（第 44-1 條第 3 項準用第 42 條）。被選定人有為選定人為一切訴訟行為之權，但選定人得限制其為捨棄、認諾、撤回或和解。選定人中之一人所為限制，其效力不及於他選定人。第一項之限制，應於第 42 條之文書內表明，或以書狀提出於法院（第 44-1 條第 3 項準用第 44 條）。

被選定之社團法人所得提起之訴訟，屬任意訴訟擔當，與一般選定當事人同。其得提起損害賠償訴訟、侵害排除訴訟，亦得提出不作為訴訟❸。被選定之法人，須為多數有共同利益之人所屬之同一公益社團法人。被選定人僅有原告資格，無被告適格性。選定後，選定人得撤回其選定，並類推適用第 41 條第 3 項規定。撤回後，自任當事人，當然承受其前之訴訟效果。

㈣總額分配協議

被選定之法人為社員提起金錢賠償損害之訴時，如選定人全體以書狀表明願由法院判定應給付選定人全體之總額，並就其分配方法達成協議者，法院得不分別認定應給付各選定人之數額，僅就其應給付之總額為裁判（第 44-1 條第 2 項）。

本項總額分配協議，與實體法損害賠償原理有其關聯性。社員提起金錢損害賠償之訴，當指各個社員各得獨立就自己所受之損害，向賠償義務人請求金錢賠償損害之訴，而有多數之實體請求權存在之謂。損害賠償原理，目的在填補各個權利主體因義務人之行為所受之損害，各個權利人有多少損害即應受多少賠償，

---

❶ 邱著，第 167 頁。

❷ 同說，參照姜著【當事人】，第 16 頁。

❸ 參閱王甲乙發言，司法院編，司法院民事訴訟法研究修正資料彙編㈡，第 301 頁。

義務人無就權利主體以外之人及逾其損害額為賠償義務。總額分配協議，立法原意係以減輕受害社員就其受害數額負舉證責任為目的，係自程序法觀點出發，非在變更實體法損害賠償原理。協議之效力，僅在參與成立協議之社員內部間，就判決所命給付之損害賠償歸屬，發生實體權利變動效果，其與賠償義務人（即被告）之實體權利義務關係，不生影響。協議內容所得受分配之數額，如實質超過其所受損害額，因仍在總損害額範圍內，當認協議具有損害賠償請求權相互讓與性質，且以書狀作為債權讓與之通知方法，此與損害賠償填補原理並不違背。是以總額分配協議之書狀通知，對賠償義務人發生債權讓與效力，在此範圍具有實體權性質。自程序法觀點，反映於訴訟程序者，此訴之請求客體仍為各社員（原告）對義務人（被告）之各個請求，故此訴屬複數主體請求之訴，非單一原告之請求。惟此訴之審理，因總額分配協議存在，就證明責任而言，有所影響。本來損害賠償之訴，原告就其受有損害及損害額，依舉證責任分配法則，須負舉證責任，但此訴因各社員就自己之損害額無須一一證明，如能證明損害總額者，雖不能證明各協議人所受之損害數額，仍應認已盡舉證之責，因此有減輕舉證責任效果。又本條項立法目的，雖在減輕各個損害額之舉證責任，未改變損害賠償填補原理，惟因本條之協議，於協議人間具有損害賠償權利互相讓與性質，事實上未受損害之各個權利人，亦得因此受讓其他參與協議社員對義務人之損害賠償債權，故不能以其未受損害為由，按其分配協議之額度，將其請求予以駁回。法院審理時，關於損害賠償總額之計算，無須就各個社員所受之損害額逐一審定，僅須就損害總額審理確定即足。法院審理時，發現於總額範圍內之某損害，其權利歸屬不能證明者，仍應依所審定之總額命義務人給付。惟如因總額不明，而須逐一審認者，不能證明部分仍應被排除。法院為損害總額審定，已達請求總額時，應為請求全部有理由之判決。如損害總額小於請求數額時，損害填補原理下，則應駁回其餘之請求。

此訴既仍為複數主體各自存在之複數請求，則判決既判力主觀範圍，依選定當事人法理，及於該複數主體。其客觀範圍，及於各個主體因請求原因所造成之損害賠償請求權全部。未起訴請求之餘額，應解為仍受判決既判力所及，不得再行起訴請求。因本條有實體權相互讓與及舉證責任減輕之雙重效果，如允為一部請求，將造成既判力客觀範圍難以確定；依相同理由，則總額分配請求之訴，當解為不能為一部請求 ❿。至各參與協議之當事人間，關於分配協議之爭議，非本

訴審判對象，為既判力效力所不及，各參與協議之當事人內部間之爭議，得另行起訴予以解決。

三　併案請求之視為選定當事人

㈠意義及性質

因公害、交通事故、商品瑕疵或其他本於同一原因事實，而有共同利益之多數人，依本法第 41 條之規定選定一人或數人為同種類之法律關係起訴者，法院得徵求原被選定人之同意，或由被選定人聲請經法院認為適當時，公告曉示其他共同利益人，得於一定期間內以書狀表明其原因事實、證據及應受判決事項之聲明，併案請求。其請求之人，視為已依第 41 條為選定（第 44-2 條第 1 項）。其他有共同利益之人，亦得聲請法院依前項規定為公告曉示（第 44-2 條第 2 項）。

併案請求之立法目的，在藉擴大選定當事人制度，以求減少訟源促進訴訟經濟，性質上屬任意訴訟擔當，與一般選定當事人者同，因此除另有規定外，準用一般選定當事人規定。此訴之外觀形式雖為一訴，實質上仍屬複數主體之訴訟。

㈡公告曉示方式

併案請求制度，與一般選任當事人制度有別者，即被選定人之選定方式，以原被選定人視為併案請求之被選定人。而其方式，係由法院徵求原被選定人同意後，或經被選定人聲請，法院亦認為適當者，以公告曉示共同利益之人，於一定期間內，以書狀表明併案為請求。此外，有共同利益之人亦得聲請法院為公告曉示。公告期間，明定至少應有二十日，公告應黏貼於法院公告處，並公告於法院網站；法院認為必要時，得命登載公報、新聞紙或以其他傳播工具公告之，公告費用則暫由國庫墊付（第 44-2 條第 4 項）。併案請求之書狀，應以繕本或影本送達於兩造，目的在使兩造得以為攻防之實施（第 44-2 條第 3 項）。又為能於同一訴訟程序解決，避免裁判矛盾，如原被選定人不同意時，法院得依職權公告曉示其他共同利益人起訴，由法院併案審理（第 44-2 條第 5 項）。

公告示制度與美國之集體訴訟之通知性質及目的不同。美國之制度，屬特定集體之多數消費者或住民團體成員，該集團得代表該集團全體成員之利益起訴或被訴，而以集團利益之型態實施訴訟，並藉通知方式保障成員攻擊防禦機會，以此作為判決既判力擴張及於所屬成員之正當性。因此，如無意受該判決拘束之成

---

[104] 陳著（上），第 198 頁。

員，得以退出方式聲明脫離訴訟，否則為判決效力之所及❿。反觀我國之制度，因本法之目的係在擴大併案請求功能，以符訴訟經濟目的，故如未聲明併案請求者，即不受既判力拘束，性質上仍屬任意訴訟擔當類型。

四 公益法人提出之不作為團體訴訟

㈠意　義

　　以公益為目的之社團法人或財團法人，經其目的事業主管機關許可，於章程所定目的範圍內，得對侵害多數人利益之行為人，提起不作為之訴（第 44-3 條第 1 項）。本條立法原意，係因公害、商品瑕疵或其他事故所生之危害，具繼續性、隱微性或擴散性，受害人常不知或無力獨自訴請排除侵害，致社會大眾權益可能持續受損，因此擴大公益法人之功能，使其得以自己名義，對行為人提起不作為之訴。又為避免公益法人濫權，特規定須經目的事業主管機關許可，並於章程所定目的範圍內，始有提起此訴之權。至於許可及監督辦法，立法授權司法院會同行政院定之（第 44-3 條第 2 項）。

㈡性　質

　　此類型訴訟制度性質如何，學說見解不一。有採固有權說，認為訴訟擔當應有確定之被擔當人，否則判決效力主觀範圍不明，因此應與消費者保護法第 53 條第 1 項，同解為係法律賦予團體固有實體法上請求權，並予訴訟上以自己名義提訴權利，其性質接近於團體訴訟❿。而法定訴訟擔當說則認為，公益法人團體係因法律特別規定，取得訴訟實施權，並使判決效及於全體消費者，性質上為團體訴訟之法定訴訟擔當。此訴之實質當事人為消費者及其他公益團體，訴訟標的為含該團體在內之全體利益人之團體性不作為請求權❿。

㈢審理原則

　　採團體固有權說者，認為公益法人之提出此訴，與被害人或其他團體之提訴，並非同一事件，惟為審理經濟，兩者應合併審理。當團體訴訟獲得勝訴判決確定時，因此訴為不作為訴訟，被害人或其他團體無從據以為執行。如為敗訴者，則

---

❿ 邱聯恭，司法之現代化與程序法，第 109 頁以下。
❿ 姜著【當事人】，第 24 頁；陳著（上），第 203 頁。
❿ 邱著，第 171 頁以下；沈冠伶，多數紛爭當事人之權利救濟程序——從選定當事人制度到團體訴訟，訴訟權保障與裁判外紛爭處理，第 190 頁。

其他被害人或其他團體非為訴訟當事人，其他團體或其他消費者，原則上不受判決拘束；又認為本條公益法人之提起不作為訴訟權利，應適當利用訴訟告知、訴訟參加制度，使其他團體或被害人同受判決效力所及[108]。採法定訴訟擔當說者認為，公益法人之訴訟實施權，依法定訴訟擔當法理為之，其判決效當然及於全體消費者及其他團體，而不得另行起訴。又因消費者之權利已被團體利益吸收，其起訴欠缺權利保護必要，該團體訴訟具有公益或集團利益之性質，與一般訴訟係為保護個人之權利有所不同，故應限縮處分權主義、辯論主義之適用[109]。

▶ 第三節　訴訟參加

一　意義及類型

判決相對效原則即，判決效不及於當事人以外之第三人，第三人無參加訴訟實益。但因判決效主觀作用擴張及於第三人，且其實體權因他人訴訟結果受有不利益者，為保障其程序權，即有使該第三人參加他人訴訟必要。例如家事訴訟判決之對世效，或公司設立無效、股東會決議撤銷、公司合併無效之訴，其判決效均及於法律上利害關係之第三人。該受判決效影響之第三人即有使其參與訴訟實施之機會。

二　訴訟參加之主觀範圍

何人將受判決效主觀作用所及，應受訴訟告知，此與判決效概念有所關聯，一般而言，判決效除程序法所明定之效力，如既判力、執行力、形成力，及實體上效力如構成要件效力所及者外，如承認反射效、爭點效、證明效，對第三人發生拘束力者，則受此拘束效之第三人，亦生參加訴訟資格。例如債權人對主債務人之請求，與主債務人有實體法上依存關係之保證人，將因主債務人獲得勝訴判決而同無清償責任時，保證人即具參加訴訟利益；惟必須以承認反射效為前提。又民法第 283 條之連帶債權人中之一人與債務人間之訴訟，該連帶債權人與其他

---

[108] 姜著【當事人】，第 25 頁。

[109] 沈冠伶，多數紛爭當事人之權利救濟程序——從選定當事人制度到團體訴訟，訴訟權保障與裁判外紛爭處理，第 190 頁以下。

連帶債權人間關係，將因連帶權人之訴訟結果而受影響，同屬受判決反射效影響，應使其他債權人有參與訴訟機會。

非判決效所及之人，如其實體權有受他人訴訟結果影響可能，亦有參加訴訟利益。例如，買受人對出賣人之瑕疵擔保請求訴訟，出賣人之前手，雖不受判決效主觀作用擴張，亦非反射效所及，但出賣人之獲得勝訴判決，前手即有免除實體上被追償之利益，應認其有參加訴訟利益。

判決效所及之人，如實體權未受到損害，即無參加訴訟利益。例如專為當事人之利益占有標的物之第三人，或對標的物欠缺固有權利或使用收益權能之第三人，雖受他人判決效拘束，但因實體權未受到損害，無參加訴訟資格。又所謂就他人訴訟有法律上利害關係，係指受他人間訴訟結果，即判決主文判斷影響而言，理由中之法律上或事實上判斷，不包括之。例如同一侵權行為之多數被害人其中一人之訴訟，判決理由中之法律上或事實上判斷，縱與其有所關聯，因其他被害人不受判決之拘束，得於他案中為相反之主張，即無參加訴訟之利益。

三　訴訟參加類型

訴訟參加類型，學理上分為輔助參加與當事人參加。前者又分為一般輔助參加及共同訴訟輔助參加。後者，又有共同訴訟參加（獨立參加）與主參加訴訟。本法明定之訴訟參加，有一般輔助參加（第 58 條）、共同訴訟參加（第 62 條獨立參加）、主參加訴訟（第 54 條）。輔助參加人參加訴訟後仍為參加人；當事人參加於參加訴訟後成為當事人。主參加訴訟，本法將之明定於共同訴訟中，餘則定於訴訟參加章節。

四　一般輔助參加

㈠意義及參加目的

就兩造之訴訟有法律上利害關係之第三人，為輔助一造起見，於該訴訟繫屬中，得為參加（第 58 條），稱為一般輔助參加。輔助參加目的為，與他人訴訟結果有利害關係之第三人，因被輔助一方當事人（被參加人）之勝訴，自己同受利益，因而為訴訟參加之型態，因此一般輔助參加目的，在求被參加人之獲得勝訴，同使自己獲得利益之目的。輔助參加非單純的輔佐人，因同為自己之利益，以自己之名義及費用為訴訟行為實施，故輔助參加人並無為自己之請求存在，此與共

同訴訟參加或主參加訴訟不同，因此其非為訴訟當事人；但因其有自己之利益存在，亦具有準當事人性格，有部分獨立性。輔助參加既為輔助當事人一造獲得勝訴，因此不得同時輔助該訴訟之他造當事人。又輔助參加人非訴訟當事人，判決效直接歸屬於被參加人，惟因有參加利益存在參與訴訟實施，受參加效拘束。

(二)要　件

1.輔助參加人資格

輔助參加人為被參加當事人以外之第三人。破產人於破產訴訟，雖非適格當事人，惟其與訴訟結果有利害關係，得為輔助參加；債務人於債權人行使代位權之訴訟，亦屬有利害關係之第三人，得為參加；其他因法定訴訟擔當，而無訴訟實施權之權利主體，因直接受判決效力所及，自得為輔助參加或共同訴訟輔助參加；選定訴訟擔當，被擔當者雖有法律上利害關係，但擔當者基於授權為訴訟遂行，如再為輔助參加，訴訟法律關係趨於複雜，故不得為輔助參加；法定代理人實質上已為訴訟參與，無參加實益；與當事人法律上利害關係對立之第三人，如合於主參加訴訟要件者，得選擇提起主參加訴訟，亦可選擇成為任何一造當事人之輔助參加人；共同訴訟人間，互有輔助參加利益，例如主債務人與保證人為共同被告時，相互間有輔助參加利益，無須特別聲請參加，當然發生輔助參加效[110]，惟有認為因發生參加效故，程序上須明確聲請成為輔助參加人[111]。

2.參加利益

輔助參加人雖不限於判決效所及之第三人，但須有參加利益。參加利益指法律上利益，包括財產上利益、身分上利益、公法上利益，皆屬之。第三人如因他人判決結果有受刑事追訴可能者，例如第三人因涉嫌販售盜贓物受刑事追訴，於他人間之以物為侵權行為客體，而提出之損害賠償訴訟，有參加利益。但如係事實上或經濟上之利害，則不包括之。例如，債務人為扶養義務人，其受敗訴判決，可能影響其扶養能力，亦可能影響對其他債權人之受清償，但扶養權人或債權人無參加利益。又如債務人受敗訴判決，影響其總財產清償能力，對其他債權人言，僅屬經濟上利益，非法律利益，不得為參加訴訟。

3.法律上利害關係之判斷標準

輔助參加人參加利益，以法律上利害關係定其判斷標準。此標準，通說採實

---

[110] 新堂著【民訴法 5 版】，第 807 頁。

[111] 秋山幹男等著，第 414 頁。

體法關係理論，即第三人因當事人間之訴訟標的法律或權利義務關係，致影響其地位者，即屬有法律上利害關係，有參加利益。至因他人之訴訟結果受影響，係指他人訴訟之判決主文，若僅為受判決理由影響者，不屬之**⑫**。但何以判決效所不及之第三人，其實體法地位會因他人判決結果而受影響，實體說者認為，只須「有參考他人判決之虞者」即屬之**⑬**。惟此說被認為仍不明確。例如物之出賣人，為免買方將來之權利或物之瑕疵擔保責任之追償，而參加訴訟，但因買方與第三人之訴訟結果，其判決效如不及於賣方時，賣方當無參加利益，因此參加利益存否，不應從買方與第三人間之訴訟結果對自己有無影響而定，應從自己之主張為斷。其後學說，認為參加利益之有無，並無統一之基準；有主張如與當事人有同樣地位之第三人，因當事人之敗訴，在該訴理由中之判斷，對自己有事實上影響之可能性時，即有參加利益。例如該案中之主要爭點與第三人之利益，有共通性者**⑭**。

㈢參加程序

參加，應提出參加書狀，於本訴訟繫屬之法院為之（第 59 條第 1 項）。參加書狀，應表明本訴訟及當事人、參加人於本訴訟之利害關係、參加訴訟之陳述（第 59 條第 2 項）。法院應將參加書狀，送達於兩造（第 59 條第 3 項）。參加聲請得於上訴狀提出、支付命令異議之聲請、再審之訴提出同時為之。參加訴訟為訴訟行為，須具備一般訴訟要件，如當事人能力、訴訟能力。參加要件具否，為法院應依職權調查事項，如得為補正者，應命其補正，否則應以裁定駁回。參加人得為撤回參加聲請，但仍生訴訟告知之參加效。

當事人對於第三人之參加，得聲請法院駁回，但未提出異議而已為言詞辯論者，喪失責問權（第 60 條第 1 項）。法院之駁回參加須依當事人之聲請，第三人縱無法律上利害關係，當事人如未聲請駁回者，仍不得依職權調查駁回參加（43 台抗 48 判例）。關於前項聲請之裁定，得為抗告（第 60 條第 2 項）。駁回參加之裁定未確定前，參加人得為訴訟行為（第 60 條第 3 項）。駁回參加之裁定確定者，視為自始未參加訴訟，因參加而生之法律效果，溯及失其效力。

輔助參加人死亡者，因參加人非訴訟當事人無訴訟實施權，不因參加人死亡

---

⑫ 兼子著【體系】，第 399 頁。

⑬ 兼子著【體系】，第 400 頁。

⑭ 新堂著【民訴法 5 版】，第 804 頁。

或其他原因而生訴訟當然停止效果，訴訟參加即為終了，參加人之繼承人無承受參加人參加訴訟地位可言。其繼承人如因繼承關係而成為訴訟標的法律上利害關係人者，應以自己名義參加訴訟，或應受訴訟告知❶。

㈣獨立性與從屬性

輔助參加人地位有一定程度之自己獨立權能，與被參加人之代理人或輔佐人為單純之輔助者不同，此為其獨立性。本於獨立性，輔助參加人得自行提出攻擊防禦方法、聲明異議、提起上訴，為訴訟救助之聲請，不以當事人於期日到庭為限，並有為被參加人一造勝訴之其他訴訟行為。但輔助參加人係以他人之訴訟繫屬為前提而附隨於他人之訴訟，並無為自己之請求、主張或舉證存在。輔助參加人非當事人，仍得為證人、鑑定人，不因參加人事由中斷訴訟程序，被參加人已不得為之訴訟行為，例如逾時提出攻防、自白之撤銷、責問權放棄、異議權喪失，已因中間判決確定之事項、其提起之上訴應在被參加人上訴期間內，此均為附屬性。參加人之行為如與被參加人相牴觸者，不生效力。例如被參加人之自認，參加人不得再為否認；被參加人上訴權捨棄或撤回，參加人之上訴不生效力❶；參加人不得為不利於被參加人之訴訟行為，例如訴之撤回、變更、反訴提起（23 抗 1066 判例），捨棄、認諾、訴訟上和解、捨棄上訴權或撤回上訴。

已為訴訟參加之參加人，因受參加效拘束，就確定判決有法律上利害關係時，得輔助一造提起再審之訴（第 58 條第 3 項）。雖未為參加或參加逾時，如被視為參加訴訟者，同有規定適用。被參加人之實體權行使，如解除權、抵銷權行使、時效援用意思表示，屬私法上權能，參加人不得直接於訴訟上為形成權之主張，惟如被參加人於訴訟外已為行使，於訴訟上應許參加人為該意思表示，或為事實之主張。

㈤參加效力

1.參加效之主客觀範圍

①主觀範圍及參加效性質

參加效主觀範圍，乃訴訟參加在參加人與被參加人間發生一定之判決效，以參加效稱之。參加效內容為，本法明定參加人對其所輔助之當事人，或受輔助之

---

❶ 同說，三人合著，第 301 頁。

❶ 參照 20 上 1301 判例，從參加人得獨立為其所輔助之當事人提起上訴，但不得與其意思相違背。

當事人對參加人互不得主張本訴訟之裁判不當（第 63 條第 1、2 項），換言之，參加人與被參加人受此判決效之拘束。所謂不得主張本訴訟之判決不當之判決效，其性質為何，學說有既判力說與參加效說。前者認為，既判力原則上雖僅及於當事人，但因參加人之參加訴訟，對參加人亦應有既判力，此為既判力主觀範圍擴張，非參加效。依既判力說，則有重複起訴禁止功能，無論參加人故意過失之有無，判決效力均及於參加人，後訴法院並應依職權調查之 ❿。採既判力說之目的，在避免重複起訴，維護法之安定性；採參加效說，立足於參加目的在求被參加人之勝訴，而為參加訴訟行為，並分擔其敗訴責任，且其效力只在參加人與被參加人間發生拘束力，參加人與相對人間之紛爭，並未成為解決對象，且互不分擔勝敗責任。

日本學說以參加效說為通說之見 ❽，認為參加訴訟係參加人與被參加人間分擔責任制度，僅參加人受到敗訴判決時，發生效力；又參加人如有不可歸責之事由，不負參加人責任，後訴法院無庸依職權調查。參加效之客觀範圍，不以主文判斷為限，判決理由中關於事實認定或法律效果判斷，均包括之。較符合輔助參加之原有意旨。

我國學者有主張因我國已有法院職權通知法律上利害關係人參加訴訟規定（第 67-1 條），暨第三人撤銷訴訟制度（第 507-1 條），為事前及事後程序保障，參加人之程序權如與被參加人相同，則就自己之訴訟遂行應負自己責任，當事人內涵當可包括參加人，可依本法第 401 條第 1 項規定，既判力擴張及於參加人 ❾。反對說，認為在輔助參加情形，參加人是以輔助參加身分參加訴訟而非共同訴訟輔助參加，兩者在概念上互不相容，參加效與既判力自屬有別 ❿。

按本法雖於第 67-1 條增訂法院職權通知，惟文義為「得」通知，非必要通知。又第 63 條前段規定參加人對所輔助之當事人，不得主張本訴訟之裁判不當，非謂既判力（第 400 條），亦與第 401 條第 1、2 項既判力主觀範圍擴張，以確定判決對何人亦有效力用語不同。既判力與參加效，雖均以程序權保障為前提，在

---

❿ 日本大審院曾採此見解（大判昭和 15 年 7 月 26 日判決）。

❽ 日本最高裁判所改採此說見解（最判昭和 45 年 10 月 22 日判決）。

❾ 許士宦，參加訴訟之判決效，月旦法學雜誌，第 254 期，2016 年，第 13 頁。

❿ 劉明生，輔助參加之確定判決效力──既判力、爭點效抑或參加效？，月旦法學雜誌，第 265 期，2017 年，第 141 頁。

一定主體間有不可再爭議性特徵,然而立法政策既具體規劃第 63 條在參加人與被參加人間發生參加效,如因參加人受訴訟告知,或已受程序權保障,可以既判力視之,或有逾越法規範目的之虞。

另有學者主張,可依禁反言理論,將參加效主觀範圍擴張及於相對人;質言之,參加人在前訴中所主張之事實,被參加人獲得勝訴判決後,相對人基於同一事實在後訴中對參加人為請求時,得以參加訴訟規定為依據,參加人不得為相反之主張[121]。亦有學者認為,例如債權人與主債務人間之訴訟,保證人參加訴訟,主債務人承認債務存在而受敗訴判決,債權人於後訴對保證人之保證債務為請求,保證人應受前訴主債務存在之拘束[122],其有反射效意義。亦有新既判力說者認為,參加訴訟之判決基礎,乃在參加人、被參加人、相對方間形成,參加人與相對人間如已充分保障其程序權者,應在一定條件下有拘束力[123]。

②參加效客觀範圍

參加效之客觀範圍,不以判決主文中之訴訟標的判斷為限,被參加人敗訴理由中之事實認定及法律判斷,亦包括之。此係為避免參加人與被參加人間,於後訴中就事實或權利關係,再為不同主張或法院為相反裁判,所必然之解釋,否則參加效之功能無從發揮。

參加效客觀範圍與爭點效是否同義,如從法實證主義立場,本法已有參加效明文,而爭點效係學說理論及部分審判實務承認,符合一定要件下,主要爭點在判決理由中已經法院判斷者,對當事人亦有拘束力。兩者應無同視必要。

2. 參加效之排除

輔助參加人因參加時期關係,已不能為訴訟之實施,或因從屬性地位之故,致不能充分實施攻擊防禦方法者,即不能強令其分擔責任,而須排除參加效適用。例如參加時,準備程序業已終結,而不能再為事實主張及證據方法之提出;或者因被參加人之行為,不能用攻擊防禦方法;或被參加人因故意或過失不用參加人所不知之攻擊防禦方法者,即無參加效適用(第 63 條第 1 項但書)。至參加人與被參加人間參加效之援用,須否經當事人主張之問題,主張參加效說者認為,參

---

[121] 鈴木重勝,參加的效力の主觀範圍限定の根據,中村宗雄先生古稀祝賀論集・民事訴訟の法理,1965 年,敬文堂,第 409 頁。

[122] 新堂著【民訴法 5 版】,第 821 頁。

[123] 中野等著【講義】,第 467 頁。

加效力須經當事人主張援用；但既判力說則認為此屬法院應依職權調查事項。

五　共同訴訟參加

㈠意　義

本法第 62 條規定 ，訴訟標的對於參加人及其所輔助之當事人必須合一確定者，準用第 56 條規定，稱為共同訴訟參加或獨立參加。共同訴訟參加，係以訴訟繫屬中之當事人其中一方為共同訴訟人而參加訴訟，參加人雖以參加型態參加，但於參加後成為實質當事人，而有自己之請求，且與被參加人之請求有合一確定關係，其既為實質上當事人，並受既判力之拘束，自應保障其當事者權。實務上常因有合一確定必要，追加該第三人，使成為共同被告。例如在固有必要共同訴訟類型，常被作為脫落當事人之瑕疵補正方法。

㈡要　件

1.合一確定

共同訴訟參加之基本條件，必須參加人與被參加之當事人間有合一確定關係存在。所謂合一確定，指訴訟標的之權利或法律關係之判決內容，不能有不同判決結果。因此，共同訴訟參加之人，必須就該訴訟事件，本即為具有正當原告或被告之適格地位者[124]。固有必要共同訴訟，共同訴訟人間有合一確定關係，且應一同起訴或被訴，當事人始為適格，其未共同起訴或被訴者，得否以共同訴訟參加人地位為之，應採肯定見解；惟有認為因須一同起訴或被訴，故不得以參加訴訟型態為之。雖本法第 56–1 條，已有關於固有必要共同訴訟追加起訴明文，但如其選擇以參加訴訟方式為之者，同可發生補正起訴要件欠缺之功能，應無禁止必要。類似必要共同訴訟情形，其為適格當事人，且無須共同起訴或被訴，惟其以共同訴訟參加型態參與訴訟者，亦屬合一確定，得為共同訴訟參加。例如股東提出之撤銷股東會決議之訴，其他股東、董事或監察人，本即為適格原告，且為判決效所及，自得以原告為被參加人，成為共同訴訟參加人。破產人雖為判決效所及，但非適格當事人，並無共同訴訟參加資格，僅能為共同訴訟輔助參加或為輔助參加。又共同訴訟參加，學說有將之擴張至受判決效或反射效所及之人，亦得認係有合一確定必要。例如債權人甲因債務人乙怠於行使對其債務人丙之權利，

---

[124] 反對說強調參加性質，認非當事人適格者，亦得為獨立參加。中野等著【講義】，第 484 頁。

而代位乙行使對丙之給付請求權，此時乙之其他債權人丁將因該判決勝負或反射效而受影響。因此就丁而言，亦得認有合一確定必要，得為共同訴訟參加；反之，債務人乙對於上開代位訴訟，不得為共同訴訟參加，因債權人代位訴訟，債務人對該標的債權失其管理處分權，已非適格之當事人 **⑫**。又如確認婚姻無效或撤銷之訴，訴訟結果有害及第三人權利時，該第三人得為共同訴訟參加。確認收養無效之訴，有提起該訴訟資格之第三人，亦同。第三人如非適格之當事人，但訴訟結果致實體權受到損害之第三人，得依各該要件分別為輔助參加或主參加訴訟，但無共同訴訟參加資格。

2. 訴訟繫屬中參加

共同訴訟參加係在他人訴訟繫屬中為之，訴訟已終了者，法院應以裁定駁回其參加聲請。訴訟繫屬第二審者，則向第二審為之，雖有侵害審級利益之虞，但固有必要共同訴訟類型之參加，可補正當事人適格欠缺，並無不可。類似必要共同訴訟類型，亦屬合一確定必要，其訴訟資料，攻擊防禦方法應已於第一審中為提出審理，實質上並無害及審級利益。又通說認為，在第三審中亦得為共同訴訟參加 **⑫**。

㈢參加程序及審理

共同訴訟參加準用輔助參加程序。其參加聲請應表明為何人之共同訴訟人，參加理由則須記載有合一確定必要之具體事由。其如為原告之共同訴訟人者，因其有自己之請求，而應記載對被告之聲明。而與輔助參加不同者，係共同訴訟參加人仍為當事人，若有訴訟當然停止原因者，於其繼承人或其他得承受訴訟之人承受訴訟前，訴訟程序當然停止。

共同訴訟參加之聲請，含有起訴及訴訟參加之意。本訴原告、被告對參加聲請有異議權。法院對於參加聲請之要件應依職權調查，如有欠缺，應裁定駁回其聲請，但如合於其他參加要件，如輔助參加者，得依輔助參加程序為之。參加程序合法者，成為共同訴訟人，依共同訴訟程序處理。

六　共同訴訟輔助參加

共同訴訟輔助參加，本法並無明文規定，其為解釋論問題。基本上共同訴訟

---

⑫ 秋山幹男等著，第 486 頁。
⑫ 日本通說見解；秋山幹男等著，第 521 頁。

輔助參加，仍被歸類為輔助參加型態。有為共同訴訟輔助參加之資格者，一般而論，凡為判決效所及之人，均可取得該資格。例如撤銷公司股東會決議之訴之其他股東、撤銷婚姻之訴之其他有撤銷權之人，均有為此類參加之資格。

訴訟參加各類型中，因參加人之主體性及受何種判決效拘束之不同，參加人在程序上之主體地位所受保障程度而有不同。質言之，共同訴訟參加之主體地位，較諸共同訴訟輔助參加強，而共同訴訟輔助參加又較一般輔助參加強。共同訴訟輔助參加人受判決效拘束，但非當事人仍為參加人，此與共同訴訟參加人為當事人者，仍有差別。共同訴訟輔助參加人，在程序中得與被參加人為相牴觸行為，且將因參加人之事由，而生訴訟程序停止效果；且參加人之上訴期間，得獨立於被參加人起算。

七　參加人承擔訴訟

本法第 64 條第 1 項規定，參加人經兩造同意時，得代其所輔助之當事人承擔訴訟。是為參加人之承擔訴訟，與第 254 條之受移轉訴訟標的法律關係之人，經兩造同意或經法院許可後代當事人承擔訴訟者，有所不同。前者參加人承擔訴訟之要件，以經兩造同意為要件；後者則須受移轉訴訟標的之實體法上權利義務。且參加人承擔訴訟由參加人取得當事人地位，未取得訴訟標的之實體權，然後者則須取得實體權，始有訴訟實施權。又本法之參加人承繼訴訟，與日本民事訴訟法第 50 條及第 51 條之參加人承繼訴訟，係以承受訴訟標的義務或權利一部或全部為要件者不同。

參加人承擔訴訟規定所稱之參加人，包括第 58 條一般輔助參加人及第 64 條共同訴訟參加人（獨立參加）。如許為共同訴訟輔助參加者，當得許其承擔訴訟。主參加訴訟係三面當事人關係，並非此所指之參加人。參加人承擔訴訟後，被參加人脫離訴訟，參加人成為訴訟上形式當事人，因此如涉及當事人適格性者，即不許為承繼。形成訴訟之當事人適格基於法律規定者，即不許為之。例如離婚事件、收養事件、遺產分割事件、共有物分割事件，法律上利害關係第三人參加訴訟後，不許其依本條規定承擔訴訟。至本法第 254 條之受移轉訴訟標的法律關係之人，亦係法律上利害關係之人，得參加訴訟，惟其承擔訴訟，應依該條規定為之。

被參加人於承擔訴訟後脫離訴訟（第 64 條第 2 項），非僅由參加人取得訴訟

實施權，並取代其當事人地位，因此他造之訴訟行為及法院之審理判決，均對參加人為之。參加人承擔訴訟後，其後之訴訟程序實施由其接續，並承擔原當事人之訴訟行為效力。本案判決對於脫離訴訟之當事人仍有效力（第 64 條第 2 項但書），此判決效之性質一般解為係既判力本質，雖脫離訴訟之當事人已非當事人，其仍為既判力主觀作用擴張所及 ❿ 。

八　訴訟告知

㈠意　義

訴訟告知，指將訴訟繫屬事實通知第三人，使其有參加該訴訟機會。訴訟告知之性質非屬訴訟行為，其目的在使第三人有參與訴訟機會，而非命第三人為訴訟參加或起訴，被告知人得自由決定參加與否。雖告知非屬訴訟行為，但仍因訴訟告知而得以發生參加效，及阻斷第三人撤銷訴訟提出機會。訴訟告知分為當事人告知與法院通知。

㈡當事人告知

1.受告知人

當事人得於訴訟繫屬中將訴訟告知於因自己敗訴而有法律上利害關係之第三人（第 65 條第 1 項），為當事人告知。告知人為當事人，而凡得對之主張參加效之人，均得為本條之受告知人。法律上利害關係人之範圍，與輔助參加人同。而共同訴訟輔助參加人、主參加人、共同訴訟參加人（獨立參加人），為判決效所及之人，其雖未為該類型之參加，但因其之訴訟參加，同可生參加效，亦有受訴訟告知實益。如此凡得為訴訟參加者，無論其為何類型之訴訟參加，均有受告知訴訟實益。受訴訟告知之人，亦得遞行告知（第 65 條第 2 項）。告知訴訟目的，原在避免告知者有受雙重敗訴判決可能之不利益，但本法第 63 條第 2 項增訂被參加人對參加人不得主張本訴訟裁判不當，第三人有為自己參加訴訟利益，因此法律上利害關係第三人，即有受告知訴訟權利，非屬告知人之權利。當事人訴訟告知應以書狀表明理由及訴訟程度提出於法院，由法院送達於第三人（第 66 條第 1 項）。

2.訴訟告知效果

受訴訟告知目的在予其參加訴訟機會，其不為參加者，仍受參加效拘束（第

❿ 陳、林著（上），第 230 頁。

63 條第 1 項）。反之，未受訴訟告知者，得主張原判決不當。參加效不以主文範圍為限，其存在於判決理由中，關於事實認定及法律上判斷，同有參加效，但仍應限於導出主文之主要事實及法律上判斷部分，且視受訴訟告知之時期、準備訴訟所需期間，及訴訟進行程度，以決定參加效範圍。

　　訴訟告知效果，有擴大趨勢。輔助參加訴訟之參加人對被參加人亦可主張參加效（第 63 條第 2 項）；此外，訴訟告知亦有防免他人撤銷訴訟效果。受判決效主觀作用擴張所及之法律上利害關係第三人，其程序權須受保障，如未受訴訟告知致未參與訴訟，有依第 507–1 條規定提出第三人撤銷訴訟可能。訴訟告知有使第三人參加訴訟機會，未為告知之效果，學說分為必要告知與任意告知。前者指因訴訟結果，自己權利或身分關係直接受到不利影響者，對之有告知義務。例如具判決對世效之訴訟，直接受判決效拘束且受不利影響之第三人，屬必要告知範圍；撤銷股東會決議之訴，股東代表訴訟時，法人因直接受判決效拘束，對之亦有告知訴訟必要；確認母子關係不存在訴訟之父、父子婚生否認訴訟之母、父子關係存否訴訟之母，均有告知訴訟必要。如未受告知者，本法第 507–1 條規定，得提起第三人撤銷訴訟以為救濟。後者，指前開以外之人，因受判決內容影響，亦有告知訴訟必要。例如死後認領之訴，為該訴生父之配偶、或其子女，雖其身分關係不受判決結果影響，但其應繼分或其他財產權可能受到影響，亦有使其參與訴訟機會；但因其身分或權利義務不受判決結果之改變，故未受告知訴訟者，得於他訴中另為不同之主張，即可主張判決相對效原則 ⑱。

㈢法院通知

　　法院通知訴訟之目的，在使法律上利害關係第三人知悉訴訟繫屬而有及時參與訴訟機會，避免日後其提起第三人撤銷之訴，以達到一次紛爭解決目的。法院通知訴訟日期，應在第一審或第二審言詞辯論終結前相當時期，以書面記載訴訟事件及進行程度通知（第 67–1 條第 1 項）。受通知後受通知人得斟酌是否參與訴訟，及以何種參與型態為之，例如依第 54 條規定提起主參加訴訟，或依第 58 條規定為輔助參加訴訟，或依第 62 條為共同訴訟參加（獨立參加），或為共同訴訟輔助參加，或依第 255 條、第 436–1 條第 2 項、第 446 條第 1 項規定為當事人之追加，或依其他法定程序行使或防衛其權利。

---

⑱ 吉村德重，判決效の擴張と手續權保障——身分を訴訟中心として，山木戶還曆（下），第 118 頁以下。

　　受通知第三人如欲為本法第 242 條第 1 項規定為訴訟文書閱覽者，得於通知送達後五日內為之，不受同條第 2 項規定之限制（第 67–1 條第 2 項）。法院通知如同當事人告知，受通知人如得為輔助參加不為參加，或參加逾時，仍生參加效。其如屬第 401 條判決效主觀效力所及者，當然生該法律效果。

第 三 編

訴訟客體

第一章 訴

第一節 訴之意義及各種之訴

一 訴之意義

訴者，原告將其對被告之權利主張，向法院提出請求就其主張之當否予以審理，並為一定內容判決之要式訴訟行為。訴之意義，有不同面向。自利用國家民事訴訟制度以解決私人紛爭角度觀察，有請求國家審判機關，開始訴訟程序，進行本案審理及求為本案判決之意。自審判對象言，訴係原告以訴狀記載訴之聲明、原因事實及特定其權利主張，請求法院就其特定之權利主張為本案勝訴判決，並因訴之提出，而使該特定之權利主張成為審判對象。

就請求法院審判言，訴又稱訴訟上請求；就審判對象言，亦為被告防禦對象。訴經提出，開始為第一審之訴訟程序，法院對原告之權利主張之當否，應為一定內容之回應，即為本案有無理由之判決。但其前提為訴須具備訴訟要件，訴訟要件欠缺者，法院應以訴不合法裁定駁回，或以訴訟判決駁回之。

再論訴與訴權之關係。民事訴訟制度目的為何，如持紛爭解決說或本案判決請求權說者，則訴僅係請求利用民事訴訟制度以解決紛爭而已，而非求為本案勝訴判決。惟民事訴訟制度建置，只是單純的訴訟制度利用而已，原告主觀之意思，如求為勝訴判決，應與訴分離，訴訟制度目的或訴權，非為原告勝訴判決目的而存在。因此，訴者與司法行為請求權說之訴權觀，有相同意義，乃請求國家審判機關就其權利主張為審理判決而已。雖訴之提出，有發生一定私法上效果，如時效中斷，惟係法律所賦予起訴之私法效果，非訴之本質意義。

二 訴之種類

訴之種類，依起訴態樣，分為單一之訴、複數之訴；依請求內容，則分為給付之訴、確認之訴、形成之訴。各類型之訴，僅係從學理上按其特徵之不同，所作分類，訴訟實務常見有混合類型，或互為條件，或有前提關係，例如命給付扶

養費用，當事人間就扶養權利義務存否及如扶養權利存在，請求法院以形成裁判創設給付受給權，並按受扶養必要程度進而命扶養義務人為給付，即有確認扶養權存在、形成給付受給權之形成訴訟性格，而命扶養義務人為給付，又有給付訴訟性格。複數之訴，本文置於多數訴訟客體說明。

㈠給付之訴、將來給付之訴

給付之訴，乃原告有給付請求權，而被告有為特定內容給付義務，請求法院判命被告為給付之訴。原告之訴有理由者，法院應命被告為一定給付之判決，被告不依判決內容給付者，原告得以之為執行名義，請求強制執行。給付判決，作為法院判斷基礎之給付請求權，經法院判斷確認存在者，給付請求權之存在有既判力；原告之請求無理由者，其給付請求權不存在，亦有既判力。給付之訴得以現在給付或將來之給付為內容，後者稱為將來給付之訴。給付內容包括作為及不作為；亦得基於物權、債權或無體財產權，均無不可。

將來給付之訴，規定於第 246 條，即請求將來給付之訴，以有預為請求之必要者為限，得提起之。本條於 89 年修法前原規定，於履行期未到前請求將來給付之訴，非被告有到期不履行之虞者，不得提起。修法理由謂，因將來給付之訴原條文僅規定履行期未到，而有不履行之虞者，得予提起，為擴大將來給付之訴之適用範圍，因參照日本、德國立法例，修正為有預為請求之必要者，均得提起將來給付之訴。將來給付之訴，係指履行之狀態尚未完成之請求權而言，包括期限未到來之請求權，附停止條件之請求權。將來始發生之請求權，例如保證人向主債務人之求償權，其請求權之基礎如已經成立者，亦無不可❶。惟如尚未成立或尚不存在之請求權，其請求權之基礎事實亦未確立者，例如主張自己對某人未來可能因某不確定事實之成就，將有不當得利返還請求權成立之可能，則因其請求權或請求權之基礎事實，尚未成立或存在，即不符將來給付之訴要件❷。將來給付之訴提出，以給付義務人之給付義務已確定存在為前提，其給付義務內容為何，則非所問。繼續性或反覆性給付義務，因義務人就履行期已屆至之部分有不履行情事，未到期部分亦視為有難以期待其履行，而得合併請求，並可合併請求給付至清償時之遲延利息及損害賠償。例如不動產返還請求，審判實務亦准原告可請求給付至履行完畢時相當於租金之損害金。

❶ 新堂著【民訴法 5 版】，第 268 頁。
❷ 最高法院 109 台抗 1166 裁定。

　　給付之訴，原告之權利主張，經法院為有無理由之確定判決，既判力及於給付權利義務存否之確認，不得另提起確認之訴。

㈡確認之訴

　　確認之訴，原告主張特定之權利或法律關係存在與否不明，請求法院以判決予以確認之訴。確認存在之訴稱為積極確認之訴，反之為消極確認之訴。確認之訴之審判對象，仍為具體之權利或法律關係主張。抽象法律本身，其解釋適用為法院職權，非確認之訴對象。事實之存否，亦非確認之訴之對象；例外者，如確認證書真偽或為法律關係基礎事實之存否，則得為之（第 247 條第 1 項但書）。證書，指法律關係之證明文件，如遺囑是。

　　確認之訴固不能直接滿足權利關係之實現，但對於其可能衍生之紛爭，在法觀念上之確定有積極作用，而有紛爭預防機能，例如親子關係存否之確認，於親權、扶養權利義務關係紛爭，有預防機能。為擴大確認之訴之紛爭預防機能，如有利於紛爭之解決者，事實亦得為確認之訴對象，惟此紛爭事實，需為可發生一定法律關係或法律效果之原因事實為對象，非一般之社會紛爭事實。過去之事實或法律關係，如影響或成為現在爭執法律關係之根本者，亦得為確認。

㈢形成之訴

1.意　義

　　形成之訴，原告主張本於一定形成權或形成原因（形成要件），請求法院以判決就特定權利或法律關係予以變動之訴。變動者，指權利或法律關係之發生、變更或消滅言。形成之訴種類繁多，係各種具體的、個別的形成訴訟之總稱，本法並無獨立的形成訴訟定義。大致而言，形成之訴被分為二大類，實體法上的形成之訴，訴訟法上的形成之訴，其下再被細分為各種具體的形成之訴。

　　形成之訴以使權利關係發生、變更、消滅（合稱變動）為目的，本來權利關係之變動，於法律行為及其法律要件成立時，當然發生法律效果變動，無須以訴為之，例如協議離婚、契約解除權之行使。惟法律關係之變動，有因為求法律關係之安定，或因有多數利害關係人存在，立法者在實體法上規定賦予特定人形成權，於該形成原因事實存在時，得請求法院以形成判決宣告後，使法律關係變動，此即為形成之訴存在價值。形成訴訟，法院之形成判決有創造性、未來性、對世效，通常不具溯及效。惟如實體法基於特定目的之考量，非不得解為有溯及效，例如否認子女之訴有溯及消滅婚生子女推定效果。形成之訴審判之對象為形成權，

而形成權於形成判決達成其目的時歸於消滅，即無再以之為提出形成訴訟之可能，因此形成判決無既判力概念問題。惟有不同見解，認為形成判決之結果，應有不可再爭辯性，此與既判力概念同。例如離婚判決確定後，夫以妻並無離婚之形成原因，提起損害賠償訴訟，該損害賠償請求權之原因，與離婚原因同一，此時離婚原因形成權有無，依既判力法理，於損害賠償訴訟中不得再為相反之主張與判斷❸。

　　形成訴訟之提出，以法律有特別規定者為限，其提出之資格，須具備法定資格，始為當事人適格。婚姻之撤銷、離婚、終止收養、婚生否認等家事訴訟程序，撤銷股東會決議之訴、詐害行為之撤銷訴訟，均為適例。

2.種　類

　　形成之訴，依權利保護說，分為實體法上形成之訴與訴訟法上形成之訴。前者之形成原因，本於實體法規定，其適例如前述。訴訟法上形成之訴，以訴訟法效果之變動為目的之形成，例如再審之訴、第三人撤銷之訴、撤銷仲裁判斷之訴、情事變更之變更判決之訴，均屬之❹，有認係訴訟法上被承認之特殊訴訟類型❺。

　　實體法上形成訴訟之判決效，在實體法上有統一法律效果之必要性，一般具有對世效，惟民法第 244 條詐害債權撤銷之訴，有認為非真正的形成訴訟，不生對世效❻。訴訟法上之形成訴訟，判決效乃相對效，僅及於兩造當事人間❼。

　　形成訴訟之形成主體、要件及形成原因，一般而言係基於法定。形成之訴，原告之請求有理由者，法院應為一定內容權利或法律關係變動之宣告，形成判決之變動內容有形成力，判決基礎之形成原因，經法院為存在之判斷者，發生既判力。原告之訴無理由者，判決內容有確認判決效力，而形成原因之不存在，亦有既判力。

3.形式上形成之訴

　　形成之訴，有一般形成之訴及形式上形成之訴。兩者雖同因法院之形成判決，

---

❸ 新堂著【民訴法 5 版】，第 216 頁。
❹ 程序法上形成之訴，學者再與行政處分之撤銷訴訟共同發展成為救濟型訴訟類型。三ケ月著【民訴】，第 52 頁。
❺ 新堂著【民訴法 5 版】，第 214 頁。
❻ 三ケ月著【民訴】，第 55 頁。
❼ 三ケ月著【民訴】，第 51 頁。

形成一新的權利或法律關係，但形式上形成之訴之形成基準，非基於實體法上具體之權利關係或訴訟法上所定形成原因，而是因當事人自己之財產上或身分上之利益或法律上地位而提出之訴，由法院形成一定之法律狀態。此類型之訴亦被歸入形成之訴，而成之法律狀態基準，並非基於實體法規定，法院常被賦與形成內容之裁量權❽。又因屬法院裁量權，在訴訟非訟二元論，亦被歸類為實質上非訟性，常被舉出者，例如定土地境界之訴、共有物分割訴訟❾。

①定土地境界之訴

　　定土地境界之訴，即民事訴訟法第 10 條不動產經界之訴，含定不動產界線或設置界標之訴，屬專屬管轄❿。此訴性質，日本通說及判例認與私所有權無關，係土地登記簿某土地與他筆土地，公法上境界線之確定。此訴與請求確定至一定界線土地所有權之訴不同，不在確認土地所有權範圍，因土地境界不明，須由法院以判決指定該境界。此訴法院之判決，非依具體法律要件規定，屬裁量權範圍，以形成新的土地相鄰關係，有形成性、創造性，非確認性，係形式上形成之訴。處分權主義、辯論主義不適用於此訴，法院不受當事人聲明拘束，亦無不利益變更禁止原則適用。因欠缺實體法上法律要件，法院不得因證明責任未盡而判決駁回原告之訴⓫。此訴有對立性，法院則有裁量權，保障當事人之意見陳述權或對審權下，有非訟化可能。

②共有物分割之訴

　　民法第 823 條第 1 項，各共有人除法令另有規定外，得隨時請求分割共有物。分割請求權性質，依通說，非請求他共有人同意分割之請求權，而係形成權，行使之效果，僅使他共有人負有與之協議分割方法義務⓬，並不因此形成新的單獨所有權關係；行使後他共有人不為協議或協議不成，得以訴請求分割。共有物分割請求權本質，與其說是權利或形成權，毋寧係法律地位，法賦予共有人有消滅共有關係狀態之地位。實體法上形成權，一般有積極的形成原因及法律要件，

---

❽　兼子著【條解】，第 716 頁。

❾　高橋宏志著【重點講義（上）】，第 81 頁。

❿　最高法院 27 渝上 1451 民事判例，不動產經界之訴，即定不動產界線或設置界標之訴，其原告請求確定至一定界線之土地屬於自己所有者，為確認不動產所有權之訴，不得謂為不動產經界之訴。

⓫　兼子著【條解】，第 716 頁；高橋宏志著【重點講義（上）】，第 82 頁。

⓬　謝在全著，民法物權論，上冊，2020 年 9 月，第 411 頁。

共有物分割請求，各共有人得隨時為之，與法律要件事實無關，只受消極的法規命令、契約限制 ❸。審判實務認為共有人於訴訟繫屬中將應有部分出賣與他人並辦理所有權移轉登記，本於當事人恆定原則，於本件訴訟無影響（74 台上 711、720 判決），惟當事人恆定原則適用對象，以第 401 條第 2 項既判力擴張所及之特定繼受人，不包括一般繼受人，共有物分割之訴以具共有人身分地位者為適格當事人，訴訟繫屬中應有部分移轉登記於第三人，即應由該第三人以當事人地位承繼訴訟。他共有人爭執該法律地位存否，而有確認利益者，得以訴確認之。分割請求之法律地位確立，其分割方法先依協議定之，裁判分割係替補方法 ❹。

民法第 824 條第 2 項，法院得因聲請，命為適當之分配。共有物分割之訴之特徵，雖有兩對立當事人，但未明定分割標準，而授權法官予裁量權，因此以訴請求分割者，訴之性質有主張係形式上形成之訴，乃實質非訟事件，且分割方法不受當事人聲明拘束。對形式上形成訴訟說，有不同見解，認為共有物裁判分割，有請求法院廢止共有關係，及聲請酌定分割方法雙重特性。前者，乃處分權主義範疇，法院受聲明拘束；後者，為非訟事件，因兩種原理交互存在，實質影響或限縮法院分割方法裁量空間。例如部分共有人聲明維持共有關係者，仍有處分權主義適用，法院分割方法實施，不得任將該共有人之共有關係廢止 ❺。又共有物分割方法之裁量權，仍受民法第 824 條第 2 項、第 3 項、第 4 項法定方式限制。最高法院 112 台上 226、288 判決，對於共有物裁判分割，有請求法院廢止共有關係及聲請酌定分割方法之雙重性格，在廢止共有關係上，固仍受處分權主義限制，惟對於酌定共有物之分割方法上，於不違反法令規定下，具有相當裁量權，如非顯然不適當，不許任意指摘分割方法之不當。亦即採雙重性格說。

共有土地上共有人有分管契約者，法院定分割方法時成為審酌因子之一（112 台上 226 判決），又最高法院向來認為該分管契約，因共有土地之分割而失其效力，原共有人之占有，除另有約定外，乃無權占有人（109 台上 2977、107 台上 879、110 台上 409、112 台上 224 判決）。共有物分割方法涉及共有人私有財產權益，與無對立兩造、高公益性之事件有別，須經言詞辯論程序。

---

❸ 通說認係形成權。參見謝在全著，民法物權論，上冊，2020 年 9 月，第 411 頁。

❹ 謝在全著，民法物權論，上冊，2020 年 9 月，第 418 頁。

❺ 兼子著【條解】，第 720 頁；高橋宏志著【重點講義（上）】，第 94 頁。

㈣分類法檢討

民事紛爭之解決，訴訟制度發展至今，確立了三大類型裁判，命令性裁判（給付性裁判為典型）、確認性裁判、形成性裁判❶。學說上咸認不以三類型為限，該分類只是技術性概念方法，法規範上並無根據，無須將所有之訴置入類型中，重點應放在個別訴訟事件之特徵❶。分類法，三ケ月章教授主張可分成命令型訴訟與救濟型訴訟，目的在為新訴訟標的理論布局鋪陳❶。三類型之訴，日本兼子一博士提出確認訴訟原型觀，認為三類型訴訟有共通處，法律要件之存否，係透過確認判決而生既判力，當請求有理由時，給付判決乃在該既判力上加入執行力，形成判決則在該既判力上加入法律關係變動之形成力；當請求無由時，即不生執行力、形成力。因此，既判力之對象，其原型為確認訴訟❶。確認判決原型觀，贊成者不多，或謂不能忽視各類型訴訟之差異性，且從訴之發展史來看，是以給付之訴作為中心❶。

㈤袋地通行權之訴

訴之類型從給付之訴、確認訴訟至形成之訴，但不以此為限，類型仍持續擴大，程序法之理解固漸與實體法分離，惟目前仍受實體法規範目的影響，為終局解決實體權爭執，已明定於實體法上之實體權事件，無法歸入三基本類型中，混合著各類型訴訟原有特徵，乃特殊型態之訴。法規範並無訴之類型限制，承認特殊類型訴訟，於法並無不合，反有助於終局的統一解決實體法上權利紛爭。

確認之訴，其對象為法律關係或法律關係原因之基礎事實，而法律關係存否常明定於實體法中，是以確認之訴基本特徵，僅在確定權利或法律關係，係法律概念之確認，無直接使法律關係發生變動（形成力），亦無給付判決之執行力，實體法規範目的之實現，有待他類訴訟方能解決，惟礙於立法技術限制，常須藉由執法者審酌個案差異，賦予裁量權，當確認實體權存在後，形成一新的法律關係，必要時再命義務人為一定內容之給付。此類型之訴兼含三基本類型訴訟特徵。

---

❶ 三ケ月著【民訴】，第 41 頁。

❶ 參看自高橋宏志著【重點講義（上）】，第 89 頁註 18。

❶ 學說上有提倡命令訴訟、救濟訴訟、執行法上訴訟分類法。詳見高橋宏志著【重點講義（上）】，第 75 頁、第 79 頁註 18。

❶ 確認訴訟原型說為兼子一博士提出。高橋宏志著【重點講義（上）】，第 76 頁。

❶ 參看自高橋宏志著【重點講義（上）】，第 76 頁。

　　民法第 787 條袋地通行權，已明定袋地通行法定要件，凡符合袋地條件者，即對周圍地取得袋地通行權。袋地通行權存在，因法律要件明確，法律效果乃將袋地所有權之權能延伸至周圍地上，袋地所有人如主張其對周圍地有袋地通行權，或具體指陳在特定處所有此通行權，為周圍地所有人否認，學說及審判實務肯認得以確認通行權存在之訴確認之 ❷。惟袋地通行權之訴，訴之性質（種類），學說有確認及形成訴訟說。

　　袋地通行權訴訟性質，應與民法第 787 條袋地通行權合併觀察。袋地通行權係基於法律規定取得之權利，但非獨立於袋地所有權以外之權利，係土地所有權內容之延伸或擴張。因此，袋地通行權之請求權基礎仍為民法第 767 條規定 ❷，而非人格權或人格利益。袋地通行權既仍係土地所有權內容延伸，其權利之取得，凡符合民法第 787 條第 1 項袋地要件者，即取得該通行權，惟此所稱之通行權，並非自己袋地所有權本身內容，可解為係一種對鄰地享有通行之利益，該利益受法律保護，其保護內涵則是鄰地所有人有容忍其通行義務。

　　法律賦予袋地所有人通行權，在使袋地發揮其經濟效用，達物盡其用之社會整體利益，因而擴張袋地權能內容，令周圍地所有人有容忍袋地所有人可與公路相連通之義務，雙方對是否屬袋地及通行所必要有爭議，得提出確認之訴，因此有確認訴訟特徵。經確定其屬袋地且在某特定周圍地享有通行權，以確認之訴解決通行紛爭，本無不可。惟立法者同時兼顧周圍地所有人利益，避免其遭受重大損害，限制通行處所及方法，採最小損害原則，並給予鄰地所有人異議權，此時雙方得請求法院以判決定之，同條第 2、3 項、第 779 條第 4 項明定。由法規範意旨，通行權雖屬袋地所有人通行權利，惟仍以通行必要、損害最少處所及方法作為前提，再又礙於立法技術難期周詳統一適用，因而授權並期待法院依社會通常觀念，斟酌袋地及周圍地之位置、面積、用途、相關公路位置，衡量雙方利益及損害後，以裁判形成袋地通行法律關係，亦有形成訴訟性格。因而在通行處所及方法爭議之解決，特別授權法官行使裁量權，則具體之通行處所及方法，非來自於袋地所有人實體法上形成原因，其有形式上形成之訴性格，不受當事人聲明拘束。通行處所及方法形成，其決定標準，以袋地、周圍地之客觀事實為準，但仍

---

❷　謝在全著，民法物權論，上冊，2020 年 9 月，第 225 頁。最高法院 110 台上 2771 民事判決。

❷　謝在全著，民法物權論，上冊，2020 年 9 月，第 223 頁。

受個人主觀條件影響，例如可經由自己相鄰土地通行至公路者，無袋地通行權。此外，與共有物分割之訴性質不同，分割之訴法院固有裁量空間，惟純為私有財產之爭，受處分權主義限制，學說主張非屬形式上形成訴訟者眾。袋地通行權有公益目的，裁量性高，爭議發生時之具體通行處所及方法，立法者交由法院裁判形成，因此解釋面，通行處所及方法，以形成裁判具體化前，尚不能認係具體權利，形成後周圍地所有人，有容忍通行義務，如有妨害通行行為者，通行權人得一併或於其後訴請排除侵害，而有給付訴訟性質❷❸。

第二節　訴之提出

一　訴狀提出

訴係要式之訴訟行為，起訴應以訴狀表明一定事項提出於法院（第 244 條第 1 項）。並因訴狀之提出而發生訴訟繫屬效果，受訴法院法官之職務義務因而發生。

㈠必要記載事項

民事訴訟以對立兩造存在為前提，基於處分權主義，原告起訴時得自行決定起訴對象及範圍，但須足以特定其訴訟標的（請求）。所謂特定訴訟標的，指區別系爭訴訟與其他訴訟之謂。特定訴訟標的之方法，本法規定原告起訴時之訴狀，須記載當事人及其法定代理人、訴訟標的及其原因事實、應受判決事項之聲明（第 244 條第 1 項），此為絕對必要記載事項，如有欠缺，不足以特定審判範圍，原告即有未盡特定訴訟標的之義務，被告亦無從為防禦權行使。

1.當事人及法定代理人

原告之表明須足以特定以何人為被告之程度。其記載如有錯誤或不完足者，得為補正，不為補正或其補正尚不能達到辨別何人為被告者，乃起訴程式之欠缺，法院應以裁定駁回其訴。訴狀記載之當事人不失其同一性者，得為更正；至任意變更當事人，則與性質論有關。

2.訴訟標的、原因事實

訴訟標的又稱請求，其意義為何，一般係以「原告對被告所主張之權利或法

❷❸ 最高法院 110 台上 2771、111 台上 1331 民事判決。

律關係」為解釋，然此定義僅係用語之簡化而已。訴訟標的，應指原告請求法院審判之「最小基本單位」，即訴訟上之請求，指在本案判決主文中，法院應予判斷事項之最小基本單位。此最小單位之具體內容，為原告對被告一定法的利益主張，當其主張有理由時，受請求法院應在此單位範圍內為一定內容之判決。在定請求審判之「最小基本單位」時，除原告對被告利益主張之狹義請求概念外，對法院之裁判請求之廣義請求，同為決定基本單位之要素❷❹。例如原告請求確認債權債務關係不存在之訴，被告則基於同一債權關係反訴請求原告為給付，雖法院所審理對象之債權債務關係，本訴與反訴同一，但當事人雙方各自對法院有所請求，其請求法院救濟之內容亦有不同，即屬不同之請求。

　　訴訟標的之功能，有具體指示法院審理判斷範圍之效。訴訟繫屬後，法院與雙方當事人所實施之各項程序行為，均受訴訟標的之統制，以之判定訴之單複數、訴之合併、訴之變更、訴之追加等。此外，並有區別本訴與他訴、是否重複起訴或訴外裁判，及決定既判力主客觀範圍之重要功能，其重要性不言可喻。「請求基本單位」究為如何之單位內容，屬新舊訴訟標的理論之爭。舊訴訟標的論者，將請求單位視為各個具體實體法權利主張單位；新訴訟標的論者，則擴大請求單位所指範圍，包含一個或多個具體實體請求單位，成為單一之「法之地位」。

　　原告之訴狀應記載原因事實。所謂原因事實，指經法評價之事實，而與社會紛爭事實概念有別。社會紛爭事實為歷史事實陳述，如未經法之評價，無從定其法之效果。處分權主義，原告起訴時固得自行決定訴訟標的之範圍，但有特定訴訟標的義務，否則訴無從進行。原告未特定訴訟標的者，法院應予闡明並命其補正。訴訟標的特定，依訴之聲明及原因事實之記載為之。本法第 244 條第 1 項原規定，起訴狀應記載訴之聲明、訴訟標的；其後增列應記載原因事實。換言之，特定請求方法，明定應記載上開三事項。但訴訟標的者，係原告請求法院審判之對象，訴之聲明及原因事實之記載，即足以特定訴訟標的，無再記載訴訟標的之必要❷❺。否則，訴訟標的易被誤解為實體法所稱之各個請求權。例如民法第 184 條

❷❹ 有認應同時將對被告之法的利益主張與對法院之裁判請求，列入基本單位之與其他單位區辨標準。新堂著【民訴法 5 版】，第 308 頁。

❷❺ 日本民事訴訟法第 133 條第 2 項，僅要求訴狀應記載「請求之趣旨及原因」，德國民事訴訟法第 253 條第 2 項第 2 款亦明定起訴狀應記載當事人、法院、請求之原因事實、一定訴之聲明，均未要求記載訴訟標的。

之侵權行為損害賠償請求權、第 179 條之不當得利返還請求權本身者是。

3.應受判決事項聲明

應受判決事項聲明一般稱為訴之聲明，指以訴請求法院為一定內容之判決表示。當原告請求有理由時，判決主文即須與訴之聲明相對應。金錢給付之訴其訴之聲明，須確定請求之金額。以權利關係為給付對象者，例如請求被告應為一定債權之讓與，即應具體表明該對象。金錢損害賠償之訴，其損害原因、過失比例、損害範圍，起訴時不能或難以確定，須待鑑定或法院裁量者，原告得在其主張之原因事實範圍內，僅表明其全部請求之最低金額，而於第一審言詞辯論終結前補充其聲明，其未補充者，審判長應告以得為補充（第 244 條第 4 項）。原告再未為補充聲明，經法院判決後，即不得再就殘餘請求部分另行起訴❷⑥。原告為補充聲明者，為求訴訟程序安定，避免原適用簡易訴訟程序之事件，因原告補充聲明而改行通常訴訟程序，致訴訟延滯，本法明定仍依其最低金額適用訴訟程序（第 244 條第 5 項）。以一訴請求計算及被告因該法律關係所應為之給付者，得於被告為計算之報告前，保留關於給付範圍之聲明（第 245 條）。

確認之訴之聲明，則須記載確認之法律關係成立與否、法律關係存在與否、或確認法律行為之有效或無效。確認法律關係發生之原因事實，如有確認利益者，亦得以該原因事實存否為訴之聲明；例如，事實上夫妻如被賦予夫妻財產制關係之法律效果，則關於曾否為事實上夫妻之爭議，得以提起確認之訴對象。買賣契約當事人關於買賣契約是否有無效原因，發生爭議，則得請求確認兩造間買賣契約無效。確認證書之真偽，其聲明則為請求確認某證書為真正或不真正。形成之訴，則須記載請求法院以判決為如何之法律關係之發生、變更或消滅。

4.一部請求

①意義

一部請求，係指以在數量上為可分之金錢或其他代替物為給付目的之特定債權，債權人僅就其中之一部分為請求，但就其餘部分不拋棄其權利者而言❷⑦。本法並無一部請求之明文，第 244 條第 4 項所指表明其全部請求而為最低金額聲明，仍屬全部請求，非一部請求。此從立法理由可明，損害賠償之訴涉及損害原

---

❷⑥ 本項之規定，與所謂一部請求之意義不同。

❷⑦ 最高法院 109 台上 79、239 及 110 台上 2493、3035 民事判決。日本學說同此定義，用語略有不同。松本、上野著，第 412 頁；高橋宏志著【重點講義（上）】，第 96 頁。

因、過失比例、損害範圍等之認定，常須經專業鑑定以及法院之斟酌裁量，始能定其數額；又謂，如原告未於第一審言詞辯論終結前補充其聲明，法院應依其表明之最低金額而為裁判，可見仍為全部請求，最高法院同此見解（109 台上 79、109 台上 239 判決）。

②容許性

一部請求容許性，學說方面有否定說，主要在於一部請求，原告可將單一債權任意分割成多數請求，造成被告應訴負擔（全面否定論）。通說採肯定見解，主要立足於因實體法上債權人得自由行使一部債權之請求，訴訟法上當可為一部起訴請求。惟肯定說，應否受一定條件限制，則有不同主張（全面肯定論、限制肯定論）。例如起訴時應否明示其為一部請求、殘餘部分是否拋棄。又因一部請求關係既判力客觀範圍，能否與殘餘請求相區辨，如何特定一部請求。一部請求同時涉及時效問題，殘餘部分時效，可否因一部請求而中斷。

我國審判實務，有全面肯定起訴時為一部請求之容許性，且殘餘部分不受既判力遮斷、不因一部請求同使殘餘請求中斷時效，可再為請求❷。大部分採限制肯定論。有從能否與殘餘部分區辨觀點者，因影響既判力客觀範圍，如一部起訴聲明，無法與殘餘部分區隔，審判長應行使闡明權，令原告應「特定請求」❷。舉例而言，就單一新臺幣一百萬元借貸債權返還之訴，原告表明僅就其中之四十萬元為一部請求，其餘六十萬元將來再為請求，因該四十萬元起訴請求部分，與殘餘之六十萬元請求無法區辨（特定），其一部請求應不合法。惟如該一百萬元其中之六十萬元設有抵押權擔保，原告表明四十萬元之一部請求係未供擔保債權，殘餘有擔保之六十萬元殘餘部分，將來再為請求，已可區別兩者之不同，既判力客觀範圍明確，此類一部請求，應無不可。

一部請求容許性，日本探討主題大多在一部請求判決確定後，殘餘請求之容許性。並區分是否為明示的一部請求，及一部請求有無理由（判決勝負）而有不同。(1)非明示的且獲得勝訴判決之一部請求，學說主張既判力不及於殘餘請求，但最高裁判所採否定論，非明示之一部請求，殘餘請求不合法❸。(2)明示一部請

---

❷ 最高法院 102 台抗 1097 民事裁定，謂債權人前訴僅就債權之一部訴請給付，而未明確表示拋棄其餘部分債權之請求，該未請求部分仍非確定判決之既判力所及。

❷ 最高法院 110 台上 2493、3035 民事判決。

❸ 參看松本、上野著，第 414 頁。

求且全部或一部敗訴判決者，最高裁判所肯定殘餘請求不受既判力遮斷，殘餘請求再訴合法。學說有認為，前訴已經就全部請求作請求權是否成立消滅為審理而為請求無理由之判斷者，殘餘請求之後訴，有害於對造紛爭解決之期待，有違誠信原則，因此被認為不合法。一般而言，日本學說就殘餘請求之訴合法性判斷，其考慮因素包括：原告之債權本可分割行使、起訴費用負擔減輕必要性、被告應訴負擔、前訴（一部請求）獲得勝負判決對殘餘請求有無既判力、被告在前訴有提出確認反訴（確認殘餘請求不存在）機會等各種不同情況，本於誠信原則綜合判斷之❸。

㈡任意記載事項

任意記載事項，指訴狀內得記載或宜記載之事項，如有欠缺，非起訴程式欠缺，不得以不合法駁回之。因定法院管轄及其適用程序所必要之事項（第 244 條第 2 項），及本法第 265 條所定準備言詞辯論之攻擊或防禦方法，均宜於訴狀內記載之（第 244 條第 3 項）。

二　訴狀之審查及送達

起訴後審判長應先審查起訴之法定程式，即訴狀必要記載事項是否完備、已否預納裁判費，如有不備，應先定期間命其補正，逾期不補正者，以訴不合法裁定駁回（第 249 條第 1 項第 6 款）。法院如未依第 249 條規定以不合法裁定駁回，亦未依第 28 條規定裁定移送他法院者，或無須踐行書狀先行程序者，則於收受訴狀後，審判長應速定言詞辯論期日，將訴狀及言詞辯論期日通知書，一併送達於被告（第 250 條、第 251 條第 1 項）。其送達距言詞辯論之期日，除有急迫情形外，至少應有十日之就審期間。曾行準備程序之事件，就審期間則至少應有五日（第 251 條第 2、3 項）。言詞辯論期日之通知書，應記載到場之日、時及處所。除向律師為送達者外，並應記載不到場時之法定效果（第 252 條）。

---

❸ 參看松本、上野著，第 415 頁。

▶ 第三節　起訴效果

一　訴訟繫屬

㈠意　義

　　訴訟繫屬者，指因訴之提起，原、被告間就特定事件，由特定法院審理之狀態之謂。此時起，受訴法院法官之職務義務發生。又訴訟繫屬，係法院得以訴訟程序審理判決之狀態，因此如以判決以外之程序而開始之狀態，不得稱為訴訟繫屬，例如證據保全程序或保全程序之聲請。但督促程序，因債務人之異議聲明，須移由判決程序審理，亦可視為訴訟繫屬。

　　訴訟繫屬之始期，法無明文，有認以訴狀送達法院時發生繫屬；亦有主張訴訟關係為原、被告及法院之三面關係，訴狀非經送達被告，被告尚無參與判決程序機會，所謂審理狀態仍不存在，因此應以訴狀送達被告時為準。

㈡程序法上效果

　　訴訟繫屬之效果，分為程序法上效果與實體法上效果。程序法效果，主要為禁止重複起訴原則、管轄恆定原則、當事人恆定原則、訴之變更追加限制。其他者，如訴訟參加、訴訟告知、審判籍、中間確認之訴、反訴提出，均係因訴訟繫屬而得以為之。

1. 重複起訴禁止

　　當事人不得就已起訴之事件，於訴訟繫屬中，更行起訴（第 253 條）。重複起訴禁止之目的，在避免訴訟之不經濟及同一事件之裁判矛盾。是否為同一事件，以當事人與訴訟標的是否具有同一性為判斷基準。當事人同一性，包括前後訴之原告、被告地位正相反者；惟當事人同一，但訴訟標的不同者，則非同一事件。判決效主觀作用擴張所及之第三人，如實質上係同一事件者，例如選定當事人與被選定人，實質上係同一當事人及同一訴訟標的。如債權人之行使民法第 242 條之代位權，對第三債務人起訴後，債務人再依同一權利對第三債務人起訴，亦得認係同一事件。惟有認為，債務人如爭執債權人之代位權，提起主參加訴訟者，則應准其起訴，不違背重複起訴禁止原則，並將兩案合併審理。訴訟標的是否同一，依訴訟標的理論定之。若訴訟標的之權利或法律關係同一，但訴之聲明不同，

亦有同一事件之可能，例如請求確認同一權利關係存在之積極確認與消極確認之訴，係同一事件。攻擊防禦方法雖非判斷標準，但抵銷之抗辯有既判力，如更行起訴，為同一事件（第 400 條第 2 項）。主張爭點效論者，認為重複起訴禁止之目的，在防止重複訴訟，因此主要爭點，如係成為他訴中之共通爭點者，亦有此原則適用❸❷。

違反重複起訴禁止者，法院應依職權調查，後訴應依本法第 249 條第 1 項第 7 款裁定駁回。後訴已為判決者，應依上訴程序救濟，但已判決確定者，因不合於再審事由，先訴因而成為既判力效力所及。先後二訴均判決確定者，則後確定之判決，依本法第 496 條第 1 項第 12 款提起再審之訴。

2.管轄恆定原則

定法院之管轄，以起訴時為準（第 27 條），此即管轄恆定原則。亦即依起訴時之情事，法院有管轄權者，縱令以後定管轄之情事有變更，該法院亦不失其管轄權（22 抗 391 判例）。

3.當事人恆定原則與訴訟承繼原則

(1)意　義

羅馬法及 1877 年德國舊民事訴訟法原規定，訴訟標的物於訴訟繫屬中，不得移轉於第三人；但現代法治國家基於所有權移轉自由原則，訴訟繫屬中，自無限制自由移轉之理由，惟應有對應方法，以維護雙方利益，因而有當事人恆定及訴訟承繼二種制度。前者，紛爭主體權利義務之變動，不影響原當事人之適格性；後者，由承繼人承繼前手之訴訟地位，成為該訴訟事件之當事人。本法採當事人恆定原則，明定訴訟繫屬中訴訟標的之法律關係，移轉於第三人，於訴訟無影響（第 254 條第 1 項）；例外採訴訟承繼（當）原則，此觀諸同條第 2 項規定即明。當事人恆定主義，原訴訟程序不因訴訟標的法律關係移轉而當然停止，仍由讓與人以當事人地位實施訴訟，不失其為適格之當事人，其亦為法定訴訟擔當類型之一。原當事人實施訴訟之判決，其效力依法定訴訟擔當法理，及於該訴訟標的法律關係之繼受人❸❸。

❸❷ 新堂著【民訴法 5 版】，第 227 頁。

❸❸ 繼受人為判決效所及之人，有謂其不得於該訴訟繫屬中另行起訴。陳榮宗，訴訟繫屬中當事人讓與系爭物所引發之法律問題，民事訴訟法之研討（五），1996 年，民事訴訟法研究基金會，第 181 頁。

　　　日本則採承繼主義，原當事人失其適格性，由新當事人承繼當事人地位[34]。當事人恆定與訴訟承繼原則，各有其優劣。採當事人恆定主義，目的在求訴訟程序安定，以免當事人於訴訟繫屬中一再讓與訴訟標的法律關係，使已進行之訴訟程序歸於無效，以保護對造當事人程序利益。惟相反的，訴訟標的之法律關係如已移轉第三人，如能承認受讓人之承當訴訟權利，當更能達到直接解決權利主體間之紛爭目的，並可避免因讓與人不積極投入訴訟實施，損及受讓人權益。兩種不同主義，乃立法政策選擇，屬立法形成自由。我國法第 254 條第 1 項及德國民事訴訟法第 265 條第 2 項第 1 句，採恆定主義。

⑵原則及例外

　　　本法以當事人恆定為原則，訴訟承繼為例外（第 254 條第 1 項），採折衷方式兼顧雙方利益。換言之，以當事人恆定原則保護訴訟對造當事人，惟受讓人得以雙方之同意，或經法院之許可承繼訴訟，並藉法院之通知，使受讓人得以依本法第 62 條規定提起主參加訴訟或為其他類型之訴訟參加。 因而於第 254 條第 2 項為訴訟承繼之例外規定，受讓權利之第三人如經兩造同意者，得聲請代移轉之當事人承當訴訟；僅他造不同意者，移轉之當事人或第三人得聲請法院以裁定許第三人承當訴訟。當事人如不服該裁定，得為抗告（第 254 條第 3 項）。

　　　採當事人恆定原則，須將既判力擴張及於權利繼受人，否則無法達紛爭解決目的，我國民事訴訟法第 401 條第 1 項後段及德國民事訴訟法第 325 條第 1 項原則上使既判力擴張及於權利繼受人，以及訴訟標的物之繼受人。執行力方面，德國民事訴訟法第 727 條及我國強制執行法第 4-2 條第 1 項規定，對於該承繼人可為強制執行。

⑶適用範圍

　　　本法第 254 條第 1 項所稱之第三人，為第 401 條第 1 項既判力主觀範圍所及之繼受人，即所謂特定繼受人言[35]，兩者間有前後呼應關係[36]。第三人受移轉之標的，須為訴訟標的法律關係，始有當事人恆定原則適用。所謂訴訟標的法律關係，係審判對象之實體法上權利，即有體物、物權、債權、無體財產權、請求權、占有，非訴訟標的本身[37]。

---

[34] 兼子著【條解】，第 264、265 頁。

[35] 陳、林著（上），第 248 頁。

[36] 姚著，第 559 頁。

　　當事人恆定原則以特定繼受人為限，至一般繼受人，例如權利義務之概括承受人，或法人合併後存續之法人，依本法第 168 條至第 174 條規定，發生訴訟當然停止及訴訟程序當然承繼原因，自無適用。繼受人所繼受之實體權，須係該訴訟所審理之對象，即訴訟標的實體權利義務，其所繼受者如為訴訟當事人之地位或資格者，不生當事人恆定問題，例如參加人承擔訴訟屬任意訴訟擔當。撤銷股東會決議之訴，其訴訟標的為股東撤銷股東會決議之形成權，非股權之爭議，起訴後將股權全部讓與第三人者，並非受讓訴訟標的法律關係，與當事人恆定原則無關。共有物分割訴訟繫屬中，共有人將其應有部分移轉登記與第三人，實務見解認為仍有當事人恆定原則適用 ❸。但分割共有物之訴訟標的法律關係為分割共有物之形成權存否，實質上係各共有人之形成地位（前節共有物分割之訴），該形成地位與共有人身分結合不可分，且不動產所有權之得喪變更依存於不動產登記，並以登記名義人為適格當事人，因此分割訴訟繫屬中，應有部分移轉登記予第三人者，原共有人之法定適格性已失，應如同一般繼受人，不受判決效拘束，當事人恆定原則應不適用於共有人應有部分轉讓於第三人情形。因此訴訟繫屬中，法院或當事人發現共有人應有部分轉讓者，法院得依職權通知受讓人承繼訴訟，或依法參加訴訟，使其得提起主參加訴訟，其如聲明承當訴訟者，法院應為准許之裁定。質言之，共有人應有部分訴訟繫屬中，應有部分移轉並辦理移轉登記者，無當事人恆定原則適用。

　　又是否為本法第 401 條判決效之所及，我國實務即認「所謂訴訟標的，係指為確定私權所主張或不認之法律關係，欲法院對之加以裁判者而言。至法律關係，乃法律所定為權利主體之人，對於人或物所生之權利義務關係。惟所謂對人之關係與所謂對物之關係，則異其性質。前者係指依實體法規定為權利主體之人，得請求特定人為特定行為之權利義務關係，此種權利義務關係僅存在於特定之債權人與債務人之間，倘以此項對人之關係為訴訟標的，必繼受該法律關係中之權利或義務人始足當之，同法第 254 條第 1 項亦指此項特定繼受人而言。後者則指依實體法規定為權利主體之人，基於物權，對於某物得行使之權利關係而言，此種權利關係，具有對世效力與直接支配物之效力，如離標的物，其權利失所依據，倘以此項對物之關係為訴訟標的時，其所謂繼受人凡受讓標的物之人，均包括在

❸ 陳、林著（上），第 248 頁。
❸ 參照 74 台上 711、720 判決。

內」（61 台再 186、57 台上 3049 判例）❸。依此，如原告依債之法律關係起訴者（實體權為債或債之請求權者），起訴後原告將債權讓與第三人，或者被告債務由第三人承擔者，原告與受讓債權之第三人，或被告與免責債務承擔人間，均有此原則適用。惟如受讓客體為債權請求權之標的物者，因非受讓債務，即非判決效所及之人，無此原則適用。如原告依物權或物上請求權法律關係起訴請求者，起訴後原告將物權讓與第三人，或被告將標的物讓與第三人者，亦均有當事人恆定原則適用。

特定繼受人之繼受原因，無論係因法律行為，如讓與契約；或因法令規定，例如民法第 425 條之規定；或因國家之行政處分，例如土地法第 208 條至第 221 條規定，均包括之❹。

⑷第三人受訴訟告知權

第三人未參加或承當訴訟者，為加強其程序保障，使其知悉訴訟繫屬之事實，自行決定參與訴訟否，避免裁判矛盾，及統一解決紛爭，以維訴訟經濟，兩造當事人均得為訴訟之告知，俾使本訴訟裁判對第三人發生參加效力，預防提起撤銷訴訟，第 254 條第 4 項前段規定，當事人得為訴訟之告知。第 4 項規定，性質上為第 67-1 條之特別規定，因此後段規定，法院知悉訴訟標的有移轉時，應即以書面將訴訟繫屬之事實通知第三人。

⑸訴訟繫屬登記

訴訟標的基於物權關係，且其權利或標的物之取得、設定、喪失或變更，依法應登記者，於事實審言詞辯論終結前，原告得聲請受訴法院以裁定許可為訴訟繫屬事實之登記，為第 254 條第 5 項所規定，目的在藉登記公示方法，使第三人知悉訟爭情事，並阻止其因信賴登記而善意取得。得聲請發給起訴證明者，係指原告，訴訟標的限於基於物權關係，即訴訟標的之權利得喪變更應登記者。原告為本項之聲請，應釋明本案請求（同條第 6 項前段），以免濫行聲請，釋明對象包括起訴為合法且非顯無理由。法院為裁定前，得使兩造有陳述意見之機會（同條

---

❸ 為通說，即以對世效力之物權為訴訟標的，既判力原則上擴張及於受讓訴訟標的物之第三人。又認受讓人如係信賴登記或即時取得者，因受土地法第 43 條及民法第 801、886、948 條規定之保護，例外不及之。三人合著，第 495 頁；吳著，第 1124、1126 頁；楊著【問題一】，第 191 頁。

❹ 三人合著，第 494 頁；陳著（上），第 78 頁。

第 6 項後段）。釋明無論已否完足，依同條第 7 項規定，法院均得定相當之擔保，命供擔保後為登記。惟立法理由復特別指出，第 5 項之登記，無禁止或限制被告處分登記標的效力，法院應斟酌個案情節，妥適酌定是否命供擔保及擔保金額，命擔保之數額，不得逾越同類事件中，法官於假扣押、假處分時酌定之擔保金額；又指出，原告已釋明本案請求完足時，法院非有必要，不宜另定擔保。法條文義與立法理由不盡相合，要否另定擔保，應係立法授權由法官裁量。

法院裁定許可訴訟繫屬登記之裁定，應載明應受判決事項之聲明、訴訟標的及其原因事實（同條第 8 項）。第 5 項之登記採登記生效主義，申請登記義務人為原告，其未持許可裁定辦理登記者，不生效力，無從對抗第三人，觀諸第 9 項本文即明。登記機關有依裁定內容辦理登記之公法上義務，但被告及第三人已就權利或標的物申請移轉登記，經登記機關受理者，不在此限（同條第 9 項但書）。當事人對許可登記聲請之裁定，得為抗告，抗告法院為裁定前，應使當事人有陳述意見之機會。對於抗告法院之裁定，不得再為抗告（第 10 項）。至於就訴訟有法律上利害關係之第三人已參加訴訟者，得為所輔助之當事人提起抗告。

訴訟繫屬事實登記之原因消滅，或有其他情事變更情形，當事人或利害關係人得向受訴法院聲請撤銷許可登記之裁定。本案已繫屬第三審者，向原裁定許可之法院聲請之（同條第 11 項）。所稱登記原因消滅或變更，例如原告撤回其聲請或同意被告處分，或本案請求所據之權利嗣後消滅或變更，或經證明確不存在。受理法院，因涉及事實認定，即由訴訟卷證所在之現繫屬法院為裁定，本案訴訟繫屬於第三審者，則由原裁定許可之法院為之。

聲請為裁定及其救濟程序，準用同條第 6 項後段及第 10 項規定（同條第 12 項）。法院許可登記裁定如經抗告廢棄，或依第 12 項撤銷確定，當事人或利害關係人亦得聲請法院發給證明，以申請塗銷登記（同條第 13 項）。

4. 訴之變更追加限制

訴狀送達後，原告不得任意將原訴變更或追加他訴（第 255 條第 1 項）。原告起訴時即須特定其訴訟標的，以劃定審判範圍及使被告得以行使防禦權，因此起訴之訴訟繫屬，並於訴狀送達被告後，如得任由原告為訴之變更及追加，被告之防禦權將受到妨礙。因此非有法定事由，原告不得任意為訴之變更或追加。

㈢實體法上效果

提起訴訟對實體法影響，主要在時效中斷效果。起訴生時效中斷效果（民法

第 129 條第 1 項第 3 款)。通說認為於訴狀到達法院時中斷,亦有認於送達被告時中斷。依權利行使說,起訴係權利人之權利休眠狀態消失,因而發生時效中斷效果。所謂起訴,包括債權人之提起給付之訴、積極確認之訴,以及債務人所提之消極確認之訴,債權人為應訴者,於應訴時,同可生時效中斷效果[41]。時效中斷之範圍,原則係以訴訟標的所主張之權利為對象,訴訟標的以外之衍生權利,不因起訴生中斷效果,例如確認保險契約存在,對保險金請求權不生中斷效果。但原告就基本法律關係起訴者,對因其而生之各個請求權,有中斷效果,例如確認所有權存在訴訟,則對原告本於同一所有權而生之所有物返還請求權,亦生中斷效果。如承認爭點效理論者,則訴訟標的權利關係判斷之主要攻擊防禦方法,就讓爭點同有中斷效果。原告為合法訴之變更者,因舊訴起訴所生之時效中斷效果,就變更後新訴之請求,不因之而失效。

▶ 第四節　訴訟要件、訴訟障礙

一　訴訟要件

(一)意　義

　　法院就原告請求審判之對象,為有無理由判斷時,所應具備之程序法上適法要件,此要件即為訴訟要件。換言之,指求為本案判決之積極要件,而與訴訟障礙之指消極要件者不同。訴訟要件為訴適法要件及本案判決要件;訴訟要件與訴訟成立要件不同。前者為本案審理判決之要件,可稱為本案判決要件;後者為適法訴之提出要件,例如提出適法之訴狀。本法第 249 條並未區分訴訟要件與訴訟成立要件,且於同條第 1 項第 6 款將「起訴不合程式」規定為訴訟要件。

(二)分　類

　　本法所定之訴訟要件,可分為三類。

　　1.關於法院者,包括:訴訟事件須屬普通法院之權限、訴訟事件不屬受訴法院管轄且不能為第 28 條之裁定移送者及訴訟要件有欠缺。

　　2.關於當事人者,包括:當事人須有當事人能力;當事人無訴訟能力,且未由法定代理人合法代理或由訴訟代理人起訴,其代理權有欠缺,訴訟要件亦未具

---

[41] 石川、小島編,第 103 頁。

備，及顯係濫訴者。所謂顯係濫訴，指原告起訴基於惡意、不當目的或有重大過失，且事實上或法律上之主張欠缺合理依據（第 249 條第 1 項第 8 款）。原告起訴所主張之事實或法律關係，客觀上無合理依據，且其主觀上係基於惡意、不當目的，例如為騷擾被告、法院，或延滯、阻礙被告行使權利；抑或一般人施以普通注意即可知所訴無據，而有重大過失，可認係濫訴。

3.關於訴訟標的者，包括：起訴違背第 253 條、第 263 條第 2 項之規定，或其訴訟標的為確定判決之效力所及，或訴訟利益欠缺者，同係訴訟要件欠缺。

㈢訴訟要件之調查及補正

訴訟要件係基於公益目的，法院應依職權調查其存否。訴訟要件具備否之判斷資料，一般認為公益性強者之訴訟要件，法院採職權探知主義，公益性低者則採辯論主義。例如裁判權、專屬管轄、兩對立當事人存在、當事人能力、訴訟能力、法定代理權、訴訟代理權存否屬強度公益性，採職權探知主義；但任意管轄、訴之利益有無、訴訟實施權，則公益性低，採辯論主義，以當事人提出之資料為判斷即可[42]。但亦有學者對此提出質疑[43]。

訴訟要件欠缺，得補正者，如訴訟能力、訴訟代理權，法院應定期命其補正。管轄錯誤，得以裁定移送管轄法院者，應依聲請或依職權以裁定移送。

二　訴訟障礙

㈠意義及事由

訴訟障礙者，指求為本案判決所不應存在之要件，又稱為消極訴訟要件。訴訟障礙事由存在，將妨礙原告之請求，故其訴不合法。訴訟障礙以保護被告權益為目的，雖與訴訟要件同為訴之合法要件，但訴訟障礙事由存在，屬被告抗辯事由，訴訟要件則為法院依職權調查事項。訴訟障礙事由，如仲裁契約存在（仲裁法第 4 條）、訴訟費用擔保之不提供（第 96 條第 1 項、第 101 條）、不起訴合意存在，均屬之。惟不起訴合意，如已全面排除以訴訟解決紛爭之可能者，係對使用法院之訴訟權之全面剝奪，侵害臨接法院權 (Access)，其約定不合法[44]，但如為

---

[42] 日本通說。新堂著【民訴法 5 版】，第 237 頁；中野等著【講義】，第 450 頁；上田著，第 197 頁；松本、上野著，第 203 頁。

[43] 松本、上野著，第 203 頁；陳著（上），第 289 頁。

[44] 松本、上野著，第 200 頁。

暫時性之排除使用，例如約定起訴前應先經調解，或法定調解前置主義者，當屬合法。

㈡訴訟障礙事由之抗辯

　　訴訟障礙事由存在屬抗辯事由，屬處分權主義及辯論主義適用範圍，法院無須依職權調查，其證據聲明及證據資料之提出，以當事人自行提出為原則。

三　訴訟要件、訴訟障礙之審理

㈠審理順序

1.訴訟要件審理順序

　　各個訴訟要件之審理順序，法未明定。各個要件是否等價問題，有認為應先調查訴提出之合於程式，及有關內國法院審判權之調查，其次為與當事人有關之訴訟要件，如訴訟能力，其後再為有關法院之訴訟要件[45]。

2.訴訟要件、訴訟障礙、本案審理之順序

　　訴訟要件、訴訟障礙事由及本案審理之先後，法無明文，通說認為因訴訟要件為本案判決之前提要件，應先予審查，如同時有適法性欠缺，及本案請求無理由者，因兩者之既判力範圍不同，不得同時為本案無理由之判決。少數說認為，因訴訟經濟，且訴訟要件、訴訟障礙事由及本案審查得平行進行，如本案請求顯無理由，訴訟要件之調查固尚未完成，非不得以本案判決駁回原告之訴[46]。反對者認為審判權之有無、訴訟能力欠缺，均為判決無效或再審事由，不能忽略其先行審查。亦有主張，應自各個訴訟要件之機能目的為具體利益之衡量者。

㈡訴訟要件判斷之基準時

　　決定訴訟要件存否之基準時，除管轄權已明定標準外，其餘訴訟要件以事實審言詞辯論終結時為基準。亦有認應以第三審程序中為訴訟要件存否判斷為基準者，例如法定代理權、訴訟代理權之欠缺，於上級審亦得為補正，如仍以事實審言詞辯論終結時為準，如有欠缺，第三審將以之為原判決廢棄事由，而無補正機會，故以第三審審理終結時為基準時[47]。亦有認為除法定代理權、訴訟代理權之欠缺，以第三審為基準時，使之得以補正外，其餘訴訟要件欠缺，以事實審言詞

---

[45] 松本、上野著，第 205 頁；中野等著【講義】，第 351 頁。

[46] 中野等著【講義】，第 351 頁；新堂著【民訴法 5 版】，第 237 頁。

[47] 日本最高裁判所昭和 46 年 6 月 22 日判決。

辯論終結前已存在者，第三審得予審酌外，但超出該範圍新發生之事實，法律審無從加以審酌 **❹**。

四　訴訟要件欠缺之處理

本法關於訴訟要件欠缺之處理，於第 249 條第 1 項明定，其可以補正者，審判長應定期間先命補正，不補正或不能補正者，以裁定駁回原告之訴。

訴訟要件包括：訴訟事件須屬普通法院之權限，否則應依法院組織法第 7-3 條第 1 項（修法前本法第 31-2 條第 2 項）規定依職權裁定移送至有審判權之管轄法院。如不能依法移送，例如提出刑事告訴、請求追究刑事責任、請求彈劾、移送、發動、追究公務員懲戒責任等，因受理權限機關並非法院，普通法院無從移送至有審判權之法院，即應裁定駁回（本條立法理由）。

受訴法院就該訴訟事件須有管轄權，無管轄權者應依第 28 條裁定移送有管轄權法院。當事人須有當事人能力，當事人能力無從補正，其欠缺即以裁定駁回原告之訴。當事人須具備訴訟能力，其未具備訴訟能力，又未由法定代理人合法代理者，亦應以裁定駁回原告之訴。由訴訟代理人起訴者，須有代理權，無代理權人之起訴應命其補正代理權，未補正者，亦應駁回原告之訴。起訴須無程式或其他要件之欠缺，否則應命原告補正，不補正者，同予駁回。

原告起訴之事件，須無已就同一訴訟事件向不同審判權之法院起訴，否則乃屬法院組織法第 7-2 條第 2 項（修正前本法第 31-1 條第 2 項）之就同一事件更行起訴，依本法第 249 條第 1 項第 7 款，法院以裁定駁回原告之訴。亦無違背第 253 條重複起訴禁止原則、第 263 條第 2 項已經終局判決之訴撤回後再行起訴禁止原則，或其訴訟標的為確定判決之效力所及者情形。原告起訴須非基於惡意、不當目的或有重大過失，且事實上或法律上之主張欠缺合理依據，如有之者，為濫訴。

另當事人適格或權利保護必要有欠缺，或依其所訴之事實，在法律上顯無理由者，則法院應以訴訟判決駁回原告之訴，且得不經言詞辯論（第 249 條第 2 項）。

---

❹ 松本、上野著，第 204 頁。

➤ 第五節　訴之利益

一　意　義

訴之利益者，係求為本案判決之必要性或實益性之謂，亦有稱之為權利保護利益。當事人之請求利用民事訴訟制度，如無以本案判決作為紛爭解決之實益性者，即屬欠缺訴之利益❹。民事訴訟制度存在目的，係提供人民利用資以為紛爭之解決，因此訴訟主體間就特定紛爭，可以利用民事訴訟解決者，始有訴之利益。質故，訴之利益包括客體之正當利益（客體訴之利益），及主體正當利益（當事人適格）。

訴之利益性質與其他訴訟要件不同❺，訴之利益與請求內容有關，而其他訴訟要件則與請求內容無關。又訴訟要件係訴之一般形式要件，但訴之利益係當事人間就利用訴訟制度求為本案紛爭之解決，具有實益性問題。如無解決之實益性，則無利用民事訴訟制度之正當性與必要性。

二　性質及判斷基準

訴之利益存在，一般認係訴權之要件，而訴權存在為訴訟要件之一，欠缺訴之利益者，應以不合法駁回。但有不同見解，例如具體訴權說（權利保護請求權說），認為訴之利益與私法上權利存在，同為原告權利保護請求權要件，欠缺訴之利益者，非訴之不合法，乃欠缺權利保護要件，應以訴訟判決駁回，我國實務即採後說之見。另上訴人須有上訴利益，欠缺上訴利益者之上訴，例如全部勝訴之一方之上訴，屬之，其上訴係欠缺上訴之實質要件，審判實務有以訴訟判決駁回者（109 台上 3229 民事判決）。

訴之利益判斷與訴權理論有重要關聯。其判斷涉及訴訟主體利用法院之憲法權利，同時也與法院司法資源之有效利用有關。就原告立場言，其請求法院就其主張之權利為審判之權利，不能被阻礙；就被告立場言，則須避免因無益應訴造成之勞費損失。就法院言，司法資源之有限性，無益訴訟之提出，有害於公益性。

---

❹ 新堂著【民訴法 5 版】，第 257 頁。

❺ 石川、小島編，第 110 頁。

例如訴權濫用問題，得否以不合法裁定駁回其訴，與憲法訴訟權保障有關，涉及此訴之利益決定，非單以原告之權利保護利益為唯一依歸。其判斷應按各個紛爭事件為調整 ❺❶。訴權之剝奪，亦與司法資源之利用有關，應立法明確其不合法要件，資以解決。至於辨別訴之利益存否之基準，除各種訴訟類型訴之利益之共通要件外，並按給付訴訟、確認訴訟及形成訴訟類型判斷之。

三　客體訴之利益

客體訴之利益之判斷，係指以本案請求之內容，有無解決之必要性或實益性言。其共通要件與各種類型訴訟之判斷基準如下：

㈠共通要件

各類型訴訟訴之利益，其共通要件，因訴權學說而有不同。權利保護說認為，共通訴之利益為：訴訟標的須為具體之權利或法律關係存否之主張，且須為現在具體法律關係之紛爭。單純之社會紛爭事實存否確認，原則上不成為訴訟審判對象，否則欠缺訴之利益。過去之法律關係爭議，原則上無確認利益。法律問題爭議，例如抽象法律解釋當否之爭執，因欠缺事實基礎，無以訴解決利益。又無論係權利保護請求權說或本案請求權說之訴權理論，均認為重複起訴提出、欠缺訴之利益、有別訴禁止原因者，亦同。存在訴訟障礙事由者，例如訂有仲裁契約或有適法之不起訴約定者，其起訴欠缺訴之客體利益。

㈡各類型訴訟之特別訴之利益

1.給付之訴

給付之訴有現在及將來給付之訴。現在給付之訴，原告主張言詞辯論終結時，給付履行期已到來，求為現在之給付者，即訴之利益。給付之訴，被告縱使未為拒絕給付之表示，原告為求得確定判決，以為強制執行而有必要者，有訴之利益；原告為中斷時效目的而為給付之訴之提出，亦同。給付之實現於法律上或事實上不可能，或給付標的物已被假扣押，或因判決原本滅失，無從申請補發者，非無訴之利益 ❺❷。亦有認為強制執行，於客觀上已不可能實現之給付，無為請求給付判決之利益 ❺❸。

---

❺❶ 新堂著【民訴法 5 版】，第 258 頁。

❺❷ 中野等著【講義】，第 123 頁。

❺❸ 上田著，第 211 頁。

　　言詞辯論終結時履行期尚未到來之將來給付之訴，原告求為將來給付之實現在者，且有其必要性者，始有訴之利益。本法第 246 條規定，請求將來給付之訴，以有預為請求之必要者為限，得提起之❺。所謂將來給付，包括期限未到，或附停止條件其條件尚未成就之請求。因侵權行為損害賠償請求回復原狀之訴，例如對無權占有人之請求返還不動產，於履行返還義務前相當於租金之損害賠償請求，雖屬將來給付，亦有訴之利益。債務人已明確表示爭執其給付義務，或對履行期、履行條件有所爭議者，即使履行期尚未到來，亦有提起將來給付之訴之利益。以特定物為給付標的物，如預期其履行不能或執行不能者，且得改為請求給付代償金之請求，如不能期待債務人之任意履行者，亦有將來給付之訴之利益。惟定期金之請求、扶養金之請求，如僅因暫時之履行遲延，則仍不足以因此即謂有提起將來給付之訴之利益。

2.確認之訴之利益

　　確認之訴，一般認對於法律關係或權利義務關係，存有爭議者，即得以確認之訴為爭議之解決。確認之訴判決內容不具執行力，其機能現有被擴大運用現象，即作為預防紛爭發生之積極功能。惟擴大確認訴訟對象範圍，仍應限於得以既判力完成紛爭解決之實際機能為條件。確認之訴紛爭處理範圍，原則上仍以現在自己之權利或法律關係之積極確認請求為限，他人間之紛爭，或過去之權利義務或身分關係，或單純之社會紛爭事實，均非此訴對象，而無確認之訴之利益。惟不無例外，若有預防紛爭之利益者，非不得為之，例如過去之法律關係或過去之法律行為，如為現在紛爭解決之根本者，不得謂無確認利益，如養子女死亡後之確認養親子關係存否之訴，涉及繼承權之有無者即有確認利益。又，過去法律行為之有效無效，或法律要件事實具備否，如係現在權利或法律關係成立之前提條件者，即有確認必要。例如過去股東會決議無效之確認或立遺囑人死亡後之確認遺囑無效，非無確認利益。他人之權利或法律關係存否，與自己之法地位不安有關者，亦有確認利益，例如房屋承租人，就房屋出租人與房屋買受人間買賣法律關係之存在與否，即有確認利益❺。又，確認法律關係之訴，以有受確認判決之法

❺　將來給付之訴，原條文規定以有不履行之虞者，得予提起。民國 89 年修法時為擴大將來給付之訴之適用範圍，爰參照日本、德國之立法例，修正為有預為請求之必要者，均得提起將來給付之訴。

❺　上田著，第 214 頁。

律上利益者為限（第 247 條第 1 項前段），例如遺囑因新遺囑之立，視為撤回，即無確認舊遺囑效力之法律上利益。

　　證書者，指法律或權利義務關係之證明文件，例如契約書、遺囑，其書面內容為權利或法律關係之證明，自與權利義務有關，因此證書之真偽雖屬事實問題，如有爭議者，仍須承認有確認利益（第 247 條第 1 項後段）。所謂真偽之確認，非指內容記載之真實否，而指證書作成者，及其本於真意所作成之意。證書真偽之確認以有解決法律上地位之不安或危險除去必要者為限，並有提出之必要者為限。例如委任訴訟代理人之委任狀真偽，於本案訴訟程序中，一併予以審理判斷即足，無另於他案提出確認證書真偽必要。證書真偽之訴，不在解決該證書內容有關之法律行為效力之爭議，該爭議應提起確認權利義務關係存否之訴，而非本訴。

　　事實紛爭亦非確認之訴適格，例外者如，事實紛爭之解決，若有利於法律紛爭之解決，亦有利用民事訴訟制度必要。本法第 247 條第 2 項，法律關係之基礎事實得為確認之訴客體。但此所稱之事實，係指得以發生一定法律效果之事實❺❻，即原因事實言。原因事實者，指經法評價後得以發生一定法律效果之事實，基礎事實係指社會事實，法評價前之紛爭事實。法律關係之基礎事實，實即指原因事實，單純之社會紛爭事實無確認之利益，非確認之訴對象。例如親子自然血緣存在之事實，非親子身分關係發生之唯一條件，仍須符合民法關於親子身分關係取得之要件，因此已受民法第 1061 條婚生推定之子女，於該身分關係消滅前，即使證明其與他人有自然血緣關係存在之事實，亦不能以該自然血緣存在之事實為確認之訴對象，而無確認利益。又如分居事實之確認，如法律不承認分居之法律效果者，即無提出確認夫妻分居之訴利益❺❼。

3. 形成之訴

　　形成之訴，係以形成判決使得權利或法律關係發生變動之訴。形成之訴之形成主體及要件，通常於實體法即已明定，具備法定要件者，即有訴之利益。但形成判決不具溯及效，僅向將來發生效力，訴訟繫屬中因訴訟外情事變更，形成之標的消滅，使權利或法律關係成為過去式，無再以形成判決形成新權利或身分關係之必要者，形成利益喪失而無此訴提出之利益。例如離婚之訴之訴訟利益，因兩造協議離婚而消滅。

---

❺❻ 小山著【研究】，第 26 頁。
❺❼ 小山著【研究】，第 26 頁。

四 當事人適格

㈠意義及作用

當事人適格意義，主要有二：就訴訟標的特定權利或法律關係，有以當事人名義實施訴訟求為本案判決之資格❺⑧；就紛爭在何人與何人間以訴解決，方屬最適當且具有意義者❺⑨。訴訟之實施或追行之呈現，當事人分為原告與被告，當事人適格亦被分為原告適格與被告適格，我國學者定義為當事人就特定訴訟，得為原告或被告之資格，而有受本案判決之利益❻⓪。實務方面，將當事人適格認為係地位、資格（49 台上 2021、85 台上 1054 判決）❻①，或當事人與訴訟標的之關係，或就特定訴訟有實施之權能（79 台上 1391 判決）。

當事人適格，有立於訴訟實施之正當性角度，分為原告適格與被告適格❻②。當事人適格，係訴訟要件之一，為訴之主體正當利益，乃廣義訴之利益。其不同於當事人能力或訴訟能力，後者專從人的屬性判斷之，乃一般性資格；當事人適格則著重於與特定訴訟標的關係之資格，適格當事人，以訴訟標的法律關係之存否有無法律上利害關係，並因本案判決結果是否成為法益歸屬主體及其相對人，資以判斷❻③。當事人適格與訴之利益，概念不同。訴之利益係從紛爭解決必要性、實效性之客體面切入；當事人適格則被把握為紛爭解決必要性、實效性之內在主體面。從訴權之位置，訴之利益係訴權之客觀利益；當事人適格則係訴權之主觀利益❻④。當事人適格之判斷，新堂幸司教授認為涉及各種複雜利益之對立，包括國家訴訟制度（國家訴訟制度營運利益）、原告實體法上權利保護（原告實體利益）與被告利益（當事人適格是否影響被告實體利益），及第三人（訴訟制度對社會全體能完成之機能）所作具體的調整，不能單從國家利益判斷❻⑤。

---

❺⑧ 新堂著【民訴法 5 版】，第 283 頁。

❺⑨ 駱永家，民事訴訟法㈠，1976 年，第 102 頁；兼子著【體系】，第 158 頁。

❻⓪ 三人合著，第 49 頁。

❻① 本判決指出，出租人原不限於所有權人，訟爭土地雖為被上訴人與他人所共有，被上訴人以出租人之地位，向上訴人表示終止契約，交還土地，亦不能指為當事人不適格。

❻② 上野泰男教授主張，參看自高橋宏志著【重點講義（上）】，第 236 頁。

❻③ 伊藤真著【民訴法 5 版】，第 180 頁；高橋宏志著【重點講義（上）】，第 236 頁。

❻④ 兼子著【體系】，第 152、158 頁。

❻⑤ 新堂著【民訴法 5 版】，第 285 頁。

　　當事人適格有排除與本案判決利害關聯之第三人實施訴訟之功能，此為當事人適格之消極作用。學說另有將當事人適格概念，以積極作用看待，例如於多數主體之共同訴訟事件，在多數關係人中，以之作為選擇最適當之人，實施該事件之訴訟行為❻。此外，當事人適格概念，亦有助於保障當事人之抽象程序權。因為抽象程序權之保障，須先特定訴訟主體，使判決效主觀作用得以及之，並基於法之安定性要求，在充足第三人程序權保障後，於同一訴訟程序中，擴大紛爭解決，使既判力擴張及於特定之法律上利害關係第三人，而其特定訴訟主體，及決定判決效主觀作用所及人之範圍，即有賴於當事人適格之概念❻。

㈡一般標準及例外

　　適格當事人之一般標準，學說見解有主張因權利或法律關係存否之確定，在法律上係處於對立者，即為正當當事人；也有主張認為，因本案勝訴判決，其實體利益歸屬者及其被主張者，為適格當事人；亦有主張，該當請求有理由時，該被保護法之利益歸屬者為正當原告，其相對人即為被告。

　　一般而言，如從當事人間訴訟標的權利關係之確定效力觀察，當事人適格類似於訴權之主觀利益面❻，凡為訴訟標的權利義務關係主體者，即為適格當事人。給付之訴，實體上請求權主體及其相對人為適格當事人，至於本案請求當否（有無理由）則非當事人適格問題。例外情形則在權利義務或實體利益歸屬者，失請求標的之管理處分權，失其當事人適格（例如後破產人）。確認之訴，權利關係主體，有以確認判決解決必要者，或有效解決之確認利益者，為適格原告；適格被告，則為其所主張造成其法之地位不安者。形成之訴適格當事人，如法規範已特別明定者，依其規定決定，此之法規範包括實體法與程序法，例如家事訴訟程序之當事人適格判斷標準，乃程序法之規定。此外，形成訴訟當事人適格，如法未明文者，非不得依法理類推適用。檢察官以公益代表人地位，家事事件法第 63 條第 3 項、第 66 條第 1 項明定其為適格當事人，審判實務於確認養親子關係存否之訴，認因有統一確定之公益需求，得類推適用上開以檢察官為適格當事人之規定（109 台上 120 判決）❻。因形成效果而有利害關係之人得為原告適格，因此形

---

❻ 中野等著【講義】，第 130 頁；新堂著【民訴法 5 版】，第 286 頁。

❻ 兼子著【條解】，第 161 頁；中野等著【講義】，第 132 頁。

❻ 伊藤真著【民訴法 5 版】，第 181 頁。

❻ 109 台上 120 判決。檢察官立於職務上關係，或需擔任公益代表人，否認子女之訴、母再

成法律關係之原告以外之當事人，則為適格被告❼。

　　上述係抽象性一般的判斷標準，係從實體法利益歸屬者角度觀察，如從管理權立場，則有若干例外情形。換言之，雖非實體權益歸屬主體，但就他人之權利或法律關係有管理權者，就以該權利或法律關係為訴訟標的之訴訟，有訴訟實施權，亦為適格之當事人。例如遺囑執行人、遺產管理人、失蹤人財產管理人、取得收取命令之債權人、破產管理人屬之。而此類適格當事人，大多因法律特別規定，稱為法定訴訟擔當，亦為適格當事人❼。另一訴訟擔當，係因實體權主體授與訴訟實施權，稱為任意訴訟擔當，例如本法第 41 條之選定當事人制度，被選定人亦為適格當事人。又雖非訴訟標的權利義務主體，亦無管理權之人，如因他人間權利義務或法律關係存否之確認或因其變動，而使自己之利益可獲得保護者，亦為適格之當事人。例如確認他人間法律關係存否之訴，或他人間法律關係變動之形成訴訟，該第三人亦為適格當事人。

　　判決具對世效或須擴張及於第三人之訴訟，如由全體法律上利害關係人參與訴訟實施，有其實際困難。例如具公益性之家事事件程序，其身分關係於當事人及一般社會大眾，當不能有不同判決結果出現。例如確認他人間親子關係不存在之訴，具有公益性，則由法律上利害關係之人提起訴訟者，具當事人適格；又如公司設立無效、股東會決議撤銷、公司合併無效之訴，其判決效主觀作用，亦有擴張及於其他股東必要，則由任一股東為起訴者，亦屬當事人適格，此均係以法律上利害關係為其適格與否之條件。具對世效判決訴訟，因該訴訟如由各利益主體實施或有困難，立法上為期待訴訟實施內容之充實，得由特定人實施訴訟。消費者保護或環境訴訟，其實體利益存於不特定多數人，得明定由法人團體實施訴訟，例如本法第 44-3 條以公益為目的之社團法人或財團法人，所提起之不作為之訴，該法人亦為適格當事人。

㈢固有必要共同訴訟之適格當事人

　　訴訟標的之法律關係，就數人必須合一確定者，屬之。此類訴訟，須數人一

　　婚後所生子女確定生父之訴，應為被告之人均死亡時，以檢察官為被告，家事事件法第 63 條第 3 項、第 65 條第 3 項已有明文。確認養親子關係存否之訴，同有統一確定之公益需求，得予類推適用。

❼ 兼子著【條解】，第 161 頁。中野等著【講義】，第 133 頁。

❼ 三人合著，第 50 頁；楊著【問題一】，第 36 頁以下。

同起訴或數人一同被訴，否則當事人不適格。形成訴訟，以使他人間之權利或法律關係發生變動者，或與之有相同效果之確認訴訟，其適格當事人，通常基於法定，以權利關係之主體為共同被告。家事事件法第 3 條所定甲類或乙類家事訴訟事件，由訟爭身分關係以外之第三人提起，例如由第三人乙起訴請求確認甲、丙間之父子關係不存在時，則須以甲、丙為共同被告始為被告適格。惟倘有一方死亡者，以生存之他方為被告即可（家事事件法第 39 條第 2 項）。又如，數破產管理人或數選定當事人起訴或被訴時，應為共同原被告。共有權之訴訟，如分割共有物之訴，應以請求分割共有物之共有人全體為原告，以外之共有人全體為被告，當事人始適格。

㈣訴訟擔當之適格當事人

非實體權主體仍得為適格之當事人，而有訴訟實施權，其所實施之訴訟行為法律效果歸屬於實體權人，並受判決既判力拘束者，尚有訴訟擔當情形，其實施訴訟行為之人為訴訟擔當人。訴訟擔當，係就他人權利義務為訴訟實施，因而外觀上係將實體權歸屬主體，與訴訟實施主體分離。訴訟擔當，又因其取得訴訟實施權之依據不同，可分為基於法律規定取得訴訟實施權之法定訴訟擔當，與基於權利義務主體授權承認之任意訴訟擔當。

1.法定訴訟擔當

基於法律規定而擔當訴訟者，為法定訴訟擔當。其擔當有係為自己之利益，就訴訟標的之權利義務有訴訟實施權。例如質物因第三人之侵權行為滅失，質權人對第三人有損害賠償請求權，出質人怠於行使權利，質權人得代位出質人以自己名義行使權利；或如債務人怠於行使權利，債權人依民法第 242 條規定行使代位權，而有實施訴訟必要者，均得以自己名義實施訴訟行為[72]。此類訴訟擔當，學說有主張應按訴訟擔當者，依實體法規定對他人權利之管理處分權能強弱，設計不同訴訟擔當法律效果之必要。

就他人之財產有概括管理處分權限，成為他人財產之管理人，雖非為自己利益，仍被授與訴訟實施權者，例如破產管理人、遺囑執行人、遺產管理人是。因職務或身分關係而為訴訟擔當者之訴訟擔當類型，通常係因訴訟標的權利義務主

---

[72] 有認為債權人之代位權，係以保護代位人自己之實體利益為目的，屬固有權，判決效力不及於被代位之債務人，非屬法定訴訟擔當類型，債務人仍得以自己名義另行起訴。福永有利，當事人適格理論の再構成，山木戶還曆（上），第 64 頁；三宅等編【注解 1】，第 273 頁。

體之不能實施訴訟，或有困難或不適當，其權利義務紛爭又有解決必要，為保護其利益，特別規定因擔任一定職務關係或因身分關係，而為訴訟擔當。例如就他人之婚姻事件、收養事件、親子事件，因原來之適格者死亡，而仍有訴訟必要，特別規定由其擔當訴訟者。例如撤銷婚姻之訴，原告於判決確定前死亡，有權提起同一訴訟之他人，得於知悉該事由時起三個月內聲明承受訴訟（家事事件法第60條）。此規定於親子關係事件程序準用之（同法第69條第1項）。夫妻一方或子女於提起否認子女之訴後死亡者，繼承權被侵害之人亦得聲明承受訴訟（同法第64條第3項）。由子女、生母或其他法定代理人提起之認領之訴，原告於判決確定前死亡者，有權提起同一訴訟之他人，亦同。此類認領之訴，被指為生父之被告於判決確定前死亡者，由其繼承人承受訴訟，無繼承人或被告之繼承人於判決確定前均已死亡者，由檢察官續受訴訟（同法第66條第2、3項）。家事非訟事件程序之聲請人因死亡、喪失資格或其他事由致不能續行程序者，其他有聲請權人得於該事由發生時起十日內聲明承受程序，法院亦得依職權通知承受程序（同法第80條第1項），亦屬法定訴訟擔當。惟事件之性質不許承受程序者，則該程序視為當然終結。例如聲請收養許可事件，聲請人之收養人或被收養人於聲請程序中死亡者，或未成年子女權利義務行使負擔事件中，未成年子女死亡者，程序之續行已無實益，該事件當然終結。

　　訴訟擔當人如受不利判決者，其判決效要否及於被擔當人。例如債權人代位債務人提出訴訟，但為債務人所不知。有謂不應及於債務人及其他債權人。亦有主張，為避免債務人或其債權人再度訴訟，認為無論判決勝敗，均須使判決效及於本人。學說有將訴訟擔當分為：第一類，擔當人有訴訟實施權且可排除權利人之訴訟實施權，為排除型訴訟擔當，或吸收型訴訟擔當[73]，判決既判力應擴張及於權利主體之被擔當人。另一類型，不能排除實體上權利主體之另訴提出，稱為併存型訴訟擔當，或對立型訴訟擔當。此類型僅在擔當人獲得勝訴判決時，既判力才擴張及於被擔當人，受敗訴判決時，被擔當人不受既判力拘束，另提他訴，不違背重複起訴禁止[74]。我國實務關於債權人代位訴訟，採相同見解[75]。晚近日

---

[73] 三ケ月章教授認為此類型訴訟擔當無論勝敗既判力均及於被擔當人。參看自高橋宏志著【重點講義（上）】，第223頁。

[74] 參看自高橋宏志著【重點講義（上）】，第223頁。

[75] 95台抗494裁定。

本學說有不同見解，不分勝敗判決，既判力均及於被擔當人。詳見第五編第三章第四節既判力之主觀範圍。

2. 任意訴訟擔當

任意訴訟擔當，係指與訴訟標的有法律上利益而原為適格當事人，因自己意思授與本無此法律利益之第三人訴訟實施權，由該第三人實施訴訟行為，其判決效因而及於實質利益歸屬主體之謂。任意訴訟擔當與訴訟信託，兩者概念不同。後者，指信託人以使受託人取得訴訟實施權為目的，而將財產權移轉與受託人之謂。任意訴訟擔當之最適例，為選定當事人制度，即多數有共同利益之人，不合於第 41 條第 3 項之非法人團體有當事人能力之規定，得由其中選定一人或數人為全體起訴或被訴，其被選定當事人為適格當事人。又如行政院金融重建基金依行政院金融重建基金設置及管理條例第 17 條第 1 項規定，於辦理賠付後，取得該金融機構對其負責人等之損害賠償請求權後，再依同條第 2 項規定，將訴訟實施權授與存保公司，以存保公司名義，提起民事訴訟或聲請承當訴訟，亦屬任意訴訟擔當。建物區分所有權之管理人，票據委託取款之被委託人，同屬之。

消費者保護法第 50 條第 1 項之消費者保護團體以自己名義提出訴訟者，須先受讓「消費者之損害賠償請求權」為必要，外觀上以受讓實體法上權利為要件，而與任意訴訟擔當有別；惟因消費者保護法第 50 條之受讓請求權，應解為係消費者授與消保團體訴訟實施權之方法。蓋請求權無從單獨自權利分離而讓與，本條受讓損害賠償請求權，係程序法就任意訴訟擔當成立方式所為特別規定，並以二十人以上之授權為取得訴訟實施權之特別規定，並不生實體上權利、收取權或財產權本身讓與效果，而消保團體亦無任何受託財產可再讓與其他第三人可言。因此性質上，仍屬任意訴訟擔當，亦與訴訟信託不同❼❻。

訴訟擔當除法所允許者外，得否任意授權第三人，或以信託方式為之，日本學說有主張須有合理之必要性，例如有輔助參加資格者，或訴訟結果有利害關係之人，或第三人對訴訟標的權利關係之發生或管理，現實上有密切關聯性，始得為之❼❼。惟於我國，法並無明文限制。

---

❼❻ 受讓損害賠償請求權之性質為何，學說有所爭議；有將之解為實體權受讓之規定，並認係法律特別承認消費者保護團體得受讓消費者損害賠償之「債權」或收取權，訴訟型態屬訴訟信託。姜著【當事人】，第 18 頁以下。

❼❼ 中野等著【講義】，第 136 頁。

㈤當事人適格之調查及補正

當事人是否適格，法院應依職權調查，當事人不適格者，原則上無須命其補正，以原告之訴欠缺訴訟要件予以駁回。駁回方式，本法第 249 條第 1 項關於訴訟要件欠缺以裁定駁回之規定，並不適用於當事人不適格，因實務認係欠缺訴權要件，而以訴訟判決駁回。法院未發現當事人不適格而為實體判決者，得為上訴以為救濟，如已判決確定者，其判決效不及於真正當事人。

訴訟標的對於數人必須合一確定而應共同起訴，如其中一人或數人拒絕同為原告而無正當理由者，因該數人必須一同起訴，否則當事人之適格即有欠缺，為強化原告之訴權，強制補正當事人適格之欠缺，法院得依原告聲請，以裁定命該未起訴之人於一定期間內追加為原告，逾期未追加者，視為已一同起訴（第 56–1 條第 1 項），此為強制固有必要共同訴訟。強制追加之原告，其地位為共同訴訟之原告，非本法第 62 條之共同訴訟參加人（獨立參加人）。法院為前項裁定前，應使該未起訴之人有陳述意見之機會（第 56–1 條第 2 項）。第 1 項未共同起訴之人所在不明，經原告聲請命為追加，法院認其聲請為正當者，得以裁定將該未起訴之人列為原告。但該原告於第一次言詞辯論期日前陳明拒絕為原告之理由，經法院認為正當者，得撤銷原裁定（第 56–1 條第 3 項）。關此裁定，得為抗告（第 56–1 條第 4 項）。強制起訴，如訴訟費用應由原告負擔者，法院得酌量情形，命僅由原起訴之原告負擔（第 56–1 條第 5 項）。

㈥當事人適格欠缺之效果

當事人適格為訴之利益，同時為訴訟要件之一，如有欠缺，日本學說有謂以不合法裁定，亦有主張應以訴訟判決駁回者。本法第 249 條第 1 項所列之應以裁定駁回原告之訴，實務認為不包括當事人適格欠缺，而應以訴訟判決駁回原告之訴（27 上 1964 判例、90 台上 1322 判決）。110 年 12 月修法於同條第 2 項第 1 款明定，當事人不適格，法院得不經言詞辯論，逕以判決駁回之。

▶ 第六節　濫訴之防治

一　濫訴之定義

本法 110 年本法第 249 條修法理由，就何謂「濫訴」有所說明[73]。如依立法

說明，則所謂濫訴，除本法第 249 條第 1 項第 8 款之原告起訴基於惡意、不當目的或有重大過失，且事實上或法律上之主張欠缺合理依據情形外，另修法前第 249 條第 2 項之「原告之訴，依其所訴之事實，在法律上顯無理由者」，亦屬之。惟顯無理由之訴，或係因原告欠缺法律知識，或陳述能力，此情形不能認係濫訴，修法同條第 2 項第 2 款之顯無理由，需具主觀惡意等，始足當之。

　　濫訴之判斷基準，包括客觀與主觀要件。客觀要件，以原告主張之事實或法律關係，顯無理由或無合理依據，且原告主觀上需基於惡意、不當目的。例如為騷擾被告、法院，或延滯、阻礙被告行使權利；抑或一般人施以普通注意即可知所訴無據，而有重大過失者。雖則如此，上開要件，合理依據、惡意、不當目的、重大過失均屬不確定法律概念，判斷是否為濫用，未來仍有待審判實務案例累積，並藉助於一般性誠信原則四大類型予以建構。

　　濫訴顯增加被告訟累、耗損司法資源，為司法審判實務長久難以根治沈痾，當立法根除。惟濫訴之認定困難，且與憲法訴訟權保障相關聯，其間界線懸於一線之間，以濫訴為由裁定駁回其訴，需於裁定中具體說明其理由，並予其有陳述意見機會，保障其聽審權。

二　濫訴之處理

　　法院認原告起訴係濫訴情形，法院應以裁定駁回之。但其情形可以補正者，審判長應定期間先命補正（第 249 條第 1 項本文）。因逾期未補正經裁判駁回後，不得再為補正（同條第 3 項）。

三　處罰及負擔訴訟費用

㈠處罰及其程序

　　第 249 條第 1 項第 8 款，或第 2 項情形起訴基於惡意、不當目的或有重大過失者，法院得各處原告、法定代理人、訴訟代理人新臺幣十二萬元以下之罰鍰（第 249-1 條第 1 項）。

　　第 1 項處罰，應與本訴訟合併裁判之（第 249-1 條第 3 項前段）。原告對於本訴訟之裁判聲明不服，關於處罰部分，視為提起抗告或上訴；僅就處罰部分聲明不服時，適用抗告程序（第 4 項）。受處罰之法定代理人或訴訟代理人，對於處

---

❼❽ 110 年本條立法說明，謂修法前原有本條第 3、4 項之規定，係關於「濫訴」處罰之規定。

罰之裁判聲明不服者，適用抗告程序（第 5 項）。處罰之裁判有聲明不服時，停止執行（第 6 項）。對於本訴訟之裁判聲明不服者，就所處罰鍰及第 3 項之訴訟費用應供擔保（第 7 項）。

㈡負擔訴訟費用及其程序

　　原告起訴係濫訴情形，則被告之日費、旅費及委任律師為訴訟代理人之酬金，為訴訟費用之一部，其數額由法院酌定之；並準用第 77-24 條第 2 項、第 77-25 條第 2、4 項之規定（第 249-1 條第 2 項）。即律師酬金之數額之裁判，得為抗告，但不得為再抗告。關於訴訟費用額確定，應併予本案訴訟合併裁判之（第 249-1 條第 3 項後段）。對於本訴訟之裁判聲明不服者，就訴訟費用應供擔保（第 7 項）。

四　防治濫訴之立法政策

㈠罰鍰手段失靈

　　本法所稱濫訴，包括濫行起訴與濫行上訴（第 444 條第 3 項）。濫訴，是各種審判實務普遍存在現象，實質卻侵蝕著有限的司法資源，造成他造當事人之嚴重困擾，本法修法後雖就濫訴略作定義，仍屬不確定法律概念，加以濫訴包覆著訴訟基本權保障——「有權利斯有救濟」外衣，即便任何個案審判法官，對濫訴否，無不心知肚明。雖起訴不合程式或不備其他要件，法院應以裁定駁回（第 249 條第 1 項第 6 款），另修法前對濫訴處罰早已明文，得處新臺幣六萬元以下罰鍰，但以罰鍰作為防治濫訴之威嚇手段，依審判實務經驗，顯無任何效果，濫訴猖狂如故。濫訴制裁採罰鍰手段，並非立法良策，原因除濫訴定義難予劃定外，濫訴者對裁罰裁定得為抗告、再審，並不斷的一再衍生相關事件，包括聲請訴訟救助等。

　　濫訴防治需知濫訴現象，在於濫訴者無支出任何訴訟成本之心態，其本抱持無求勝訴裁判心理準備，目的僅在騷擾他造當事人及受理法院，不按規章繳納裁判等費用、不告知真正居住處所，浪費法院送達成本，尤有甚者，一再對法院成員濫行起（告）訴，浪費有限司法資源，壓縮處理其他事件時間。本次修法，仍採提高罰鍰數額，並非解決問題之道。

㈡民事限制起訴令

　　防治濫訴，立法政策應改弦更張，循行政手段禁止濫訴案件進入高成本之審判程序。英國為防杜民事濫訴，設有民事限制起訴令機制❼❾，規定於英國民事訴

訟法第 3.4 條第 2 項，即起訴主張或抗辯無合理依據，而有濫用法院程序或有礙訴訟之公平，或曾有違反相關規則、辦法或法院命令，經法院認定有該情形者，法院得逕為駁回，並命原告給付被告相關費用，如原告又對被告提起與之前相同，或實質上相同，或相類之他案者，被告得聲請法院先行停止他訴，法院認原告有上開情形者，得依民事訴訟法第 3.11 之授權法院所制定之民事訴訟指令規定處理。即法院於當事人提起二個以上之顯無理由之訴時，得對該當事人發限制起訴令。受限制令者，將來提出之訴訟，須得到法院之許可，但當事人得請求變更或撤銷該限制令，惟提出此項聲請亦須得法院之許可。當事人不服時，得對該限制令提起救濟，其救濟亦須得許可，未獲許可前，該程序即當然終結。民事限制令以財產訴訟為限。

限制原告起訴權利，涉及訴訟權保障，大陸法系國家法官直接以命令限制人民之訴訟權，除需立法明定外，亦須符合憲法比例原則，及司法權界限、妥適性問題。我國如採限制起訴令，應經立法明定限制起訴原因、核發程序、有效期間、有效期間有起訴必要者之特別准許程序。

為防治濫訴現象，未來立法應可提交以民意為基礎之防治濫訴委員會，經該委員會審查，認定當事人有濫訴情形後，向法院聲請對該濫訴者核發或撤銷已核發之限制起訴令。限制起訴令有效期間應明定，於有效期間內，受限制令者有起訴必要者，應委任律師為訴訟代理人（含法律扶助律師），未委任律師為代理人之起訴或聲請，受訴法院得逕以行政簽結[80]。

---

[79] 英國法制部分，參看自邵靖惠，初探英美防止濫訴法制，司法院委託研究報告。

[80] 有關限制民事起訴令，詳參看拙文，強制律師代理及限制起訴令之訴訟權保障，收載於拙著，法學方法、憲法原理實踐，2017 年，新學林，第 225 頁以下。

第二章　訴訟標的

▶ 第一節　意義及特定

一　意　義

訴訟標的亦稱為審判上之請求，有廣義及狹義之分。廣義之訴訟標的，指原告對被告之權利或法律關係存否之主張，請求法院為審判，在此意義下即與「訴」之概念相同。因此廣義訴訟標的，含有請求法院就其對被告之權利主張為判決，以及對被告為權利主張之謂。而狹義之訴訟標的，係指請求法院審判之對象，亦即原告對被告之權利主張而言。又廣義訴訟標的與實體法上請求權，兩者概念不同，後者之請求權專以相對人為對象，而訴訟標的之請求，除係對相對人為權利主張外，同時亦係對法院之主張。

二　功　能

訴訟標的在訴訟程序具有重大功能。原告與被告間之攻擊防禦方法，須在訴訟標的範圍內展開，以之規範訴訟過程中之各個訴訟行為，而具有定訴訟之管轄法院、是否重複起訴、訴之有無合併變更追加、訴訟所應適用之程序、既判力客觀範圍之作用。又在法院、原告、被告之三面訴訟關係中，有指標作用，同時作為判斷已否充足程序保障機能之基準。

三　訴訟標的之特定

基於處分權主義，起訴時原告有決定審判範圍之權限，其為自己決定權。同時，原告負有特定訴訟標的之責任，訴訟標的未予特定者，訴無從展開，被告無從為防禦權行使。關於訴訟標的之特定，應於何時為之問題，傳統理論認為，於起訴階段訴訟標的應予特定，此係將訴訟制度把握為一靜態的、固定的程序。但亦有動態訴訟標的之論者主張，訴訟程序之形成及其展開係一可變的、有彈性的、動態的發展過程，訴訟標的之特定不限於起訴時，如於言詞辯論程序中，已充足訴

訟內容，並充分保障當事人之程序主體權，非不得將訴訟標的之特定延伸至言詞辯論終結，甚至最後事實審言詞辯論終結時，再予特定即足。本法明定起訴時原告起訴書狀應記載訴訟標的（第 244 條第 1 項第 2 款），又明定訴狀送達後，原告不得任意為訴之變更追加。因此於解釋論上，原告起訴時即有特定訴訟標的之責任。而第 266 條第 1 項所定，準備書狀應記載請求所依據之事實及理由，其目的應係在行言詞辯論之準備，並非謂起訴狀無須特定訴訟標的。故本法關於訴訟標的之特定，應指特定原告「起訴時」之訴訟標的，並成為原告義務。

　　訴訟標的之特定，目的在保障當事者權，避免突擊，其有預告兩造攻擊防禦方法應如何提出之功能。未特定訴訟標的者，法院之審理及兩造之攻擊防禦方法不能展開，當事者權不足以保障，亦不能定訴之有無變更、追加，即缺少同一性辨別基準，影響重複起訴與審級利益、管轄權決定等之判斷，更無從決定既判力之客觀範圍。

　　訴訟標的之特定，須足以達本訴與他訴不致發生混淆程度。起訴時，訴狀須載明訴之聲明、訴訟標的、原因事實，其目的即在與他訴之區別。而特定訴訟標的之方法，學說則認，如訴之聲明不足以特定時，即須依原因事實特定之[81]。原因事實為具備抽象法律要件之事實，其程度達足以特定請求即可，不須達到請求有理由之程度[82]。

四　訴訟標的統一概念與相對化概念

　　訴訟標的作為各個訴訟制度及其效果之判斷基準，惟要否統一訴訟標的之概念，使訴訟標的之概念及定義統一，學說即有統一訴訟標的概念與訴訟標的概念相對化。前者，期以統一之訴訟標的概念，說明各種訴訟制度現象。後者，不採統一概念，亦不持一固定概念下之訴訟標的內容，而著重於各種制度之目的與機能，相對的探討是否為重複起訴、既判力客觀範圍為何、訴之合併變更[83]。

---

[81] 請求原因為特定權利主張構成所必要之事實，乃權利內容、權利發生原因，而請求是否須要附載請求理由之一切事實，即有事實（或理由）記載說；現在通說認為只要記載足以特定其請求之原因事實即可，係採識別說。中野等著【講義】，第 47 頁。

[82] 日本為因應新法促進爭點整理，特於民事訴訟規則第 53 條第 1 項，要求訴狀除記載請求原因事實外，應具體記載付請求理由之事實、待證事由，及與請求理由有關之事實（間接事實）。但一般認訴狀及準備書狀中欠缺付請求理由之事實時，屬得補正事項，非駁回其訴狀之理由。小山著【研究】，第 37 頁；新堂著【民訴法 5 版】，第 220 頁。

　　就重複起訴禁止言，依統一概念，係以二個訴之訴訟標的同一為其要件，但相對訴訟標的概念下之重複起訴禁止範圍，則有擴大傾向，所謂同一事件，不以同一訴訟標的為限，請求之基礎同一或在他訴中主要爭點與前訴，如屬共通者，亦在禁止範圍；換言之，即擴大訴訟標的權利或法律關係同一範圍。就既判力客觀範圍之判斷基準言，依統一概念，係以訴訟標的及判決主文記載為斷，但相對概念下之既判力客觀範圍決定，則不以之為限，理由中判斷有無既判力，可視各種情形而定。質言之，統一概念，原則上僅主文中之判斷有既判力，理由中抵銷之抗辯為其例外（第 400 條第 2 項）。相對概念下，如已保障程序權及充實審理內容，並於前程序中已為實質判斷者，則依誠信原則，同有遮斷效，爭點效理論，即植基於相對化之訴訟標的概念。又，第二審訴之變更、追加、反訴提出，涉及審級利益，但如於第一審中已充足其當事者權保障，其訴訟資料於第一審已經提出審理者，雖屬不同訴訟標的之新訴提出，因實質上不生審級利益侵害問題，則應許其不以經對造同意條件而得任意提出。換言之，審級利益維護之判斷基準，不再以第一審、第二審之訴訟標的同一性為斷，而係以請求之基礎（訴訟資料、攻擊防禦方法）同一性為判斷基準。

▶ 第二節　訴訟標的理論

一　學　說

　　狹義訴訟標的為原告對被告之權利主張，學者亦有以請求稱之。但其具體內容及範圍之辨別標準為何，學說各有不同主張。訴訟標的理論之多樣性，不脫程序法與實體法之關聯性及其比重；而各家學說理論，仍在持續發展中。

㈠實體法說（舊訴訟標的理論）

　　此說以實體法請求權為訴訟標的之辨別基準，單一實體法上請求權成為單一之訴訟標的。依此說，訴訟標的即被視為實體法上權利主張，訴訟標的乃按實體法規定之不同，被切割為數個訴訟標的，作為區別各個訴是否同一之基準，亦以實體法請求權或形成權之具體規定為斷。例如出於同一社會紛爭事實，起訴時將因原告之實體法上權利主張之不同，成為各個不同之訴訟標的。

---

❽ 上田著，第 153 頁以下。

㈡訴訟法說（新訴訟標的理論）

訴訟法說者，主張訴訟標的應自實體法分離，單純的從訴訟法觀點構成。例如原告請求返還不動產，無論係依所有物返還請求權或占有物返還請求權，均無不可，其所欲完成之法效果，均為該不動產之返還。因此訴訟標的即為單一的不動產返還法之地位或法之資格，所有權或占有權只是作為訴訟標的之基礎，非為訴訟標的本身。此說之目的，不分割各個實體法上請求權為紛爭之解決，而求諸於一次紛爭解決，其既判力範圍被擴大。前例中，原告依所有物返還請求權起訴，無理由駁回，於後訴中不得再主張依占有關係，因二訴為同一訴訟標的。

此說關於訴訟標的如何判定問題，又有一分肢說與二分肢說之分。一分肢說認為，訴訟標的為何之判斷，僅需由訴之聲明為之即可，因此凡訴之聲明同一者，即屬同一訴訟標的。例如金錢之給付請求，原告依票據關係為請求與依借款債權關係為請求，其雖屬二個不同之原因事實，惟因係同一訴之聲明請求，屬有同一訴訟標的。二分肢說認為，訴訟標的之判斷，需同時觀察訴之聲明及原因事實之關係而定。訴之聲明或原因事實其中之一為複數者，則訴訟標的為複數。故借款債權與票據債權競合情形，其訴之聲明雖同一，但因原因事實為複數，二者即屬不同訴訟標的。

㈢法律要件同質性說

本說之基本論點為，訴訟標的之特定基準，除應依實體法規定外，另一方面乃期待訴訟上效能。即訴訟標的特定之基準，應以審判對象之權利關係發生之要件是否具同質性為準。社會上或經濟上同一紛爭事實，如其法律要件事實具有同質性，可期待當事人得以充實辯論內容，法院闡明權亦能明確行使，使當事人得有預測可能性，可認係同一訴訟標的。因此可以依法律要件同質性，作為劃分訴訟標的之基準❽❹。依此，所有物返還請求權與占有物返還請求權，分別依所有權關係、占有關係處理，屬不同之法秩序領域，不屬同一訴訟標的。因債務不履行與因侵權行為所生之損害賠償請求權，因其要件事實不同，兩造之攻擊防禦方法、證明責任、可否主張抵銷，均有不同，亦不具同質性，不得認係同一訴訟標的。

㈣新實體法說

新舊訴訟標的理論，在於實體權對於訴訟標的理論之影響程度。舊說將各請求權或形成權要件予以切割，使各個充足實體法規範要件權利，分別構成不同之

---

❽❹ 上田著，第 165 頁。

訴訟標的。新說則擴大紛爭解決範圍，強調紛爭之一次解決，但其困難在於將實體權與訴訟標的切離後，如何定與其他訴之區別。新實體法說，則再將訴訟標的概念與實體法之請求權、形成權概念結合，所不同者，乃其不再以各個實體法規所承認之權利作為解釋訴訟標的之請求權或形成權，實體法上之複數請求權或形成權被統合成單一之權利主張，以之為訴訟標的。質言之，不再拘泥於傳統之權利，而自各個訴訟類型之機能觀點，規劃一範圍較廣之訴訟標的論，亦即統合各個實體法上之權利，成為一個實體法上之權利主張❽❺。例如損害賠償請求，依契約或依侵權行為法律關係，可能發生請求權競合情形，此時應適用競合規範理論，使之成為一新的請求權概念，訴訟標的即為該新的請求權概念下之權利主張。依此說，訴訟標的之識別基準，求諸於處分權對象之同一性，如處分對象同一者，雖在觀念上有數個請求權基礎，但在社會現實面，仍只應被認為係單一的請求權❽❻。

㈤訴訟標的相對論

此說與程序處分權、程序選擇權理論相結合，認為原告起訴時有選擇究係以舊說之實體法上權利單位型，或以新說之紛爭單位型（受給付地位）作為訴訟標的之權利。如選擇以權利單位型起訴者，法院應就當事人主張之事實，是否該當於其所主張權利之要件事實為審理，並進行爭點整理。若法院審理後形成之心證，該當於其他之權利要件時，則須依第 199 條、第 199–1 條規定，曉諭原告使其知為主張。若選擇紛爭單位型起訴者，法院應審理該紛爭事實究係該當於何項權利發生要件，並於該事實之法律涵攝時，適度表明法律見解，及與當事人為法律觀點之討論，以防止法律適用之突襲❽❼。

㈥流動的訴訟標的理論

此說與程序權保障結合，並擴張訴訟標的概念範圍，認為凡經程序權保障，而於訴訟審理過程中，兩造已充分行使攻擊防禦者，則訴訟標的應以一分肢說（訴之聲明）為基準。質言之，於起訴階段，在判斷是否同一事件、是否已繫屬法院、是否為訴之變更或追加之判斷，應以一分肢說方法為之，使同一當事人間得以利用同一訴訟程序，同時解決其紛爭。事件經審理判決確定後，就是否為既判力客

---

❽❺ 上田著，第 166 頁。

❽❻ 石川、小島編，第 124 頁。

❽❼ 倡議此說者，邱著【程序】，第 280 頁以下。

觀範圍所及，則應採二分肢說方法，如原審理程序中未經當事人主張與攻防，法院亦未審理判斷之不同原因事實，則非既判力效力所及，當事人仍得更行起訴。

二　檢　討

　　訴訟標的理論之各種學說中，早期深受實體法與訴訟法二者間之關係，即訴訟法應否完全自實體法分離之影響。新訴訟標的理論，部分學說即採分離方式，並擴大紛爭解決機制。晚近學說之提出，主要在於程序權保障，將訴訟標的理論建構於既判力正當性理論上。亦即凡於同一訴訟程序中，因擴大紛爭解決需求，於訴訟實施過程中，當事人已為充分攻擊防禦方法之提出，法院並已盡其闡明義務者，則審理程序中之各種訴訟資料、攻擊防禦方法，均可成為判斷訴訟標的範圍之素材。類此學說之發展，就法院紛爭解決之機能言，當有完成紛爭一次解決之正面價值，新訴訟標的理論及浮動訴訟標的理論，即以之為立論基礎，爭點效之基本理論，亦植基於此。至訴訟標的相對論，則係運用了憲法自己決定權原理，對原告起訴選擇保障有其正面價值。

　　自我國現有法制面觀察，民事訴訟制度設計，仍以固定的、靜態的程序構造為主軸，其兼具有被告訴訟權保障意涵。例如管轄恆定原則；訴狀繕本送達被告後，訴訟主體及訴訟客體，均不得任意變更追加；第二審訴之變更追加反訴，仍採嚴格條件限制。至於現今實務，仍採傳統訴訟標的理論方式。民事訴訟程序，若擴大紛爭解決面，將判決效客觀範圍擴大，甚或將主觀作用擴張及於第三人，固有其正面價值，惟於訴訟制度面設計，尚須配合其他相關制度修正，程序權保障尤應落實，例如強制律師代理制度建立、法官闡明權之積極妥適，均有待強化。

▶ 第三節　訴訟標的價額核定、訴訟費用及訴訟救助

一　訴訟標的價額核定

　　訴訟標的之價額，應由法院依職權調查證據結果核定之。其價額以起訴時交易價額為準，無交易價額者，以原告就訴訟標的所有之利益為準。對於價額核定得為抗告（第 77-1 條）。以一訴主張數項標的者，應合併計算之，但數項標的互相競合或應為選擇者，依其中價額最高者定之。以一訴附帶請求其孳息、損害賠

償、違約金或費用者，不併算其價額（第 77-2 條）。對待給付，不從訴訟標的價額中扣除。同時確定對待給付額數者，則依給付中價額最高者定之（第 77-3 條）。至各類型訴訟標的價額核定，本法分別定有核定基準。訴訟標的之價額不能核定者，按不得上訴第三審之最高利益額數加十分之一定之（第 77-12 條）。

二　訴訟費用

㈠計算及徵收

關於訴訟費用之計算及徵收。因財產權起訴者，依訴訟標的之金額或價額為之（第 77-13 條）。非因財產權而起訴者，徵收裁判費新臺幣三千元，其並為財產權之請求者，則分別徵收裁判費（第 77-14 條）。本訴與反訴之訴訟標的相同者，反訴部分，或因第 395 條第 2 項因假執行、第 531 條第 2 項因假扣押執行所受損害，均不徵收裁判費（第 77-15 條第 1、2 項）。訴之變更或追加後新訴價額超過原訴訟者，超過部分應補徵裁判費（第 77-15 條第 3 項）。上訴之裁判費，加徵裁判費十分之五，惟發回或發交更審再行上訴者免徵（第 77-16 條）。再審之訴，按起訴法院之審級，及依財產權或非財產權訴訟規定徵收，確定裁定之聲請再審，徵收新臺幣一千元（第 77-17 條）。抗告及再抗告，徵收裁判費新臺幣一千元（第 77-18 條）。聲請或聲明事件，原則上不徵收費用。聲請核發支付命令，徵收新臺幣五百元，其餘如參加訴訟聲請事件，或聲請回復原狀，或起訴前聲請證據保全，或聲請保全裁定，均徵收裁判費新臺幣一千元（第 77-19 條）。

因財產權或非財產權事件聲請調解者，於本法第 77-20 條亦定有徵收標準或免徵。因支付命令聲明異議為起訴或聲請調解者，仍應依全額徵收裁判費或聲請費，但得以聲請支付命令時已繳之裁判費扣抵之（第 77-21 條）。依第 44-2 條請求賠償之人，其裁判費超過新臺幣六十萬元部分暫免徵收（第 77-22 條第 1 項）。公益法人依第 44-3 條規定提起之不作為訴訟，免徵裁判費（第 77-22 條第 2 項）。依法律規定暫免徵收之裁判費，第一審法院應於事件確定後，依職權裁定向負擔訴訟費用之一造徵收（第 77-22 條第 3 項）。訴訟文書之影印費、攝影費、抄錄費、翻譯費，證人、鑑定人之日費、旅費及其他進行訴訟之必要費用，其項目及標準，則由司法院定之（第 77-23 條第 1 項）。運送費、公告法院網站費登載公報、新聞紙費及法院核定之鑑定人報酬，依實支數計算（第 77-23 條第 2 項）。命當事人預納之前 2 項費用，應專就該事件所預納之項目支用，並得由法院

代收代付之，有剩餘者，應於訴訟終結後返還繳款人。郵電送達費及法院人員於法院外為訴訟行為之食、宿、舟、車費，不另徵收（第 77–23 條第 4 項）。當事人、法定代理人或依法令代當事人為訴訟行為之人，經法院命其到場或依當事人訊問程序陳述者，其到場之費用為訴訟費用之一部，並準用證人日費旅費計算規定（第 77–24 條）。依法為當事人選任律師為特別代理人或訴訟代理人者，其律師之酬金，及第三審律師酬金，為訴訟費用一部（第 77–25 條）。至第一、二審律師酬金，如非為伸張或防禦權利所必要者，不屬訴訟費用。訴訟費用如有溢收者，法院應依聲請或依職權裁定返還，惟應於裁判確定或事件終結後三個月內為之（第 77–26 條第 1、2 項）。裁判費如因法院之錯誤而繳納者，法院應於五年內依聲請或依職權裁定返還（第 77–26 條第 3 項）。應徵收之裁判費，各高等法院得因必要情形，擬定額數，報請司法院核准後加徵之，但不得超過原額數十分之五（第 77–27 條）。

(二)訴訟費用之負擔

訴訟費用之具體範圍，法無從一一列舉，依院字第 205 號解釋，凡於訴訟上可認為係伸張權利或防禦上所必要之費用，均可稱為訴訟費用，其範圍包括裁判費及裁判費以外之費用。

訴訟費用，以敗訴之當事人負擔為原則（第 78 條）。例外的有由勝訴之當事人負擔者，例如被告對訴訟標的之主張逕行認諾，並證明原告無起訴必要者，由原告負擔（第 80 條）。因共有物分割、經界或其他性質上類似之事件涉訟，如由敗訴當事人負擔顯失公平者，法院得酌量情形，命勝訴之當事人負擔其一部（第 80–1 條）。勝訴人之行為非為伸張或防衛權利所必要者，或敗訴人之行為，按當時之訴訟程度，為伸張或防衛權利所必要者，法院均得酌命勝訴一造負擔（第 81 條）。可歸責於勝訴人之事由致訴訟延滯者，其因延滯所生之費用，法院得命其負擔（第 82 條）。

一部勝訴一部敗訴者，由法院酌量情形，命兩造以比例分擔或命一造負擔，或命兩造各自負擔其支出之訴訟費用（第 79 條）。共同訴訟，以平均分擔為原則（第 85 條第 1 項）。各共同訴訟人訴訟之利害關係顯有差異者，依比例負擔（第 85 條第 1 項但書）。因連帶或不可分之債敗訴者，應連帶負擔（第 85 條第 2 項）。共同訴訟人中有專為自己利益而為訴訟行為者，由該人負擔（第 85 條第 3 項）。訴訟上和解，和解費用及訴訟費用各自負擔。但別有約定者，不在此限（第 84 條

第 1 項）。和解成立者，當事人得於成立之日起三個月內聲請退還其於該審級所繳裁判費三分之二（第 84 條第 2 項）。原告撤回訴訟時，由原告負擔。其於第一審言詞辯論期終結前撤回者，得於撤回後三個月內聲請退還該審級所繳裁判費三分之二（第 83 條第 1 項）。當事人撤回上訴或抗告者準用之（第 83 條第 2 項）。此之撤回須訴之全部撤回，始有適用。檢察官為當事人時訴訟費用由國庫支付（第 95–1 條）。

(三)訴訟費用負擔之裁判

　　包括關於應負擔訴訟費用者之裁判，及關於訴訟費用額之裁判。實務上，關於訴訟費用額之裁判，通常未隨同終局裁判予以確定。蓋當事人支出之費用，何者屬院字第 205 號解釋所謂之伸張權利或防衛所必要支出之費用，發生爭議時，尚須另以訴訟解決。訴訟費用之裁判，有對當事人之裁判，及對第三人之裁判。對當事人之裁判，又可分為訴訟因裁判而終結者及非因終結之裁判者。前者，應依職權於終局判決中為裁判（第 87 條第 1 項）。上級法院廢棄下級法院之判決，自為裁判，或變更判決者，上級法院應為訴訟總費用之裁判。案經廢棄發回或發交者，受發回或發交法院為終局判決時，亦同（第 87 條第 2 項）。法院依職權為訴訟費用負擔之裁判者，得僅就應由當事人負擔之抽象標準為足，無須就具體之訴訟費用額確定（第 91 條第 1 項）。為避免裁判矛盾，訴訟費用之裁判非對本案判決有上訴時，不得聲明不服（第 88 條）。訴訟非經裁判終結者，訴訟費用之裁判無所附隨，聲請人應於訴訟終結後二十日之不變期間內向法院為聲請，由法院以裁定確定之（第 90 條）。對第三人之裁判，法院命由第三人負擔訴訟費用者，其情形有：其一、因參加訴訟所生之費用，以由參加人負擔為原則（第 86 條第 1 項）。訴訟標的，對於參加人與其所輔助之當事人必須合一確定者，準用共同訴訟規定（第 86 條第 2 項）。參加人參加聲請被駁回者，應自行負擔。其二、因書記官、執達員、法定代理人或訴訟代理人之無益行為而生之訴訟費用（第 89 條第 1 項），法院得依聲請或依職權以裁定命該官員或代理人負擔。其三、審判長依第 49 條、第 75 條第 1 項規定，准其暫為訴訟行為之人，不補正其欠缺，因其訴訟行為所生之費用，法院得依職權以裁定命其負擔（第 89 條第 2 項）。冒用姓名為訴訟行為或冒稱為代理人者，亦有第 89 條第 2 項規定之適用。對該裁定，得為抗告（第 89 條第 3 項）。

㈣訴訟費用額之確定

法院未於訴訟費用之裁判確定其費用額者，第一審受訴法院於該裁判有執行力後，應依聲請以裁定確定之（第 91 條第 1 項）。惟本條所指之訴訟費用，並非指當事人一切訴訟上之支出費用。關於訴訟費用額確定之規範，有司法院院字第 205 號解釋之一般性規定，及本法已明定之特別規定。

訴訟費用之一般性規定，依院字第 205 號解釋意旨，凡當事人所支出之費用，如可認為係伸張權利或防禦上所必要者，均應屬訴訟費用之一，係廣義之訴訟費用。依此，當事人之旅費或律師酬金，如符合必要性原則者，均為訴訟費用之一部。除本法明定之訴訟費用特別規定外，其餘廣義訴訟費用之求償，須符合必要性原則，屬損害賠償原理，非經訴訟程序之當事人辯論程序，無從獲得確定判決既判力。其方法係由主張受損害一方，依侵權行為損害賠償訴訟為請求。例如第一、二審所支出之律師酬金，因本法不採強制律師代理主義，不得為請求，但如因事件之繁難，確非當事人所得親自處理，而有委任律師必要者，得依侵權行為法律關係請求賠償❽。本法關於訴訟費用之特別規定，例如第 77-23 條所定之訴訟文書之影印費、攝影費、抄錄費、翻譯費，證人、鑑定人之日費、旅費，運送費、登載公報新聞紙費、鑑定人報酬，及其他進行訴訟之必要費用是。又同法第 77-23 條，經法院命應到場或依當事人訊問程序者之到場費用，均屬之。至律師酬金之本法特別規定，如第 77-25 條，法院或審判長依法律規定，為當事人選任律師為特別代理人或訴訟代理人；第 466-3 條，第三審上訴因強制律師代理之律師酬金。再如，第 44-4 條，經法院選任之律師；第 51 條第 1、2 項；第 571-1 條第 2 項之規定是。由法院選任律師為訴訟代理人，或特別代理人者，係伸張權利或防禦上所必要，且律師酬額已由法院或審判長酌定，無另行依侵權行為損害賠償法則以訴請求必要，得逕將之列為本法所稱之訴訟費用。

本法特別規定之訴訟費用，得依第 91 條規定，聲請確定訴訟費用，其程序屬非訟程序，其確定裁定得為執行名義（第 91 條第 1 項）。例如第 114 條規定，經准予訴訟救助者，於訴訟終結後，第一審受訴法院應依職權以裁定確定訴訟費用額。

聲請確定訴訟費用額，應提出費用計算書及繕本或影本，並釋明費用額之證書（第 91 條第 2 項）。當事人應分擔訴訟費用者，亦同（第 92 條第 1 項）；他造

---

❽ 院字第 205 號解釋；另日本最高裁判所昭和 44 年 2 月 27 日判決，採相同見解。

如有遲誤期間者，得僅就聲請人一造之費用裁判之，但他造嗣後仍得聲請確定其訴訟費用額（第 92 條第 2 項）。

㈤訴訟費用之預納

審判長得定期命當事人預納訴訟行為所須支出之費用。例如鑑定費、證人旅費。該當事人不預納者，得不為該行為，因而致訴訟無從進行，他造經通知亦不墊支時，視為合意停止訴訟程序（第 94-1 條第 1 項）。逾四個月未預納或墊支者，則視為撤回其訴或上訴（第 94-1 條第 2 項）。當事人提起訴訟或上訴時，應依其主張之訴訟標的價額之全部預納裁判費，尚不能因其曾繳納部分裁判費，即認該部分之起訴或上訴為合法（100 台抗 585 判決）。向第二審法院提起上訴，未繳裁判費者，審判長應定期間命補正（第 442 條第 2 項），但有律師為訴訟代理人，或依書狀之記載可認其明知上訴要件有欠缺者，法院得逕以裁定駁回其訴或上訴（民事訴訟法施行法第 9 條）。

㈥訴訟費用之擔保

1.原因及程序

原告行使其訴訟權固為其憲法權利，但其於國內無住所，又無資產足以賠償訴訟費用者，為保障被告未來訴訟費用之求償權，得命其預供擔保。命預供擔保，應依被告聲請，由法院以裁定命之，訴訟中發生擔保不足額或擔保有不確實時，亦同。在原告請求範圍內，被告無爭執部分，或原告在中華民國有資產，足以賠償訴訟費用者，不適用之（第 96 條）。被告已為本案言詞辯論者，除供擔保之事由知悉在後，否則亦不得為之（第 97 條）。

命預供擔保之裁定，以被告聲請者為限。管轄法院法未明文規定，惟因不遵命預供擔保，法院應以裁定駁回其本案請求（第 101 條），解釋上由本案訴訟繫屬法院管轄。被告聲請命原告供擔保者，於其聲請被駁回或原告供擔保前，得拒絕本案辯論（第 98 條）。法院關於命供擔保之聲請，其准駁應以裁定行之。受不利裁定之當事人得為抗告（第 100 條）。如准被告之聲請者，應於裁定中定擔保額及供擔保之期間。其擔保額，以被告於各審應支出之費用總額為準（第 99 條）。所謂被告於各審應支付費用總額，係預估被告於本案各審級中可能支出之各項訴訟費用，再審程序非屬審級救濟程序，不包括之。供擔保之期間，由法院裁量。未於法院所定期間內供擔保者，法院應以裁定駁回其訴。原告上訴第二審，未供擔保時，由第二審法院以判決駁回其上訴；被告上訴第二審時，則應將原判決廢棄，

駁回原告之訴。第三審上訴情形，亦同。而該期間之起算日，自裁定送達翌日起算，非自該裁定確定日起算，不受該裁定得為抗告之影響❸。

2.擔保之提供

供擔保之物及方法，原則上以提存現金或法院認為相當之有價證券為之，但別有約定者，不在此限（第102條第1項）。擔保，亦得由保險人或經營保證業務之銀行出具保證書代之（第102條第2項）。應供擔保之原告，不能依前2項規定供擔保者，法院得許由該管區域內有資產之人具保證書代之（第102條第3項）。

受擔保人權利方面，被告就提存之現金、有價證券或提存物，與質權人有同一之權利（第103條第1項）。具保證書之人，如原告不履行其所負義務時，有就保證金額履行之責任（第103條第2項前段）。法院得因被告之聲請，逕向具保證書人為強制執行（第103條第2項後段）。該強制執行名義，不以另對具保證書人取得確定裁判為必要。如該受擔保之訴訟費用，於本案程序已經法院依第91條第1項確定訴訟費用額者，或依訴訟費用損害賠償訴訟一般性程序，對原告取得確定判決者，即得為之。

3.擔保物之返還

應供擔保之原因消滅、或受擔保利益人同意返還、或訴訟終結後受擔保利益人不行使權利者，法院應依供擔保人之聲請，以裁定命返還其提存物或保證書（第104條第1項）。本法第104條關於擔保物之返還，規定於本章節訴訟費用之擔保，另第106條尚有其他準用情形。

應供擔保原因消滅者，如為訴訟費用、起訴、假執行、假扣押或假處分而供擔保者，係指該供擔保原因之本案獲得全部勝訴裁判確定。一部勝訴者，因被告仍有因原告受一部敗訴判決而生損害可能，故不包括之。供擔保之原因消滅與否，各依其供擔保原因而定，例如法院同時宣告供擔保後准為及免為假執行之判決，原告及被告均已供擔保請求及免為假執行者，原告自不能以被告已預供擔保請求免為假執行為理由，主張其應供擔保之原因已經消滅（45台抗144判例）。又如原告未供擔保以為假執行者，即無因免為假執行而受損害可能，被告已預供之免為假執行擔保，則應認係供擔保之原因已消滅（最高法院96年度第3次民事庭會議決議）。因釋明假扣押之原因而供之擔保，係擔保債務人因此所受之損害，必待無損害發生，或債權人本案勝訴確定，或已經賠償其損害，始得認供擔保原因消

---

❸ 吳明軒，民事訴訟法（上），2011年，第331頁。

滅，此與債權人依假執行判決所供之擔保，係擔保被告因假執行所受之損害，二者不同，不能因供假執行之擔保，即認假扣押供擔保原因消滅（53 台抗 279 判例）。

因假執行、撤銷假扣押或假處分而擔保者，所謂供擔保原因消滅，例如被告於本案獲得全部勝訴判決確定。假執行宣告，因本案判決或該宣告有廢棄或變更之判決者，自該判決宣示時起，於其廢棄或變更範圍內，失其效力，原告即不得再依已被廢棄之原判決聲請假執行，因而被告為免假執行而供之擔保，其供擔保之原因已消滅（74 台抗 254 判例）❾ 。

供擔保人證明受擔保利益人同意返還者，自應為返還之裁定。供擔保人證明已定二十日以上之期間，催告受擔保利益人行使權利而未行使者。行使之權利係因供擔保人之不當行為所生之損害賠償權利，例如因不當之訴訟行為受有訴訟費用損害，又如因假執行而提供擔保，相對人因假執行受有損害是。其催告必須於訴訟終結後為之，如於訴訟中先為催告，縱於訴訟終結後已逾二十日，受擔保利益人未為行使權利，仍不生催告效力。同理，因假執行受有損害，須待假執行程序終結。法院依供擔保人之聲請，通知受擔保利益人於一定期間內行使權利，而未向法院證明已為行使權利者，供擔保人亦得聲請返還。所謂已為行使權利，指向法院起訴或為與起訴相同效果之訴訟行為（80 台抗 413 判例）。行使權利之金額，不及供擔保之金額者，超過該金額部分，仍屬未行使權利（79 台抗 118 判例）。受擔保利益人雖逾二十日始行使權利，如供擔保人尚未聲請返還者，仍認已有行使。受擔保利益人，逾二十日以上期間未行使權利，如在供擔保人聲請返還後，始行使其權利者，仍認受擔保利益人未在期間內行使權利（72 台抗 181 判例）。

擔保物之返還，應依供擔保人之聲請為之。其聲請以提出書狀為原則，亦得依本法第 122 條以言詞為聲請。聲請有無理由，法院得為必要調查，並得行任意言詞辯論，或使當事人有陳述意見機會。聲請不合法或有無理由，應以裁定宣示之。關於返還擔保物聲請之裁定，均得為抗告，抗告中應停止執行（第 104 條第 2 項）。

---

❾ 有不同見解認，須待被告於本案獲得勝訴判決確定，始得認供擔保原因消滅。吳明軒，民事訴訟法（上），第 338 頁。

4.擔保物之變換

供擔保之提存物或保證書，除得由當事人約定變換外，法院得依供擔保人之聲請，以裁定許其變換（第 105 條第 1 項）。本條擔保物變換指供擔保人已提供擔保，請求另供擔保，以代原已提供之擔保，如尚未供擔保，聲請法院許可變換原定之擔保物或保證書者，法院如認相當時，得以裁定准許，惟非本條情形。

關於擔保物變更之聲請，法院認為變換後之擔保相當無損受擔保人權利者，應予准許。關於擔保物變更之裁定，得為抗告，抗告中應停止執行（第 105 條第 2 項）。

5.其他準用規定

第 102 條第 1 項供擔保客體、第 2 項擔保之代替，及第 103 條強制執行、第 104 條擔保物返還、第 105 條擔保之變換之規定，於其他依法令供訴訟上之擔保者準用之；其應就起訴供擔保者，並準用第 98 條拒絕辯論、第 99 條第 1 項擔保額酌定基準、第 100 條裁定與抗告，及第 101 條駁回請求之規定（第 106 條）。惟第 102 條第 3 項由有資產之人具保證書代替之規定，並不準用。其他依法令供訴訟上之擔保者，例如本法第 390 條第 2 項、第 392 條、第 526 條第 2 項、第 3 項之規定；又如強制執行法第 18 條第 2 項供擔保停止強制執行。其應就起訴供擔保者，例如公司法第 214 條第 2 項由監察人起訴之規定是。

(七)律師酬金之核定

我國民事訴訟尚未全採強制律師訴訟主義，當事人支出之律師酬金，不在訴訟費用之內。89 年本法增訂第 466–1 條第 1 項，對於第二審判決上訴，上訴人應委任律師為訴訟代理人，屬上訴第三審之合法上訴法定要件，其欠缺為上訴不合法。並於第 466–3 條第 1 項明定，第三審律師之酬金，為訴訟費用之一部。訴訟費用之負擔，原則上由敗訴之一方負擔（第 78 條），訴訟結果苟被上訴人受敗訴判決者，上訴人一方支出之律師酬金，應由被上訴人負擔之。訴訟費用負擔之裁判，由法院於終局判決時依職權裁判之（第 87 條第 1 項），法院未於終局判決確定其費用額者，第一審受訴法院於該裁判有執行力後，應依聲請以裁定確定之（第 91 條第 1 項）。可知第三審上訴人之律師酬金，於被上訴人受敗訴判決確定後，係依上開民事訴訟法相關規定，由受訴法院依確定訴訟費用裁判程序，成為訴訟費用一部，由被上訴人負擔之。此程序與司法院院字第 205 號解釋，律師酬金之請求賠償需依訴訟程序確認是否為伸張或防衛權利所必要者，無論在實體權（侵

權行為法律關係成否）及程序規定（訴訟程序），均有不同。因此律師酬金之請求賠償，現行規定採二軌制。

　　本法第 466-1 條第 3 項僅規定上訴人之律師酬金，按確定訴訟費用裁判處理，未含括被上訴人部分，惟最高法院 93 年度第 10 次民事庭會議擴張解釋，認第三審為法律審，被上訴人委任律師為其訴訟代理人，乃防衛其權益所必要，故應包括被上訴人所委任律師之酬金在內。第三審訴訟需委任律師為訴訟代理人，乃本法於第三審採強制律師代理，支出之律師酬金成為訴訟費用一部，惟實際支付之律師酬金，並非按損害賠償填補原理由敗訴一方負全部賠償責任，需係符合院字第 205 號解釋之伸張或防衛權利所必要範圍，非必要部分不成為訴訟費用之一部，解釋意旨亦謂當事人如有爭議，由法院斷定。本法第 466-3 條第 1 項後段、第 77-25 條第 2 項明定，第三審律師酬金應限定其最高額，審判實務必要額之認定，通常由當事人聲請第三審法院以裁定「核定」之。110 年本法修訂第 77-25 條第 3 項，法院（含第三審法院）為終局裁判時，應併予酌定；訴訟不經裁判而終結者，法院應依聲請以裁定酌定之。

　　本法所定之訴訟費用，律師酬金支出部分，除第三審律師酬金外，尚包括法院或審判長（含第一、二審）依法律規定，為當事人選任律師為特別代理人或訴訟代理人之律師酬金，及因原告濫訴（第 249 條第 1 項第 8 款），或不經言詞辯論之判決（第 249 條第 2 項）被告支出之律師酬金（第 249-1 條第 2 項），該酬金，依同法第 77-25 條第 1、2 項規定，同應限定其最高額，並成為訴訟費用之一部，由法院酌定之，酌定方法同第三審律師酬金一般，由法院於終局裁判時，併予酌定；訴訟不經裁判而終結者，法院應依聲請以裁定酌定之。可見現行法第一、二審固不採強制律師代理主義，惟如法院或審判長為當事人選任律師為特別代理人或訴訟代理人之律師酬金，亦為訴訟費用一部，並按相關訴訟費用負擔裁判程序確定之。成為訴訟費用一部之律師酬金，以敗訴之一造負擔為原則，惟不無例外（參看㈡訴訟費用之負擔），有由勝訴一方負擔者，故受終局敗訴判決一方當事人，非無聲請法院核定律師酬金實益。

　　本法第 90 條第 1、2 項規定，訴訟不經裁判而終結者，法院應依聲請以裁定為訴訟費用之裁判；其聲請應於訴訟終結後二十日不變期間內為之。所謂不經裁判而終結，例如訴之撤回或因當事人死亡而終結情形，當事人未於法定二十日不變期間以裁定為訴訟費用之裁判者，依 24 年立法理由謂「訴訟未經裁判而終結

者，毫無強以職權裁判訴訟費用之必要」。換言之，係指法院得不依職權為訴訟費用之裁判，因此縱於二十日後當事人始為聲請，法院認有必要亦得依職權裁判之。

　　律師酬金核定與訴訟費用額核定，並非同義。律師酬金核定，功能目的僅在確定伸張或防衛權利之必要費用額而已，不涉及訴訟費用應由何造當事人負擔問題。律師酬金支出，如為因伸張或防衛權利所必要，且酬金如係因他方當事人應負損害賠償責任所致者，雖不合於民事訴訟法所定之訴訟費用負擔裁判程序規定，例如未依同法第 90 條規定於訴訟終結後二十日內聲請為訴訟費用之裁定，亦得依侵權行為損害賠償等法律關係，以訴請求他方賠償之。此外，雖非強制律師代理之第一、二審中所支出之律師酬金，或受敗訴判決一方支出之律師酬金，向法院聲請核定律師酬金，不能謂無聲請核定之實益，法院仍應予核定。至該核定裁定得否列入訴訟費用一部，或得否據以向他方求償成功，要屬另事。

　　最高法院 107 台聲 566 裁定意旨，謂上訴人提起第三審上訴後，復具狀撤回上訴，在此之前被上訴人委任律師並代為提出答辯狀，其所委任第三審律師酬金，即為訴訟費用之一部，仍應由上訴人負擔，因於同院有不同見解❾❶，經最高法院民事大法庭以 108 台聲大 1525 民事裁定，統一法律見解，肯認第三審上訴之被上訴人於上訴人撤回第三審上訴前，已委任律師為訴訟代理人並代為提出答辯狀者，縱其未依本法第 90 條第 2 項規定，於訴訟終結後二十日之不變期間聲請法院為訴訟費用之裁判，亦得聲請第三審法院核定其第三審律師之酬金。亦即採相同法理。

三　訴訟救助

㈠意　義

　　人民訴訟權受憲法保障，為貫徹有權利斯有救濟及實現實質平等原則，使無資力支出訴訟費用之人，同得利用司法解決其紛爭，在合法定要件下，得依其聲請暫緩繳納訴訟費用之謂。惟為防當事人濫用制度徒增訟累，及增進公共利益目的，如顯無勝訴之望者，不予救助，亦不違背訴訟權保障（釋 229 號）。

㈡要　件

　　訴訟救助以當事人無資力支出訴訟費用為必要，但如顯無勝訴之望者，則不予准許❾❷（第 107 條第 1 項）。無資力係指窘於生活，且缺乏經濟信用者言（43

---

❾❶ 99 台聲 1082、100 台聲 371、1008 裁定。

台抗 152、18 抗 260 判例)。於認定資力時，須斟酌當事人及其共同生活親屬基本生活需要（第 107 條第 2 項）。當事人雖有財產但不能自由處分，且無籌措款項之信用技能者，屬之（29 抗 179 判例）。有無資力之認定，不因其委有律師代理而影響（18 抗 191 判例）。

　　訴訟救助目的既本於訴訟權保障，法人及非法人團體於程序法上既承認其訴訟實施權，有當事人能力，應與自然人同，得聲請訴訟救助。當事人指原告及被告言，主參加訴訟人亦為當事人。從參加人因受參加效拘束，且可能負擔參加費用，自訴訟權保障觀點，應不能排除其聲請資格。

㈢聲請程序

　　訴訟救助應依當事人之聲請為之。聲請人如為外國人，則以依條約、協定或其本國法令或慣例，我國人民在其國得受訴訟救助者為限（第 108 條），即採互惠主義。至無國籍人聲請訴訟救助，實務否定其適用（22 抗 1895 判例），惟此有剝奪訴訟權之嫌，宜依具體情事定之。

　　聲請訴訟救助，應向受訴法院為之，於訴訟繫屬前聲請者，須陳明關於本案訴訟之聲明及其原因事實（第 109 條第 1 項）。受訴法院，指本案繫屬之各審級法院言，有專屬管轄性質。本案訴訟已終結者，因無訴訟繫屬狀態，不得再為訴訟救助之聲請，因此第三審上訴經以不合法裁定駁回，訴訟繫屬消滅，無從再向第三審聲請訴訟救助（28 聲 3 判例）。

　　聲請訴訟救助，應釋明其事由（第 109 條第 2 項）。於下級審聲請訴訟救助經無理由駁回者，於上級審中須再釋明其無資力，經調查屬實，始應准許。在前訴訟程序曾經繳納裁判費，於其後之再審之訴，須再釋明其經濟狀況確有重大變遷，否則不得為聲請（73 台抗 461 判例）。釋明者，應提出能即時供調查之證據，大致信其可能為真正即足，如聲請人未提出證據，或依其提出之證據，未能信其無資力支出訴訟費用之主張為真實者，應將其聲請駁回，無依職權調查必要（26 滬抗 34 判例）。下級審雖曾駁回訴訟救助之聲請，於上訴後更為聲請，並釋明其事由者，上訴審仍應予調查，不得僅以下級審未許救助，即駁回其聲請（17 聲 93 判例）。釋明，亦得由受訴法院管轄區域內有資力之人，出具保證書載明於聲請訴訟救助人負擔訴訟費用時，代繳暫免之費用方法代之（第 109 條第 3 項），至代釋

---

❷ 上訴第三審未達法定上訴利益，或未表明上訴理由，或上訴已逾不變期間，均可認係顯無勝訴之望。參照 28 聲 124、179 及 27 聲 184 判例。

明之保證書，能否供釋明之用，仍應由法院斟酌認定（36 抗 660 判例）。當事人經查明非無資力者，即無以保證書代之餘地（68 台聲 158 判例）。具保證書人有無資力，應由受訴法院依職權調查，非屬應釋明之義務（67 台抗 552 判例）。至非顯無勝訴之望，不屬釋明客體，應由法院依自由心證決定（62 台抗 500 判例）。

㈣裁定及效力

法院關於訴訟救助聲請決定，應以裁定行之。對於裁定，均得為抗告（第115 條）。出具保證書之人，聲請解除保證責任而受駁回之裁定，為免訴訟遲延起見，亦屬訴訟費用負擔之裁定，應於裁定送達後五日內，提起抗告（42 台抗 115判例）。

駁回訴訟救助聲請之裁定確定前，第一審法院不得以原告未繳納裁判費為由駁回其訴（第 109-1 條）。本條既明定適用於第一審程序，則第二、三審程序應無適用餘地❽。上訴提出，無論其合法否，均發生移審效，因此提起上訴未預納裁判費，經裁定命補正，雖上訴人聲請訴訟救助，經裁定駁回，縱上訴人對之提起抗告，仍不能阻卻命補正期間之進行，未依限補正者，法院自得以上訴不合法裁定駁回其上訴（28 抗 121 判例）。

准予訴訟救助者，以法有明定者為限，如聲請免除訴訟費用負擔，即非法所許（26 鄂上 78 判例）。至法有明文者，於訴訟終結前，得暫免裁判費、應預納之訴訟費用及免供訴訟費用之擔保（第 110 條第 1 項第 1、2 款）。又審判長依法律規定為其選任律師代理訴訟時，暫行免付酬金（第 110 條第 1 項第 3 款），但本款不及於自行選任之律師。第 1 款暫免之訴訟費用，由國庫墊付（第 110 條第 2項）。當事人聲請一部分訴訟救助時，法院僅能在其聲請範圍內裁判，而受其聲明拘束。上訴本無須繳納裁判費者，如請免納上訴裁判費並無聲請訴訟救助實益，應予駁回（30 抗 139 判例）。准予訴訟救助，於假扣押、假處分、上訴及抗告，亦有效力（第 111 條）。惟在起訴前之假處分程序准予訴訟救助者，除准予救助之裁定已就後應繫屬之本案訴訟一併准予救助外，其效力不及於本案訴訟各審級程序（29 抗 127 判例）。又准予訴訟救助僅免供訴訟費用擔保，債權人於假扣押應供之擔保，係擔保債務人因假扣押所受之損害，非訴訟費用之擔保，不在免供之列（23 抗 1192 判例）。再審係另一程序，在前訴訟程序雖曾准予訴訟救助，效力不及於再審程序（32 抗 188 判例）。准訴訟救助者，訴訟終結後，第一審受訴法

---

❽ 最高法院 89 年 7 月 25 日民事庭會議決議。

院應依職權以裁定確定訴訟費用額，向應負擔訴訟費用之當事人徵收之，其因訴訟救助暫免而應由受救助人負擔之訴訟費用，並得向具保證書人為強制執行（第114條）。

准予訴訟救助之效力，因受救助人死亡而消滅（第112條）。其繼承人有訴訟救助必要者，應另行聲請。法人因合併而消滅或第三人承受訴訟者，原訴訟救助效力同為消滅。准訴訟救助之當事人，經發現其有能力，或其後已能支出訴訟費用者，法院應依職權以裁定撤銷之，並命其補交暫免之費用（第113條第1項）。該裁定，由訴訟卷宗所在之法院為之。依此訴訟已終結者，亦得由訴訟卷宗所在之法院予以撤銷。就此裁定，得為抗告（第115條）。

(五)兒童及少年訴訟費用之減免

第114條之准予訴訟救助者為兒童或少年，因負擔訴訟費用致生計有重大影響者，得聲請法院以裁定減輕或免除之。但顯不適當者，不在此限（第114-1條第1項）。其聲請，應於第114條第1項裁定確定後三個月內為之（第2項）。本條之兒童、少年，指兒童及少年福利與權益保障法第2條所定之兒童或少年，如因負擔訴訟費用結果，致生計有重大影響，特別許其得向第一審受訴法院聲請減輕或免除之。減免與否，由法院綜合全部情節後以裁定決定之。其減免，客觀上顯不適當，例如原因事實係因其行為違反公序良俗、誠信原則而生，得不予減免。准訴訟救助之兒童或少年，訴訟中或終結後已滿十八歲，亦得聲請。法院審酌生計有否重大影響，以裁定時為準（本條立法理由）。未遵同條第2項規定為減免訴訟費用之聲請，生失權效果，法院應以裁定駁回。

(六)身心障礙者訴訟救助

身心障礙者權利公約施行法第8條第1項規定，身心障礙者受公約及其有關法規保障之權利遭受侵害、無法或難以實施權利者，得依法提起訴願、訴訟或其他救濟管道主張權利；侵害之權益屬其他我國已批准或加入之國際公約所定者，亦同。又為實現身心障礙者訴訟權保障，同條第2項規定。身心障礙者委任律師依前項規定行使權利者，政府應依法提供法律扶助；其扶助業務，得委託財團法人法律扶助基金會或其他民間團體辦理。依此，身心障礙者如委任他人（如律師）行使前開權利，即應依法提供法律扶助。又法律扶助法第5條、第13條、第15條規定，因神經系統構造及精神、心智功能損傷或不全，無法為完全陳述者，即為法律扶助法之無資力者，無須再為資力有無之審查。是以身心障礙之無資力者，

如經法律扶助基金會依法律扶助法第 63 條，准許法律扶助時，其於訴訟或非訟程序，向法院聲請訴訟救助時，除顯無理由者外，應予訴訟救助，不受民事訴訟法第 108 條規定之限制（112 台聲 207 裁定）。

第三章　複數請求之訴訟

▶ 第一節　概　說

一 目　的

　　同一當事人間，於同一訴訟程序中，同時存在多數請求之訴訟型態，稱為複數客體訴訟，與之相對的，即為複數主體訴訟（多數主體訴訟）。承認複數請求得合併於同一訴訟程序審理裁判之目的，在於節省訴訟資源，避免裁判矛盾發生。惟因複數客體於同一訴訟程序中合併，有使程序趨於複雜，造成訴訟延滯，甚或妨害被告防禦權行使後果，因此複數請求之合併於同一訴訟程序，須明確規定其合法要件。如在上級審中始合併提起複數之請求者，因係新訴之提出，則須重視他造審級利益之維護。

二 發生原因及要件

　　複數請求訴訟發生原因，有因原告於起訴階段，即合併提出複數請求型態者，此即合併起訴。有因訴訟繫屬後，訴之變更、追加、反訴或中間確認之訴提出者。訴訟標的為審判對象，亦可稱為請求。請求者，為訴之最小單位，此最小單位因訴訟標的理論而有不同，因此請求之單數或複數，亦與訴訟標的理論有關。傳統訴訟標的理論，因請求權基礎與實體權結合觀察結果，不同實體權成為不同訴訟標的，其合併於同一程序中提出者，即屬複數請求之訴。複數請求之各訴，均須符合獨立訴之要件，否則各以訴不合法駁回。起訴時原告是否依訴之合併方式提出，屬原告處分權主義範圍，但訴訟繫屬中，相關聯之各個請求，另訴提出或合併於已繫屬之訴訟程序審理，一般委諸於當事人之自由決定。惟已繫屬之複數請求是否合併審理裁判，除別有規定外，原則上不屬當事人處分權主義，而為審判長之訴訟指揮權，審判長得依案例事實發展需求為裁量，如不致使相關聯請求因分別辯論造成判決矛盾者，得命分別辯論或為一部判決之調整。反之則應受限制。

　　複數之社會紛爭事實有合一解決必要者，常被禁止另訴提出，此時之審理程

序，亦不許將複數請求型態之訴，予以分離。例如確認婚姻無效、撤銷婚姻、離婚或確認婚姻關係存在或不存在事件，得依為合併之請求、請求之追加或為反請求（家事事件法第 56 條），其經判決確定後，當事人即不得援以前依請求之合併、變更、追加或反請求所得主張之事實，就同一婚姻關係，提起獨立之訴（家事事件法第 57 條）。如為數宗請求之合併、追加或反請求者，除請求之標的或攻擊防禦方法不相牽連，或兩造合意且適當，或因事件之性質有分別審理裁判必要者外，法院應合併審理、合併裁判（家事事件法第 42 條）。

➤ 第二節　訴之客觀合併

一　意　義

訴之客觀合併，指同一原告對同一被告，於同一訴訟程序中，為多數請求之合併之意。亦可稱為訴之客體合併。本法第 248 條規定，對於同一被告之數宗訴訟，除定有專屬管轄者外，得向就其中一訴訟有管轄權之法院合併提起之。但不得行同種訴訟程序者，不在此限。所稱提起數宗訴訟，係指以一訴狀向法院提出之謂。此之合併屬自始以合併請求為之。訴之合併，因新舊訴訟標的理論不同，以及各合併類型之定義、要件、適用範圍之判斷基準不同，而有不同見解存在，目前在學說及實務上，尚未能建立一完整之理論體系。

二　合併要件

㈠同種訴訟程序

訴之合併，以得行同種訴訟程序審理判決者為限（第 248 條）。因此雖同屬民事訴訟法規定之各類型訴訟程序，例如通常訴訟程序、簡易訴訟程序、小額訴訟程序，其相互間除別有規定外，以不得合併提起為原則。惟各請求間如有重要關聯或互為裁判之前提關係者，除各訴所適用法理衝突不能解決，或事件之性質不得為合併外，並無嚴格禁止合併提出必要。但其法理衝突，已影響審理程序之進行，審判長應命分別辯論、分別判決。再審之訴，雖係特別救濟程序，如其適用程序法理並無衝突者，例如同為適用處分權主義與辯論主義之財產事件，則非不得合併與其他財產訴訟程序提出，及為合併審理裁判，但須無害於審級利益。

民事訴訟程序與其他民事程序，如非訟事件法所定之程序，因程序本質不同，程序目的、功能及審級救濟之立法規範，均有不同，合併審理裁判有其困難，即不得合併。民事訴訟程序與行政訴訟法中之各類行政訴訟程序，亦不得向民事法院依民事訴訟程序合併提出。行政訴訟法第 7 條固規定，提起行政訴訟，得於同一程序合併請求損害賠償或其他財產上給付，惟所指合併請求損害賠償之審理程序，仍適用行政訴訟程序辦理❸。民事訴訟事件與家事事件，前者以適用處分權主義、辯論主義、公開審理主義為原則；家事訴訟事件則採職權探知主義、不行公開審理程序，除兩造合意適用家事事件法規定（家事事件法第 4 條），亦不得合併提起。

本法與家事事件法第 3 條所定之家事事件，非屬同種類之程序，而家事事件法第 41 條並明定之合併請求，以同為家事事件之合併為要件，因此家事事件無從與民事事件合併由家事法院審理裁判。惟兩者之合併，有時有其必要且不能排除，例如家事事件法第 4 條，家事法院就其受理事件之權限，與非家事法院確定裁判之見解有異時，當事人合意由家事法院處理者，依其合意而得由家事法院合併審理裁判。又如家事財產訴訟或家事財產非訟事件程序中，他造主張以民事事件所生之債權為抵銷者，因法無禁止於家事事件程序中主張抵銷之明文，且抵銷後如有餘額，而有反訴提出必要者，亦應例外予以准許其合併。再如家事事件與民事事件具有前提或必然條件關連，兩者不能為相互矛盾之裁判者，亦同。惟其程序法理與應適用之程序法，仍應分別適用合併前原應適用之法律規定（類推適用家事事件法第 41 條第 6 項）。

㈡受訴法院有管轄權

受訴法院須有管轄權。數宗訴訟中之一宗，受訴法院有管轄權者，就其他合併請求亦有管轄權，但其他法院有法定專屬管轄之請求，該請求部分不得合併提起。其有合併提出者，應以裁定移送於該專屬管轄法院。

三 合併態樣

訴之客觀合併，本法未規定其態樣。學說則依原告合併請求，有無設定條件

---

❸ 例如，人民因國家之行政處分受有損害，得依國家賠償法規定向民事法院請求，亦得依行政訴訟法第 7 條規定，於提起其他行政訴訟時合併請求。若選擇依國家賠償法請求損害賠償時，應依國家賠償法規定程序為之；若依後者，僅依行政訴訟法程序處理。

及其條件內容之不同，加以分類。但各說之分類亦有不同。或分為單純合併、選擇合併、預備合併；或分為單純合併、重疊合併、選擇合併；或分為單純合併、預備合併、選擇合併、重疊合併。各類型合併，有時名稱相同，但實質內容有別。

㈠單純合併

複數請求間，原告未設定任何條件，且就各請求均求為裁判之合併型態。又稱為並列合併。此為訴之合併之一般類型。又分為無關聯之合併及相牽連合併。前者，各請求間無法律上或事實上之牽連關係。反之，後者則存有該事實上或法律上之關聯。日本學者復有將給付之訴，預示如執行無效果時，則合併請求給付相當價額之替代請求之合併型態者，此亦可歸類為單純合併一種[95]。

㈡預備合併

1.意　義

複數請求，原告求為當先順位請求有理由時，後順位請求即無審判必要，先順位請求無理由時，則請求就後順位予以審判之合併類型之謂。亦有將之解為，以先順位請求有理由為後順位請求之解除條件成就，先順位請求無理由為後順位請求審判之停止條件成就之一種合併請求態樣。預備合併中，先順位之請求稱為先位請求，後順位請求稱為備位請求，此類型之合併，為通說及實務所肯認。例如，原告以買賣契約有效為前提，請求被告給付價金，並備位請求為，當先位請求如因買賣契約判斷無效者，則備位請求返還買賣標的物。惟備位請求之具體內容，尚無統一見解。例如先備位請求是否以不能兩立為條件，仍有爭議。

2.類　型

預備合併之先備位請求，須否以不同訴之聲明為前提。新訴訟標的理論主張，訴之聲明為訴訟標的要素，預備合併之訴，先備位請求須有不同聲明；反之，舊訴訟標的理論認為，不同之請求權基礎成為不同訴訟標的，因而先備位請求，縱其聲明同一，仍為不同訴，而原告因得自由排序其先備位請求，即得以預備合併方式起訴。後者之合併有稱之為非典型之預備合併者。

預備合併請求，要否以法律上不能兩立關係為前提，學說見解不同。有主張合併之請求相互間須有對立排斥關係，否則以單純合併方式為之即足[96]，我國實務採之（64 台上 82 判例）。有認為請求權競合情形，因係有同一聲明，如承認原

---

[95] 新堂著【民訴法 5 版】，第 749 頁。

[96] 楊著【問題一】，第 221 頁；新堂著【民訴法 5 版】，第 747 頁；上田著，第 488 頁。

告對不同請求之審理順序或條件有選擇權,且如先備位請求間存有關連性,並無禁止得為兩立之請求為預備合併之必要❼。後類型之合併稱之為不真正合併。

3.實　益

因預備合併之訴,當事人之訴訟行為附有條件,對程序安定及他造之訴訟權造成一定影響,但不能兩立請求類型之預備合併,可避免原告受雙重敗訴判決之不利益。再就被告立場言,預備合併雖可能減少被告獲得勝訴判決機會,但另方面言,不能兩立之請求類型,先位請求如有理由者,無須就備位請求為裁判,雖無既判力,但依禁反言、誠信原則,等同於宣告備位請求之無理由。又如承認得為兩立請求之預備合併型態,當先位請求有理由判決確定時,因與備位請求有同一目的,原告已無另訴請求之利益存在,其另行起訴者,即得以欠缺權利保護要件駁回其訴。

㈢競合合併

1.意　義

競合合併,我國學說稱為重疊合併,日本則稱為選擇合併,其定義與要件,各有不同論述。一般則指原告對同一被告,在同一訴訟程序,就法律上得為併存之複數請求權,因有同一目的,乃以單一聲明,請求法院為同一判決之合併請求型態。而競合合併中,當原告主張之其中一請求有理由者,其他請求應否再予審理,學說見解亦有不同。肯定說認為,因請求目的同一,其中一請求有理由者,其他請求之解除條件為成就❽。有認為原告既請求就數訴均為審判,法院仍應就全部請求予以審判❾。此類型之合併,以有多數請求權之競合為前提,僅在傳統訴訟標的理論下,始有存在可能。反之,若採新訴訟標的理論,同一目的之多數請求權或形成權競合,均係為獲得同一目的法之地位之攻擊防禦方法,非訴訟標的,即無承認此類合併型態必要❿。

---

❼ 日本實務見解採之;最高裁判所昭和 39 年 4 月 7 日判決。

❽ 我國之競合合併,其意義與日本學者所謂之選擇合併類似,係原告主張有同一給付之數請求權或主張有同一權利變動目的之數形成權而合併起訴,請求法院就數請求權或形成權之一為勝訴判決時,其他請求之解除條件成就;但如為原告敗訴判決者,則就全部請求權或形成權,均為無理由之判決。松本、上野著,第 470 頁;新堂著【民訴法 5 版】,第 751 頁。

❾ 楊著【問題三】,第 254 頁;三人合著,第 267 頁。

❿ 新堂著【民訴法 5 版】,第 751 頁。

2.實　益

　　於傳統訴訟標的理論，在同一目的之數請求權競合情形下，如不承認競合合併類型，因屬不同訴訟標的，原告得本於各請求權基礎起訴，而各有獲得勝訴判決可能。承認此類型合併，當可避免其情形發生[101]。競合合併，如採解除條件成就說，未受裁判之其他請求固不受既判力拘束，但因同一目的已獲得滿足，本於其他請求權之另訴提出，自欠缺訴之利益。

3.類型之擴大

　　競合合併，原則上以同一目的且法律上得併存之數請求為要件。但有主張擴大適用於不能兩立之請求者。得兩立之請求，亦不以單一聲明為必要，二聲明之內容外形或有差異，如實質上有同一目的者，亦得為競合合併提出。例如請求確認遺產之訴與確認因繼承而取得之共同遺產，法律上並無不能兩立，且訴之聲明內容實質目的同一，有承認此類合併必要[102]。

㈣選擇合併

　　選擇合併，學者約分二種類型予以定義。第一，自實體權觀點，謂原告合併起訴，主張數宗不同給付請求，由被告選擇履行其中一宗之合併訴訟類型者、或認為原告合併起訴，主張數宗給付不同之請求，被告在該數宗請求中得擇一而為給付之訴[103]；被告對原告有給付義務，其給付債務之法律關係雖為單一，原告亦僅得在其中之一給付獲得滿足，但就給付請求權言係各別存在，在訴訟上，原告之聲明，須將不同內容之聲明為選擇合併，法院對之均應為裁判，作為履行時之選擇。第二，自程序上法院之選擇出發而言，乃謂原告於同一訴訟程序以單一聲明，主張二以上得兩立之給付請求權或形成權為訴訟標的，請求法院選擇其一訴訟標的為同一內容之給付判決或同一法律關係之形成判決之謂。

　　若採第一說，因原告有二以上聲明存在，法院就受請求之聲明均須裁判，如均為有理由時，被告得選擇其一為履行；如採第二說，因原告僅為單一聲明，雖有二以上得兩立之請求權或形成權為訴訟標的，當法院選擇其一為勝訴判決時，其他請求之解除條件成就，對之無須再為審判。法院如為全部無理由判決者，則須就全部請求為裁判。第二說因原告聲明單一，請求權或形成權之訴訟標的二個

---

[101] 中野等著【講義】，第 426 頁。

[102] 參照日本最高裁判所平成 1 年 9 月 19 日判決。

[103] 姚著，第 366 頁。

以上，法院得任選其一為勝訴判決，學說有認為此類型之合併，乃起訴時原告未盡特定訴訟標的義務，其合併請求不合法❿。又日本學說有認為於競合合併情形（重疊合併），法院就其中一請求為有理由判決時，其他請求之解除條件成就，無須對之審判，因此無另外承認選擇合併類型存在價值。

四　合併要件之調查、審理裁判

㈠一般要件

訴之合併，各合併請求均須具備一般訴訟要件，如有欠缺，以訴不合法裁定駁回，或為移送之裁定。訴之合併另須具備合併之特別要件，否則應視情形為不同處理；不得為合併請求者，如其可成為獨立之訴情形，法院得命分別辯論、分別裁判，或為管轄之移送。例如原告合併提起之數訴，屬不同種類訴訟程序者，法院應將各訴分別辦理，不能認其合併不合法，予以駁回（33 上 3155 判例）。

合併請求，原則上法院就各合併請求，應於同一程序中進行審理裁判，但法院合併辯論有裁量權，得分別辯論分別裁判，惟各有條件關係之合併請求，不宜為之。法院命分別辯論者，所為之爭點整理、辯論所得、證據資料，應可共同適用於其他請求，成為其他請求之訴訟資料。

㈡各合併態樣之不同

1.單純合併之審判

單純合併之各請求，法院就全部請求均應為判決。本法第 381 條第 1 項規定，各訴訟達於可為裁判之程度者，法院應為終局判決；第 2 項，命合併辯論之數宗訴訟，其一達於可為裁判之程度者，應先為終局判決。第 382 條前段，訴訟標的之一部或以一訴主張之數項標的，其一達於可為裁判之程度者，法院得為一部之終局判決；但有牽連之單純合併，分別辯論或分別裁判，則有不宜。法院就單純合併請求，僅就其一為判決者，為一部判決，其為全部請求為判決者，為全部判決。全部判決，當事人僅就其一聲明不服，其他部分未聲明不服者，如採上訴不可分原則說，未聲明不服部分，亦生移審效，阻斷其確定力；如採新說見解❿，為一部判決者，僅在已為判決範圍內有上訴不可分原則，殘部請求部分不生移審效。

---

❿ 楊淑文，民事實體法與程序法爭議問題，第 157、234 頁；陳、林著（上），第 341 頁。
❿ 所謂新說見解，與上訴不可分原則相對立；即上訴移審範圍，限於上訴聲明不服範圍。

2.預備合併

　　預備合併之審理裁判，因先位請求與備位請求間互為條件關係，第一審程序中不應分別辯論判決，但得就訴訟資料為限制辯論。先位請求部分，已達於有理由之判斷程度，法院就備位請求即不得為裁判。先位請求無理由時，備位請求即應為裁判。先位有理由備位未予裁判，其仍為全部裁判，非一部判決。質言之，此類型法院所為判決，係單一之全部判決，不得為一部判決。至第一審判決後，當事人之不服上訴，移審效是否及於全部，即因傳統上訴不可分理論與新說見解，而異其處理程序。

⑴依上訴不可分原則

　　於第一審為先位請求有理由之判決情形，此時備位請求無庸審理，僅被告有上訴權。先位請求上訴，依上訴不可分原則，備位請求同生移審效。第二審認先位請求無理由，備位請求之停止條件成就，第二審應就備位請求審判❶⓺；又因先位請求有理由，備位請求解除條件成就，第一審法院如誤就備位請求予以駁回，即屬有誤，如僅被告上訴，原告未為上訴或附帶上訴者，第二審法院僅能就先位請求審判，備位請求因無不服，不得對之審判❶⓻。

　　於第一審認先位請求無理由，備位有理由情形，第一審法院應分別就先備位請求為判決。如兩造分別就先位及備位請求上訴或附帶上訴，全部發生移審效，第二審法院對之均應為審判。如僅原告上訴，全部仍生移審效，但因被告未就備

---

❶⓺　參照最高法院72年8月16日民事庭會議決議：「訴之客觀預備合併，原告先位訴勝訴，後位訴未受裁判，經被告合法上訴時，後位訴生移審力，上訴審認先位訴無理由時，應就後位訴加以裁判；若後位訴同時經原審判決駁回，原告未提起上訴或附帶上訴時，因後位訴既經裁判而未由原告聲明不服，上訴審自不得就後位訴予以裁判。」楊著【問題三】，第227頁，認為第二審中原告（即被上訴人）仍應就備位聲明為訴之聲明，未為聲明者，應行使闡明權，如不為聲明應認為訴訟繫屬消滅。

❶⓻　參照最高法院68年度第4次民事庭會議決議。又，民國65年5月4日第4次民事庭會議決議，認「第一審就原告先位聲明為其勝訴判決，並將其備位聲明之請求予以駁回，固屬錯誤，惟對於第一審判決只由被告提起上訴，第二審法院應僅就先位聲明審理裁判，關於備位聲明之第一審判決，原告如未提起上訴或附帶上訴，第二審法院不得予以審理裁判」。最高法院72年度第8次民事庭會議決議：「訴之客觀預備合併，原告先位訴勝訴，後位訴未受裁判，經被告合法上訴，後位訴生移審力，上訴審認先位訴無理由時，應就後位訴加以裁判；若後位訴同時經原審判決駁回，原告未提起上訴或附帶上訴時，因後位訴既經裁判而未由原告聲明不服，上訴審自不得就後位訴予以裁判」。

位請求聲明不服，第二審仍不得對之審判。第二審如仍認先位請求無理由，駁回原告上訴即可，不得因認備位之訴無理由，而將原判決備位請求部分廢棄，改判駁回原告之請求，否則即違反不利益變更禁止原則。第二審如認先位請求有理由時，自應將原判決就駁回先位請求部分廢棄改判，備位請求因未有不服第二審不能為裁判，將發生先後聲明同時併存之矛盾情形。其解決方式，有認為原告對先位請求敗訴判決聲明不服，因備位聲明相互排斥不能併存，當然包括對備位之訴不服，第二審法院應將先備位請求判決全部廢棄，就先位聲明為原告勝訴之判決，備位部分則因解除條件成就，而無庸另為判決[108]；實務採此見解（83 台上 787 判例）[109]。亦有認為，備位請求判決，因被告未聲明不服，而原告因係勝訴判決，對備位請求無不服利益，自無因原告對先位判決不服上訴，即同視為不服。而預備合併，法院認先位有理由者，為備位請求解除條件成就，因此備位請求部分（含判決），當然失其效力，第二審法院無對之廢棄必要[110]。就法理言，備位請求未聲明不服，縱因先位判決上訴而同生移審效，第二審仍不得為任何廢棄之裁判，否則屬逾越請求審判範圍，又有違背不利益變更禁止原則之虞。本書以為應以後說為當，但為明確及避免執行法院之誤認，應於判決主文中明示原判決關於備位請求失效意旨[111]。如僅被告上訴，依上訴不可分原則，全部均生移審效（依新說認不生移審效），但審判範圍與移審效並非一致，第二審法院如認備位請求無理由者，因原告對先位請求未聲明不服，亦不得就先位請求審判[112]。

---

[108] 楊著【問題三】，第 232 頁以下。

[109] 參照 83 台上 787 判例：「訴之客觀預備合併，法院如認先位之訴為無理由，而預備之訴為有理由時，就預備之訴固應為原告勝訴之判決，惟對於先位之訴，仍須於判決主文記載駁回該部分之訴之意旨。原告對於駁回其先位之訴之判決提起上訴，其效力應及於預備之訴，即預備之訴亦生移審之效力。第二審法院如認先位之訴為有理由，應將第一審判決之全部（包括預備之訴部分）廢棄，依原告先位之訴之聲明，為被告敗訴之判決。否則將造成原告先位之訴及預備之訴均獲勝訴且併存之判決，與預備之訴之性質相違背」。

[110] 最高裁判所昭和 39 年 4 月 7 日判決：「第一審原告為甲乙兩請求之選擇合併請求，原判決認甲請求有理由，第二審中原告為訴之變更，為預備合併請求，甲請求成為預備請求，第二審法院認為先位之乙請求為有理由時，因為備位請求部分之解除條件成就，甲請求失其效力，第一審就甲請求之判決當然失其效力，無須對甲請求為廢棄之判決」。

[111] 高橋宏志，控訴について(五)，法學教室，第 162 號，第 83 頁。

[112] 日本最高裁判所昭和 58 年 3 月 22 日判決，認為「先位請求無理由，備位有理由，僅被告上訴，原告未為上訴或附帶上訴者，先位請求部分之第一審斷之當否不成為第二審審理

　　於先位及備位聲明均無理由情形，僅原告得上訴，移審效及於全部，如原告請求就先位備位均為判決時，即應依預備訴之合併方式處理，如原告僅就先位或僅就備位部分聲明不服，該未聲明不服部分，第二審法院不得審判，並溯及於上訴期限屆滿時確定。

　　於先位聲明漏未裁判時。原判決漏未就先位聲明為裁判，逕就備位聲明為判決，備位有理由時，被告對之得上訴。原告部分，無論備位請求有無理由，就漏未判決之先位請求得否上訴，則有不同見解。少數說認為，漏未判決之先位請求部分仍繫屬原法院，應聲請補充判決，不得聲明不服❶❸；通說認為，法院因漏未就先位聲明判決，判決本身乃屬一部判決而有誤，上訴應認全部發生移審效，由第二審予以廢棄❶❹。就移審之法理言，移審效應限於經原審判決者為限，始有其適用，此與先位請求有理由，備位請求解除條件成就，法院無庸裁判者不同。通說見解固可避免裁判矛盾，例如先位聲明原審補充判決結果認有理由，第二審法院又認備位請求有理由時，同時存在二有理由判決。但第二審可俟第一審就先位請求補充判決後，視其結果定之，如先位請求上訴者，先備位請求予以合併審理。如原審認先位請求無理由，原告復上訴者，第二審法院就備位請求審判即可。先位請求有理由，被告未上訴者，備位請求解除條件成就，將之視為撤回起訴，無庸裁判。如第二審已就備位請求為有理由判決並經確定者，先位請求經原審補充判決並經上訴者，第二審如認先位請求無理由者，廢棄原判決駁回原告先位請求即可；如仍認先位請求有理由並判決確定者，前已確定之備位請求部分，因解除條件成就，確定判決當然失其效力，應以少數說見解為當。

(2)新說見解

　　此說認為上訴審判範圍，限於移審效範圍。其主要理論乃將移審效與上訴不服利益結合觀察，移審效範圍只在聲明不服範圍內，無不服利益部分，即不生移審效，即以預備合併之訴說明新說之見。

　　於先位及備位請求均無理由時，僅原告有上訴利益，其上訴請求不只先位請求部分，包括備位請求，均生移審效。但如原告僅就備位聲明不服時，移審效僅限於備位請求。

　　對象」。

❶❸ 判例時報，第 535 號，第 78 頁。

❶❹ 右田著【上訴】，第 124 頁。

先位請求無理由，備位請求有理由時，兩造均得上訴，但被告就備位請求上訴時，只備位請求發生移審，先位請求之移審須以原告已依上訴或附帶上訴為必要。僅被告上訴時，法院縱認先位請求有理由，亦不能就先位請求為判決。反之，僅原告提起上訴，移審範圍亦只限於先位請求，如認為有理由時，亦僅能就先位請求為判決，備位請求不得為廢棄改判。但其造成先位請求與備位請求同時獲得勝訴之矛盾現象，依此說之見，俟先位請求勝訴確定時，備位請求因解除條件成就，因此備位請求當然失其效力。

於先位請求有理由時，備位請求無審理必要，被告之上訴，就備位請求部分無移審效，備位請求仍留於原審。但原告得否以附帶上訴方式，就備位請求部分聲明不服，此說認為，因原告就備位請求並無不服利益，不得為附帶上訴，故備位請求將無移審餘地。當上訴審將被告上訴部分駁回確定時，備位請求即溯及消滅（解除條件成就）。但上訴審將先位請求駁回確定時，則仍留在第一審之備位請求，因停止條件成就，第一審即應就備位請求部分，開始審理❶❶❺。

3.競合合併之審理（重疊合併）

競合合併，其中一請求有理由者，其他請求應否予以審理，見解不同。各請求間如互有條件關聯者，訴訟程序有統一必要，不許分離處理。其審理順序，為法院訴訟指揮權行使。如採其一請求有理由時，其他請求之解除條件成就說，法院當得自程序較易之請求開始，命限制辯論。當法院對其中一請求認已達有理由之判斷程度者，其他請求即無再行審理判斷必要；惟非經全部審理且為無理由判斷，不得為原告請求無理由之敗訴判決。採此見解時，其他請求因其一請求有理由判決而無庸審判者，亦屬全部判決，非一部判決或裁判脫漏。因競合合併係以單一聲明為之，法院為原告請求無理由之判決時，不得分別就各個請求為無理由判決之諭知。

上訴程序，如採上訴不可分原則者，當事人就判決聲明不服上訴時，除已為審判之請求外，未經審判之請求部分，亦生移審效。如依新說，結論或有不同。

4.選擇合併

若採第一類型定義說，因原告有二以上聲明存在，法院就受請求之聲明均須審理裁判。如採第二類型定義說，法院就數宗訴訟標的就其中之一認為有理由時，即得為有理由判決，無須逐一為有理由判決，此時判決理由亦僅須就該有理由部

---

❶❶❺ 右田著【上訴】，第 130 頁以下。

分說明即足。但如認各訴均無理由，須為原告敗訴判決時，則應均為無理由之判斷。又採第二類型定義說者，選擇合併因僅有單一聲明，各請求間並有理論上之關聯，法院應合併辯論，不得為一部判決。無論採何類型定義，選擇合併之上訴審程序，依上訴不可分原則，當事人僅就其中一訴上訴時，全部發生移審效。

▶ 第三節　訴之變更、追加

一　意　義

訴之變更者，乃同一原告對同一被告於同一訴訟程序繫屬中，以新的請求作為審判對象，舊的請求因此訴訟繫屬而消滅之謂。訴之追加者，係同一原告對同一被告於同一訴訟程序繫屬中，追加新的請求作為審判對象之謂。

二　態　樣

訴之三要素為當事人、訴之聲明、訴訟標的，其中之一如有變更追加者，為訴之變更追加。當事人之變更追加，涉及當事人任意變更之問題，有認應依當事人任意變更法理處理，有認為其仍屬訴之變更追加類型，依本法第 255、446 條規定處理。

訴之客體變更追加，為訴訟標的之變更追加。訴訟標的依訴之聲明及原因事實特定，其中之一變更追加者，即訴之變更追加。請求保護之權利形式變更者，例如自確認之訴變更為給付之訴，或因請求數量之變更減縮，亦為訴之變更。原因事實之變更，如主張之事實所依據之實體法上法律關係之變更（舊訴訟標的理論），或法之地位之變更（新訴訟標的理論），或同時兩者均變更者，亦屬訴之變更。

補充或更正事實上或法律上之陳述，為攻擊方法提出，非訴訟標的，自非為訴之變更或追加（第 256 條）。原告訴之聲明，如有不明確，須更正聲明者，非訴之變更。攻擊防禦方法之變更、追加，因非訴之三要素之變更或追加，例如確認所有權存在訴訟，先主張因繼承取得，其後變更為買受取得者，非訴之變更。新舊訴訟標的理論之不同，訴有無變更追加，辨別基準因之受到影響。可分之訴，訴之聲明關於質與量之增減，學說有認亦係訴之變更者[116]。合併請求其合併態樣

變更者，例如預備訴之合併，先備位請求位置之變更，雖非訴訟標的變更，但影響審理程序，應須得被告同意，準用訴之變更法理處理。

合法訴之變更，變更前所得之訴訟資料，得作為新請求裁判之用，因此較諸於另訴中另行起訴，更有助於促進訴訟進行，並節省訴訟資源，而有其存在價值。

三　要件限制

㈠基礎法理

訴之變更追加之立法設計，須考慮因素眾多，主要為訴訟經濟、當事人利益之平衡，及訴訟程序是否因之延滯。在第二審中為變更追加者，則又與審級利益發生關聯；如為主體變更追加者，新當事人之程序權保障等，為問題核心。

㈡原則及例外

訴之變更追加，關於新請求之審理，固有利於原告權利之保護及訴訟經濟，惟如不限制變更追加之要件，反有害於被告之防禦權之行使，及就原訴獲得勝訴判決機會，並使訴訟程序之進行因之延滯。故訴之變更追加，須分別設有一定要件限制。

原告起訴時有特定請求義務，以之劃定被告防禦範圍，並使訴訟審理之目標得以明顯，以避免訴訟之延滯，及作為判斷起訴後訴有無變更追加，使判決既判力得以確立。因之，訴狀送達後，原則上非經被告同意，原告不得將原訴變更或追加他訴（第 255 條第 1 項）。惟如不甚礙被告之防禦及訴訟之終結者，例外地應予准許❿。本法規定，不須經被告同意，准為變更追加者，如：擴張或減縮應受判決事項之聲明；或因情事變更而以他項聲明代最初之聲明者；或該訴訟標的對於數人必須合一確定時，追加當事人者；或訴訟進行中，於某法律關係之成立與否有爭執，而其裁判應以該法律關係為據，並求對於被告確定其法律關係之判決者（第 255 條第 1 項但書）。被告於訴之變更或追加無異議，而為本案之言詞辯論者，視為同意（第 255 條第 2 項）。

第二審準用第一審之訴訟程序，得為訴之變更。但第二審訴之變更追加另涉

---

❶❶❻ 陳著（上），第 249 頁。

❶❶❼ 日本最高裁判所昭和 42 年 10 月 12 日判決，認為如新請求審理必要時間較諸原請求顯然延長時，新請求應另訴審理。此要件存在目的，為防止訴訟程序長期化審理致無效率之公益目的考量，如與此相抵觸時，即使被告陳述之變更或經被告同意，亦不應允許。

及他造審級利益，其要件於第二審程序中另設有特別要件，基本上須經他造同意，而以程序處分權法理解決；除為實質上無礙於審級利益之情形，始得為之。第三審為法律審，以不行言詞辯論為原則，不得為訴之變更。

㈢請求之基礎事實同一

請求之基礎事實同一，為例外准許變更追加原因之一。所謂基礎事實同一，究何所指，於日本學說，亦有爭辯。日本民事訴訟法第 143 條規定，請求之基礎不變，得為訴之變更追加。所稱「請求之基礎」，學說有三。第一說著重於實體面，認為指判斷新舊請求當否之主要事實共通者言[118]；第二說自程序面觀察，認為係指舊訴訟程序之訴訟資料，於新訴訟中繼續利用之可能言[119]；第三說認為須訴訟資料及證據資料，於新請求審理時得予利用，且各請求之利益主張，在社會生活上係基於同一或一連串之紛爭事實者言[120]。我國學說，有採第一說見解，認為應指紛爭本身之事實關係同一或與原因事實同一之社會事實而言；有採第二說見解者，認為本款立法目的，在擴大訴訟制度解決紛爭功能，追求訴訟經濟，舊請求之訴訟及證據資料，於新請求程序中，得予援用解決者是；亦有認為，即使非請求權競合，且非與原因事實出於同一社會事實之情形，但如判決基礎與主要爭點同一或共通，即得為變更或追加。例如，原告訴請被告給付借款，被告提出價金債權抵銷，法院為判斷原告借款債權存否所據基礎之資料，與被告提出之抵銷抗辯是同一基礎事實，原告即得就被告所提出之主動債權抵銷餘額部分，追加訴請確認其不存在，此際原告追加訴訟非基於原告所主張之原因事實或其他事實上之陳述[121]。我國實務及部分學者，亦有採第三說者[122]。

第二說以程序動態發展為觀察方法，不受起訴時原因事實限制，就訴之變更追加所設之條件最寬，此與第一說係自靜態觀察，將訴之變更追加要件設於起訴時之基礎事實，顯然不同。第三說因須結合前二說要件，訴之變更追加要件自屬最嚴。本法第 244 條規定，起訴時原告有特定訴訟標的之義務，新舊訴之原因事

[118] 採此說者，如菊井維大，民事訴訟法講座，第 1 卷，認為新舊請求基礎之事實關係，有基礎性密著性者，為基礎同一。

[119] 採此說者，如三ケ月著【民訴】，第 164 頁。

[120] 採此說者，如新堂著【民訴法 5 版】，第 757 頁。

[121] 許士宦，請求之基礎事實、原因事實與訴之變更、追加，台灣本土法學雜誌，第 33 期，第 33 頁。

[122] 三人合著，第 306 頁；90 台上 16 判決。

實，如出於同一社會紛爭事實，則當起訴時原告就該紛爭事實所為法之評價不同，自應准其為訴之變更追加。採新訴訟標的理論者，因同一社會紛爭事實，並不影響其法地位之形成權或受給權，即無訴之變更追加可言 ❷，因此須自訴訟程序觀察，以動態觀察方法，隨訴訟資料提出之發展，允許原告就新的事實為訴之變更追加，以利擴大紛爭之一次解決。主張舊訴訟標的理論之日本學者，因日本民事訴訟法第 143 條定有請求基礎不變，得為任意訴之變更追加，因此認為新訴訟標的理論，並無實際存在意義。但新訴訟標的理論學者提出反駁，認為舊說學者將社會紛爭事實分割成數個訴訟標的，當舊請求有變更或追加新請求之必要時，以「請求之基礎」概念，准為變更追加，以作為調整社會紛爭事實與訴訟標的概念衝突之補償方法，有所不當。其認為，當社會紛爭事實與訴訟標的概念發生衝突時，首先應檢討的是訴訟標的概念，應採取新訴訟標的理論，讓「請求之基礎」概念回歸程序面。所謂請求之基礎不變，應構建於新舊請求間之關聯性上，當程序上能直接利用舊請求之事實資料時，新舊請求間即具一定程度同一性 ❷。

惟如從法解釋學觀點說明，所謂「請求之基礎事實同一」，應把握本法所稱「原因事實」與「基礎事實」二概念之不同，及起訴時原告有特定訴訟標的義務。原因事實為經法規範構造化之社會紛爭事實，起訴時原告將社會紛爭事實以法規範予以評價，藉以完成其特定訴訟標的義務。因此，所謂基礎事實同一，應指社會紛爭事實同一。起訴時原告所指之社會紛爭事實，理論上與其他社會紛爭事實，須予區分。因此，如係同一社會紛爭事實，因起訴時原告所為法之評價與起訴後不同，應認係請求之基礎事實同一，原告得任意為訴之變更追加；反之，如為不同社會紛爭事實，則為請求基礎之變更，當不准為任意訴之變更追加 ❷。而採第二說之見，因有隨訴訟資料及證據方法之動態發展，使訴訟程序隨兩造訴訟資料之提出而游移不定之虞，雖有擴大紛爭解決效能，但對被告防禦地位產生不利，並使起訴時原告有特定訴訟標的義務之機能喪失。第三說因增加法律所未規定之「訴訟資料及證據資料於新請求審理時得予利用」要件，似有不妥。

㈣禁止規定

訴之變更或追加，如新訴專屬他法院管轄，或不得行同種之訴訟程序者，不

---

❷ 三ケ月著【民訴】，第 160 頁。

❷ 三ケ月著【民訴】，第 163 頁以下。

❷ 小山昇教授採相同觀察方法，小山著【研究】，第 250 頁。

得為之（第 257 條）。專屬管轄與公益目的有關，不能因變更或追加新訴而變更其管轄法院。新訴與舊訴分屬不得行同種之訴訟程序者，除法有特別規定，因兩者法理不同，變更追加後之新訴，不能利用舊訴之訴訟資料，當有害訴訟經濟目的，而不應准許。此外，法有特別禁止規定者，如本法第 436-1 條第 2 項，第一審行簡易訴訟程序，上訴審程序因當事人為訴之變更、追加或提起反訴，致應適用通常訴訟程序者，即不得為之。

四　程　序

訴之變更追加不以書面提出為必要，得於言詞辯論時以言詞為之，並應記載於言詞辯論筆錄；他造不在場者，應將筆錄送達（第 261 條）。如以書面提出者，應送達於他造。未為送達而他造於言詞辯論未為異議者，因係於第一審程序，與審級利益無關，且不同意為訴之變更或追加者，新訴部分如具備訴之獨立要件，仍應為審判，或將之裁定移送其管轄法院，應認其程序之欠缺，得因對造之不抗辯（責問權喪失）而治癒。

五　法院之處置

㈠原審之處置

訴之變更追加之有無及其適法性，法院應依職權調查。當事人如有爭議者，得以中間裁定判斷，或於終局判決理由中為判斷。不具備訴之變更要件時，法院應以裁定駁回其新訴，並繼續就原訴審理裁判。訴之變更合法者，原訴視為撤回而終結，法院應就變更後新訴審理。訴之追加合法者，其後起訴後複數訴之合併型態，法院應就原訴及追加之訴合併審理裁判。

㈡不服程序

第一審法院因第 255 條第 1 項但書規定，而許訴之變更或追加，或以訴非為變更或追加之裁判，對之不得聲明不服（第 258 條）。第一審法院准為訴之變更或追加，並就新訴為裁判者，第二審法院如認不合第 255 條但書所定訴之變更追加要件，如新訴具獨立訴之要件者，第一審本應就新訴為裁判，因此第二審法院即無予以廢棄必要，被告也無不服利益。惟第二審如認變更後新訴係違背本法第 257 條專屬管轄規定，而不應准許者，第二審法院得以違背專屬管轄為由，廢棄第一審判決，被告對之有不服利益。第一審如以訴之變更追加不合法，以裁定駁

回新訴者，應就原訴繼續審理裁判。原告就駁回其新訴之裁定，得聲明不服，提出抗告。

關於變更或追加後新訴不合於變更追加要件，究應如何處理，本法第258條第2項僅規定，因不備訴之追加要件而駁回其追加之裁定確定者，原告得於該裁定確定後十日內聲請法院，就該追加之訴為審判。但變更之新訴不合法部分，則未有明文，一般認法院應以裁定駁回新訴，繼續就原訴審理判決即可。惟法理上，變更之新訴，如具備獨立訴之要件者，亦非不得經聲請而以裁定移送他法院，或自行為本案審理。

第一審如認變更不合法，以裁定駁回新訴，經抗告第二審，第二審認為合法變更者，原訴因已判決，此時第二審許為訴之變更者，應廢棄原審判決，如新訴之訴訟資料與原訴之訴訟資料相同，得互為援用，實質上無害及審級利益者，第二審得就新訴為審理裁判。

㈢新訴之審理

關於新訴之審理，第一審法院如許為訴之變更者，原訴所為訴訟程序之資料，得為新訴之裁判基礎，原訴之自認於新訴亦有效力。但有認為，新訴之系爭利益顯然大於原訴者，應准撤回自認[126]。關於時效中斷方面，因舊訴提出之時效中斷效果，於新訴亦有中斷效果。

➤ 第四節 反 訴

一 意 義

被告於言詞辯論終結前，得在本訴繫屬之法院，對於原告及就訴訟標的必須合一確定之人提起反訴（第259條）。質言之，反訴，指被告利用已繫屬之訴訟程序，對原告起訴之謂。提出反訴者為反訴原告，其相對方為反訴被告。因原告得於同一訴訟程序中為合併請求，或為訴之變更、追加，為求公平及避免相關聯之請求為重複審理、裁判矛盾，並促進訴訟經濟言，反訴制度有其積極功能。於第二審中提起反訴，對反訴被告之審級利益，亦有不利。因此，第二審提起反訴，除受一般反訴要件限制外，非經他造同意不得為之（第446條第2項）。而本訴請

[126] 新堂著【民訴法5版】，第762頁。

求與反訴請求，應以同時審理判決為原則。

反訴可分為未附條件之單純反訴，與以本訴請求不合法或無理由為解除條件之預備反訴。預備反訴為學說及實務所承認，例如請求給付買賣價金之本訴，被告主張買賣契約無效，惟又預備主張，買賣契約如為有效，本訴請求有理由時，原告應交付買賣標的物。反訴之反訴請求，理論上有其可能，且為達紛爭一次解決，亦有其實益性，民國 89 年修正前第 259 條第 2 項原定原告對於反訴，不得復行提起反訴，修正後已將之刪除，惟刪除理由認為反訴被告對反訴原告及就再反訴之訴訟標的必須合一確定之第三人，如有提起再反訴之必要時，得以訴之追加之方式為之。學者對此有認為第三人不一定為本訴原告，其得否於本訴中為訴之追加，殊值疑慮❷。

二　反訴提出程式

反訴提出亦為起訴，以提出書狀為原則，本法另特別准予於言詞辯論時以言詞提出，此時應記載於言詞辯論筆錄，如他造不在場，應將筆錄送達（第 261 條第 1、2 項）。

被告始得提起反訴，參加人雖得輔助被告為一切訴訟行為，但反訴係另一獨立之訴，非本訴程序，本訴被告之輔助參加人不得為之（23 抗 1066 判例）；反訴之當事人須與本訴之當事人相同，僅原被告地位易位而已（69 台抗 366 判例）。惟為擴大反訴制度解決紛爭功能，本訴被告得對原告及就訴訟標的必須合一確定之人提起反訴（第 259 條）。本訴被告之訴訟代理人提出者，須有特別代理權，惟本訴原告之訴訟代理人就反訴程序，亦有訴訟代理權，無須另經反訴被告授與代理權。

三　反訴之要件

反訴提出須於本訴事實審訴訟繫屬中，言詞辯論終結前為之，第三審為法律審不得為反訴。反訴係利用本訴程序求合併審理判決為目的，自應向本訴繫屬法院提出。但反訴之標的，如專屬他法院管轄者，因與公益有關，則不得以反訴型態向本訴訴訟繫屬法院提出（第 260 條第 1 項）。反訴請求應得與本訴請求行同種類之訴訟程序（第 260 條第 2 項）。因本訴與反訴須於同一訴訟程序同時審理判

❷ 陳著（上），第 259 頁。

決，不同種類訴訟適用不同程序法理，即難以於同一程序為之。反訴標的與本訴標的及其攻擊防禦方法須互有關聯（第 260 條第 1 項）。此所謂之攻擊防禦方法相關聯，應指反訴之基礎事實內容或發生原因，與本訴之基礎事實或發生原因，在法律上或事實上有共通之處言❷，其範圍較諸訴之變更追加所謂請求基礎事實同一為廣。反訴亦係獨立之訴，於第一審提出反訴，並不影響反訴被告之審級利益。與本訴原告有法律上利害關係之第三人，雖原非為本訴原告地位，但避免裁判矛盾，如有以之為共同反訴被告之必要者，非不得以之為反訴共同被告。例如連帶債務人中之一人，非基於個人關係之抗辯有理由者，依民法第 275 條規定，法院所為判決效力及於他債權人，如本訴原告為連帶債務人中之一人者，反訴原告得同時以其他連帶債務人為反訴共同被告❷。

反訴提出須非意圖遲滯訴訟者，否則法院得以裁定駁回之（第 260 條第 3 項）。法律如有特別明定禁止反訴者，從其規定。第二審為反訴者，基於審級利益維護目的，非經反訴被告同意，不得為之（第 446 條第 2 項），惟有若干例外規定（第 446 條第 2 項但書）。第一審為訴之變更追加，定有未異議視為同意明文（第 255 條第 2 項）。反訴則乏此明文；惟第二審反訴規定，原定有如日本民事訴訟法第 300 條第 2 項，反訴提出，他造不為異議，而為本案言詞辯論者，視為同意之規定，惟現已刪除，其目的係為貫徹第二審為嚴格續審制，且對造當事人亦可能因一時疏忽未異議而喪失審級利益，第二審法院亦須另行調查證據、認定事實，對當事人及法院言，並無利益。而第一審並無此立法目的，應認在第一審得因不異議而視為反訴提出之同意。

四　反訴之審理裁判

反訴是否合法，法院應以職權調查（18 上 2594 判例）。反訴不因本訴撤回而失效力（第 263 條第 1 項但書），本訴不合法者，亦應為相同解釋。合法反訴提出時，本訴與反訴應合併於同一程序中審理裁判，其目的在同等保護當事人利益，避免相關聯之請求為重複審理或發生裁判矛盾，並促進訴訟經濟。惟法院認為必要時，亦得命分別辯論及裁判，而為一部判決。法院命先就本訴辯論判決者，反訴不因本訴已經判決而失其存在，法院仍應就反訴辯論判決（22 抗 303 判例）。

---

❷ 最高法院 106 台抗 864 裁定。

❷ 最高法院 109 台抗 1244 裁定。

反訴之因本法第 260 條所定之特別要件欠缺者，法院應以不合法駁回，此為日本最高裁見解 **130**。如具獨立訴之要件之反訴，必要時得以獨立訴處理，而為移送其管轄法院或以他訴程序審理 **131**。

▶ 第五節　中間確認之訴

一　意　義

中間確認之訴，指訴訟進行中，就訴訟標的所依存之權利或法律關係存否發生爭議，由原告以訴之追加為合併請求，或被告提出反訴，請求就該權利或法律關係為確認之一種訴之合併型態，屬起訴後之複數請求類型 **132**。例如，原告本於所有權請求返還所有物，被告就該物之所有權歸屬有所爭執，由原告合併請求或由被告反訴請求確認其為所有權人者是。中間確認之訴，如由原告提出者，通常以訴之追加類型為之，被告提出者，則為反訴類型。

中間確認之訴之存在實益為，判決既判力以主文所為判斷為原則，理由判斷以有特別規定者為限，因此成為原請求之先決權利或法律關係存否，即便於理由中判斷亦無既判力，而有另訴提出之可能，為求訴訟經濟及避免裁判矛盾，即有於原請求之訴訟程序中，同時以確認判決使生既判力。

二　要　件

中間確認之訴應具備所謂先決性與爭議性。即請求確認之標的須為原請求法律關係之先決條件，而該先決條件並為當事人所積極爭執者，如無此爭議者，中間確認之訴之提出即不合法。中間確認之訴之標的，與原請求不得行同種訴訟程序者，或屬其他法院管轄者，亦不得為之。例如請求清償遺產債務事件，被告是否已合法拋棄繼承發生爭議，前者為財產訴訟事件，後者為家事事件，非屬同種類訴訟，不得就繼承資格有無提起中間確認之訴。原告提出之中間確認之訴，不

---

130 日本最高裁判所昭和 41 年 11 月 10 日判決、昭和 43 年 11 月 1 日判決，判例時報，第 543 號，第 63 頁。

131 為通說見解，但有不同見解，見三ケ月著【民訴】，第 171 頁。

132 松本、上野著，第 120 頁。

以與原請求之基礎事實同一為必要；由被告提出者，亦不限於與原請求之防禦方法相關聯者為限。其於第二審提出者，不須經他造同意，因中間確認之訴訟標的既為先決條件，於第一審即已經實質審理。惟第三審為法律審，無提出此訴餘地。

三 審理及判決

中間確認之訴之提出及審理程序，法乏明文，應可分別類推適用訴之變更追加及反訴規定。有無前述先決性及爭議性，法院應依職權調查，如有欠缺，以訴不合法駁回，惟如具獨立訴之要件者，應為移送或另以他訴審理之。中間確認之訴經判決確定者，該先決之權利或法律關係之判斷，對後訴有既判力。

第 四 編

程序構造及訴訟
行為

概　說

　　民事訴訟程序實施，係當事人與法院依循既存之程序法規範秩序，以為民事紛爭法之解決。因此訴訟程序如為靜態觀察，乃包含訴訟主體、訴訟客體及訴訟制度，此部分屬民事訴訟之立法構造或制度設計；如為動態觀察，即為訴訟行為之實施及訴訟程序之發展過程，此部分屬程序法制度之實踐。訴訟主體、訴訟客體，已於前編中分別說明，本編即就民事訴訟程序構造及立法原則、訴訟行為總論及訴訟程序發展說明之。

第一章　程序構造及立法原則

▶ 第一節　訴訟程序構造

一　法制度之立法裁量

　　國家為保障人民之訴訟權，設置法院、法官以及符合正當法律程序之訴訟制度，以適時解決人民之私權紛爭。訴訟制度之保障，主要為立法保障，而其立法內容，並須符合憲法宗旨並受憲法原理統制。立法就訴訟程序究應為如何之構造設計，在憲法範圍內屬立法形成自由。

二　訴訟法之基本構造

　　民事紛爭解決於立法制度設計乃採多樣性設計。除民事訴訟法外，另有非訟事件法、家事事件法、破產法、強制執行法、消費者債務清償條例等，均係各自獨立存在之程序法體系，且各有其所欲完成之立法目的，因立法目的之不同，而各有不同之程序構造。本法原有財產訴訟程序與人事訴訟程序併存，惟家事事件法已單獨立法，本法即以財產紛爭解決為目的建構而成，私益性格濃厚；家事事件法則為家事紛爭統合解決，兼顧人性尊嚴、保護未成年子女最佳利益之公益色彩，兩者之程序構造自有不同。又本法雖稱為訴訟法，但仍有屬非訟性格之事件，例如保全程序之程序法理、不服裁定之審級救濟程序（第 482 條以下）及確定裁定之準再審程序（第 507 條），當然適用本法規定。另本法之督促程序之外觀為非訟事件，但因督促程序之確定支付命令，與確定判決有同一效力，實務及學說認為發生既判力，本法規定如有再審事由者，應依再審訴訟程序破除既判力。此部分之非訟程序，相對於非訟事件法之非訟事件程序，得稱之為民事非訟事件程序，不屬非訟事件法領域。

　　本法之程序構造，包括強制紛爭解決機制與自主紛爭解決機制，即以裁判終結之程序，與以訴訟上和解（第 377 條以下）終結之程序。另有起訴前之調解程序（第 403 條以下）；凡因事件性質有非訟性、法院有裁量性，或因居處環境，或

一定親誼間之紛爭，未來須繼續維持親誼和諧，避免訟爭者，本法明定起訴前應先經調解。又雖同屬財產訴訟程序，本法仍依事件性質、種類、訴訟標的價額之不同，再將之區分為通常訴訟程序、簡易訴訟及小額訴訟程序，目的在追求簡化訴訟程序，符合訴訟經濟及節省司法資源之公私益目的。

三 審級救濟制度構造

㈠制度設計

民事訴訟程序構造，立法設計以三級三審制架構為原則，但審級構造屬立法形成自由。日本最高裁判所認為，事實審僅於第一審（最判昭和 41 年 1 月 28 日及昭和 35 年 12 月 8 日判決），以及民事訴訟法將簡易裁判所受理之民事事件，以高等裁判所為上告審之規定（最大判昭和 29 年 10 月 13 日判決）❶，並不牴觸憲法第 76 條。本法按各種事件性質，為不同審級制度設計，包括財產權訴訟之第三審上訴利益之限制（第 466 條第 1 項）、簡易程序以地方法院為第二審法院（第 436–1 條第 1 項）及其上訴第三審之許可制（第 436–3 條第 1 項）、小額訴訟程序以地方法院為二審法院（第 436–24 條第 1 項）及其終審法院（第 436–30 條），亦無不可。又第 447 條通常訴訟程序、第 436–28 條小額訴訟程序，有關第二審新攻防提出之禁止，雖限縮第二審對第一審事實認定錯誤糾正機會，依相同法理，亦係立法者就審級制度及其相關程序之形成自由。

關於無任何審級救濟程序者，是否牴觸憲法訴訟權保障問題，例如小額訴訟程序因以地方法院為第二審終審法院，無逕向最高法院提起上訴或抗告機會，而無審級制度；簡易訴訟程序，當事人得依同法第 436–2、3 條，經原法院許可，逕向最高法院提起上訴或抗告，但如為新臺幣一百五十萬元以下事件，不得上訴第三審，即無審級救濟制度，但審級制度並非訴訟權核心領域，依釋字第 396、442、512 號解釋意旨 ❷，亦無違憲疑慮。惟無審級救濟制度設計者，應有再審救濟程序制度，方足以保障人民私權。

---

❶ 奧平康弘，憲法 III，1993 年，有斐閣，第 344 頁。

❷ 釋字第 396 號解釋認為，公務員懲戒法雖規定其為終局決定，但尚不得謂未設通常上訴救濟制度，即謂違背訴訟權。釋字第 442 號認為，選舉訴訟以二審終結，且不得提起再審之訴，係符合訴訟事件特性，並不違憲。

(二)審級制度之改革

1.概　說

　　作為判決救濟手段之上訴制度，第二審與第三審間關於事實認定錯誤與法規適用錯誤之救濟機能，所著重之比例不同。第二審如採事實審制度設計，則偏重於前者，但第三審因不得提出新攻擊防禦方法，屬事後審制，關於事實認定權限，被定位為事實審之專權，須尊重事實審權限，因而第三審制度機能，被規劃為法規適用錯誤之糾正。

　　民事上訴制度，可分為撤銷型與修正型。撤銷型上訴，乃以原判決錯誤之指摘為目的，認為上訴審為正確判決前，理論上應先對原錯誤判決予以撤銷，因此上訴救濟，無可避免地必須攻擊原判決之錯誤，此為上訴之共通要素。職故，撤銷型上訴，以原判決撤銷為主要目的，其後始有正確判決獲得之可能；而正確判決只能謂為係撤銷原判決後之附隨的事後程序，此為撤銷型上訴制度之特色。反之，修正型上訴制度，則以獲得正確判決為目的，即上訴審之主要機能。上訴審乃下級審程序之續審，雖將原判決撤銷為其必然的前提手段，但並非是上訴制度之本質要素。因此，修正型上訴制度，於本案紛爭之解決，不一定須以撤銷原判決為必要。例如，在上訴審得為捨棄、認諾、和解，以之作為解決本案爭議方法。現今各國之上訴制度，並非單純採用撤銷型或修正型上訴制度，而採複合型態，因實際需求目的，多少調整其機能比例。一般而言，第二審上訴制度，則較重於修正型，第三審則較重於撤銷型上訴類型❸。我國上訴制度亦然。

2.第二審機能之改革

　　同為事實審之第一、二審制度設計，被賦予之角色機能仍有不同。第二審制度設計，係以第一審判決當否之再審查為中心，仍含事後審性格，但在第二審可否提出新攻擊防禦方法，影響事實審之重心，仍有疑問。如未限制新攻防之提出，則有使事實審之重心移往第二審之可能，徒使第一審程序實施浪費。1961 年德國民事裁判改革準備委員會即建議，應嚴格限制在第二審提出新攻防；1977 年並修法通過部分上訴審負擔減輕之改革法案。日本二次戰後，因美國法模式採用，最高裁判所法官人數大幅縮減，因而制定最高裁判所民事上告事件審判特例法，但為限時法，於昭和 29 年失效。此後，學者三ケ月章教授，對於上級審負擔過重之現象提出批評，引發甚大迴響❹。

---

❸ 小室直人，民事上訴改革論序說，民事訴訟法雜誌，第 35 期，第 5 頁以下。

我國於民國 89 年修法前之第二審上訴，原於第 447 條第 1 項規定，當事人得提出新攻擊防禦方法，未限制第二審當事人新攻擊防禦方法之提出，廣泛承認言詞辯論更新權。修法後，雖仍原則承認當事人更新權，但已立法限制。2003 年修法後之現制，明定除有特別規定外，禁止新攻防提出，除配合第一審適時提出主義修法外，另有避免審判重心移往第二審之目的。

3.最高法院審判制度之改革

本法之第三審構造，係以建構法律審制度為主，但制度建構之基本機能為何，學說見解尚無一致。有認應以統一法律見解為主，亦有主張於事實審之審理內容未臻充實前，仍須兼顧當事人私權保護，不能純以統一法律見解視之；而實務發展至今，似仍存在著後者之見。又因實務態度之偏向保護私權根本思維，因而事實問題或法律問題之界線相當模糊，專屬於事實審之事實認定專權領域或有被侵入之虞，而第三審原有之統一法律見解或法之續造功能，反而不彰。終審法院審理現代化建構，首應建立者，在於回歸法律審最根本功能──統一法律見解、從事法之續造上。

其次，行之數十年之保密分案制度，實施結果，具體個案當事人無從得知承審個案之法庭及其法官，不無牴觸憲法訴訟權所保障之公開程序請求權、合法聽審權及公正程序請求權之虞，且程序法上形同剝奪法官迴避制度，故於 2012 年 4 月正式廢止，對於建構現代化終審法院，自具正面意義❺。隨著保密分案制度之功成身退走入歷史，第三審法院必須調整者，即為審理方式構造。換言之，言詞辯論主義之實施，應視各具體個案之需求，予以落實。本法於第 474 條即明定，除認為不必要者外，第三審判決應經言詞辯論程序為之，惟實務情形如同虛設。直接審理主義雖不以言詞審理為唯一方式，但於必要範圍內，仍應保障當事人之以言詞陳述意見權利。本條規定文義，固以行言詞辯論為原則，不行之者為例外，惟行言詞辯論與否，係委由法官裁量，並無原則與例外之分，屬程序裁量領域，

---

❹ 三ケ月章，上訴制度の目的，小室直人、小山昇先生還曆記念，裁判と上訴（上），第 198 頁。

❺ 最高法院民刑事審判所稱之保密分案，係依據「民刑事件編號計數分案報結實施要點」第 8-1 點實施。該要點源於司法院頒布「民刑事件編號計數分案報結實施要點」第 84 條之授權制定。惟前開要點均屬具體個案分配之內部行政命令，無從作為對外各個具體案件審判方式實施之程序依據，更無從超越憲法訴訟權保障意旨，亦不能因而剝奪程序法為保障公正程序請求權，所賦予當事人聲請法官迴避之權利。

其裁量基準，法無明文，惟如屬法律原則重要性，或須變更先前法律見解，或具有憲法意義之個案，仍以行言詞審理為當。法律審之言詞辯論，與事實認定之言詞辯論不同，屬法律意見之言詞陳述，性質上為任意性非嚴格意義下之對審程序構造。法律審不受當事人及其訴訟代理人法律見解拘束，辯論主義三衍生法則，要無適用餘地。法律審言詞辯論之實施、專家證人制度之建立尤為重要，此部分仍有待法制化。

終審法院職司法律見解統一任務，我國與大多數國家統一法律見解方式不同，係以判例（要旨）及決議方式為之。但權力分立憲法體制下，司法權職司具體個案審判，最高法院所職掌者，為下級審具體個案審判錯誤糾正，統一法律見解應植基於個案審判。判例決議之作成，係將法律問題自案例事實中抽離，以抽象文字闡明法律真意後再對外公布，其後當具體個案發生，復為各級法院法官援引為審判之規範依據；其內容或限縮或擴張條文之文義範圍，因此不無侵害立法權之嫌。觀諸各國終審法院統一法律見解，均以大法庭審判方法達成，雖大法庭判決屬判決效，僅拘束該具體個案審判時之法律適用，而與具普遍拘束力之判例決議屬規範效者不同，但因透過平等原則運用，使相同案例為相同處理，自可達統一法律見解目的。我國終審法院審判制度，應有朝大法庭制度方向發展必要❻。

四　確定裁判救濟程序構造

確定裁判法之救濟手段，本法以再審等程序為之，與非訟事件法無再審程序規定者有別。確定裁判，是否均須設置再審制度以為救濟，仍屬立法形成自由，例如大法官審理案件法並無聲請再審制度。確定裁判之救濟程序，本法定有多種制度設計，除再審之訴（含聲請再審）外，另有因情事變更之變更判決之訴（第397 條）、第三人撤銷訴訟（第 507–1 條）、撤銷除權判決之訴（第 551 條）。與確定判決同一效力者，如有無效或得撤銷之原因，本法亦許與確定判決效破除之救濟手段，例如宣告調解無效或撤銷調解之訴（第 416 條第 2 項）。惟和解有無效或得撤銷之原因者，本法則係許當事人得請求繼續審判，非請求宣告和解無效或撤銷之（第 380 條第 2 項）。

確定裁判之救濟手段，係以既判力之破除為目的，須原判決業已發生既判力為條件，受救濟之對象限於確定之終局裁判；至於救濟原因，大多以錯誤裁判之

---

❻ 魏大喨，大法庭制度建構與決議制度之轉型，司法周刊，第 1605 期，第 2 頁。

糾正及實體權之保護為目的，再審之訴屬之，例如雖有再審理由，法院如認原判決為正當者，仍應以判決駁回之（第 504 條）。亦有著重於程序權之保障，例如第三人撤銷之訴，係以實體權受他人判決效影響之第三人，如非因可歸責於己之事由而未參加訴訟為此訴提出要件，其側重於保障第三人程序主體權，屬事後程序權保障，而與訴訟告知之事前程序權保障，相互構成第三人程序權保障體系。

五　審理方式之改革

本法於 2000 年及 2003 年關於審理方式有重要改革，其目標在建構堅實的第一審、嚴格續審制的第二審，及事後法律審之第三審，以實現金字塔型訴訟制度。就第一審之審理方式言，改行集中審理制；此制含二大重點，即爭點整理與失權規定。為充實準備程序，明訂書狀先行、整理及協議簡化爭點，以促進審理集中化；新制為促進訴訟，嚴格要求當事人應適時提出攻擊防禦方法，否則有生失權效果可能。此制之優點，使直接審理主義、言詞審理主義得以更加落實，法官心證之形成得以在一次言詞辯論期日中獲得鮮明印象。

就第二審審理方式言，本法原採續審制，第二審新攻防之提出並未限制，2000 年修法為配合適時提出主義，改採原則允許例外禁止之規定；2003 年修正後本法第 447 條更進一步採原則禁止例外允許之方式。惟因本法例外允許新攻防提出之文義規定概念不明確，解釋空間甚大，致影響失權效果之援用。

▶ 第二節　民事訴訟之立法原則

一　概　說

民事訴訟程序之進行由如何之原理原則構成，對訴訟當事人程序進行、法院之認定事實適用法律及訴訟結果之決定，有重大意義。實體法之權利義務，得任由權利義務主體自由處分者，有強行性規定。同樣的，在民事訴訟程序中，程序之適用，有得由當事人以合意決定者，有不得任由當事人處分者。得處分之程序，如任由當事人合議定之，或有不符實際需求，但如任由法院依裁量定之時，亦或有影響訴訟結果可能。職故，即使在得由當事人處分之程序，仍須有一定之原理原則，使程序構造更臻於合理完善；而此原理原則，或源於憲法規定，或源於憲

法原理原則，或源於人類普世價值。民事訴訟之原理原則，並非永世不變，須適合於一定時空之不同需求，在不侵害憲法所保障之基本價值，委諸於立法裁量。

二　處分權主義

㈠意　義

　　本法之原理原則，於人事訴訟程序移出至家事事件法前，財產權爭訟與人事爭訟事件，分採不同原理。前者，對照於私法自治原則，以處分權主義為出發。後者，身分關係之決定，實體法以強行規定為主，其解決爭議手段之程序構造，乃不脫職權主義構造。人事訴訟移出單獨立法後，處分權主義之相關原理原則，成為本法最主要之指導原理原則。

　　民事訴訟程序之開始、以何人為被告、審判對象及範圍、裁判以外原因之訴訟終結，均委由原告自由決定者，稱為處分權主義。相對而言，決定權得由法院為之者，稱為職權主義。處分權主義有廣狹二義；廣義之處分權主義，包括當事人進行主義及辯論主義。狹義處分權主義，與當事人進行主義、辯論主義意義不同。前者，係指訴訟標的之處分權，著重於訴訟內容實體面之權利；當事人進行主義，指訴訟程序開始後進行之訴訟行為，由當事人自行決定而言，著重於訴訟程序實施面之權利，而辯論主義指成為判決基礎之事實主張及證據方法，應由當事人自行提出，法院不得僭越，乃著重於訴訟資料之提出而言，又可稱為當事人提出主義。此處所謂處分權主義，指狹義處分權言。

㈡處分權能與限制

　　處分權主義之下，起訴發動全憑原告決定，判決後之不服上訴，則由上訴權人決定；又審判對象與範圍，亦由當事人自行決定。本法第 244 條第 1 項，起訴應記載訴訟標的、原因事實及應受判決事項之聲明；第 388 條，法院不得就當事人未聲明事項為判決；第 441 條，提起上訴應記載對於第一審判決不服程度，及應如何廢棄或變更之聲明，均屬處分權主義之權能。法院之審判範圍及判決內容，既受原告處分權主義限制，因而產生一部有理由之判決是否違背處分權主義問題。例如原告請求給付一百萬元，法院判決五十萬元之勝訴判決，駁回原告其餘請求，而未能全部符合原告之聲明，一般認為該判決仍與當事人之意思合致，不違背處分權主義❼。當事人得於確定判決前，以一方之意思撤回起訴、捨棄上訴權、撤

---

❼ 松本、上野著，第 29 頁。

回上訴，或本於雙方之合意使訴訟終了，如成立訴訟上和解。捨棄、認諾之對象為訴訟標的，係處分權主義作用。捨棄應為捨棄判決、認諾應為認諾判決。捨棄判決或認諾判決，雖以判決形式終止訴訟程序，敗訴之一造並得再藉上訴聲明不服，然訴訟之終了，固非因當事人之意思終止，但當事人對訴訟標的為捨棄認諾者，法院即不得為相反之判決，因此仍屬狹義處分權主義權能之一。

處分權主義之適用，有其界限，例如法院在當事人未為聲明時，亦得為裁判，如訴訟費用之裁判、假執行宣告或免為假執行宣告、分期給付或緩期清償、小額程序之加給判決，法院得以職權為之。當事人之聲明有未明瞭情事者，為除去不適合之聲明，使之為適切，審判長行使闡明權，並不違反處分權主義。

三　當事人進行主義與職權進行主義

起訴後之訴訟程序主導權，由當事人自己決定者，為當事人進行主義；反之由法院依職權決定者，為職權進行主義。前者，依當事人聲請為之；後者，通常由法院依職權為之，而與司法資源分配公益有關。廣義處分權主義固與私法自治原則相合，當事人得自己決定程序進行，但易造成訴訟延滯致司法資源浪費。職權進行主義為訴訟繫屬後之程序進行，由法院依職權為訴訟指揮，有使程序迅速順利進行之優點。本法兼採二種主義，前者如第 419 條第 1 項規定，調解期日調解不成立，法院依一造聲請命即為辯論，而他造聲請延展期日者，應予許可；後者如第 154 條，審判長開閉及指揮言詞辯論之訴訟指揮，或第 159 條第 2 項，期日指定、變更、延展由審判長依職權定之或裁定之，不能任由當事人合議指定期日、或變更期日。職權進行主義雖強化了法院職權，但為保障當事者權，法院依職權進行程序時，仍應給予當事人聲請權、陳述意見機會，或聲明不服權利，例如當庭指定期日時之徵詢意見。又如，第 201 條之對審判長訴訟指揮之異議權。

四　辯論主義與職權探知主義

㈠意　義

作為原告請求當否判斷基礎之事實及證據方法，以當事人自行蒐集提出者為限，稱為辯論主義；反之，由法院負責蒐集提出者，稱為職權探知主義。民事訴訟審理中，法院應為事實之認定及法律之適用；法律適用前法院應先確定事實，而確定事實所憑之證據方法，應由何人負責蒐集提出，因審判對象之性質而有不

同。於財產訴訟，事實之主張及應調查證據方法之提出，依私法自治原則及處分權主義，當事人負有提出義務，即以辯論主義為原則，但關於訴訟要件具備之事實及證據方法，因屬法院應依職權調查事項，即由法院蒐集提出令兩造辯論。反之，家事事件程序裁判因具公益性且有對世效，影響第三人法律地位，法院即須有事實調查之權能，得自行為事實及證據方法之蒐集提出，而採職權探知主義。家事事件法第 10 條第 1 項法院認有必要時，得斟酌當事人所未提出之事實，並依職權調查證據，屬之。

㈡辯論主義內容

辯論主義具體包括三項衍生法則。第一衍生法則為，法院僅能以當事人提出之事實，為判決基礎。第一衍生法則之功能，在劃分當事人與法院間就事實提出之權限或責任，因此無論係由原告或由被告提出之事實或證據方法，縱然不利於提出者之一方，法院亦均得予斟酌。又事實之主張，雖以當事人提出者為限，但未經當事人提出之事實，於證據調查過程中，已經顯現且足以防止突襲時，法院可否採為判決基礎之問題，學說有採肯定見解，認為並不違反辯論主義[8]。辯論主義第一衍生法則適用，通說認限於主要事實，間接事實則不包括。但有反對意見[9]認為，間接事實如係推論主要事實存否所不能欠缺者，基於避免突襲，仍有適用。又間接事實如係對不確定法律概念，如過失、正當事由，有評價規範意義者，間接事實亦為辯論主義第一衍生法則適用範圍。辯論主義第二衍生法則為，當事人未爭執之事實得不待證據調查，逕為判決基礎。亦即當事人提出之事實有無證明必要性，先視他方態度而定，僅在他方爭執時，始有證明必要，因此一方主張之事實經他方自認（第 279 條第 1 項），或不爭執者（第 280 條第 1 項），主張事實責任之一方無庸舉證。辯論主義第三衍生法則為，有爭執之事實之確定，其所用之證據方法，以當事人提出者為限。辯論主義下，待證事實之證明，僅以當事人請求調查者為限，法院不得依職權調查。但關於訴訟要件具備否，則不問當事人之態度，法院如有懷疑者應依職權調查證據，此為職權調查事項。判斷訴訟要件具備否之所需之資料，通說認法院應依職權探知為證據資料之蒐集，因此職權調查事項乃為辯論主義之例外。但有不同意見認為，訴之提起，法院並不因本案判決而有何固有利益存在，訴訟要件存否之事實基礎與證據不應全面的依職

---

[8] 贊成者，如新堂著【民訴法 5 版】，第 476 頁。松本、上野著，第 33 頁。

[9] 反對者，如竹下著【辯論】，第 377 頁。

權為蒐集，委由當事人提出蒐集並無不當，訴訟要件是否具備，法院有疑義時，行使闡明權促其為事實主張及舉證為已足❿。

㈢辯論主義之法理

辯論主義之法理為何，學說有三。一為本質說，認為民事訴訟在解決私有財產紛爭，基於私法自治及自行紛爭解決原則，其所對應之訴訟程序，成為判決基礎之事實自須由當事人自行提出。因此，辯論主義應被理解為私權自由處分性之民事訴訟本質⓫。手段說則認為，當事人對於訴訟資料最為熟悉，因此訴訟程序自應運用其利己心，責由其提出訴訟資料及證據方法，較符合客觀合理之期待，以及真實發現之合目的性理由⓬。多元說則主張，辯論主義不應僅採其中一說，除前述各說外，另有防止突襲、確保裁判公平性要求之多元理論⓭。

㈣處分權主義與辯論主義之交互運用

民事訴訟處分權主義制度之依據，來自私法自治原理，學者將之分為因一方或雙方當事人之意思（合意）。民事訴訟程序之開始（請求法院審判），乃原告一方之意思，包括訴訟標的之決定，應尊重其意思；而訴訟之終結，由雙方合意決定⓮。辯論主義本係處分權主義內涵之一，兩者間是否具所謂的連續性⓯，如何轉換或接軌？處分權主義本係私法自治原理，當呈現於民事訴訟程序時，因國家獨占審判機制，法官需依民事訴訟相關法規範進行審判，此部分屬公的領域。公私領域之接軌，在於訴訟繫屬（原告起訴），法院、當事人開始進入訴訟程序之實施（公的領域）⓰。

---

❿ 職權調查事項判斷資料之蒐集提出，日本通說認為，具有較強公益性之訴訟要件，如審判權有無、專屬管轄、當事人能力、訴訟能力、法定代理權、訴訟代理權存否，法院應採職權探知主義；但如公益性不強之訴訟要件，如任意管轄、訴有無利益等，應採辯論主義，由當事人自行提出該判斷資料。不同意見者，鈴木正裕，演習民事訴訟法，1982 年，有斐閣，第 25 頁。

⓫ 新堂著【民訴法 5 版】，第 471 頁。

⓬ 菊井維大，民事訴訟法（上），補正版，1968 年，弘文堂，第 161 頁；三ケ月著【民訴】，第 187 頁。

⓭ 竹下著【辯論】，第 369 頁。

⓮ 坂田宏，民事訴訟における處分權主義，2001 年，有斐閣，第 2、4 頁。新堂著【民訴法 5 版】，第 472 頁。

⓯ 坂田宏，前揭書，第 4、5 頁。

　　辯論主義乃民事訴訟法立法者規劃之制度，本屬私法領域之處分權主義，因辯論主義，受到一定程度拘束。例如法院受辯論主義第一及第三衍生法則拘束。又如作為法院判決基礎之訴訟資料（含證據資料）蒐集，私法自治原理，本應由當事人各自決定並負提出責任，屬兩造間責任之分配，惟因訴訟制度設計，及法院之參與審判程序，在公的領域規劃上，有重新分配蒐集責任必要。私權爭議訴訟制度法規範設計所採辯論主義，雖仍劃分由當事人負責，非法院之權責範圍，但經當事人提出，無論由何方當事人提出，或一方反對該訴訟資料之被援用，當事人方之義務已盡，制度設計法院不能以非雙方合意提出為由，排除其利用，因此雙方合意之處分權主義受到限制，進入辯論主義下統一性原理運作。雖則如此，處分權主義（獨立性原理）並非全部退讓，於訴訟過程中，仍繼續與辯論主義交互運用並支配著審判程序之進行。

　　處分權主義呈現於訴訟程序者，乃獨立性原則，辯論主義則以主張共通及證據共通原則為骨幹。觀察兩原理交錯現象，可藉由共同訴訟制度設計看出端倪。共同訴訟法制度規劃，被期待將各共同訴訟人之共同爭點，得於同一訴訟程序中同時處理，避免審理重複，節約法院與當事人之勞費❶❼。此即統一性紛爭之解決，其手段或方法，有賴訴訟資料之共通性，共同訴訟人一人所提訴訟資料，得為其他共同訴訟人利用，因此原本建立在處分權主義、獨立性原則下之訴訟程序實施，各當事人之處分權能，及其程序之進行，法院審判程序分離裁量權，均受限制，目的在實現統一性紛爭解決。學者指出，獨立性原則下，所謂共同訴訟不過只是給予各共同訴訟人訴訟上之處分權能而已，該權能是否行使，各自有其自由。惟共同訴訟原本被期待得在同一審理期日，因共同訴訟人之事實主張與證據聲明，透過主張共通、證據共通原理，實現審理程序之避免重複、提升訴訟經濟目的，或避免裁判矛盾，如因獨立性原則，不能實現該目的時，獨立性原則應有其界限，而受限制❶❽。

---

❶❻ 坂田宏，前揭書，第 5 頁。
❶❼ 新堂著【民訴法 5 版】，第 772 頁。
❶❽ 新堂著【民訴法 5 版】，第 788 頁。

五　直接審理主義與間接審理主義

㈠意　義

　　參與判決之法官，其心證之形成應直接本於親自之調查證據，及親自聽取當事人言詞辯論之陳述者，此種審理方式，稱為直接審理主義。反之，以他人實施審理所得之結果報告，為裁判基礎之審理方式，稱為間接審理主義。為保障當事人之合法聽審權，訴訟程序如以判決終了者，作為回應當事人之請求所做之判決，自應以訴訟過程中，法官親自觀察體驗訴訟資料與證據資料，所獲得之心證為優，此為直接審理主義之特性，並結合言詞審理主義，成為民事訴訟審理原則。本法第 221 條第 1 項規定，判決除別有規定，應本於當事人之言詞辯論為之；第 2 項規定，法官非參與判決基礎之辯論者，不得參與判決。前者之規定，為言詞審理主義；後者則為直接審理主義。違反直接審理主義者，乃判決法院組織不合法之違背法令（未參與辯論之法官參與裁判），得為第三審上訴理由。

　　直接審理主義，學說又分為形式的（主觀的）直接審理主義與實質的（客觀的）直接審理主義。前者，指事實及證據調查，需直接向法官提出為之，直接主義係指此而言。後者，指有關事實之證據方法，如證人、書證，應由參與判決之法官為直接之證據調查，而不允許由第三人就證據方法為調查後，再以報告方式提出為之。本法原則上採前者，惟有例外允許，例如第 270 條第 2 項，得由受命法官調查證據之例外規定。又如第 290 條，法院認為適當時，得囑託他法院指定法官調查證據。

㈡辯論更新

　　直接審理主義，乃以參與判決之法官應親自參與辯論，以直接聽取當事人陳述或為親自證據調查。但實則審理過程中，因法官之更迭，如擔任訴訟審理之新法官，仍需嚴格踐行直接審理主義，勢必將使已進行之程序全面重新，不符訴訟經濟原則，因而本法允許以辯論更新方法，代替直接審理方式。本法第 211 條規定，參與辯論法官有變更者，當事人應陳述以前辯論之要領，審判長亦得令書記官朗讀以前筆錄代之，此亦為直接審理主義之例外。

㈢直接審理主義之緩和

　　直接審理主義，法官應親自參與證據調查，以直接形成心證，但嚴格直接審理主義方式不利於訴訟經濟且不符實際需求，除辯論更新方式外，證據調查亦非

不得兼採間接審理主義方式，以求程序之順利。法院得囑託機關、學校、商會、交易所或其他團體為必要之調查（第 289 條）；或囑託駐外機關調查；法院於認為適當時，得囑託他法院指定法官調查證據（第 290 條）；又如前述之第 270 條規定行合議審判事件，法院於必要時，以庭員一人為受命法官使行準備程序，以闡明訴訟關係，但另經法院命其準備程序調查證據，或有同條第 2 項情形者，受命法官亦得為調查證據，亦非由全體合議庭法官親自調查。

六　言詞審理主義與書面審理主義

㈠意　義

當事人在法院為辯論及證據調查程序中，應以言詞方式為訴訟行為所進行之審理方式，稱為言詞審理主義；反之，如以書面方式為之者，稱為書面審理主義。

言詞審理主義之特徵，係以言詞為陳述意見之方式，亦可稱為言詞辯論主義；言詞陳述意見，再可分為必要性言詞辯論及任意性言詞辯論。事實之陳述及法律意見之陳述，或證據之聲明或陳述，以言詞為之者，可得較鮮明印象，且在審理過程中，藉由陳述內容之對話與陳述者之態度，對爭點之集中構成及真實發現有正面意義，並可使訴訟程序有效率進行。因此，言詞審理主義與直接審理主義，正可共同發揮審理之效率化，及正確裁判之獲得。

惟言詞審理主義不無缺失存在。例如案情內容複雜事件，全以言詞陳述有其困難，因重要事實可能遺漏，且易使兩造之理解差誤，且聽取者之主觀記憶，會因時間而模糊。於一般情形，言詞審理主義常須藉由書面審理主義補足其缺失。反之，書面陳述具有保存容易、複雜事件記載周詳及易於理解等優點，其缺點正為言詞審理主義之優點。因此，民事審判即兼採言詞審理主義與書面審理主義方式。通常所行方式為：成為審理基礎之訴訟行為，以書面為之。例如起訴（第244 條）、訴之變更、中間確認之訴、訴之撤回、上訴（第 441 條）、再審，以書面為原則，例外得於期日以言詞為之（第 261、262 條）；有關事實上或法律上主張陳述，其爭點整理，本法規定以書面為之（第 265 條）；又如準備書狀之提出（第 268 條）；有關保存訴訟實施結果為目的者，例如記載準備程序實施之經過、攻擊防禦方法之聲明與陳述，及爭點整理結果之筆錄（第 271 條），或記載言詞辯論經過、訴訟程序進行之筆錄（第 212、213 條），亦係以書面補充言詞之不足，其筆錄於上訴審中，即憑為審查原審程序是否合法之訴訟資料。

㈡種　類

言詞審理主義，分為必要性言詞辯論及任意性言詞辯論。事實審之言詞辯論期日，即應給予兩造當事人有主張、抗辯、再抗辯，或其他攻擊防禦方法提出機會，此為必要性言詞辯論。必要性言詞辯論為對審意義下之嚴格言詞辯論，通常應遵守辯論主義三衍生法則，一般適用於依證據法則為事實認定之辯論程序。反之，是否行言詞辯論，委由法院裁量者，稱為任意性言詞辯論，例如法官迴避之聲請程序、訴訟救助程序、判決之更正程序是。第三審為法律審，一般不涉及事實認定，本法第 474 條第 1 項所定第三審判決應本於言詞辯論為之，所稱之言詞辯論，係指兩造當事人及其所委任律師於期日為法律意見之言詞陳述。任意性言詞辯論，不行嚴格對審程序亦不適用辯論主義三衍生法則，無同法第 277 條以下關於證據法則適用，法院亦不受當事人或專家證人法律意見拘束。而本法第 298 條人證及第 324 條鑑定之規定，屬證據法則，不適用於法律意見專家證人制度，因此未來法律審之任意性言詞辯論，有增訂專家證人制度之必要。

㈢實施方式

言詞辯論實施方法，有所謂言詞辯論一體性主義及適時提出主義。前者，係指言詞辯論不能以一次終結時，得另訂期日續為言詞辯論實施，此時基於一體性原則，該期日所實施之訴訟程序，如訴之聲明及提出之訴訟資料，於其他期日仍有效力。言詞辯論一體性主義，原則上均得於言詞辯論終結前提出新事實、新證據方法、證據抗辯。反之，為適時提出主義，即當事人提出之訴訟資料，應視訴訟狀況適時提出，藉以充實辯論與迅速裁判目的，本法採之。本法第 196 條第 1 項規定，攻擊或防禦方法，除別有規定外，應依訴訟進行之程度，於言詞辯論終結前適當時期提出之。同條第 2 項並課以失權效果，即意圖延滯訴訟或因重大過失，逾時提出，有礙訴訟之終結者，法院得駁回之。

七　公開主義與不公開主義

㈠意　義

公開主義，屬民事訴訟審理之原則，指訴訟程序應於公開法庭為之，使多數人得以共見共聞，以建立國民對司法之信賴為目的；與此相對者，即為不公開主義。公開原則並非絕對，日本憲法第 82 條第 2 項明示，對審之公開在有害及公共秩序或善良風俗之虞時，得由裁判官全體一致之決定，不行公開對審程序❶。我

國雖未將公開審理直接列為憲法所保障權利，但法院組織法第 86 條明定，訴訟之辯論及裁判之宣示，應於公開法庭行之，但有妨害國家安全、公共秩序或善良風俗之虞時，法院得決定不予公開。依此公開法庭與否，屬法官裁量權範圍，惟仍受憲法公開程序請求權、合法聽審權，及法院組織法、民事訴訟法有關公開或不公開規範目的及各種要因之限制。

㈡秘密保護與不公開原則

當事人提出之攻擊防禦方法，涉及當事人或第三人之隱私、業務秘密，於當事人聲請經法院認為適當者，得不公開審判（第 195-1 條），此係基於私密保護必要而不公開。又如，家事事件審理程序，亦以不公開法庭審理為原則（家事事件法第 9 條），此係基於保護家庭成員之隱私為目的。監護宣告事件程序之不公開，係因維護人性尊嚴目的而為例外規定。非訟事件法第 34 條規定，訊問關係人、證人或鑑定人不公開之。因非訟事件審理不行嚴格意義之言詞辯論程序，非訟裁定不具既判力之故，惟裁定涉及當事人、關係人之實體權者，須使其有陳述意見機會，必要時，並以公開法庭為之。卷宗訴訟資料之公開亦屬公開主義，第三人經當事人同意或釋明有法律上利害關係，得聲請閱覽（第 242 條第 2 項）。惟卷宗內文書，如涉及當事人或第三人隱私秘密，准他人閱覽抄錄或攝影，致其有受重大損害之虞者，法院得裁定不准或限制之（第 242 條第 3 項）。

㈢爭點形成之不公開程序

公開主義得例外排除，如日本民事訴訟程序之辯論兼採和解主義，當事人向法院提出之爭議事實，或於證據、證人調查，以形成事實爭點，及就證據調查所為之爭點整理，並不以公開法庭行之為必要。本法第 271-1 條，受命法官為闡明訴訟關係，命當事人就書狀事項、事實、文書物件為說明，或為整理及協議簡化爭點，或為其他必要事項之行為時，得不用公開法庭形式為之。因其非為言詞辯論，係言詞辯論前之準備程序。

㈣合法聽審權與公開程序

合法聽審權為程序基本權，受憲法保障其訴訟主體權。日本憲法第 82 條之公開審判權、德國基本法第 103 條之任何人在法院之前有合法聽審權，均屬之。合法聽審權，包括受程序通知權、提出事實主張與證據之權、獲得對造事實陳述及證據方法之權、法院有聽取及考量當事人所提出之主張陳述義務，及於判決中予

---

❶⓱ 奧平康弘，憲法 III，1993 年，有斐閣，第 386 頁。

以審酌及說明採否理由之義務等❷，歐洲人權公約第 6 條亦有相關條文。當事人公開目的在保障其得獲取訴訟資訊機會，包括當面詢問權與到場陳述意見權，均為合法聽審權之具體實現。

八　隨時提出主義、法定順序主義、適時提出主義

㈠意　義

訴訟全過程中，當事人得隨時向法院提出訴訟資料、證據資料作為攻擊防禦方法者，稱為隨時提出主義，又稱為自由順序主義。反之，應視原告主張、被告抗辯、原告再抗辯之各個訴訟過程階段，審理對象所應確定之事實，並以該確定事實為前提，依序提出證據調查者，為法定順序主義，又稱為證據分離主義。

隨時提出主義係在辯論一體性原則下被採用之審理原則，不受訴訟階段程序之進行限制，得隨時提出，必要時並得隨時與事實主張相結合，為任意追加、變更或補充攻擊防禦方法，又稱為證據結合主義。其缺失為審理程序之無效率，造成程序浪費。法定順序主義則視各階段過程之事實主張、抗辯、再抗辯需要，同時為證據之聲明與提出，否則生失權效果，又可稱為同時提出主義。但因設有失權規定，難免造成當事人過度主張與聲明結果，對促進訴訟義務言，反成缺失。

現行法採適時提出主義，即攻擊防禦方法應依訴訟進行程度，於言詞辯論終結前適當時期提出之（第 196 條第 1 項）；適時提出主義重要手段，即為失權，本法規定以當事人意圖延滯訴訟或因重大過失，逾時始行提出攻擊防禦方法，有礙訴訟終結者，法院始得駁回之，或攻擊防禦方法之意旨不明，經命其敘明而不為必要之敘明者，亦同（第 196 條第 2 項）。

九　繼續審理主義、併行審理主義、集中審理主義

併行審理主義，係指同一審理法院，同時受理數個訴訟事件之方式。反之，如僅集中審理一個訴訟事件，非待該事件之終結，不同時審理其他事件之審理方式者，稱為繼續審理主義。繼續審理主義之優點，在於該審理法院得集中審理單一事件，自可確實實現及活化言詞審理主義、直接審理主義理想，使心證之形成可以獲得更鮮明之印象。惟其缺失為，其他事件之當事人，無從獲得即時之紛爭解決，而有害受適時裁判請求權。

---

❷ 姜世明，論遲延提出攻擊防禦方法之失權，法官協會雜誌，第 2 卷第 2 期，第 179 頁。

　　繼續審理主義與集中審理主義，兩者概念意義並非相同。前者，不求辯論期日以一次期日即為終結，僅需集中於同一事件審理即足；而後者之定義與目的，各國之需求並非一致。德國之集中審理，以一次言詞辯論即可終結審理為目標，可謂為更徹底的繼續審理主義。日本之集中審理，則以集中證據調查為目標，其民事訴訟規則第 27 條規定，爭點及證據整理終了後之言詞辯論，如需經二日以上期日者，應繼續為之。其方法為，證人及其他證據調查，應於爭點及證據整理完畢後之證據調查程序集中行之。本法之審理方式，則採集中審理制。

第二章 訴訟行為總論

訴訟行為，係訴訟主體之行為，依法律規定程序開啟訴訟、實施各種訴訟行為，獲取法院終局裁判為共同目標。訴訟行為由相關訴訟主體之行為連結而成，係三面主體關係，得分為當事人之訴訟行為與法院之訴訟行為❷ 。法院之訴訟行為受法治國原理拘束，法官須依法定程序審判，大部分屬公法關係，當事人訴訟行為來自於私法自治原理，因此處分權主義，仍為主導原理。辯論主義部分受法定程序限制，部分承襲處分權主義精神。

當事人之訴訟行為分類法學說有別，本章僅就學理上之一般分類，即取效性之訴訟行為及與效性之訴訟行為，及訴訟行為之解釋基準、附條件或期限之訴訟行為、有瑕疵之訴訟行為、訴訟契約先予說明，其餘各種訴訟行為，另於第一審程序中再予說明。法院之訴訟行為，主要為裁判、訴訟指揮及闡明權行使，因法院之訴訟行為，立法者通常賦予法官視具體個案進行程度，予以裁量權，本章亦僅就程序裁量為介紹，其餘部分同於第一審程序中介紹。

▶ 第一節　當事人之訴訟行為

一　意　義

訴訟係訴之當事人與法院依循程序法規範秩序，以為民事紛爭法之解決過程。訴訟行為，即係訴訟主體，在訴訟過程中之行為。惟訴訟行為之觀察，學說方法，有將之與私法上法律行為一併理解者，因而訴訟行為，即被定義當事人在訴訟過程中所為得以發生一定訴訟法上法律效果之行為。另有認為，所謂訴訟行為，除得以發生法律效果外，尚須係訴訟法上所規定之行為，始得稱之為訴訟行為。前之理解方法，所謂訴訟行為範圍較諸後更為寬廣。另一方面，訴訟行為概念應與法律行為做一區別，認為訴訟係法院與當事人三方面在訴訟中之法律關係，應著重於訴訟行為之功能面，在此意義下，當事人所實施之得以發生訴訟法上之法律效果之行為，不能忽視功能面之理解。

---

❷ 三ケ月著【民訴】，第 309 頁。

　　功能面意義下之訴訟行為，再被區分為所謂的取效性之訴訟行為及與效性之訴訟行為❷。

二　取效性訴訟行為

㈠意　義

　　取效性之訴訟行為，係指向法院為特定請求之行為，及提出支持其特定請求之訴訟資料之行為；特定請求之行為稱為聲明或聲請，提出訴訟資料之行為，再分為主張與舉證。取效性之訴訟行為，與私法上之法律行為不同者，在於取效性訴訟行為，並不直接發生訴訟法上效果，其請求及支持該請求而構造之基礎，僅係得以請求法院為一定內容之裁判而已，法律上之效果，仍須透過法院之裁判方完成其目的。因此，取效性之訴訟行為，應係一種手段性之訴訟行為。訴訟行為中，凡須法院之行為介入者，大多出現手段性之關聯，即聲明（聲請）、主張、舉證。

㈡取效性訴訟行為態樣

1.聲　明

　　當事人之取效行為，分為聲明與提出。聲明，乃對法院直接請求為一定請求之行為；提出，係以該聲明為基礎而提出訴訟資料之行為，即事實及法律上之主張或陳述是。聲明又有本案聲明及其他附隨之聲明行為。前者為請求法院為一定內容裁判之取效行為；後者，例如當事人依第二編第一章第三節之規定，向法院聲明所用之證據（第 194 條）。

2.主　張

⑴意義及功能

　　所謂主張，係當事人為其聲明，而實施之訴訟行為，又可稱為陳述。當事人應就訴訟關係為事實上及法律上之陳述（第 193 條第 1 項）。事實上陳述，指得以發生法律效果之主要事實或推論主要事實之間接事實之陳述；法律上陳述，則指具體權利義務法律上關係存否及法律適用之陳述。

　　主張（或陳述）係向法院為之，非向對造當事人為之。辯論主義，當事人有主張責任，成為判決基礎之事實及證據資料，以經當事人主張及自行提出者為限。主張責任亦有限制法院審理範圍及內容之作用。

　　當事人不為有利於己主要事實之主張，則該事實將被認為不存在，而有受不

---

❷ 三ケ月著【民訴】，第 312 頁。

利判決之虞，因有受不利益判決之可能，當事人因而有主張責任。主要事實之主張責任，應分配由何人承擔，此即為主張責任分配。主張責任既從辯論主義立場出發，主張責任之分配，自與職權探知主義之證明責任概念不同❷。主張責任下，未於言詞辯論時被提出之事實，不得成為判決基礎之主要事實，此為辯論主義之第一要義或第一衍生法則。

　　主張責任之功能有三。其一，劃定法院事實審理範圍功能。換言之，有依兩造當事人意思以形成爭點，而劃定爭議事實範圍之機能。其二，對當事人舉證活動具有指導功能，即促使原告就其主張之主要事實、抗辯事實之否認、再抗辯事實之提出，及促使被告提出抗辯事實之指導功能。其三，有防止突襲功能。質言之，於訴訟過程中，當事人應負之責任範圍，僅須就辯論中所爭議之事實，各自在自己之主張責任範圍內，盡其攻擊防禦方法為足，且訴訟實施面言，有提示兩造攻防對象或目標，以防止突襲發生現象❷。

　　主張責任下，訴訟資料與證據資料概念不同，並應被區別適用。當事人未於辯論程序中提出之主要事實，法官即使於證據調查時，已自證據資料中獲得心證，該未主張之主要事實，仍不得逕予採用，因為證據資料不得作為補充訴訟資料不足用。例如當事人未為清償事實之主張，法官自訊問證人證詞中，雖獲得已為清償之證述，該清償之事實仍不得據為清償事實之認定，法院就此重要證據資料，仍應以當事人之主張責任基礎並與他造有充分防禦之機會❷。

(2)事實上之主張

①主要事實、間接事實及輔助事實

　　事實可分為主要事實、間接事實及輔助事實。主要事實，指直接與一定法律效果發生關聯，該當於一定法律要件之事實，例如與權利之發生消滅有關之事實言❷。間接事實，指得依經驗法則以推認主要事實者言。輔助事實，指得以證據之證據力判斷為前提之事實言❷。通說認為，主要事實為辯論主義之主張責任對

---

❷　新堂著【民訴法 5 版】，第 473 頁。氏認為主張責任與證明責任為不同概念。

❷　新堂著【民訴法 5 版】，第 474 頁。

❷　新堂著【民訴法 5 版】，第 475 頁。

❷　例如取得時效一經完成，當然發生取得時效之法律效果，雖未經占有人援用，法院亦得據以裁判，惟取得時效完成之基礎事實，未經當事人提出法院，仍無從予以斟酌。參照 29 上 1003 判例。

❷　三ケ月著【民訴】，第 189 頁。

象❷。惟主張責任是否包括間接事實，以及主要事實與間接事實又如何區辨，學說則有爭議：

第一說，主要事實適用說，認為應適用辯論主義之事實，限於主要事實。認為所謂主要事實，指直接與實體法規所定之權利發生或消滅之法律效果所必要之要件事實。依此，辯論主義適用對象之主要事實，等同於實體法之要件事實。此說之主要事實具客觀性與明確性，故有利於訴訟審理營運之指示機能。又此說以實體法要件事實作為區分主要事實與間接事實方法，但在不確定法律概念要件事實方面，則出現缺失。例如同為法律效果要件事實之「過失」、「正當事由」之不確定法律概念，辯論主義之主張責任如限於主要事實，雖原告主張被告有駕駛之「過失」，但未主張因飲酒之故，法官於訊問證人或由證據資料得知被告有因酒後駕駛而有過失情形，依飲酒有過失之間接事實，因不適用辯論主義第一衍生法則，則法院在原告未主張情況下，即據為判決基礎事實，自辯論程序權保障及防止突襲裁判言，將會有所缺漏❷。

第二說為主要事實與間接事實適用說，此說以防止突襲出發，認為辯論主義主張之事實，不以主要事實為限，如對要件事實存否之證明，高度賴於間接事實時，基於辯論主義程序權保障及防止突襲目的，間接事實亦應成為攻擊防禦方法之爭點。此類之間接事實亦成為辯論主義之主張責任範圍。而不確定法律概念，如前述過失、正當事由之評價規範，需法官就複合之事實透過評價，以充足其構成要件時，雖非辯論主義下之事實，仍應以間接事實視之❸。

第三說為主要事實與準主要事實適用說，認為應先檢討辯論主義下，何以僅限於主要事實，構成要件抽象化構成要件事實、故意過失或正當事由、非純然之法律要件事實及構成法評價之各個具體事實不應以間接事實稱之，而排除辯論主義適用，其應與主要事實為相同待遇，稱為準主要事實同歸入辯論主義範圍❸。此說兼從防止突襲及主要事實具有指示訴訟實施目標之二項機能出發。由指示訴訟實施目標功能言，主要事實得以確保訴訟實施營運目標之明確，認為應擴大主要事實範圍，不限於要件事實，並應及於間接事實（準主要事實），以防止突襲。

---

❷ 兼子一，新修民事訴訟法體系，增補版，1965 年，第 198 頁以下。

❷ 上田著，第 101 頁。

❸ 竹下著【辯論】，第 96 頁。

❸ 三ケ月著【民訴】，第 189 頁。

例如正當事由、過失不確定法律概念之抽象要件事實存否，應依各個具體事實以為法之評價，雖非辯論主要適用之主要事實，但如酒醉駕駛之具體事實，當事人如不為主張，亦不得為訴訟資料，而應以準主要事實視之 ❸ 。

　　第四說為個別判斷說，此說出於通說之批評，認為通說區分主要事實與間接事實，只是形式定義，標準不明。例如前述成為法律效果要件事實之「過失」、「正當事由」不確定法律概念，是否凡於辯論時主張有「過失」者，即可認為已主張「因飲酒而有過失」，或者應認為如不直接主張有「飲酒過失」事實，即不能認定有飲酒事實之主張，其區分標準不明。又認為，通說之主要事實，指以權利發生或消滅法律效果之直接必要事實，而間接事實指推論主要事實者，此乃源於證明責任分配法律要件分類說而來 ❸ 。但法律要件之抽象要件事實，成為主要事實而適用辯論主義者，須考慮當事人間盡其攻防充實審理之要求。又主要事實之抽象度決定，亦有限定審理事實範圍機能。因此，決定是否為主要事實之標準，應基於事實審理程序明確性目標要求，不致造成混亂具體事實程度，同時為使他造得行充足防禦活動，須考慮避免使其陷於突襲之可能情形 ❸ 。決定辯論主義下之主要事實，即應以當事人辯論活動之指針及法院審理活動明確性二要素，以為個別判斷。依此，不僅不確定法律概念之抽象要件事實，即使為具體事實，均應個別判斷，以決定是否適用辯論主義之第一衍生法則。

②抗辯、否認

　　當事人對於他造提出之事實及證據，應為陳述（第 195 條第 2 項），並應適時提出，否則可能發生逾時提出攻擊防禦方法效果（第 196 條第 2 項）。此類陳述包括抗辯、否認。

　　抗辯屬事實上陳述一種，為當事人防禦方法之一，乃對相對人所主張法律效果發生障礙原因事實之陳述或主張，當事人為此事實主張者，原則上就該原因事實存在負舉證責任。抗辯又有訴訟上抗辯及實體上抗辯。訴訟上抗辯主要指妨訴抗辯與證據抗辯。前者，係就訴訟要件欠缺之抗辯，例如兩造已有仲裁協議之抗辯，此類抗辯通常屬法院應依職權調查之事項，非屬應負舉證責任之原因事實主張。後者，例如無證據能力之抗辯，或主張系爭證據方法無證據力之抗辯，其目

---

❸ 上田著，第 100 頁以下。
❸ 新堂著【民訴法 5 版】，第 476 頁。
❸ 新堂著【民訴法 5 版】，第 477 頁。

的在使其不能形成法官心證材料。實體上抗辯或稱為權利抗辯,亦為防禦方法,包括權利發生障礙抗辯、權利消滅抗辯,及權利行使排除抗辯。前者,例如主張兩造間係通謀虛偽意思表示、或意思表示有瑕疵。權利消滅抗辯,例如主張借貸關係已因清償而消滅。權利行使排除抗辯,例如於訴訟中行使實體法上之撤銷權、解除權等形成權是。權利抗辯之性質,學說有實體法上權利行使說、訴訟程序防禦方法說、併存說及附條件權利行使說。當事人於訴訟中已為權利抗辯,而訴非以判決終結者,如訴經不合法裁定駁回或原告撤回起訴者,則是否仍生實體法撤銷權、解除權行使效果,將因各說之立論,而有不同。自私法上權利於訴訟上行使,當事人係有以經法院為實體裁判之意思而論,實可解為係附有以訴經法院為實體判決為停止條件,以訴因不合法駁回或撤回為原因之終結為解除條件之附條件權利行使行為 ❸❺。

否認者,指對於相對人所陳述而應負舉證責任之事實為否認之陳述。被否認之事實,須依證據調查程序解決;

(3)法律上之主張

法律上之主張者,係指當事人對特定法律效果發生之認識或判斷,所為之陳述。原告訴之聲明係原告對訴訟標的權利義務法律關係之主張,屬法律上之主張。被告向法院陳述,對於訴訟標的權利或法律關係之承認者,為訴訟標的之認諾;原告對自己所主張之訴訟標的法律關係,承認為無理由者,即為訴訟標的之捨棄,同為法律上之主張 ❸❻。

3. 舉 證

證據聲明亦為訴訟行為之一。通常係在對主要事實存否發生爭執,須依證據證明其真偽。證據聲明人,通常為負舉證責任一方,但兩者概念仍有不同。證據聲明之目的,在向法院請求調查證據,而舉證係一種實質證據提出。辯論主義之第三衍生法則,認定主要事實所憑之證據,無論由原告或被告負舉證責任,原則上應由當事人自為證據之聲明,法院始得為證據調查,而禁止法院依職權為之。

---

❸❺ 採此說者,如新堂著【民訴法 5 版】,第 466 頁。
❸❻ 三ケ月著【民訴】,第 319 頁。

三　與效性訴訟行為

1.意義及類型

　　與取效性相反者，為與效性之訴訟行為。與效性之訴訟行為，係可以直接發生訴訟法上效果，形成一定之訴訟狀態之訴訟行為，例如自認、訴訟標的之捨棄認諾、訴或上訴之撤回、捨棄上訴權等，大部分當事人之訴訟行為屬之。與效性訴訟行為種類很多，其性質亦有別；有向法院為之者（例如訴之撤回、欠缺訴訟能力之追認）、有係向他造當事人為之者（例如訴訟委任之解除）、有係向第三人為之者（例如訴訟告知）。行為態樣言，有係單獨行為、雙方行為（訴訟上和解、管轄合意）、屬意思表示性質者（訴之撤回）、觀念通知者（代理權消滅通知），亦有屬事實行為者（書狀之提出）。

2.自　認

　　有事實上主張責任者，須負舉證責任，其相對立方如為自認者，無庸舉證。自認方式，於準備書狀內或言詞辯論時或在受命法官、受託法官前自認（第 279 條第 1 項）。當事人於自認有所附加或限制者，應否視有自認，由法院審酌情形斷定之（同條第 2 項）。對於對造陳述之事實，答以不知或不記憶，是否視同自認，由法院審酌情形定其真偽（第 280 條第 2 項），惟如單純不予爭執者，視同自認（第 280 條第 1 項）。經他方自認或不為爭執者，即無再依證據認定必要，法院不得為相反事實之認定。

3.權利自認

　　事實上之主張得為自認對象，但法律上之主張如得為自認者，乃權利自認，法院及當事人要否受權利自認之拘束？權利自認與訴訟標的之捨棄、認諾不同。後者，係對訴訟標的權利主張為之，此時法院應為捨棄或認諾判決。應受拘束。但前者，係對構築訴訟標的之法律上主張為之。例如關於所有物返還請求訴訟，其前提之法律關係，原告主張其有所有權，被告予以自認，惟爭執其有使用借貸關係存在，則法院要否受所有權歸屬自認之拘束，學說見解仍有爭議（詳請參看證據章節自認）。

四　訴訟行為之解釋基準

(一)訴訟行為之要件

　　訴訟行為之定義及內容，本法無一般性規範，僅就各個訴訟行為分別為規定（例如訴訟能力），於解釋訴訟行為之有效要件時，本法已有明文者，原則上依其規定，本法未予明定者，民法關於法律行為要件規定，並不當然適用或類推。

　　本法關於訴訟能力，於第 45 條規定，能獨立以法律行為負義務者，有訴訟能力。民法另有限制行為能力人（民法第 77 條），於訴訟法上並非即為限制訴訟行為能力人；又民法亦有法律行為應具備之方式，例如物權法律行為方式，應以書面為之（民法第 758 條第 2 項）、遺囑依法定方式（民法第 1189 條），亦不適用於訴訟行為方式。訴訟行為方式，本法已明定應以書面為之者，例如起訴或提出上訴，應以起訴狀或上訴狀為之（第 244、441 條）；訴訟代理人之委任，應提出委任書（第 69 條第 1 項）。未具備法定方式者，不生該訴訟行為效力。但另有規定者，依其規定，例如以言詞委任訴訟代理人者，經記載於筆錄者，亦生相同效力（第 69 條第 2 項）。

(二)訴訟行為意思表示之瑕疵

　　訴訟行為之意思表示瑕疵，一般認無民法意思表示瑕疵規定之適用或類推。惟近來學說認為，應視各個不同情形定之，非一概不適用。如為取效性之訴訟行為，例如關於聲明、主張、舉證意思表示之瑕疵，以得任意撤銷為原則。因其仍須法院行為之介入始生一定效果，故有任意撤銷之自由。其依據之法理為，聲請之撤銷，可以依處分權主義；主張與證據聲明之撤銷，則依辯論主義法理❸❼。惟任意撤銷原則，仍有限制。該訴訟行為已予對造當事人利益，或基於考慮程序之順利進行，則不得任意撤銷。例如自聲明之證據調查實施，已發現有利於他造之證據資料者。又如自認之撤銷，則須有法定事由存在，非得任意為之（第 279 條第 3 項）。

　　與效性訴訟行為，因有直接發生一定法律效果者，為求法之安定性，原則上不准撤銷或撤回。例如上訴權之捨棄，又如捨棄、認諾❸❽。但如有顯然之錯誤者，縱為與效性之訴訟行為，仍許其更正。學者另有主張，如相當於有再審事由之意

---

❸❼ 三ケ月著【民訴】，第 323 頁。

❸❽ 陳、林著（中），第 445 頁。

思表示瑕疵，即使為與效性之訴訟行為，同應准予撤銷❸。

㈢附條件或期限之訴訟行為

附條件或附期限之訴訟行為，有使訴訟上效果繫於訴訟外事實成就或不成就，及將來之不確定因素，將使法院之訴訟指揮及對造當事人之訴訟實施造成妨害及訴訟程序不安定者，原則上不許為之。惟學說承認有例外情形，即未來之事實發生，係繫於內部訴訟過程，法院得自行判斷該條件成就否，或法院可以阻斷該不確定因素之繼續存在者，則得許附條件之訴訟行為。例如在聲明或攻擊防禦方法之主張，以一定訴訟狀態之發展為附條件，因法院依內部訴訟之現狀自行決定，非完全操控於外部不確定因素，應許其為之。聲明之附條件者，例如離婚之合併請求剩餘財產分配請求，係以離婚請求有理由為條件，始有剩餘財產之分配權利。又如訴之預備合併、選擇合併，同被准許之。攻擊防禦方法之附條件者，例如抵銷之預備抗辯，係以先位之防禦方法無效果為條件，為備位抵銷之抗辯是。

㈣訴訟行為瑕疵及治癒

訴訟行為存在瑕疵，例如欠缺訴訟行為之法定方式、訴訟行為人能力或資格之欠缺，或內容之瑕疵是。當事人有瑕疵之訴訟行為，法院應先命其除去瑕疵，不為除去者，於取效性之訴訟行為，如聲明之瑕疵，即以不合法駁回其聲請。瑕疵訴訟行為將影響訴訟行為效力，當事人訴訟能力或代理權欠缺下所為訴訟行為之瑕疵，法院應先命其補正，於補正前為使訴訟程序繼續實施，得許其暫為訴訟行為，且因能力或代理權欠缺之訴訟行為瑕疵，准許以事後追認方式治癒。訴訟行為之瑕疵，如與公益無關者，基於處分權主義，得因對造當事人之無異議或放棄責問權而得以治癒，凡此均與法律行為之瑕疵，其法律效果為無效或撤銷者，有所不同。

五　訴訟契約

㈠意　義

訴訟契約者，指當事人以合意，就現在或將來在訴訟法上得以發生一定法律效果為目的之法律行為❹。訴訟契約之法理基礎，屬處分權主義範圍。在訴訟階段，當事人得視程序進行現狀，合意其後訴訟程序之如何實施，而於訴訟前預為

---

❸ 三ケ月著【民訴】，第 328 頁。

❹ 陳、林著（中），第 447 頁。

合意之自由，不能被剝奪，且訴訟契約有利於當事人對訴訟實施之預測，此為訴訟契約存在之基礎。是否屬訴訟契約性質，學者提出須所欲完成之訴訟法上效果，係其合意之直接目的，例如合意管轄（第 24 條），其由特定法院取得管轄權為其合意之直接目的。反之，如因其他契約而附隨的或間接的發生訴訟法上之法律效果者，則非訴訟契約，例如契約訂有債務履行地，債務履行地之法院取得管轄權，係基於法律之規定（第 12 條），非該契約訂立之直接目的，故不屬訴訟契約。又訴訟契約，須係當事人間基於同一效果目的所為之意思表示，始足當之，當事人一方之單獨訴訟行為，法律規定須經他方同意或承諾者，例如訴之撤回之須經他方同意，則非當事人基於同一目的之合意，不屬訴訟契約範圍❹。

訴訟契約，本法已有許多規定，例如第 24 條之管轄合意、第 102 條第 1 項但書擔保物提供方法約定、第 105 條第 1 項變換擔保物約定，均屬之，而應承認其效力。而法未明文者，例如訴或上訴撤回合意、不起訴合意、證據契約，應否承認其效力？如不違背公序良俗、強制禁止規定，應無不可；但如其合意係根本否定當事人之自主意思，或剝奪訴訟權之合意，即應受限制。例如不起訴之合意，卻無任何替代紛爭解決之相對約定，無異於以契約剝奪訴訟權。

㈡性質及效力

訴訟契約之性質為何，影響訴訟契約可否直接發生訴訟法上效果爭議。主張訴訟行為說者認為，訴訟契約係當事人間所訂立，得直接發生訴訟法上效果之合意。主張私法行為說者認為，訴訟契約係得以發生訴訟法上法律效果之私法行為。換言之，其性質為私法上契約，僅生私法上權義關係，無從直接發生訴訟法上效果，如不履行合意內容，可請求損害賠償。另有所謂訴訟行為義務之抗辯權發生說。認為訴訟契約義務之違反，權利人得為訴訟上抗辯權行使，法院認為抗辯有理由時，得以欠缺權利保護利益以訴訟不合法駁回。

訴訟法上訴訟契約既被容許，則應與訴訟法上效果發生聯結，應非單純私法上契約性質，私法契約說自有可議。然而訴訟契約亦與單獨訴訟行為之直接發生效果者不同，而屬間接之效果，須待當事人之主張，例如管轄合意，須待當事人向合意管轄法院起訴，受訴法院始取得合意管轄；又如訴之撤回合意，並非於合意時即發生訴之撤回效果，原告不撤回起訴，亦不因被告向法院主張有撤回起訴合意存在，即生撤回效果，仍須待原告為撤回始生訴訟終結效果，訴訟行為說並

---

❹ 三ケ月著【民訴】，第 329 頁。

非全無理論之缺失。訴訟契約之類型不一，撤回訴之合意、證據方法提出之合意，其契約有效與否之爭議，均有待法院之認定，因此訴訟契約之效力為何，仍應視各個情形而為不同處理為當❷。

▶ 第二節　法院訴訟行為總論

　　法院於訴訟程序中所為之訴訟行為，主要者為訴訟指揮、闡明權行使及裁判。法院於訴訟實施過程中，為使訴訟得以順利進行，常被要求為適正之裁量，此即程序裁量。其次，如同當事人之訴訟行為之存有瑕疵可能，法院之訴訟行為亦常存在瑕疵，該瑕疵訴訟行為之效力，或有造成違法裁判可能。本節以法院程序裁量及瑕疵訴訟行為論述，其餘如訴訟指揮、闡明權行使及裁判，分別於相關章節論述。

一　程序裁量

㈠裁量意義

　　裁量者，權力機關於處理某具體事件時，基於權力來源之法規範所賦與之二個以上處理方式時，得選擇其中最適切之一方式，以為處理之謂，亦得稱為選擇權。選擇權主體為行使公權力機關，包括總統、五院、地方自治團體等機關。選擇權之客體為各該權力機關權限範圍內，所應處理之各個具體事件。包括立法權行使、行政權行使、司法權行使等。選擇權行使之先決條件，必須權力來源之法規範，賦與其二個以上之處理方式，始有選擇之可能，單一選擇時，無此裁量權行使可能。而與選擇裁量相對的為決定裁量，即當法律構成要件該當時，只得選擇要否採取該法效果之裁量之謂，因其仍有選擇權利，得認為係裁量權行使。

㈡司法裁量

　　司法權屬公權力，行使司法審判權限之法官，在憲法第 80 條法官依據法律獨立審判基礎下，享有司法裁量權，並受憲法及法律之拘束。但司法裁量與其他裁量仍有不同，司法裁量涉及私權爭議之解決，裁量權行使必須符合最適正性原則，其他裁量如行政裁量，則在合法性範圍內，有其裁量空間。

　　法官行使裁量權，有二義。第一義為合憲性審查，此部分係集中由大法官審

---

❷ 中野等著【講義】，第 213 頁。

查；第二義為，在憲法及法律授權下，有自由裁判權限。後者為一般所理解之司法裁量，即法官於司法權行使時，在法範圍內，當被授與二個以上選擇權時，得為最適正之選擇之謂❸。司法裁量包括實體性裁量與程序性裁量，前者，即實體法律效果最適正之選擇；後者，為程序適用最適正之選擇。

㈢民事程序裁量

民事訴訟事件審理，因事件本身之性質種類、當事人主觀因素，及實際程序進行之流動性與不可預測性，難期以單一化之程序規範，作為統一基準，因而於程序進行中，為使程序得以順暢實施，必須給與法官就程序有選擇為一定行為權利，此為程序裁量。例如闡明權要否行使、言詞辯論程序要否合併或分離，須授權法官視具體個案之進行情況而定。

㈣程序裁量統制及界限

1.意　義

程序裁量係程序進行中，為不可避免的程序選擇權，但程序裁量結果，可能影響裁判結果，而使實體權之正確判斷受到干擾。因此程序裁量之運用，須有一定界限並受到限制，此即裁量統制。

2.要因規範論

裁量統制方法，如單以裁量主體之自我限制以避免裁量濫用，因標準不明，難以判斷是否逾越權限，因此有主張可以援引判例或學說作為基準者。例如日本最高裁判所認為，如裁量行為之目的或動機與制度無關，或裁量行為時，應考慮之因素不予考慮，或不應考慮之因素竟予考慮，所做判斷逾越理性者所能容許範圍者❹；或法院之判斷欠缺事實之基礎，或欠缺依社會通念顯著之妥當性時，即屬逾越權限❺。學說則認為，行政裁量有其本身所須考慮之特殊性，因此行政裁量之統制手段或方法，並不適合於民事訴訟之程序裁量，且其基準並不明確，因此反對援用行政裁量統制方法，主張所謂類型論。類型論乃試圖從裁量權規範內容，尋求裁量統制方法，並將裁量權予以類型化，以之規範法院裁量行為。亦有主張理由開示義務說者，認為法官於行使裁量時應開示其理由，使之透明化，當事人對之有聲明不服之救濟程序；惟仍不能達到裁量基準客觀化目的，被開示之

---

❸ 戶松秀典，立法裁量論，憲法訴訟研究 II，1993 年，有斐閣，第 20 頁以下。

❹ 最高裁判所昭和 48 年 9 月 14 日判決。

❺ 最高裁判所平成 10 年 4 月 10 日判決。

理由，亦不能發揮具體之規範作用。

較有力學說採要因規範論，即以規範目的及所列舉之原因，作為基準所形成之規範類型說，其認為裁量統制方法，應求諸於裁量規範本身。裁量行使所憑之規範，須明確規範目的，並列舉應考慮之因素或不應考慮因素。要因規範功能有三，即：一、以之作為法官裁量權行使時之行為規範；二、作為裁量權行使時理由開示義務之依據；三、當事人聲明不服時，以之作為評價規範。以日本民事訴訟法第 17 條所定之管轄裁量移送規定為例，有管轄權之第一審訴訟法院，於審酌當事人、應受詢問證人及證物之所在地等情事，為避免訴訟之顯著遲滯，及衡平當事人之利益，認有必要時，得依聲請或依職權將訴訟之全部或一部移送其他管轄法院。本條裁量移送之規範目的，在於避免訴訟之顯著遲滯及追求當事人間之利益衡平。應審酌之因素為應受詢問當事人或證人之住所、應使用證物之所在地，及個案之其他具體情事。依此，法官於決定要否將有管轄權之事件，裁量移送其他有管轄權之法院時，須以之為行為規範，並將其具體裁量行為之理由於決定中開示，當事人不服其決定，聲明不服時，得以之作為評價規範。上開程序裁量之規範目的及其要因相當明確，符合法明確性原則。

3.程序裁量之界限

訴訟程序進行中，法官行使程序裁量權，係公權力之介入私權紛爭解決程序，其所欲完成之裁量目的，有基於公益理由，亦有因個人利益之調整者，裁量結果有限縮或損害當事人正當權益可能。因此，於立法形成階段，須慮及裁量目的與當事人利益之權衡問題。而於個案審理階段，法官行使裁量權時，亦須綜合考量其所可能造成之當事人程序權及實體權損害。是以程序裁量之立法形成或行使，應符合憲法比例原則，即合適性原則、必要性原則及過量禁止原則。例如唯一證據之提出，如因舉證方顯有困難時，法官判斷是否違反適時提出規定而課以失權效果時，須審酌證據方法代替性之有無、該證據之重要程度，及對訴訟造成遲滯程度等因素。又如原告為複數請求，或為訴之追加，法院應以合併辯論合併裁判為原則，不得任意分離；但因合併結果致使訴訟嚴重遲滯者，法官得為程序分離之裁量，但如分離結果造成上訴第三審合法性有所欠缺時，例如致上訴第三審之訴訟利益未達法定數額者，於選擇時，須將該重大因素併予考慮。

二　法院訴訟行為之瑕疵及治癒

法院訴訟行為有發生瑕疵可能，例如逾越闡明權行使界限、送達程序不合法、裁判成立程序之瑕疵等。有瑕疵之法院訴訟行為，有不影響該訴訟行為之效力者，例如未經合法言詞辯論程序之判決，或應自行迴避之法官參與之判決，其判決仍然有效，僅得依上訴或再審程序救濟。亦有不生該訴訟行為效果者，例如對不存在之當事人為判決者。

法院訴訟行為之瑕疵，其為訴訟程序規定之違背者，當事人得為責問（第197條第1項前段）；其為指揮訴訟之瑕疵者（違法），參與辯論得為異議（第201條）。法院訴訟行為之瑕疵，得因其後無瑕疵之訴訟行為，或因當事人不予責問而治癒。本法第197條規定，當事人對於訴訟程序規定之違背表示無異議，或無異議而就該訴訟有所聲明或陳述，而喪失責問權。例如言詞辯論期日，當事人未受合法通知，但仍於期日到場為本案之辯論，法院據此所為之判決，不得援為不服之論據（50台上1880判例）。

第三章　訴訟程序發展

➤ 第一節　當事人書狀及送達

一　當事人書狀

　　當事人書狀，本法第 116 條第 1 項規定，應記載當事人姓名、住居所，如為法人或團體機關者，其名稱及公務所、事務所或營業所。有法定代理人、訴訟代理人者，其姓名、住所或居所，及法定代理人與當事人之關係。此外尚應記載訴訟事件、應為之聲明或陳述、供證明或釋明用之證據、附屬文件及其件數、法院、書狀年月日。此為必要記載事項。書狀宜記載事項者，如足資辨別當事人、法定代理人或訴訟代理人之特徵（第 116 條第 2 項）。當事人得以電信傳真或其他科技設備將書狀傳送於法院，效力與提出書狀同，其辦法由司法院定之（第 116 條第 3 項）。

　　書狀應由當事人或代理人簽名或蓋章，以指印代簽名者，應由他人代書姓名，記明其事由並簽名（第 117 條）。當事人於書狀內引用所執之文書者，應添具該文書原本或繕本或影本（第 118 條第 1 項）。書狀及其附屬文件，應按應受送達之他造人數，提出繕本或影本。繕本或影本與書狀不符時，以提出於法院者為準（第 119 條）。他造對附屬文件原本得請求閱覽；法院因他造之聲請，應命於五日內提出原本。他造並得製作繕本或影本（第 120 條）。

　　書狀不合程式或有其他欠缺者，審判長應定期間命其補正（第 121 條第 1 項）。於言詞辯論外，關於訴訟所為之聲明或陳述，除依法用書狀者外，得於書記官前以言詞為之。此時書記官應作筆錄，並於筆錄內簽名（第 122 條第 1、2 項）。

二　文書之送達

(一)意義及目的

　　送達，指送達機關將應送達於當事人或其他訴訟關係人之文書，依法定方式

交予特定之應受送達人，或使其有知悉文書內容機會之訴訟行為。送達為國家基於裁判權行使所為之公法行為。送達之目的，在確保文書應受送達人預知文書之內容，另一方面在使送達機關得以保存送達證書，以明確應受送達人之收受送達，以預防日後之紛爭。因此，送達目的在確保送達確實性及安定性。依此，送達須基於一定方式並以送達文書證之。送達與法院之通知不同。送達係對特定人為之，亦與法院之公告係對不特定人為之者有別。送達亦屬法院之訴訟行為之一種。

㈡送達主義

本法之送達，原則上採職權送達主義，除別有規定外，由法院書記官依職權為之（第 123 條），不以當事人之聲請為必要；例外採當事人送達主義。即應為送達之處所不明；或於有治外法權人之住居所或事務所為送達而無效；或於外國為送達，不能依第 145 條規定辦理，或預知雖依該條規定辦理而無效之送達者，法院得依聲請，准為公示送達（第 149 條第 1 項）。

㈢送達機關或送達人

本法規定之送達機關為書記官（第 123 條、第 124 條第 1 項、第 126 條、第 151 條）。送達人則為執達員或郵務機構，由郵務機構行送達者，以郵務人員為送達人（第 124 條第 2 項）。法院得向送達地地方法院為送達之囑託（第 125 條）、對軍人為送達者，應囑託該管軍事機關或長官為之（第 129 條）。對在監所人為送達，應囑託該監所首長為之（第 130 條）。書記官亦得於法院內，將文書付與應受送達人（第 126 條）以為送達。

於有治外法權人之住居所或事務所為送達者，得囑託外交部為之（第 144 條）。於外國為送達者，應囑託該國管轄機關或駐在該國之中華民國使領館或其他機構、團體為之（第 145 條第 1 項）。不能依該規定囑託送達者，得將應送達之文書交郵務機構以雙掛號發送，以為送達，並將掛號回執附卷（第 145 條第 2 項）。對於駐在外國之我國駐外人員送達，應囑託外交部為之（第 146 條）。法院書記官應將受囑託人之送達通知書附卷，其不能為送達者，並應將事由通知使為送達之當事人（第 148 條）。

㈣應受送達人及處所

送達原則應向應受送達本人為之。對於無訴訟能力人為送達者，應向其全體法定代理人為之。數法定代理人如有送達處所不明者，得僅向其餘法定代理人為之（第 127 條）。對於在我國有事務所或營業所之外國法人或團體為送達者，應向

其在我國之代表人或管理人為之，並準用第 127 條第 2 項規定（第 128 條第 1 項）。商業之訴訟事件，送達得向經理人為之。訴訟代理人受送達之權限未受限制者，應向該代理人為送達（第 132 條）。但審判長認為必要時，得命送達於當事人本人。複代理人之代理權未受限制者，有代該訴訟代理人收受送達之權限（48 台上 314 判例）。文書未送達訴訟代理人，逕向當事人本人送達並收受者，因對當事人本人並無不利，且本人訴訟能力未受限制，仍生送達效力❹❻。

　　當事人或代理人經指定送達代收人並向受訴法院陳明者，應向該代收人為送達（第 133 條第 1 項）。原告、聲請人、上訴人或抗告人於中華民國無送達處所者，應指定送達處所在中華民國之送達代收人（第 133 條第 2 項）。送達於指定送達代收人者，即生送達效力（37 上 6711 判例）。經指定送達代收人後，除指定人或其代理人有陳明外，效力及於同地之各級法院（第 134 條）。訴訟代理人權限未受限制者，有受送達權限，無須再行指定其為送達代收人，當事人指定其為送達代收人者，不生指定效力（43 台抗 92 判例）。送達於應受送達人之住居所、事務所或營業所為之（第 136 條）。營業所，指從事商業或其他營業之場所而言，不以其主營業所為限，而與同法第 2 條規定私法人係以其主營業所所在地，定其普通審判籍者不同。前者為送達處所；後者在定訴訟管轄地。為寄存送達者，得將文書寄存送達地之自治或警察機關（第 138 條第 1 項）。原告、聲請人、上訴人或抗告人未依第 133 條第 2 項規定指定送達代收人者，受訴法院得依職權，命為公示送達（第 149 條第 5 項）。

㈤應送達之文書

　　送達，除別有規定外，付與該文書之繕本或影本（第 135 條）。所謂除別有規定，如應送達判決及裁判正本者（第 229 條第 1 項、第 239 條）；和解及調解筆錄正本之送達（第 379 條第 3 項、第 421 條第 3 項）。審判長定期日後，法院書記官應作通知書送達於應受送達人（第 156 條）。

㈥送達之時間限制

　　送達，除依第 124 條第 2 項由郵務人員為之者外，非經審判長或受命法官、受託法官或送達地地方法院法官之許可，不得於星期日或其他休息日或日出前、日沒後為之。但應受送達人不拒絕收領者，不在此限（第 140 條第 1 項）。前項許可，法院書記官應於送達之文書內記明（第 140 條第 2 項）。

---

❹❻ 最高法院 84 年度第 4 次民事庭會議決議。

㈦送達方法

1. 交付送達

交付送達分自行交付送達（第 126 條）與補充送達（第 137 條）。前者，如書記官於法院內，將文書直接付與應受送達人；後者，送達不獲會晤應受送達人，得將文書付與有辨別事理能力之同居人或受僱人，以為送達。但被付與之人如為他造當事人者，不適用之（第 2 項）。以大廈公寓管理員為被付與之人，實務見解認屬合法送達。惟管理員之服勞務項目如不包括接收郵件，則將文書付與該管理員，實務認難屬合法送達（106 台抗 820 裁定）。

2. 寄存送達

指送達不能於送達處所，亦不能為補充送達者，得將文書寄存送達地之自治或警察機關，以為送達之謂。惟應作送達通知書兩份，分別黏貼於應受送達人住居所、事務所、營業所或其就業處所門首，及置於該送達處所信箱或其他適當位置（第 138 條第 1 項）。寄存送達，自寄存之日起，經十日始生效力（第 138 條第 2 項）。惟應受送達之人已於十日內領取文書者，以實際領取時為送達時❹❼。該寄存之文書自寄存之日起，寄存機關應保存二個月（第 138 條第 3 項）。

3. 留置送達

應受送達人拒絕收領而無法律上理由者，應將文書置於送達處所，以為送達（第 139 條第 1 項）。前項情形，如有難達留置情事者，準用寄存送達規定（第 139 條第 2 項）。

4. 公示送達

應送達於當事人之文書，因有法定事由，得依聲請或依職權將之公告，而於法定期間經過後，發生送達效力之送達方法。法定事由依本法第 149 條第 1 項規定，有應為送達之處所不明者（第 1 款）、於有治外法權人之住居所或事務所為送達而無效者（第 2 款）、於外國為送達，不能依第 145 條囑託送達方式辦理，或預知依該方式辦理亦無效者（第 3 款）。原告、聲請人、上訴人或抗告人未依第 133 條第 2 項規定指定送達代收人者，受訴法院得依職權，命為公示送達。

公示送達以依聲請為原則（第 149 條第 1 項），駁回公示送達聲請之裁定，得為抗告（第 149 條第 2 項）。如無人為公示送達之聲請者，受訴法院為避免訴訟遲延認有必要時，得依職權命為公示送達（第 149 條第 3 項）。原告或曾受送達之被

---

❹❼ 為本條 92 年修法理由。

告變更其送達之處所，而不向受訴法院陳明，致有第 1 項第 1 款之情形者，受訴法院得依職權，命為公示送達（第 149 條第 4 項）。對於同一當事人仍應為公示送達者，則得依職權為之（第 150 條）。

公示送達，應由法院書記官保管應送達之文書，而於法院之公告處黏貼公告，曉示應受送達人應隨時向其領取。但應送達者如係通知書，應將該通知書黏貼於公告處（第 151 條第 1 項）。此外，法院應命將文書之繕本、影本或節本，公告於法院網站；法院認為必要時，得命登載於公報或新聞紙（第 151 條第 2 項）。公示送達，自將公告或通知書黏貼公告處之日起，公告於法院網站者，自公告之日起，其登載公報或新聞紙者，自最後登載之日起，經二十日發生效力；就應於外國為送達而為公示送達者，經六十日發生效力。但第 150 條之職權公示送達，自黏貼公告處之翌日起，發生效力（第 152 條）。送達亦屬法院之訴訟行為，不具公示送達法定原因誤為公示送達者，為不合法之送達（26 渝抗 427 判例），其程序有瑕疵，並應依各具體情形，以定其救濟方式。

5.與送達有同一效力之傳送

訴訟文書，得以電信傳真或其他科技設備傳送之；其有下列情形之一者，傳送與送達有同一之效力：一、應受送達人陳明已收領該文書者。二、訴訟關係人就特定訴訟文書聲請傳送者（第 153-1 條第 1 項）。傳送辦法，由司法院定之（第 153-1 條第 2 項）。

⑻送達效力及其瑕疵

送達為法院之訴訟行為，可發生一定訴訟法上效果，故其瑕疵有可能影響該送達效力。

書狀繕本之送達，有發生該行為應生之效力。例如，告知訴訟之書狀送達者，發生訴訟告知效力（第 66 條）；終止委任訴訟之書狀送達他造者，生告知效力（第 74 條第 2 項）；聲明承受訴訟，應提出書狀於受訴法院，由法院送達於他造（第 176 條）。期日通知書之送達兩造，而有第 191 條情形者，視為合意停止訴訟；又如，言詞辯論期日通知送達當事人者，無正當理由不到場，依第 385 條規定，得依聲請或依職權一造辯論而為判決。裁判正本之送達，可生不變期間起算之效力（第 440 條）。

違反本法規定之送達者，原則上不生送達效力。例如期日通知書送達於非應受送達人者，對之不生期日開始效力；判決正本之送達，則不生上訴期間開始進

行效力。如受送達人確已收受訴訟文書者，其瑕疵得予補正，自其事實收受應送達文書時起，仍生效力。以未成年人名義為文書送達者，經法定代理人追認或不為異議仍為該訴訟行為者，生追認效力。文書送達須經一定期間經過始生送達效力，如公示送達經二十日始生效力，應受送達人不為異議，該瑕疵亦得因之治癒。

㈨送達證書

送達係確保對應受送達人付與應送達文書為目的之要式公證行為。因此，送達，送達人應作送達證書，記載交送達之法院、應受送達人及文書、送達處所及年月日時、送達方法，並簽名（第 141 條第 1 項）。送達人指實施送達機關，例如由書記官直接交付者，送達人即為書記官，已如前述送達人。送達證書，應交收領人簽名、蓋章或按指印；如拒絕或不能簽名、蓋章或按指印者，送達人應記明其事由（第 141 條第 2 項）。不論係應受送達人或其同居人、受僱人收領訴訟文書者，均應依上揭規定在送達證書上簽名、蓋章或按指印，以明收領為何人，如僅以「郵件代收章」取代，因無法辨識收領人，實務認送達不合法（106 台抗 820 裁定）。

收領人非應受送達人本人者，應由送達人記明其姓名（第 141 條第 3 項），並提出於法院附卷（第 141 條第 4 項）。書記官依第 126 條規定送達者，應命受送達人提出收據後附卷（第 143 條）。

不能為送達者，送達人應作記載該事由之報告書，提出於法院附卷，並繳回應送達之文書（第 142 條第 1 項）。法院書記官應將不能送達之事由，通知使為送達之當事人（第 142 條第 2 項）。

▶ 第二節　期日及期間

一　期　日

㈠意義及種類

期日者，乃法院與當事人或訴訟關係人會合於一定處所而為訴訟行為之時間，其目的在求訴訟程序之順暢進行。期日，因訴訟行為目的不同，可分為準備程序期日（第 270 條）、言詞辯論期日（第 250 條）、囑託調查證據期日（第 290 條、第 291 條）、宣示判決期日（第 223 條第 2 項）、試行和解期日（第 377 條第 1

項）、調解期日（第 407 條）。

㈡期日之指定、變更與延展

　　期日之指定、變更及延展，為法院訴訟行為之一。期日，除別有規定外，由審判長依職權定之（第 154 條）。所謂別有規定，如受命或受託法官就其所為行為，亦得指定期日或期間（第 167 條第 1 項）。由受命法官等指定期日者，準用由審判長指定之程序（第 167 條第 2 項）。期日，除有不得已之情形外，不得於星期日或其他休息日定之（第 155 條）。審判長指定期日後，法院書記官應作通知書送達於訴訟關係人。但經審判長面告以所定之期日命其到場，或訴訟關係人曾以書狀陳明屆期到場者，與送達有同一之效力（第 156 條）。期日指定屬法院之訴訟行為，依處分權主義，期日指定雖非不得委由當事人以合意定之，但應經法院許可，非當事人固有權限；為使訴訟程序之順利進行，審判長、受命法官或受託法官指定期日後，當事人不得另以合意變更之。

　　期日，如有重大理由，得變更或延展之（第 159 條第 1 項）。變更或延展期日，除別有規定外，由審判長裁定之（第 159 條第 2 項）。期日變更亦為法院職權，因此審判長指定言詞辯論期日並合法通知當事人後，當事人雖聲請變更期日，在法院裁定准許前，仍應於原定期日到場，否則得許由到庭之當事人一造辯論而為判決（41 台上 94 判例）。當事人無變更之聲請權，其為此聲請者，審判長如認為無重大理由，亦無庸為駁回之裁定（29 上 2003 判例）。

㈢期日之起迄及處所

　　期日，以朗讀案由為始（第 158 條）。至期日之終了，以該期日應為之訴訟行為是否完畢為定，但審判長告以期日終了，如宣示延展期日者，亦屬期日終了。期日應為之行為，於法院內為之。但在法院內不能為或為之而不適當者，不在此限（第 157 條）。

二　期　間

㈠意　義

　　期間，指一定訴訟行為所應遵守之期限規定。此為狹義期間。另有與訴訟行為無關，非訴訟關係人與法院職員為訴訟行為所應遵守之期間，稱為非真正期間，如在途期間、就審期間是。

㈡分　類

期間有不同之分類法。

1.法定期間與裁定期間

期間得分為法定期間與裁定期間。法定期間，指法已明文規定之一定期間。再依期間性質，可分為通常期間與不變期間。不變期間，指法院無權為延長或縮短之期間，例如上訴、抗告、再審期間是。不變期間之遲誤，須聲請回復原狀，始能回復（第 164 條）。通常期間，指不變期間以外之期間，此類期間之遲誤非回復原狀對象。

裁定期間，指法院、審判長、受命或受託法官，本於裁量作用所定之期間。訴訟關係人未遵守該期間者，如通常法定期間，須經法院裁定駁回者，始生失權效果（51 台抗 169 判例）。

2.行為期間與中間期間

行為期間，為訴訟行為所應遵守之期間。例如上訴期間（第 440 條）、審判長命補正書狀之期間（第 121 條第 1 項）。行為期間之未遵守者當然生失權效，但得聲請回復原狀，如不變期間是。亦有無回復原狀之適用，如證人鑑定人請求日費旅費之期間 （第 323 條第 2 項）、 第三審上訴理由書補提期間 （第 471 條第 1 項）。亦有須經法院裁定始生失權效，非當然失權者，例如逾時提出攻擊防禦方法。

中間期間，係以當事人之利益為目的之期間，例如第 251 條之就審期間。

3.猶豫期間

又稱職務期間，乃法院職員應遵守之行為期間，常為訓示規定。如宣示判決期間（第 223 條第 3 項）、交付判決原本期間（第 228 條第 1 項）、書記官送達判決正本期間（第 229 條第 2 項）。

㈢期間之酌定與起計算

期間除法定者外，由法院或審判長酌量情形定之（第 160 條第 1 項）。法定者為法定期間，酌定者為裁定期間。裁定期間，應審酌路程之遠近、數額之多寡，及各該地方之經濟狀況、地方之秩序，暨道路交通有無梗阻等；期間酌定後，如有當時未能見及或其事實尚未發生，期間進行中始發見者，亦應以職權酌予延展之（19 抗 614 判例）。

於期間之起算，法定期間，如法有明文者則依其規定，例如本法第 440 條之

提起第二審上訴期間之計算。裁定期間，則自送達文書時起算，毋須送達者，自宣示該定期間之裁判時起算（第 160 條第 2 項）。

期間之計算，則依民法之相關規定（第 161 條）。依此，期間之末日為星期日、紀念日或其他休息日時，以其休息日之次日代之，休息日在期間中而非期間末日者，則不予扣除（30 抗 287 判例）。

四在途期間之扣除

當事人不在法院所在地住居者，計算法定期間，應扣除其在途之期間（第 162 條第 1 項），此有法定期間延長之意。有訴訟代理人住居法院所在地，於期間內得為該訴訟行為，不在此限（第 162 條第 1 項但書）。在途期間，則授權由司法院定之（第 162 條第 2 項）。至裁定期間，於裁定時已經審酌該因素，不須另計在途期間。例如審判長命當事人補繳裁判費所定之期間，並非法定期間，故除定期間之裁定，明示扣除在途期間計算者，可認在途期間為其所定期間之一部外，不得扣除在途期間計算（29 抗 184 判例）。

五期間之伸長或縮短

期間，如有重大理由時，得以裁定伸長或縮短（第 163 條第 1 項），但以裁定及通常法定期間為限。不變期間，本質上即不能裁定延長或縮短，須依回復原狀規定，而不在此限。

六回復原狀

1.意　義

當事人或代理人，因天災或其他不可歸責於己之事由，遲誤不變期間，於其原因消滅後十日內，得聲請回復原狀（第 164 條第 1 項）。回復原狀制度僅於不變期間規定有其適用。

2.要　件

得聲請回復原狀者，限於當事人或代理人。聲請事由，為因天災或其他不可歸責者，且該事由與訴訟行為逾期有因果關係為限（18 抗 165 判例）。聲請回復原狀之期間為自原因消滅後十日內為之，該聲請回復原狀之期間為不變期間，因此不得伸長或縮短之。但仍得聲請回復原狀（第 164 條第 2 項）。遲誤不變期間已逾一年者，基於法之安定性，特別規定不得聲請回復原狀（第 164 條第 3 項）。

3.程　序

因遲誤上訴或抗告期間而聲請回復原狀者，應以書狀表明其遲誤之原因及其

消滅時期,並提出釋明,向為裁判之原法院為之;遲誤其他期間者,向管轄該期間內應為之訴訟行為之法院為之(第 165 條第 1、2 項)。聲請回復原狀,應同時補行期間內應為之訴訟行為(第 165 條第 3 項)。

4.裁 判

回復原狀之聲請不合法得為補正者,受聲請之法院應命其補正,不能補正者以裁定駁回之。無理由者,則合併駁回回復原狀與補行訴訟行為之聲請。聲請有理由者,應裁定准其聲請,並補行該訴訟行為。如該事件已上訴或抗告者,應送由上級法院合併裁判(第 166 條)。聲請回復原狀目的在回復不變期間效果,並不影響原判決之確定力與執行力,但當事人可依強制執行法第 18 條規定救濟之。

▶ 第三節　訴訟程序停止

一 意 義

已開始之訴訟程序,因特定原因發生,不能或不宜繼續進行,或因兩造合意不進行訴訟時,於該原因消滅前,停止訴訟程序之謂。停止原因,本法分為:當然停止,因法定事由發生,當然停止訴訟程序進行;裁定停止,因有法定事由發生,經法院以裁定停止訴訟程序;合意停止,因雙方當事人之合意,或兩造遲誤言詞辯論期日而停止訴訟程序。訴訟程序停止目的,在保障當事人程序之參與權,具程序權保障機能,雖主要以訴訟程序為適用對象,但督促程序、保全程序、抗告程序,如須保障當事人或利害關係人參與權利者,亦有其適用。

二 當然停止

訴訟程序因法定事由發生,無須法院或當事人之行為,亦不問知悉該事實與否,訴訟程序即當然停止。

㈠停止原因

當事人死亡者,其權利能力、當事人能力消滅。訴訟程序在有繼承人、遺產管理人或其他依法令應續行訴訟之人承受其訴訟以前當然停止(第 168 條)。惟於有訴訟代理人時不適用之(第 173 條)。通常共同訴訟中之一人或數人死亡者,其他共同訴訟人之訴訟不生影響。但必要共同訴訟,則對全體共同訴訟人均生停止

效力。獨立參加人亦為當事人，應與當事人死亡為同一解釋。至一般參加人，則非本條所指之當事人，無本條之適用。一般參加人死亡者，其繼承人無準用本條承受訴訟餘地，其如為法律上利害關係人者，則應另為訴訟參加。當事人一方死亡，訴訟標的法律關係或權利義務，不能承繼者，訴訟程序即為終結，無須另以裁定駁回原告之請求。

　　法人因合併而消滅，訴訟程序在因合併而設立或合併後存續之法人承受其訴訟以前當然停止（第 169 條第 1 項），惟於有訴訟代理人時，不適用之（第 173 條）。公司債權債務之概括承受，因非法人格之消滅，不適用本條規定❹。公司合併不得對抗他造者，亦不適用本條規定（第 169 條第 2 項），例如公司合併，未依公司法規定為公告及通知，使債權人得提出異議者是。

　　當事人喪失訴訟能力，或法定代理人死亡或其代理權消滅者，訴訟程序在有法定代理人或取得訴訟能力之本人承受其訴訟以前當然停止（第 170 條），惟於有訴訟代理人時，不適用之（第 173 條）。公司董事解任者，同有適用。經理人就其所任事務，視為有為原告或被告或其他一切訴訟上行為之權，得依本條規定承受訴訟❹。

　　受託人之信託任務終了者，訴訟程序在新受託人或其他依法令應續行訴訟程序之人承受其訴訟以前當然停止（第 171 條）。本於一定資格以自己名義為他人任訴訟當事人之人，喪失其資格或死亡者，在有同一資格之人承受其訴訟前，當然停止（第 172 條第 1 項）。被選定為訴訟當事人之人全體喪失其資格者，亦當然停止（第 172 條第 2 項），惟於有訴訟代理人時不適用之（第 173 條）。本條適用範圍，限於本法第 41 條第 1 項、第 44-1、44-2 條第 1 項之訴訟擔當情形，因此債權人依民法第 242 條規定提出之代位訴訟，係本於固有權利而取得訴訟實施權，不屬之。

　　破產管理人承受破產人之訴訟程序後，或自始以破產人為當事人之訴訟程序，因破產程序終結，或喪失訴訟實施權，則其進行中之訴訟程序，並不當然停止，應分別由破產人或破產管理人續行訴訟（54 台上 3231 判例）。當事人受破產宣告，或經依消費者債務清理條例裁定開始清算程序者，訴訟程序當然終止（第 174 條第 1、2 項）。破產宣告時，破產人對於應屬於破產財團之財產，以及債務

❹ 最高法院 76 年度第 15 次民事庭會議決議。

❹ 院字第 1950 號解釋。

人就應清算之財產，均喪失其管理及處分權，訴訟程序當然停止。

法院因天災或其他不可避之事故不能執行職務者，訴訟程序在法院公告執行職務前當然停止。但因戰事不能執行職務者，訴訟程序在法院公告執行職務屆滿六個月以前當然停止（第 180 條第 1 項）。天災，指地震、水災、火災等自然災害之情形。其他不可避之事故，如戰爭、瘟疫等屬之。當然停止之訴訟，於法院公告執行職務後終止。惟本條就因戰事不能執行職務之當然停止訴訟之終了，另有特別規定，即在法院公告執行職務屆滿六個月以前，仍然當然停止（第 180 條第 2 項）。

(二)訴訟程序之承受

訴訟程序當然停止者，除本法第 180 條之法院因天災等事故不能執行職務之原因外，均有承受訴訟之發生。應承受訴訟之人，於得為承受時，應即為承受之聲明（第 175 條第 1 項），此為其義務，如不為承受訴訟聲明，他造得聲明應為承受訴訟人承受訴訟（第 175 條第 2 項）。若兩造均不為承受訴訟之聲明時，法院得依職權以裁定命其續行訴訟（第 178 條）。聲明承受訴訟，應提出書狀於受訴法院，由法院送達於他造（第 176 條）。於裁判送達後提起上訴或抗告前當然停止者，因尚未發生移審效，其聲明應向為裁判之原法院為之（32 聲 13 判例）。承受訴訟聲明，法院應依職權調查之（第 177 條第 1 項）。聲明不合法或無理由者，法院應以裁定駁回之（第 177 條第 2 項）。聲明有理由者，已停止之訴訟程序應續行，無須另為准予承受訴訟之裁定。對於駁回承受訴訟之裁定或命續行訴訟程序之裁定，得為抗告（第 179 條）。

三　裁定停止

訴訟程序因法定原因之發生，法院依聲請或依職權裁定停止進行之謂。法院是否裁定停止訴訟程序，有裁量權。法定原因消滅後，因裁定而停止之訴訟程序，並不當然續行，另須裁定撤銷該停止之裁定，始得續行訴訟，此與當然停止訴訟者不同。

裁定停止之原因，計有：當事人於戰時服兵役或因天災、戰事或其他不可避免之事故，而與法院交通阻隔者（第 181 條）、訴訟之裁判以他訴訟，或行政爭訟之法律關係成立與否為據者（第 182 條）。

普通法院就行政法院移送之訴訟認無審判權者，應以裁定停止訴訟程序，並請求最高法院指定有審判權之管轄法院（第 182-1 條第 1 項）。但移送經最高行

政法院裁判確定（第1款），或當事人合意願由普通法院裁判者（第2款），不在此限。

　　發生國際民事訴訟競合情形。即已繫屬於外國法院之事件，當事人於我國更行起訴，我國法院如認外國法院判決在我國有承認其效力之可能，且被告在外國應訴無重大不便者，法院得在外國法院判決確定前，以裁定停止訴訟程序。但兩造合意願由我國法院裁判者，不在此限（第182-2條）。

　　訴訟中有犯罪嫌疑牽涉其裁判者，法院得在刑事訴訟終結前，以裁定停止訴訟程序（第183條）。包括民事訴訟當事人以外之第三人犯罪嫌疑者。但附帶民事訴訟經裁定移送民事庭後，即成獨立之民事訴訟，若無非待刑事訴訟解決，民事訴訟即難以判斷情形時，即無裁定停止訴訟必要❺⓿。第三人依第54條主參加訴訟規定提起訴訟者（第184條），或當事人依第65條規定為告知訴訟者（第185條），或有第168條、第169條及第170條至第172條規定當然停止原因且有訴訟代理人者，或離婚之訴、夫妻同居之訴、終止收養之訴，法院認當事人有和諧之望者，均得以裁定停止訴訟程序。

四　合意停止

　　當事人進行主義，訴訟程序因當事人之合意而停止進行，或因雙方當事人遲誤言詞辯論期日，而視為合意停止訴訟程序❺❶。前者為明示合意停止，後者為擬制之合意停止。

㈠合意停止

　　合意停止方式，法無規定。其得於訴訟上或訴訟外以書狀或言詞為之，以言詞為之者，應由書記官記明於筆錄，且不問訴訟進行至如何程度，均得為之，惟須由兩造向受訴法院或受命法官陳明之（第189條第2項）。兩造可共同聲明合意停止，亦得先後聲明，以完成合意。合意停止訴訟有約定期間者，停止之訴訟程序因期間屆滿而續行，但不得逾四個月。於期間屆滿前，亦得因兩造合意而終了。未約定停止期間者，任一當事人均得向法院表示續行訴訟而使停止之訴訟續行。

　　依本法第190條規定，當事人自陳明停止時起，四個月內未續行訴訟者，視為撤回其訴或上訴。續行之訴訟，再合意停止者，以一次為限。若再次陳明停止

---

❺⓿ 最高法院78年度第11次民事庭會議決議。

❺❶ 合意停止訴訟，會使訴訟程序延滯，日本民事訴訟法已廢止該制度。

訴訟程序者，不生合意停止效力，法院得依職權續行訴訟。兩造如無正當理由仍遲誤言詞辯論期日者，視為撤回其訴或上訴。

㈡擬制合意停止

兩造無正當理由遲誤言詞辯論期日者，除別有規定外，視為合意停止訴訟程序。如於四個月內不續行訴訟程序者，視為撤回其訴或上訴（第 191 條第 1 項）。視為撤回其訴或上訴之效果，為當然效力，與當事人主觀認知無關，亦不以故意過失為要件（22 抗 446 判例）。但訴訟程序不待兩造到場亦得為之者，如宣示判決及調查證據程序，不適用之。

準備程序期日，有認係廣義言詞辯論期日，惟實務認不屬本法第 181 條所定言詞辯論期日，故不生擬制合意停止效果❷。有無正當理由，當事人有爭議者，得聲請續行訴訟，有理由者，不生擬制效果；法院認其理由不正當者，應以裁定駁回其續行訴訟之聲請。當事人對駁回之裁定，得為抗告（64 台抗 43 判例）。

五　訴訟程序停止之效力

㈠當然停止與裁定停止

訴訟程序停止中，法院與當事人均不得為本案訴訟行為。但於言詞辯論終結後當然停止者，本於其辯論之裁判得宣示之（第 188 條第 1 項）。與本案無關之訴訟行為，如承受訴訟聲明、聲請訴訟救助、委任或解除訴訟代理人，仍得為之，並生該效力。

訴訟程序之停止目的在保障當事人參與訴訟程序機會，如有違反而為本案訴訟行為者非當然無效，僅生異議權，亦得因其後之訴訟行為而治癒。訴訟程序停止時，其期間停止進行（第 188 條第 2 項）。此期間包含一切法定期間與裁定期間，不變期間亦同。期間自終竣時起，更始進行。

㈡合意停止

合意停止效力，原則上與當然停止或裁定停止同。但於言詞辯論終結後合意停止者，法院不得宣示裁判，又當事人於不變期間中合意停止者，不生期間停止進行效力。合意停止逾四個月未聲請續行訴訟者，或法院依職權續行訴訟無正當理由遲誤言詞辯論期日者，視為撤回其訴或上訴。

---

❷ 59 台抗 102 裁定。

第四章　訴訟之終了

訴訟因原告起訴而發生訴訟繫屬，法院因訴訟繫屬其所屬法官之義務因而發生，即對於原告之起訴請求有以裁判予以回應義務。訴訟繫屬狀態因法院之終局裁判，使訴訟繫屬狀態終了，法官之職務義務解除，訴訟因而終了，此為以裁判而使訴訟終了。處分權主義，當事人對於有處分權限之爭議事件，本私法自治原則，就訴訟程序之開始、進行、終了，亦得以自主意思決定之。當事人以自主意思決定使訴訟終了之情形，包括訴之撤回、訴訟標的之捨棄認諾、訴訟上和解。自主意思之訴訟終了原因，本法分散於各章節，訴之撤回規定於第262條至第264條，訴訟上和解明定於第377條以下，捨棄認諾則規定於第384條。此立法體例與日本民事訴訟法，統一規定於第二編第六章第261條至第267條非因裁判而訴訟終結者有異。本章以訴之撤回、訴訟上和解、法院裁判總論部分為範圍，至於訴訟標的捨棄、認諾及判決，則於第一審訴訟程序中一併說明。

➤ 第一節　訴之撤回

一　意　義

訴之撤回，係原告向法院為撤回起訴之單獨意思表示。撤回起訴有使訴訟繫屬溯及發生消滅效果。撤回行為亦為訴訟行為，以意思表示為之，為原告一人單獨意思表示，並以意思表示到達受訴法院時發生效力。撤回起訴不以附具理由為必要，無論其有無理由或理由當否，均不影響撤回效果。由被告或第三人以書狀向法院表示兩造已和解，而無繼續訴訟必要者，不生撤回效力（29上935判例）。訴之撤回法理，源自於處分權主義，即原告對於訴訟標的有處分權限，惟不屬處分權範圍之訴訟標的，經原告起訴後，其撤回並非當然不生撤回效力，例如確認親子關係存否之訴，親子身分關係雖與公益有關，原告對於該訴訟標的固無處分權限，但並無禁止原告起訴後撤回起訴以終結訴訟。職故，與訴之撤回有關之處分權，並非以訴訟標的法律關係有實體上之處分權，乃當事人關於訴訟程序有無續行意思為斷❸。

　　撤回起訴係原告一方之單獨行為。撤回起訴契約之效力，原告不為履行者，有認撤回屬原告專權，該撤回起訴合意不生撤回效力；惟漸有採肯定見解者，認訴訟上契約不能全部否定其效力，撤回合意固不生直接撤回效力，但於實體法上原告負有撤回義務，不為履行者，應負損害賠償責任，於程序上則因撤回合意，原告訴之利益欠缺❺❹。有認為不須間接引用私法行為效果，應承認直接在訴訟上發生撤回效果者❺❺（詳見訴訟契約）。

二　要件方式

　　原告起訴使訴發生繫屬後，於判決確定前，得撤回訴之全部或一部。但被告已為本案之言詞辯論者，應得其同意（第 262 條第 1 項）。訴於判決確定前均得撤回，已有終局判決且已合法上訴繫屬第二審或第三審之訴，原告亦得撤回起訴。所稱被告已為本案言詞辯論者，不以言詞辯論期日之言詞陳述為限，於被告提出之準備書狀或準備期日已為關於本案請求為實體上之陳述者，均包括之。同意不以明示為限，被告行為客觀上足以推知其有同意原告撤回之意者，亦無不可。

　　訴之撤回為訴訟行為，應具備訴訟行為所須具備要件，如須具備訴訟能力、訴訟代理人之撤回須有特別委任是。撤回意思表示如有民法意思表示之瑕疵，其撤回效力如何？主張撤回為私法行為性質說者，認為應準用民法相關規定，為無效或得撤銷❺❻。主張訴訟行為說者，認為原告訴之撤回或被告之同意，僅在構成應受刑事處罰之詐欺或脅迫事由下，始得認係無效❺❼。依通說之見，則主張因錯誤而撤回訴者，例如誤信訴訟外之和解達成而撤回起訴，該和解有無效原因者，不影響訴之撤回效力。

　　訴之撤回意思表示，應以書狀為之，於期日得以言詞向法院或受命法官為之（第 262 條第 2 項）。訴之撤回使訴訟繫屬消滅，原則上以書面向法院提出，此為形式要件，意思表示之相對人為法院或受命法官，例外得於期日以言詞為之，並應記載於筆錄，他造不在場者，應將筆錄送達（第 262 條第 3 項）。被告對於訴之

---

❺❸ 中野等著【講義】，第 320 頁。

❺❹ 日本最高裁判所昭和 44 年 10 月 17 日判決。

❺❺ 三ケ月著【民訴】，第 501 頁。

❺❻ 新堂著【民訴法 5 版】，第 350 頁。

❺❼ 兼子著【體系】，第 294 頁；日本最高裁昭和 46 年 6 月 25 日判決。

撤回未為同意與否之表示者，自該期日起，如未於期日到場或係以書狀撤回者，自筆錄或撤回書狀送達日起，十日內未提出異議者，視為同意（第 262 條第 4 項）。反訴之撤回，亦屬訴之撤回，其撤回效力與訴之撤回同。所不同者，本訴撤回後，反訴之撤回，不須得原告之同意（第 264 條）。

訴之撤回或同意撤回，其意思表示須明確，不得附以條件，因其有害訴訟程序之安定。無礙於訴訟程序之安定者，如先後位訴之關係者，不在此限。

三　法院之職權調查

訴之撤回，法院應依職權調查，有效之撤回，發生訴訟終結效果，如為不合法或無效者，訴應繼續進行。原告如爭執其撤回係無效或不合法，並請求繼續審理者，法院依職權調查結果認其撤回有效者，以裁定駁回其繼續審理之請求即可，對此裁定得抗告❺❽。如認訴之撤回不備生效要件者，訴訟繫屬未消滅，應繼續原訴訟程序，當事人對訴訟繫屬未消滅一節，如有爭議時，得於判決理由中說明，或以中間裁定宣示之。

四　撤回之效力

訴經撤回者，使訴訟繫屬溯及消滅，因此視同未起訴（第 263 條第 1 項）。其因而發生訴訟法及實體法效力。訴訟法上效果，如當事人於訴訟上實施之攻擊防禦方法提出、訴訟告知效、證據調查、送達效力均溯及消滅。至於實體法上效果，是否溯及消滅，須視各情況而定。發生實體溯及消滅者，例如因起訴而時效中斷者，因訴之撤回而不中斷（民法第 131 條），除斥期間之進行，因訴之撤回而回復起訴前狀態。不因之受影響者，例如於訴訟上為抵銷權之行使或為抵銷之抗辯，及因起訴而為債務之清償者，均因有私法性質，不因訴之撤回而影響。原告撤回之訴，訴訟標的之實體權既不隨同訴之撤回而消滅，因此於他訴中或訴訟外仍得為抵銷之主張；並亦得實行該債權之物上擔保，或以訴請求履行保證。

訴經撤回，視同未起訴，原告得另行提起他訴。惟於本案經終局判決後將訴撤回者，不得復提起同一之訴（第 263 條第 2 項），即賦予再訴禁止之效果。禁止再訴目的不在保護被告，而原告訴訟標的之權利亦未因之而消滅，通說認因國家司法機關已為裁判，訴之撤回使司法資源徒然浪費，乃係國家之制裁目的❺❾。有

---

❺❽ 吳著，第 853 頁。

認係禁止訴權之濫用，但如屬繼續性之身分關係，為求身分之真實救濟，其後如因身分關係之爭議，為求真實，則准許其得另行起訴❻。判決經上級審廢棄發回者，因已無實體終局判決存在，亦不包括之，撤回起訴後得再為起訴❻。原告撤回起訴當然不影響被告之起訴權利，例如得提起消極確認之訴。此外，反訴不因本訴撤回而失其效力（第 263 條第 1 項但書），仍應就反訴部分審判。

五 訴之撤回與訴之聲明減縮

訴之撤回係就訴訟標的，向法院表示撤回審判之意思表示，而訴之聲明減縮，亦係就訴訟標的之一部為撤回之表示，兩者概念有部分相同之處。訴之聲明減縮有三種意義：狹義者，指訴之聲明為數量上之減縮；廣義者，尚包括應受判決事項之聲明之態減弱之謂，例如自給付之訴變更為確認之訴；最廣義者，包括原告將複數請求中之一個或數個請求減少之謂❻。原告將數個訴訟標的中之一個或數個予以減縮者，就該減縮部分得認為係訴之撤回。廣義之減縮，則屬訴之變更領域，依訴之變更法理處理。狹義之減縮，亦係就訴訟標的之一部為撤回，應依訴之撤回法理處理❻。

▶ 第二節 訴訟上和解

一 意 義

訴訟繫屬中，當事人於期日在法院前就訴訟標的之主張，相互讓步以終結訴訟之全部或一部所為之合意，稱為訴訟上和解（第 377 條）。訴訟上和解不僅生訴訟終結效果，同時就訴訟標的紛爭亦獲得解決，此與訴之撤回有別。又因係以當事人之合意為之，又與訴訟標的之捨棄、認諾，須經法院為捨棄認諾判決者不同。訴訟上和解係在訴訟繫屬中之期日為之，又與起訴前或起訴後期日外之裁判外和解不同。

---

❺⁹ 新堂著【民訴法 5 版】，第 353 頁；三ケ月著【民訴】，第 498 頁。
❻⁰ 新堂著【民訴法 5 版】，第 353 頁。
❻¹ 最高裁判所昭和 38 年 10 月 1 日判決。
❻² 駱永家，新民事訴訟法 II，2011 年，第 29 頁。
❻³ 駱永家，新民事訴訟法 II，2011 年，第 29 頁。

　　訴訟和解，為私法自治原則及尊重當事人自己決定權之具體表現，並由法院提供訴訟過程中所獲得之訴訟資料，或予適當之勸諭解明，使當事人得自由選擇是否以裁判外機制解決紛爭。在此前提，訴訟上和解具有保障程序選擇權機能❻❹。司法權之本質機能，雖以裁判方式解決私權紛爭為主要目的，而當事人自主紛爭解決之勸諭，原非法官之本來任務，訴訟上和解、調解之由法院以公權力介入，並在法院勸導下達成者，或不無脫逸司法權之嫌，非憲法保障受裁判權之本來目的。但現代司法資源有限性，訴訟上和解有助於疏減訟源，合理分配司法資源，藉以平衡追求程序利益與實體利益，因此擴大審判外紛爭解決機制建置，已為各國民事訴訟之立法趨勢，而訴訟上和解或調解機能及存在目的，已非民事訴訟之附隨功能而已，乃被定位為具有獨自功能之制度價值。

二　性　質

　　訴訟上和解性質，有四說。

㈠私法行為說

　　訴訟上和解乃就訴訟標的，利用訴訟程序機會，所為之私法上和解契約行為，而和解筆錄僅具有公證書效果。至於訴訟上和解行為，得以發生訴訟終結及執行力取得之法律效果，乃係法律特別賦予之效果而已。

㈡訴訟行為說

　　訴訟上和解僅有訴訟行為性質，私法上和解只是其緣由，有關私法上和解之規定，並不適用於訴訟上和解。依訴訟行為說，則訴訟上和解行為，是以終了訴訟為目的之訴訟上意思表示合致，或合同的訴訟行為。

㈢兩行為併存說

　　訴訟上和解，其行為之外觀現象雖只一個行為，但實際係同時併存著二個行為，即訴訟上之合意或合同行為與私法上之和解契約行為。前者受訴訟法之規範，後者受私法之規範；各該行為是否無效，則分別依各該規範判斷之。

㈣兩行為競合說

　　訴訟上和解，係一行為中同時存有私法行為與訴訟行為兩性質。因此訴訟上和解行為同時受私法與訴訟法規範，自其中任一觀點，如有無效原因存在者，全部行為均歸於無效。此說為多數說及我國實務見解所採，認為無論是私法上行為

❻❹ 邱著，第 225 頁。

或訴訟法上行為存有無效或撤銷原因者，當事人均可請求繼續審判（43 台上 1075 判例）。

㈤各說檢討

私法行為說不能充分說明，何以訴訟上和解有使訴訟發生終結及有執行力效果之原因。又訴訟上和解與訴之撤回不同，訴之撤回約為訴訟行為，因其與實體關係得為分離，但訴訟上和解不能與實體關係要素切離，且須以實體關係為前提，此為訴訟上和解之本質要素，因此訴訟行為說，自有其缺陷。

訴訟上和解具有實體與訴訟兩面，主張兩行為併存說者，認為訴訟上和私法上和解全由當事人雙方決定，但訴訟上和解尚包含法院之參與，訴訟上和解行為，亦有法院之訴訟行為參與其中，而有三面行為關係，例如闡明權行使之積極作用即存在其間，而作為訴訟行為面，程序上之規範同具重要因素；因此私法行為與訴訟行為兩者之性質與要件，均獨立有別並各自存在。兩者之有效成立要件要素，應各自處理，當一方有無效原因者，並不影響他行為之效力；惟依此說，將發生私法行為與訴訟行為分離現象，當私法行為無效，訴訟行為有效時，則仍生訴訟終結效果，或因訴訟行為無效不生訴訟終結效果，但私法行為仍然有效之情形存在。訴訟上和解究應立於訴訟行為立場觀察，或應兼顧私法行為性質，此與實體法對程序法之影響作用、程序法自實體法獨立之程度有關，但目前學說之主要論述，並未完全自訴訟行為角度觀察，兩行為競合說仍為學說主流思想，其結果為：當訴訟因訴訟上和解而終了後，因發現私法上和解行為存有瑕疵，又再請求繼續審判之現象發生。但自訴訟上和解成立之實務面觀察，訴訟上和解行為，並未被區分為訴訟上行為與實體上和解行為，而係於訴訟過程中，於法官面前，由單一之和解行為構成，無二個行為之併存，因此兩行為競合說確較符合實情。

三 要 件

訴訟上和解無論係兩行為競合說或併存說，均認同時存在著訴訟法及實體法上性格，因此訴訟上和解即應同時具備實體法上要件與訴訟要件。

㈠當事人

實體上和解契約之當事人不限於訴訟法上之當事人，訴訟上當事人以外之第三人亦得為之，例如利害關係第三人亦得為參加和解，即訴訟上參加和解。但第三人參加和解，應經法院許可，法院認為必要時，亦得通知第三人參加（第 377

條第 2 項）。當事人欠缺訴訟能力者，由法定代理人為之。訴訟代理人成立訴訟上和解，應有特別代理權。

(二)對　象

　　訴訟和解係對訴訟標的為之，如非就訴訟標的為和解，而僅就事實為承認之讓步者，乃屬自認、不爭執問題，非訴訟上和解。又訴訟實務有就原告起訴請求以外，併為和解者，本法現已承認其得為執行名義（第 380-1 條）。得為和解之訴訟標的，以當事人得自由處分之權利義務關係為限，與公序良俗有背者，不得為和解。離婚、終止收養關係，日本人事訴訟法明定得為訴訟上和解，因其認為婚姻關係、收養關係既得以協議方式解消，程序法上並無禁止成立訴訟上和解之必要，換言之，將婚姻關係、收養關係視以得為處分事項。我國之離婚、終止收養關係，於實體法上，得為私法上之協議（民法第 1050、1080 條），但訴訟上和解要否與日本做相同規定問題，則有爭議。因訴訟上和解與確定判決有同一效力，具有對世性之形成判決，如得成立訴訟上和解使之具有對世性，第三人同不得再為相反之主張，此與訴訟法理有違，因而一般認不得成立訴訟上和解。我國民法固增訂第 1052-1 條規定，離婚經法院調解或和解成立者，婚姻關係消滅，使之發生婚姻關係解消效果，非直接賦予與確定判決同一效果。惟家事事件法第 30 條第 2 項、第 45 條第 2 項，則明定離婚、終止收養得為調解成立及成立訴訟上和解，並賦予與確定判決同一效，其法理頗有可議。日本離婚及終止收養之法定原因，係採破綻主義，即婚姻或養親子關係有難以繼續維持之事由（日本民法第770、814 條），與我國法定離婚原因（民法第 1052 條）、法定終止收養原因（民法第 1081 條）兼採破綻主義及有責主義者不同。而我國法定離婚原因共有 11 款規定，如准為訴訟上和解，並使之與確定判決有同一效，將生究與何條款法定離婚原因、法定終止收養原因有相同判決效疑義，實無明定使之發生與確定判決相同效力必要，只須明定發生婚姻關係或收養關係解消，及使訴訟終結效果即足。況日本人事訴訟法增訂離婚、終止收養關係之訴訟上和解、調解，並非係具形成訴訟之形成力，而是發生婚姻關係或終止收養關係之實體效果，及發生訴訟終了效。此種離婚訴訟上和解，被認係有別於裁判離婚或協議離婚以外之第三種婚姻關係解消類型[65]。至如再行起訴者，因既已生實體上婚姻或收養關係消滅效果，逕以欠缺當事人適格駁回即足。

[65] 高橋宏志、高田裕成，新しい人事訴訟法と家庭裁判所實務，*Jurist*，第 1259 期，2003 年，第 105 頁。

(三)訴訟要件之具備

欠缺訴訟要件之起訴，得否成立訴訟上和解，應分別以觀。例如起訴前應先經調解未為調解逕行起訴者，不妨成立訴訟上和解，以其同為紛爭之自主解決之故。訴訟要件與公益無關，係以當事人利益保護為出發者，則得成立訴訟上和解，如與公益有關，例如違背專屬管轄規定，應不得為之。

四　試行和解

(一)試行和解之期日

法院不問訴訟程度如何，得隨時試行和解，不以言詞辯論期日為限，受命法官或受託法官，亦得為之（第 377 條第 1 項）。和解內容應本於當事人雙方言詞之陳述合意為之，為不可欠缺要件，但本法新增第 377-1 條及第 377-2 條之特別規定，例外得以書面為之。

(二)和解方案之聲請

和解原係兩造自主紛爭解決方法，和解內容應本於當事人之自主決定，法院不得任意干涉強令和解，如無法達成合意，法院仍須進行本案審理程序。但如兩造有和解之望者，亦應有擴大和解解決紛爭機制之制度存在，此又分為兩種情形。

1. 兩造和解聲請

當事人和解之意思已甚接近者，應容許其選擇不以判決之方式解決紛爭。兩造得以書狀表明法院得定和解方案之範圍及願遵守所定之和解方案，聲請法院、受命法官或受託法官於當事人表明之範圍內，定和解方案（第 377-1 條第 1、2 項）。法院、受命法官或受託法官定和解方案時，應斟酌一切情形，依衡平法理為之；並應將所定和解方案，於期日告知當事人，記明筆錄，或將和解方案送達之（第 377-1 條第 3 項）。當事人已受前項告知或送達者，不得撤回第 1 項之聲請（第 377-1 條第 4 項）。兩造當事人於受第 3 項之告知或送達時，視為和解成立（第 377-1 條第 5 項）。參加和解之第三人，亦得與兩造為第 1 項之聲請，並適用前 4 項之規定（第 377-1 條第 6 項）。

2. 一造和解聲請

當事人有和解之望，而一造到場有困難時，法院、受命法官或受託法官得依當事人一造之聲請或依職權提出和解方案（第 377-2 條第 1 項）。前項聲請，宜表明法院得提出和解方案之範圍（第 377-2 條第 2 項）。依第 1 項提出之和解方

案，應送達於兩造，並限期命為是否接受之表示；如兩造於期限內表示接受時，視為已依該方案成立和解（第 377-2 條第 3 項）。前項接受之表示，不得撤回（第 377-2 條第 4 項）。

㈢試行和解之處置

因試行和解或定和解方案，如有確定當事人真意或聽取其意見之必要者，得命當事人或法定代理人本人到場（第 378 條第 1 項）。

五　和解筆錄

試行和解而成立者，應作成和解筆錄（第 379 條第 1 項）。和解筆錄應記載事項，準用本法第 212 條至第 219 條有關言詞辯論筆錄之規定（第 379 條第 2 項）。和解筆錄，應於和解成立之日起十日內，以正本送達於當事人及參加和解之第三人（第 379 條第 3 項）。依第 377-1 條或第 377-2 條視為和解成立者，應於十日內將和解內容及成立日期以書面通知當事人及參加和解之第三人，該通知視為和解筆錄（第 379 條第 4 項）。該通知既視同和解筆錄，自屬強制執行法第 6 條第 1 項第 3 款所定之執行名義之證明文件。

六　和解之效力

和解成立者，與確定判決有同一之效力（第 380 條第 1 項）。確定判決效力，一般指確定判決之法定效力，即既判力、執行力、形成力之謂。和解成立者，得發生訴訟終了效果，並有執行力，無不同見解。當事人就未聲明之事項或第三人參加和解成立者，得為執行名義（第 380-1 條），雖賦予執行力，但無既判力，得另依適當之訴訟方式處理，例如訴請確認和解所成立之法律關係不存在，或請求返還已依和解內容所為之給付。

訴訟上和解既判力之有無，學說有肯定說、否定說、限制肯定說。限制肯定說雖承認具既判力，但又認為和解內容如有違反強制禁止規定或背於公序良俗，或其要素錯誤、通謀虛偽意思表示等無效或得撤銷原因者，在該範圍內即無既判力。但既判力是絕對的概念，以相對性概念處理，應有不妥，限制肯定說實則仍屬否定說❻❻。訴訟上和解本質上屬當事人自主紛爭解決，法院僅能為形式審查，對於當事人之攻擊防禦方法並未充分審理，亦未賦予當事人充分之程序權保障，

---

❻❻ 駱永家，既判力之研究，1977 年，第 173 頁。

實不能認因有既判力明定之故，因此遮斷當事人就瑕疵有再主張之機會。本法之訴訟上和解，如有無效或得撤銷之原因者，得請求繼續審判，並未使之發生遮斷效果，因此可解為係採否定說見解。訴訟上和解得否創設如形成判決之形成力問題，因形成判決所生實體上權利之變動，一般係透過形成判決之對世效而生，乃國家之形成處分意思表示效果，具有對世效，而訴訟和解為當事人自主紛爭解決，如得以代替國家處分意思並對第三人發生拘束力，即有不當，因此應以否定說為當。

七　繼續審判

和解有無效或得撤銷之原因者，當事人僅得請求繼續審判（第 380 條第 2 項），不得提起再審之訴，亦非得上訴或抗告或以其他方法主張和解之瑕疵。就原聲明以外之事項，或參加和解之第三人間所成立之訴訟上和解，本法雖賦予執行力，但無與確定判決相同效力，如對是否為原訴訟之範圍，存有爭議時，當事人不得以之為由請求繼續審判，如其和解有無效或得撤銷之原因時，此類情形應以他訴主張❻❼。訴訟上之和解有無效或得撤銷原因，指私法上及訴訟法上無效或得撤銷之事由存在而言，係採兩行為競合說（43 台上 1075 判例），已如前述。

繼續審判之程序，除準用本法第 500 條再審程序關於期間之限制，及第 502 條再審裁判方式規定外，就第 501 條再審應遵守之程式，及第 506 條關於善意第三人保護規定，均同予準用（第 380 條第 4 項）。

▶ 第三節　法院裁判

一　意　義

訴訟程序因法院之裁判而終了。裁判者，法院就民事事件，將認定事實適用法律之判斷結果，對外所為具有一定訴訟法上效果之意思表示。裁判為法院訴訟行為性質，有廣狹二義。狹義之裁判，專指審判長、受命法官、受託法官所為之裁判；廣義者尚包括司法事務官、書記官所為之處分。本法之裁判，依第 220 條之文義，指狹義者言，司法事務官或書記官之意思表示，則以處分稱之，並分別

---

❻❼ 參照院字第 870 號、院解字第 3264 號解釋。

規定關於不服之救濟途逕。裁判一經對外表示，即直接發生訴訟法上效果，例如為裁判者，受其意思表示之羈束，非有特別規定，不得任意變更，僅能循審級程序救濟。

二　裁判之種類

　　裁判之分類方法不一而足。依裁判之內容，可分為命當事人或利害關係人為一定作為或不作為之給付裁判，確認權利或法律關係存否之確認裁判，及使法律關係發生、變更或消滅之形成裁判三類。如依是否使事件因而終結，則可分為終局裁判及中間裁判。如依裁判機關、裁判事項、裁判程序及裁判之外觀方式，則可分為判決及裁定。法院究應以裁定或判決之形式對外發生訴訟法上效果，依本法第 220 條規定，除明定應用判決者外，以裁定行之為原則。

　　判決與裁定之不同。判決，須經言詞辯論為之（第 221 條第 1 項），法官非參與為判決基礎之辯論者，不得參與判決（第 221 條第 2 項）。裁定，則以不經言詞辯論為原則（第 234 條第 1 項），裁定前不行言詞辯論，除別有規定外，得命關係人以書狀或言詞為陳述（第 234 條第 2 項）。判決，係法院就當事人關於實體法律關係之聲明所做之回應；裁定，一般係對訴訟指揮之處置或對附隨事項所作簡易之解決，不一定本於當事人之聲明或聲請之。判決，須依一定之程式作成；裁定則不拘泥於一定程式。經言詞辯論之判決，應宣示之，不經言詞辯論之判決，應公告之（第 223 條第 1 項）；經言詞辯論之裁定，則應宣示，而終結訴訟之裁定，不經言詞辯論者，應公告之（第 235 條）。此均為兩者之不同。

三　裁　定

㈠意　義

　　裁定係法院、審判長、受命法官或受託法官所為之意思表示。裁定之內容有就程序為之者，如駁回訴訟救助聲請之裁定（第 109-1 條）。有就實體權利或法律關係所為者，例如關於監護所生之損害賠償事件，未依家事事件法第 121 條規定將程序以裁定轉換為家事訴訟事件程序者，仍依家事非訟程序審理並以裁定終結該事件。本法無如日本法例，將法院所為之意思表示稱為決定，由審判長、受命或受託法官所為者，稱為命令之分類，而統稱為裁定，但區分不服救濟程序，對受訴法院之裁定，依抗告程序（第 482 條）；對受命法官或受託法官之裁定，則

以異議或聲明不服為之（第 485 條第 1 項）。

(二)裁定之確立

裁定之確立，以不經言詞辯論為原則（第 234 條第 1 項），採書面審理主義。除別有規定外，得命關係人以書狀或言詞為陳述（第 234 條第 2 項）。所謂別有規定，例如就支付命令之聲請，法院應不訊問債務人（第 512 條）；又如定暫時狀態處分，法院於裁定前應使兩造當事人有陳述之機會（第 538 條第 4 項）。裁定內容之確立，固本於法官自由意見為之，惟仍應親自參與心證形成之程序，如直接書面審理未參與行言詞辯論程序之法官，亦不得參與裁定之確立（第 239 條、第 221 條第 2 項）。

(三)裁定書之作成

裁定不以一定形式書面為必要，審判長、受命法官或受託法官以言詞宣示，經書記官記載於筆錄者，亦無不可。裁定書亦無如判決書須有一定之格式，惟駁回聲明或就有爭執之聲明所為裁定，應附理由（第 237 條）。裁定書如作成書面者，準用同法第 227 條判決書作成規定，為裁定之法官應簽名（第 239 條）。

(四)裁定之宣示

經言詞辯論之裁定，應宣示之（第 235 條前段）。終結訴訟之裁定，如經言詞辯論者，例如言詞辯論終結後，發現原告之訴有本法第 249 條不合法情事，而不能補正，經以裁定駁回者，即應宣示之。宣示裁定期日之指定，準用判決之宣示（第 239 條、第 223 條第 2、3 項）。宣示裁定方法，有主文者應朗讀主文，無主文者，則朗讀裁定全文意旨；宣示時不問當事人在場否，均生宣示效力。終結訴訟之裁定，不經言詞辯論者，應公告之（第 235 條後段）。

(五)裁定之送達

不宣示之裁定，應為送達（第 236 條第 1 項）。已宣示之裁定得抗告者，應為送達（第 236 條第 2 項）。應受裁定之送達之人，不限於訴訟當事人，該裁定法律上利害關係人，亦應為送達，例如依本法第 44-4 條為原告選任律師為訴訟代理人者，或依第 51 條選任特別代理人之裁定，應對被選任人為送達（第 51 條第 3 項）。

(六)裁定之羈束力

裁定內容，除法另有規定外，經宣示或送達後，不待確定即生效力。其得抗告者，亦除另有規定外，不停止其執行力。裁定經宣示後，為該裁定之法院、審

判長、受命法官或受託法官受其羈束（第 238 條前段），亦即不得自行撤銷或變更其裁定；不宣示者，經公告或送達後受其羈束（第 238 條中段）。但訴訟指揮須隨訴訟動態發展而更易之，因此關於指揮訴訟之裁定，無此適用。另法律另有規定者，如第 159 條期日之變更、第 163 條期間之延長縮短、第 186 條依職權撤銷停止訴訟程序之裁定，亦不受裁定之羈束，得自行撤銷或變更之（第 238 條後段）。

㈦準用判決之規定

本法第 221 條第 2 項、第 223 條第 2 項及第 3 項、第 224 條第 2 項、第 225 條、第 227 條至第 230 條、第 231 條第 2 項、第 232 條及第 233 條，關於法官之直接審理原則、判決之宣示及期日之指定、判決之公告、判決宣示效力、判決書之簽名及交付原本、正本送達、送達前當事人得為訴訟行為、判決之更正及補充等規定，於裁定準用之（第 239 條）。

第五章　其他司法人員之處分及卷宗保存利用

> ## 第一節　司法事務官之處分

一　立法目的及本質

　　法院組織法第 11、16、17–1、17–2 條關於司法事務官建置目的，在使其辦理非審判核心事務❻。司法事務官在其職務範圍內，享有職務獨立性及司法性，可稱為司法權第二支柱，或被稱為無法袍之法官，但因不受憲法法官身分獨立保障，本質上非法官。

　　我國司法事務官立法主要參考德國，不同者乃我國無如德國定有司法事務官法，惟於法院組織法就其資格取得，及移交司法事務官處理之司法事務範圍作列舉規定（該法第 17–2 條），並授權司法院以命令指定。

二　處理權限

　　司法事務官行使司法職務，受三項法則拘束。第一，受憲法法官保留原則拘束；即屬審判核心之紛爭事項，憲法已有法官保留，自不得移交司法事務官行使。第二，受法律法官保留原則拘束；即司法事務官處理不具紛爭性之司法事務時，應基於法律特別立法移交，其權限範圍限於法律明定移交或授權司法機關以命令發布之移交事務範圍。第三，司法事務官職權行使所為之處分，須有司法救濟途徑。

　　司法事務官雖本質上非法官身分，但從民事訴訟法第 240–2 條、非訟事件法

---

❻ 96 年修正法院組織法，增訂第 11、16、17–1、17–2 條司法事務官之組織、職等及職掌事務範圍，始構司法權第二基柱。立法理由如下：為有效運用司法資源，兼顧訴訟權保障，乃仿德國、奧地利法務官制度，於地方法院或其分院置司法事務官，專責辦理非審判核心事務或不涉身分、實體權利義務重大變動之事件。詳請參閱魏大喨，司法事務官之本質論，收載於拙著，法學方法、憲法原理實踐，新學林，2017 年，第 163 頁以下。

第 53 條，所為處分之文書，由其簽名，並蓋法院印信等規定，再參酌德國法第 12-1 條以觀，司法事務官為獨立自主機關，其職務行為無須承法官之命❻❾。此與法院組織法第 66-3 條第 1 項，檢察事務官受檢察官之指揮，及處理詢問告訴人、告發人、被告、證人或鑑定人者，視為刑事訴訟法第 230 條第 1 項之司法警察官，兩者之職權之獨立性有別。

三　法院組織法移交事務範圍

㈠移交事務種類及範圍

司法事務官所處理之司法事務，須經立法移交，且移交事務限於審判核心以外事務，以符憲法法定法官原則❼❶。法院組織法第 17-2 條，以法律保留方式採列舉移交方式，並授權司法院以命令規範移交之事務種類及範圍。該法第 17-2 條第 1 項，司法事務官辦理：⑴返還擔保金事件、調解程序事件、督促程序事件、保全程序事件、公示催告程序裁定事件、確定訴訟費用額事件（第 1 款）；⑵拘提、管收以外之強制執行事件（第 2 款）；⑶非訟事件法及其他法律所定之非訟事件（第 3 款），非訟事件，係指非訟事件法以外之其他法律所定，具非訟事件性質者言（立法理由說明）；⑷其他法律所定之事務（第 4 款）。

法院組織法立法移交辦理之事務種類，並非凡屬該種類之事件全部移交，移交範圍依同條第 3 項，另授權司法院以命令定之。司法院所定移交範圍，當然不得違反憲法或法律法官保留，亦不得逾越母法授權。司法院因授權而訂定發布有「司法事務官辦理各類事務之範圍」，大致分成民事類、刑事類、家事類、行政訴訟類。

㈡立法移交之民事事件範圍

法院組織法第 17-2 條第 1 款所定之事件，有：返還擔保金事件、調解程序事件、督促程序事件、保全程序事件、公示催告程序裁定事件、確定訴訟費用額事件。檢視各個移交事件是否均屬其得處理之事務時，仍須注意憲法法官保留及

---

❻❾ 97 年增訂法院組織法第 17-2 條第 2 項，司法事務官得承法官之命，彙整起訴及答辯要旨，分析卷證資料，整理事實及法律疑義，並製作報告書。本項並非所謂立法移交司法事務官之職務。

❼❶ 所謂審判核心，詳請參閱魏大喨，司法事務官之本質論，收載於拙著，法學方法、憲法原理實踐，新學林，2017 年，第 167 頁。

法律法官保留原則。例如調解事件，無對立兩造，無行對審程序必要；假扣押及一般假處分屬暫定性，不具終局紛爭解決效果，得由司法事務官為之。但滿足性定暫時狀態處分，因有本案訴訟代替化機制，實質上等同於紛爭之終局解決，解釋上應不得移交。立法者已賦予法院裁量權，如假扣押之命供擔保金額，其金額之酌定，並未限制僅能由法官裁量，非不得移交❼。具有確定效果之事件，如不屬審判核心者，例如確定訴訟費用額及負擔；以及有形成效果之事件，例如選任律師及定第三審律師酬金事件，亦得以命令移交。

(三)處理民事訴訟法相關事件程序

　　移交司法事務官處理之民事事件種類類型及相關之法規頗多，不以民事訴訟法為限。唯處理本法所定之民事事件，例如督促程序、保全程序、公示催告處理程序，除別有規定外，則適用本法第 240–1 條至第 240–4 條所定程序規定。

四　依民事訴訟法程序處分之性質

　　司法事務官依本法程序處理民事事件，所為職務處分行為之性質，雖不屬狹義審判權作用，但因涉及人民之權利義務關係，具有司法性質，屬司法性質之行政行為。其所作成文書名稱及應記載事項，各依有關法律之規定（第 240–2 條第 1 項），即與法官作成者相同，例如保全程序以裁定名稱，督促程序則以支付命令稱之。又因其具職務獨立性，該文書之正本或節本，應由司法事務官簽名，並蓋法院印❼。惟司法事務官在地方法院簡易庭處理事件時，前項文書之正本或節本得僅蓋簡易庭關防（第 240–2 條第 2、3 項）。司法事務官處理事件所為之處分，與法院所為者有同一之效力（第 240–3 條），此之法院，有指法官者。例如支付命令之裁定，由司法事務官為之者。

　　司法事務官之司法行政處分，除不能介入狹義審判權行使外，尚有內在界限，即在個別具體審判事件，於達成裁判所須之先決問題，如與裁判作用不能切割者，不能將之分離由司法事務官處理，例如各個具體審判程序，當事人書狀欠缺之命

---

❼ 有認具高度裁量權者，不宜移交司法事務官，詳請參看劉初枝，論「非訟法務官」之制度——評非訟法務官法草案，輔仁法學，第 11 期，第 42 頁。

❼ 德國司法事務官法第 12 條規定，就移交事務，司法事務官在文件上所為之各項措施，應添附 "Rechtspfleger" 及其簽名，因其為「自主之司法機關」組織，在其權限範圍內被賦予與法官相同之處分權限之故。

補正是，因其後之不補正駁回裁定須由法官為之。

五　處分之救濟

㈠輾轉異議制與直接抗告制

移交司法事務官處理之民事事件，涉及私權關係，其所為之處分，本於有權利即有救濟原則，應給予受處分影響之人有司法救濟途徑。對司法事務官處分之司法救濟，立法例上有聲明異議及抗告制度。本法採前者方式，非訟事件法採後者方式。

㈡本法採輾轉異議制

本法第 240-4 條第 1 項採異議制。當事人對於司法事務官處理事件所為之終局處分，得於處分送達後十日之不變期間內，以書狀向司法事務官提出異議，但支付命令之異議仍適用第 518、519 條規定。司法事務官認前項異議有理由時，應另為適當之處分；認異議為無理由者，應送請法院裁定之（第 240-4 條第 2 項）。法院認第 1 項之異議為有理由時，應為適當之裁定；認異議為無理由者，應以裁定駁回之（第 240-4 條第 3 項）。前項裁定，應敘明理由，並送達於當事人（第 240-4 條第 4 項）。

當事人對司法事務官核發之支付命令聲明異議，司法事務官認為異議逾期者，得否自行以裁定駁回，或仍應移送法官裁定？本法第 518 條規定，債務人於支付命令送達後，逾二十日之不變期間，始提出異議者，法院應以裁定駁回之。此係屬法律法官保留，未立法移交由司法事務官處理。而民國 104 年 6 月修法前第 521 條第 1 項原規定，異議逾期之裁定駁回，將使支付命令發生與確定判決同一效力，已具終局紛爭解決效果，觸及審判核心領域，又屬憲法法官保留範圍，自非司法事務官所得為終局決定，自不得立法移交。此亦可說明，何以本法第 240-4 條第 2 項後段，司法事務官認異議無理由者，應送請法院裁定之原因，而同條項前段之認異議有理由者，應另為適當之處分，因既有理由，如自行廢棄原處分，不使發生與確定判決同一效力，且係保留司法事務官之自行檢查處分當否機會，此即所謂輾轉異議制。

本法關於司法事務官之處分救濟採聲明異議制，其設計目的，在使原處分人有再行檢視其處分正確性機會；其次，異議並無如抗告制度之發生移審效，保留原審級法官對司法事務官處分審查權❼❸，對法官之裁定如有不服者，再依一般程

序法規定之抗告程序處理，此為輾轉異議制，而與非訟事件法第 55 條第 1 項規定，聲請人或權利受侵害者對於司法事務官就受移轉事件所為之處分，得依各該事件適用原由法院所為之救濟程序聲明不服（指如同法官之裁定），即採直接抗告制，兩者救濟程序不同。惟司法事務官在移交範圍內所為各項處分與法官並無不同，異議程序徒增困擾，並無必要，未來立法上採直接抗告制，應較妥適。

　　強制執行法所定由司法事務官處分之不服救濟程序，因強制執行法第 30-1 條規定，強制執行程序，除該法另有規定外，準用民事訴訟法之規定，亦應適用輾轉異議制。依此，對司法事務官因同法第 128 條第 1 項規定對債務人處以怠金之處分，係屬同法第 12 條之強制執行方法，債務人對此執行方法異議，應循同條第 1 項規定聲明異議程序救濟，先由司法事務官依同條第 2 項、第 13 條第 1 項規定處理，司法事務官認其執行方法之裁定有自行撤銷原因，應自行撤銷或更正，認異議無理由者，審判實務認應以裁定駁回其異議，並送請原法院裁定（臺灣高等法院暨所屬法院 106 年法律座談會民執類提案第 10 號）。本文以為，依同法第 30-1 條，準用民事訴訟法之輾轉異議制，則認異議無理由者，應逕送原法院裁定即可（同該座談會乙說見解）。但亦非依非訟事件法第 55 條第 1 項之直接抗告制。

▶ 第二節　書記官之處分

一　書記官處分性質

　　書記官之處分，係書記官對訴訟關係人，本於職務獨立所為之意思表示。其處分行為性質不屬審判行為，而無裁判權作用，但與訴訟關係人之權利有關，亦有司法行政行為性質。書記官於權限範圍內對外所為意思表示，不受法官指揮拘束，亦具有獨立性。

二　處分行為之救濟

　　本法關於書記官之處分，如本法第 216 條關於言詞辯論筆錄之更正補充、第 242 條第 1 項准駁當事人聲請閱覽抄錄或攝影訴訟卷宗文書，或付與繕影本。書

---

❼❸ 劉初枝，論「非訟法務官」之制度──評非訟法務官法草案，輔仁法學，第 11 期，第 39 頁。

記官所為之處分，須對外發表，並應依送達或其他方法通知關係人（第 240 條第 1 項）。其所為處分既影響訴訟關係人權利，須有司法救濟程序。關係人如有不服，得於送達後或受通知後十日內提出異議，書記官如認異議有理由者，應另為適當之處分；書記官如認為異議無理由者，應送請所屬法院裁定（第 240 條第 2 項）。是循異議程序，非採直接抗告制（30 抗 288 判例）。

➤ 第三節　訴訟卷宗之保存利用

一　訴訟文書之保存及滅失處理

　　當事人書狀、筆錄、裁判書及其他關於訴訟事件之文書，法院應保存者，應由書記官編為卷宗（第 241 條）。卷宗如有滅失者，則依民刑事訴訟卷宗滅失案件處理法，資以處理。

二　訴訟文書之利用

　　關於訴訟文書之利用，本法於第 242 條定有明文。當事人得向法院書記官聲請閱覽、抄錄或攝影卷內文書，或預納費用聲請付與繕本、影本或節本（第 242 條第 1 項）。第三人經當事人同意或釋明有法律上之利害關係，亦得為聲請，惟應經法院裁定許可（第 242 條第 2 項）。卷內文書涉及當事人或第三人隱私或業務秘密，如准許聲請，有致其受重大損害之虞者，法院得依聲請或依職權裁定不予准許或予以限制（第 242 條第 3 項）。不予准許或限制裁定之原因消滅者，當事人或第三人得聲請法院撤銷或變更該裁定（第 242 條第 4 項）。關於不予准許或予以限制之裁定得為抗告。於抗告中，第 1、2 項之聲請不予准許；其已准許之處分及第 4 項撤銷或變更之裁定，應停止執行。關於閱卷規則，由司法院定之（第 242 條第 5 項）。

三　訴訟文書利用之限制

　　裁判草案及其準備或評議文件，除法律別有規定外，不得交當事人或第三人閱覽、抄錄、攝影或付與繕本、影本或節本；裁判書在宣示或公告前，或未經法官簽名者，亦同（第 243 條）。

第 五 編

第一審訴訟程序

第一章　言詞辯論及其準備

　　言詞辯論，指於言詞辯論期日，當事人於法院提出攻擊防禦方法，並為法律上及事實上陳述之謂。其具體內容，包括當事人之訴訟行為、法院之訴訟指揮、證據之調查及判決之宣示行為。辯論主義下，言詞辯論係以當事人之訴訟行為為中心，但法院之訴訟行為於現今訴訟，亦被重視而得以發揮其適正裁判之功能，擴大闡明權範圍，以及程序裁量之適切行使，於言詞辯論程序更顯重大。又為保障人民有受適時裁判權，及充實言詞辯論審理內容，言詞辯論準備程序之改進，已為各國修法方向。

▶ 第一節　言詞辯論之準備

一　集中審理

㈠意　義

　　民事訴訟之審理，現採集中審理主義。集中審理一詞，法無定義性規定，較接近字義之解釋，應指「證人及當事人本人之訊問，應在爭點及證據整理終結後集中行之」，即所謂集中證據調查主義。此為日本最高裁判所頒布之民事訴訟審理規則第 182 條所為定義性規定。與此相對的，為證據分離調查主義，即「無論於何期日均得聲請訊問證人及當事人」之謂[1]。集中審理一方面能使直接審理主義、言詞審理主義落實，另方面可使參與判決的法官，其心證形成能在一次言詞辯論期日得以獲得鮮明印象，以避免流於梅雨式的冗長不止。為達此目的，集中審理所用方法，即以協議簡化整理爭點為中心。而此爭點整理的作成義務主體，乃為兩造當事人或其代理人，法院僅居於協助者地位[2]。

　　民事集中審理制度為學說普遍肯定[3]，在我國已成為具有法拘束力之法制，

---

[1] 村上著，第 270 頁。

[2] 村上著，第 286 頁。

[3] 日本就爭點整理之改革及運作，受實務界裁判官之肯定，詳看今井功（最高裁首席調查官、前東京高裁判事），爭點‧證據の整理と審理の構造，竹下守夫編，新民事訴訟法(1)，1998

民國 89 年修正民事訴訟法，集中審理制之建置為其主要目標，具體內容則以「日本之爭點整理，德國之失權規定」為主，又為充實準備程序，而增訂書狀先行、整理及協議簡化爭點程序規定，以促進審理集中化。

㈡法理基礎

1.受適時裁判請求權

　　集中審理制之採行，源於人民有請求國家於適當期間受法院裁判之公法上權利，此即「受適時裁判請求權」。於刑事審判方面，日本憲法第 37 條第 1 項已將此基本權明定於憲法。至民事方面，一般認如經長期審判程序，將有如時效一般因時間經過導致事實關係難於解明，而不能期待法律的正確適用，有害於當事人之實體權行使，及增加訴訟費用負擔，侵害憲法所保障之財產權❹。適時裁判請求權為受益權，具體內容包括得請求國家提供有效率之司法審判制度、審判程序，以及審判組織❺。

2.程序法理

　　民事訴訟制度及審判體系，以保護人民私權為中心架構而成，所謂人民受裁判權之具體內涵，即指當權利或利益被侵害時，可請求法院就其主張之當否為判斷之權，並藉程序法予以實現。但晚近有學者提出司法權之本質機能，應由具體紛爭之當事人，盡自己之力所實施之訴訟構造❻。因此作為紛爭解決機制之民事訴訟構造，須將實體權與其救濟程序分離，司法權之核心作用，除保障私權外，權利救濟手段更須符合適正解決紛爭需求❼。因之於權利救濟過程中，當事人負有協力義務與促進訴訟義務，否則課以失權效果。即集中審理制係建置在自己責任原則、充實審理內容之協力義務及失權效理論體系上。

二　準備書狀及書狀先行

　　言詞辯論之準備，以書面為之者，此書狀稱為準備書狀，包括原告之準備狀

年，弘文堂，第 202 頁以下。裁判官村上正敏，亦認為集中證據調查原則（集中審理），確實使審理工作有充實感，可一改以往五月兩式證據調查之徒勞浪費，現在日本各地方法院均快速地改用集中審理方式在進行。村上著，第 300 頁。

❹ 中野著【民訴】，第 15 頁。
❺ 中野著【民訴】，第 15 頁。
❻ 竹下著【目的】，第 12 頁。
❼ 竹下著【目的】，第 14 頁。

及被告之答辯狀。其內容在記載訴之聲明、事實上及法律上之主張、各種攻擊防禦方法及證據聲明。本法第 265 條第 1 項規定，當事人因準備言詞辯論之必要，應向法院以書狀記載其所用之攻擊或防禦方法，及對於他造之聲明並攻擊或防禦方法之陳述（第 266 條第 1、2 項），並明定當事人應自行以繕本或影本，將書狀直接通知他造（第 266 條第 3 項），即所謂書狀先行。其送達期間並有一定期限（第 267 條）。準備書狀如有不足時，審判長得定期間命當事人提出完全之書狀，並得命其就特定事項詳為表明或聲明所用之證據（第 268 條）。當事人在準備書狀所為陳述，如未於言詞辯論期日以言詞提出者，原則上不得為判決基礎。審判長或行準備程序之受命法官，為行爭點整理，應使當事人整理並協議簡化爭點，並得定期命當事人就整理爭點之結果提出摘要書狀。

當事人未依第 267 條所定時期提出答辯狀，或未依第 268 條規定提出記載完全之準備書狀或答辯狀，或未就特定事項詳為表明，及聲明所用證據者；或未依第 268-1 條第 3 項規定提出書狀或聲明證據者，法院得依聲請或依職權命該當事人以書狀說明其理由，如仍未予說明者，法院得準用第 276 條規定使之發生失權效果，或於判決時依全辯論意旨斟酌之（第 268-2 條）。

三　爭點整理

當事人已依規定行書狀先行程序後，審判長或受命法官應速定言詞辯論期日或準備程序期日（第 268-1 條第 1 項）。

法院為及早掌握紛爭內容之爭點，了解兩造就事件內容主要事實、間接事實之爭點及不爭點，在當事人協力及尊重其意見下，於期日為爭點之整理及簡化爭點之協議，因此明定審判長於言詞辯論期日，或行準備程序之受命法官於期日，應使當事人整理並協議簡化爭點（第 268-1 條第 2 項）。此項整理及協議簡化爭點為法院公法上義務，非裁量權。必要時，審判長或受命法官得定期間命當事人就整理爭點之結果提出摘要書狀（第 268-1 條第 3 項），但有無必要提出摘要書狀，為法院裁量權。上開書狀，應以簡明文字，逐項分段記載，不得概括引用原有書狀或言詞之陳述（第 268-1 條第 4 項）。

四　法院言詞辯論前之處置

法院因使辯論易於終結，認為必要時，得於言詞辯論前，命當事人或法定代

理人本人到場；命當事人提出文書、物件；通知證人或鑑定人及調取或命第三人提出文書、物件；行勘驗、鑑定或囑託機關、團體為調查；使受命法官或受託法官調查證據（第 269 條）。

五　準備程序

(一)目的功能

因直接審理主義需求，成為判決基礎之訴訟資料，應經公開辯論直接形成法官心證原因，如為獨任審判事件，固無問題，但行合議審判事件，為先行了解訴訟關係，整理協議簡化爭點，法院於必要時得以庭員一人為受命法官，使行準備程序（第 270 條第 1 項）。而於行獨任審判訴訟事件，亦得準用有關準備程序規定（第 271-1 條）。

(二)準備程序實施

準備程序，以闡明訴訟關係為止。又受命法官於準備程序期日得命當事人，就準備書狀記載之事項為說明，或命當事人就事實或文書、物件為陳述。準備期日因以闡明訴訟關係為目的，而受命法官準備期日，亦係以協助整理及協議簡化爭點為主。集中審理制，證人訊問及證據調查，應於言詞辯論期日為之，因此受命法官於準備程序期日，就調查證據之權限受到嚴格限制，非有法定事由不得為之❽。受命法官於準備程序，例外地得另經法院命其為調查證據，但以有下列情形為限：有在證據所在地調查之必要者；依法應在法院以外之場所調查者；於言詞辯論期日調查，有致證據毀損、滅失或礙難使用之虞，或顯有其他困難者；兩造合意由受命法官調查者（第 270 條第 3 項）。

本法第 251 條第 1、2 項之規定，於行準備程序準用之（第 270 條第 4 項）。亦即訴狀與準備期日通知書，除有急迫情事外，應於準備期日十日以前送達被告。

準備程序期日，受命法官為闡明訴訟關係，得不用公開法庭之形式行之，並命當事人就準備書狀記載之事項為說明，亦得命當事人就事實或文書、物件為陳述，整理並協議簡化爭點，或為其他必要事項（第 270-1 條第 1 項）。受命法官於行前項程序認為適當時，得暫行退席或命當事人暫行退庭，或指定七日以下之期間命當事人就雙方主張之爭點，或其他有利於訴訟終結之事項，為簡化之協議，

---

❽ 現行實務上，受命法官通常均因兩造同意為證據之實質調查，就此雖法有明文，實質上已違背集中審理制之主要精神。

並共同向法院陳明。但指定期間命當事人為協議者，以二次為限（第 270-1 條第 2 項）。

㈢爭點整理及協議之拘束力

當事人就其主張之爭點，經依第 270-1 條第 1 項第 3 款整理並協議簡化爭點，或依同條第 2 項為簡化協議者，應受其拘束。但經兩造同意變更，或因不可歸責於當事人之事由或依其他情形協議顯失公平者，不在此限（第 270-1 條第 3 項）。

㈣準備程序筆錄

準備程序筆錄應記載各當事人之聲明及所用之攻擊或防禦方法、對於他造之聲明及攻擊或防禦方法之陳述，及第 270 條第 1 項所列各款事項及整理爭點之結果（第 271 條）。

㈤受命法官權限

第 44-4 條、第 49 條、第 68 條第 1 項至第 3 項、第 75 條第 1 項、第 76 條、第 77-1 條第 3 項、第 94-1 條第 1 項前段、第 120 條第 1 項、第 121 條第 1 項、第 2 項、第 132 條、第 198 條至第 200 條、第 203 條、第 207 條、第 208 條、第 211-1 條第 1 項、第 2 項、第 213 條第 2 項、第 213-1 條、第 214 條、第 217 條、第 249 條第 1 項但書、第 2 項但書、第 254 條第 4 項、第 268 條、第 268-1 條第 3 項、第 268-2 條第 1 項、第 269 條第 1 款至第 4 款、第 371 條第 1 項、第 2 項及第 372 條關於法院或審判長權限之規定，於受命法官行準備程序時準用之（第 272 條第 1 項）。

第 96 條第 1 項及第 99 條，關於訴訟費用擔保法院權限之規定，於受命法官行準備程序時，經兩造合意由受命法官行之者，準用之（第 272 條第 2 項）。

㈥準備程序終結及再開

準備程序目的之完成，即訴訟關係已闡明，爭點及證據已整理及簡化，或經法院命調查證據完畢者，準備程序應為完結。準備程序終結時，應告知當事人，並記載於筆錄（第 274 條第 1 項）。當事人之一造，於準備程序期日對於到場一造行準備程序者，應將筆錄送達於未到場人（第 273 條第 1 項），除有另定新期日之必要者外，受命法官得終結準備程序（第 273 條第 2 項）。於準備程序後行言詞辯論時，當事人應陳述準備程序之要領，但審判長得令書記官朗讀準備程序筆錄代之（第 275 條）。

受命法官或法院得命再開已終結之準備程序（第 274 條第 2 項）。再開準備程序之必要否，法院視訴訟關係闡明程度而定，屬法院職權，當事人無聲請權，法院無裁定准駁必要。

六 失權及調和

集中審理新制課以失權之不利益，促使當事人訴訟義務之履行。當事人未依規定提出書狀或聲明證據者，法院得依聲請或依職權命其以書狀說明其理由，未為說明者，得準用第 276 條之失權規定，或於判決時依全辯論意旨斟酌之（第 268-2 條）。當事人未於準備程序主張之事項，除有特別規定外，於言詞辯論時，不得主張之（第 276 條第 1 項）。失權課以義務人重大不利而與訴訟權保障相牴觸，即有調和必要，本法設有除外規定，即法院應依職權調查之事項（第 276 條第 1 項第 1 款），或該事項不甚延滯訴訟者（第 276 條第 1 項第 2 款），或釋明因不可歸責於當事人之事由不能於準備程序提出者（第 276 條第 1 項第 3 款），或依其他情形顯失公平者（第 276 條第 1 項第 4 款）。

日本民事訴訟法第 157 條規定，攻擊防禦方法應適時提出。當事人出於故意或有重大過失於時機後始行提出攻擊防禦方法，因而影響審理之終結者，法院得依聲請或依職權駁回之。攻擊防禦方法之提出是否逾適當時期，應視以前各階段程序，如爭點整理、準備程序或言詞辯論程序，應否提出為斷。又發生失權效之故意或重大過失，我國並不採強制律師代理主義，故應審酌當事人之法律知識、攻擊防禦方法之種類、性質、複雜程度，綜合判斷之。抵銷之預備抗辯，如被告對原告訴求債權存否爭執時，尚難期待其於爭點整理或準備程序階段先行提出，應准其後再行提主張。逾時提出之失權，須以有礙訴訟終結為要件，如該當期日即可審理，無庸另訂其他期日者，並不能逕認有礙訴訟之終結，例如證人經當事人自行協同到場，即無再行通知另定期日必要者，不能認有礙訴訟終結。

▶ 第二節 言詞辯論之過程

一 開始及進行

言詞辯論，以當事人聲明應受裁判之事項為始（第 192 條）。言詞辯論開始

後，其實施及過程由審判長指揮進行。亦即，以職權進行主義為架構，不屬處分權主義範圍。因此，期日之指定、法庭公開否、兩造之聲明及陳述提出先後、辯論之順序，均在審判長指揮下依序進行。

二　公開審判及其例外

言詞辯論應公開行之，但當事人提出之攻擊或防禦方法，涉及當事人或第三人隱私、業務秘密，經當事人聲請，法院認為適當者，得不公開審判；其經兩造合意不公開審判者，亦同（第 195-1 條）。

所謂公開行之，係指公開法庭在多數不特定人前實施，有藉由人民監督審判之意，涉及司法之可受信賴性，惟公開法庭並非絕對必要，得立法限縮。為因應科技設備進行審理，本法於 110 年新增第 211-1 條，明定當事人、法定代理人、訴訟代理人、輔佐人或其他訴訟關係人所在與法院間有聲音及影像相互傳送之科技設備而得直接審理者，法院認為適當時，得依聲請或依職權以該設備審理之（第1 項），以便利處於遠隔法院處所之人訴訟程序之實施，並兼顧審理之迅捷。此所稱之其他訴訟關係人，如參加人、特約通譯等。以科技設備進行審理，攸關當事人程序利益，宜先徵詢其意見，供法院判斷以該設備審理是否適當（第 2 項）。其審理期日通知書記載之應到處所，為該設備所在處所（第 3 項）。法院進行遠距視訊審理，其程序筆錄及其他文書須陳述人簽名者，由法院傳送至陳述人所在處所，經陳述人確認內容並簽名後，將筆錄及其他文書以電信傳真或其他科技設備傳回法院（第 4 項）。科技設備審理及文書傳送之辦法，授權司法院訂定（第 5 項）。

三　辯論之分離合併及限制

㈠意　義

以一訴主張數項標的，無論其為主觀或客觀訴之合併，法院均得命分別辯論（第 204 條前段）。法院得視各個具體事件進行情況，命分別辯論。分別提起之數宗訴訟，其訴訟標的相牽連或得以一訴主張者，法院得命合併辯論（第 205 條第1 項）。此為辯論之分離與合併。當事人關於同一訴訟標的，提出數種獨立之攻擊或防禦方法者，法院得命限制辯論（第 206 條）。

以一訴主張數項訴訟標的，為複數之訴，為免因合併辯論反使案情趨於複雜造成訴訟遲滯，而賦予法院得視個案審理現況，有命分別辯論權限必要。命合併

辯論原因，主要在於避免裁判矛盾，及得以利用同一訴訟程序解決紛爭之訴訟經濟需求，法院於裁定命分別辯論或合併辯論，須以之為裁量基準。限制辯論者，係當事人就同一訴訟標的提出多數獨立之攻擊防禦方法，法院為使訴訟程序得以順利進行，及避免程序浪費為無效率訴訟實施，賦予法院得就各獨立攻擊防禦方法安排其辯論順序，非謂限制當事人之辯論權。當事人就多數攻擊防禦方法中之一，即可以獲得勝訴判決者，其他無益攻擊防禦方法，法院基於訴訟經濟，即無續予辯論必要，例如消費借貸法律關係經證明不存在，即無再就時效完成否為辯論必要。

(二)例外規定

辯論之合併與分離，固為審判長權限而屬程序裁量領域，性質上為法院之訴訟行為，但其裁量權受到限制。合併起訴之數項標的（請求），或其攻擊或防禦方法有牽連關係者，法院不得命分別辯論（第 204 條後段）。又如不得行同種訴訟程序，或分別繫屬於不同審級法院之事件，基於程序法理差異性及審級利益維護考量，非有特別規定，法院不得命為合併辯論（19 抗 544 判例）。

(三)合併裁判

命合併辯論之數宗訴訟，得合併裁判（第 205 條第 2 項），但命合併辯論之數宗訴訟，其當事人兩造俱不相同或僅有一造相同者，不得合併裁判（31 上 2797 判例）。本法第 54 條之主參加訴訟，應與本訴訟合併辯論及裁判之。但法院認為無合併之必要或應適用第 184 條之規定者，不在此限（第 205 條第 3 項）。又訴訟標的之一部或以一訴主張之數項標的，其一達於可為裁判之程度者，法院得為一部之終局判決，本訴或反訴達於可為裁判之程度者亦同（第 382 條）。

(四)不服之救濟

訴之合併與分離辯論及限制辯論，均係法院依職權酌定之事項，且屬於訴訟指揮，當事人不得對之聲明不服（19 抗 546 判例）。惟自程序裁量之觀點，合併起訴之數訴，如因命分別辯論分別裁判結果，造成審級救濟之減縮，例如分別辯論分別裁判，致上訴數額未逾上訴第三審之數額者，關此分離之訴訟指揮，並非單純之訴訟程序指揮裁定，乃實質影響當事人審級利益，應予當事人向上級審提出抗告權。

四　言詞辯論之輔助方法

為保障訴訟程序之實質平等，參與辯論人如不通我國語言，法院應用通譯，法官如不通參與辯論人所用之方言者，亦同（第 207 條第 1 項）。參與辯論人如為聽覺、聲音或語言障礙者，法院應用通譯，但亦得以文字發問或使其以文字陳述（第 207 條第 2 項）。關於鑑定人之規定，亦準用上開通譯之規定（第 207 條第 3項）。

五　對欠缺陳述能力當事人之處置

當事人欠缺陳述能力者，法院得禁止其陳述（第 208 條第 1 項）。前項情形，除有訴訟代理人或輔佐人同時到場者外，應延展辯論期日。新期日到場之人再經禁止陳述者，得視同不到場（第 208 條第 2 項）。訴訟代理人或輔佐人欠缺陳述能力者，亦同（第 208 條第 3 項）。

六　調查證據之期日

證據調查為法官心證形成原因，本法採直接審理主義，自應於言詞辯論期日行之（第 209 條）。但有例外情形，如使受命法官或受託法官調查證據（第 269、290 條），或囑託外國管轄機關調查證據（第 295 條），或因保全證據必要，起訴前或起訴後言詞辯論期日前之調查證據者（第 368、379 條）。惟仍應命當事人於言詞辯論期日就上開調查證據結果為辯論。

七　辯論之再開

法院於言詞辯論終結後，宣示裁判前，如有必要得命再開言詞辯論（第 210 條）。參與言詞辯論之法官有變更者，當事人應陳述以前辯論之要領。但審判長得令書記官朗讀以前筆錄代之（第 211 條），此為言詞辯論之更新，以實現直接審理主義目的。命再開言詞辯論否，屬法院職權，當事人無聲請權，法院無須就其聲請予以裁判，即使予以裁判，亦屬訴訟程序進行中所為之裁定，不得為抗告（28 抗 173 判例）。

八 言詞辯論筆錄

㈠意 義

言詞辯論筆錄，係法院書記官就言詞辯論期日所實施之訴訟程序過程及具體內容，當庭以文字記載製作之公證書。其具有完全證據力，非有反證證明其與真實不合者，應認為真正（26 上 461 判例）。言詞辯論筆錄以文字記載為原則，但得依當事人之聲請或依職權，使用錄音機或其他機器設備，輔助製作之（第 213-1 條）。

㈡應記載事項

言詞辯論筆錄，應記載辯論之處所及年月日、法官書記官及通譯姓名、訴訟事件、到場之當事人等、辯論之公開與否及不公開之理由（第 212 條）。並應記載辯論進行之要領，如訴訟標的之捨棄認諾及自認、證據之聲明或捨棄及對於違背訴訟程序規定之異議、其他聲明或陳述、證人或鑑定人之陳述及勘驗所得之結果、不作裁判書附卷之裁判、裁判之宣示（第 213 條第 1 項）。當事人所為其他重要聲明或陳述及經曉諭而不為聲明或陳述之情形，審判長得命記載於筆錄（第 213 條第 2 項）。

當事人言詞辯論時所為之聲明或陳述記載於書狀，並當場提出者，審判長得命書記官將之附於筆錄，並記載其事由（第 214 條）。筆錄內引用附卷之文書或表示將該文書作為附件者，其文書所記載之事項，與筆錄有同一效力（第 215 條）。審判長及法院書記官應於筆錄內簽名（第 217 條），審判長因故不能簽名者，應依第 217 條規定辦理。

㈢筆錄之閱覽、增刪及效力

言詞辯論筆錄應依聲請於法庭向關係人朗讀或令其閱覽，並於筆錄內附記其事由（第 216 條第 1 項）。關係人對於筆錄所記有異議者，法院書記官得更正或補充之，如認異議為不當者，應於筆錄內附記其異議（第 216 條第 2 項）。經異議而未予更正或補充之筆錄，其實質內容之效力，屬由法官自由心證範圍。筆錄之更正補充，不得以挖補或塗改文字方式為之，如有增加刪除者，應蓋章並記明字數，其刪除處應留存字跡（第 218 條）。

書記官依第 216 條第 1 項規定所為筆錄更正或補充，係指關係人當庭認為筆錄有錯誤或遺漏而提出異議者，如因事後閱覽認有此情事，請求更正或補充者，

非此所指之異議。如有請求而書記官認無理由者，逕為付卷即足，無須為任何處分，對之亦不得異議，否則屬公文書性質之筆錄，其公信力及證據力殆失。如認有更正或補充必要者，書記官逕依職權為處分即足，但應依本法第 240 條第 1 項規定，將處分送達於關係人，關係人對該處分得依同條第 2 項為異議。

　　言詞辯論所定程式之遵守專以筆錄證之（第 219 條），惟筆錄所記載實質內容之證據力，例如有無自認、證人之陳述、勘驗結果，屬法官心證形成一部，依自由心證判斷之。

▶ 第三節　言詞辯論當事人之行為及義務

一　訴訟行為之分類

　　訴訟行為之分類，有以行為之性質而分為：意思通知（如訴之聲明、訴之撤回）、觀念通知（如陳述或主張）及意思表示者（如同意訴之撤回、同意反訴提出、合意管轄）。此分類法可將當事人之訴訟行為，稱之為訴訟法上意思表示之訴訟法律行為。亦有以訴訟行為內容而區分為：聲明、陳述（或主張）者。學說有持訴訟狀態論，將當事人於言詞辯論之訴訟行為，分為取效行為及與效行為❾；取效行為，指當事人向法院為一定內容裁判之請求為目的之訴訟行為，及向法院提供訴訟資料及證據資料之行為。與效行為，則指得因當事人一方或雙方之合意，直接發生訴訟上效果之行為，如捨棄、認諾、合意管轄或不為上訴之合意、訴訟上和解等是❿。

二　本案聲明

　　言詞辯論，以當事人聲明應受裁判之事項為始（第 192 條）。應受裁判事項聲明即為本案聲明，法院對原告之本案聲明有審判義務，審理程序終結後，有為一

---

❾ 學者對於此種分類有持懷疑態度者，例如自認及證據契約，自以裁判及事實認定為前提而提出之訴訟資料，此一立場觀察，係取效行為，但從自認及證據契約同時對法院有拘束力之立場觀察，亦得認為係與效行為，新堂著【民訴法 5 版】，第 458 頁以下。我國學說有以取效行為及與效行為說明者，陳著（上），第 291 頁。

❿ 小室直人，新民事訴訟法講義，1998 年，法律文化社，第 125 頁。

定內容之回答之公法上義務，法官亦不能因法無明文而拒絕回答。原告之本案聲明經審理結果，法院認無理由者，應駁回其請求；有理由者，則應如其本案聲明內容之判決。被告於言詞辯論時，請求駁回原告之訴之陳述，雖稱之為聲明，但非屬取效性訴訟行為，不生訴訟上效果，法院無回應必要，此可自原告之訴因訴訟要件欠缺，即使被告未為任何聲明情況下，法院亦須以不合法駁回原告之請求即明。

本案聲明，基於程序安定理由，不得附以條件。但若不危害程序安定，如客觀預備聲明，或指定審理順序之聲明請求，或附有條件之聲明，而該條件成就與否，於審理時即可判明者，可放寬承認標準。聲明係以聲明人之利益為目的，原則上於法院裁判前得任意撤回，但為相對人有利用該聲明之機會，或因而造成相對人訴訟防禦障礙而危害訴訟程序安定性者，須經相對人之同意，例如撤回起訴或自認之撤回是。

三 攻擊防禦方法之提出

㈠意　義

攻擊防禦方法，係原告用以支持其本案聲明，或被告用以排斥本案聲明而提出之一切判斷所須之訴訟資料[11]。原告提出者為攻擊方法，被告提出者為防禦方法，攻擊防禦方法之提出，即為言詞辯論時當事人所為之訴訟行為。攻擊防禦方法提出之具體作為，即為事實上之主張及證據之聲明。原告為使其本案聲明獲得有理由判決，須就其請求提供理由，即提出合於其所主張權利關係存在之具體原因事實（構成要件事實），此為原告事實上主張責任。被告對原告所主張之原因事實存在，得予以否認，或主張該權利關係之法律效果業已消滅。前者為否認，後者即為抗辯，被告為抗辯而主張之事實，稱為抗辯事實。原告對於被告抗辯事實，亦得為否認，或再為抗辯。原告再抗辯而再主張之事實，即為再抗辯事實。

攻擊防禦方法以原告之請求當否而提出之各種訴訟資料為中心，但影響請求當否者，除上述之攻擊防禦方法外，關於訴訟程序及方式當否，以及各種訴訟行為效力所為之聲明或主張，例如逾時提出攻防失權效之聲明（第 196 條）、訴訟程序違背之異議提出（第 197 條第 2 項），將影響本案請求當否之判斷，亦屬攻擊防禦方法。

---

[11] 駱永家，民事法研究 II，1986 年，第 1 頁；新堂著【民訴法 5 版】，第 465 頁。

㈡適時提出主義

　　攻擊或防禦方法，除別有規定外，應依訴訟進行之程度，於言詞辯論終結前適當時期提出（第 196 條第 1 項）。當事人意圖延滯訴訟，或因重大過失，逾時始行提出攻擊或防禦方法，有礙訴訟之終結者，法院得駁回之。攻擊或防禦方法之意旨不明瞭，經命其敘明而不為必要之敘明者，亦同（第 196 條第 2 項）。此為攻擊防禦方法之適時提出義務。本法就攻擊防禦方法提出之時期，原未明定，因此當事人得隨時提出，但造成訴訟程序及司法資源之嚴重浪費，因此仿德國之適時提出主義，明定適時提出主義。

㈢失權及其緩和

　　當事人未於適時提出攻擊防禦方法者，得生失權效果，此為完成促進訴訟目的之手段。如經行準備程序者，當事人未為促進訴訟義務者，亦可能發生失權效果。然則失權之正當法理依據為何，是否僅因為促進訴訟程序，而輕忽當事人實質權利之保護，兩者間如何取得平衡，如何藉失權手段以完成充實審理目標，復不侵害人民之實體法權利，乃立法者應省思課題。此平衡手段即應設計若干排除條款，以為失權之緩和。本法第 196 條第 2 項即本此意旨，基於衡平原則之適用，設有失權之緩和規定 ❷。緩和規定，以當事人意圖延滯訴訟或因重大過失逾時始提出攻防方法，而有礙訴訟之終結為要件。又如行準備程序，未於準備程序主張之事項，同法第 276 條規定，不得再為主張，但法院應依職權調查之事項，或該事項不甚延滯訴訟者，或因不可歸責於當事人之事由不能於準備程序提出者，或依其他情形顯失公平者，不在此限。

四　陳述方法

　　當事人於言詞辯論之陳述或主張，應以言詞為之，不得引用文件代之。但以舉文件之辭句為必要時，得朗讀其必要之部分（第 193 條第 2 項）。

五　真實義務

㈠真實義務與誠信原則

　　當事人就其提出之事實，應為真實及完全之陳述（第 195 條第 1 項），此為真

---

❷ 乃實質正義與程序促進之衝突與調適，姜世明，論遲延提出攻擊防禦方法之失權，法官協會雜誌，第 2 卷第 2 期，第 186 頁。

實義務。真實義務立法目的，在保護當事人之真正權利及維持國家之法律程序❸。就前者言，不無有發現實體真實機能目的。

　　真實義務於程序法位置，咸認可歸入誠信原則，為該原則之具體化規範。誠信原則為債法之原理原則，於其他法領域，如民事訴訟法有無以之成為一般原理原則必要。民事訴訟程序進行與私權間法律關係之締結，存有一定程度之不同，私權交涉過程，全屬私法自治領域，欠缺公權力監督，因此雙方當事人須本於誠實信用原則，以保護交易相對人之交易安全及維護公平性，但民事訴訟程序實施權，除當事人之訴訟行為外，法院之訴訟行為參與其中，得借由訴訟指揮、闡明權行使等手段干涉，以消除不公正訴訟行為發生，因而誠信原則於民事訴訟程序中之重要性不必特別彰顯，反而如將誠信原則作為民事訴訟之一般性原理原則，或有造成法官依附誠信原則濫行裁量之虞❹。因此，學說乃主張透過誠信原則類型化方式予以實現即足。例如前後互相矛盾訴訟行為效力之否定，或訴訟權能之失權效果，或訴訟權能濫用之禁止等。

　　作為誠信原則一環之真實義務，是否為訴訟法上之一般性原則，學說尚有爭議。否定說者，認為辯論主義之主張責任與舉證責任分配法則，亦係民事訴訟之一般性原則，如完全實現真實義務，或使之成為一般性原則，兩者間有相互牴觸並架空辯論主義實質內容之虞。較妥當之解釋，真實義務可使之成為辯論主義之修正，無成為程序法一般原則必要。應以否定說為可採。雖則如此，辯論主義之過度強調法官之中立性格，不無造成弱肉強食之失，強化法官闡明義務及當事人真實義務，及非一般原則性之事案解明義務，乃成為發現真實之重要手段方法。

㈡真實義務與完全義務

　　完全義務，指各當事人就訴或抗辯之基礎事實全部，無論係有利或不利於己，均應為完全之陳述，甚或對他造應主張之事實關係，亦須為完全之陳述。換言之，完全義務在禁止隱匿自己不利部分。真實義務是否包括完全義務，學說尚有爭議。狹義真實義務說，認為真實義務在禁止當事人反於真實之陳述，故對他造之陳述為爭執者，即已盡真實義務。廣義真實義務說認為，不完全之陳述將使真象事實受到蒙蔽，而與積極內容虛偽陳述無異，因此完全義務為真實義務之一部分。當事人對自己不利之事實不為陳述時，係違反完全義務，審判長應先予闡明，令其

❸ 為民國 57 年本法第 195 條修正理由。

❹ 三ケ月著【民訴】，第 310 頁。

為完足之陳述，如又不為完足陳述者，視同違反真實義務。惟基於辯論主義立場，法院不得逕依職權調查。

辯論主義下，主張與舉證各依兩造之訴訟地位而定，完全義務是否僅就自己之權利主張所依憑之事實，或自己之抗辯事實之全部始負其義務，不無爭議。例如，原告依借貸關係請求返還借款，借貸關係有效成立之基礎事實，原告自應盡完全義務，不能隱匿契約有無效之原因事實，惟對於他造已為清償之事實，於他造清償抗辯前，原告要否陳述，或須待他造抗辯後，始有陳述義務？如前所述，誠信原則如為民事訴訟之一般原理原則，則原告起訴主張故意隱匿清償事實，無異於訴訟詐欺，不值維護，對已為清償之事實為其所明知者，自須負真實義務，因而廣義真實義務，可包含部分之完全義務，此為其積極功能。惟如認並無建立誠信原則之一般性原則地位必要，則狹義真實義務，只是在禁止當事人說謊，此為其消極功能。採修正辯論主義於訴訟實施，法院之功能介入其中，強令當事人自為不利於己之陳述，實強人所難，辯論程序實施，應只須禁止當事人說謊為足，並無不利於己事實陳述之完全義務採行必要。

又縱採完全義務肯定說，則完全義務仍應限縮至以故意隱匿為要件，如非其所明知之不利於己事實，即非其完全陳述義務範圍。例如時效完成、同時履行抗辯之事實，須他造已為主張，始有就該抗辯事由為完全陳述之可能。

(三)真實義務之內容

1.主觀認識之真實

真實義務固為公法上義務，依我國立法理由並含公益及私益目的維護，惟並不保障客觀符合事實之對真實發現，而當事人所負之真實義務，乃當事人主觀陳述之真實，如因誤認致所陳述與客觀真實相反者，並不違背此義務。又民事訴訟並不苛求當事人於陳述前之查證義務，如因過失致所陳述與客觀真實相反者，同不違背真實義務。又狹義真實義務，並不包含當事人不利於己事實之陳述，已如前述。

2.適用範圍

負真實義務主體為當事人（第195條）的範圍。訴訟代理人亦應包括之。本條之適用程序包括言詞陳述，而期日外之程序行為，如文書內容，亦包括之。一造辯論程序，因真實義務含有司法公益目的，出席一造亦負此義務。

真實義務之客體，主要為事實。事實陳述真實，既係主觀認知，應以過去及

現在之事實為限，未來可預測或不可預測者，均非真實義務之客體。法律見解之意見陳述，不包括之。

3.適用界限

當事人之真實義務，如有強度期待其不可能者，如因真實完全陳述而有受刑事追訴可能，或因此受重大損失者，當不能課以真實義務。

㈣違反真實義務之效果

違反真實義務之法律效果，法無明文。當事人如有違反真實義務時，尚不得即謂得由法院改依職權探知方式審理。真實義務既為辯論主義之修正，因此如對造就該事實已為自認者，即不得再課以違反真實義務之效果。實務上真實義務之違反，常被作為與事案解明義務同其效果，即賦予他造當事人舉證責任減輕效果。例如不當得利訴訟類型，關於無法律上原因之要件，就該要件事實，仍應由債權人負舉證責任，但因消極事實舉證困難，債務人則被要求先說明其受給付之原因，以利債權人提出反駁之證據方法，如債務人未能提出相當可信其真實之事實陳述者，實務上則被視為違反真實義務。此時，待其餘事證審查完畢後，由法院斟酌全辯論意旨，依自由心證認定待證事實真偽。

六　責問權、發問權及異議提出

㈠訴訟程序之責問權

當事人對於訴訟程序規定之違背，得提出異議（第197條第1項前段）。所謂訴訟程序規定之違背，如管轄權有無、法院職員有法定迴避原因不為迴避、訴訟程式不合法等。責問權之主體，限於訴訟主體即當事人始有之，其目的在使當事人對法院所主導訴訟程序進行之適法性予以監督，以維護自己程序上利益之權能。責問權以訴訟程序規定之違反為對象，其違反係自訴訟程序進行之外觀判斷，與訴訟行為之內容及訴訟上主張當否無關❺。訴訟程式規定有專為當事人利益者，有與公益目的有關者。前者之違背，如就審期間之不足，當事人表示無異議，或無異議而就該訴訟有所聲明或陳述者，失其責問權（第197條第1項但書）；後者，如違背專屬管轄規定、起訴程式欠缺，法院仍須予審究（第197條第2項）。

㈡發問權與異議權

當事人得聲請審判長為必要之發問，並得向審判長陳明後自行發問（第200

---

❺ 新堂著【民訴法5版】，第456頁。

條第 1 項)。審判長認為當事人聲請之發問或自行發問有不當者，得不為發問或禁止之 (第 200 條第 2 項)。審判長關於指揮訴訟之裁定，或審判長及陪席法官之發問或曉諭為違法者，參與辯論人得提出異議，法院應就該異議為裁定 (第 201 條)，此為異議權。異議權與責問權不同。前者，係對審判長或受命法官訴訟指揮行為為之，且不以當事人為限，參與辯論之人，如輔佐人、參加人、證人、鑑定人，均有異議權；後者，係就訴訟程序之違背為之，限於當事人始有責問權。發問或曉諭，屬訴訟指揮一部，而得為異議之訴訟指揮，須以違法為限，訴訟指揮不當者非異議理由。對於參與辯論人之異議，法院應為裁定，上開裁定為訴訟進行中所為之裁定，依本法第 483 條規定，不得抗告。

➤ 第四節　法院於言詞辯論之行為

一　審判長之職權

㈠訴訟指揮權

訴訟指揮係主導訴訟程序之權能，其目的在使訴訟得以迅速、公平及充實之進行。訴訟指揮為完成上開目的，除須符合程序法規命令規定外，尚須按各個具體事件內容、性質及實際進行情況為適當之裁量。現行民事訴訟法關於程序之實施，已採集中審理主義，當事人須適時提出攻擊防禦方法，因此訴訟指揮權行使，應朝此目標方向實施。訴訟指揮權，依第 198 條第 1 項規定，審判長開閉及指揮言詞辯論，並宣示法院之裁判。審判長對於不從其命者，得禁止發言 (第 198 條第 2 項)。可知屬審判長權限，但受命法官或受囑託法官於其授權範圍內，亦有訴訟指揮權。

訴訟指揮之具體內容，包括期日之指定及變更、期間之裁定、訴訟程序之裁定停止、停止訴訟程序之撤銷，及言詞辯論程序之開始、續行、終結及再開。於言詞辯論期日之訴訟指揮，例如涉及當事人及第三人之隱私、秘密之不公開審判 (第 195-1 條)、禁止當事人之發問權或不為發問 (第 200 條第 2 項)、辯論之分離、合併或限制 (第 204、205、206 條) 及闡明權之行使，均屬之。

訴訟指揮之態樣，或為事實行為者，例如言詞辯論程序進行順序之指揮；或須為裁定行為者，例如命辯論之分離、合併或限制者。訴訟指揮，須以違法為限，

參與辯論人始得為異議（第 201 條）。

(二)受命法官之指定及法院之囑託

　　凡依本法使受命法官為行為，如行本法第 270 條之準備程序、第 209 條之調查證據、第 377 條之試行和解者，由審判長指定之（第 202 條第 1 項）。法院應為之囑託，如第 350 條之向其他機關或公務員調取書證，或第 295 條第 1 項之應於外國調查證據，囑託該國管轄機關調查證據，除別有規定外，亦由審判長行之（第 295 條第 2 項）。其他，如宣示法院裁判，同由審判長為之（第 198 條第 1 項）。

二　闡明權

(一)意　義

　　闡明者，當事人對於聲明或陳述有不明瞭、不完足、欠缺、矛盾，由審判長以發問或曉諭方式，令其敘明或補充，以除去或完足其聲明或陳述之謂。本法第 199 條第 1 項，審判長應注意令當事人就訴訟關係之事實及法律為適當完全之辯論。同條第 2 項審判長應向當事人發問或曉諭，令其為事實上及法律上陳述、聲明證據或為其他必要之聲明及陳述；其所聲明或陳述有不明瞭或不完足者，應令其敘明或補充之。又同法第 199-1 條第 1 項規定，依原告之聲明及事實上之陳述，得主張數項法律關係，而其主張不明瞭或不完足者，審判長應曉諭其敘明或補充之。第 2 項被告如主張有消滅或妨害原告請求之事由，究為防禦方法提起反訴，有疑義時，審判長應闡明之。

(二)作用及目的

1. 辯論主義之修正作用

　　古典辯論主義以自由主義為原理，訴訟程序之實施採形式平等及自己責任原則，因而國家司法權參與私權訴訟時，裁判基礎之事實關係與法律關係，由當事人自行主張。但過度強調處分權主義、辯論主義及自己責任原則，放任當事人自由競爭，不許國家職權介入結果，造成實質平等難期實現後果，有使國家司法威信受到質疑，因此所謂古典辯論主義或當事人主義，被提出檢討，進而要求國家司法應發揮積極性功能，當事人並有請求法院闡明之權能❶6。民事訴訟內涵因此發生結構性變化，辯論主義與處分權主義概念內容，被要求應予修正或補充。闡明權或闡明義務，成為辯論主義或處分權主義之補充或修正手段。

---

❶6　中野等著【講義】，第 177 頁。

闡明，為法院訴訟行為之一，屬審判長訴訟指揮之性質 **⓱**。陪席法官告明審判長後，亦得向當事人發問或曉諭（第 199 條第 2 項）。

2. 闡明之目的

闡明所欲完成之訴訟目的為何，當然與闡明之界限內容有關。主要學說有三：消極闡明說、積極闡明說、發現真實說。消極闡明說認為，民事訴訟採當事人主義、辯論主義，法官應嚴守該主義，立於中立公平地位，訴訟資料之提出專由當事人自己責任，法官僅是就其主張之矛盾、錯誤予以指正，使其有糾正機會而已；此為最狹義之闡明。積極闡明說認為，闡明目的在緩和辯論主義，如自當事人之陳述內容，得以推論其意思，雖未明確表現，亦應予以闡明促其陳述，以達發現其事實及得為適正之裁判目的，因此許審判長依其發問，使當事人變更其原有之攻擊防禦方法，或為新抗辯、再抗辯等新攻擊防禦方法之提出，並喚起當事人提出具體之證據方法。發現真實說，強調民事訴訟發現真實需求，認為闡明與辯論主義，同係為發現真實所為之手段 **⓲**。

我國闡明制度之目的，除有補救辯論主義之缺點、維持公平正義、防止突襲功能外，部分闡明權被賦予有擴大訴訟解決紛爭之機能 **⓳**。例如第 199-1 條第 1 項明定，得主張數項法律關係，其主張不明瞭或不完足者，審判長應曉諭其敘明或補充。又如第 244 條第 4 項規定，關於金錢損害賠償之訴，在原因事實範圍內，僅表明其全部請求之最低額者，於第一審言詞辯論終結前，得補充其聲明，未補充者，審判長應告以得為補充，即具有擴大紛爭解決之機能目的。惟本條項之規定，並非學理上之一部請求，兩者概念意義有別（詳見一部請求）。

(三)闡明種類

闡明權之分類，學說見解不同。

第一說為五分類說，其將闡明分為：聲明陳述不明瞭（不完足）之闡明、聲明陳述不當除去之闡明、聲明陳述不完備之補充闡明、新的聲明陳述提出之闡明（即新訴訟資料提出之闡明）、證據聲明或提出之闡明五項 **⓴**。

⓱ 姜世明，民事訴訟法基礎論，2009 年，第 110 頁。

⓲ 秋山幹男等著，コンメンタール民事訴訟法 III，第 266 頁。

⓳ 姚著，第 257 頁。

⓴ 磯村義利教授原分為四類，奈良次郎教授再加入證據闡明，而成為五類，竹下、伊藤編，第 116 頁。

　　第二說將之分為：消極闡明與積極闡明；即從法院與當事人間之關係為分類。消極闡明，指特定聲明或主張，有不明瞭或不完足或有矛盾時所為之補充闡明；積極闡明，指當事人之聲明陳述有不當、不適切，或不為適切之聲明陳述時，積極的為暗示、明示之闡明。消極闡明不行使，係闡明義務違反，得為上訴第三審理由。此說又認為積極闡明，有闡明權能與闡明義務之分，積極闡明義務之違反，得為上訴第三審之理由，因此有劃定闡明義務範圍必要；反之，當事人因逾越闡明權所容許範圍外所為之訴訟行為，不受影響，因此闡明權能範圍無明確化必要❷。

　　第三說為處分權主義領域之闡明與辯論主義領域之闡明說❷。前者指攻擊防禦方法提出之闡明，後者指訴訟標的之闡明。

㈣闡明方法

　　闡明權通常由審判長行使（第 199、199-1 條）。陪席法官於告明審判長後得向當事人發問或曉諭（第 199 條第 1 項）；受命法官於準備程序為闡明訴訟關係，亦得行使審判長前述之闡明權（第 272 條）。闡明權於言詞辯論期日或準備程序期日為之，必要時亦得於期日外行使，但期日外闡明權行使，應將內容通知他造❷。

　　闡明方法，本法第 199 條第 2 項規定，係以發問或曉諭為之。發問，係對當事人之陳述或主張提出質疑，使其再為陳述。曉諭係審判長將自己主觀認識告知當事人，以作為參考用，無如中間裁判之拘束力。發問或曉諭於期日以言詞為之，本法第 268 條亦規定，審判長如認言詞辯論之準備尚未充足，得定期間命當事人依第 265 條至第 267 條之規定，提出記載完全之準備書狀或答辯狀，並得命其就特定事項詳為表明或聲明所用之證據。

　　至於審判長應否以公開心證方式為闡明之問題，蓋公開心證，與曉諭式有別。前者，審判長對當事人之事實上或法律上之主張及證據資料，告知其主觀價值判斷及採否態度；曉諭，係審判長向當事人就上開主張、陳述、證據資料分析、說明或諭令其提出之意，不涉及主觀價值判斷。因此關於證據上爭點，如就舉證責

❷　中野貞一郎，辯論主義の動向と釋明權，ジュリスト，第 500 號，1972 年，第 350 頁。

❷　住吉博，民事訴訟讀本，第 2 版，1976 年，第 331、346、347 頁；竹下、伊藤編，第 117 頁。

❷　日本民事訴訟法第 149 條規定，審判長於言詞辯論期日或期日外，為明瞭訴訟關係，得對當事人就事實上及法律上事項為發問或促其舉證。但期日外之闡明如與重要之攻擊防禦方法變更者，應將內容通知他造，可供參考。

任之分配或有無舉證責任轉換之爭執，審判長將具體之舉證責任分配之認識判斷後予以公開者（99 台上 2428 判決），仍屬曉諭範圍，非心證公開。又，我國訴訟實務，關於重要法律觀點，有認為審判長得藉公開其認為重要之法律觀點，以促使當事人為必要之聲明、陳述或提出證據（96 台上 732 判決）。但審判長如僅做抽象法律觀點之解說、表明與討論，不涉及該具體個案法律價值評價公開者，尚非屬公開心證範疇，在此範圍尚符合修正辯論主義原理，並得藉以保障合法聽審權，而無不可。惟如已觸及系爭具體個案或證據資料之法規範評價心證之公開，屬心證之形成，其達於可為終局判決程度者，自應宣示辯論終結，如為重要之爭點心證形成，亦得為中間裁判，此種心證公開應已逾越闡明範圍，不得為之。

(五)闡明內容及對象

闡明係為明瞭訴訟關係，而賦予法院之權能與義務，因而闡明之對象即為訴訟關係。訴訟關係，乃當事人請求法院審判之訴訟事件總稱，包括因與請求有關之一切原因事實、抗辯事實、再抗辯事實，及認定該事實所需之證據。本法第 199 條規定，應闡明者為事實上及法律上之主張（含法律關係）、證據聲明與舉證。但關於闡明範圍，學說仍存爭議，分述如下：

1.訴之聲明之闡明

訴訟標的係法院受原告請求審判之對象，而請求審判範圍受處分權主義限制，訴之聲明如有不明瞭等情事，應予闡明，否則審判對象不能確定。闡明權雖有緩和處分權主義作用，但不能逾越處分權範圍。訴之聲明之闡明，包括聲明不明瞭、不適當、聲明變更（訴之變更）、新聲明提出（新訴提出）之闡明。前二者在闡明權範圍，並無爭議。除去不適當之闡明，即對當事人之聲明或陳述之錯誤或不適當，令其更改為正確或適當者，例如租賃關係終止後，出租人請求返還租賃物並請求於返還租賃物前給付租金之聲明，法官應向出租人闡明，其真意是否為請求給付相當於租金之不當得利。

訴之變更及新訴提出之闡明容許性仍受爭議。訴之變更之闡明，有基於紛爭解決一次性需求，而採肯定見解者。新訴有量與質之新訴，前者如聲明之擴張，後者如本金與利息、主物與從物之關係。本法第 244 條第 4 項增訂，金錢損害賠償之訴，原告得在起訴原因事實範圍內，僅表明其全部請求之最低金額，而於第一審言詞辯論終結前補充其聲明，未補充者，審判長應告以得為補充，在此範圍內，請求量之擴張，法院有闡明義務。訴之客觀合併或反訴之提出，為不同之訴，

原來學說多數見解認不得曉諭其追加變更或反訴提出，但本法增訂第 199-1 條第 1 項規定，依原告之聲明及事實上之陳述，得主張數項法律關係，而其主張不明瞭或不完足者，審判長應曉諭其敘明或補充之；又第 2 項被告如主張有消滅或妨礙原告請求之事由，究為防禦方法或提起反訴有疑義時，審判長應闡明之。依此立法上已擴大闡明權內容目的，在求紛爭解決一次性，因而擴大闡明義務範圍，在此範圍內，訴之變更及新訴提出之闡明，即被准許。惟其闡明權之發動，仍應以原告之主張不明瞭或不完足，或被告以其抗辯究否為反訴提出有不明瞭為前提，如無此情形者，單純不為適當聲明陳述時，法院不得任意為闡明發動。換言之，仍限於消極闡明，非採積極闡明。訴訟中因情事變更，原告原有聲明內容已無給付可能者，實務原認法院無闡明義務（不再援用 64 台再 156 判例）❷，惟修法後，學說已採肯定見解❷。

2.事實主張之闡明

辯論主義，當事人有主張事實及訴訟資料提出責任，為緩和辯論主義，就事實主張或訴訟資料提出，法院應為必要之闡明。事實主張之闡明，包括原因事實與基礎事實。應闡明之事實，有陳述不明瞭、不完足、不適合及相互矛盾之闡明，此種情形為必要之闡明。新原因事實提出之闡明，日本學說及實務認為，從個案觀察，當事人主張之事實雖欠缺法律之構成化，但如其已提出之訴訟資料，本即存在新原因事實，如因當事人之誤認而不知為主張者，應可行使闡明權以根本解決紛爭❷。

訴訟資料提出之闡明，如因證據調查結果，已出現當事人所未主張之訴訟資料者，例如訊問證人後得知被告所未抗辯之債務清償事實，因該訴訟資料已於審理過程中呈現，法院職務上亦已知悉，基於法院裁判之可信賴性目的，審判長應曉諭當事人就是否主張清償之事實行使闡明權。

---

❷ 不再援用之 64 年台再字第 156 號判例：「……在訴訟進行中情事變更，是否以他項聲明以代最初之聲明，應由原告依其自由意見決之，法院就此並無闡明之義務。」

❷ 許士宦，法律關係之曉諭義務——最高法院有關決議、裁判之檢討，集中審理與審理原則，第 278 頁。

❷ 日本最高裁判所昭和 45 年 6 月 11 日判決，谷口安平、井上治典編，新・判例コンメンタール民事訴訟法(2)，1993 年，三省堂，第 210 頁。

3.證據聲明提出之闡明

證據聲明係為支持事實主張，當事人已為事實之主張，惟不知聲明證據者，審判長應行使闡明權。此類闡明，包括證據瑕疵之闡明與證據聲明懈怠之闡明。前者，指證據形式之瑕疵言，如證人之姓名、住居所不明，法院有令其補正義務。後者，指當事人主張之待證事實，提出之證據不足，或不知應為證據之聲明者之闡明，此與證據開示義務有關。

當事人因誤解認無須聲明證據者，審判長應曉諭其聲明證據。例如，依不當得利法律關係請求之原告，如誤解其無須就受領人之「無法律上原因」應為舉證者，審判長應曉諭為聲明證據❷。審判長因負舉證責任一方提出之證據，已動搖其心證，認他造有提出反證必要者，應曉諭他造為反證之提出。又如，當事人對於舉證責任分配存有爭議，審判長應曉諭舉證責任所在方，令其聲明證據。

4.新抗辯或抗辯權提出之闡明

新抗辯之提出，或抗辯權之援用，如同時履行抗辯、抵銷之抗辯、時效完成之抗辯權，直接和訴訟結果有關。如當事人之陳述中已隱有抗辯或抗辯權提出之意思者，法院應為闡明，否則屬違反法院中立義務。又含形成權性質之抗辯意思表示，發生形成要件該當事實之主張，應依明示或默示意思表示為之，不能因單純之否認而認形成權行使。因此不能因當事人之單純否認，進而闡明其是否為抗辯權提出。

5.法律見解之闡明

本法第 199 條予以明定為闡明範圍，依本條立法說明，為防止法官未經闡明，逕行適用法律而對當事人產生突襲性裁判，除令當事人就事實為適當陳述及辯論外，亦應令其就法律觀點為必要之陳述及作適當完全之辯論。

6.法律關係之闡明

本法為擴大紛爭解決，於第 199-1 條第 1 項規定，原告主張之事實，於實體法上得主張數項法律關係，而原告不知主張時，審判長應曉諭原告得併予主張。第 2 項規定，被告如主張有消滅或妨礙原告請求之事由，究為防禦方法或提起反訴有疑義時，審判長應闡明之。訴之變更、追加、反訴提出之闡明，如當事人主張之事實足以為其他法律效果之評價（即原因事實），達於可為任意訴之變更、追

---

❷ 日本最高裁判所認為，當事人如誤認自己無須聲明證據者，法院有促其聲明證據之闡明義務。最判昭和 58 年 6 月 7 日判決；判例時報，第 1084 號，第 73 頁。

加或反訴提出之程度者，審判長得予闡明，已如前述（訴之聲明之闡明）。時效抗辯、抵銷權、撤銷權行使之闡明，為當事人主觀抗辯權利行使與否問題，法院不能任意闡明，須自當事人提出之訴訟資料，發現其有此主觀上行使之不明確意思者，方得為闡明。

㈥闡明權不行使與闡明義務違反

闡明權不行使是否為法院闡明義務之違反，本法並無明文規定，而與德國民事訴訟法第 139 條明文肯認者不同。惟學說漸有肯定見解趨勢，認為當事人之陳述或主張不明確，對他造之對應及法院之妥適裁判目的均有危害，因此闡明權適當行使，為法院審理之基本要件，不為適當行使，為訴訟法義務之違反。

按闡明權不行使與闡明義務違反，兩者程度有所不同。審判長消極不為闡明行使，非當然構成闡明義務違反，應視其不行使程度及對判決結果之影響而定。例如審判長消極不為闡明，致審理過於粗糙，訴訟資料、證據資料顯有不足者；或依各個具體事例，其不為行使顯失公平者；或因事實審不予闡明，造成法律審無從為法律適用之判斷者，均得認為係訴訟義務之違背。

違反闡明義務所為判決，為判決違背法令，得為上訴第三審理由。如闡明義務違反致影響判決之重要事項遺漏，造成判決理由不備時（第 469 條第 6 款），則為當然違背法令。實務見解即認，審判長定訴訟關係之闡明權，同時為其義務，如違背闡明義務者，其訴訟程序即有重大瑕疵，基此所為判決亦屬違背法令（43 台上 12 判例）。當事人主張法院違反闡明義務者，須為具體指摘、陳述。

因闡明權過度行使，當事人所為之訴訟行為及訴訟程序實施之法律效果，不受影響，亦非第三審上訴理由[28]。但有持相反意見，認為為糾正不公平闡明，應不容許法院探求該訴訟資料[29]。審判長逾越闡明範圍過度行使，而失之偏頗者，當事人得為異議，但不得抗告（第 197、201、438、483 條）。

㈦闡明處分

1.闡明處分目的

本法第 203 條規定，法院因闡明或確定訴訟關係，得為一定處置，例如命當事人或法定代理人本人到場、命當事人提出文書物件、將當事人或第三人提出之文書物件暫予留置、命行勘驗、鑑定、囑託機關團體調查。此即闡明處分，其目

---

[28] 三ケ月著【民訴】，第 164 頁。

[29] 竹下、伊藤編，第 169 頁。

的在使訴訟程序之得以順利進行，於辯論期日前，先行明瞭成為辯論對象之事實與主要爭點所在。因此本條所稱之訴訟關係，非指訴訟標的法律關係言，乃指闡明事件之事實與爭點。本法第 269 條雖有類似規定，但目的在為使辯論易於終結；又兩者雖同為訴訟指揮，但闡明處分乃闡明權行使之補充，闡明權為處分權主義、辯論主義之修正補充，而第 269 條為言詞辯論前之準備。闡明處分在對事實及爭點之明瞭，性質與因認定事實所為證據蒐集調查有異，闡明處分結果所得之資料，例如鑑定結果、本人陳述內容，不生證據效力，當事人不為證據援用之聲明，不能成為證據資料，僅能供法院斟酌全辯論意旨之材料。

2. 闡明處分性質

闡明處分乃法院之職權，屬訴訟指揮所為裁定，法院並不負此義務，法院不為闡明處分者，並不違法。對於違法之闡明處分，得為異議但不得抗告。

法院得否為積極闡明處分，消極說認為其僅為闡明權之補充，不能積極為之。但有主張為早期發現爭點，或於訴訟繫屬後之先期階段，令當事人本人到場，使法院得以聽取當事人意見，故應由法院為積極闡明處分。闡明權目的本亦有促進訴訟、充實審理功能，作為闡明權補充之闡明處分，亦應採積極說為當❸⓿。

3. 具體內容

(1)命當事人本人或法定代理人到場

法院為取當事人本人或法定代理人陳述，或有使其與證人、鑑定人會見，以闡明訴訟關係時，得以裁定命其到場。闡明處分之命本人或法定代理人到場，與證據方法之訊問不同，無強制力，不遵命到場者，僅能斟酌全辯論意旨，作為自由心證形成資料，不得直接強制或科以罰鍰。家事訴訟程序，法院亦得準用本法第 367-1 條以下有關當事人訊問規定，處當事人以罰鍰（家事事件法第 51 條準用本法第 367-2 條）。

(2)命當事人提出文書物件

本條第 2 款之命當事人提出文書物件，與本法第 342 條至第 344 條，因他造之聲請命當事人提出，性質不同。本條之不遵命提出無直接之不利益制裁，後者被認以依該文書應證之事實為真實（第 345 條）。因本條目的在闡明訴訟關係，不在認定事實之證據調查。

(3)將當事人或第三人提出之文書物件留置

---

❸⓿ 齋藤等編【注解 3】，第 416 頁。

本條第 3 款之留置為闡明處分 , 以明瞭訴訟關係為目的 , 與第 362 條之保管,以供事實認定之證據調查,性質不同。

⑷勘驗、鑑定、調查之囑託

本條第 4 款法院因闡明或確定訴訟關係,得依第二編第一章第三節證據調查規定,行勘驗、鑑定、囑託調查。依此,本條之勘驗應做成勘驗筆錄 (第 366 條);受命或受託法官得為本條之勘驗。闡明處分之鑑定、勘驗、囑託調查,原屬法院職權,但因準用證據調查規定,該節有關證據調查規定,以當事人聲明為原則, 因此,本款闡明處分之勘驗等,仍由當事人負證據聲明責任 (第 325、364 條),非有第 288 條情形者,法院無依職權為之必要。又鑑定、勘驗費用應由當事人預付之。依本條之鑑定勘驗結果, 並不當然成為證據資料,非經當事人證據援用聲明,僅能為斟酌全辯論意旨形成自由心證之材料❸。

闡明處分之囑託調查,同以明瞭訴訟關係為目的,非為認定事實之證據調查,因準用囑託調查相關規定(第 289、290、291 條),其得否依職權為之,及所得之資料,得否成為證據資料,均應如前述鑑定、勘驗為相同解釋。

---

❸ 日本民事訴訟法原於第 261 條定有法院依職權調查證據規定。日本學者有認為,闡明處分結果獲得之資料,既係職權調查證據結果,得直接成為證據資料,無庸當事人之援用,現因已刪除該條,闡明處分所得資料,非經援用,不得成為證據資料。參看齋藤等編【注解 3】,第 414 頁。我國本法第 288 條規定,法院為發現真實得依職權調查證據。故有因闡明處分獲得之資料,非經援用,得否成為證據資料之疑義發生。但闡明處分既以明瞭訴訟關係為目的,不在證據調查,其所得資料仍受辯論主義限制,非經援用,不得成為證據資料。

第二章　證　據

▶ 第一節　證據總論

一　意　義

㈠待證事實與證據

　　法院認定當事人爭執之事實，所應憑之材料，稱為證據。辯論主義主張責任第二法則，當事人不爭執之事實得逕為裁判基礎。反之，存在爭議之事實，證據始有存在價值。

㈡證據方法、證據資料、證據原因

　　證據方法，指法官得依其感官作用，資以調查之有形物。本法所定之證據方法有人的證據與物的證據，人的證據方法，有證人、鑑定人、當事人本人；物的證據方法，則有文書、鑑定物。證據資料，係經調查證據方法後感觀所得結果，如證人之證言、當事人之陳述、鑑定意見、文書內容及勘驗結果是。至所謂證據原因，乃法官關於事實存否之心證形成原因，包括來自於調查證據之結果（證據資料）及全辯論意旨。

㈢證據能力、證據力

　　證據能力者，指可作為證據調查對象證據方法之資格。民事訴訟，原則上並無證據資格之限制，例如應迴避之鑑定人之鑑定，並非無證據能力。違法取得之證據，有謂無證據能力應予排除，亦有認為應視各種情況分別決定。無證據能力之證據未予調查，不影響裁判結果❸❷。

　　證據力，係指經證據調查所得之證據資料，與待證事實間發生如何功能之謂。證據資料之證據力評價，屬法官自由心證範圍，不受法律限制。

---

❸❷ 依最高法院 78 年度第 17 次民事庭會議決議，下列證據得不予調查：無證據能力之證據、無從調查之證據、證據所證明之事項、不能動搖原判決所確定之事實、顯與已調查之證據重複、待證事項已臻明瞭、無再行調查必要之證據、意圖延滯訴訟，故為無益之證據聲明。但非無證據能力。

二　證據種類

㈠直接證據、間接證據

　　證明主要事實存否之證據，為直接證據。證明間接事實、輔助事實之證據為間接證據。主要事實存否，常需藉間接事實輔助事實認定，因此間接證據有其重要地位。關於內心狀態之證明，例如故意、過失、善意惡意、有害行為、通謀虛偽意思表示，難以依直接證據證明，需藉由間接證據認定。

㈡本證、反證、間接反證

　　本證，負舉證責任一方就其主張之事實所提出之證據。本證既係在證明其所主張之事實為真實，其證據力須達到使法官高度信其為真實之程度。反證者，係不負舉證責任當事人，為否定負舉證責任之他方當事人所主張之事實，所提出之證據。反證之目的，不在證明自己主張之事實為真實，僅在辯駁本證，因此反證無須使法官對事實之非真實得到確信程度，僅須達到對待證事實之真實性，發生動搖即足。換言之，因法官對待證事實發生真偽不明，因而為真偽不明之不利益判斷，使負舉證責任一方（本證方）受到不利益，即可達成反證目標。

　　所謂間接反證，即當欠缺直接證明要件事實之證據，負證明責任一方，就其要件事實存否，以間接事實證明，而使要件事實舉證成功時，此時相對人得透過其他與間接事實不能兩立之證明，以動搖該法官就間接事實所形成之心證，使待證事實復陷於真偽不明之狀態，相對人舉證行為稱為間接反證。間接反證，雖係依間接證明以推定事實，但間接反證並非直接動搖本證證明對象，而是透過間接事實動搖主要事實之方法。例如修正前民法親屬編第 1067 條之強制認領，非婚生子女證明其與生父血緣關係（主要事實）有所困難，因而提出生母受生父強制性交之事實證明（間接事實證明）時，生父為否認其與該名子女之血緣關係，另提出同法第 1068 條生母於期間與他人有通姦或為放蕩生活事實之證明者　（間接反證），資以動搖法官就親子血緣關係存在之心證，以完成間接反證效果。

㈢證明、釋明

　　證明，關於事實之存否，法官應達到確信程度。證明非自然科學上之論理證明，而為歷史上證明，為真實之高度或然率，使一般人依普通經驗法則不會質疑且確信其真實者。釋明，使法官得到合理薄弱心證信其大概如此之程度即足。釋明通常因程序迅速目的之要求，或因程序問題所產生，而有急迫性，其證據方法

以能即時調查者為主。例如保全處分之聲請是。釋明事實上之主張者，得用可使法院信其主張為真實之一切證據。但依證據之性質不能即時調查者，不在此限（第284條）。

㈣嚴格證明、自由證明

嚴格證明，係指須依本法所定之證據方法及證據調查程序予以證明者。對訴訟標的權利或法律關係主張當否判斷之必要事實認定，應行嚴格之證明，以確保其公正性與信賴性。自由證明，係指對較無可懷疑證明方法之公信力，而可不依本法所定之證據方法或證據程序之證明之謂。自由證明與釋明，意義不同。前者對心證形成程度，仍應與嚴格證明程度同；後者，使法院形成薄弱心證即足。

自由證明之對象，通常為法院應依職權調查之事項，如訴訟要件，因其判斷之公正性不受懷疑，且為程序之迅速進行目的，因此以自由證明方式為之。又裁定程序之要件事實或法規、經驗法則，因不經嚴格意義之言詞辯論，亦為自由證明對象。自由證明因排除公開主義、直接主義、言詞主義，因此訴訟標的權利或法律關係主張之當否所憑之事實，須依嚴格證明，不得以自由證明為之。

三　證明對象及不要證事實

㈠證明對象

1. 待證事實

待證事實，分為主要事實、間接事實、輔助事實。主要事實，乃直接發生法律效果之必要事實，或該當法律效果構成要件之事實，包括一定權利發生、取得效果規定之「法規要件事實」、「行為能力法律效果發生之一般要件事實」、「效果發生障礙事實」、「權利行使暫時妨害事實」（如同時履行抗辯事實）。間接事實，依人之知識經驗推斷主要事實存否之事實，如裁判外自認之事實。輔助事實為關於證據能力、證據價值之事實，如證人之誠信度、認識力、記憶力、表現能力。

2. 經驗法則

經驗法則，指依人之經驗，得以歸納事物之性質或其因果關係之一種知識或法則，包括自一般日常生活經驗即可得知之常識，及須依專門知識，始能知悉之學問，均包括之。習慣得認為是一種經驗法則，但經驗法則不是事實，非自認或擬制自認之對象。

至於經驗法則之運用，一般常識經驗，為一般人及法官所知，因此無庸依證

據證明即得予利用。專門知識之經驗法則，如法官依其個人經驗得知者，無庸再依證據證明之。如屬特殊專門知識之經驗，難期一般法官所能知悉者，或法官僅因偶然原因得知該法則（例如該法官曾受特殊專門訓練），為取得信賴，仍應依鑑定之證據方法證明之❸。此類鑑定一般而言，非屬嚴格證明，而為自由證明。

3.法　規

國內法規之適用，為法官職責，法官應知法，因此內國成文法之存在，不在證明對象。但外國法、地方法規、習慣，則因不能期待法官知悉，主張該法規存在及應予適用之一方，為避免法規之不適用危險，就該外國法規、地方法規、及習慣存在負舉證責任。本法第 283 條第 1 項規定，習慣、地方制定之法規及外國法為法院所不知者，當事人有舉證之責任。同條第 2 項規定法院得依職權調查之，即明示此意。

㈡不要證事實

1.顯著或已知之事實

事實於法院已顯著或為其職務上所已知者，無庸舉證（第 278 條第 1 項）。事實於法院已顯著，指該事件為一般人通常之知識經驗知悉之事實，例如大地震之發生事實。職務上所知事實，則指法官因職務之故而知悉之事實，例如法官因承辦其他事件審理知悉之事實言。如因法官個人經驗所知者，不在此限。又所謂職務知悉，不限參與該訴訟事件，包括參與其他訴訟、非訟、執行事件知悉者。上開二種事實不經證明，亦得為判決基礎。該類事實，縱未經當事人提出，亦得斟酌之，但應令當事人就其事實有陳述意見機會（第 278 條第 2 項）。其目的在保障事實認定之客觀性，兼以確保法院裁判之可信賴性。上開事實為合議庭法官逾半數所知悉者，亦屬之❸。

2.自　認

⑴意義及方式

當事人主張之事實，經他造於準備書狀內或言詞辯論時或在受命法官、受託法官前自認者，無庸舉證（第 279 條），即得逕為判決基礎。自認方式，應以上開方式為之。訴訟外自認之事實，或非於本案之其他刑事程序自認之事實，該被自認之事實存在為間接事實，則非自認，惟可成為自由心證資料。

❸ 新堂著【民訴法 5 版】，第 579 頁。
❸ 陳著（上），第 469 頁。

當事人於自認有所附加或限制者，應否視有自認，由法院審酌情形斷定之（第279條第2項）。附加限制之自認，指一部分主張為與他方主張之事實相合，一部分又為矛盾主張，此時相符合部分得認為自認，但限制或附加部分，得認係一種防禦方法，應視各個情形判斷其法律效果。例如原告主張被告有借貸事實，被告自認收到金錢之事實，但辯稱係贈與，此時應認係對原告請求原因之否認，因被告係對原告所主張之原因事實（借貸構成要件事實）為否認。但如稱借得金錢已返還，則係對借貸原因事實之承認，清償則係對借貸法律關係效果之抗辯事實，應由被告對清償事實負舉證責任。

(2)自認拘束力

自認對法院及當事人均有拘束力。法院應以之為判決基礎，不得形成與自認事實相反之心證，法官其他事實認定權被排除。為自認之當事人不得為與自認事實內容相反之其他事實之主張。自認以辯論主義範圍為對象，職權探知主義範圍，則排除自認，法官不受其拘束，自認只是影響全辯論意旨心證之形成。

(3)自認撤銷

自認之撤銷，除別有規定外，以自認人能證明與事實不符或經他造同意者，始得為之（第279條第3項）。本條以證明自認與真實不符為足，無須另再證明自認係出於錯誤[35]。經他造同意者，當得撤銷自認。自認如係受他人刑事可罰行為所致者，例如受詐欺或脅迫等不法行為所為自認者，有認係違反適正程序之要求而當然無效，但通說認因其仍存在著自認之形式，而應予撤銷[36]。

(4)自認對象

自認係對事實之自認，法律之適用為法官權限，以法官知法為前提，法規或經驗法則存在解釋適用，不在自認範圍。意思表示、契約內容之解釋，亦為法院權限，不受自認拘束。習慣，雖有認習慣存否之事實問題，得為自認，通說認與經驗法則同視，不為自認對象[37]。

事實為待證自認對象。事實有主要事實、間接事實、輔助事實之分，意義已

---

[35] 日本學說及實務見解認為，自認須反於真實且出於錯誤始能撤回；中野等著【講義】，第253頁。

[36] 無效說，兼子著【體系】，第248頁；日本最高裁昭和33年3月7日判決；但通說採撤銷說，新堂著【民訴法5版】，第587頁；中野等著【講義】，第253頁。

[37] 上田著，第347頁；齋藤等編【注解3】，第259頁。

如前述。自認係對他造應負舉證責任之主張事實為之。主要事實為自認對象,至於間接事實得否自認,通說採否定見解,例如對主要事實爭執,對間接事實自認,兩者發生矛盾時,如法院及當事人受間接事實自認拘束,無異於將限制法官對有爭執之主要事實存否,依自由心證作用判斷之權限。因此對間接事實之自認,無拘束力。輔助事實自認,通說亦與間接事實為相同解釋,認為證據力應由法官依自由心證判斷,例如文書形式證據力之輔助事實,如得對之自認,同將限制法官對該文書形式證據力依自由心證判斷權限之限制。

權利或法律關係之自認,即為權利自認,對訴訟標的為權利自認者,為請求之捨棄或認諾,非權利自認。權利自認,係對請求當否判斷前提之權利或法律關係之自認,例如對所有物返還訴訟之所有權存否為自認。至於權利自認有無拘束力之問題,通說認為權利自認非固有意義自認,故無拘束力。但為權利自認時,他方無須對權利主張提出理由,而得成為法律判斷之事實基礎,但法官仍得自行為事實認定,當事人亦得隨時撤回之。其以法律用語陳述者,則可以該陳述內容之具體事實,作為自認❸。反之,肯定說認為,先決法律關係之自認,得成為三段論法之小前提,或以該先決法律關係為中間判決,因此應承認其拘束力。例如所有物返還請求權之物之所有權存否,得為三段論法之小前提,得為自認。亦有認為,如已為事實陳述之權利自認,得認為係事實之自認;未為事實陳述僅為先決權利關係之權利自認,即所謂固有意義之權利自認,如自認人對權利關係之事實面已充足理解者,得認有自認效力❸。權利自認雖與事實自認不同,但自認人如對權利關係內容已充分理解,且被自認之權利法概念屬日常用語,一般人可以理解者,自有不爭執權利存否之意思,在此範圍應採肯定見解,使生自認效力❹。惟權利自認係出於當事人錯誤法之判斷者,應得類推適用第 279 條第 3 項規定予以撤銷。

(5)等價陳述理論

爭執之事實關係,當事人一方為不利於己事實之主張,對方即使未予援用,基於主張共通原因,成為訴訟資料,亦得成為判決之基礎,此為等價陳述理論❹。

---

❸ 最高裁判所昭和 30 年 7 月 5 日;最高裁判所昭和 37 年 11 月 13 日。

❸ 上田著,第 352 頁。

❹ 新堂著【民訴法 5 版】,第 590 頁。

❹ 中野等著【講義】,第 255 頁。

例如被告否認原告之主張而提出其他之事實主張，但無論何者均生相同結果，此時被告之陳述得成為原告請求之基礎。

3.擬制自認

當事人對於他造主張之事實，於言詞辯論時不爭執者，視同自認（第280條）。是否成立擬制自認，應以事實審言詞辯論終結時點為準，並應從全辯論意旨判斷之，如得由其中發現其有爭議者，不成立擬制自認。因此，因他項陳述可認為爭執者，不在此限（第280條但書）。

當事人對於他造主張之事實，為不知或不記憶之陳述者，應否視同自認，由法院審酌情形斷定之（第280條第2項）。當事人對於他造主張之事實，已於相當時期受合法之通知，而於言詞辯論期日不到場，亦未提出準備書狀爭執者，準用第1項之規定。但不到場之當事人係依公示送達通知者，不在此限（第280條第3項）。

第一審成立擬制自認，有認在第二審亦有自認效力。但是否成立擬制自認，由各審級透過全辯論意旨，及其他情形判斷是否成立擬制自認。

四　證據評價

(一)自由心證主義、法定證據主義

1.意　義

成為裁判基礎之事實認定，法官基於證據資料，依論理法則、經驗法則，就事實存否得自由判斷，以獲得確信。此即自由心證主義。反之，一定之事實認定非依一定之證據不可者（證據方法法定），及一定之證據始能為一定事實之認定者（證據力法定），法官受此證據法則限制者，稱為法定證據主義。在國民對法官之信賴不足，或為防止法官專斷，以法定證據主義為優，但在社會生活關係複雜之現今社會生活事實，以有限之機械式法定證據主義，作為事實認定之依據，顯不足以適用。

2.主要內容

自由心證主要內容有三：即證據方法無限制——全辯論意旨、證據力自由評價及證據共通原則。

證據方法無限制即，凡人、事、物均得為證據方法。傳聞法則、訴訟開始後始由當事人自行製作之文書，均有證據能力❷。法官心證形成，全憑由法官斟酌

全辯論意旨。換言之,依當事人、代理人之辯論內容、態度、攻擊防禦方法提出之有無及時期,及言詞辯論時呈現之一切訴訟資料,均為心證形成之材料。違法取得之證據,得否成為證據方法或證據能力有無,則應視違法程度並權衡各當事人法益保護需求等因素以為取捨,不得逕認無證據能力。

證據力自由評價,即是證據力由法官依論理法則、經驗法則自由評價。法官依經驗法則,從間接事實以推論主要事實,與證據相同機能之間接事實推論其他間接事實,再推論主要事實,亦需依經驗法則或論理法則,此為自由心證主義之自我內在限制。因此事實上之推定,任由法官依經驗法則為之,此與法定證據主義即有不同。

證據共通原則,即證據調查結果不只對證據提出一方有利而已,對他方同得為有利判斷之原則。證據提出固為當事人責任,但應為如何評價屬法官自由心證。在辯論主義下,訴訟資料提出者,經法院行為介入而開始為證據調查,其結果之利益於他造同屬存在,且非經他方同意,聲明證據一方不得任意撤回證據調查之聲請。換言之,法官為證據調查結果之利用,不受舉證者有利不利或他造有無援用之限制。

3. 自由心證主義之限制

自由心證主義其證據方法,非全無限制,例如本法第436–14條。調查證據所須時間、費用與請求顯不相當,法院得不為調查。至違法取得證據得否為證據方法,頗有爭議。當事人因違法取得之證據,例如以竊聽、侵入住宅蒐集而得之證據方法,肯定其證據能力且得予以利用說者,係從自由心證主義出發,認為基於發現真實,法官得斟酌全辯論意旨,因此無證據能力之限制。否定說則認為,真實發現不能無限制的列位最優先位置,例如證人之拒絕證言,或文書提出命令之限制,均係民事訴訟證據法所明定制。違法取得之證據在一定條件下否定其證據能力,已漸成有力見解。有主張應綜合考量該當證據之重要性、必要性、待證事實、蒐集行為之態樣方式,及與被侵害法益間之關聯性、法益權衡、及比例原則等全部要素,以為判斷。例如以侵害人格權方式,如秘密錄音、錄影、竊聽電話、偷取信件而取得之證據,基於憲法人格權保護及避免鼓勵以侵害人格權方式之方法,應否定其證據能力❸。惟憲法所保障之法益或價值,除生命權外,並無

---

❷ 新堂著【民訴法5版】,第594頁;日本最高裁判所昭和27年12月5日判決、昭和24年2月1日判決。

絕對優位順序，人格權並非必然先於財產權、婚姻家庭生活價值，因此判斷違法取得證據之證據能力，應符合憲法比例原則得予援用，由法官綜合考量證據取得之原因、手段、證據方法有無可代替性，及所欲保護之系爭訴訟利益等因素判斷之。

　　證據力自由評價亦非全無限制。法已明定其證據力者，應受其限制乃屬當然之理。例如公文書依其程式及意旨得認作公文書者，推定為真正（第 355 條第 1 項）；私文書經本人或其代理人簽名、蓋章或按指印或有法院或公證人之認證者，推定其真正（第 358 條第 1 項）。因法律已先依經驗法則，推定文書之形式證據力，屬證據力法定，因而限制法官自由心證，排除證據力自由評價。再如，不負證明責任之當事人，因故意或過失，妨害負證明責任一方之證明，致發生事實真偽不明情況者，即須調整證明責任一方之因證明責任所生之不利益。例如當事人不從文書提出命令，而妨害他方文書使用者，本法第 345 條規定，法院得審酌情形，認負證明責任一方主張之事實為真實。

　　自由心證主義，同時受證據契約之限制。證據契約種類及內容、項目繁多。包括：就特定證據方法不提出之約定（證據限制契約）、就證據方法證據力之約定、就特定事實之真正或不真正合意之契約（自認契約）、以變更舉證責任為目的之合意（舉證責任契約）、必要事實存否內容判斷任由第三人判斷之合意（合意鑑定拘束契約）。證據契約屬處分權主義，當事人既就主要事實存否得為自認，因此得成立證據契約，以拘束法官之自由心證形成之證據方法或材料。惟證據契約，其約定僅能為一定證據方法提出或不提出之約定，即證據限制契約；或就已提出之證據方法予以限制，逾此範圍之證據契約，如有牴觸法官自由心證可能，即另須予以檢視。例如為使事實認定趨於容易，就證據證明力成立之證據契約，或就一定事實推定另一事實之事實推定契約，因係直接就法官自由心證形成之限制，而非證據方法之限制，乃與自由心證主義相違背，應予以禁止。又集中審理爭點整理協議簡化證據之合意，如係就法官自由心證形成之限制，而成立之證據契約，同解為不得為之。

---

❹ 松本、上野著，第 288 頁。

五　心證形成程度

(一)形成程度

　　法院調查證據資料依其結果就事實認定所得心證程度，並非如自然科學論理性之證明，乃以普通人之經驗法則於日常生活中不引起懷疑之程度為足，其屬高度蓋然性之證明原則，此為其心證形成程度。

(二)心證形成態樣

　　心證之形成係透過經驗法則或論理法則，由證據及間接事實以推斷主要事實之存否。但法院應以如何之基準，決定主要事實之存否，此即證明度問題。證明度應否成為抽象之一般法律原則，以建立可預測性及維護法之安定性，或應由具體個案中，依證據蒐集之可能性與困難度及接近證據程度，為實現訴訟地位之實質平等做不同決定，尚有爭議；我國關於證明度並無明文規定。

　　形成法官自由心證之證明，要否達於主觀確信程度（主觀說），或一定程度之蓋然性即足（客觀說）之問題，事實認定之客觀化有其必要性，法官不能以偶然的或恣意的態度認定事實。因此，法官之心證形成，係以個人主觀依經驗法則綜合事理之蓋然性。因此證明度不能脫離主觀要素與客觀要素之結合，自應綜合上開主觀說與客觀說形成。證明度非優越性原則，乃高度之蓋然性，屬接近真實之事實認定，因此並無何種類證據優先於其他證據方法問題，例如不能逕謂文書證據必定優先於證人。此高度之蓋然性，即法官自由心證形成之態樣之一。

　　心證形成可由法律為事先安排。實體法規範本身，為使實體規範目的之容易完成，而予事先規劃，如因果關係、過失存在之舉證安排或免除，例如民法第191-2條，動力車輛駕駛人於使用損害於他人，即應負損害賠償責任，不以有因果關係存在為必要，此時應由駕駛人就防止損害發生已盡相當注意義務負舉證責任，即係實體法規範關於法官心證形成之安排。

　　此外，法亦常藉由證明度減輕方式完成實體規範目的者，此種方式則係藉「推定」方式構成，例如事實上推定或法律上事實之推定為之。前者，指法官利用已經被證明之事實，以經驗法則推定另一待證事實存在與否，本法第282條規定，法院得依已明瞭之事實，推定應證事實之真偽。後者，乃基於法律規定，以一定事實存在為前提推定待證事實存否之謂。法律上事實之推定，有規定於實體法者，例如民法第166條規定，契約當事人約定，其契約須用一定方式者，在該方式未

完成前，推定其契約為不成立；程序法之推定，例如第 355 條第 1 項公文書之推定真正。此均有使舉證責任減輕之效果。

▶ 第二節　證明責任

一　意　義

　　舉證責任分配法則，源於客觀證明責任。法院判決係基於間接事實或輔助事實，依自由心證形成，但當在最後審理階段，主要事實存否仍然不明，因法院不能拒絕審判，否則紛爭無法解決，訴訟目的不能達成；為使法院在主要事實真偽不明情況，使裁判有可能，應將因事實不明所生之不利益或危險分配於一方，此即客觀證明責任。客觀證明責任為結果責任，與行為責任無關。既與當事人之舉證責任無關，嚴格言之，不應以舉證責任稱之，應稱之為證明責任、證明責任分配。

　　證明責任之事實真偽不明，指主要事實真偽不明，間接事實或輔助事實真偽不明，致影響主要事實，亦係真偽不明，即有不利益分配問題發生。法院應依職權探知之事實，真偽不明時，亦有此適用。

二　機　能

　　客觀證明責任，在辯論主義訴訟審理過程，具有指示當事人及法院訴訟實施之指標機能。基於辯論主義，當事人言詞辯論期日有主張事實責任，受此責任分配之一方，為求如其訴之聲明之勝訴判決，原則上就支持其聲明之原因事實，須負證明責任。因此，辯論主義訴訟審理過程，應先自審理結果如有真偽不明情形發生時，應由何人承擔不利後果予以考量。換言之，立於客觀證明責任，以決定應由何方負主張事實及證明責任；而負主張及證明責任一方有提出證據責任，此即為本證，並使法官就其主張主要事實存否，達於確信程度。而當證明實施活動結束後，主要事實仍然真偽不明，此時應受敗訴判決；反之，不負證明責任一方，就系爭主要事實存否，提出使法官就主要事實存否動搖信心，則屬已盡其反證責任。因此，客觀證明責任有分配本證責任之功能，及闡明反證提出之訴訟營運功能。當言詞辯論終結時，主要事實之真偽不明情況下，客觀證明責任，有指導法

官應為如何裁判之規範功能，該規範功能係透過訴訟審理過程，產生對當事人及法院訴訟行為之規範效力。例如，原告依客觀證明責任法則，受主張事實責任分配，如已提出足使法院發生確信程度之本證，此時被告之反證義務發生，其程度應使法官對本證之確信，發生動搖程度為足。基此，客觀證明責任同時反映舉證活動方針，並指導最後裁判結果。

三　證明責任規範說與法規不適用說

當言詞辯論終結，事實真偽仍然不明，如何決定分配其不利益，可否委由法官自由裁量，或須存在一般法律規範以為準則，即有證明責任規範說與獨立規範不要說之分；後者即為法規不適用說。

獨立規範不要說（法規不適用說）。此說與「要件事實論」相結合，認為當審理最後階段，實體法規範之法律構成要件事實存否不明時，乃法律構成要件不該當而不予適用，該實體法效果不發生，無獨自存在證明責任規範必要。因此，證明責任應解為，因實體法規範之不適用，使該當事人生不利益結果，通說採之❹。此說之立論基礎，認為於實體法立法構成階段，立法者已預設考量安排，即當不能證明該實體要件事實存在時，當然不該當於該要件。因此真偽不明解決方法，應從實體法導出，無獨自存在證明責任規範必要。簡言之，本說係從實體法規範出發。

證明責任規範說，又稱獨立規範必要說。認為法院不能因事實真偽不明拒絕裁判，此時要否適用該實體法法律效果，仍須有個別的獨立規範，指示法官應為如何裁判，不能逕認當然不適用該法規❺。質言之，當實體法要件事實存否不明，仍應透過證明責任規範適用，作為統一的原則性規定，因此證明責任規範有獨自存在必要。

實體法要件事實存否之證明，除實體法本身已自我規範外，另存在證明責任規範，並非全無價值。我國現行程序法，尚無證明責任分配之統一規範，於法體系中難以建立直接的規範依據，但仍散見舉證責任規範條文。例如本法第 282條，法院得依已明瞭之事實推定應證事實真偽，有使權利實現容易化目的，可被歸類為證明責任規範範疇。

---

❹ 此為通說見解。兼子一、Rosenberg、小山昇均採之；兼子著【體系】，第 257 頁。

❺ 採此說者，新堂著【民訴法 5 版】，第 603 頁；松本、上野著，第 299 頁。

四　主觀舉證責任（抽象證據提出責任）

相對於客觀證明責任屬結果責任，主觀舉證責任為行為責任。當事人為使有利於自己之事實被認定，於言詞辯論程序實施時，須提出證據之責任。辯論主義所實施之訴訟，負主觀證明責任之當事人，為避免受敗訴判決，就爭議事實有自行提出證據之責任，此稱為主觀舉證責任，或抽象之證據提出責任。

主觀舉證責任，係自客觀證明責任導出，可以說客觀證明責任所在，乃主觀舉證責任之所在，因此即有認為主觀舉證責任，無非係客觀舉證責任透過辯論主義之特殊投影而已[46]。雖然如此，仍不能進而認為無導入主觀舉證責任概念必要。因為證明責任之訴訟實施及審理過程，主觀舉證責任，有行為規範機能，因而漸有學者主張有獨自規範之實益性[47]。本法第 199 條第 2 項規定，審判長應向當事人發問或曉諭令其為事實上及法律上陳述、聲明證據[48]，即為主觀舉證責任之具體化。又如本證與反證之區分，在主觀舉證責任概念下，有使兩者概念明確化機能，不致於過度模糊[49]。此外，主觀舉證責任概念，在辯論主義訴訟審理過程中存在一定機能，具有指引法院釋明活動，及指示當事人主張與舉證活動之指針作用。

五　證明責任分配理論

㈠本法第 277 條地位

本法第 277 條前段規定，當事人主張有利於己之事實者，就其事實有舉證之責任，本條究係主觀舉證責任或係客觀證明責任，我國學說不同。主觀舉證責任說認為，本條規定內容屬訴訟法規範，應兼顧訴訟法各原則，以達成訴訟法目的，視各待證事實之性質、事件類型特色，具體個別較量涉實體利益與程序利益程度，並顧慮訴訟法要求，據以分配舉證責任，又認為應注意本條舉證責任規範，規定當事人就其主張有利於己之事實者應提出證據為舉證活動之意旨，因認舉證責任

---

[46] 三ケ月著【民訴】，第 444 頁。

[47] 松本、上野著，第 299 頁。

[48] 日本民事訴訟法第 127 條第 1 項規定，審判長為明瞭訴訟關係之事實上及法律上之事項，得對當事人為發問或促其「舉證」（立證）。

[49] 造成區分模糊原因很多，例如當事人之協同主義規定屬之。

係當事人就一定事實之證明所應盡之行為責任❺⓿。此說可謂係自程序法之觀點切入。客觀舉證責任規範說則立於修正規範理論，並以法之安定性、可預測性為一般原則，但承認因個案正義需求舉證責任分配須有調整必要。其認為本條規定，應係客觀舉證責任理論之架構，配合依附於該理論之主觀舉證責任，已足充當學術檢視及實務運用，似無必要將此法條解釋為主觀舉證責任理論或以其他方式解釋必要。又認為應以本條前段規定，建構證明責任一普遍性規則（證明責任之一般原則），並以但書規定作為原則性之例外（證明責任減輕），以分別尋求法之安定性及可預測性，同時兼顧個案正義❺❶。換言之，此說同時認識到，以規範論建構證明責任客觀法則之際應兼顧個案之公平正義。

本文以為，主觀舉證責任只在辯論主義始有意義，且因從客觀證明責任分離導出，故主觀舉證責任所在，須依附於客觀證明責任，係透過辯論主義所形成之特殊反應。縱在修正辯論主義下，緩和因辯論主義本身所採嚴格當事人責任，降低了主觀舉證責任之嚴苛性與重要性，例如證據共通原則，或因法院職權探知主義之採行，或因協同主義之提倡，使客觀證明責任重要性降低，但當真偽不明出現，其不利益分配法則，並非全然可由主觀舉證責任代替，例如法院應依職權調查事項真偽不明時，亦須為不利益分配。而證據共通原則復又淡化主觀舉證責任概念之重要性，因此客觀證明責任規範論，仍為本法第 277 條本文之一般原理，且有其存在價值。

㈡證明責任一般原則

1.學說理論

客觀舉證責任為結果責任，其真正意義並非舉證行為，舉證行為係透過辯論過程實現，因此稱之為客觀證明責任更為恰當。

證明責任如何分配問題，主張主觀舉證責任說者，係立足於行為責任，並按待證事實之性質，予以分類為積極事實與消極事實、外在事實與內在事實之所謂要證事實分類說，主張消極事實者或主張內在事實者，不負舉證責任❺❷。

客觀證明責任說關於證明責任分配之基準，及如何建構證明責任分配之一般原則，學說存在不同理論。第一說為蓋然性理論，主張於具體個案程序中，依蓋

---

❺⓿ 邱聯恭講述，許士宦整理，口述民事訴訟法講義㈢，2000 年，第 179 頁。

❺❶ 姜世明，舉證責任分配法則之體系建構，法官協會雜誌，第 6 卷第 6 期，第 89 頁以下。

❺❷ 三ケ月著【民訴】，第 447 頁。

然性比率分配，法官由個案之時間、地點、人物與舉證責任相關之蓋然性關係，由較低蓋然性主張之當事人負舉證責任。此說因與法之安定性原則牴觸，且將證明責任與證據評價混為一談，因此不為通說可採。第二說為危險領域理論，主張損害原因係存在於加害人之危險領域，則加害人應負證明責任。第三說為多樣原則說，此說主要以批判規範理論為出發，主張以公平正義衡量取代之，認為可綜合觀察蓋然性原則、保護原則、保證原則、信賴原則、處罰原則等，在個案中予以確定運用。但其缺失正如蓋然性說之缺乏法之安定性。第四說為危險提升理論，本說為克服違反保護法規，或內含抽象危險要件行為規範要件，因果關係證明之困難，認為損害發生在於此行為規範通常發展範圍，並經由該行為規範之違反，以致被侵害法益之危險增加時，即應由該違反規範者，就損害發生與行為無因果關係負舉證責任。但此說被認為僅係證明責任分配一般規範之補充原則而已[53]。第五說為規範說，認為民事實體法立法時，本身已預慮並決定證明責任分配規範，因此只需分析法規範要件，即得發現證明責任分配法則，此說為 Rosenberg 提出，現為通說見解。

2.規範說及其修正

本說將實體法規範要件分為權利發生規範，及與之對立之權利妨害規範、權利消滅規範、權利抑制規範。其基本定義為：主張權利存在之人，就權利發生之法律要件事實存在負證明責任，否認者則應就權利妨害、消滅、抑制法律要件事實存在負證明責任[54]。此說與德國民法第一草案第 193 條「主張請求權者，應就請求權發生所需之事實證明；主張請求權消滅或請求權效力受抑制者，應就消滅所需之事實，或受抑制之事實證明」，相互呼應，受到學說及實務見解之普遍支持。

規範論以實體法規範為前提，證明責任規範建構在實體法構成要件事實上，人民依此建立行為準則，有可預測性與安定性，為其優點，但因缺少彈性不符個案正義要求，因而出現規範論之修正理論。再者，權利發生規範與權利妨害規範區分不易，規範說仍須個別考慮當事人利害關係後，再就各要件事實證明分配為實質評價並予調整，其調整除本於立法原意、誠信原則外，與具體個案有關之證據距離、證明容易度，及經驗法則之蓋然性、個案之公平正義，均同為須考慮之因素，此為規範論修正之重點理論[55]。

---

[53] 姜著，第 186 頁以下。
[54] 新堂著【民訴法 5 版】，第 611 頁以下。

⊜證明責任轉換

　　證明責任轉換之意義及概念，因立於客觀證明責任或主觀舉證責任立場，而混淆不清。

　　立於客觀證明責任，只在訴訟審理最後階段，始能發揮轉換功能。因為客觀證明責任與訴訟審理過程無關，證明責任轉換乃客觀證明責任分配法則之例外修正，以及法規範構成之原則與例外相互關係之轉換而已。質言之，係透過立法方式，對證明責任分配之一般原則，所為例外修正，而非依訴訟實際進行情況所為移動的舉證責任轉換概念❺❻。證明責任轉換見諸於實體法者，例如民法第 187 條第 2 項法定代理人證明自己監督並未疏懈、第 190 條動物占有人之免責事由證明，均為證明責任之例外規定，得認係證明責任轉換。茲再舉一例說明，民法第 191–3 條一般危險責任，在客觀證明責任概念下，即可稱為實體法上之證明責任轉換，而其於訴訟過程中所顯現者，經營者或從事活動者，須就損害發生非其行為所致，或已盡相當注意一事，負舉證責任，其舉證責任非程序法意義下之舉證責任轉換。

　　如立於主觀舉證責任意義下，因屬行為責任，證明責任一方因舉證責任成功，而使自己之舉證責任消滅（本證完成），同時使他方舉證負擔成立（反證負擔發生），因而舉證責任在訴訟過程中發生移動現象，此意義之舉證責任移動，亦得稱為舉證責任轉換。但此種移動，舉證責任轉換過程被摻入了法官心證形成程度要素。學者即謂，辯論主義之訴訟審理過程，證明責任轉換概念，成了說明舉證責任現實需要之變例，已非單純法之概念而已，而為舉證現實需要之事實問題，使得作為法律概念之證明責任，加入事實性要素。證明責任概念之所以如此混亂，原因在此❺❼。

⊜舉證責任減輕

　　辯論主義下之證明責任，其反映於言詞辯論過程者，即為舉證責任，乃行為責任，非結果責任。本法第 277 條但書之「法律別有規定，或依其情形顯失公平」，被援為舉證責任之例外依據。即因個案公平正義需求，有減輕舉證責任負擔必要時，可援引為依據，但不得過度擴張其範圍❺❽。

---

❺❺ 姜著，第 193 頁以下；新堂著【民訴法 5 版】，第 611 頁以下。
❺❻ 三ケ月著【民訴】，第 449 頁。
❺❼ 三ケ月著【民訴】，第 451 頁。

1.實體法預定之減輕

舉證責任減輕方法，乃立法者為使其實體法規範效果易於實現，而預為減輕者。例如為保護汽車事故被害人，前述之民法第 191-1 條規定，使用中加損害於他人，即應負損害賠償責任，駕駛人僅在防止損害發生，已盡相當注意者，始得免之。又如民法第 184 條第 3 項違反保護他人之法律致生損害於他人者，應負賠償責任，行為人僅在證明無過失時始得免之。

2.法律上事實推定、前提推定、意思推定

推定一般區分為「法律上推定」與「事實上推定」。法律上推定，又稱真正推定，可分為法律上事實推定、法律上權利推定。法律上推定，可生證明責任轉換效果，例如本法第 281 條規定，法律上推定之事實無反證者，無庸舉證。事實上推定則無此效果，只是經驗法則適用過程❺❾。因此事實上推定並非證明責任之減輕。本法第 282 條規定，法院得依已明瞭之事實，推定應證事實之真偽，乃指法官依經驗法則推定另一待證事實之過程適用，非證明責任之減輕。

法律上事實推定，係基於法律規定，本於他事實而認定另一事實之謂，例如民法第 295 條第 2 項未支付之利息，推定隨同原本移轉於受讓人；又如民法第 944 條第 2 項經證明前後兩時為占有，推定前後兩時之間繼續占有。即某 A 法規之要件事實甲為待證事實，其證明不易，由較易證明乙事實證明時，則非有反對證明甲事實之不存在，因 B 法規已規定，待證事實因而被證明。換言之，構成乙事實則被推定為構成甲事實，B 法規被稱為推定法規。法律上權利推定，係指透過要件事實之推定，直接推定權利狀態之謂。

至於前提推定可稱為暫定真實，與法律上推定概念不同。前提推定，不以前提事實（法律要件外之事實）已被證明為前提，可直接推定其法律要件要素之待證事實存在，如不證明該要素不具備，法官得先假設該法律要件要素具備，而適用該法律要件。例如民法第 944 條第 1 項之占有人，推定其為以所有意思、善意、和平公然占有者是。

意思推定，為某法規以意思表示內容作為法律行為解釋規定，如爭執其適用之當事人，則證明責任即應轉換由該反對意思表示存在之一方。例如民法第 250

---

❺❽ 姜著，第 206 頁以下。

❺❾ 法院依職權本於經驗法則或論理法則，依已明瞭之間接事實以推論待證事實，又稱為訴訟上推定。

條第 2 項規定，違約金除另有約定外，視為因不履行而生損害之賠償總額；又如民法第 352 條，債權之出賣人對於債務人之支付能力，負擔保責任者，推定其擔保債權移轉時債務人之支付能力。

　　法律上之事實推定、前提推定及意思推定，均為廣義之法律上推定，藉由推定達證明責任轉換目的，亦可減輕待證事實證明困難。

3.表見證明

　　表見證明通常適用於侵權行為之過失、因果關係認定上。其方法為，在特定類型事實經過，無須對具體個案內容逐一特定。例如醫療過失，究係因注射劑或因注射器原因造成不能斷定時，即可使用其中之一以認定醫師之過失❻。表見證明有二要件，即典型事象經過及經驗法則。前者，指經驗上初步表見可認為有特定原因存在，將造成特定結果之謂；後者，指觀察特定事象經過結果，有重複發生一定結果之抽象規則存在，而該規則得自生活經驗或科學證明獲得❻。

　　表見證明含有證據評價性質，並受經驗法則拘束，本質上仍存在證明分配法則問題，受證明責任分配者，得利用表見證明方法完成其本證責任，因而有減輕證明責任效果。

4.證明妨礙與證明度降低

　　不負證明責任之一方當事人，故意或過失妨礙須負證明責任一方就待證事實為證明，致待證事實真偽不明者，稱為證明妨礙。有證明妨礙情事發生，如仍依證明責任分配一般法則，由負證明責任一方受真偽不明不利益分配者，顯非公平，須將此不利益再為適當調整。惟證明妨礙之性質、要件、效果，要否以故意為限，究應依自由心證下之證據評價解決，或依證明責任轉換規定解決，有無統一規定必要，或應依各個不同事件以為決定，學說尚有爭議❻。例如證明妨礙者，是否限於不負舉證責任一方或當事人雙方均有適用；又證明妨礙者，是否以故意為限，均尚待學說發展。

　　證明妨礙制度源於誠信原則，固無爭議。但證明妨礙與一般事案解明義務要否為一定聯結？承認一般事案解明義務者，認為證明妨礙非僅在積極禁止消滅他方有利證據提出而已，尚包括消極的隱匿或不提出該證據，而有一般性協力義務

---

❻ 三ケ月著【民訴】，第 451 頁以下。日本實務之「一応の推定」，與之概念相近。

❻ 姜著，第 212 頁。

❻ 松本、上野著，第 311 頁以下。

功能。惟持保留態度者認為，在辯論主義下除非實體法已明定資料開示義務，或有證據偏在，符合本法第 277 條但書規定外，並無承認一般性事案解明義務必要，則證明妨礙當不應擴大及於積極協力為負證明責任義務一方提出有利證據必要。本法關於證明妨礙，則明定以妨礙他造使用，故意將證據滅失、隱匿或致礙難使用者為其要件（第 282-1 條第 1 項）。依此，其要件須主觀上存在故意為必要，且以妨害他造使用證據為目的，客觀行為上須有將證據滅失隱匿或礙難使用，即積極妨礙情形存在，始足當之。證明妨礙之證據，無論其為人證、書證、勘驗物、鑑定等均可。妨礙行為亦得以作為或不作為方式為之，其結果包括證據之方法之毀棄、偽變造，及使之舉證不能或益加困難。

　　構成證明妨礙之效果，本法尚無明文。論及者，曰有舉證責任轉換或減輕效果；或法院得逕依自由心證，認他造關於該證據之主張或依該證據應證之事實為真實；或綜合全辯論意旨，以決定待證事實之真偽❻。一般認為，須綜合考慮妨礙行為之態樣、主觀可歸責性、證據重要性、可替代性等因素，賦予不同法效果。惟有證明妨礙情事發生時，法院於裁判前應令當事人有辯論之機會（第 282-1 條第 2 項）。此外，本法第 345 條就不從文書提出命令者，已有特別規定。

　　舉證責任減輕具體方式，依本法規定而減輕者，或為證明度降低，或為事實性之推認，或為表見證明之提出。證明度係法院對於某待證事實認為已可認定為真之心證度最低標準，涉及立法政策應優先保護何方當事人，因而將證明度之要求降低，以求實定法規範之適用或不適用。

　　證明度降低，當與採主觀證明度理論，即委由法官個案裁量，或採客觀證明度理論，有所不同。採主觀說，或有損及法律安定性之虞，但有強化事實審認定事實彈性及自由心證之形成；反之，客觀證明度理論，係從客觀或然率因素切入，蓋所謂「真實」之概念，缺乏審查及檢驗標準，不能持為唯一標準，於審判實務運用，法官對於待證事實之確定，如主觀上已形成「確信待證事實為真」之基本要求，為求客觀化，當須藉由或然率概念，判定待證事實之真偽。因而運用證明度降低理論，須具體說明法官心證之形成是否已達一定之心證度，並於對負舉證責任一方所提之證據，予以調查與證據評價後，再就該事件發生之或然率予以說明，且須說明有減輕舉證責任必要之原因❼。

---

❻ 亦有認為法院得審酌情形，認他造關於該證據之主張或依該證據應證之事實為真實。駱永家，證明妨礙，月旦法學雜誌，第 69 期，第 13 頁。

5.顯失公平之舉證責任地位調整

　　舉證責任減輕，除法定舉證責任減輕事由外，於本法第 277 條但書尚有依其情形顯失公平之舉證責任減輕方法。

⑴個案調整方式

　　依規範說理論，當證明責任者與不負證明責任者，兩者所處地位或證據接近距離不平等，或舉證困難情況下，得為公平調整。實務上則常以轉換舉證責任，或依職權為舉證責任再分配，或類推法定減輕規定方式為之。例如醫病關係之證據偏在之舉證責任分配調整是。又如不負舉證責任一方，就其主張之事實，有真實及完全陳述義務，其對於請求及抗辯所依據之原因事實，應為具體之陳述，以保護當事人之真正權利（第 195 條第 1 項、第 266 條第 3 項）。亦即其有具體化義務，使負舉證責任一方得以提出證明反駁❻❺，如不為陳述者，可準用本法第 282–1 條證明妨礙規定處理之。

⑵非一般性事案解明義務

　　當事人之事案解明義務，係指當事人對爭議事實，負有協力解明真相義務。包括與事案有關有利或不利於己事實之陳述義務，及提出與事案有關之文書、勘驗物等證據資料義務，並容忍對自己所為之勘驗義務。惟事案解明義務要否成為民事訴訟法之一般性義務，學說尚有爭議。肯定說者認為，承認此事案解明義務有使審理集中化及促進訴訟之效果，於訴訟上並應維護當事人間之實質平等，加以實體法上情報請求權規定之不足，本法第 277 條但書、第 282–1 條規定，均得作為一般性事案解明義務之程序法依據❻❻。反對說者則認為，德國關於資料開示義務係規定於實體法中，於程序法僅做例外規定，因此並不承認不負舉證責任者一般性事案解明義務。本法係採辯論主義，一般性協力事案解明義務，不無根本動搖辯論主義可能，事案解明義務仍須依實體法規定，使當事人交易時即得預見風險與成本，不宜於事後之訴訟程序中，加重不負舉證責任一方提出說明及證據資料之負擔❻❼。

---

❻❹ 最高法院 109 台上 1458 判決參照。

❻❺ 最高法院 98 台上 1169 判決參照。

❻❻ 沈冠伶，論民事訴訟法修正條文中法官之闡明義務與當事人之事案解明義務，萬國法律，第 111 期，第 44 頁以下。

❻❼ 否定說者，姜世明，非負舉證責任一造當事人是否負一般事案解明義務，台灣本土法學雜

　　本文以為，辯論主義下，因個案證據偏在結果，而有調整或減輕舉證責任必要時，實體法規定之減輕或轉換規範，固然有所不足，而須予以修正或調整。但本法第 277 條但書及其他特別規定，如第 195 條真實義務、第 344 條當事人提出義務、第 367–1 條當事人之詢問，以及普遍被承認之學理，均可作為補充，尚無承認一般性事案解明義務必要，如再強化違反一般性事案解明義務之法律效果，或有偏往職權探知主義實質內容發展，而使辯論主義形骸化之可能。

六　損害額證明困難

　　本法第 222 條第 2 項規定，損害發生但損害額證明極度困難時，法院基於全辯論意旨調查證據結果，仍不能得損害賠償額時，為使權利實現容易，減輕損害額認定證明之困難，法官得斟酌全辯論意旨及調查證據結果，命賠償相當之金額。此種為避免造成法規不適用之後果，所做證明責任規範之變化，其性質究係降低證明度，以較低之蓋然性解決損害額認定之困難，或係委諸於法官之自由裁量，即有爭議❻❽。惟自損害額算定非客觀事實之存否，乃損害額評價問題，以此立論，即非事實認定證明度降低。但因裁量結果，同時有減輕損害額事實認定證明責任減輕規範效能，擴大該損害賠償責任實體法規範適用之可能性，因此本條規定雖屬裁量評價，實質上不無兼有獨立的證明責任規範意涵。

▶ 第三節　證據調查程序

一　證據調查開始

㈠證據聲明

　　證據聲明，當事人就一定應證事項，向法院請求調查證據方法之謂。辯論主義，原則以向法院聲明證據而開始調查，法院對之應為准駁之回應，如對適法之證據聲明，無正當理由拒絕證據調查者，為訴訟程序之違法。

　　證據聲明方式，本法第 285 條第 1 項規定，應表明應證事實，其方法以書面

誌，第 85 期，第 145 頁以下。

❻❽ 日本同有爭議，漸有採裁量評價說者。新堂著【民訴法 5 版】，第 606 頁；國內學者，有認證明度減輕者，姜著，第 280 頁。

或以言詞為之，如以言詞為之者，得依本法第 122 條第 1 項於法院書記官前陳述，由書記官作成筆錄。證據方法，包括人證、鑑定、書證、勘驗，證據聲明即應分別依各項證據方法之規定，及與待證事實之關係為表明，並需依規定預納各項費用。證據聲明為攻擊防禦方法之一，須符合適時提出主義，否則生失權效（第 196 條）。但本條第 2 項規定，聲明證據，於言詞辯論期日前，亦得為之。當事人為證據聲明後，應使相對人有陳述意見機會，以求雙方公平，及作為要否證據方法之決定目的。

辯論主義，當事人聲明之證據得於證據調查前自由撤回，因而本法第 213 條第 1 項第 2 款有證據之捨棄文義。但已調查完畢之證據方法，因證據共通原則，縱經撤回，亦不能影響法官已得之心證，其撤回無意義，無許撤回之理。經撤回之證據聲明，法院不能依當事人聲明證據，而得心證時，認有必要時，得再依職權調查該撤回之證據（第 288 條）。

㈡證據調查之決定

當事人聲明之證據，非有正當理由不能拒絕調查，例如不合法之聲明、非適時聲明是。當事人固有聲明證據請求調查之訴訟實施權，但訴訟進行仍採修正之職權進行主義，本法第 286 條，當事人聲明之證據，法院應為調查，但就其聲明之證據中認為不必要者，不在此限。法院於調查證據前，應將訴訟有關之爭點曉諭當事人（第 296-1 條第 1 項）。使兩造知悉事件之爭點及證據與待證事實之關連後，始進行證據之調查。證據調查與否，法院有裁量權，所謂「不必要應以法無規範目的及裁量要因規定，以為標準，但有無必要應符合論理法則與經驗法則。」不必要情形，例如無證據價值、與待證事實無關，或事證已臻明確，達於可為裁判程度者，即無調查必要。又，為使訴訟能順利進行以符受適時裁判權，證據方法存在無從預期之障礙情形，如證人行方不明、書證散失不明，因不能久懸不決，本法第 287 條規定，因有窒礙不能預定調查證據之時期者，法院得依聲請定其期間。但期間已滿而不致延滯訴訟者，仍應為調查。此外，當事人聲明之唯一證據方法，如對待證事實有重大關係，或與他證據有相互表明之用者，法院不得認為不必要而予排斥。

證據調查聲明既為攻擊防禦方法，法院拒絕調查之原因，應敘明其理由，未為敘明者，乃判決不備理由之違法。至拒絕之原因，得以裁定駁回證據聲明，亦得於判決理由說明。

㈢依職權調查證據

證據調查雖以聲明為原則，但法院不能依當事人聲明之證據而得心證，為發現真實認為必要時，本法准予法官得依職權調查證據（第 288 條第 1 項）。依前項規定為調查時，應令當事人有陳述意見之機會（第 288 條第 2 項）。職權調查證據僅屬補充性，在辯論主義下當事人仍負有聲明證據責任，不因本條規定而減輕，因此當事人未盡證明責任致受敗訴判決之當事人，不得以法院未行使此職權為上訴之理由（30 上 204 判例）。

現行法改採適時提出主義，未於適當時期聲明證據，且不能釋明其理由，已生失權效者，法院即無再依本條為職權調查證據必要。日本民事訴訟法早於昭和 23 年以法 149 號刪除職權調查證據規定。如貫徹辯論主義及集中審理實施目標，即有刪除本條規定必要。

二　證據調查之實施

㈠集中證據調查與直接主義

證據調查實施方式，分為證據集中調查，與證據分離調查。前者，乃將主張、抗辯提出之準備程序期日與辯論期日分離，證據調查集中於辯論期日為之。後者，指準備程序證據調查期日與辯論期日階段並不明確，於訴訟程序任何階段，均得為證據調查❻❾。

現行法採集中審理主義，其目的在使直接審理主義、言詞審理主義得以落實，同時使參與判決之法官，其心證形成儘可能在一次言詞辯論期日得到鮮明印象。因而本法第 206-1 條第 2 項，法院訊問證人及當事人本人，應集中為之，即採集中證據調查主義。為達此目的，集中審理所用方法，即以協議簡化整理爭點，及其他準備為其中心。

證據調查結果作為證據資料時，須於言詞辯論期日以言詞為陳述，訴訟繫屬中法官有更迭者，應為辯論之更新（第 211 條），以符合直接審理主義。

㈡證據之調查

1.調查機關

證據調查以受訴法院為原則。受命法官於合於本法第 270 條第 2、3 項要件時，得於準備程序調查證據。法院認為適當時，得囑託他法院指定法官調查證據

---

❻❾ 村上著，第 270 頁。

（第 290 條）。囑託他法院法官調查證據者，審判長應告知當事人，得於該法院所在地指定應受送達之處所，或委任住居該地之人為訴訟代理人，陳報受囑託之法院（第 291 條）。受託法院如知應由他法院調查證據者，亦得代為囑託該法院（第 292 條第 1 項）。 受託法院並應將其事由通知受訴法院及當事人 （第 292 條第 2 項）。

　　法院得囑託機關、學校、商會、交易所或其他團體為必要之調查。受託者有為調查之義務（第 289 條第 1 項）。法院認為適當時，亦得商請外國機關、團體為必要之調查（第 289 條第 2 項）。如應於外國調查證據者，囑託該國管轄機關或駐在該國之中華民國大使、公使、領事或其他機構、團體為之（第 295 條第 1 項）。外國機關調查證據，雖違背該國法律，如於中華民國之法律無違背者，仍有效力（第 295 條第 2 項）。惟本條之受囑託調查之機關學校團體之調查，其性質為何，調查義務之正當性為何，如因而造成受調查者損害時，應由囑託法院或受囑託者負賠償責任，均存疑義。

2. 調查場所及期日

　　調查處所原則以法庭內為之，但受訴法院、受命法官或受託法官於必要時，得在管轄區域外調查（第 293 條），得不在法庭內為之。元首為證人時，應就其所在詢問之（第 304 條）。遇證人有本法第 305 條情形者，得就其所在訊問之。至於在外國為調查者，應視其情況於適當場所調查之，如在該國之我國使館是。

　　證據調查基於直接主義，以受訴法院在法庭內為之為原則，但認為相當時得在法庭外為之。如無特別規定，證據調查應於言詞辯論期日為之，又為使訴訟程序之圓熟進行，得另定調查證據期日。其期日由審判長定之，如由受命法官或受託法院調查證據，場所與期日由其定之。非於言詞辯論期日調查證據者，應將期日及場所告知當事人。但當事人經合法通知不到場時，為使訴訟能順利進行，調查證據，於當事人之一造或兩造不到場時，亦得為之（第 296 條）。

㈢調查證據筆錄

　　受訴法院於言詞辯論前調查證據，或由受命法官、受託法官調查證據者，法院書記官應作調查證據筆錄（第 294 條第 1 項）。本法第 212 條、第 213 條、第 213-1 條及第 215 條至第 219 條關於言詞辯論筆錄之規定，於調查證據筆錄準用之（第 294 條第 2 項）。受託法官調查證據筆錄，應送交受訴法院（第 294 條第 3 項）。

三　調查證據後之處置

(一)曉諭辯論

法院調查證據之結果，應曉諭當事人為辯論（第 297 條第 1 項）。

(二)證據調查結果及援用

證據調查於言詞辯論期日在法院內行之，調查證據結果，當然成為訴訟資料，無所謂援用問題。例外如受訴法院於言詞辯論期日外，或由受命法官或受託法官所為證據調查，並不當然成為訴訟資料。惟當事人於準備書狀內或言詞辯論期日或在受命法官、受託法官前所為者，發生自認效力（第 279 條第 1 項）。

言詞辯論前，已經調查之證據，聲明證據一方得否撤回證據聲明之問題，在辯論主義下，言詞辯論期日外之調查證據結果，除前述自認外，須經陳述始成為證據資料，故於法官形成心證前，聲明證據一方得為證據聲明之撤銷或撤回，因其為取效性之訴訟行為。但職權調查主義下之證據方法，法院如不能由當事人聲明之證據而得，為發現真實，法院得依職權調查證據（第 288 條），聲明證據方之撤銷並無意義。如係言詞辯論期日行調查證據，或已為陳述調查結果，法院因而形成心證，亦無撤回實益。

調查證據結果需經援用，始得為訴訟資料，聲明證據方得為之，其如不為援用（如調查證據結果對聲明證據方不利），調查證據結果因已成事實報告性質，相對人亦得予援用，例如法院書記官依本法第 294 條第 1 項作成之調查證據筆錄者。但當事人雙方均不為援用，在辯論主義第三法則（有爭執事實之證據方法，以聲明證據為限），法院應受其拘束，不得任意引為判決基礎。但法院認有依本法第 288 條為職權調查證據必要時，審判長得依第 297 條第 2 項，令書記官朗讀調查證據筆錄或其他文書代之。

▶ 第四節　各種證據方法

一　人　證

(一)意　義

人證係以證人陳述之證言為證據方法之謂。證人者，係指訴訟當事人以外之

第三人，陳述自己見聞或觀察事實之結果，向法院報告之第三人。證人陳述，為其經驗之過去事實及狀態之報告，以過去之事實或狀態之具體認識為報告內容。至於意思表示之解釋或推論，即非證人之認識報告。

㈡證人能力

證人能力，指得以其陳述作為證據資料之資格，本法並無證人能力之明文規定。一般認為得作為當事人訊問以外者，即與當事人訊問相互排斥者，均有證人能力❼，故當事人或與當事人同視之當事人法定代理人，均無證人能力。證人能力之有無以證人訊問時為基準，因此已脫離訴訟之當事人，或為判決效力所及之第三人，或已喪失法定代理權之人，有證人能力。共同訴訟人向法院陳述與自己訴訟無關之事項時，亦有證人能力。已為證言，其後成為當事人或法定代理人者，仍然有效。證人能力與行為能力無關，幼兒或無行為能力人有證人能力；證人之信用乃證據評價問題，非無證人能力。傳聞證言，雖非證人對自己經驗、認識事實或狀態為報告，屬證據力問題，並不否定其證人能力。

㈢證人義務

本法第 302 條規定，除法律別有規定外，不問何人，於他人之訴訟，有為證人之義務。證人義務有三：到場義務、陳述義務、具結義務。

1.到場義務

證人有不可替代性，應親自到場，因此證人有依法院通知所指定之期日、場所到場義務。於訊問終竣前，非經審判長許可，不得離去法院或其他訊問之處所（第 316 條第 2 項）。證人亦不得委任代理人或僅以書面代替之。有治外法權之人，無作證義務。元首為證人者，應就其所在詢問之（第 304 條）。遇證人不能到場，或有其他必要情形時，得就其所在訊問之（第 305 條第 1 項）。證人須依據文書、資料為陳述，或依事件之性質、證人之狀況，經法院認為適當者，得命兩造會同證人於公證人前作成陳述書狀（第 305 條第 2 項）。經兩造同意者，證人亦得於法院外以書狀為陳述（第 305 條第 3 項）。為陳述後，如認證人之書狀陳述須加說明，或經當事人聲請對證人為必要之發問者，法院仍得通知該證人到場陳述（第 305 條第 4 項）。證人所在與法院間有聲音及影像相互傳送之科技設備，而得直接訊問，並經法院認為適當者，得以該設備訊問之（第 305 條第 5 項）。證人以書狀為陳述者，仍應具結，並將結文附於書狀，經公證人認證後提出。其以科技設備

---

❼ 齋藤等編【注解 3】，第 385 頁。

為訊問者，亦應於訊問前或訊問後具結（第 305 條第 6 項）。證人得以電信傳真或其他科技設備將文書傳送於法院，效力與提出文書同（第 305 條第 7 項）。以科技設備為證人之訊問、證人具結及文書傳送之辦法，由司法院定之（第 305 條第 8 項）。此外，簡易或小額訴訟程序，亦有特別規定（第 433、436–23 條）。

以公務員或曾為公務員之人為證人，而就其職務上應守秘密之事項訊問者，應得該監督長官之同意（第 306 條第 1 項）。前項同意，除經釋明有妨害國家之利益者外，不得拒絕（第 306 條第 2 項）。

2.陳述義務

證人到場對於訊問事項，無論其知否，均應據實陳述，不得沈默或拒絕作答。但有本法第 307 條第 1 項法定原因者，得拒絕證言。審判長應於訊問前或知有前項情形時告知之（第 307 條第 2 項）。拒絕證言之原因，分為：身分上原因。即證人為當事人之配偶、前配偶、未婚配偶或四親等內之血親、三親等內之姻親或曾有此親屬關係者、證人所為證言，足致證人或與證人有第 1 款關係或有監護關係之人受刑事訴追或蒙恥辱者（第 307 條第 1 項第 1、3 款）。財產上原因。即證人所為證言，於證人或與證人有前款關係之人，足生財產上之直接損害者。證人就其職務上或業務上有秘密義務之事項受訊問者。證人非洩漏其技術上或職業上之秘密不能為證言者（第 307 條第 1 項第 2、4、5 款）。

證人雖有第 307 條第 1 項第 1 款或第 2 款情形者，關於下列各款事項，仍不得拒絕證言：同居或曾同居人之出生、死亡、婚姻或其他身分上之事項。因親屬關係所生財產上之事項。為證人而知悉之法律行為之成立及其內容。為當事人之前權利人或代理人，而就相爭之法律關係所為之行為（第 308 條第 1 項）。證人雖有第 307 條第 1 項第 4 款情形，如其秘密之責任已經免除者，不得拒絕證言（第 308 條第 2 項）。

證人拒絕證言，應陳明拒絕之原因、事實，並釋明之。但法院酌量情形，得令具結以代釋明（第 309 條第 1 項）。證人於訊問期日前拒絕證言者，毋庸於期日到場（第 309 條第 2 項）。此時，法院書記官應將拒絕證言之事由，通知當事人（第 309 條第 3 項）。拒絕證言之當否，由受訴法院於訊問到場之當事人後裁定之（第 310 條第 1 項）。前項裁定，得為抗告，抗告中應停止執行（第 310 條第 2 項）。

3.具結義務

為確實擔保證人據實陳述義務，審判長於訊問前，應命證人各別具結。但其

應否具結有疑義者，於訊問後行之（第 312 條第 1 項）。審判長於證人具結前，應告以具結之義務及偽證之處罰（第 312 條第 2 項）。但證人以書狀為陳述者，不適用前二項之規定（第 312 條第 3 項）。證人具結，應於結文內記載當據實陳述，其於訊問後具結者，應於結文內記載係據實陳述，並均記載決無匿飾增減，如有虛偽陳述，願受偽證之處罰等語（第 313 條第 1 項）。證人應朗讀結文，如不能朗讀者，由書記官朗讀，並說明其意義（第 313 條第 2 項）。結文應命證人簽名，其不能簽名者，由書記官代書姓名，並記明其事由，命證人蓋章或按指印（第 313 條第 3 項）。證人以書狀為陳述者，其具結應於結文內記載係據實陳述並無匿飾增減，如有虛偽陳述，願受偽證之處罰等語，並簽名（第 313-1 條）。

不得令其具結者，以未滿十六歲或因精神障礙不解具結意義及其效果之人為證人者，不得令其具結（第 314 條第 1 項）。得不令其具結者，有第 307 條第 1 項第 1 款至第 3 款情形而不拒絕證言者、當事人之受僱人或同居人、就訴訟結果有直接利害關係者。

㈣證人之處罰

證人作證義務屬公法上義務，無正當理由拒絕作證者，得予以制裁，即罰鍰或拘提（第 303、311、315 條）。拘提證人，準用刑事訴訟法關於拘提被告之規定；證人為現役軍人者，應以拘票囑託該管長官執行。對於處罰鍰之裁定，得為抗告；抗告中應停止執行。

㈤證人之權利

證人得請求法定之日費及旅費。但被拘提或無正當理由拒絕具結或證言者，不在此限（第 323 條第 1 項）。前項請求，應於訊問完畢後十日內為之（第 323 條第 2 項）。關於第 1 項請求之裁定，得為抗告（第 323 條第 3 項）。證人所需之旅費，得依其請求預行酌給之（第 323 條第 4 項）。

㈥證人訊問程序

1. 人證聲明

辯論主義，人證之聲明應由負證明責任一方為之，聲明人證時，應表明證人及訊問之事項（第 298 條第 1 項）。未表明者為不合法，得不予訊問。因行集中審理及促進訴訟義務，貫徹適時提出主義之需，證人有二人以上時，當事人應一併聲明之（第 298 條第 2 項）。

2.證人之通知

通知證人到場之程式。通知證人，應以通知書記載證人、當事人，應到場之日、時及處所、不到場之制裁、證人請求日費及旅費之權利、通知之法院（第299條第1項）。審判長如認證人非有準備不能為證言者，應於通知書記載訊問事項之概要（第299條第2項）。證人為現役軍人者，應併通知該管長官令其到場。被通知者如礙難到場，該管長官應通知其事由於法院（第300條）。如為在監所或其他拘禁處所之人為證人者，審判長應併通知該管長官提送或派員提解到場（第301條）。

3.訊問方法

訊問證人應由審判長為之，但受命法官或受託法官訊問證人時，與法院及審判長有同一之權限（第322條）。訊問證人，應先由審判長對於證人個別訊問，必要時應訊問其與當事人關係及證言信用事項（第317條）。二位以上證人時，應隔別行之，但必要時得命與他證人或當事人對質（第316條第1項）。證人應就訊問事項始末連續陳述（第318條第1項），非經許可，不得以朗讀文件或用筆記代之（第318條第2項）。因使證人之陳述明瞭完足，或推究證人得知事實之原因，審判長或陪席法官告明審判長後，得為必要之發問（第319條第1、2項）。如認證人在當事人前不能盡其陳述者，得命當事人退庭（第321條第1項）。但陳述畢後，應向當事人告以陳述內容要旨（第321條第2項）。證人在特定旁聽人前不能盡其陳述者，亦得命旁聽人退庭（第321條第3項）。

訊問證人，本法雖採職權進行主義方式，不以當事人主導之交互詰問方式進行，但仍保障當事人之程序權及異議權。當事人得聲請審判長對於證人為必要之發問，或向審判長陳明後自行發問（第320條第1項）。其發問得就證言信用之事項為之（第320條第2項）。但其發問與應證事實無關、重複發問、誘導發問、侮辱證人或有其他不當情形，審判長得依聲請或依職權限制或禁止之（第320條第3項）。但當事人得為異議，法院應就其異議裁定（第320條第4項）。

二　鑑　定

(一)意　義

鑑定，係使有特別專門知識經驗之第三人，運用其專門知識、技能經驗於具體事實之證據調查程序，鑑定之證據方法即為鑑定人。鑑定目的，在補充法官判

斷能力。鑑定之對象，即法官所不知之抽象法則及確定事實所適用之經驗法則或專門知識。就前者言，適用法律原為法官職責，內國法律之適用為法官職責，非鑑定對象。當國內法之解釋適用發生疑義時，為免法官獨斷，非不得諮詢該方面學識經驗者之意見。但如為法官所不知之外國法、習慣法，則成為鑑定對象。就後者言，法官依經驗法則以推斷事實之存否，但經驗法則有一般常識即知之經驗法則，及須具專門知識經驗之經驗法則，後者非法官得以其個人知識推斷之事實，非專家無從認識之經驗法則，即成為鑑定對象。例如文書真正之鑑定、土地境界之鑑定、血液指紋筆跡之鑑定、公害污染源之鑑定、精神狀態之鑑定是❼。

㈡鑑定人

1.鑑定人之意義

鑑定人與證人均係以第三人之陳述或報告內容為證據方法，兩者有其一定程度同質性，本法第 324 條規定，鑑定，除別有規定外，準用關於人證之規定。但鑑定人係向法院報告關於法規、經驗法則之特別知識學識經驗，供法院適用於具體事實之人，非報告其個人自己過去經驗以幫助法官認識過去事實之人，兩者不同，一般認鑑定人有可代替性，因此仍有不同於證人之特別規定。

2.鑑定人之義務

鑑定人之義務準用證人規定（第 324 條），有到場義務、陳述義務及具結義務。違反義務者，應同證人，但鑑定人有可代替性，不得拘提之（第 329 條）。為協助促進國家審判程序之進行，凡具有鑑定所需之特別學識經驗者，均有為鑑定人之公法上義務，因此本法第 328 條特別規定，具有鑑定所需之特別學識經驗，或經機關委任有鑑定職務者，於他人之訴訟，有為鑑定人之義務。但鑑定人有本法第 32 條第 1 款至第 5 款有關法官應自行迴避原因之一者，不得為鑑定人。但無其他適當之人可為選任或經當事人合意指定時，不在此限（第 330 條第 1 項）。

鑑定人拒絕鑑定，雖其理由不合於第 307 條第 1 項之規定，如法院認為正當者，得免除其鑑定義務（第 330 條第 2 項）。有無正當理由拒絕鑑定，由法院裁量，並準用第 309、310 條規定。鑑定人應於鑑定前具結，於結文內記載必為公正、誠實之鑑定，如有虛偽鑑定，願受偽證之處罰等語（第 334 條）。

---

❼ 最高法院 78 年度第 17 次民事庭會議決議。法院對於書證之真偽，認為自行核對筆跡或印跡已足判別者，得以核對筆跡或印跡所得心證為認定事實之基礎；縱未依當事人之聲請實施鑑定程序，不得指為違法。19 上 2189 判例同其意旨。

3.鑑定人之拒卻

當事人得依聲請法官迴避之原因拒卻鑑定人。但不得以鑑定人於該訴訟事件曾為證人或鑑定人為拒卻之原因（第 331 條第 1 項）。除有第 330 條第 1 項情形外，鑑定人已就鑑定事項有所陳述或已提出鑑定書後，不得聲明拒卻。但拒卻之原因發生在後或知悉在後者，不在此限（第 331 條第 2 項）。鑑定人有不得為鑑定人事由者，為鑑定之不適格，無論訴訟進行至何程度，當事人得隨時聲明拒卻。

聲明拒卻鑑定人應舉其原因並釋明之，向選任鑑定人之法院或法官為之（第 332 條）。當事人聲明拒卻鑑定人，經法院認為正當者，該鑑定不得採為判決基礎，否則該判決為違背法令。拒卻鑑定人之聲明，經裁定為不當者，得為抗告；其以聲明為正當者，不得聲明不服（第 333 條）。

4.鑑定人之選任及權利

鑑定人由受訴法院選任，並定其人數（第 326 條第 1 項）。此為職權進行主義之例。但法院於選任鑑定人前，得命當事人陳述意見；其經當事人合意指定鑑定人者，應從其合意選任之（第 326 條第 2 項），以尊重當事人意見。但法院認其人選顯不適當時，不在此限（第 326 條第 2 項但書）。已選任之鑑定人，法院得撤換之（第 326 條第 3 項）。

有調查證據權限之受命法官或受託法官依鑑定調查證據者，準用第 326 條之規定。但經受訴法院選任鑑定人者，不在此限（第 327 條）。鑑定人於法定之日費、旅費外，得請求相當之報酬（第 338 條第 1 項）。鑑定所需費用，得依鑑定人之請求預行酌給之（第 338 條第 2 項）。

(三)鑑定程序

1.鑑定之聲明

聲請鑑定，應表明鑑定之事項（第 325 條）。未表明鑑定事項者，視同未為鑑定之聲請[72]。鑑定人由審判長或受命法官或受託法官選任，無庸指定。鑑定為證據方法，受辯論主義限制，且如未為鑑定之聲明，無從知悉鑑定之必要否。但本法第 288 條兼採職權調查，法院認有必要時，亦得依職權為之。

2.鑑定之決定

鑑定係輔助法院之判斷能力，有無鑑定必要，法院有裁量權。鑑定應由負證明責任一方聲請，他方對於鑑定結果如以同一事由再聲請鑑定，乃反證鑑定聲明，

---

[72] 最高法院 78 年度第 17 次民事庭會議決議。

應檢附具體資料，由法官裁量其必要性。

3.鑑定之方法

鑑定人所用鑑定方法，依鑑定人之自由行之，並得使用一切適當之方法蒐集資料。鑑定因必要而為事實調查者，不適用公開主義。但法院得於鑑定命令中就鑑定方法及資料，予以限制。鑑定所需資料在法院者，應告知鑑定人准其利用。法院於必要時，得依職權或依聲請命證人或當事人提供鑑定所需資料（第 337 條第 1 項）。鑑定人因行鑑定，得聲請調取證物或訊問證人或當事人，經許可後，並得對於證人或當事人自行發問；當事人亦得提供意見（第 337 條第 2 項）。當事人或第三人並無協助鑑定人調查義務，如因鑑定必要需為侵入性、強制性之鑑定方法者，例如需進入或破壞建物、身體血液檢查、精神狀態鑑定，鑑定人非得當事人或第三人之同意不得為之。當事人既無協助鑑定人調查義務，亦不因此受不利益事實認定。其解決方法，學者認得於法院為主體之勘驗程序，鑑定人得隨同為檢視❼❸。

㈣鑑定意見

鑑定意見，法官自由心證決定是否援用，鑑定結果屬證據評價範圍，法院不受其拘束。如有多數鑑定，且鑑定內容不同者，究採何一鑑定意見以認定事實，屬事實審法官自由心證。但法官對於不予採用之鑑定意見，應於判決理由說明。鑑定意見之呈現方式，法院有裁量權，屬審判長訴訟指揮權，得命鑑定人以言詞或文書陳述意見，惟應於言詞辯論時，使當事人有辯論機會，始符辯論主義。受命法官或受託法官調查證據者，亦同。受訴法院、受命法官或受託法官得命鑑定人具鑑定書陳述意見（第 335 條第 1 項）。鑑定人具結之結文，得附於鑑定書提出（第 335 條第 2 項）。 鑑定書須說明者， 得命鑑定人到場說明 （第 335 條第 3 項）。鑑定人有數人者，得命其共同或各別陳述意見（第 336 條）。

㈤囑託鑑定

法院認為必要時，得囑託機關、團體或商請外國機關、團體為鑑定或審查鑑定意見。其須說明者，由該機關或團體所指定之人為之（第 340 條第 1 項）。關於鑑定人之規定，除第 334、339 條外，於囑託鑑定情形準用之（第 340 條第 2 項）。

㈥鑑定證人

鑑定證人乃於他人訴訟，陳述自己因依專門知識得知已往事實之第三人。鑑

---

❼❸ 齋藤等編【注解 3】，第 21 頁。

定證人亦係陳述自己過去之事實經驗，具有不可代替性，因此訊問依特別知識得知已往事實之人者，適用關於人證之規定（第 339 條）。

㈦私鑑定

私鑑定，指當事人一方自行依賴有專門知識經驗者，就具體事實適用專門知識所得鑑定判斷。私鑑定做成之鑑定報告，為私文書性質，訴訟實務常被使用，但非此所稱之鑑定。訴訟當事人如不爭執其內容者，非不得作為輔助證據，但應使當事人有辯論或詢問鑑定人機會。

三　書　證

㈠意　義

以文書內容之記載，作為特定人之意思或認識之證據方法，稱為書證。文書，為作成者在紙張或其他物體，以文字或其他記號構成其意思、意見、感覺或認識之有形物。凡能表達作者之意思或認識者，不問其以何種文字、符號，得為他人以閱覽方式了解者，均得構成文書。至有形物，包括紙張、竹木、金石、皮棉；作成方法不問其為書寫、雕刻、印刷均無不可。文書內容須以一般人得明白其意思或認識之符號為之，否則不得以文書稱之。例如以圖畫、照片為抽象概念表達，解讀因人而異，不能辨別，不得謂為文書。

非文書物件，但足以達其意思或認識，得以文書視之，又稱為準文書。本法第 363 條第 1 項規定，於文書外之物件有與文書相同之效用者準用之。如利用磁碟片、磁帶、錄音帶、縮影膠片科技設備作成或保存之文書、資訊，以之內容作為證據資料，當無不可。惟應顧及該證據方法之特異性，如令持有人提出原件，恐有窒礙難行時，依同條第 2 項規定，得僅提出呈現其內容之書面並證明其內容與原件相符，以代原件之提出。上開方式之文書、物件或呈現其內容之書面，法院於必要時得命說明之（第 363 條第 3 項）。

㈡文書種類

1.公文書、私文書

公文書，係公務員基於職務權限作成之文書；私文書，指公文書以外之文書。

2.處分文書、報告文書

處分文書，法律行為依書面作成之文書。即該文書作成內容含一定法律效果之意思表示文書，例如裁判、票據、遺囑、契約書❼。處分文書得以發生公法上

效力者為公文書，得以發生私法上效果者為私文書。報告文書，係前者以外，文書之內容係作成者之見聞、意見表達、感想之文書，例如日記、筆記、診斷證明、戶籍記載、帳簿是❼。

3.原本、正本、繕本、節本、認證本、譯本

原本，文書作成者所作成之文書。正本，指繕本中對外與原本有同一效力者。繕本，依原本作成而與原本有同一內容者。節本，節錄原有文書內容之一部者。認證本，文書之繕本或節本附公證書者。譯本，文書經翻譯成我國使用之文字者❼

(三)聲明書證

辯論主義，聲明書證應提出文書為之（第 341 條）。如係使用他造所執之文書者，應聲請法院命他造提出（第 342 條第 1 項），並應表明應命其提出之文書、應證之事實、文書之內容、文書為他造所執之事由、他造有提出文書義務之原因（第 342 條第 2 項）。表明顯有困難時，法院得命他造為必要之協助（第 342 條第 3 項）。聲明書證係使用第三人所執之文書者，應聲請法院命第三人提出，或定由舉證人提出之期間（第 346 條第 1 項）。並準用同法第 342 條第 2 項及第 3 項規定（第 346 條第 2 項）。其聲請應釋明第三人所執之事由及第三人有提出義務之原因（第 346 條第 3 項）。

聲明書證提出，法院應判斷其聲請是否合法、關聯性、重要性，並調查有無理由，認有聲請不合法，或與待證事實無關聯性，或不具重要性，或因違背適時提出主義，逾適當時期始聲明者，應裁定駁回聲請。駁回之方式，如不以明示駁回其聲請，至辯論終結時，法院無命提出文書之行為者，亦如駁回聲請。訴訟實務，常併於判決理由中說明其駁回之理由。但審判長應注意關於證據聲明不足之闡明，使當事人明確知悉其所提出證據不足。

(四)命提出書證之程序及效果

1.舉證人執有之文書

舉證人依本法第 341 條聲明證據者，應提出文書，其文書如為公文書者，應提出其原本或經認證之繕本或影本（第 352 條第 1 項）；私文書者，應提出其原本。如僅因文書之效力或解釋有爭執者，因其形式證據力並無爭執，故得提出繕

❼ 新堂著【民訴法 5 版】，第 647 頁。

❼ 上田著，第 393 頁。

❼ 陳著（上），第 488 頁。

本或影本（第 352 條第 2 項）。法院認有送達該公私文書必要時，得命當事人提出繕本或影本（第 352 條第 3 項）。法院得命提出文書之原本（第 353 條第 1 項）。不從或不能提出原本者，法院依其自由心證斷定該文書繕本或影本之證據力（第 353 條第 2 項）。使受命法官或受託法官就文書調查證據者，受訴法院得定其筆錄內應記載之事項及應添附之文書（第 354 條）。提出之文書原本須發還者，應將其繕本、影本或節本附卷（第 361 條第 1 項）。提出之文書原本，如疑為偽造或變造者，於訴訟未終結前，應由法院保管之。但應交付其他機關者，不在此限（第 361 條第 2 項）。

2.他造執有之文書

法院認書證聲明與法院認應證之事實重要，且舉證人之聲請正當者，應以裁定命他造提出文書（第 343 條）。下列各款文書，當事人有提出之義務：該當事人於訴訟程序中曾經引用者；他造依法律規定，得請求交付或閱覽者；為他造之利益而作者；商業帳簿；就與本件訴訟有關之事項所作者（第 344 條第 1 項）。第 1 項第 5 款之文書內容，涉及當事人或第三人之隱私或業務秘密，如予公開，有致該當事人或第三人受重大損害之虞者，當事人得拒絕提出。但法院為判斷其有無拒絕提出之正當理由，必要時，得命其提出，並以不公開之方式行之（第 344 條第 2 項）。

文書提出義務之性質，一般認屬公法上義務。惟文書提出義務，係應負舉證責任者，本於實體法之具體特別規定，對相對人或第三人有請求交付或給予閱覽其所持有文書權利，並非本於當事人間因有協力解明事案義務而生，換言之，並非架構在所謂一般性事案解明義務，因此在具體個案，須具備一定條件，非負舉證責任一方相對人始有協力義務，非謂僅因持有某一與待證事實有關之文書，即有提出該文書義務。相對人持有文書之提出義務，應審酌是否證據偏在、商業機密或遭刑事訴追，顯失公平等情事，本於誠信原則為個案衡酌定之（112 台上 86 判決）。

日本雖增訂一般性文書提出義務，且被認為較能發揮真實發現之實質效益，對複雜多樣性類型案件，無須在實體法或其他實定法上一一列舉以為調整，例如證據偏在、現代型訴訟、醫療失誤事件之命相對方或第三人提出文書，因而增訂採用一般性文書提出義務性規定❼。但一般性文書提出義務，並不等同於一般性

---

❼ 兼子著【條解】，第 1189 頁。

事案解明義務，後者係採協力義務主義立法，當事人雙方均負有協助法院發現真實義務。我國非採協力義務立法，仍為辯論主義之修正。同採辯論主義修正立法之日本雖增訂一般性文書提出義務，但於日本民事訴訟法第 220 條第 4 項，同有排除一般性文書提出義務之具體明文。質言之，日本只是擴大非負舉證責任者之具體真實陳述與文書證據提出義務範圍。

當事人無正當理由不從提出文書之命者，法院得審酌情形認他造關於該文書之主張或依該文書應證之事實為真實（第 345 條第 1 項）。第 1 項情形，於裁判前應令當事人有辯論之機會 （第 345 條第 2 項）。另本法第 282-1 條證明妨礙，亦有同旨規定。

3. 第三人執有之文書

聲明書證係使用第三人所執之文書者，應聲請法院命第三人提出，或定由舉證人提出之期間 （第 346 條第 1 項）。並準用同法第 342 條第 2 項及第 3 項規定（第 346 條第 2 項）。其聲請應釋明第三人所執之事由及第三人有提出義務之原因（第 346 條第 3 項）。法院認應證之事實重要且舉證人之聲請正當者，應以裁定命第三人提出文書或定由舉證人提出文書之期間（第 347 條第 1 項）。法院為前項裁定前，應使該第三人有陳述意見之機會（第 347 條第 2 項）。第三人提出文書之義務，係對於法院之訴訟審理應予協助之公法上義務，基本上與作證義務具同一性質，其有秘密義務或與當事人間有一定關係者，得免除其提出文書之義務。又為保障當事人或就文書內容之使用有利害關係之第三人之隱私或業務秘密，亦應賦予持有文書之第三人得拒絕提出相關文書之權利。因此，第 348 條規定，關於第三人提出文書之義務，準用第 306 條至第 310 條、第 344 條第 1 項第 2 款至第 5 款及第 2 項之規定（第 348 條）。

第三人無正當理由不從提出文書之命者，法院得裁定處以罰鍰；必要時，得裁定命為強制處分（第 349 條第 1 項）。強制處分執行，準用強制執行法關於物之交付請求權執行之規定（第 349 條第 2 項）。第 1 項裁定，得為抗告；處罰鍰之裁定，抗告中應停止執行（第 349 條第 3 項）。第三人得請求提出文書之費用。但有第 349 條第 1 項之情形者，不在此限（第 351 條第 1 項）。第 323 條第 2 項至第 4 項之規定，於前項情形準用之（第 351 條第 2 項）。

4. 法院依職權調取之書證

本法之證據調查，原則上採辯論主義，例外採職權調查主義，如第 203 條第

2 款之闡明訴訟關係必要之命當事人提出文書、第 288 條之為發現真實之依職權裁定命當事人或第三人將其執有文書提出。又本法第 350 條第 1 項規定，機關保管或公務員執掌之文書，不問其有無提出之義務，法院得調取之，並準用第 306 條之公務員為證人訊問規定。如為判斷其有無拒絕提出之正當理由，必要時得命其提出，並以不公開之方式行之（第 350 條第 2 項）。

㈤證據力

自由心證主義之證據方法並無限制，其心證形成依全辯論意旨、證據力自由評價及證據共通原則。因此文書並無不具證據能力者，凡被推定為真正之文書，在證據法則上均有證據能力。惟以不法方式取得之文書，要否為證據排除，應視各案及符合比例原則以定之。

文書之證據力，分為形式證據力與實質證據力。文書須真正始有形式證據力，作成該文書之人曾有該文書內容所記載之表示或報告，此為形式證據力。具備形式證據力之文書，始得成為待證事實之證據方法，經證據調查後成為證據資料，而以之對待證事實發生證據價值，此為實質證據力。

1.形式證據力

文書之形式真正有爭執者，因公文書或私文書而有不同。

公文書，依其程式及意旨得認作公文書者，推定為真正（第 355 條第 1 項）。公文書之真偽有可疑者，法院得請作成名義之機關或公務員陳述其真偽（第 355 條第 2 項）。外國之公文書，其真偽由法院審酌情形斷定之。但經駐在該國之中華民國大使、公使、領事或其他機構證明者，推定為真正（第 356 條）。

私文書應由舉證人證明真正。但他造於其真正無爭執者，不在此限（第 357 條）。私文書經本人或其代理人簽名、蓋章或按指印或有法院或公證人之認證者，推定為真正（第 358 條第 1 項）。當事人就其本人之簽名、蓋章或按指印為不知或不記憶之陳述者，應否推定為真正，由法院審酌情形斷定之（第 358 條第 2 項）。文書之真偽，得依核對筆跡或印跡證之（第 359 條第 1 項）。法院得命當事人或第三人提出可供核對之文書（第 359 條第 2 項）。核對筆跡或印跡，適用關於勘驗之規定（第 359 條第 3 項）。供核對之筆跡和印跡與文書上筆跡和印跡相符否，法院依自由心證判斷之，如無命鑑定必要，法院得不命鑑定（28 上 1905、19 上 2189 判例）。但如非一般經驗得以判斷者，即應依專門知識經驗之鑑定程序，以昭公信。如無適當之筆跡可供核對者，法院得指定文字，命該文書之作成名義人書寫，

以供核對（第 360 條第 1 項）。文書之作成名義人無正當理由不從命令者，準用第
345 條或第 349 條之規定 （第 360 條第 2 項）。因供核對所寫之文字，應附於筆
錄；其他供核對之文件不須發還者亦同（第 360 條第 3 項）。

當事人或代理人，故意爭執文書之真正者，得裁定處以罰鍰（第 357-1 條第
1 項）。對此裁定，得為抗告；抗告中應停止執行（第 357-1 條第 2 項）。第 1 項
之當事人或代理人於第二審言詞辯論終結前，承認該文書為真正者，繫屬法院得
審酌情形撤銷原裁定（第 357-1 條第 3 項）。

2. 實質證據力

文書之實質證據力為證據評價，本法未予法定，屬法官自由心證範圍。但言
詞辯論程序之遵守，專以筆錄證之，非法官得以自由心證判斷者 （28 上 2474 判
例）。公文書，如戶籍謄本、不動產登記簿謄本、著作權證書，當事人爭執內容記
載真正者，得提出反證，由法院依自由心證認定之。法院裁判書，其記載內容，
除既判力外與其他文書同，而其實質證據力由法官自由心證判斷之，亦非不得與
原確定判決為不同事實之認定。私文書如為處分文書，例如買賣契約形式真正且
與待證事實有關者，應認為就該待證事實有實質證據力，但他造得提出反證動搖
心證。報告文書，例如商業簿冊，雖亦具實質證據力，其信憑力亦由法官依文書
作成者之身分、職業、信用、信用度、作成目的、時間、記載方法等，本自由心
證認定之。

文書之實質的證據力，即其內容是否足以證明待證之事實，應由事實審法院
曉諭兩造為適當完全之言詞辯論，使得盡其攻擊防禦之能事，始得以判斷（48 台
上 837 判例）。

四　勘　驗

㈠意　義

法官依其五官作用檢查受勘驗標的物之狀態，所實施之證據調查以取得證據
方法之謂。勘驗標的物，不以物為限，人之身體亦得為之。

㈡勘驗程序

1. 勘驗聲明

聲請勘驗，應表明勘驗之標的物及應勘驗之事項（第 364 條）。勘驗如其他證
據方法，須依勘驗之聲請且以有必要為原則，但法院認有必要時，亦得依職權為

之（第 203 條第 4 款、第 288 條）。

2.勘驗實施

勘驗為證據調查方法，由受訴法院為之。必要時亦得使受命法官或受託法官為之（第 270 條第 2、3 項、第 290 條），勘驗如需專門知識經驗之人行鑑定者，勘驗時得命鑑定人參與（第 365 條）。

勘驗對象，如為人時，當事人或第三人，有容忍義務；如為物時，其所有人及直接受勘驗影響之人，例如占有人，亦同。但人之身體器官、血液為勘驗對象時，非經受勘驗人之同意，或非已法有明文者，不得強制處分之，以維人性尊嚴。而法有明文者，例如家事事件法第 68 條關於親子關係訴訟，就血緣關係存否爭執，法院認有必要時，得令關係人受血型、去氧核醣核酸或其他醫學上之檢驗是。

勘驗標的物，如為聲請人執有者，應提出該標的物（第 367 條準用第 341 條），如為他造持有者，準用第 342 條第 1 項、第 341 條、第 342 條第 1 項、第 343 條至第 345 條，即關於命他造提出執有文書及不從提出之規定。勘驗物如為第三人持有者，則準用第 346 條第 1 項、第 347 條至第 349 條規定，如為機關或公務員執掌者，則準用第 350 條、第 351 條及第 354 條之規定（第 367 條）。

3.勘驗筆錄

勘驗，於必要時，應以圖畫或照片附於筆錄；並得以錄音、錄影或其他有關物件附於卷宗（第 366 條）。

㈢勘驗證據力

勘驗係法官依自己五官作用檢查勘驗物以獲得證據資料，應注意勘驗物係真正且無偽變造之情形。如對勘驗物真偽存有爭議者，應由舉證者負證明責任，以獲得形式證據力。至勘驗結果之證據力，則委由法官依自由心證判斷之。

五　當事人之訊問

㈠意　義

當事人之訊問，係為證明待證事實之真偽，而以證人訊問方式訊問當事人，以其陳述成為證據資料之一種證據調查方法。一般而言，當事人本人就紛爭事實係最為知之人，對事實真偽之解明，最具提供事案資料來源者，且當事人負有協助法官發現真實及促進訴訟義務，以達審理集中化目標，使法院能迅速發現真實，節省司法資源，因而本法第 367-1 條第 1 項規定，法院認為必要時，得依職權訊

問當事人。

㈡當事人訊問之決定

當事人訊問程序之展開，本法規定與證人訊問不同，係由法院依職權為之（第367-1 條第 1 項），當事人無聲請權，因此不適用證據聲明規定，亦不屬當事人之訴訟行為，而無證據聲明取效性訴訟行為之撤回或撤銷問題。而法院不依當事人聲請訊問當事人者，並無准駁裁定必要，未予訊問且未於判決理由說明其理由者，亦非逕得謂為判決不備理由。有無訊問必要，由法院審酌本條裁量規範目的、要因，並綜合考量各個具體事例之必要性、公平正義性，以為決定，屬法院裁量權範圍，而有程序裁量權一般性原則適用。當事人雖無聲請權，但仍宜於判決理由中說明無依職權訊問之原因。

㈢訊問程序

1.陳述及具結

法院決定訊問當事人時，得於訊問前或訊問後命當事人具結，並準用第 312 條第 2 項、第 313 條及第 314 條第 1 項，關於證人具結之規定（第 367-1 條第 2 項）。當事人無正當理由拒絕陳述或具結者，法院得審酌情形，判斷應證事實之真偽（第 367-1 條第 3 項）。當事人經法院命其本人到場，無正當理由而不到場者，視為拒絕陳述。但命其到場之通知書係寄存送達或公示送達者，不在此限（第 367-1 條第 4 項）。法院命當事人本人到場之通知書，應記載前項不到場及拒絕陳述或具結之效果（第 367-1 條第 5 項）。當事人訊問規定，於當事人之法定代理人準用之（第 367-1 條第 6 項）。

2.虛偽之處罰

當事人具結而故意為虛偽陳述，足以影響裁判結果者，法院得以裁定處以罰鍰（第 367-2 條第 1 項）。受裁定人對於裁定，得為抗告；抗告中應停止執行（第 367-2 條第 2 項）。如其於第二審言詞辯論終結前，承認其陳述為虛偽者，訴訟繫屬之法院得審酌情形撤銷原裁定（第 367-2 條第 3 項）。

3.關於證人規定之準用

訊問當事人或法定代理人時，關於第 300 條、第 301 條、第 304 條、第 305 條第 1 項、第 5 項、第 306 條、第 307 條第 1 項第 3 款至第 5 款、第 2 項、第 308 條第 2 項、第 309 條、第 310 條、第 316 條第 1 項、第 318 條至第 322 條之規定，於訊問當事人或其法定代理人時準用之（第 367-3 條）。

▶ 第五節　證據保全

一　概　說

㈠機　能

本法第 368 條第 1 項規定，證據有滅失或礙難使用之虞，或經他造同意者，得向法院聲請保全；就確定事、物之現狀有法律上利益並有必要時，亦得聲請為鑑定、勘驗或保全書證。此即證據保全。

證據保全之機能，有不同需求。就保全證據機能言，證據保全程序，係恐將來調查不能或有困難，不待訴訟中之證據調查程序而先為證據調查，並保全調查結果之另一程序，其為原訴訟程序之附隨程序，起訴前或訴訟中與原來訴訟係各個程序，而於將來訴訟事實認定，被作為證據所為事先調查以作為事實認定利用目的之制度。雖證據保全於起訴前亦得為之，但紛爭預防機能，並非將來訴訟證據保全之主要目的，日本之證據保全制度機能即是。就預防訴訟機能言，將來並無證據調查困難或不能情形，經當事人同意或就物之現狀有確立必要時，亦有聲請保全之法律上利益者，此時證據保全乃具有紛爭預防目的之非訟事件性質，如德國之證據保全制度即是。

本法第 368 條第 1 項規定之證據保全，其機能依民國 89 年修法理由，為擴大證據保全程序功能，如能使欲主張權利者，於提起訴訟前即得蒐集事證資料，以了解事實或具體現狀，將有助於當事人研判紛爭實際狀況，進而成立調解或和解，以消弭訴訟，達到預防訴訟目的。亦得藉此賦予當事人於起訴前充分蒐集及整理事證資料機會，而有助於法院審理本案訴訟時發現真實及適行訴訟，以達審理集中化目標。是以本法之證據保全兼具作為本案事實認定利用目的、紛爭預防、促進審理集中化三種功能。

㈡證據保全之意義

在上述三項機能下，我國證據保全之意義，兼具本案訴訟證據調查之保全，而有本案訴訟附隨程序意義。就紛爭預防機能言，於起訴前藉證據保全結果之證據開示作用，使兩造得以審慎判斷評估，充為採用替代紛爭解決方式機制，如和解、調解，或以訴訟方式解決之決斷資料。另在促進審理集中化機能下，具有利

用證據保全程序，作為當事人蒐集及整理訴訟資料之事先手段，加速訴訟程序審結之意義。

二 證據保全之程序

㈠程序之開始

1.依聲請之證據保全

⑴聲請之程式

證據保全以聲請為原則，訴訟繫屬中法院亦得依職權為之（第 370 條第 1 項、第 372 條）。其聲請得以書面或以言詞為之。本法第 370 條第 1 項規定，聲請證據保全應表明：他造當事人，但不能指定他造當事人者，其不能指定之理由。因保全證據應為證據之調查，自應使他造知悉證據調查程序。如不能知悉他造當事人，而有保全證據必要者，例如肇事逃逸，不知加害者姓名，而被害人受傷之程度有保全必要；應保全之證據，及保全對象之證據方法。不問為人證、書證、或其他證據方法，均應具體表示；應證事實，其與證據保全之關聯性、重要性，應予表明，使法院得以判斷證據保全聲請之准否；應保全證據之理由，包括證據有滅失或礙難使用之虞，或已經他造同意，或就確定事物之現狀有法律上利益並有必要性。至於聲請人有無主張證據有滅失或礙難使用之虞之具體情形必要，一般採肯定見解。例如以文書有遭變造之虞，聲請證據保全，對於文書持有人之社會地位、利害關係、變造之容易性及紛爭經過均應說明，並提出釋明。惟因證據保全機能之擴大，含紛爭預防、證據開示機能，學說已有主張採寬鬆基準態度者[78]。證據保全之理由，應提出證據釋明之。

⑵管轄法院

保全證據之聲請，在起訴後，向受訴法院為之；在起訴前，向受訊問人住居地或證物所在地之地方法院為之（第 369 條第 1 項）。遇有急迫情形時，於起訴後，亦得向前項地方法院聲請保全證據（第 369 條第 2 項）。

⑶法院之准否裁定

證據保全之聲請，法院應為准否之裁定（第 371 條第 1 項）。其審理得不經言詞辯論程序，法院認其聲請不合法或無理由者，應以裁定駁回之。聲請合法且有

---

[78] 小林昭彥，證據保全，竹下守夫、松本博之、宮崎公男編，新民事訴訟法 II，1999 年，弘文堂，第 326 頁以下。

保全證據必要者，應裁定准許，並應於裁定表明該證據及應證之事實（第 371 條第 2 項）。准許證據保全之裁定，應告知雙方當事人，並將證據調查期日通知書送達兩造。駁回保全證據之裁定，得為抗告，准許保全證據之裁定，不得聲明不服（第 371 條第 3 項）。

2. 依職權之證據保全

訴訟繫屬中，法院認為必要者，得依職權為保全證據之裁定（第 372 條）。本法第 288 條之證據調查，兼採職權調查主義，法官不能依當事人聲明之證據而得心證，為發現真實認為有必要，得依職權調查證據，因此如有證據保全必要者，得依職權裁定為證據保全。

㈡調查證據之期日通知

證據保全之證據調查，應依各種證據方法之調查程序實施之。法院准予調查保全裁定後，應將證據調查期日通知聲請人，非有急迫或有礙證據保全情形外，應於期日前送達聲請書狀或筆錄及裁定於他造當事人（第 373 條第 1 項）。為保障對造之防禦權，期日之通知應先行送達，但因事件之性質有急迫性者，如證據即將毀滅，或有礙證據保全者，如文書有被變造之虞者，不在此限。

他造當事人不明，或調查證據期日不及通知他造者，法院因保護該當事人關於調查證據之權利，得選任特別代理人，其選任準用本法第 51 條第 3 項至第 5 項之規定（第 374 條）。違反通知所為調查證據之效果，有認該調查證據結果，對他造無效，不得援為證據方法者；有認證據價值之有無應委由法官自由裁量；亦有認為他造當事人有責問權，其不為責問權行使者，該瑕疵視為治癒，如為責問者，非不得再為證據調查，例如再訊問證人。

㈢調查證據筆錄

調查證據筆錄由命保全證據之法院保管，但訴訟繫屬他法院者，應送交該法院（第 375 條）。所謂證據保全筆錄，不限於記載調查程序之筆錄，包括關於證據保全各種書類之保存保管，例如證據保全聲請狀、保全裁定、證據調查期日指定及通知書、證據調查筆錄、委任狀、特別代理人選任、命提出文書之裁定等。

三　證據保全之利用

當事人提起本案訴訟，證據保全法院應將調查證據筆錄，送交受訴法院。證據保全證據調查結果，與訴訟上調查證據結果有同一之效力。如以證言為保全對象做成筆錄者，則非以記載證人筆錄作為書證用，仍屬證言。本法第 375–1 條復

特別規定，當事人就已於保全證據程序訊問證人，於言詞辯論程序中聲請再為訊問時，法院應為訊問，但認為不必要者不在此限。所謂不必要者，例如證人已死亡，或兩造於受訴法院調查證據期日，均已到場陳述意見，應認無此必要。如保全證據程序非在本案受訴法院行之，或如於保全證據調查程序中，他造不明或未到場者，基於直接審理主義，並保障當事人對證人之發問權，則應認為有必要。再訊問無論何造均得聲請，但仍須遵守適時提出主義。至於證言以外之證據方法，則該保全筆錄成為書證。

自由心證主義，保全證據結果依證據共通原則，兩造均得利用。利用方法，因係於言詞辯論期日外為證據調查，仍應於辯論期日陳述調查結果，審判長亦得命書記官朗讀調查證據筆錄代之（第 297 條第 2 項）。審判長並應將保全證據結果曉諭當事人為辯論，否則不得採為判決基礎。當事人不援用證據保全調查結果，如有本法第 288 條所定應依職權調查事由者，法院亦得命書記官朗讀後，成為自由心證原因。

四　保全證據費用負擔

保全證據程序之費用，除別有規定外，應作為訴訟費用之一部定其負擔（第 376 條）。所謂有特別規定，例如第 376-2 條第 2 項，由保全證據聲請人負擔程序費用者是。

五　依協議而成立之保全證據

本法擴大證據保全之程序機能，准許當事人起訴前聲請保全證據，以利用法院所調查之證據及所蒐集之事證資料，了解事實或物體之現狀，研判紛爭之實際狀況，並就訴訟標的、事實、證據或其他事項達成協議，使兩造紛爭可能獲得解決或避免擴大。因而增訂本案尚未繫屬，於保全證據程序期日到場之兩造，就訴訟標的等事項成立協議者，法院應將其協議記明筆錄（第 376-1 條第 1 項）。如協議係就訴訟標的成立者，法院須將其法律關係及爭議情形記明筆錄（第 376-1 條第 2 項前段）。協議內容，當事人應為一定之給付者，協議筆錄得為執行名義（第 376-1 條第 2 項），而有執行力。證據保全協議之拘束力問題，應解為任何一方不得為反於協議內容之行為，法院亦不得為相反之判斷。協議成立者，須於十日內以筆錄正本送達於當事人（第 376-1 條第 3 項）。第 212 條至第 219 條關

於言詞辯論筆錄之規定，於證據保全協議筆錄準用之（第 376–1 條第 4 項）。

六　程序終結後之處置

當事人於起訴前向法院聲請保全證據，而留置當事人或第三人提出之文書物件，或為維持現狀之處置，如於保全證據程序終結後逾三十日，本案尚未繫屬者，法院得依利害關係人之聲請，以裁定解除留置或為其他適當之處置（第 376–2 條第 1 項）。前項期間內本案尚未繫屬者，法院得依利害關係人之聲請，命保全證據之聲請人負擔程序費用（第 376–2 條第 2 項）。上開裁定得為抗告（第 376–2 條第 3 項）。

第三章 判 決

▶ 第一節 判決概說

一 意 義

　　判決係法院回應當事人請求所做之判斷，屬法院之訴訟行為。訴訟法上意義之判決，係由受理具體個案之狹義審判機關，依法定方式所做之判斷或意思表示。因此，非狹義審判機關所為之決定，如組織意義上之法院、書記官或司法事務官所為之處分行為，不具判決意義。判決係對具重要性意義之當事人訴訟行為，如訴、上訴、再審聲明，所為終局的或中間性的判斷，與訴訟程序中所衍生的或附隨的事項，如訴訟指揮之處理決定，自所不同。又判決係法院觀念性判斷或意思表示，又與法院之事實行為，如證據調查、聽取當事人陳述者有別。

二 種 類

㈠終局判決、中間判決

1.終局判決

　　終局判決，有使事件之全部或一部在該審級發生審理終結效果之判決。全部終結者，為全部判決；一部終結者，為一部判決。終局判決又可分為本案判決與訴訟判決。前者，乃就訴訟上請求所為之判決；後者，係就本案前提要件所為之判決。無論為本案之終局判決，或前提要件之訴訟判決，全部判決或一部判決，均得聲明不服上訴。

　　訴訟達於可為裁判程度者，法院應為終局判決（第 381 條第 1 項），命合併辯論之數宗訴訟，其一達於可為裁判程度者，應先為終局判決（第 381 條第 2 項）。但如有本法第 54 條主參加訴訟情形者，不在此限（第 381 條第 2 項但書）。終局判決或中間判決之區別，日本大審院早期認為事件全部審理完結，始為終局判決，廢棄發回判決，僅使事件向下級審移審之終結，為中間判決非終局判決❼❽。學者

---

❼❽ 日本大審院昭和 5 年 10 月 4 日判決。

如加藤一郎、兼子一則認為，發回後下級審程序之再實施，非第三審程序之續行，下級審法官非受上級審法官之委託代行審判，因此將廢棄發回判決，視為中間判決並非正確❼。此說已為通說及實務所採❽。

2.中間判決、中間裁定

訴訟審理中，就實體法或程序法上之各個爭點之爭議，為終局判決準備，得先就該爭點以判決或裁定終止紛爭。此合稱為中間裁判。以判決為之者，稱為中間判決；裁定者，為中間裁定，兩者適用之對象不同。

中間判決，依本法第 383 條第 1 項前段規定，各種獨立之攻擊或防禦方法，達於可為裁判之程度者，法院得為中間判決。後段則規定，請求之原因及數額俱有爭執時，法院以其原因為正當者亦同。中間判決與終局判決之差別在於，後者係就訴訟標的所為判決，前者係就訴訟過程中有關訴訟標的之先決問題為之，目的在為終局判決之準備。所謂獨立攻擊防禦方法，指得與其他攻擊防禦方法區辨者言。獨立攻擊防禦方法，直接關係本案請求法律效果之判斷，如時效完成否、債務已免除或清償否；惟如權利經判斷並未發生，或已消滅，或因時效完成，此種情形已達於可為終局判決，應為終局判決，非中間判決。又僅就法律效果發生要件之一為判斷，如就侵權行為故意過失之有無，或行為結果間因果關係之存否為主張抗辯，則非中間判決對象❽。請求之原因，指請求之原因關係，例如借貸法律關係存否之判斷。

同條第 2 項復規定，訴訟程序上之中間爭點，達於可為裁判之程度者，法院得先為裁定。中間裁定之對象，係程序上之中間爭點。例如訴訟要件欠缺否、訴撤回效力、訴之變更追加反訴合法否、訴訟承受否之爭議，法院所為之判斷。

法院是否為中間裁判，屬法院裁量權，其為中間裁判者，對裁判行為不得聲明。中間判決亦屬判決，須經言詞辯論並以判決形式並須宣示之。中間判決或中間裁定有拘束力，審理法院不得自行廢棄變更，終局判決應以之為基礎（第 231 條第 1 項）。惟中間判決或中間裁定當然對上級審無拘束力，在上訴審中併同終局判決受上級審之審查，上訴審僅就下級審之終局判決廢棄並發回原審法院時，中

❼ 加藤著，第 487 頁；兼子著【判例】，第 438 頁；兼子著【拘束力】，第 90 頁。
❽ 日本最高裁判所昭和 26 年 10 月 16 日判決。
❽ 渡邊著，第 35 頁。但有認為，因果關係或故意過失之有無成為主要爭點，並有為訴訟整理必要者，例如公害訴訟或藥害訴訟，得為中間判決對象。

間判決仍有拘束力。學說並有主張中間判決有爭點效❷。中間判決並無執行力。

㈡全部判決、一部判決、補充判決

1.全部判決

終局判決有全部判決與一部判決；前者，在同一訴訟程序中就請求審判之事項全部為判決，並使訴訟發生終結效果之判決。訴訟全部達於可為裁判之程度者，法院應以全部終局判決為原則，不得任為一部判決。法院就一部請求之訴，為全部判決者，亦為全部判決，而原告另就其餘請求起訴，法院所為判決，非為一部判決或補充判決。

2.一部判決

訴訟標的之一部或以一訴主張之數項標的，其一達於可為裁判之程度者，法院得為一部之終局判決；本訴或反訴達於可為裁判之程度者，亦同（第 382 條）。法院命合併辯論，如其中之一訴訟標的可為判決者，亦得為一部終局判決。

合併請求之數項標的，性質上不許一部終局判決者，例如具有前提條件之複數請求事件，不得為一部判決。預備訴之合併，先備位請求不能兩立，如為先位請求駁回之一部判決，可能因先位判決上訴而生判決結果矛盾，並違反當事人求為統一判斷旨趣❸，不得為一部判決。以單一聲明為請求之選擇合併之訴，其一請求有理由，而為判決者屬全部判決，不生一部判決問題。但如其一請求無理由，有認如為駁回一部判決，因其與殘餘部分之判決，不致生牴觸情形，應無不可。但被駁回之請求上訴結果，亦可能生與殘部判決同時為有理由判決，而有同時獲致雙重勝訴判決可能，應不得為一部判決。以同一權利或法律關係為基礎之本訴與反訴，例如確認所有權存在之本訴與反訴，一部判決可能生與既判力牴觸結果，同不得為一部判決。離婚本訴與反訴，先為一部判決並經確定者，他方之請求將因已無實體上婚姻關係存在，發生當事人不適格情形，亦不得為之❹。

3.補充判決

補充判決，乃訴訟標的之一部，或訴訟費用，裁判之脫漏致為一部判決者，

---

❷ 新堂著【民訴法 5 版】，第 667 頁。

❸ 先位請求上訴，經上級審廢棄改為有理由判決，而殘餘之備位請求為第一審有理由判決，判決結果即相互牴觸。但依德國新說，備位請求得俟先位請求判決確定後再為審理，以避免此情形發生。

❹ 松本、上野著，第 376 頁。

因脫漏部分仍繫屬原法院，原法院應依職權或依聲請而為之判決（第 233 條第 1 項）。補充判決，係由原法院就脫漏之訴訟標的為判決，此與就重要攻擊防禦方法判斷之脫漏，應依上訴或再審程序救濟者不同。補充判決，係因判決主文中所應判斷事項，如訴訟標的、訴訟費用之脫漏，其他如關於假執行宣告之裁判脫漏，亦應為補充判決（第 233、394 條）。主張抵銷之請求，其成立與否經裁判者，以主張抵銷數額為限，有既判力（第 400 條第 2 項），法院判斷與否或影響主文之判斷，但仍為理由判斷，非屬主文所應判斷之事項，該部分之脫漏，不能為補充判決。判決有脫漏情形，經當事人就脫漏部分聲明不服者，以聲請補充判決論（第 233 條第 2 項）。脫漏之部分已經辯論終結者，應即為判決；未終結者，審判長應速定言詞辯論期日（第 233 條第 3 項）。因訴訟費用裁判脫漏所為之補充判決，於本案判決有合法之上訴時，上訴審法院應與本案訴訟同為裁判（第 233 條第 4 項）。駁回補充判決之聲請，以裁定為之（第 233 條第 5 項）。

㈢給付判決、確認判決、形成判決

判決因其內容之不同，可分為給付判決、確認判決、形成判決。給付判決，係法院就原告請求權內容，命被告應為一定內容給付之判決，並含有確認被告有一定給付義務。確認判決，係以權利或法律關係積極的或消極的確認為內容之判決。權利或法律關係以外內容之確認，如證書之真偽，或法律關係發生之原因事實之存否，亦得為確認對象（第 247 條）。形成判決，係以法律關係或身分關係之發生變更或消滅為內容之判決。形成之請求被駁回時，亦有確認該當請求關係存否之效果。

㈣訴訟判決、顯無理由判決、本案判決

訴訟判決，就訴之合法要件所為消極裁判之判決。訴訟判決又稱為程序判決，本法於 110 年修法前原第 249 條第 1 項，就原告之訴不備訴訟要件，另規定應以裁定駁回，並於第 2 項規定，原告之訴依其所訴之事實，在法律上顯無理由者，法院得不經言詞辯論，逕以判決駁回之。惟訴訟實務，關於當事人不適格或欠缺權利保護要件之請求，均以訴訟判決駁回，非以裁定駁回其請求（29 抗 347 判例）。修正後於第 249 條第 2 項，增訂原告之訴，有下列各款情形之一者，法院得不經言詞辯論，逕以判決駁回之。但其情形可以補正者，審判長應定期間先命補正。即：當事人不適格或欠缺權利保護必要（第 1 款）❽❺。並將原第 2 項，依原

---

❽❺ 本次修法理由說明，當事人適格及權利保護必要，屬訴訟要件。其欠缺實務上認其訴為無

告所訴之事實，在法律上顯無理由之規定，移列為本項第 2 款。復增訂同條第 3 項，第 1、2 項情形，原告之訴因逾期未補正經裁判駁回後，不得再為補正。

本案判決以本案請求當否為內容之判決，請求有理由時，應為勝訴判決，無理由者應為駁回判決。

訴訟判決與顯無理由判決、本案判決，均於不得聲明不服時，發生既判力，但訴訟判決與後二者內容不同。前者之既判力，應一併觀察判決主文與理由，以訴訟判決駁回請求，僅就駁回之理由生既判力，不及其他訴訟要件。

㈤捨棄判決、認諾判決

當事人於言詞辯論時，為訴訟標的之捨棄或認諾者，應本於其捨棄或認諾為該當事人敗訴之判決（第 384 條）。捨棄認諾為當事人言詞辯論時之訴訟行為，以訴訟標的為對象，而與就待證事實為自認者不同，並需於言詞辯論時向受訴法院為之。捨棄認諾判決均為本案判決，非原告之訴具備訴訟成立要件，及當事人適格，否則不得為之（26 上 876 判例）。

1.捨棄判決

捨棄者，原告就訴訟標的之全部或一部，向法院自承請求無理由之訴訟上陳述，與訴之撤回不同。前者，原告訴之聲明仍然存在，僅拋棄其就訴訟標的法律關係之主張，法院就其聲明仍應為原告敗訴判決；後者，其對法院之請求已不存在，毋庸為裁判（64 台上 149 判例）。捨棄就可分之訴訟標的一部為之者，為一部捨棄，捨棄部分應為捨棄判決，此與請求減縮不同，請求減縮部分視為撤回❽，只需於判決理由說明減縮即可，不得為減縮部分敗訴之判決（51 台上 773 判例）。

捨棄之對象，原告須有處分權，離婚及終止收養關係，依家事事件法第 45 條第 1 項、第 46 條第 1 項已明定其處分權限，而得為捨棄。捨棄為當事人之與效性訴訟行為，原則上不得附條件，附條件之捨棄不生捨棄效力。

請求之捨棄應為捨棄判決，判決確定時發生既判力、形成力與執行力。但捨棄以言詞辯論筆錄代之（第 384-1 條），不另作判決書。其既判力之有無，如訴訟上和解一般同生爭議。第二審上訴程序中為捨棄者，日本訴訟實務認為，原判

理由，以判決駁回之；惟此判決之性質為訴訟判決，與本案請求無理由之實體判決有別，現行條文第 2 項未予區分，容非妥適，宜將之單獨列為一款，以示其非屬無理由之本案實體判決。

❽ 請求之減縮有認為係請求之一部捨棄者，渡邊著，第 304 頁。

決關於捨棄部分失其效力，第二審無庸將捨棄部分廢棄原判決改為駁回請求之捨棄判決**⑧**。

2. 認諾判決

　　被告對訴訟標的之全部或一部承認原告之請求為有理由，法院應為被告敗訴之判決，稱為認諾判決。認諾係就訴訟標的為之，此與對原告主張之權利或法律關係之承認，即權利自認者不同。亦與就原告主張之事實為自認或不爭執有別。

　　認諾亦為與效性訴訟行為，其性質如同訴訟上和解，有私法行為說、訴訟行為說、兩性說，及兩行為併存說之分。通說採訴訟行為說，認為私法行為只是其原因，本質上仍為訴訟行為。認諾限於被告為之，第三人如輔助參加人、共同訴訟人之一人，均不得為之。認諾對象為訴訟標的，且被告對該認諾之訴訟標的應有處分權。家事訴訟事件中之身分關係事件，其請求標的當事人多無處分權，以不得認諾為原則，但關於離婚、終止收養關係，分割遺產或其他得處分之事項，當事人於言詞辯論期日，得為認諾，除法律別有規定外，法院應本於其認諾為認諾判決（家事事件法第 46 條第 1 項）。違反公序良俗或強行規定之法律關係，所為認諾不生認諾效力，但有反對見解**⑧**。認諾之意思有無效或得撤銷之原因時，應類推適用訴訟上和解法理，得請求繼續審判。亦有主張，如有相當於再審事由之意思表示瑕疵，為與效性之訴訟行為，仍應准予撤銷**⑧**。認諾不得附條件，附條件認諾不生認諾效力（32 上 4784 判例）。

　　認諾應於第一審或第二審言詞辯論期日為之（44 台上 843 判例）。並應以言詞向受訴法院陳述，準備程序以言詞或以準備書狀為認諾者，非經言詞辯論期日再為認諾之意思表示者，尚不生認諾效力。認諾為一方意思表示係與效性訴訟行為，須向受訴法院為之，辯論期日原告未到場者，亦得認諾。如同本案判決之須以具備訴訟要件為條件，當訴有不合法，當事人不適格或欠缺訴之利益等訴訟要件欠缺之情形者，當事人即不得為捨棄、認諾**⑩**。但如僅係對被告利益保護，被告對該要件欠缺得為捨棄責問權者，或僅係為確保紛爭解決之實益性之訴訟要件之欠缺，不在此限**⑪**。

---

⑧ 日本大審院昭和 12 年 12 月 24 日判決。

⑧ 參看渡邊著，第 499 頁。

⑧ 三ケ月著【民訴】，第 328 頁。

⑩ 兼子著【體系】，第 301 頁；三ケ月著【民訴】，第 437 頁。

認諾應為認諾判決。認諾判決之判決書，其事實及理由得合併記載其要領。法院亦得於宣示認諾判決時，命將判決主文所裁判之事項及理由要領，記載於言詞辯論筆錄，不另作判決書。其筆錄正本或節本之送達，與判決正本之送達，有同一之效力（第 384-1 條）。確定之認諾判決，如同一般判決，生確定判決效力[92]。

(六)一造辯論判決

判決應本於兩造之辯論而為之，此乃辯論主義當然之理。為保障當事人之合法聽審權，言詞辯論應本於兩造行對審程序為之，但聽審權非不得為拋棄，因此言詞辯論期日，當事人之一造不到場者，得依到場當事人之聲請，由其一造辯論而為判決。不到場之當事人，經再次通知而仍不到場者，並得依職權由一造辯論而為判決（第 385 條第 1 項）。前項規定，於訴訟標的對於共同訴訟之各人必須合一確定者，言詞辯論期日，共同訴訟人中一人到場時，亦適用之（第 385 條第 2 項）。又因自由心證主義，形成心證之訴訟資料及證據方法無限制，應本於全辯論意旨綜合判斷之，因此未到場當事人以前已為辯論，或證據調查，或有準備書狀之陳述者，法院為判決時，應斟酌之；其以前之聲明證據，有必要者，並應調查之（第 385 條第 3 項）。

為保障當事人合法聽審權，不到場者未於相當時期受合法通知者、不到場可認為係因天災或其他正當理由者、到場者於法院應依職權調查之事項，不能為必要之證明者、到場者所提出之聲明、事實或證據，未於相當時期通知他造者，法院應以裁定駁回一造辯論判決之聲請，並延展辯論期日（第 386 條）。當事人於辯論期日到場不為辯論者，視同不到場（第 387 條）。

(七)假執行宣告判決

1.意　義

獲得勝訴判決之原告，須待判決確定始有執行力，但因被告上訴，生阻斷判決效果，對原告權利之實現自有不利，是以於勝訴判決情形，原告權利實現與被

---

[91] 新堂著【民訴法 5 版】，第 361 頁。

[92] 日本民事訴訟法第 266 條之捨棄、認諾性質與訴訟上和解同，而第 267 條規定捨棄認諾經記載於筆錄時，其筆錄與確定判決有同一之效力；但既判力則有爭議。三ケ月章對將和解、捨棄、認諾三個不同性質者同一規定於第 267 條，提出批評。三ケ月著【民訴】，第 507 頁。

告審級利益保護，乃有調和手段必要，假執行宣告即為其制度。假執行宣告判決，係判決確定前賦予執行力之形成的裁判，但於判決確定前，於上訴審中亦有被廢棄可能，為保護被告之權益，須有提供擔保，當被告因假執行受到損害時，得以確保其回復損害之可能。此即為假執行宣告及其相關擔保制度之所由設。

假執行宣告，有謂係立法特別給與尚不具執行力之判決，於判決確定前，承認債權人得有執行力之特別利益。亦有謂，以判決確定時作為判決效發生之時點，本係立法政策之決定，因此將判決效發生時點，為彈性設計，並無不可。質言之，如第一審審理程序已臻充實，且上訴制度漸採嚴格續審制，承認假執行宣告係執行力提早設計，即於第一審為原告勝訴判決，同時賦予執行力者，亦可為未來發展方向❸。性質論之不同，影響後述免為假執行所供擔保之對象為何之認定。

2.要　件

附假執行宣告判決之基本條件，須為命關於財產權給付之判決。因財產權給付請求，於判決經廢棄時，始有回復原狀之可能，身分關係訴訟即無假執行宣告適用。以身分關係為前提條件之財產給付，例如剩餘財產分配或夫妻共有財產分割，因須隨同身分關係判決之變更而異其結果，同不得宣告假執行。給付判決得為假執行宣告，固不待言。形成判決、確認判決，除其性質不適宜為假執行宣告者外，有認得為廣義假執行概念之假執行，非不得為假執行宣告者，例如撤銷假處分判決是。命一定意思表示之判決，於判決確定時視為已為意思表示，實務及學說多持否定見解而不得為假執行宣告，例如命為同意登記請求之意思表示是。惟亦有持肯定說，命為一定意思表示之財產權之訴，無不得為假執行宣告之理❹，例如請求容忍為一定行為之給付訴訟，例如袋地通行之容忍，應為肯定見解。

假執行宣告，須有假執行宣告必要性，具必要性否，由法院依職權裁量之。裁量之基準，應審酌原告勝訴判決，有無實施假執行之保護必要、被告因假執行所受損害程度及有無回復之可能性等具體情況定之。

3.假執行宣告程序

法院宣告假執行原因，有依職權為之，有依聲請宣告者。

⑴依職權宣告者

本法第 389 條規定依職權宣告原因，有：本於被告認諾所為之判決、就本法

---

❸ 谷口、井上編【新判例 3】，第 158 頁。
❹ 新堂著【民訴法 5 版】，第 743 頁。

第 427 條第 1 項至第 4 項訴訟適用簡易程序所為被告敗訴之判決、所命給付之金額或價額未逾新臺幣五十萬元之判決；本於票據有所請求之訴訟因適用簡易程序（第 427 條第 2 項第 6 款），當然包括之。關於財產權之訴訟，第二審法院之判決，維持第一審判決者，應於其範圍內，依聲請宣告假執行，如有必要，亦得以職權為之（第 457 條第 2 項）。

　　法院本於上開原因依職權宣告假執行者，應於判決主文中一併宣示。法院應依職權宣告假執行而未為宣告者，準用第 233 條之規定，即得依聲請或依職權為補充判決（第 395 條）。法院雖依職權宣告假執行，亦得宣告非經原告預供擔保，不得為假執行（第 392 條第 1 項）。法院為一部判決者，亦得為假執行宣告。

(2)依聲請宣告者

　　法院依聲請宣告假執行，惟原告之聲請應於言詞辯論終結前為之（第 393 條第 1 項）。聲請方式，得於言詞辯論時以言詞為之。聲請無理由者，須於裁判主文中併予駁回。

　　關於財產權之訴訟，原告釋明在判決確定前不為執行，恐受難於抵償或難於計算之損害者，法院應依其聲請，宣告假執行（第 390 條第 1 項）。本條之假執行宣告判決，法院不得依職權宣告，且以關於財產權訴訟為限。因身分關係而為財產給付者，亦屬財產權訴訟，例如扶養費請求訴訟事件。釋明者，以提出能即時供法院調查使信其主張為真實之證據言。未能提出證據釋明，原告如陳明在執行前可供擔保而聲請宣告假執行者，法院應定相當之擔保額，宣告供擔保後，得為假執行（第 390 條第 2 項）。原告依本項之陳明，於判決原告勝訴時，法院應依聲請宣告之，無裁量餘地。原告為此之陳明，可免其釋明義務，而與本法第 526 條第 1、2 項之假扣押原因釋明不足，債權人陳明願供擔保者，債權人仍有先為釋明義務，否則法院不得定相當擔保准其所請者不同[95]。關於財產權之訴訟，第二審法院維持第一審判決者，應於其範圍內，依聲請宣告假執行（第 457 條第 1 項）。

　　法院依聲請宣告假執行，其宣告方式，有以判決為之者，有以裁定宣告者。前者，無論為准駁假執行之聲請，法院應於終局判決主文中一併宣告（第 383 條第 2 項），並於判決理由說明其准否之理由。以裁定宣告假執行之情形，第一審判決未宣告假執行或宣告附條件之假執行者，其未經聲明不服之部分，第二審法院應依當事人之聲請，以裁定宣告假執行（第 456 條第 1 項）。第二審法院認為上訴

---

[95] 最高法院 95 年 8 月 1 日民事庭會議決議。

人係意圖延滯訴訟而提起上訴者，應依被上訴人聲請，以裁定就第一審判決宣告假執行；其逾時始行提出攻擊或防禦方法可認為係意圖延滯訴訟者，亦同（第456條第2項）。

原告聲請法院宣告假執行者，以釋明其假執行之必要為足，不以供擔保為要件，惟法院亦得為附條件假執行宣告，宣告非經原告預供擔保，不得為假執行（第392條第1項）。要否附條件，屬法院裁量權。法院忽視假執行之聲請者，亦為裁判之脫漏，得聲請或依職權為補充裁判（第394條）。原告一部勝訴一部敗訴者，在其勝訴部分範圍內，准為假執行宣告，敗訴範圍，則應駁回原告假執行之聲請，否則亦屬裁判脫漏。

4.假執行宣告障礙

被告釋明因假執行恐受不能回復之損害者，如係第389條依職權宣告假執行情形，法院應依其聲請宣告不准假執行；如係第390條依聲請宣告假執行之情形，應宣告駁回原告假執行之聲請（第391條）。恐受不能回復之損害，指所受之損害不能回復或回復有重大困難言。例如房屋之拆除。釋明者，指提出可供法院即時調查之證據，使信其主張言。被告為假執行障礙之聲請，須以證據釋明，不得陳明供擔保以代釋明。假執行宣告障礙之諭知，須依聲請，法院不得依職權為之。符合假執行宣告障礙要件者，如原係應依職權宣告假執行者，則應於判決主文中宣告不准假執行；如係應依聲請宣告假執行者，則駁回原告假執行之聲請，並均應於判決理由中說明其理由。

5.免為假執行宣告

法院得依聲請或依職權，宣告被告預供擔保，或將請求標的物提存而免為假執行（第392條第2項）。被告已為擔保之提供或將請求標的物提存者，假執行宣告之執行力消滅，但債權人誤為假執行聲請，執行機關所為之執行行為並非當然無效，對勝訴原告所為金錢交付，應視為附有解除條件之清償，不生對敗訴之被告發生損害賠償[96]。至於免為假執行所供之擔保，究以擔保因執行遲延所生之損害或係供請求權本身之擔保之問題，涉及假執行宣告之意義，究係執行力之特別利益設計，或承認其與一般確定判決之執行力相同。如為前者，應解為係因遲延執行所生損害之擔保；如為後者，則應解為係供請求權本身之擔保。

免為假執行之預供擔保或提存而免為假執行者，於假執行程序實施後，而於

---

[96] 日本東京地方裁判所平成4年6月17日判決，判例時報，第1435號，第27頁。

執行標的物拍定、變賣或物之交付前均得為之（第 392 條第 3 項）❼。法院同時宣告准原告供擔保後得為假執行，及准被告預供擔保免為假執行之判決，須原告已供擔保請求假執行後，被告始有預供擔保以阻止假執行之必要，如被告已預供擔保請求免為假執行者，原告應供擔保之原因並未消滅，不能以之聲請發還擔保金（45 台抗 144 判例）。

6.假執行宣告之補充

法院應依職權宣告假執行而未為宣告，或忽視假執行或免為假執行之聲請者，準用第 233 條之關於補充判決規定（第 394 條）。

7.假執行宣告之失效及法律效果

宣告假執行之判決，不必待其確定，債權人即可據以聲請執行（17 抗 38 判例）。原告之訴有理由並附有假執行宣告之判決，經全部或一部廢棄或變更者，於廢棄或變更之範圍內失其效力（74 台抗 254 判例）。本法第 395 條第 1 項亦規定，假執行之宣告，因就本案判決或該宣告有廢棄或變更之判決，自該判決宣示時起，於其廢棄或變更之範圍內，失其效力。惟已為假執行之實施者，並非無執行名義之執行，僅係向後發生效力，尚未終結之程序應停止執行。已終結之執行程序，例如金錢債權之假執行，不動產經第三人拍定者，不因本案判決經廢棄或變更，而受影響，須另依不當得利或損害賠償法律關係解決。假執行宣告經廢棄或變更，於假執行宣告失效範圍內，因假執行所為之給付失其法律上依據，應負返還或賠償之義務。同條第 2 項因而規定，法院廢棄或變更宣告假執行之本案判決者，應依被告之聲明，將其因假執行或因免假執行所為給付及所受損害，於判決內命原告返還及賠償，被告未聲明者，應告以得為聲明。第 3 項規定，僅廢棄或變更假執行之宣告者，前項規定，於其後廢棄或變更本案判決之判決適用之。

返還義務之法律性質，非為實體權存否之確定，但準用不當得利法律關係規定❽。損害賠償責任，有準用侵權行為之規定說及認係因合法行為而生之損害賠償說，一般認屬無過失責任。因損害賠償請求成立與否，繫於本案債權之存否，損害賠償權利人於同一訴訟程序內，不得以之與本訴債權主張抵銷❾。

返還及賠償之請求，應於第二審程序中以聲明為之。被告未聲明者應告以其

---

❼ 66 台抗 378 判例因本條項之修訂，而無再行援用必要。

❽ 谷口、井上編【新判例 3】，第 157 頁。

❾ 谷口、井上編【新判例 3】，第 158 頁。

得為聲明，其仍不為聲明者，不得依職權為之。被告之聲明非為反訴提出，無裁判費預納問題。第一審無從廢棄或變更下級審裁判可能，第三審則為法律審，均無本條項適用可能（74 台上 764 判例）。第二審法院漏未為此項之裁判者，非為上訴理由，但得聲請補充判決（53 台抗 211 判例）。被告未為本項之聲明，而另案請求返還或賠償者，亦無不可（73 台上 59 判例）。依本條項所為聲明，兼有確定私權存在，以獲得給付判決目的，實質上與起訴有相同意義（78 台抗 82 判例）。

(八)定履行期間及分次履行之判決

1.意　義

判決所命之給付，其性質非長期間不能履行，或斟酌被告之境況，兼顧原告之利益，法院得於判決內定相當之履行期間或命分期給付；經原告同意者，亦同（第 396 條第 1 項）。此即定有履行期間或定有分次履行之判決，而與民法第 318 條第 1 項但書，法院得斟酌債務人之境況，許其於無甚害於債權人利益之相當期限內分期給付，或緩期清償之規定相呼應。此類判決以給付判決為限，確認判決或形成判決，性質上無命被告履行問題。

2.酌定原因及其救濟

判決定有履行期限或分期履行判決之原因，有因給付之性質者、有因斟酌被告之境況者、有經原告同意者。定履行期間或定分期履行否，屬法院之職權，被告不得以未定或所定履行期間過短或分期不足為由，提起第二審上訴。但未經原告同意而定有履行期限，或分期履行者，對原告實質權益有害，依實體不服說，得執為第二審上訴理由。又既屬法院職權，不生違背法令情事，當事人不得以酌定不當，為提起第三審上訴之理由（41 台上 129 判例）；但如有裁量濫用情事者，不在此限。定有履行期限或分期履行判決，係對原告給付受領權之限制，其有如命對待給付判決，所定履行期限或分期履行判決本身非屬訴訟標的，不得單獨對之聲明不服，其有不服者，應認係對本案請求判決之不服，判決全部發生移審效。惟上級審應注意不利益變更禁止原則之適用。

3.酌定方法及失權

非經原告之同意，而定有履行期間或分期履行者，法院應斟酌被告之境況，並兼顧原告之利益。法院依本條定有履行期間或分期履行者，應記載於判決主文並於理由中記載其理由。因履行期間或分期履行之酌定，非訴訟標的，無第 233

條判決脫漏補充之適用。定履行期間或命分期給付者，雖屬法院職權，但於裁判前應令當事人有辯論之機會（第 396 條第 4 項）。

債務人並無分次給付權利，法院定分次履行期間者，無論係定數次履行之期間或命分期給付，均係對被告之恩惠，為督促被告遵期履行，其遲誤一次履行者，其後之期間視為亦已到期（第 396 條第 2 項）。

4.履行期間之起算點

履行期間，自判決確定或宣告假執行之判決送達於被告時起算（第 396 條第 3 項）。依此，未經宣告假執行者，其履行期間自該判決確定時起算；反之，如有宣告假執行者，其履行期間，應自宣告假執行之判決正本送達於被告時起算。惟實務見解認為，債權人以第一審法院宣告假執行判決為執行名義，該假執行判決於第二審判決定有履行期間者，則履行期間之起算點，應自第一審假執行判決正本送達債務人時起算（67 台抗 193 判例），非自定履行期限之該第二審判決正本送達時起算；就此學者非無訾議❿。

➤ 第二節　判決之成立生效

一　判決之確立及宣示

㈠判決之確立

訴訟達於可為裁判程度者，法院應為判決（第 381 條）。法院於言詞辯論終結後宣示判決前，應先由參與最後言詞辯論之法官，本於當事人之言詞辯論，將判決予以確立（第 221 條）。本法採直接審理主義，非參與判決基礎之辯論之法官，參與判決之確立者，法院之組織不合法。判決之確立，獨任制者，由獨任法官一人為之；合議制者，由合議庭法官依評議方式為之。又除別有規定外，判決之確立，本言詞審理主義，應由當事人於言詞辯論期日，以言詞提出訴訟資料，如僅提出記載訴訟資料之準備書狀者，不能認係本於當事人之言詞辯論（32 上 5644 判例）。

確立判決內容之方法，以作成判決書原本為之。又因判決應本於判決原本宣示（第 223 條第 4 項），因此判決原本應於宣示判決前作成。法院為判決時，除另

---

❿ 吳著，第 1108 頁。

有規定外，應斟酌全辯論意旨及調查證據之結果，依自由心證判斷事實之真偽（第222條第1項）。判決應記載所調查證據及與應證事實之關聯，以及取捨之原因等得心證之理由（第222條第4項），否則即為判決不備理由（43台上47判例）。損害之數額不能證明或證明顯有重大困難，當事人如已證明受有損害者，法院應審酌一切情況，依所得心證定其數額（第222條第2項）。本項係立法賦予法官裁量權，裁量權運用結果，有減輕或免除舉證責任效果。本項之規定究為法官之裁量權或證明責任之減輕，學說尚有爭議。損害賠償，基於損害填補原理，應由主張損害賠償權利存在一方負舉證責任，但如其僅能證明生有損害，且損害發生與行為有因果關係，但因損害數額客觀上已不能證明或證明顯有困難，法院不能期待自舉證一方之證據獲得損害額之心證，本條項即賦予法官就損害數額認定，行使裁量權。但裁量權行使，非漫無標準，仍須在當事人所主張之事實及損害數額範圍內，依經驗法則、論理法則，審酌當事人提出之訴訟資料，或依職權調查事實及當事人未聲明之證據，妥適行使程序上與實體上之裁量權[101]。例如，倉庫堆放之物品因隔鄰失火延燒殆盡，燒毀貨物若干，難期被害人藉鑑驗聲明舉證證明之，法官依本項規定，可自被害人歷年同期之營業額、進銷貨額、損害發生時市場因素，或往來廠商、同業間之證詞，依經驗法則評價其可能之損害額。因損害額算定，尤其非財產權損害，理論上非客觀事實之認定，損害賠償填補原理，回復原狀不可能之金錢賠償，屬損害額評價問題，法官為損害額認定，亦屬主觀評價，不盡然符合損害賠償填補原理；且自程序法觀點，作為損害額評價之訴訟資料，與系爭損害額認定，無必然關聯，法官基於本條項之立法授權，得調整作為認定損害額之訴訟資料（如本例之進銷貨憑證並非系爭貨損之文書證據）。是以本項規定，應非待證事實舉證責任之減輕，係因裁量結果使生舉證責任減輕效果[102]（詳請參看證據編）。

(二)判決書之製作

判決書乃法院判斷結論，及判斷過程之記載，並成為上級審審查對象，於判決確定後，具有指示判決效之具體內容與範圍之功能。判決書應記載當事人、法定代理人、訴訟代理人等人之姓名及住居所等。判決主文，為表示判決之結論，

---

[101] 邱聯恭講述，許士宦整理，口述民事訴訟法講義㈢，2000年，第200頁以下。

[102] 有謂本項係舉證責任減輕之規定，姜世明，民事訴訟法第二二二條第二項之效果論，月旦裁判時報，創刊號，第71頁以下。

於終局判決之主文，係對原告聲明之回應。事實者，係呈現言詞辯論時，當事人之聲明、主張、抗辯、再抗辯等攻擊防禦方法之記載。理由，指達成判決主文之判斷過程，使當事人得以知悉判決之當否，並使上級審據以判斷判決之當否。理由欄應記載當事人已爭執，或未爭執之事實，及法院基於證據調查結果、全辯論意旨，本於自由心證判斷事實之存否，並基此確定之事實，說明該當適用之法規，進而導出判決主文之過程。因之，理由中應記載關於攻擊或防禦方法之意見及法律上之意見。言詞辯論終結日記載，乃與判決既判力基準時有關，因此須記載於判決書。為判決之法官，應於判決書內簽名，法官中有因故不能簽名者，由審判長附記其事由，審判長因故不能簽名者，由資深陪席法官附記之（第 227 條）。

㈢判決之宣示

判決應公告之；經言詞辯論之判決，應宣示之，但當事人明示於宣示期日不到場或於宣示期日未到場者，不在此限（第 223 條第 1 項）。判決之公開宣示，係公開審判原則中項目之一，否則判決之對外效力不能成立（參看 19 年立法理由）。日本國憲法第 82 條揭示，裁判之對審及判決，應於公開法庭為之。公開法庭之目的，在由人民監督司法審判權之行使，並藉以獲取人民之信賴，有公益目的。我國憲法訴訟權保障，應作相同意旨之解釋。判決之宣示為個案審判過程一部，行言詞辯論之判決，應於公開法庭宣示之，其意義含有司法之可受信賴性目的，非純屬訴訟當事人私益或責問權範圍。本條所定，經言詞辯論之判決，應宣示之，即本此意義。當事人已明示於宣示期日不到場，或於宣示期日不到場者，法文雖明定無宣示必要（107 年修正理由），但公開宣示判決既有公益性，當事人明示不到場或未到場，因有利害關係人或一般人民到場者，仍有公開宣示判決必要。不行公開法庭程序之判決，例如具隱私性之家事事件判決，審理程序如不公開者，即無公開宣示判決必要。

宣示判決，應於言詞辯論終結之期日或辯論終結時指定之期日為之（同條第 2 項）。指定之宣示期日，自辯論終結時起，獨任審判者，不得逾二星期；合議審判者，不得逾三星期。但案情繁雜或有特殊情形者，不在此限（同條第 3 項）。判決之宣示，應本於已作成之判決原本為之（同條第 4 項）。惟本條第 2 項至第 4 項之規定，均為訓示規定，縱有違背，仍於判決之效力不受影響，亦非屬上訴理由。最高法院 41 台上 424、30 上 41 判例，同此旨趣。判決之宣示，非判決之成立要件，經言詞辯論之判決，未為宣示，而以送達向外發表者，非判決未成立，判決

不因之無效（33 上 292 判例）。

　　指定宣示判決之期日，如為休息日者（例如颱風日），因民法第 119、122 條已有特別規定，由休息日之次日代之，即無須由審判長另定期日。宣示判決期日經指定，應由書記官通知當事人。審判長於言詞辯論期日當場指定宣示判決期日者，亦得作為告知期日方法，該期日之指定，對於不到場之當事人，亦有效力，無須另行通知指定期日 **❿❸**。對於言詞辯論期日不到場者，可認係放棄受告知期日權利 **❿❹**，且該期日兩造並無為訴訟行為，無受不利益可能。兩造遲誤宣示判決期日者，無視為合意停止訴訟或視為撤回其訴之適用。指定期日前之宣示判決，仍生效力。

　　宣示判決，應朗讀主文，其理由如認為須告知者，應朗讀或口述要領（第 224 條第 1 項）。公告判決，應於法院公告處公告其主文，法院書記官並應作記載該事由及年月日時之證書附卷（第 224 條第 2 項）。宣示判決，不問當事人是否在場，均有效力（第 225 條）。

㈣判決書之交付與送達

　　判決原本，應於判決宣示後，當日交付法院書記官；其於辯論終結之期日宣示判決者，應於五日內交付之。書記官應於判決原本內，記明收領期日並簽名（第 228 條）。判決，應以正本送達當事人。前項送達，自法院書記官收領判決原本時起，至遲不得逾十日。對於判決得上訴者，應於送達當事人之正本內，記載其期間及提出上訴狀之法院（第 229 條第 1、2、3 項）。判決之正本或節本，應分別記明之，由法院書記官簽名並蓋法院印（第 230 條）。

二　判決更正

　　判決如有誤寫、誤算或其他類此之顯然錯誤者，法院得依聲請或依職權以裁定更正；其正本與原本不符者，亦同（第 232 條第 1 項）。當事人姓名或名稱之錯誤，亦在其內（69 台職 3 判例）。和解筆錄之誤寫、誤算或其他類此之顯然錯誤者，書記官得類推適用本條規定，為更正之處分（43 台抗 1 判例）。

　　錯誤者非法院意思形成之錯誤，而為判決表現之錯誤，亦即意思與表現不一致，兩者區別不易。得更正之錯誤，不限於自判決書記載即可知悉者為限，由卷

---

❿❸ 谷口、井上編【新判例 3】，第 89 頁。

❿❹ 參看日本最高裁判所昭和 23 年 5 月 18 日判決。

宗訴訟資料如可呈現者，亦得認為顯然錯誤。判決顯然錯誤之更正，不得變更判決之實質內容。但學說有擴大適用趨勢，認為判決所表現之內容，有不適當、不明瞭或不正確者，雖非為錯誤，例如判決書所載當事人姓名、不動產所在地號不正確之變更，均准更正❶❺。判決更正由原法院為之，因提出上訴繫屬上級審者，亦得由上級審更正。更正應以裁定為之，並附記於判決原本及正本；如正本已經送達，不能附記者，應製作該裁定之正本送達（第232條第2項）。對於更正或駁回更正聲請之裁定，得為抗告，但對於判決已合法上訴者，不在此限（第232條第3項）。

更正裁定，並非法院就事件之爭執重新為裁判，乃將錯誤內容加以更正，使裁判中所表示者與法院本來之意思相符，原裁判意旨未因而變更。更正裁定溯及於為原裁判時發生效力，不影響原裁判上訴或抗告之不變期間（79台聲349判例）。

三 瑕疵判決、非判決及無效判決

(一)瑕疵判決

判決之瑕疵，指違反本法規定而成立之判決，通常為無效判決以外之瑕疵判決。瑕疵判決原則上得依上訴程序予以廢棄，如屬重大瑕疵者，得成為再審事由。惟違背任意規定作成之判決，例如當事人對訴訟程序得捨棄異議權、責問權者，該判決之瑕疵，隨其捨棄而治癒。

(二)非判決與無效判決

非判決指判決尚不具判決應有之基本要素之判決，亦可稱為判決不存在。如不具法官身分者所為之判決，或尚未經宣示之判決，或僅屬判決草稿者，均不得以判決稱之，亦不得對之提出上訴或再審❶❻。但本於非判決而做成之判決正本，並送達於當事人，因具判決之外觀形式，則可依上訴以為救濟。

無效判決與上開非判決不同，蓋其判決仍然存在，且有終結該審級效能，但因存在重大瑕疵而不生判決本來效力。無效判決，本即不能發生判決應有之既判力、執行力、形成力或其他判決效，不因未經廢棄而有不同。例如，對不存在之當事人為判決，或對有治外法權之人為判決，或對不適格當事人所為之形成判決

---

❶❺ 渡邊著，第206頁。

❶❻ 新堂著【民訴法5版】，第676頁。

是。無效判決，雖不生既判力，但其在訴訟程序上仍屬有效成立，有終結該審級訴訟效果，對判決法院亦生羈束力❿，且因其具有判決外觀形式，而有被作為有效判決利用之虞，因而對之即有提起上訴及再審之訴之利益❽。無效之判決有無確定問題，學說有不同見解，如依否定說之見，縱於上訴期間經過後，亦得對之提起上訴❾。

四 判決之範圍

私法自治原則，反映於民事訴訟法者為處分權主義。其具體內容包括：訴訟因原告之起訴而開始；因原告撤回訴訟而使訴訟終了；法院僅在原告請求審判之對象及範圍內為之，受原告聲明之拘束；當事人訴訟中得為請求之捨棄、認諾或和解；實體上當事人有處分權限者，亦有程序上之處分權限。本法第 388 條規定，除別有規定外，法院不得就當事人未聲明之事項為判決，此為聲明拘束原則，亦係處分權主義之具體化內容；惟如訴訟費用之裁判，則為例外。訴之客觀預備合併，原告先位訴勝訴，備位訴無庸裁判，被告上訴時，依上訴不可分原則，備位訴生移審力，上訴審認先位訴無理由時，應就備位訴裁判，亦屬例外，此為實務見解。惟學說另有新說之見，與之則有不同（詳見第二審上訴程序）。

五 判決之確定

㈠意 義

判決達於不得依通常不服聲明方法請求廢棄之狀態時，判決確定。判決確定時，訴訟終結，而生形式確定力。

㈡判決確定時期

1.不得上訴之判決

不得上訴判決，於宣示判決時確定；不宣示者，於公告時確定（第 398 條第 2 項）。對於除權判決，不得上訴（第 551 條第 1 項）。

---

❿ 無效判決，通說認為仍有上開效力，紺谷浩司，確定判決の無效と詐取，新堂幸司編，講座民事訴訟(7)，1985 年，弘文堂，第 358 頁。

❽ 新堂著【民訴法 5 版】，第 676 頁。

❾ 中野等著【講義】，第 363 頁。

2.上訴期間之經過

判決於上訴期間屆滿時確定，但於上訴期間內有合法之上訴者，阻其確定（第398條第1項）。上訴期間，指於判決送達後二十日之不變期間內為之，但宣示或公告後送達前之上訴，亦有效力（第440條）。惟在他造合法上訴，雖上訴期間經過，亦得為附帶上訴，不因上訴期間經過而確定。

3.上訴權捨棄或撤回上訴

上訴期間經過前，當事人捨棄上訴權者，或上訴人上訴後撤回上訴者，判決因而確定（第439、459、481條）。兩造於判決前，為不上訴之合意者，此為訴訟契約行為。有主張無效者，但漸有採肯定見解者，認為仲裁契約既得為不上訴之合意，對第一審判決之信賴應與仲裁人之判斷同，同無禁止之理。如採此說，判決前之不上訴合意，於判決宣示時即告確定。

4.不合法上訴經裁定駁回確定者

當事人之上訴，法院認為不合法，經以裁定駁回確定者（第442、444、481條），判決確定。

㈢判決確定證明書

當事人得聲請法院，付與判決確定證明書（第399條第1項）。判決確定證明書，由第一審法院七日內付與之，但卷宗在上級法院者，由上級法院付與之（第399條第2、3項）。裁定確定證明書準用上開規定（第399條第4項）。

➤ 第三節　判決效

一　概　說

判決一經宣示，即發生一定效力，稱為判決效，判決效內容分為法之效力及事實之效力。判決之法之效力，係基於法律明文規定之效力，或實定法之預定效。包括：本來效力，如羈束力、形式確定力、既判力（實質確定力）、執行力、形成力，以及附隨效力，如參加效、失權效、法律要件效（構成要件效）；學說又有主張反射效、爭點效者。判決之事實效力，指判決存在本身之事實機能言，係因就各個事件所為判決，在法世界所形成之社會現象，對社會生活形成之事實上效果或影響力之謂。換言之，因前訴判決中就事實認定，或就權利義務關係之法律上

判斷，其內容對後訴所造成之影響力❿，亦可稱為前訴判決之通用力。此通用力包括證明效與波及效。又，英美法系判決先例，其有法規範效力，透過憲法平等原則——等者等之、不等者不等之運作，拘束其相同案例事實，屬判決法之效力。惟我國判例（判例要旨），依釋字第576號解釋理由，等同於命令規範位階，因非法律，對依據法律獨立審判之法官，無法之拘束力。至於含事實及法律適用之確定判決先例，於大陸法系成文法國家，並非制定法，對相同案例事實，可如同判例法國家之判決先例，依平等原則發生事實上影響力，因該判決先例，無須經由立法亦可於相同事實案例中予以變更，因此對後案言不能認係法之拘束力。

　　判決之羈束力於判決宣示後即發生效力，其餘之判決效則須待判決確定後，始發生效力⓫。

二　本來效力

㈠羈束力

　　法院為判決宣示後，不宣示者經公告後，受自己判決之拘束（第231條第1項）。縱判決內容錯誤，除因判決有誤寫誤算或其他顯然錯誤，得以裁定更正外，原判決法院不得自行撤銷或變更，此為判決之自己羈束力⓬。實務亦認判決經宣示後，為該判決之法院受其羈束，故除當事人對於判決提起再審之訴，或對於除權判決等提起撤銷之訴時，為該判決之法院得撤銷或變更外，判決縱有不當或違法情事，為該判決之法院，無自行變更餘地（22抗2262判例）。判決之羈束力，尚有對其他法院發生拘束者，例如，第三審法院廢棄第二審判決，發回或發交第二審法院者，第三審之廢棄理由，對於受發回或發交之第二審法院有拘束力（第478條）。第二審之廢棄或發回或發交者，亦同。又第三審為法律審，應受事實審事實認定之拘束，此為事實審事實認定之專權（第476條第1項）。確定之移送訴訟裁定，受移送法院受其羈束，除違背專屬管轄規定外，不得另以裁定再行移送（第30條）。

---

❿ 山木戶著，第145頁以下。

⓫ 假執行宣告判決效力發生始點，則有爭議，詳見前述假執行宣告判決。

⓬ 日本民事訴訟法於昭和23年因受美國法影響，將第256條增訂變更判決制度，法院於發現判決違背法令時，得於宣判後一週內依職權變更判決；此為法國法所未規定。

㈡形式確定力

形式確定力者，指判決一經確定，當事人即不得藉上訴聲明不服之拘束力。至判決何時發生形式確定力，因移審效、遮斷效之學說理論而有不同。依傳統上訴不可分原則，上訴提出產生阻斷全部判決之確定效果，上訴人僅就判決之一部聲明不服請求撤銷時，同使判決全部產生遮斷效果。新說理論則認上訴僅在上訴聲明不服範圍內發生移審效及遮斷效，其餘未上訴聲明不服部分，仍於上訴期間屆滿時發生形式確定力。

㈢既判力（實質確定力）

即法院就請求為終局判決確定，當事人就同一請求不得再為相反之主張，法院亦不得為相反之判斷，此種賦予確定判決之判斷，有一般性之拘束力，即為既判力。既判力又稱為實質確定力，而與形式確定力成一對比。關於既判力，另立一節說明之。

㈣執行力

執行力為實現一定之給付義務，債權人執為請求國家機關為強制執行基礎之資格之謂。有執行判決，為給付判決，包括終局確定判決與附有假執行宣告之判決。判決以外者，包括訴訟上和解、執行證書等。強制執行以外之方法，適合作為實現判決內容狀態之資格者，可稱為廣義之執行力，例如不動產登記或戶籍登記行為，得稱為廣義之執行力。廣義之執行力，不限於給付判決，確認判決或形成判決，亦可能發生。例如基於確認所有權存在之勝訴判決，所為之第一次保存登記，或因認領子女之形成訴訟勝訴判決確定，而為戶籍登記是。

㈤形成力

形成力，乃因勝訴之形成確定判決，依判決內容形成一新的法律關係，使既有法律關係發生變動。形成訴訟之形成主體及形成要因，原則上依各個事件之法律所定。形成判決之形成力，須待判決確定始發生，此類形成力可分為向將來發生效力及溯及過去發生效力二種類型。前者，如離婚訴訟之形成判決；後者，如認領之訴、撤銷股東會決議之訴之形成判決。

形成力與既判力之關係為何，學說見解有異。國家意思表示說認為，形成力係因國家意思表示或處分所生之法律關係變動效力；採此說者，一般認為形成判決之形成力不限於當事人，亦及於第三人，任何人均不能再否認其形成效果。惟亦有認為，此類形成判決與行政處分有著完全不同之判斷作用。形成判決之形成

力，係因形成原因之存在經判決予以確定，於既判力所及之人間發生確定的形成效果，其他因法律關係狀態變動致自己權利間接受影響之第三人，為既判力所不及，得再爭執形成原因之不存在❶❸。特殊性質既判力說❶❹認為，形成力之作用，雖然較諸於給付之訴或確認之訴為強，一經判決確定即發生效果，實體上目的亦同時完成，當事人較少有再予爭執餘地，但不能因而認形成力無既判力概念。因為即使在判決基準時前之形成權存在與否已經判斷，但當事人仍有以其他訴訟作為前提問題再爭執過去基準時形成權之有無，因此即使既判力之作用有限，但在基準時內置入既判力概念，並非全無必要。例如妻訴請離婚，經判決確定其離婚形成原因存在，如無既判力概念，則夫可以再以妻無離婚形成原因，另提起損害賠償。何況敗訴之形成判決，因不生形成力，故同須有既判力概念必要。既判力否定說則認為，形成判決不生既判力，形成判決之機能為形成力，形成訴訟之審判對象為形成權，因判決確定時形成目的完成而消滅，無再爭執餘地。至於特殊性質既判力說之質疑，則認為形成訴訟之訴訟標的，如將之解為係一種請求形成實體地位，則其前提之各個形成原因存否之判斷，可生爭點效，自可依爭點效理論阻斷於後訴中對形成原因再予爭執❶❺。

至形成力之主觀範圍，一般而言，身分關係或有關公司訴訟之形成判決，被肯定其具對世效。此外，形成力之主觀範圍，法有明文者，如本法第 582 條第 1、2 項之規定。實體法上之形成訴訟形成力，固以具對世效為原則，但仍有相對效之形成力，例如詐害債權撤銷訴訟是❶❻。

三　附隨效力

㈠參加效、失權效

輔助參加人對於其所輔助之當事人，不得主張本訴訟之裁判不當（第 63 條第 1 項），參加人所輔助之當事人對於參加人亦同（第 63 條第 2 項），此種效力為參加效。參加效與既判力不同，參加效係當被參加人受到敗訴判決時，被參加人與參加人間，關於敗訴責任之分擔，而不得於後訴再爭執前訴判決內容之一種特殊

---

❶❸ 兼子著【體系】，第 351 頁。
❶❹ 三ケ月著【民訴】，第 53 頁。
❶❺ 新堂著【民訴法 5 版】，第 185 頁。
❶❻ 三ケ月著【民訴】，第 55 頁。

效力。其性質與既判力同具有不可再爭議性，效力發生均以程序權保障為前提，惟本法規範目的，已將兩者區隔，非同一性。本文已於第二編第三章第三節說明。

　　失權效者，為因他訴之判決，而使另一請求不得再為訴之主張之謂。例如家事事件法第 57 條有關婚姻關係之訴訟，經判決確定後，當事人不得援以前依請求之合併、變更、追加或反請求所得主張之事實，就同一婚姻關係提起獨立之訴。

㈡法律要件效（構成要件效）

　　民法或其他法以確定判決存在作為要件事實之效力，稱為判決之法律要件效。例如民法第 275 條連帶債務人中之一人，受確定判決，而其判決非基於該債務人之個人關係者，為他債務人之利益，亦生效力；又同法第 137 條，時效因受確定判決而中斷之重新起算效果。

㈢反射效

1.學說理論

　　與當事人一方存有一定實體關係之第三人，無論有利或不利，因他人確定判決而受影響，即為反射效所及之第三人。既判力原係透過當事人間之確定判決而存在，如因實體法上與當事人間有依存關係之第三人，在後訴中因援引既判力作用，以為自己有利之主張或因而受不利結果者，此為反射效理論範圍，其仍屬判決效之擴張。例如保證債務，債權人對主債務人訴請返還借款，該確定判決之既判力固不及於保證人，但當主債務人主張之主債務經確定判決確認不存在，因主債務不存在，保證債務亦不發生或消滅之實體效果，保證人在後訴之保證債務履行之訴中，雖不得援引既判力作用，但因保證債務之附隨性結果，亦應判決保證債務不成立或已消滅者是。又如不動產抵押權之抵押物所有人，或質權之質物所有人，因擔保債務之附屬性，而與主債務人間存有實體法上之依存關係，當債權人對主債務人為請求，主債務人非以其個人之事由抗辯，該抗辯被駁回確定時，擔保人不得再執相同事由對抗債權人時，亦屬反射效之理論範圍。連帶債務之債權人對連帶債務人中之一人之請求，因抵銷抗辯，駁回其請求確定時，其他連帶債務人如得援用該判決為有利之主張時，亦係承認反射效理論❶❼。

　　此類因當事人之一方存有實體法權利義務之依存關係之第三人，有無在原訴

---

❶❼ 反射效因對應實體法上之法律關係之性質，有將之分為：只第三人得援引有利於己之判決效者，或無論有利否之判決均得援引者、只有不利於第三人之判決得援引者。鈴木著【既判力】，第 508 頁。

訟程序中，統一處理並受程序權保障，以此為前提，使之同受既判力擴張效力之拘束必要，學說尚有不同見解。

　　反射效肯定說為通說見解⑱，此說認為第三人與當事人一方，因實體法依存關係，兩者之地位已一體化，第三人不得為另訴之訴訟實施，而需統一於同一訴訟程序中處理，以擴大判決效主觀範圍，使之及於第三人。例如前述保證債務，無論原判決對保證人是否有利，均受判決既判力主觀作用擴張影響而為反射效所及。亦有限制承認範圍者，以程序權保障為前提，認為僅在第三人參加訴訟下，始受原判決既判力擴張之影響⑲。如採肯定說，則判決反射效所及之第三人，因原判決受有不利，且未受訴訟告知致未能參與前訴訟程序，即有提起第三人撤銷訴訟資格。反之，如因未受訴訟告知致未能參與訴訟者，或因輔助參加從屬地位，致未能受充分之程序權保障之人，因可主張相對效原則，不受原判決反射效影響，自無提起此訴以排除反射效必要⑳。

　　反射效否定說㉑則認為，反射效係將第三人地位依附在實體法關係，被視為如辯論終結後之承繼人，而受判決效影響。此說認為，既判力之擴張必須賦與公平的程序權保障。反射效所及之第三人，究因基於何種理由須承受該不利益，反射效之依據及正當性為何，乃為問題重心。而程序權保障，應以訴訟標的權利義務關係為基礎，主債務與保證債務係不同之實體上權利義務關係，即使訴訟中之爭點事實同一，也須給予該反射效所及第三人程序權保障。如持否定說，固可能發生實體法結果矛盾，但此乃因該當法律關係，未以必要共同訴訟處理，而各別起訴所致之不可避免結果㉒。因此，以實體法效力作為反射效依據之立論方式，尚待斟酌。反射效係實體法上之法律要件效力，與既判力之訴訟法性質不同；反射效所及第三人，雖允許其為訴訟程序參與，但非為共同訴訟之輔助參加人有其獨立性，只能於另訴中，依輔助參加人從屬性地位，給予主張因從屬性或詐害訴

---

⑱ 兼子著【體系】，第 353 頁。

⑲ 鈴木正裕，判決の反射的效果，判夕，第 261 號，1971 年，第 2 頁以下。

⑳ 亦有認為，第三人縱為訴訟參加，因從屬地位，其程序主體權保障並不充足，因此反射效與既判力不同，所謂反射效應是指與既判力有異之特殊判決效。

㉑ 日本最高裁判所，就反射效持反對見解者，如昭和 53 年 3 月 20 日判決，不真正連帶債務人中之一人因實體上有效之抵銷抗辯，在抵銷之範圍內，其他債務人之債務同歸消滅之判決，該判決效力不及於其他債務人與債權人間之訴訟。

㉒ 中野等著【講義】，第 417 頁。

訟，不受反射效拘束而已 ❶❷❸。否定說中，有認為第三人與訴訟當事人之實體法上依存關係，得類推適用判決基準時後之繼受規定，使既判力及於第三人即可，無承認反射效必要。又有認為以他人之確定判決判斷拘束第三人，賦予和既判力本質不同之反射效，於法無據 ❶❷❹。

四 判決之事實效

判決之事實效力，指判決存在本身之事實機能言，乃因各個事件判決，在法世界所形成之社會現象，對當事人及第三人之社會生活所生之事實上影響力之謂，可稱為前訴判決通用力，包括證明效與波及效 ❶❷❺。

證明效，一般稱為證明力、證明作用或判決之事實效果。指前訴訟判決理由中事實認定或權利義務關係判斷，對後訴有事實上證明效果。證明效源於古日耳曼法，乃普通民事訴訟法，或判例學說所謂證明力概念，非既判力概念擴張，但基於法之感情與實際需求，第三人必須承認判決證明效時，則常使用證明力概念 ❶❷❻。就判決證明效與舉證責任關係而言，證明力概念初則被否定具舉證責任轉換之法效果，其後則以補助參加之參加利益為基礎，而使證明力理論復活 ❶❷❼。亦即前訴判決之事實認定，對後訴產生事實上影響力。在前訴中未盡積極反證提出責任者，後訴中復未為反於該事實認定之反證提出時，即應受與前訴判決同一事實認定結果，而有在後訴中被加重其舉證責任效果 ❶❷❽。但證明效非法定效力，不能拘束後訴法官，得不同於前訴之事實或法律認定。前訴判決事實認定結果，固不能排除有使後訴法官自由心證形成產生心證預斷可能，但終非判決內容法之效力。再者，對未參與前訴判決程序之第三人（含訴訟參加）言，主張證明效學者亦認為不受前訴判決事實認定拘束 ❶❷❾，因此，無依第三人撤銷訴訟或其他訴訟，

❶❷❸ 新堂幸司、鈴木正裕、竹下守夫等編，注釋民事訴訟法(4)，1997 年，有斐閣，第 451 頁。

❶❷❹ 上野泰男，既判力の主觀範圍に關する——考察，關大法學論集，第 41 卷第 3 號，1991 年，第 429 頁；松本、上野著，第 433 頁以下。

❶❷❺ 山木戶著，第 145 頁以下。

❶❷❻ 鈴木正裕，既判力の擴張と反射的效果(二)，神戶法學雜誌，第 10 卷第 1 號，1960 年，第 69 頁；山木戶著，第 147 頁。

❶❷❼ 井上治典，補助參加の利益，民事訴訟雜誌，第 16 號，第 152 頁以下；山木戶著，第 147 頁。

❶❷❽ 山木戶著，第 153 頁。

❶❷❾ 山木戶著，第 159 頁。

排除前訴證明效必要。

所謂波及效，指現代型訴訟（如公害或消費者訴訟），因原告勝訴判決，對具相同事實其他被害人之救濟方法，於行政或立法可能產生之事實上效力之謂。波及效，亦係事實上影響力，無法拘束效果，在法政策形成，雖可能發生影響，但已逾越司法原有機能 [130]。我國判決效解釋，當指判決內容法之效力，始具拘束力，判決之事實效力，非此所稱判決效。

▶ 第四節　既判力

一　意　義

何謂既判力，本法無明確的定義性規定 [131]，惟就違反既判力之起訴，於第249 條第 1 項第 7 款明定，法院應以裁定駁回其訴，另於第 400 條第 1 項既判力客觀範圍，指明存在於確定終局判決中經裁判之訴訟標的；主觀範圍，另規定於第 401 條。上開規定，固可勾繪出既判力輪廓，有助於法概念形成，惟究應具備如何不變特徵（本質要素），方得被以「既判力」加以認識，或可援事物本質方法補充。

學理上之定義，所謂既判力，乃指終局確定判決判斷對後訴當事人及法院之拘束力言。又區分形式確定力與實質確定力，並將既判力指向實質確定力。既判力（實質確定力）之作用，有積極作用與消極作用。積極作用指法院受既判力判斷拘束，並以之為前提作為後訴審判之基礎；消極作用指當事人於後訴不得再提出主張、舉證，後訴法院並應排除當事人之聲明及主張與抗辯，又稱為既判力之消極作用，或遮斷作用。

---

[130] 上田著，第 441 頁以下。

[131] 我國民事訴訟法中，既判力一語首見於 92 年 2 月修法第 400 條，之前文義為「不得就該法律關係更行起訴」；最高法院則以形式確定力與實質確定力稱之，72 年第 4 次民事庭決議，則稱為既判力。

二 既判力本質論

㈠事物本質

1.二個不變特徵

本法就既判力並無定義明文，一般係透過學說理論或實務解釋形成既判力之基本概念，又因學理或實務對既判力之解讀不同，致影響既判力與其他具有類似特徵之判決效，例如參加效、爭點效、失權效，得否歸入既判力概念範圍之爭議。

何謂法，法實證主義者與自然法認知不同。法實證主義以人為法，自然法認為，法之本質乃真、善、美價值，人為法誤將「實力」、「實效」或事實上被遵守當作是「法之效力」，當為法應具備「正當理由」 [132]。換言之，「正當理由——真善美」才是有法效力之法。法實證主義者，例如 Larenz 認為，訴諸於事物本質雖是可能且正當的，但不能忽略存在著因實現特定目的、追求秩序與安定而創設之法規範，如欲從生活關係之「實然」得到具體「應然」，反而立法者之價值觀和目的觀，更具影響力。惟氏並非忽視事物本質之重要性，當立法者與執法者判斷有無形成規整必要，以及應考慮何些因素時，事物本質方法論即有重大意義 [133]。何謂既判力，如立法規範意義及內涵不明，從事物本質認識之，因此獲得之知識，不失為有其價值。

何謂事物本質，有謂是事物間之必然關聯；事物之所以可以為該事物之意義所在；存在於該事物中內部固有的常態秩序，能為理性之人能理解者；事物之內在章法。哲學領域所謂本質，是一種或一組永遠不變屬性，它使一個實體或物質成為它的根本所在，且必然存在，否則就失去其身分（屬性）。本質與偶然性形成對比：偶然性即實體或物質偶然存在的性質，即使不存在該性質，該物質仍然可以保留其身分 [134]。因此事物本質，一定具有與其他事物獨有的、不受偶然因素影響之不變特徵。既判力之事物本質，其不變的特徵有二：

第一特徵，既判力有不可再事爭執特徵，就特定爭議事項已被作成終局判斷，如可因對某特定方有利或不利，而重起爭議，顯然與人類理性認知之公平有違。因此，即使缺少實證法依據，從既判力之事物本質也能導出同樣的結論。因此，

---

[132] 陳妙芬著，法哲學自然法研究，聯經出版公司，2021 年 10 月，第 47、64、65 頁。

[133] Karl Larenz（著），陳愛娥（譯），法學方法論，五南，1996 年，第 321、324 頁。

[134] 參考網路上維基百科之定義。

無論判決對己方有利或不利，均有拘束力，不得重啟爭議。

　　第二特徵，在於正當性，即訴訟程序之參與。如事物本質論者，法效力來自於「正當性」——真善美、正義。則既判力之事物本質，應與之相合，當本法未給予既判力定義，解釋者在判定某爭議事項是否受既判力拘束，當事人不可再起爭端，法院亦不得再作相反判斷，應審查更深層的、可為理性人類接受之正當事由存否。該正當事由與其說是由權威者作成判斷，再起爭端或將引致某種不利後果，不如認受拘束主體，充足的參與該判斷程序之實施，否則難以服人，無法阻止敗訴者重返紛爭，危及法之和平。職故，程序參與為既判力事物本質第二個不變之特徵。

2.本質論與法制面

　　程序參與係既判力事物本質第二個不變特徵，親自實施訴訟行為之當事人（原告、被告）因而受既判力第一特徵拘束，正當性並無欠缺。但因紛爭真正解決必要，受既判力拘束者須擴張至當事人以外之其他權利主體，此為法安定性及統一紛爭解決必要手段。例如有團體屬性之家族成員、團體組織之構成員等，成員間之紛爭事由或法律關係有同一性，而由成員中一人代表團體參與程序，則對未參與程序其他成員，亦不可再起爭議❸。此種代表訴訟既判力之擴張，其正當性常被質疑。現今法律思維，個人主義興盛，團體（集體）主義式微，私法自治、處分權主義抬頭，法實證主義下之民事程序主流思路，任何人不受自己未參與之程序裁判既判力拘束。因而規範意義下之既判力，不可再爭議特徵，被加入第二個特徵——程序參與權。欠缺程序權保障之既判力，受拘束之權利主體，得依第507-1條或第496條規定，提出第三人撤銷訴訟、再審之訴。

　　從本質論探討既判力之意義概念，有其正面價值，但是否具上開二個本質特徵者，均可被歸類或解釋為既判力？法學方法上，立於法實證主義，事物本質固可幫助吾人認識法之實質內涵，特別是在法之「正當性」領域，但誠如 Karl Larenz 所云，立法規範目的有其追求目標，例如本法第61條輔助參加，同有上開二個本質特徵，惟立法規範目的，既判力本應在當事人間發生作用，例外的允許擴張至第401條第1項後段、第2項之人，此與參加效限於參加人與被參加人間，並未被許擴張及於原訴之相對方者有別，況本法在程序權保障密度，作不同

---

❸ 此說認為既判力之正當性在法之安定性，強調既判力係訴訟制度不可欠缺，有公益目的需求，此說與私法秩序維持說相契合。

設計，足見立法規劃各被賦予不同功能目的，不因強化參加效程序保障密度，得解為有相同效力，甚至認定參加效同有執行力。

(二)法規範既判力之本質

法規範意義既判力本質為何，學說見解不同。大致上可分為實體權之既判力與訴訟法上之既判力說。而其法理見解之背後，分別源自於羅馬法之訴訟法理與日耳曼法之訴訟法理。

1.實體法說

羅馬法時，訴訟被視為係當事人間實體關係之發展，並隨各個訴訟階段而轉變其性質。訴訟最初係以實體法上權利為訴訟標的，訴權即為實體權之訴訟面，當於法務官面前做成法之爭點決定後，訴權因而消滅及發生更改效果，此時被轉換成判決效，因此確定判決即有更改契約效果[136]。羅馬法之訴可謂係實體法說之起源。德國普通法時代，大致上即採實體法說，但已有既判事項是當事人間法之作用，及既判事項被視為真實之說出現，成為訴訟法說之先驅。

德國舊民事訴訟法施行後，實體法說與訴訟法說對立，聯邦法院則以實體法說為主。實體法說之主要論據，認為確定判決之既判力，如同和解契約，係透過正當判決內容將實體法上權利或法律關係變更，並賦予其新的權源，不當或錯誤之判決，亦同生變更效果[137]。由上觀察，既判力之本質，即為權利消耗或訴權消滅理論延續，確定判決即係對實體法上之權利或法律關係，再予確認或變更，並將判決判斷內容賦予一般性效力。

此說中既判力係對權利或法律關係再予確認或變更之形成效果，則確定判決之既判力與形成力，將無從區別。依實體法說，則既判力只能在當事人間產生，且既係當事人間權利義務關係，即不能說明何以既判力屬法院應依職權調查事項。其次，當訴訟程序未進入實體權存否之判斷階段時，即不生既判力，如此訴訟判決即無既判力可言。又既判力如為實體權消耗，非訴訟法上效果，則消極確認之訴，因本即無實體權存在，又何以發生既判力？此均為此說之缺失。

2.訴訟法說

日耳曼法訴訟觀，無羅馬法 actio 概念，法係由共同體之自由人從事實中發現，該被發現之法，對共同體全體成員均有拘束力，任何人皆不得異議，此種拘

---

[136] 兼子著【程序】，第 140 頁。

[137] 兼子著【程序】，第 142 頁。

束力係訴訟上之效果，非實體法上效果❶。19 世紀以後之既判力訴訟法說即源自於此，認為既判力與實體法之權利無關，乃因國家裁判統一目的需求而賦予之訴訟法上效力❶。既判力係確定判決對後訴法院之拘束力，禁止後訴法院與確定判決為相矛盾內容之判斷，且中間判決亦有同一效果。至於當事人於後訴中不得再為相反之主張或抗辯，係訴訟法上拘束力之反應。此說可稱為既判力之積極效果說。

　　訴訟法說認為，確定判決縱與實體法上權利真實性產生矛盾，而有誤判情形，亦應貫徹訴訟法上效力。但此說因與實體法完全切離，純立於程序法觀點，對既判力本質之說明並無太多助益，且本說與實體權說同採權利先存立場，則不當判決與實體權間之關係如何，此說亦有所不明❶。依本說既判力本質，係對後訴法院之拘束，勝訴當事人如於後訴重行起訴者，法院應以欠缺權利保護要件予以駁回，敗訴當事人重複起訴者，則以原告之訴無理由駁回。

3. 權利實在化說

　　無論實體法說或訴訟法說之對立，係以不當判決及既判力相對性如何考慮為論辯焦點，就不當判決言，依實體法說，亦因判決而使權利關係發生變更或修正效果。惟兩說均以訴訟前權利存在論為前提。反之，權利實在化說認為，判決確定前並不承認既存權利之實在性，判決前之當事人依私法適用而主張之權利乃假象存在，須透過該社會公認之法院之判斷，將假象權利予以實在❶。又認為權利關係之實在性，係以紛爭作為契機，透過訴訟開始形成，當判決確定時，已變實在化之權利，始成為當事人間之法律規範，而作為其規範之效果（既判力），於當事人間有其相對的妥當性❶，並於後訴中對法院及當事人發生拘束力。

4. 新訴訟法說（新一事不再理說）

　　此說對權利實在化說予以批評，即何以依判決而得以使權利實在化並不明確。

---

❶ 中村著，第 45 頁以下。

❶ 兼子著【程序】，第 142 頁。

❶ 新堂著【民訴法 5 版】，第 680 頁。

❶ 兼子一認為法與權利並非物質界之物之存在，而是意義世界文化的存在，權利義務是人類適用法律之思考作用產物，須經人之判斷始能實在。而權利與判決之關係，即以胡塞爾現象學方法說明，認為權利係哲學抽象的觀念，須藉經驗社會予以具體存在。兼子著【程序】，第 157 頁；兼子著【體系】，第 334 頁。

❶ 兼子著【體系】，第 335 頁。

此說主張，既判力制度係在求紛爭解決一回性之需求，而以一事不再理之理念說明。認為民事訴訟既判力之特徵，最終之依據在於一事不再理原則，此種認識於民事訴訟係利用公權、強制性的解決紛爭制度，係非常自然且當然之事理，無須將既判力本質視為如實體法說之權利變更，或權利實在化說之哲學思考方式中尋求依據 ⓮。

新訴訟法說係由前述訴訟法說分離而出，即同以一事不再理為出發，但仍有不同。訴訟法說，強調確定判決之積極效果，即禁止後訴法院與確定判決為相矛盾內容判斷，當事人於後訴中不得再為相反之主張或抗辯，係拘束力之反應。反之，新訴訟法說則認為既判力之作用，係在阻止既判事項之再次提出訴訟，所謂積極效果（相反主張、判斷之拘束力）僅是消極效果（一事不再理）之擴張表現於外而已。

現今實務運作下之既判力，則係透過消極訴訟要件予以承認，其結果與承認一事不再理效力同（新訴訟法說）。學者有批評訴訟法說者認為，如拘泥於積極效果說（訴訟法說），無異於係對實體法說之屈服與妥協 ⓯。訴訟法說與新訴訟法說區分之實益，在於重複起訴者，如依訴訟法說，則應以欠缺權利保護要件駁回其訴；如依新訴訟法說，則因絕對禁止重行起訴原則，法院亦不得審理，自應依違反一事不再理原則，以不合法裁定駁回原告之訴。

三　既判力之正當性

既判力之本質論，主要以不當判決與實體權關係及既判力之相對性原則如何解釋為題，但既判力領域研究，學說現已將重心移往既判力作用之正當性（根據），以及在如何範圍之判斷有既判力（客觀範圍），暨在何人間發生效力（主觀範圍）上，並認為本質論無直接貢獻 ⓰，應將既判力重心移往既判力作用機能之範圍，在如何範圍內既判力之機能得給予正當基礎，亦即既判力之根據為何之檢討上。

正當性之學說重點有二：一、法安定性要求。即民事訴訟之基本機能須予維持，因判決確定之權利或法律關係，具有不可再爭性。二、程序權保障。既判事

⓮ 三ケ月著【民訴】，第 34 頁。

⓯ 兼子著【程序】，第 143 頁。

⓰ 新堂著【民訴法 5 版】，第 680 頁。

項之既判力所及之主體，須已充足其程序保障，且以之為條件之當事人自己責任。

㈠法之安定說

此說為傳統見解，認為確定判決請求內容之權利或法律關係，具有不可再爭性，乃判決之原本機能，而既判力為訴訟制度上所不可欠缺之制度效力。此說強調訴訟紛爭解決之公共意義，而與私法秩序維持說之訴訟目的論相契合。

依此說理論，則訴訟標的範圍及於確定判決之基準時前之一切事由，可在後訴中發生遮斷效果，當事人在前訴中未為主張，縱使其為善意且無過失，在後訴亦不得再為主張，此為既判力之制度效。但此說在貫徹遮斷效之法安定性之制度效方面，仍嚴格限定在判決主文中之訴訟標的判斷，判決理由即無拘束力，爭點效理論自然不被接受。又因既判力限定於訴訟實施之當事人間，因此判決效不及於第三人，判決反射效即無允許空間。

㈡程序保障說

此說與法之安定說對立，將既判力之根據求諸於前訴程序中具體程序權保障為前提之自己責任原則 [146]。認為在前訴程序過程中，應提出之各種事項有遮斷後訴效果，至於如何判斷前訴訟程序中「應否提出」，即須按行為義務之提出責任，與紛爭處理過程全部關係，本於誠信原則、公平的為具體判斷。換言之，既判力並非只因法院基於裁判資料，就權利主張所做判斷而當然發生，乃因各個攻擊防禦方法，在具體程序權保障下，本於自己提出責任而發生。此說以權利保護說為前提，關於既判之主觀及客觀範圍，係依前訴訴訟過程中，各當事人之訴訟行為具體決定。

四　既判力之範圍

既判力之範圍，包括既判力之時間範圍、客觀範圍、主觀範圍三方面。

㈠既判力之時間範圍

1.意　義

既判力係就權利義務關係存否為判斷，而發生之效力。但權利義務關係可能因時間經過，而有變更或消滅。因此既判力之作用，究以何時點之權利義務關係之存否狀態為界限，此即為既判力之時間界限問題。一般而言，當事人於事實審言詞辯論終結前，得為事實主張及證據資料之提出，終局判決亦以當事人提出之

[146] 新堂著【民訴法5版】，第683頁。

訴訟資料為基礎，因此既判力之作用力之時間界限，即以事實審言詞辯論終結時為準。基準點前已存在之訴訟資料，不得於後訴中再為提出，後訴法院審理時亦應予排斥，此即為既判力之排除效或遮斷效。遮斷效範圍，包括在前訴中即已存在之各種訴訟資料，亦無論其有無過失，其未能提出者，均受排除效作用。

2.遮斷效

在系爭權利關係基準時存在之事由，當事人不得在後訴中就該事由再行提出，其主張與抗辯均應予排斥，此為既判力之消極作用，稱為遮斷效。基準時後新成立之事由，在前訴中無提出機會，不生遮斷效，故得在後訴中再提出爭執。前訴之訴訟標的權利或法律關係，在基準時前已確定存在者，例如有無效、清償、免除等事實，無論其未提出有無過失，在後訴原則上因遮斷效而不得再提出。

惟在基準時點已存在之當事人實體權，例如撤銷權、解除權、抵銷權等形成權，未於前案基準時前為行使者，是否同受遮斷效果？其中關於撤銷權、解除權之行使，一般認為基於法之安定性要求，基準時點既已得為權利行使，在後訴中自應被遮斷，此見解日本最高裁判所及多數說採之[147]。理由為債務負擔行為有無效原因，於前案中不為主張，仍生遮斷效果，反而較輕之撤銷權、解除權事由之不行使不生遮斷效，有失平衡。亦有認為前訴中既以債務負擔行為之效力為主要爭點，強制其行使權利，不能認違反實體法上權利，而該爭點在前訴中有行使之可能，基於公平觀點，應課其盡提出義務[148]。反對說則認為撤銷權、解除權係法律賦予權利人行使與否之裁量權，凡於權利存續期間內，行使與否為其自由，不能強制必須於前訴中行使，且於後訴中尚可循權利濫用或誠信原則解決即可。就抵銷權行使方面，於前訴中適於抵銷而未為抵銷權行使者，通說認為，抵銷一方面是以自己債權供清償，同時也是自己債權之行使，即應委由債權人自行決定，不因前訴未為抵銷之主張而生遮斷效[149]。

確定判決之內容尚未實現，作為判決之基礎事實，於言詞辯論終結後，因情事變更，依其情形顯失公平者，當事人得依本法第397條規定更行起訴，請求變更原判決之給付或其他原有效果。此為情事變更之變更判決之訴，原確定判決既判力基準時（事實審言詞辯論終結），該情事雖已經提出攻擊防禦，成為判決基

---

[147] 日本最高裁判所昭和55年10月23日判決。

[148] 新堂著【民訴法5版】，第692頁。

[149] 中野等著【講義】，第385頁。

礎，惟因兩造及法院就該未到來之事實，係基於預測未來可能之情事，而將既判力之基準時往後延伸至該未來之時間點，如未來之情事與預測不合，且判決結果顯失公平時，准其於現實到來時，提起本訴，作為原確定判決既判力之破除。因此此訴與再審性質同[150]。

(二)既判力之客觀範圍

1.主文判斷

　　本法第 400 條第 1 項規定，除別有規定外，確定之終局判決就經裁判之訴訟標的有既判力。同條第 2 項復又規定，主張抵銷之請求，其成立與否經裁判者，以主張抵銷之額為限，有既判力。是既判力之客觀範圍，以經主文判斷者為原則，例外的於理由中判斷有既判力者，以主張抵銷之數額為限。

　　判決主文乃法院就原告請求當否所為判斷之總結，因此確定判決所生之既判力，原則上在主文中發生，不及於事實及理由。請求無理由之駁回判決，主文所指為何，並不明確，因此仍須參照判決事實及理由說明，始能確定既判力之客觀範圍。既判力係就訴訟上請求（訴訟標的）判斷效力，而訴訟標的為何，新舊訴訟標的之理論則有不同看法。基此，既判力所及之客觀範圍，因訴訟標的之理論而有不同。既判力之客觀範圍，亦與既判力之時間範圍有所關連，例如事實審言詞辯論終結後之新事實，不受時間範圍之遮斷，因此新事實之發生，為另一不同訴訟標的。此外，言詞辯論終結後原有損害之擴大而得為追加請求部分，乃前訴中所不及主張之新事實者亦同。消極確認之訴，原告受敗訴判決，則該訴訟標的之權利或法律關係即被確定存在，既判力及於被告所主張之權利或法律關係之存在。

2.理由判斷

　　判決理由之判斷，原則上不生既判力。因此法院就請求當否之先決法律關係存否，或就事實上、法律上之主張與抗辯之判斷，無既判力。惟如於原請求之訴訟程序中，同時就該先決法律關係存否，提起中間確認之訴，以確認判決顯示於判決主文時，當然有既判力。既判力以主文之判斷為準，判決理由不生既判力，因此本於所有物返還請求權或妨害排除請求權為返還或排除妨害之請求，雖以所有權存在為前提，既判力客觀範圍仍不及於所有權，確有違常理。德國民事訴訟法第 322 條明定，判決以訴或反訴就請求所為之裁判為限，有既判力，學者通說考其立法過程及法文使用限定語句，咸認立法意旨有意限定於判決主文始生既判

---

[150] 有不同見解。詳見情事變更之變更判決之訴一處。

力，且法院之確定判決所確定之法律效果，只在適用法律規範作為裁判基礎之事實關係（法規範涵攝之事實關係），始生既判力❶。日本學說因母國法德國，同認判決理由判斷無既判力，前例之既判力客觀範圍不及於所有權本身❷。

　　確定判決以主文始生既判力，主文係依訴之聲明為之。確認租賃權存在訴訟，本來判決主文僅能記載確認兩造租賃權存在，惟日本審判實務常見將租賃期間記載於主文，係因特定租賃權存續有效期間，無須再由判決理由判定既判力客觀範圍之故。

　　駁回原告之訴，主文並未記載駁回原因，須同時觀察事實及理由，以判定原告未能獲得所主張權利之原因事實，並據以判定既判力客觀範圍，此為採新訴訟標的理論以原因事實為審判對象所必要。駁回原告之訴，即係對原告主張權利存在之原因事實之否定，該判決同時有對互不相容的反面請求，已予審判。例如被告反訴確認原告所有權不存在，通說認為兩者之訴訟標的同一❸。

　　前訴原告請求被告給付買賣價金，被告抗辯契約因意思表示錯誤而撤銷，法院以該理由駁回原告之訴。原告後訴中再主張因信賴契約有效而受有損害，請求損害賠償，因前案既判力客觀範圍限於意思表示撤銷為原因，發生既判力，後訴法院不得作出與該原因事實相反之判斷，認該契約仍然有效存在，但可以其他理由駁回原告之後訴，例如認為原告後訴係權利濫用❹。

　　判決理由判斷無既判力，或有違訴訟經濟原則，但因民事訴訟制度，另設計有中間確認之訴❺，如當事人不為中間確認訴訟提出，前例以所有物返還請求權、妨害排除請求為訴訟標的之案例，雖判決理由已就所有權存否為判斷，乃屬攻擊防禦方法非訴訟標的，一般認不生既判力，進而學者新堂幸司教授提出爭點效理論❻。

---

❶ Hans-Joachim Musielak（著），周翠（譯），德國民事訴訟法基礎教程，中國政法大學，2005 年版，第 326 頁。

❷ 學者薩維尼持不同主張，判決理由判斷有既判力。參看自高橋宏志著【重點講義（上）】，第 623 頁，註 46。

❸ Hans-Joachim Musielak（著），周翠（譯），德國民事訴訟法基礎教程，中國政法大學，2005 年版，第 326 頁。

❹ Hans-Joachim Musielak（著），周翠（譯），德國民事訴訟法基礎教程，中國政法大學，2005 年版，第 326 頁。

❺ 中野等著【講義】，第 389 頁；高橋宏志著【重點講義（上）】，第 621 頁。

3.理由判斷既判力——抵銷抗辯

抵銷之抗辯，其成立與否經裁判者，以主張抵銷之額為限，有既判力，為判決理由中有既判力之例外。抵銷抗辯有既判力，因抵銷之自動債權一經訴訟上抵銷之主張，本身成為訴訟標的，雖非反訴但具有反訴性格。抵銷抗辯使發生既判力之正當性，乃因被告主張抵銷之自動債權，已經兩造為攻擊防禦方法之提出，並經審理判斷。且自動債權被承認存在，原告之被動債權因而消滅，被告因而獲有債務消滅之利益，如得再為履行之請求，即有使同一自動債權獲得二重利益可能。如經判斷不存在，則如許其重複起訴，亦有另行獲得勝訴判決之可能，而背於公平原則。

惟如何情況之抵銷抗辯始有既判力，學說判斷方法略有不同。第一說認為，被告主張抵銷之自動債權經審理結果，如不存在時，與原告請求之被動債權，同生既判力。第二說認為，必須原告之被動債權與被告之自動債權均證明存在，且以之供為抵銷之請求，並使兩債權均因而消滅時，抵銷之自動債權始生既判力❺。第二說可謂範圍狹隘。本法規定，抵銷抗辯其成立與否經判斷，此所稱判斷，係指法院就自動債權之存否已為實質審理之謂，因此須具備下列幾個要素。首先，原告之訴求債權（被動債權）經判斷為存在，如訴求債權不存在者，被告縱為抵銷之意思表示，法院亦無須就自動債權予以審理，因此自動債權存否即無既判力。其次，抵銷必須合法，即兩債權性質適合為抵銷（抵銷適法性），如因自動債權未屆清償期，或種類不同不適於抵銷者，或抵銷之抗辯因逾時提出經駁回者，則為抵銷之抗辯，亦不生既判力。最後，須被告之自動債權經實體審查結果為存在或不存在。

具備上述三項要件抵銷之抗辯，既判力之客觀範圍，仍限制在被告主張抵銷之數額內。例如，對一千萬元之給付請求（訴求債權、被動債權），被告主張有三千萬元之反對債權存在，以該反對債權中之一千萬元為抵銷（自動債權）。如抵銷抗辯被承認時，則反對債權在一千萬元消滅，在該範圍內生既判力；反對債權被否認，而訴求債權被承認時，因反對債權僅被提出一千萬元為抵銷，因此既判力範圍，仍只在該一千萬元內發生。

消極確認之訴，原告在訴訟中以其自動債權抵銷被告之被動債權，而請求確

---

❺ 高橋宏志著【重點講義（上）】，第 621、622 頁。

❺ 中野等著【講義】，第 391 頁。

認被告之債權不存在，且法院因而為原告勝訴判決時，就原告主張抵銷之自動債權亦生既判力，但僅在被動債權消滅數額內發生。

㈢既判力之主觀範圍

1.判決相對效及其擴張

既判力係在何人間產生作用乃主觀範圍問題。處分權主義，以辯論主義為前提，而在當事人間進行之訴訟構造程序，基於自己責任原則而實施訴訟，因而產生既判力並受其拘束，而未參與辯論之第三人，自不應受既判力效力所及。因此既判力僅能在程序保障地位平等之當事人間發生作用。相同原理，如第三人享有與當事人相同之程序權保障，而參與訴訟程序之實施時，亦應與當事人同視，受既判力拘束，此為程序保障說之主要論據。此外，法安定說則認為，基於法之安定性要求，在實體關係上不能為相反之判斷者，亦有擴張既判力主觀範圍及於當事人以外之第三人之必要。

本法第 401 條第 1 項規定，確定判決除當事人外，對於訴訟繫屬後為當事人之繼受人者，及為當事人或其繼受人占有請求之標的物者，亦有效力；第 2 項規定，對於為他人而為原告或被告者之確定判決，對於該他人亦有效力。

2.相對性原則

既判力，原則上在參與訴訟實施之當事人間發生作用，判決結果，只在法院及當事人間受其拘束。未給予辯論機會之第三人，即無強令其接受判決結果之理，否則係對其利益之不當干涉，實質剝奪其受裁判權利。此之當事人，指判決之兩造本人而言，法定代理人或訴訟代理人雖參與訴訟實施，但因非實體權主體，不生既判力。輔助參加人雖不得主張本訴訟裁判不當，除非有本法第 62 條合一確定必要，或第 54 條主參加訴訟，或其他具獨立性之地位者，均非當事人。

3.既判力主觀作用擴張

雖非參與訴訟實施之人，應受既判力拘束，係因既判力主觀作用擴張。例如第 401 條第 1 項後段，訴訟繫屬後為當事人之繼受人（權利繼受型），及為當事人或其繼受人占有請求之標的物者（為他人占有標的物）。第 2 項，因他人為自己成為原告或被告者（因他人代為訴訟型）。權利繼受型及代為訴訟，均屬法定訴訟擔當類型。本條文義所稱確定判決效力，指既判力（實質確定力），爭議者，主觀作用擴張有無界線，可否將亦有效力解為「勝及、敗不及」被擔當人。分就兩類型訴訟擔當說明之。

(1)權利繼受型

①要件

本法採當事人恆定主義，權利繼受型訴訟擔當，既判力應及於被擔當之繼受人，乃因其實體法地位繼受前手，因此無論知悉訴訟繫屬或判決結果否，已受代替程序保障，前手並已為充足之訴訟實施，基於法安定性要求，應受判決效擴張，否則將因敗訴當事人訴訟標的法律關係之處分，使勝訴當事人之訴訟成為無意義 ❶❸ 。

當事人之繼受人，分為一般繼受人與特定繼受人。前者，指概括繼受前手權利義務之人，例如自然人死亡或法人因合併而消滅之一般繼受。繼受人承受訴訟前程序當然停止，承受訴訟後，繼受人成為當事人當然受既判力拘束，非此所稱一般繼受人。特定繼受人，指於訴訟繫屬後繼受訴訟標的法律關係之人。繼受時期，在訴訟繫屬後，與日本民事訴訟法以言詞辯論終結後繼受不同 ❶❾ 。繼受人得經兩造合意或經法院裁定命承受訴訟者，繼受人成為當事人，即非此所指受既判力擴張所及之權利繼受人。

繼受訴訟標的物，非繼受訴訟標的法律關係。舊訴訟標的理論認為，受既判力拘束之繼受人，依訴訟標的之性質而定。例如本於所有權關係請求拆屋還地或請求移轉登記，既判力及於受讓房屋或占有租賃土地，或為登記名義者；如依債權關係請求者，則既判力不及於繼受人 ❶❻⓪ 。新訴訟標的理論則認為，第三人於訴訟繫屬後受讓標的物者，仍受既判力拘束。

②擴張界線

當事人恆定主義，將既判力擴張及於繼受人，目的在保護對造當事人，不因訴訟繫屬中權利移轉受到影響，對造當事人如無保護必要，或無重複被繼受人提訴者，即無擴張既判力主觀作用及於繼受人必要。因此，德國民事訴訟法第 325

---

❶❸ 如因訴訟詐害受有不利者，繼受人得依詐害訴訟法理解決。

❶❾ 日本關於權利繼受型訴訟之既判力擴張基準時，以言詞辯論終結時為準。終結前採訴訟承繼主義非當事人恆定主義。新堂著【民訴法 5 版】，第 703 頁。

❶❻⓪ 61 台再 186 判例略謂。依實體法規定為權利主體之人，基於物權行使權利，具有對世效力與直接支配物之效力，以之為訴訟標的時，則凡受讓該標的物之人，原確定判決對之亦有效力。如本於買賣契約請求辦理所有權移轉登記，自係以對人之債權關係為其訴訟標的，而訴外人僅為受讓權利標的物之人，並未繼受該債權關係中之權利或義務，原確定判決之效力，自不及之。

條第 1 項，原則上使既判力擴張及於繼受人，但同條第 2 項特別規定，實體法上有利於自無權利人獲得權利人者，適用實體法規定。例如繼受人為善意受讓人，讓與人訴訟中讓與該物所有權，並獲得勝訴判決，本即屬有權讓與，自應適用第 1 項規定，既判力擴張及於受讓人，與是否屬第 2 項之規定無關。反之，讓與人獲得敗訴判決，依第 2 項規定，則敗訴判決既判力不及之[161]。惟本條第 2 項並非既判力勝及敗不及之意，乃善意受讓人之取得該物所有權，並非受讓自讓與人之故，實因民法有關善意受讓之規定。質言之，德國民事訴訟法第 265 條第 2 項第 1 句恆定主義，以繼受人之權利係繼受自讓與人，善意受讓則否，讓與人於讓與後繼續以當事人資格實施訴訟，與法定訴訟擔當要件不合，屬當事人不適格[162]，非敗訴判決既判力不及於受讓人之意。此可從德國法第 265 條第 3 項得知原因，該項係給予訴訟對造在訴訟過程中，對他方當事人適格性提出異議，使其喪失訴訟實施權，以阻止他方（讓與人）獲得勝訴判決之機制[163]。

　　既判力主觀作用擴張有其界線，承繼人雖於訴訟繫屬中承繼該權利，如在實體法有被保護之固有利益，仍得以之對抗。例如承繼人係善意受讓者，受民法善意受讓保護[164]，不受敗訴確定判決擴張之拘束。原告（甲）依民法第 767 條所有物返還請求權，主張被告（乙）為無權占有人，請求拆屋還地，訴訟繫屬中被告將房屋所有權移轉於他人（丙），該確定判決既判力依本法第 401 條第 1 項後段擴張及於丙。惟丙如與原告甲本即存有土地租賃或使用借貸法律關係，仍得以該法律關係對抗原告。自不待多言。

(2)為當事人等占有標的物

　　本法第 401 條第 1 項後段之占有人，係為當事人或其繼受人利益而占有請求

---

[161] Hans-Joachim Musielak （著），周翠 （譯），德國民事訴訟法基礎教程，中國政法大學，2005 年版，第 331 頁。

[162] 劉明生，特定繼受人既判力主觀範圍與法定訴訟擔當，姜世明主編，訴訟擔當理論與實務發展之回顧與檢討，民事程序法焦點論壇，第十五卷，新學林，2023 年 5 月，第 135 頁；魏大喨，債權人代位訴訟擔當既判力勝及敗不及之疑，姜世明主編，訴訟擔當理論與實務發展之回顧與檢討，民事程序法焦點論壇，第十五卷，新學林，2023 年 5 月，第 101 頁。

[163] Hans-Joachim Musielak （著），周翠 （譯），德國民事訴訟法基礎教程，中國政法大學，2005 年版，第 128 頁。

[164] 日本於民法第 94 條第 2 項亦有善意受讓規定，因此確定判決既判力主觀作用擴張界線，不及於善意受讓人。新堂著【民訴法 5 版】，第 703 頁。

之標的物之第三人（占有人），其占有之標的物係特定物，非法律關係。該確定判決之訴，以給付特定物為目的，請求權基礎無論係物權請求權或債權請求，均無不可，標的物包括不動產、動產❶。惟該占有人如係為自己利益而占有者，不屬本項既判力主觀作用擴張之人。為自己或為當事人等占有標的物，以占有利益歸屬何人為斷。非為自己利益而為當事人等占有請求標的物者，例如物之管理人、受寄人。因僱傭關係之受僱人看管標的物，固受僱主之指示支配，因僱主事實上無法直接指示，亦為本項之占有人，受既判力主觀作用擴張❶。占有人同時為自己及為當事人等之利益而占有，例如質權人、使用借貸之借用人，則非本款所指之占有人，非既判力擴張所及❶。審判實務，採利益說，指專為當事人等人之利益而占有而言，因本款文義係為他人利益占有，與民法第941條間接占有人，僅規定為對於他人之物占有，未盡相同。因認使用人占有貸與人之物，貸與人為間接占有人，但借用人之占有係為自己利益，而無既判力或執行力效力所及之適用（99台抗112裁定）。占有人占有如在訴訟繫屬以前即開始，則不在既判力擴及之範圍（72台再105判決）。

專為當事人本人利益占有標的物之占有人，受既判力拘束之正當性，因對標的物無自己固有交換價值利益，亦無自己之使用收益權能，無因該確定判決使自己實體權益受到不利影響，無受訴訟告知親自參與訴訟實施必要❶。反之，該標的之占有人，如為自己利益占有，或其占有同時係為當事人等及自己利益占有者，不在此限。

(3)因他人代為訴訟型

為他人為原告或被告之人，其或本於法定訴訟擔當或為任意訴訟擔當而取得訴訟實施權，被擔當之本人仍須承受訴訟結果之利益或不利益❶。例如破產管理

---

❶ 日本民事訴訟法第115條第1項第4款，規定為當事人及被擔當人及辯論終結後之繼受人持有標的物之人，亦為既判力主觀作用擴張所及。該確定判決係給付特定標的物之訴。兼子著【條解】，第582頁。

❶ 兼子著【條解】，第582頁。

❶ 兼子著【條解】，第582頁。我國實務亦認，占有請求標的物者，係指專為當事人或其繼受人之利益而占有者（如受任人、保管人、受寄人），倘僅為占有之機關或占有輔助人或僅為自己之利益而占有者（如質權人、承租人、借用人），則不屬之，101台上822判決參照。

❶ 兼子著【條解】，第582頁。

❶ 101台上328判決，部分合夥人代表合夥團體者，可認為此部分合夥人係經其他合夥人授

人就破產財團之訴訟、遺囑執行人就遺產之訴訟，或被選定當事人為全體共同利益之人之訴訟（第 41、43 條）。該訴之訴訟標的內容所指之實體權（或利益）歸屬主體，雖非親自參與訴訟實施，但因他人訴訟擔當取得訴訟實施權，而有程序權保障代替機制，確定判決既判力均及於該利益主體。此乃基於法之安定性要求，有使訴訟實施者之訴訟結果，擴張及於被代替程序實施之第三人必要，否則難以確保訴訟紛爭解決機制之實效性。參加人代其所輔助之當事人承當訴訟，其所輔助之當事人脫離訴訟時，本案判決對脫離訴訟之當事人，仍有效力（第 64 條）。訴訟繫屬中，訴訟標的之法律關係移轉於第三人，因本法第 254 條當事人恆定原則，第三人未為承當訴訟者，判決效力亦及之。

　　日本之訴訟擔當意義，指訴訟標的之實體權益歸屬者未親自實施訴訟行為，由他人以原告或被告資格實施，含意定及法定訴訟擔當。法定者分散於各實體法與程序法，日本民事訴訟法第 115 條第 1 項第 2 款為他人為原告或被告規定，屬之。學說及實務，將其日本民法第 423 條債權人代位債務人提出之代位訴訟，及日本民事執行法第 155 條扣押債權人提出之收取訴訟，列入本類型之法定訴訟擔當。惟學者有提出質疑[170]。

　　訴訟擔當係為他人之實體利益而為當事人，惟當產生既判力後，既判力主觀作用之擴張，應否視被擔當人實體上固有防禦權（或方法），例如善意受讓、租賃權存在有無等因素，區分為勝及敗不及被擔當，實質說認應予列入；形式說，認為單從訴訟標的是否屬被擔當人之權利義務（實質利益）即足。依實質說，實質利益歸屬者為實質當事人，訴訟擔當者為形式當事人，形式當事人涉及訴訟擔當之當事人適格性，如被擔當人有自己固有防禦權，擔當人受敗訴判決，被擔當人因得主張擔當人之當事人不適格，而免於既判力之擴張[171]。依形式說，則凡該訴之訴訟標的屬被擔當人之權利義務者，既判力當然擴張及於被擔當人[172]。惟被擔當人應被保障其程序參與權。

　　予訴訟實施權，基於任意訴訟擔當之法理，為其他合夥人為原告或被告，依民事訴訟法第 401 條第 2 項、強制執行法第 4-2 條第 1 項第 2 款規定，應認此確定判決之既判力、執行力擴張及於其他合夥人。

[170] 高橋宏志著【重點講義（上）】，第 227 頁；兼子著【條解】，第 568 頁。

[171] 三ケ月章採實質方法，新堂幸司採形式說。新堂著【民訴法 5 版】，第 704 頁；高橋宏志著【重點講義（上）】，第 698 頁。

[172] 新堂著【民訴法 5 版】，第 704 頁；高橋宏志著【重點講義（上）】，第 698 頁。

其次，是否屬訴訟擔當，一般以訴訟標的之實質利益歸屬主體為斷。利益主體為他人者為訴訟擔當，如為自己利益者，非訴訟擔當。因此，債權人代位訴訟，解釋論上，如將訴訟標的解為係代位債權人之實體權者，則不應被歸入本法第401條第2項範圍；反之，訴訟標的仍屬債務人對第三債務人之權利，則屬之（詳如本編章債權人代位訴訟）。實質利益歸屬之概念本即抽象，且實質內容模糊，利益歸屬人或兼而有之。例如分別共有人對無權占有之第三人，依民法第821條規定為共有物返還請求，既判力應否及於其他共有人。實務有不同見解。88台上2102判決採否定說，指出共有人中一人為全體利益起訴，係基於自己之權利，要與民事訴訟法第401條第2項為他人而為原告有別，無論判決之結果如何，他共有人均不受既判力之拘束。91台上206判決，則採肯定見解。股份有限公司股東依公司法第214條第2項為公司提起訴訟，一般認非為自己而係為公司之權益，有代表訴訟性，乃法定訴訟擔當，既判力及於被擔當之公司及全體股東。惟得依公司法該條項提出訴訟之公司股東，或非一人，且擔當人自身之實體權益，構成公司整體權益一部，難謂其起訴只為公司利益。合夥人、共有物共有人、數債權人或共同繼承人中之一人，為全體利益提出訴訟，既判力如不擴張及於其他人，該訴訟之被告，有重複被訴可能。統一以實質利益歸屬作為判斷基準，於若干特殊案例，難期法理一致性，須視具體個案事實而異，並予類型化。此外，如擴大既判力主觀作用及於實體利益歸屬者，受既判力拘束之利益歸屬者，程序權應受完足保障，如有不足，欠缺既判力正當性，受拘束者可援第三人撤銷訴訟或准提出第三人再審之訴。

(4)對世效判決

具對世效判決，通常因判決內容之權利義務關係，不能有相矛盾，而須統一處理紛爭必要之故。因此判決內容不僅在當事人與關係人間發生效力，亦有將判決既判力擴張及於一般第三人必要，此為基於法安定性需求，擴張既判力之主觀範圍。家事訴訟事件有關身分關係之判決之對世效，通常以形成判決為之，但確認判決亦具確認身分關係存否之作用，無論原告之請求被承認或被駁回，同有此對世效功能。此類判決效及於第三人，乃因身分事項，如夫妻、親子關係之身分關係本質需求，有強烈公益色彩，不但於當事人間不容許做不同之確定，在一般社會上，因身分關係之客觀事實，對外亦有合一確定必要。

為完成統一確定目的，並保障受身分關係判決影響之第三人程序權，需藉由

第三人訴訟參加❽、或由檢察官以社會公益代表人地位參與訴訟，排除若干處分權主義、辯論主義適用，改依職權探知主義，以求實體之真實發現。此外，因訴訟標的權利性質不能分歧者，亦有統一處理使既判力擴張及於第三人必要。例如公司設立無效、股東會決議撤銷、公司合併無效之訴❽。又如破產債權確定判決之判決效，其分配關係須統一確定，有必要使及於全體破產債權人；重整債權之確定訴訟判決效，亦應擴張及於全體重整債權人及股東全體。在多數利害關係人之公司訴訟，承認公司現狀變更之確定判決，其判決效如採相對效原則，法律關係將會發生分歧結果，亦須承認判決之對世效。

4. 主觀作用擴張之程序權保障

判決效擴張及於第三人訴訟類型，第三人之程序權保障成為主要問題。形成訴訟，一般基於當事人法定原則，限定由與訴訟結果有最利害關係之人取得訴訟實施權，並為適格之當事人。人事訴訟程序則採職權探知主義，限制處分權主義與辯論主義之適用，惟類此方法之擴張效，其正當性仍備受質疑，晚近學說力主受判決效所及之第三人得為訴訟參加，並藉訴訟告知以保障其參加訴訟機會。又對於詐害訴訟之救濟，應准第三人提起再審之訴，或以因欠缺程序權保障為由，賦予提起第三人撤銷訴訟權利，以否定既判力。本法第507-1條以下增訂第三人撤銷之訴，令未參與訴訟程序之第三人，有撤銷不利於己判決機會。

5. 代位訴訟之既判力

債權人以訴訟方式行使民法第242條之代位權，代位訴訟存在若干問題疑義，主要者：第一、代位訴訟與債務人自己提出之訴，係同一訴訟或兩訴？第二、代位訴訟判決既判力及於債務人否？

民事審判實務，最高法院有認屬不同二訴，包括67年第11次民事庭推總會決議、92台上1886判例。且認兩訴之訴訟實施權屬不同主體，因此債務人自行提出之訴受敗訴判決，債權人不能代位債務人提出上訴（1886判例）。既屬兩不同之訴，兩訴互不影響，無重複起訴禁止，債務人已提出訴訟，債權人仍可提出代位訴訟（決議、判例）。惟兩不同之訴，究係主體不同，或訴訟標的不同，決議

---

❽ 日本人事訴訟法於1996年將第33條增訂死後認領訴訟，明定法院應將訴訟繫屬通知主張其為繼承人之第三人。

❽ 松本、上野著，第431頁。但亦有認為，此類型之訴訟結果，僅於原告之請求有理由時判決效始及於第三人，請求被駁回時，無此擴張作用可言。

判例未明示。上開決議雖認屬不同兩訴，惟決議又謂，兩訴之訴訟判決結果如相同且原告勝訴，債權人可選擇依代位訴訟之判決，或代位債務人請求依債務人之訴訟之判決執行。審判實務少數見解，例如 99 台抗 360 裁定，則認代位訴訟之訴訟標的仍為債務人權利，已提出代位訴訟後，債務人不得更行起訴，否則違反一事不再理原則❶❼❺。

　　代位訴訟本法並無明文，而民法第 242 條代位權行使所生效果，係實體效，不能由此以訴行使代位權導出既判力及於被代位債務人。我國審判實務及學說，將代位訴訟歸入本法第 401 條第 2 項之為他人為原告或被告之訴訟類型❶❼❻。日本實務及學者通說，亦係透過解釋論，將日本民法第 423 條代位權以訴行使，歸入其民事訴訟法第 115 條第 1 項第 2 款中❶❼❼。

　　代位訴訟如歸入上開訴訟類型，則確定判決效力（既判力）依該條規定，及於被代位之債務人。但我國實務（如 95 台抗 494 裁定），確定判決效力，為「勝及敗不及」。日本通說及判例肯定代位訴訟既判力及於債務人❶❼❽。少數說，如三ケ月章教授認為，債權人行使代位權，須以債務人無資力為要件，可見代位權行使之適格，係為自己利益，非為債務人，因此係對立型訴訟擔當，只對被擔當者有利時，既判力始能擴張及之，此與破產管理人和破產人利害是吸收關係不同❶❼❾。晚近多數說主張，如敗訴判決既判力不及債務人，將使成為代位訴訟之被告（第三債務人），因債權人與債務人之紛爭而被興訟，又因為保護債務人，敗訴判決僅由債權人以原告資格承擔，對第三債務人有再行被訴之虞，顯非公允，因此解為無論勝敗均應及於債務人。惟債務人如不知訴訟而未參與訴訟，且因債務人通常掌握與訴訟標的有關之訴訟資料，其參與訴訟或將獲得不同判決結果。解決之道，

---

❶❼❺ 裁定理由，債權人所代位者為提起訴訟之行為，該訴訟之訴訟標的，仍為債務人對該請求對象即被告之實體法上權利，至上開代位規定，僅為債權人就原屬債務人之權利，取得訴訟上當事人適格之明文，即屬法定訴訟擔當之規定，尚非訴訟標的。又為此債權人代位債務人而為原告之情形，其確定判決對於債務人亦有效力，故債務人自己或其他債權人即不得於該訴訟繫屬中，更行起訴而行使同一權利，否則法院應以裁定駁回。

❶❼❻ 95 台抗 494 裁定。

❶❼❼ 高橋宏志著【重點講義（上）】，第 227 頁；兼子著【條解】，第 568 頁。

❶❼❽ 秋山幹男等著，第 416 頁；高橋宏志著【重點講義（上）】，第 222 頁。大判昭和 15 年 3 月 15 日判決。

❶❼❾ 高橋宏志著【重點講義（上）】，第 222、223 頁；兼子著【條解】，第 567 頁。

應予債務人參與訴訟之機會，代位債權人起訴時，即應對債務人訴訟告知。此說主要為日本新堂幸司教授所主張[180]。

　　既判力本質有二項要素（不變之特徵）：紛爭再起之禁止（第一特徵），及程序權保障（第二特徵），後者為既判力之正當性。本法第 401 條第 1 項後段、第 2 項既判力主觀擴張，對擴張所及之人，亦同。立法政策如著重保護被告（第三債務人）利益，自應不分判決之勝負，均及於被代位債務人。反之，強調既判力正當性，立於保障債務人程序權，則債務人不知而未參與代位訴訟者，代位人受敗訴判決，既判力不應擴張及之。折衷說，不失兼顧雙方之利益。惟本法未明定訴訟告知義務人誰屬，亦無被告知者有參與訴訟義務，否則受既判力拘束明文，第 67-1 條所定法院職權通知，乃法院裁量權，加以輔助參加人之程序權與當事人保障密度仍有差異，以訴訟告知作為既判力主觀作用擴張，從法規範面角度，尚有疑義。審判實務採勝及敗不及，固有可議，或許係另種妥協方案。

㈣善意受讓標的物與既判力主觀擴張

1.第 401 條第 1 項中段之適用範圍

　　當事人恆定主義，訴訟中訴訟標的物讓與人因法定訴訟擔當，仍有訴訟實施權，為免本訴之相對人重複被訴，依第 401 條第 1 項中段（系爭規定），判決既判力及於受讓人。此之繼受人是否包括善意受讓人？善意受讓人，因保護交易安全，民法明定可為善意取得，其他特別法，如土地法之信賴登記是。系爭規定未明文排除善意受讓，文義解釋，有使之受既判力擴張可能。德國民事訴訟法第 325 條第 2 項則已明文排除，是否係隱藏法律漏洞，而應作目的性限縮解釋，學說見解分歧。

2.審判實務見解

　　引致問題討論，來自最高法院三則判決。最早期見解，61 台再 186 號判例認為：權利主體以對物之關係為訴訟標的時，則凡受讓標的物之人，亦受既判力拘束；如以債權關係為訴訟標的，則受讓權利標的物者，並未繼受該債權關係中之權利或義務，既判力不及之。本則判例，被解讀為包括言詞辯論終結日後之繼受情形。依此，凡以有追及效之物權法律關係為訴訟標的者，無論基準時前或後之受讓標的物，既判力擴張及於受讓人。反之，則無系爭規定之適用。

　　其後最高法院有二則裁判，限縮時間適用範圍。98 台再 35 號判決：受讓訴

---

[180] 參看自高橋宏志著【重點講義（上）】，第 225 頁。

訟標的法律關係之特定繼承人，其繼受者為物權本身，依實體法已合法取得物權時（如移轉登記、土地法第 43 條、民法第 801 條、第 886 條、第 948 條），則前案確定判決之既判力客觀範圍，應只以該判決事實審言詞辯論終結時原告所主張之權利義務關係本身之存否，經於判決主文對其所為之判斷者為限。另 110 台上 301 號判決，亦謂：既判力僅以主文為限而不及於理由，且既判力係僅關於為確定判決之事實審言詞辯論終結時之狀態而生，故在確定判決事實審言詞辯論終結後所生之事實，並不受其既判力之拘束。

3.學說見解及分析

⑴反對目的性限縮說

反對目的性限縮論（反對說），從訴訟法觀點，認為將既判力擴張及於標的物受讓人，有利於統一解決三方紛爭及訴訟經濟，善意取得所保護者僅為實體法上利益，其是否主張該利益與既判力無關。本法既採當事人恆定主義，宜先保護移轉標的物之他造當事人利益[181]；且因統一解決紛爭等目的，須依訴訟法觀點使既判力及於繼受人，原則上不應分訴訟標的係基於物權或債權關係，且不以實際上有無獲有參與本訴訴訟之機會為前提[182]。並認為，基準時前之受讓，因第 254 條第 1 項、第 4 項有職權告知規定，第三人當受既判力拘束；基準時後，雖不可能受事前程序保障，亦可尋求第三人撤銷之訴，亦同。

⑵目的性限縮說（肯定漏洞說）

此說基本主張，主要以德國民事訴訟法第 325 條第 2 項規定，已排除善意取得人，不受既判力擴張所及。我國系爭規定未明文將善意取得排除，係立法疏漏，應作目的性限縮解釋，未來修法應明文排除；又認為既判力可擴張及於非善意繼受人，但惡意繼受人未參與本訴訴訟程序，可提出再審之訴或第三人撤銷之訴[183]。

⑶兩說之分析

兩說關鍵因素有二：第一、實體權是否影響既判力主客觀範圍；第二、程序

---

[181] 許士宦，訴訟繫屬中系爭物移轉之當事人恆定與判決效擴張，收載於訴訟參與與判決效，2010 年，新學林，第 145 頁以下。

[182] 可參閱許士宦，於民事訴訟法第 108 次研討會發言，民事訴訟法之研討（十八），2012 年，第 30 頁以下。

[183] 劉明生，特定繼受人既判力主觀界限範圍與法定訴訟擔當，收載於姜世明主編，訴訟擔當理論與實務發展之回顧與檢討，民事程序法焦點論壇第十五卷，2023 年 5 月，新學林，第 127 頁以下。

權保障究係既判力形成必要條件，或是既判力破除原因？

①反對限縮論，從訴訟告知及法院職權通知之事前程序保障，及第三人撤銷訴訟制度存在，導出無論基準時前或後，善意取得人亦受系爭規定既判力主觀擴張結論。亦即，以訴訟告知（通知）制度存在，正當化既判力之擴張。進而認為善意受讓人無須實際參與本訴訴訟程序，亦受拘束。依此，既判力擴張之正當性，來自於訴訟告（通）知，將既判力正當性依據，作為既判力擴張之「合法性」。又第三人撤銷訴訟制度設計目的，係作為既判力破除正當性依據，與既判力形成係依法定程序發生，與第三人撤銷訴訟制度存否無關，換言之，欠缺程序保障之確定判決，係既判力應否破除問題，善意受讓人未來可提此訴救濟，但不能因有此制度，即認善意受讓人須受既判力拘束。

訴訟告（通）知，係因保護利害關係第三人使其有訴訟參加機會，不能因此使本已依實體法規定取得權利之善意受讓人，反而因有告知制度，而須承擔讓與人受敗訴判決之不利後果。似已逾越立法對訴訟告（通）知制度設計目的[184]。況善意受讓人如以輔助參加人身分參與訴訟（非獨立參加），其程序地位顯與當事人有別，程序保障密度不足[185]，且將訴訟告（通）知作為系爭規定既判力擴張及於善意取得之依據，甚至影響善意取得之實體權，或有不當聯結之虞。

②肯定目的性限縮（漏洞說），引德國民事訴訟法第 325 條第 2 項為法理依據。按德國第 265 條第 2 項第 1 句為當事人恆定主義；第 325 條第 1 項原則上使既判力擴張及於繼受人。第 325 條第 2 項則特別規定，實體法上有利於自無權利人處獲得權利者，仍依實體法效力。亦即，實體法上如因善意取得者，善意取得之權利，不受第 1 項既判力擴張之拘束[186]。換言之，程序法之立法者，同樣選擇與實體法相同態度，以保護交易安全為先。我國民法及其他特別法，例如土地法，同有保護交易安全之立法政策，不同的，我國民事訴訟法系爭規定卻未再一次宣示。因系爭規定文義解釋，可將善意取得類型含括在內，因此肯定漏

---

[184] 可參照 106 年本法第 254 條修法理由二。

[185] 此部分詳見魏大喨，債權人代位訴訟擔當既判力勝及敗不及之疑——從既判力本質觀點檢視，收載於姜世明主編，訴訟擔當理論與實務發展之回顧與檢討——民事程序法焦點論壇第十五卷，新學林，2023 年 5 月，第 119 頁以下。

[186] 德國民法第 891、892 條，信賴土地登記簿因而為交易者，無須承擔土地登記簿登記有誤或不真正之風險，係一種透過土地登記制度所作之風險分配。

洞說者之主張有隱藏漏洞，應作目的性限縮解釋，在實體法與程序法分離，各有規範目的前提下，單引外國法制作為本國法之依據，似略有不足。

4.從風險分配視線觀察

(1)程序法與實體法關係

兩說爭議，係程序法與實體法關係之再交會。程序法發展，已從實體法分離，有自己存在目的及功能，惟文義解釋出現疑義時，實體法因素，不能排除有作為法規範依據之功用。既判力雖屬程序法概念意義，既判力範圍擴張應否及於善意取得人，當先從系爭規定之文義，在體系解釋方法論，亦應先取自本法相關規定。

然而同屬民事紛爭解決裁判依據之實體法，仍有法之拘束力，為求外部體系解釋一致性，如立法者就實體權益，於實體法已有安排，非不得援解釋基礎。且各個法規範並非單獨存在，須彼此協調取得一致性，避免法規範間之衝突[187]。

(2)善意受讓在風險分配意義

目的性限縮說，固非無據，惟僅引德國民事訴訟法規定為據，略顯不足。本文認為與立法者就風險分配之決定有關。善意受讓類型，無論實體法或程序法，均應先受保護，乃因靜態財產權與動態交易安全保護，兩者之衝突，立法者已在實體法上選擇將風險分配予財產所有人，雖程序法方面，如立法者未特別規定將風險轉移由善意受讓人承擔時，在與之有關系爭規定，仍應作與實體法相同之解釋態度。亦即，善意取得之權利來源，既來自實體法，解釋者（執法者）不能僅因程序法有受訴訟告（通）知制度，而使其承擔讓與人受敗訴判決之不利後果。況訴訟告（通）知，立法者並無將風險移轉由善意受讓人承擔目的。

善意取得係實體法規範立法者之一種風險分配。苟解為其實體權可以因本法之當事人恆定主義、訴訟告（通）知、第三人撤銷訴訟制度存在，而受影響，已涉及既得財產權之剝奪，自須符合法律保留（授權明確）及比例原則，不能任憑法官造法。

(3)法有降低風險配套手段

我國雖未在本法明文保護善意受讓人，而實體法已立法選擇將風險分配予原所有權人。惟有關風險分配，法制上已有降低風險之緩和規定。例如土地法第79-1條之預告登記。另原告依本法第254條第5項之訴訟繫屬登記，訴訟標的基於物權關係，且其權利或標的物之取得、設定、喪失或變更，依法應登記者，於

---

[187] 有關反射效理論部分，詳請參閱本書另章節。

事實審言詞辯論終結前，原告得聲請受訴法院以裁定許可為訴訟繫屬事實之登記。又保全程序同有降低風險功能。

立法者選擇將動態交易安全保護，優先於財產權持續性保障，雖程序法並未如德國法明文化，但解釋論，透過風險分配理論，為貫徹保護動態交易安全，將該風險分配予較接近得排除該風險者，例如前述預告登記申請權人、有權實施保全程序者，如其不作任何風險控制行動，則該風險仍應繼續由其承擔。

本法第 254 條第 5 項規範目的，在藉由訴訟繫屬事實登記之公示方法，使第三人知悉訟爭情事，俾阻卻其因信賴登記而善意取得，及避免確定判決效力所及之第三人受不測之損害（參照立法理由）。可見，本法已給予所有權人之原告降低風險之緩和手段。可見程序法之立法安排，有將風險分配予原所有權人之意。則系爭規定之既判力擴張不及於善意受讓人，理論並非無據。因此，我國程序法雖乏明文，仍可透過風險分配理論，導出與德國法相同結論。

主張其為善意受讓不受既判力拘束，而提出另訴，經受訴法院審認非屬善意受讓人，仍應受系爭規定拘束時，應依違反既判力規定處理。至於受拘束之非善意受讓人，主張程序權保障欠缺，則依既判力破除程序處理。

▶ 第五節　確定判決理由遮斷效

一　意　義

確定判決（前訴）之效力，如該確定判決對其他訴訟（後訴）可發生拘束作用，後訴當事人不得與之為相反之主張，後訴法院亦不得為相反判斷者，稱為「確定判決之遮斷效」。遮斷效包括不得提起後訴。遮斷效，以既判力為典型，參加效、法律上之失權效，亦有遮斷效。惟違背參加效者，並非違反一事不再理，只是參加人對於其所輔助之當事人，不得主張本訴訟之裁判不當（第 63 條第 1 項前段）。具規範性拘束力之遮斷效，與確定判決之「事實上效力」，有不同之意義及不同之效力作用。事實上效力，指前訴確定判決，對他案訴訟當事人、受訴法院，甚或當事人以外之第三人，可發生「事實上影響力」，惟此種影響力不具規範拘束效。

確定判決判斷之內容，就事實之確認，對他案有關事實之認定，雖不具法之

拘束力，但或有實質上之影響力，稱為事實上之影響力❶❽。此種影響力，要否賦予通用力（類似於規範拘束力），學說理論仍在發展階段，實務見解則不採之，只能歸入「事實上效力」或「事實上影響力」類型。常被提及之證明效及波及效，在擴大判決之事實上影響力❶❾，此類事實上效力，影響力以對原訴訟當事人以外之第三人為主。我國審判實務，尚未見有引證明效及波及效理論作為判決理由遮斷效情形。學說方面，認為波及效雖可作為社會學、法學研究對象，但作為訴訟上遮斷效，質疑聲音不小❶❾⓪。確定判決效之遮斷效，以法院就前訴之訴訟標的範圍內所為判斷而生之既判力為主，原則上以判決主文之判斷為限，理由中之判斷，法有明文者為抵銷抗辯之判斷（第 400 條）。

　　判決理由中已被判斷之爭點，雖非就訴訟標的本身為判斷，但能否賦予相同之遮斷效果，尤其當該爭點，雙方已盡攻擊防禦之能事，法院就該爭點亦已為實質審理判斷，則該爭點判斷，要否給予如同既判力一樣之遮斷效，不得於後訴中再為相反之主張，法院亦不得為相反之判斷。此為判決理由遮斷效之意。

二　兩個理論概說

　　既判力之對後訴發生遮斷效，係因法院就前案「訴訟標的本身」之判斷，惟就「構成訴訟標的之元素」之攻擊防禦方法之判斷，可否發生同樣的遮斷效？爭點效係透過法院就前案理由之判斷，以擴大確定判決之判斷，爭點效理論已成為判決理由遮斷效中最重要之一條理論。另一條肯定確定判決理由遮斷效理論，則係依誠信原則架構而成，其與爭點效最大不同，爭點效理由中被判斷部分，係前案中與訴訟標的之元素有關之攻擊防禦方法。誠信原則之遮斷效，不一定有此關連性，乃因當事人在前訴中之積極作為或消極不作為，形成一定法律關係狀態或效果，並因他造對該狀態或效果之信賴，而有合理之期待，如允許該當事人得於後訴中，再為特定內容之表現，因而損及他造之利益時，自屬違背誠信原則，則須肯認前

---

❶❽ 笠井正俊、越山和廣編，新コンメンタール民事訴訟法，2013 年，日本評論社，第 423 頁。

❶❾ 井上治典，紛爭過程における裁判る役割，收載於新堂幸司編集代表，講座民事訴訟(6)，裁判，昭 59 年，弘文堂，第 16 頁。上田徹一郎，民事訴訟法，2011 年，法學書院，第 471 頁。

❶❾⓪ 中野等著【講義】，第 372 頁。井上治典，紛爭過程における裁判る役割，收載於新堂幸司編集代表，講座民事訴訟(6)，裁判，昭 59 年，弘文堂，第 13 頁以下。

訴確定判決之理由有遮斷效。此類之遮斷效，因直接本於誠信原則，可稱為誠信原則之遮斷效。其類型主要者有二，即權利失效與禁反言。

三 爭點效理論及其發展

1.既判力擴張與誠信原則

爭點效理論之始議者為日本學者新堂幸司教授，其概念形成，認為判決理由之判斷，如在前訴中已成為主要爭點，法院並就該爭點已作判斷，該爭點在後訴中，成為後訴請求有無理由之先決問題時，當事人不得再為不同之主張，法院亦不得為相反之判斷[191]。爭點效與既判力之不同，除表現於判決主文或判決理由外，爭點效得由當事人自由處分，法院對爭點效之有無非強制性，既判力則屬法院應依職權調查之事項。又爭點效係因當事人真真實實之爭執而賦予之效力，既判力則係因當事人以訴訟行為而形成之一種制度性效力，因此缺席判決，亦有既判力[192]。

爭點效內含二個元素，包括：既判力之元素，及誠信原則之元素[193]。前者，係因判決判斷之宣示，對後訴所生通用力，此與既判力之發揮作用相同，目的均在解決當事人就某爭點之紛爭。因此，爭點效有擴大「依判決為紛爭解決之實效性」機能。就與誠信原則關係言。爭點效與既判力同，需基於法院之實質審理判斷，才有爭點效及既判力之正當性。從此觀點，兩者之拘束力依據，同樣求諸於公平理念（公平原則）[194]，包括遂行訴訟機會、地位及訴訟權能上之對等，並自行承擔判決結果。在此範圍，既判力及爭點效之正當性，均源自誠信原則，並與訴訟經濟、法律關係之安定性有關[195]。惟兩者在責任內容仍有不同。學者指出，既判力所對應之訴訟標的，乃起訴時當事人即已預定對該訴訟標的，將於訴訟過程中加以爭執，並承擔判決結果，缺席判決，本於相同原理，亦應自己承擔該結果，自此可知，既判力之正當性，來自訴訟地位與訴訟權能之平等。但爭點效對象之主要爭點，不一定係起訴時所預定之爭點，該爭點係在訴訟過程中產生，可

---

[191] 新堂著【民訴法 5 版】，第 709 頁。

[192] 中野等著【講義】，第 393 頁。

[193] 新堂著【民訴法 5 版】，第 714 頁；中野等著【講義】，第 392 頁。

[194] 新堂著【民訴法 5 版】，第 714 頁。

[195] 新堂著【民訴法 5 版】，第 714 頁。

知爭點效之正當性，乃因自己實施訴訟行為之故[196]。

2.爭點效之性質

爭點效性質，有既判力擴張說及誠信原則拘束說。前者，認為前後兩訴之訴訟標的有異，如後訴之權利主張，使前訴所確定之法律效果目的之秩序內容形骸化或被破壞時，將有害法之安定性，因此前訴判決理由之判斷，應有「既判力」。例如，所有物返還請求權有理由之判決確定後，被告另案提出確認所有權存在之訴，將使前訴判決目的破壞，因此前訴判決理由之判斷應有既判力，其效力及於後訴[197]。多數說採後說，即適用訴訟上誠信原則拘束說，在具備一定要件下，承認判決理由中判斷之拘束力。此說認為，具體訴訟之各個具體情事，係判決理由判斷之前提問題，於當事人間亦生信賴關係，同應禁止相抵觸之舉動[198]。

3.爭點效理論要件化發展

爭點效之遮斷效力，於日本漸受學者肯定，但最高裁判所迄未肯認之。學說理論發展，主要在爭點效之要件化，當特定案例事實具備該要件時，即應可承認有爭點效，並應肯認其有如既判力之屬制度性之效力。爭點效之要件，新堂幸司教授提出，有：該爭點係前訴請求當否判斷過程中之主要爭點；當事人在前訴就該爭點已盡力為主張及舉證；法院就該爭點已為判斷；前後兩訴之系爭利益須相同或前者為高[199]；爭點效須當事人有援用之主張，法院始可援引之。

4.爭點效在我國審判實務現況

最高法院民事審判實務對於爭點效理論運用，認為如符合上開爭點效要件時，原則上採肯定見解[200]。但比較我國實務關於爭點效之要件，與日本學說之爭點效要件，不盡相同，要件略有增加。例如最高法院 95 台上 1574 判決指出，判決理由中，就訴訟標的以外之重要爭點，本於當事人辯論之結果，已為判斷時，除有顯然違背法令之情形，或當事人已提出新訴訟資料，足以推翻原判斷之情形外，應解為在同一當事人就該重要爭點所提起之其他訴訟，受前訴確定判決判斷之拘

---

[196] 新堂著【民訴法 5 版】，第 714、715 頁。

[197] 竹下守夫，既判力範圍，兼子著【條解】，第 537 頁。

[198] 竹下守夫，既判力範圍，兼子著【條解】，第 539 頁。

[199] 新堂著【民訴法 5 版】，第 717 頁；中野等著【講義】，第 392 頁；竹下守夫，既判力範圍，兼子著【條解】，第 537 頁。

[200] 105 台上 2337 判決。

束。換言之，在後訴中，如主張該爭點判斷顯然違背法令，或提出新訴訟資料，足以推翻原判斷者，該爭點非不得於後案中再為主張。新堂幸司教授之爭點效，如同既判力一般有基準時，基準時前所有已存在之爭點，均受遮斷，基準時後新發生之事由（爭點），並不在遮斷範圍❷。我國最高法院上開判決所指之提出新訴訟資料，如指基準時後始新存在之訴訟資料，當然不受遮斷，但如指基準時前即已存在，只是當事人未曾提出或因不知有該訴訟資料而未提出，後訴始發現之情形，則爭點效理論適用範圍，必大幅限縮。因此本則判決，實質上尚不能認係採爭點效理論。此外，爭點效理論所謂「重要或主要爭點」，該如何定義，亦為問題核心。主要爭點之定義寬鬆時，爭點效之遮斷範圍，較廣；反之，則較窄。

四　誠信原則判決理由遮斷效類型化

1.權利失效及禁反言類型

確定判決理由可否發生類似於既判力之效力，日本最高裁判所昭和 44 年 6 月 24 日判決採否定論。昭和 51 年 9 月 30 日則改採肯定見解❷，判示前訴以原土地買賣契約訂有買回契約為由，請求返還土地，其訴訟標的雖與後訴之以原土地買賣契約有無效原因為由，請求返還系爭土地，有所不同，而後訴起訴距原土地買賣契約訂立已逾二十年，起訴目的仍在取回系爭土地，實質上等同於前訴訴訟之重返。且於前訴中併為後訴之提出，並無任何障礙，如許後訴之提出，對前訴判決確定後之土地受讓人及其繼承人之地位，將處於長期之不安定狀態。因此判示，後訴之起訴，有違誠信原則，應以起訴不合法裁定駁回。本則判決肯定確定判決理由遮斷效之依據，係一般性誠信原則，支持本判例之學說理論，乃朝誠信原則類型化發展，避免誠信原則之濫用或恣意，而與爭點效之朝要件論發展，形成對比❷。誠信原則在訴訟程序之實際運用，主要有四個項目，包括訴訟上權能之失效（權利失效）、訴訟上之禁反言（禁反言）、訴訟上權能濫用之禁止、訴訟

❷　新堂著【民訴法 5 版】，第 719 頁。

❷　參看自新堂幸司，判決の遮斷效と信義則，收載於氏著，民事訴訟法學の展開，2000 年，有斐閣，第 6、7 頁；小室直人、若林安雄、三谷忠之、波多野雅子合著，新民事訴訟法講義，1998 年，法律文化社，第 192、193 頁；竹下守夫，既判力範圍，兼子著【條解】，第 538 頁以下；上田徹一郎，民事訴訟法，第 7 版，2011 年，法學書院，第 498、499 頁。

❷　兩種理論發展方向之不同，可參閱小室直人等人合著，前揭新民事訴訟法講義，第 193 頁（註 7 爭點效）。

狀態不當形成之排除❷。而在確定判決理由遮斷效之運用，有二：權利失效與禁反言，兩者正形成對比。禁反言適用於前訴勝訴者一方，禁止其於後訴中再為與前訴相反之主張，以獲得雙重不能併存之利益。權利失效，適用於在前訴敗訴者，其於前案中不為積極之主張與舉證，則不得於後訴中再行提出❷。

2.權利失效

權利失效，指敗訴當事人一方訴訟上權能之失權原則。有主張此種遮斷效，係因在前訴受敗訴判決者，如准其於後訴中再為主張，實質上無異於前訴爭執之重返，因此後訴應以不合法駁回❷。日本竹下守夫教授即以「紛爭重返之禁止」稱之。氏就權利失效之要件，認為：

⑴前案判決理由之判斷，不以該事由已成為事案之主要爭點，或為結論所不可欠缺者為限，凡與訴訟標的權利存否有關，而在訴訟實施過程中可以成為爭點者，構成權利失效之該爭點，至少於程序規範上，可合理期待其應該被提出即足，因此自認、擬制自認而無提出該爭點必要者，即無此效力。

⑵受拘束之當事人，必需有就該爭點得依上訴程序予以爭執之可能者為限，無上訴利益或無上訴可能性之當事人，不應受權利失效理論之拘束❷。全部勝訴判決之當事人，判決理由中對自己不利之判斷，不受該爭點判斷之拘束，因其無上訴不服利益，無上訴可能性。

⑶前後兩訴請求之基礎事實（社會關係次元）須出於同一紛爭事實。

⑷如同禁反言一般，權利失效係誠信原則類型之一，是否構成權利失效，須依具體個案之各個要素判斷之❷。

3.禁反言

禁反言，係指當事人不得與先前行為有相矛盾行為之謂。表現於確定判決之遮斷效者，當事人於前訴中已為一定之舉動，並成為原確定判決依憑之重要理由，

❷ 新堂幸司、高橋宏志、高田裕成，裁判所及び當事者び責務，兼子著【條解】，第30頁以下。此部分可參閱本書第一編第四章第二節一般性誠信原則。

❷ 權利失效與禁反言係竹下守夫教授有關當事人違反誠信原則之法律效果，兩種不同類型之分類法。參看新堂幸司，判決の遮斷效と信義則，前揭書，第31頁。另小室直人等人合著，前揭新民事訴訟法講義，第193頁（註7爭點效）。

❷ 小室直人等人合著，前揭新民事訴訟法講義，第193頁（註7爭點效）。

❷ 竹下守夫，既判力範圍，兼子著【條解】，第542頁。

❷ 竹下守夫，既判力範圍，兼子著【條解】，第543頁。

而獲得有利判決，則其所主張之事實證據，不得於後訴中為相反之主張與舉證，因而獲得不能兩立之利益。日本學說及審判實務，普遍承認禁反言之遮斷效[209]。但亦有認須具備一定條件，始承認禁反言者。例如昭和 48 年 7 月 20 日判決，當事人在前訴中積極主張事實存在及舉證，獲得勝訴判決，其後相對人以該事實存在為前提，提起他訴時，該當事人不得悖於誠信，再為相反之主張，但仍須視各個案例情形而定。例如相矛盾程度與實體真實之差距或蓋然性、相反舉措致相對人所受不利益之內容、有無救濟途徑等等，均應作兩相權衡之比較，始可決定。換言之，乃個案權衡問題[210]。限制肯定說。認為禁反言之依據來自誠信原則，解釋基準須具備三個要件：行為矛盾、相對人信賴，及因而造成相對人受到不利益[211]。以禁反言理論作為確定判決理由遮斷效，係因當事人在前訴中，主張一定事實之存在，以之持為請求依憑之理由，且被法院採信因而獲得勝訴判決，他造因該先行之主張遭受不利益之判決，如許該勝訴方於後訴中推翻先前之主張，獲得實體上不能兩立之雙重利益，或免於伴隨前訴獲得利益之負擔，實與誠信原則有違，自應受到限制。此為判決理由判斷有拘束力之理論依據。前後兩訴之主張雖相矛盾，如該主張於前訴中已被排斥不用，即無矛盾舉動禁止原則適用。又於前訴之主張，如為前案判斷結論所不可欠缺者，學者有認不生拘束力者[212]。

禁反言與爭點效之不同。禁反言，在前訴勝訴當事人之主張，無論該事實是否成為主要爭點，均無不可；爭點效，則該主張須為主要爭點。禁反言，勝訴當事人之該主張之成為勝訴理由，無論係法院之事實認定，或因他造之自認，或擬制自認，只要是勝訴當事人之主張，因而獲得利益，均可構成，因為當事人不能推翻先前之主張，而獲得與之不能兩立雙重利益故也。縱他造對該事由之判斷，得藉上訴救濟卻不為上訴，亦不妨害禁反言適用。但爭點效，如有此種情形，則無爭點效適用。因禁反言，只拘束勝訴當事人，不以上訴機會之有無作為禁反言要件。矛盾舉動禁止原則（禁反言），為誠信原則之一種類型，需綜合審酌個案中

---

[209] 日本最高裁判所昭和 34 年 3 月 26 日判決即肯認之，其後昭和 41 年 2 月 1 日及 7 月 14 日有相同意旨之判決。參看中野等著【講義】，第 25 頁。竹下守夫，既判力範圍，兼子著【條解】，第 539 頁。

[210] 中野等著【講義】，第 25 頁。

[211] 竹下守夫，既判力範圍，兼子著【條解】，第 540 頁。可參閱本書第一編第四章第二節一般性誠信原則。

[212] 竹下守夫，既判力範圍，兼子著【條解】，第 540 頁。

各具體情事，如矛盾舉動者主觀因素、前後兩訴系爭利益之牽連性（對價關係、經濟價值）、前訴中相對人之態度（自認、擬制自認、缺席判決情事之有無），及當事人間是否顯失公平、有無特別情事等因素後，始能判斷❷❸。

▶ 第六節　外國法院確定裁判之承認及效力

一　概　說

裁判權本為國家主權作用之一，外國法院判決不當然在內國發生作用；但外國判決同為紛爭解決機制之一，為保障當事人在外國已取得之法律地位，謀取涉外法律關係地位之安定，及避免內國司法資源之浪費，因而普遍承認外國判決在內國之一定效力，使外國判決效力得擴張及於內國。我國關於外國判決之承認，採自動承認制，但例外保留不予承認之特殊情形（第 402 條第 1 項）。至所謂外國判決之承認，內國法院並不實質審查判決內容之當否，僅審查是否符合內國法院承認要件而已，此為外國判決之承認制度。

二　承認客體

承認對象除外國法院確定判決外，外國法院裁定亦包括之（第 402 條第 2 項）。外國裁判，應指我國以外之外國法院裁判言，包括政治實體因統治權作用下有裁判權之司法機關所為之裁判。外國有裁判權之司法機關，不以法院之名稱之為必要，凡由具有該國法定法官身分，依法作成之裁判，均屬之。此基於受法定法官審判之基本要求；反之雖具裁判外觀，如非由法定法官作成者，不得以外國裁判視之。又由國際組織成立之審判機關，如歐洲共同體成立之法院所為裁判，當為外國裁判❷❹。外國確定判決種類，包括給付判決、確認判決及形成判決。外國判決是否已確定，其決定基準應依判決國法，故雖依內國法該事件尚可聲明不服者，仍為確定判決。

至外國法院裁判之承認，我國法院究應以民事訴訟法所定之判決或裁定，或依非訟事件法之裁定程序對應問題，外國裁判之定性，不以裁判所用之名稱、程

---

❷❸ 竹下守夫，既判力範圍，兼子著【條解】，第 540、541 頁。
❷❹ 三宅等編【注解 2】，第 545 頁。

序及形式作為辨別標準，應以該裁判究以終局解決私權紛爭，或暫定性解決為準，其以終局的、確認的、永久性私權紛爭解決者，無論其使用名稱為何，均應視為外國判決，應依訴訟程序對應。但如為暫定性、未來性、形成性裁判內容，則以外國裁定視之。又我國相對應承認事件所適用之法，即應依外國裁判性質、類別，分別按民事訴訟判決或裁定程序，或依非訟事件法之程序，或依其他法（如家事事件法）對應。

如屬未經我國法院不予承認之外國判決，應認該判決與我國法院判決有同一效力，得以拘束當事人及我國法院。承認其效力，此之「其」係指該裁判在裁判國得以發生具有法定效力者而言，亦即承認之對象係該外國確定裁判之法定效力。此法定效力，包括既判力、形成力、執行力。既判力係一般性效力，當外國裁判充足本條規定要件後，即有既判力。有疑義者，該外國確定裁判之既判力，要否於我國亦承認其既判力之情形，始具既判力之積極或消極作用。例如外國確定裁定，於裁判國如有既判力，但於我國確定裁定無既判力，當事人於我國就同一事件提起訴訟，該外國確定判決有無既判力之遮斷效？日本學說認為外國確定裁判之既判力，亦需於日本就該裁判有既判力，始有自動承認效力❷❺。外國確定裁判之法定效力，如為參加效，因於我國同有參加效規定，則外國確定裁判之參加效，可在自動承認範圍。至於構成要件效，例如民法第137條第3項規定，經確定判決或其他與確定判決有同一效力之執行名義所確定之請求權，其原有消滅時效期間不滿五年者，因中斷而重行起算之時效期間為五年。此之確定判決，如為外國確定裁判，該確定裁判於外國可成為實體法上權利義務關係法規範之構成要件者，則本條所指之確定判決，可包括該外國確定判決在內❷❻。

就承認方式言。採自動承認下，外國給付裁判，雖在我國自動發生效力，但具執行力之外國確定判決，於我國聲請強制執行時，因係請求我國強制執行權發動，與國家主權有關，即須另依強制執行法第4-1條規定，請求我國法院以判決宣示許可其執行。宣示許可執行之判決，性質上屬形成判決。外國關於身分關係判決，如請求國家戶政機關為登記時，亦須取得許可判決，此為廣義執行判決。外國判決既判力之主客觀範圍，依該外國法而定；其他判決效力，如爭點效、反射效、證明效，亦同。外國法院確定判決如有再審原因者，其再審程序，應由外

---

❷❺ 兼子著【條解】，第621頁。

❷❻ 亦可參看，兼子著【條解】，第623頁。

國法院行之，我國法院不得對之行再審程序（67 台再 49 判例）。

三　承認之程序

㈠自動承認

外國法院確定裁判，在我國並不須特別承認程序，凡充足承認要件者，法律上當然自動承認其效力，此即自動承認原則。當外國法院裁判在我國是否發生效力，發生爭議時，我國受訴法院應審查有無本法第 402 條要件；如無該事由，則自動承認其效力。

㈡訴訟性質

承認或不承認之訴係確認之訴。此訴以審查外國判決是否充足我國民事訴訟法第 402 條第 1 項所定之承認要件，資以確定該判決在我國之效力，使原告法律上地位之不安定予以除去。外國確定判決，同有給付、確認及形成性格之分，當事人對外國判決內容所指之權利義務或法律關係，在我國有無不予承認情形存在，發生爭議時，即有再度確認必要。外國確定給付判決，在我國是否發生效力，得依本條予以確認，以此確認給付判決內容所指之權利義務關係現在之存否。此外，外國給付判決，在我國如有強制執行必要者，亦得透過強制執行法第 4–1 條規定，請求我國法院判決許可其執行。外國確認裁判及形成裁判，亦得透過確認對象之法律關係之存否，或所形成之法律關係現仍存否之確認，再度予以確認。因此外國確定裁判之效力，於我國法院之裁判，乃屬確認性質。

㈢承認要件之審查

外國判決在內國承認其效力之要件，各國定有一定要件，一般著重於程序之公正及內國法秩序原則。外國判決之承認以信賴為基礎，內國法院不再為實質審查，但對於承認要件存否，則採職權探知主義。

㈣外國確定判決之不予承認

本法第 402 條第 1 項規定，外國法院確定判決，有下列各款情形之一者，不認其效力：

一、依中華民國之法律，外國法院無管轄權者。本款關於外國法院管轄權之有無，係依中華民國法律而定。

二、敗訴之被告未應訴者。但開始訴訟之通知或命令已於相當時期在該國合法送達，或依中華民國法律上之協助送達者，不在此限。本款所稱敗訴之被告，

不以中華民國國民為限，凡受敗訴判決之當事人，均應同受程序權保障，否則該外國判決即不予承認。敗訴被告未應訴之判決，原則上我國不予承認。本款例外地如在該國已合法送達時，即予承認。所稱合法送達之審查方式，因該外國判決之承認與執行係在我國審查，涉及內國之公共秩序，其在判決地國或可能為合法送達，但敗訴被告既未應訴，並指訴其送達不合審查國（我國）之送達方式時，即應依我國法作為送達合法否之審查基準。本款後段規定，依我國法律之協助送達者，因送達與公共秩序有關，亦屬國家主權活動之一，因此送達方式、主體、應受送達人，如為我國法律所不允許者，縱係依我國法律協助送達，亦應不予承認❷。惟後段係從形式上合於我國法律之協助送達著眼，不問送達機關、方式、對象是否合於我國有關送達相關規定。協助送達如以公示送達方式為之者，雖公示送達為我國承認之送達方式，但如為應訴期日通知文書，與被告防禦權行使有重要影響，縱已為協助送達，仍應以未應訴判決視之。以補充送達方式送達者，並無不可。

三、判決之內容或訴訟程序，有背中華民國之公共秩序或善良風俗者。本款所指外國法院確定判決內容違背我國公序良俗，包括實體內容及訴訟程序。訴訟法律程序指，例如當事人雖受送達，但未給予聽審權或辯論機會，或法官應迴避而未迴避，或判決明顯違背中立性及獨立性。此外，外國法院之訴訟繫屬或確定判決，依第 182–2 條運用結果，與我國法院之訴訟繫屬或確定判決牴觸者，要否承認外國法院之訴訟繫屬或確定判決，亦應依具體狀況判斷是否違背本款規定。有無違背公序良俗，法官應依職權斟酌，並應促使當事人為適當之主張及舉證。四、無相互之承認者。此之相互承認，指二國間之司法上相互承認言。

四 外國法院之確定裁定

外國法院之確定裁定準用前項規定（第 402 條第 2 項）。又，非訟事件法第49 條另定有外國法院之確定非訟事件之裁判在我國效力。外國確定裁定，所涉及者相當於非訟事件法或家事事件法所列事項者，承認程序應適用非訟事件法規定；反之，應適用本條第 2 項規定。

外國非訟裁定，同具暫定性、未來性，其或為命暫時給付，或新形成一新的權利或法律關係。如命為一定給付者，亦有前述透過執行許可承認方式，以取得

---

❷ 外國請求我國協助送達之法律規定，現行依據為「外國法院委託事件協助法」。

執行名義。如為確認或形成裁定者，亦可因承認國之確認裁定，以杜爭議。

　　外國確定非訟裁定，雖以承認為原則，但如因裁定後情事變更而有變更必要者，我國法院可依聲請或依職權逕為變更裁定。例如有關子女親權或監護權之外國裁定事件，應由公權力監督介入，承認國雖本於子女生活關係之安定性及親權監護權繼續性必要，仍以承認為原則，但因情事變更，而有修正原裁定內容必要時，我國法院亦可為一定內容之變更❷₁₃。此與外國確定判決承認，不得變更外國判決內容者不同，因外國裁定屬暫定性之故。

---

❷₁₃ 村上正子，外国非訟裁判の承認執行制度再考——子の監護・扶養に関する裁判を中心に，民事訴訟雜誌，第 51 號，2005 年，第 184 頁。

第 六 編

通常審級救濟程序

第一章　上訴通則

▶ 第一節　上訴意義及目的

一　意　義

上訴有形式意義與實質意義之分。形式意義之上訴，指民事訴訟法典中所有上訴之總稱，凡規定於民事訴訟法典上訴章節者，均得稱為上訴；實質意義之上訴，指因受未確定終局裁判不利益者，請求上級審將原裁判廢棄或變更，因而發生移審效與遮斷效之不服聲明方法❶。

關於上訴之意義，學說多採實質說❷，以是否具有移審效及遮斷效上訴本質要素為判定方法，與再審或其他救濟程序為區別。本法第三編之第二審及第三審程序，具有上開本質要素，屬上訴意義。第四編之抗告程序，有移審效（第 486 條）及遮斷效（第 491 條），亦有上訴性質，屬廣義之上訴概念。此觀諸本法第三編上訴審程序，立法理由說明略謂：上訴者乃聲明不服，以要求廢棄裁判，或變更裁判之方法，分控告、上告、抗告三種等語即明。因此，我國上訴係指第二審上訴、第三審上訴及抗告程序三種。至於第五編之再審程序、第四編抗告程序中關於異議程序（第 484、485 條），因無移審效及遮斷效上訴本質要素，不屬之。

依實質說，上訴之意義，即指受裁判當事人於訴訟續行中，請求上級審法院就對自己不利益之未確定判決，為廢棄或變更之一種聲明不服方法。第二審上訴、第三審上訴及抗告，均因有遮斷效及移審效，為上訴概念。再審、異議程序則不屬上訴。

二　上訴目的

上訴目的，學說有三。一、權利保護目的說：受不當裁判不利益之當事人，請求上級審再為審判，以糾正原裁判之錯誤，完成當事人私權保障。二、統一法

---

❶ 右田著【上訴】，第 113 頁以下。

❷ 右田著【上訴】，第 115 頁。

令解釋適用說：即藉由上訴制度，由終審法院統一法令解釋，以維護法之安定性。此說著重於公益目的之維護。三、適正公平裁判請求說：上訴除應滿足回復當事人之不服外，同須符合迅速處理要求。因此上訴制度不能僅注重敗訴者不利益，尚應注意勝訴者可能因他造不當上訴，造成訴訟遲滯之損害；故上訴制度設計，須調和公平與迅速要求。

　　私權保護與公益維護均為上訴目的；但第二審上訴與第三審上訴，著重部分亦有不同。第二審上訴著重於私權保護，第三審上訴則偏重統一法令解釋之公益目的維護❸。

三　上訴基本制度

　　上訴制度，依其目的與機能，分為撤銷型與修正型。前者，以攻擊指摘原判決錯誤為目的，自上訴制度發展觀察，即源之於撤銷型訴訟。羅馬法中 Appellatie 之意乃敗訴一造，為求撤銷原判決，因而對原判決之裁判者或陪審攻擊，認裁判者犯了錯誤。至 17 世紀時，始改以對判決本身攻擊。於撤銷型訴訟，上訴審為正確判決前，應先撤銷原錯誤判決。因此，攻擊原判決錯誤為上訴共通要素，以原判決撤銷為主要目的，而取得正確判決則屬其附隨程序，此為此型之特色。後者，則以獲得正確判決為其主要目的與機能，蓋上訴審為原審程序續行，原判決撤銷固為其前提手段，但非上訴之本質要素。依此類型，當事人亦得藉由上訴審之捨棄、認諾、和解，作為解決本案爭議方法，不以撤銷原判決為必要手段。惟現今各國上訴制度，已非單純撤銷型或修正型，通常為二類型之複合型態，並因各現實面實際需求，而調整其機能比例。一般而論，第二審上訴，較重於修正型；第三審上訴，則較重於撤銷型。

四　上訴之審理對象

㈠原審請求說與不服聲明說

　　上訴審之直接審理對象，有原審請求說與不服聲明說。前者認為上訴審判對象與原審之訴訟標的同一，係上訴審法院本於自己心證，就原告請求之當否，直接審理判斷；依此說，則上訴審之審理程序，如原審程序之再開，直接就原告之請求（訴訟標的）為之。後者認為，上訴係當事人對判決結果聲明不服，請求予

❸ 三ケ月著【民訴】，第 517 頁。

以廢棄或變更，因此上訴審非以原請求為審理對象，而是原審判決當否之審查，審理對象為上訴人所請求廢棄或變更判決之上訴聲明❹。

上訴係對原判決之不服，請求上級審予以廢棄或變更，因此直接審理對象為不服，但上訴審之訴訟標的仍為原請求，因此本案請求在其不服聲明範圍內，間接為上訴審理對象。

㈡限定爭點上訴理論

傳統見解認為，上訴係以訴訟標的本身直接為上訴審判對象，不能限定以構成訴訟標的之特定要素為對象，例如請求原因、同時履行抗辯權、時效完成或其他攻擊防禦方法。但德國聯邦最高法院於 1970 年 1 月 12 日一則判決 (BGHZ 53 152) 認為，被告所提出之數個防禦方法，如在事實上及法律上得為獨立（獨立之攻擊防禦方法），且在全部訴訟資料內得為分割者，第二審法院得限定就該部分，許可其上訴第三審；同理，當事人亦得限定只就該部分之攻擊防禦方法上訴。學者 Grunsky 則提出訴訟標的水平分割理論，認為第三審上訴法院若認損害賠償因果關係存在，但原告是否與有過失尚須再予調查時，得將第二審判決中，除因果關係判斷部分外，其餘部分廢棄發回，即為限定爭點廢棄發回。同理，敗訴之一造上訴時，亦得限於僅就特定攻擊防禦方法為上訴，例如限定只就時效是否完成部分提出上訴，此為限定爭點上訴。又提起第三審上訴時，如須經許可時，則許可法院亦得僅限就特定具有原則重要性之爭點，許可其上訴第三審，此即限定許可上訴。Grunsky 更指出，所謂事實上及法律上獨立，且於全部訴訟資料內得分割部分，因與其他各個攻擊防禦方法之區別有所困難，因此主張應以實體法上請求權各個存在要素，在法律上是否獨立為斷❺。

限定爭點上訴理論，於實務上存有難題。一，第三審上訴，雖應表明上訴理由（第 470、471 條），且第三審法院應在上訴聲明範圍內，依上訴理由調查（第475 條前段），但法院應依職權調查之事項，或有統一法令見解必要者，不受其限制（第 475 條後段）。亦即第三審並非完全受上訴理由拘束，為統一法令見解，或因公益目的，亦得就上訴理由以外之事實上及法律上事項為調查。二，即使允許第三審僅就特定爭點廢棄發回，因受發回或發交之法院，須受第三審法院廢棄理

---

❹ 兼子著【體系】，第 437 頁；新堂著【民訴法 5 版】，第 892 頁；鈴木重勝，控訴審の審判の範圍，鈴木忠一、三ケ月章監修，新實務民事訴訟講座(3)，日本評論社，第 198 頁。

❺ 右田堯雄，控訴審判の爭點と限定，民事訴訟雜誌，第 23 號，第 62 頁以下。

由之法律上判斷拘束者，僅限於否定判斷（第 478 條第 4 項）。換言之，限於廢棄理由之判斷，而未經廢棄發回部分（即第三審肯定判斷部分），不具拘束下級審效力，因而第三審限定爭點廢棄發回，其存在作用有限，並無太大意義。三，就爭點限定上訴言，如准許受敗訴判決一方，僅就關於不利於己之攻擊防禦方法判斷提出上訴，則在主文中得全部勝訴之他方，為避免於上訴審中受不利判決，即有就原判決理由中不利於己之判斷，提出上訴權或附帶上訴必要。因此，如承認爭點限定上訴理論，自須重新定義訴訟標的概念，並改變傳統上受判決主文勝訴者無上訴權概念，影響民事訴訟之上訴意義、功能、目的，可謂當然深遠。我國實務關於爭點限定上訴等理論，仍採否定說，在同時履行抗辯判決，原告僅就命其同時履行抗辯部分上訴者，視為對判決全部上訴❻。

五　上訴個數及重複上訴

訴有單一及複數之訴，上訴亦有單一之上訴與複數之上訴之分。上訴之個數，可從上訴人之人數、原判決之個數及上訴狀之個數，以決定單複。原則上，一人對單一判決提出一次之上訴者，為單一上訴，其餘各種情形即屬二個以上之上訴，而可能有重複上訴情形。

重複上訴，指對已經上訴繫屬之事件再為上訴。重複上訴可能引致判決歧異及訴訟經濟浪費，因此重複上訴部分被認為不合法，應以裁定駁回。本法就重複上訴之處理，並未明文規定。上訴之單一或複數之辨別標準，固可由上開標準辨別之，但如有二個以上之上訴繫屬，如何判斷是否屬重複上訴？有認為應以移審範圍為準，有認以實際審理範圍為準。例如在單一判決中，原告獲得一部勝訴一部敗訴判決，兩造分別就其敗訴部分有上訴權，而兩造分別就其敗訴部分上訴者，如以上訴人人數觀察，為二個以上之上訴。如以移審範圍作為重複上訴之判斷基準，將因上訴不可分原則，一造之上訴使判決全部發生移審效，如此後上訴之一方之上訴，將被判斷為重複上訴。但如從上訴審實際審理範圍觀察，因兩造各自

---

❻ 就同時履行抗辯訴訟，法院命為同時履行判決，被告未上訴，原告僅就命對待給付部分聲明不服，此時上訴效力範圍之問題，最高法院 91 年度第 1 次民事庭會議決議認為，以非訴訟標的之對待給付請求權之存否作為上訴審程序之訴訟標的，為法所不許。因此上訴非僅對命其同時履行部分提起上訴而已，該判決命被告為本案給付及命原告同時履行之間，在性質上有不可分割之關係，上訴效力及於全部。

就自己敗訴部分上訴，實際審理範圍僅限各該敗訴部分，後上訴者之上訴即無重複上訴情形。

受敗訴不利判決之當事人有各自之上訴利益，本於自己之上訴權單獨提出上訴，係受訴訟權保障之合法上訴，當以實質審理範圍說之判斷基準可採，但因分別上訴分別繫屬，而分由不同法官審理裁判，亦可能造成判決矛盾情形。此時即須透過司法行政手段，將後上訴事件與先行上訴事件合併，以對單一判決之單一上訴方式處理，而由同一法官審理判決，以避免判決矛盾。實務即採此類方式。

六 上訴要件

上訴要件為上訴合法要件，分為形式要件與實質要件。

(一)形式要件

上訴之共通形式要件，包括上訴客體適格、上訴權存在、上訴程序之遵守。上訴客體適格，指對未確定終局裁判為上訴或抗告，並由有管轄權之上級審法院審判。訴訟費用裁判不得單獨聲明不服（第88條），對除權判決（第551條）不得上訴。中間判決（第383條）不得單獨上訴，應併同終局判決上訴，均非為上訴客體適格。上訴權存在，指已為上訴期間遵守（第440條），且未曾捨棄上訴權者言。上訴程序遵守，指上訴狀應依法定方式為之，並向原審法院提出，及依法繳納上訴或抗告裁判費。欠缺形式要件者，應由第一審或第二審法院以裁定駁回上訴。

(二)實質要件

實質要件指上訴事件當事人適格，並有不服利益存在。當事人適格，指主體之適法性，原則上受裁判之當事人均為適格。判決後承受訴訟當事人，同有適格性。參加人得以被參加人名義提起上訴。上訴利益指上訴主體對原判決有上訴不服利益存在。欠缺上訴實質要件，因無從命其補正，即得不經言詞辯論逕以裁定駁回其上訴。惟原審發現上訴有欠缺實質要件情事，因上訴一經提出，即發生移審效果，本法復未授權原審法院代行上級審行使職權，不得自行以裁定駁回上訴，仍應檢送卷證送上訴審以訴訟判決駁回之。

▶ 第二節 不服利益

一 意 義

不服利益指，原判決對己存有不利，得依審級救濟程序獲得更有利判決之利益。本法第 441 條第 1 項第 3 款規定，提起第二審上訴，應以上訴狀表明對於第一審判決不服之程度及應如何廢棄或變更之聲明。因此對原判決有不服利益，為上訴之實質要件，並應記載不服之聲明，未記載經命補正不補正者，乃形式要件欠缺，以上訴不合法裁定駁回。上訴人已記載不服聲明，經審查結果並無不服利益者，實務上係由上訴審以裁定駁回上訴。

二 不服利益之學說

㈠學說理論

判斷有無不服利益，學說有不同見解。

一、形式不服說。上訴係當事人因原判決受有不利益，對之聲明不服；而所謂受有不利益，則應比較當事人原審訴之聲明與判決主文，如判決主文利益小於聲明範圍，則有不服利益，否則即欠缺不服利益。依此，於判決主文全部勝訴一方，縱實質上受到不利亦不得聲明不服。此說主張上訴人於上訴程序必須聲明不服，故又稱為不服必要說。

二、實質不服說。認為凡得以上訴獲得較原判決主文更有利判決之實體利益者，即使原判決主文與訴之聲明一致，亦有上訴利益存在❼。依此說，上訴人於上訴程序中無聲明不服必要，又稱為不服不要說。

三、折衷說。主張原告之不服利益應採形式不服說，被告之不服利益應採實體不服說。基本理論認為，原告訴之聲明為法院裁判對象具有重要意義，但被告之聲明非為本案聲明，並無重要意義。因此決定不服利益之標準，原告與被告應有不同。

四、新實體不服說。此說自程序法觀點說明不服利益，當事人如因原判決不

---

❼ 小室直人，上訴‧再審，民事訴訟法論集（中），1998 年，信山社，第 2 頁；小室著【上訴要件】，第 9 頁。

能上訴而告確定，因既判力或判決效作用而受有不利益者，乃有不服利益。

五、對話續行利益說。認為民事紛爭解決本於私法自治原理，訴訟只是當事人自主交涉過程之一，與訴訟前或訴訟外之交涉，構成一連續性與同質性之紛爭解決機制，訴訟本質與和解無異，法院僅扮演分配當事人應盡責任而已❽。因此，上訴不服概念，不應如傳統見解，固定的以回顧性觀點，檢討原判決有利或不利於當事人，應將上訴審認係一發展性、動態性之續審程序，上訴利益乃外延性的問題，上訴不只在審查原判決之當否，應著重上訴人與對造間訴訟對話程序之續行利益❾。

㈡我國學說及實務

我國學說及實務大多以形式不服說為原則❿，並兼採實質不服說。例如關於假執行擔保金額、履行期間之酌定、抵銷之裁判、同時履行抗辯之裁判及分割共有物之裁判，如實質上不利於當事人者，得為不服⓫。實務見解亦同，乃採實質不服說，然亦有個案上採新實體不服說者⓬。

㈢各說檢討

分析各說內容，有其不同考量重點，例如實務操作之方便性（主文與聲明比較之方便）、上訴制度目的論（公益或私益目的）、辯論主義下訴之聲明在訴訟法之地位、上訴審構造（事後審或續審制）。

於判斷有無不服利益，形式不服說有其方便性與可操作性，但於若干個案，形式不服說確有其缺陷，而有採實質不服說或新實體不服說必要。以分割共有物之訴為例，法院准為分割裁判，因判決主文與原告訴之聲明一致（分割方法非訴訟標的），但當事人認分割方法實質上對其不利聲明不服，亦須承認其存有不服利

---

❽ 井上治典，手續保障の第三波㈠，法學教室，第 28 號，第 41 頁以下。

❾ 井上治典，民事訴訟手續論，1993 年，第 187 頁。

❿ 18 上 1815 判例：「上訴須對於原判決所宣示之主文為之，若說明主文之理由雖於當事人有所不利，因無裁判效力，即與該當事人之權利義務初無所妨，自不容對之提起上訴」。又，77 台抗 373 裁定曰：「上訴須對於原判決所宣示之主文為之，若說明主文之理由雖於當事人有所不利，因無裁判效力，即與當事人之權利義務初無所妨，亦不容對之提起上訴」。

⓫ 楊建華，民事訴訟法問題研析㈡，第 228 頁以下；吳著【中國下】，第 1263 頁。

⓬ 參照 80 台上 2917 判例：「民事訴訟法第 400 條第 2 項對經裁判之抵銷數額，既明定有既判力，其因該部分判決所生法律上之效力，而受不利益之當事人，就該部分判決，自有上訴利益，不受原判決主文形式上為准駁宣示之拘束」。

益，而採實質不服說❸；又離婚訴訟為形成之訴，判決確定時，即生離婚效果，無從阻止婚姻之解消，獲得離婚勝訴判決之原告，如認有繼續維持婚姻必要時，此時採形式不服說，將無從救濟，因此德國及日本學說認為應賦予其對原判決不服利益，以為救濟❹。惟我國實務就離婚之訴仍採形式不服說。再就判決既判力效力所及（如抵銷之抗辯），或因別訴禁止規定而生失權效者（如原第 573 條第 1 項），其新請求之原因事由發生於第一審言詞辯論終結後，如不准其藉由上訴以聲明不服時，將生失權效果，亦應承認其有不服利益，允許勝訴之一造上訴，而有兼採新實體不服說必要。上訴審構造亦可能影響不服說採用，例如續審制之第二審，尚得提出新攻擊防禦方法及為聲明之擴張變更，採用實質不服說或新實體不服說，才有發展空間；如為事後審制，該二說並無存在可能。折衷說主張被告應依實質不服說，因被告縱未為「駁回原告之訴」之聲明，法院仍得以原告之訴無理由或不合法駁回，被告之聲明在訴訟法上並無意義，無從與判決主文比較。但被告之聲明，並非全無訴訟法效果，例如被告為認諾時，即應為認諾判決，況原告與被告之不服採不同標準，有背訴訟機會平等原則。因此折衷說之理論，非無可議。

上訴不服利益之判斷，可以形式不服說為基礎，但仍須於各個具體個案中本於公平原則考量判斷，而兼採實質不服說或新實體不服說，或可稱之為修正之形式不服說。

▶ 第三節　移審效及遮斷效

一　上訴本質之論辯

通說認上訴以移審效及遮斷效為其本質之見解，非無爭議。德國學者 Gilles 即認為，如不談立法政策，純由法之救濟目的功能論，是否屬上訴範疇，應從各個法之救濟目的作合目的性之解釋；在此觀點下，移審效之有無，並非上訴概念之重要基準。學者更從移審之德文 (Devoluvieren) 之語言學探討，認為 Devoluvieren 原非指往上級移審，反指往下移之意，因之移審不一定是指往上級

---

❸ 小室著【上訴要件】，第 23 頁。

❹ 小室著【上訴要件】，第 33 頁。

審之移審❶。而羅馬法之上訴，得以書面或言詞向原判決之法官請求撤銷，上訴合法與否及有無理由，仍由原審法官自行判斷，並無發生移審效果。再自現行法觀察，提起上訴，如已逾期或對不得上訴之判決為上訴，即由第一審法院以裁定駁回，並無移審效果。依此，上訴（含抗告）之特質，是否當然發生移審效，即備受質疑❶。雖則如此，本法上訴本質，通說仍採實質說，上訴定義即以此為之❶；至於提出上訴或抗告因不合法，由原審法院裁定駁回者，應解為係立法授權由下級審代行上級審行使職權之特別規定。因此，具有移審效與遮斷效特質之當事人訴訟行為，始得稱之為上訴，並以之與其他訴訟程序，如再審程序，予以辨別。

二　移審效

(一)移審意義

移審者，以實質說立場出發，係指事件由下級審移往上級審之謂。進一步說明，移審應解為因上訴或抗告之提出，使事件脫離原審，原審法官職務義務確定消滅，上級審法官職務義務確立。而原判決有漏未裁判情形者，亦因上訴提出而發生移審效，於移審範圍內，漏未裁判部分併由第二審審理，第一審不得再為補充判決。例如必要共同訴訟或主參加訴訟，第一審僅就部分當事人為判決，經提出上訴而發生全部移審效時，該漏未判決部分，第一審法官之職務義務因已解除，不得為補充判決，否則違反審級管轄。至本法第 223 條第 1 項，訴訟標的之一部或訴訟費用，裁判有脫漏者，法院應依聲請或依職權以判決補充之規定，乃指不受一部判決之上訴而生移審效之脫漏裁判言。

(二)移審時期

移審時期，與審級職務發生及消滅有關。本法第 441 條第 1 項規定，提起第二審上訴，應以上訴狀表明一定事項，提出於第一審法院。惟移審效係在向第一審提出上訴狀時發生，或須待第一審將上訴狀併同訴訟卷證移送第二審法院時始發生，學說尚有爭議。第一說認為，只有合法之上訴始生移審效，不合法上訴無此效果。第二說認為，不合法應分上訴期間屆滿之不合法，或其他之不合法。前

---

❶ 右田著【上訴】，第 116 頁。
❶ 右田著【上訴】，第 116 頁；三人合著，第 543 頁。
❶ 陳著（下），第 261 頁。

者，不生移審效；後者，因上級審最終仍須就上訴本身自為審查判斷，因此仍生移審效果。通說則認為，上訴狀既經提出，如係合法上訴，第一審應將卷證移送第二審，縱為不合法上訴，仍於提起上訴狀時與第二審發生事實上繫屬關係，上訴雖已逾期或因對不得上訴之判決上訴，由原審法院裁定駁回者，乃第一審法院代第二審法院為裁定，而使繫屬關係消滅而已❶。

　　本法第 442 條第 1 項規定，第一審法院對於逾上訴期間或係對於不得上訴之判決提起上訴，原第一審法院應以裁定駁回；第 2 項規定，上訴不合程式或有其他不合法之情形，而可以補正者，應命其補正，如不為補正者，應以裁定駁回之。如採第一說，則應解為原審之裁定駁回，係其固有職務義務。如採第二說，則逾上訴期間、不得上訴事件而上訴，或不合法情形可以補正，卻不為補正之不合法上訴，係立法特別授權代行第二審職務。因此，上開三類情形以外之不合法上訴，例如無上訴權人之上訴，因未經授權，即不得由第一審代行裁定駁回。我國實務曾採第二說❷。因此如原審未發現有上述三類上訴不合法情形，仍將上訴狀及卷證資料送交上訴審者，因仍生移審效，上訴審須自行裁定駁回，不得將之退還原審，令其裁定駁回。

㈢移審範圍

　　移審範圍，因學說採傳統之上訴不可分或新說而有重大不同。

1. 上訴不可分原則

　　德國自 1882 年帝國法院 (Reichgericht) 判決，即認為「提起上訴，無論上訴聲明範圍如何，原判決判斷事件之全部，均移往上訴審」，其後通說及判例均沿襲該例，而於日本亦成為通說及實務之見解。上訴不可分原則，當事人之任何一造對判決之一部上訴，判決之全部均發生移審效。惟此原則仍受上訴聲明拘束，非於上訴審中擴張聲明或附帶上訴，法院不得就未聲明不服部分為審判，並受不利益變更禁止原則拘束。上訴不可分原則，固認一部上訴全部移審，但移審範圍並

---

❶ 鈴木重勝，上訴前註，鈴木正裕、鈴木重勝編，注釋民事訴訟法(8)，1998 年，有斐閣，第 9 頁以下。

❷ 24 年院 1302 解釋參照；29 抗 318 判例（不再援用）：「依民事訴訟法第 439 條第 1 項之規定，提起上訴已逾上訴期間或係對於不得上訴之判決而上訴者，原審法院始應以裁定駁回之，若上訴有其他不合法之情形者，雖其情形明顯，原審法院亦僅有同條第 2 項所定命上訴人補正，或就判決宣告假執行之職權，不得以裁定駁回其上訴」；30 抗 513 判例（不再援用），相同意旨。

不等於審判範圍。因此，言詞辯論應在上訴聲明範圍內為之（第445條第1項），判決不得逾越上訴聲明範圍；上訴有理由，應於上訴聲明範圍內廢棄或變更原判決（第450條）；上訴無理由時，僅能駁回其上訴，不得更為不利於上訴人之判決，此為不利益變更禁止原則。可見第二審審判活動，同時受到移審效、審判範圍及不利益變更禁止原則之拘束。上訴人於法定上訴期間屆滿後，仍得為擴張聲明，被上訴人亦得為附帶上訴，因此移審有阻斷原判決全部確定之遮斷效，但其擴張聲明或附帶上訴，仍應於移審效範圍內為之。就移審範圍與審判範圍關係言，學者以「不服聲明範圍乃顯在的審判範圍，而移審範圍為潛在的審判範圍」[20]，予以說明，非常適切。

2.新　說

上訴不可分原則，一部上訴全部生移審效。但近來有提倡上訴審判範圍，限於移審效範圍者，且移審效須與上訴不服利益結合觀察，移審效範圍只在聲明不服範圍內，無不服利益部分，即不生移審效。德國學者 Klamaris 指出「通說見解認為，提起上訴原判決全部均生移審效，在原審當事人一方全部勝訴，他方全部敗訴，未限定上訴聲明範圍時，該見解是正確的。但當一部勝訴一部敗訴，敗訴一方當事人提起上訴時，則非正確。此時，應只限於其有上訴利益部分發生移審效。在複數請求之訴，一部敗訴時，當事人就敗訴請求部分提起上訴，也應為相同解釋，移審者只有該上訴請求部分」[21]。

3.兩說比較說明

以預備訴之合併為例說明之。原審為先備位請求均無理由判決時，僅原告得上訴。依上訴不可分原則，原告就先備位請求其中之一上訴時，全部生移審效，在第二審中得為擴張不服聲明，法院得就全部審判。依新說，原告如僅就其中之一請求聲明不服者，則限於該部分發生移審效。

原審先位請求無理由，備位請求有理由之情況，依上訴不可分，兩造均得就敗訴部分上訴。如一造上訴，判決全部均生移審效，並因他造附帶上訴後，法院得就全部審判。依新說，兩造雖均得上訴，但如僅被告就備位上訴，先位請求不生移審效，法院縱認先位請求有理由，亦不能就先位為判決。如僅原告就先位上訴，移審效限於該部分上訴有理由時，僅能就先位請求判決，備位請求部分不得

[20] 右田著【上訴】，第128頁。
[21] 右田著【上訴】，第129頁。

廢棄改判，此時將造成先備位請求，同獲勝訴判決情形，新說認為，俟先位請求勝訴確定時，備位請求解除條件成就，備位判決當然失其效力。

原審先位有理由判決時，備位請求無審理必要，僅被告得上訴。依上訴不可分，先備位聲明均生移審效，上訴審認先位無理由時，應廢棄原判決，再就備位有無理由為判決。依新說，備位請求部分不生移審效，仍留於原審，因備位請求未經判決，無不服利益，原告不得以附帶上訴方式聲明不服。此時，如上訴審駁回被告上訴確定時，備位請求溯及消滅（解除條件成就）。如上訴審將先位請求廢棄駁回確定時，仍留在第一審之備位請求，因停止條件成就，第一審應就備位請求開始審理。

再以 83 台上 787 號判例說明之。判例認為「訴之客觀預備合併，法院如認先位之訴為無理由，而預備之訴為有理由時，就預備之訴固應為原告勝訴之判決，惟對於先位之訴，仍須於判決主文記載駁回該部分之訴之意旨。原告對於駁回其先位之訴之判決提起上訴，其效力應及於預備之訴，即預備之訴亦生移審之效力。第二審法院如認先位之訴為有理由，應將第一審判決之全部（包括預備之訴部分）廢棄，依原告先位之訴之聲明，為被告敗訴之判決。否則將造成原告先位之訴及預備之訴均獲勝訴且併存之判決，與預備之訴之性質相違背」。本例，係立於上訴不可分之傳統見解。但判例認為，先位聲明上訴有理由，應連同備位判決廢棄，固符合預備訴之合併實際需求，但並未區分移審效與審判範圍之不同。依新說見解，則因先備位請求，均屬不同判決，就其中之一請求上訴，其餘部分不生移審效，當然不得就備位請求部分為裁判，如先備位請求分別於原審及上訴審獲得勝訴判決，此時備位請求部分，俟先位請求勝訴判決確定，當然失其效力。

三　遮斷效

提起上訴，可阻斷判決之確定，此即遮斷效。上訴不可分原則係判決之一部聲明不服提起上訴，全部判決發生移審，兩造在上訴審得為擴張或附帶上訴，均未確定，因此均生遮斷效。新說則認為，產生遮斷效者，限於上訴部分，未上訴部分，因被上訴人仍得附帶上訴，確定時點往後延伸至第二審言詞辯論終結時確定❷。

---

❷ 陳、林著（下），第 879 頁。

四　違式裁判之不服

　　法院對於應以判決或裁定形式為之，但互為誤用之裁判，稱為違式裁判。對於違式裁判之不服方式，究應以裁判之外觀形式，或以裁判之實質內容為據，此涉及不服期間之計算、裁判費之徵收，及不服程序之適用。學說有形式說、實質說或折衷說者。折衷說認為，違式裁判之不服方式之選擇，不能過度課責於無法律知識之一般人民，對於應用判決誤為裁定之違式裁判，如以抗告方法聲明不服者，應予准許，如其以上訴方法聲明不服者，亦無不可。

　　違式裁判之聲明不服方法，採折衷說固無不妥，但上訴或抗告期間之遵守、裁判費用之徵收、不服利益之有無、上訴或抗告後之適用程序，或與他造之權益，或與公益有關，應依實質說方法認定❷❸。

---

❷❸ 陳著（下），第 260 頁。

第二章　第二審上訴

▶ 第一節　第二審上訴程式及要件

一　上訴程式遵守

㈠上訴狀提出

　　受不利判決之當事人因不服提起上訴，應以上訴狀表明法定事由，提出於原審法院為之，使事件脫離原審開始繫屬於第二審，同時因上訴之訴訟行為，使第二審法官發生職務義務。

　　提起上訴，應以上訴狀表明下列各款事項，提出於原第一審法院為之：當事人及法定代理人、第一審判決及對於該判決上訴之陳述、對於第一審判決不服之程度及應如何廢棄或變更之聲明、上訴理由（第 441 條第 1 項）。上訴理由應表明應廢棄或變更原判決之理由，及有關之事實、證據（第 441 條第 2 項）。但上訴狀未具上訴理由者，不得以上訴不合法駁回（第 442 條第 3 項）。

㈡上訴聲明類型

　　上訴狀應記載上訴聲明。所謂上訴聲明，係指廢棄或變更第一審判決全部或一部之聲明而言。在廢棄之聲明，只須聲明原判決或某一部分應予廢棄即可；在變更之聲明，則須於廢棄之聲明外，並為應如何自為判決之聲明，但在第一審之聲明，於第二審亦有效力（第 445 條），如未併為應為如何判決之聲明者，第二審法院於聲明廢棄範圍內廢棄原判決，依上訴人在第一審之聲明自為判決者，亦無逾越聲明拘束原則。至為廢棄之聲明並求將該事件發回原法院者，並非所謂變更之聲明，只是求將事件發回原法院之意見陳述，第二審法院認其意見不足採時，仍應審查原判決之當否，以定應否為變更原判決之判決，不得以無發回原因而駁回上訴（28 上 1868 判例）。

㈢裁判費預納

　　第二審上訴裁判費徵及其計算方法，依本法第 77–16 條第 1 項規定按第一審應徵裁判費金額，加徵裁判費十分之五。

㈣上訴期間遵守

提起第二審上訴，應於第一審判決送達後二十日之不變期間內為之。但宣示或公告後送達前之上訴，亦有效力（第 440 條）。上開期間為不變期間。

二　實質要件

提起第二審上訴者，應具上訴當事人適格，且有上訴不服利益存在。

三　程序要件之審查

㈠第一審法院之處置

上訴狀提出後，第一審法院應先程序審查，如逾上訴期間或係對於不得上訴之判決而上訴者，原第一審法院應以裁定駁回之（第 442 條第 1 項）。上訴不合程式或有其他不合法之情形而可以補正者，則應定期間命其補正，如不於期限內補正，應以裁定駁回之（第 442 條第 2 項）。上述三類之由原法院裁定駁回，係代行上級審職務。經審查無本法第 442 條第 1、2 項情形者，第一審法院應速將上訴狀送達被上訴人，如各當事人均提起上訴，或其他各當事人之上訴期間已滿後訴訟卷宗連同上訴狀送交第二審法院（第 443 條第 1、2 項）。前項應送交之卷宗，如為第一審法院所需者，應自備繕本、影本或節本（第 443 條第 3 項）。

㈡第二審法院之處置

上訴人向第一審提出上訴狀後即生移審效，事件脫離第一審，第一審法官職務義務解除，其得以裁定駁回上訴者，限於本法第 442 條第 1、2 項所定之不合法情形。如在該授權代行第二審職務範圍外者，例如無上訴權人之上訴，或無不服利益者之上訴，乃不能補正之不合法情事，非該條第 2 項所指之得補正情形，第一審法院無權代第二審法院裁定駁回，仍應移送第二審法院。

第二審法院收受卷證後，就上開合法要件亦應再為審查，發現有不合法情形，應自行以裁定駁回上訴，但其情形可以補正者，審判長應定期間先命補正，如原第一審法院已定期間命補正者，無庸先命補正（第 444 條第 1、2 項）。欠缺實質要件之上訴，無從命其補正，第二審法院得逕以裁定駁回。

上訴狀內未表明上訴理由者，審判長得定相當期間命上訴人提出，將之送達被上訴人，及命被上訴人提出答辯狀、命上訴人就答辯狀提出書面意見。當事人逾期提出書狀者，法院得命其以書狀說明理由。當事人未提出或未依規定提出上

開書狀或說明者，得準用第 447 條禁止新攻擊防禦方法提出之規定，或於判決時依全辯論意旨斟酌之。第二審為續審制，第一審之攻擊防禦方法在第二審仍然有效，當事人未依上開規定為之者，不得以裁定駁回上訴。

四　濫行上訴之處理與處罰

㈠意義及要件

濫行上訴亦為濫訴。濫行上訴，本法規定兩種樣態。

第一類型，上訴人基於惡意或不當目的提出上訴，而有上訴不合法情事者（第 444 條第 3 項）。上訴不合法，包括本法第 442 條第 1 項、第 2 項，逾上訴期間或係對於不得上訴之判決上訴，及上訴不合程式或有其他不合法情事。

第二類型，指上訴基於惡意、不當目的或有重大過失，且事實上或法律上之主張欠缺合理依據者而言（第 449-1 條第 1 項）。所謂惡意、不當目的、重大過失、合理依據之不確定法律概念，及主客觀要件，詳如本書濫訴章節。

㈡濫行上訴之處置

1.裁定駁回上訴

濫行上訴係不合法之上訴，第二審法院應以裁定駁回（第 444 條第 1 項），但其情形可以補正者，應定期命其補正（同項但書）。濫行上訴之命補正，實難有可補正空間。裁定命其補正，得由原第一審法院行之。有疑義者，可否由原第一審法院代第二審法院職權以裁定駁回，解釋上應可類推適用第 442 條之規定，採肯定見解。

2.裁罰處分

裁罰處分及其程序，分兩類型處理。

第一類型之濫行上訴，得由第二審法院或原第一審法院各處上訴人、法定代理人、訴訟代理人新臺幣十二萬元以下之罰鍰（第 444 條第 3 項）。此類型之裁罰準用第 249-1 條第 3、4、6、7 項之規定（第 444 條第 4 項）。至於濫行提起不合法之抗告、再抗告，則得依第 495-1 條準用本條規定予以裁罰。

第二類型之濫行上訴，則規定由第二審法院裁罰之（第 449-1 條第 1 項）。本類型之裁罰，係準用第 249-1 條第 3 項至第 7 項之規定（第 449-1 條第 2 項）。

3.負擔訴訟費用

第二類型之濫行上訴，應負擔被上訴人因應訴所生之日費、旅費及委任律師

為訴訟代理人之酬金，該費用納入訴訟費用，其確定程序，準用對於濫行起訴之相關規定，如第 249 條第 2 項等規定（第 449-1 條第 2 項）。有關訴訟費用負擔，於第一類型之濫行上訴，並無明文。惟如因此造成被上訴人財產上損害者，非不得依院字第 205 號解決。

▶ 第二節　第二審之構造及程序

一　第二審構造概說

　　第二審之審理程序，除有特別規定外，準用第一審之訴訟程序（第 463 條）。審理程序係依循法律既存之程序構造，而實施進行。第二審之訴訟構造設計，屬立法形成自由，有其立法政策及所欲完成之程序目的。第二審上訴目的，仍含有保護私權需求，並兼具事實審機能，復為減輕第二審負擔，避免訴訟審理重心移往第二審，第二審之訴訟構造現制即採嚴格續審制。

二　嚴格續審制採行

㈠覆審制、事後審制及續審制

　　第二審訴訟之構造，有二基本類型，即事後審制與覆審制。前者，接近於撤銷型上訴；後者，接近於修正型上訴。兩者不同之處在對第一審判決態度。前者，以第一審判決之存在為前提，且僅以第一審訴訟資料作為審查原判決當否之訴訟資料；後者，則無視於第一審訴訟資料與判決之存在，逕以第二審自行蒐集之訴訟資料為判決基礎，可稱為第二次的第一審。事後審制與覆審制，為二極端類型，如以軸線為喻，兩制恰在軸線之兩端。續審制者，則介於事後審制與覆審制中間，此制固以第一審判決當否作為再審查目的，但其審理程序實為第一審程序之續行，作為第二審之訴訟資料，不限於第一審提出者，得加入自行蒐集所得之資料。

　　再就第二審審理後之判決不同為比較。覆審制下，合法之上訴，第二審應直接以第二審自己蒐集之訴訟資料為基礎，自為判決。反之，事後審制，因第二審應以第一審之訴訟資料為基準再為審查，原判決如無錯誤，應駁回上訴，否則即應廢棄發回原判決，不自為判決。續審制，第二審就合法之上訴，應自為事件之審理判決，並期待新的訴訟資料出現，因此除第一審中已存在者外，並應就新資

料再予斟酌後，就事件本身自為判斷。判斷結果如與原判決一致時，應駁回上訴維持原判，如不一致時應廢棄撤銷原判決，即以自為判決為原則，發回第一審為例外。因此，續審制應是覆審制與事後審制之折衷制度❷。續審制下，如廣泛承認當事人在第二審之言詞辯論更新權，則較接近於覆審制，如強化更新權之限制，將較近於事後審制❷。

㈡第二審訴訟制度之改革

覆審制或接近於該制之第二審，訴訟程序重複有礙訴訟之終結，嚴重浪費司法資源。為減輕二審負擔，德國於 1961 年民事裁判改革準備委員會，曾議嚴格限制第二審新攻擊防禦方法提出，主張第二審以監督第一審避免陷於實體法誤用及維持程序公正即可。至 1977 年德國簡素化法，採用上訴制度改革理論，於其民訴法第 527 條、第 528 條第 2 項，第二審言詞辯論更審權受到嚴格限制❷。2000 年更進一步修法，禁止第二審新攻擊防禦方法之提出。

㈢我國嚴格續審制

我國則於民國 89 年將本法第 447 條第 1 項 ，當事人得任意提出新攻擊防禦方法，予以修正限制。至 92 年現制則明定，原則禁止、例外允許新攻擊防禦方法之提出；就訴訟資料提出言，使之較接近於事後審制。雖則如此，現制仍例外承認更新權存在，且本法第 450 條仍規定第二審應於上訴聲明範圍內變更原判決，並以自為判決為原則，與事後審制不同。因此修正後新法，性質上仍屬續審制，且為嚴格續審制。

三　第一審訴訟資料之效力

續審制，第一審調查之證據資料、準備程序、訴訟行為，於第二審在必要範圍內，繼續有效。本法第 448 條規定，第一審所為之訴訟行為，於第二審亦有效力。因此，原審已生拘束力之訴訟行為，如自認、責問權喪失，在第二審中不得為相反行為。惟因審級構造，兩審級審判主體更迭，為符合直接審理主義，使第一審訴訟行為與資料，成為第二審判決基礎，因此明定當事人在第二審言詞辯論

---

❷ 中田淳一，控訴審の構造，民事訴訟法學會編，民事訴訟法講座，1926 年，有斐閣，第867 頁以下。

❷ 花村治郎，上訴審の審理構造，新堂幸司編，講座民事訴訟(7)，1956 年，弘文堂，第 146 頁。

❷ 小室直人，民事上訴改革論序說，民事訴訟雜誌，第 35 號，第 9 頁。

時，應陳述第一審辯論要領，但審判長得令書記官朗讀第一審判決、筆錄或其他卷內文書代之（第 445 條第 2 項）。

第一審訴訟資料援用方法，學說存有爭議。一，當然有效說：認為第一審之訴訟行為，非僅限於當事人之訴訟行為而已，法院所為之訴訟行為，如第一審之中間裁判、命承受訴訟裁定、證據調查聲請之駁回、命提出文書裁定，以及證據調查，均同有效力。支持第一審判決之訴訟資料、證據資料，亦為第二審之審查對象。二，非當然有效說：認為第一審之訴訟資料，須存在一定之形式予以援用後，始能在第二審成為訴訟資料。其藉由當事人陳述第一審言詞辯論要領為之。本法規定，當事人於第二審言詞辯論時，應為第一審辯論要領之陳述，顯非採當然有效說。但第三審上訴，因以第二審確定之事實為判決基礎，無要領陳述餘地，因此第二審及第三審間之訴訟資料，因移審效原因當然發生，而採當然有效說。

未踐行上開程序之法律效果，實務採否定效果，否則第二審判決為違背法令，得為第三審上訴事由（41 台上 344、29 上 765 判例）。惟學說有認為，上開規定之違背，僅屬辯論主義之違背，得為責問權之捨棄與失權，瑕疵得以治癒[27]。就審判實務言，此類形式程序之踐行，常流於形式，日本實務亦然，因此有批評此種援引行為規定，只是在滿足直接審理主義、辯論主義之幌子而已[28]。

四 第二審更新權

嚴格續審制，第二審更新權受到限制。本法第 447 條第 1 項規定，當事人在第二審不得提出新攻擊或防禦方法。但更新權之禁止或限制，與憲法訴訟權保障或有牴觸之虞，須藉例外規定，以資緩和。因而同項但書設有例外規定。包括：第 1 款，因第一審法院違背法令致未能提出者，例如審判長違背第 199 條第 2 項闡明義務。第 2 款，事實發生於第一審法院言詞辯論終結後者。以上 2 款事由，乃第 5 款非可歸責於當事人事由類型之一。第 3 款，對於第一審已提出之攻擊或防禦方法為補充者。惟何種情形屬新攻防方法，或屬原有攻防方法之補充，區分不易。按攻擊防禦方法，乃係對訴訟標的（請求）所提出之理由，予以抗辯之一種事實主張或爭執，或為否定性抗辯、阻礙性抗辯之證據方法、證據抗辯而言。

[27] 鈴木重勝，上訴前註，鈴木正裕、鈴木重勝編，注釋民事訴訟法(8)，1998 年，有斐閣，第 43 頁。

[28] 鈴木重勝，一審資料の控訴審における効力，民事訴訟雜誌，第 43 號，第 24 頁。

因此，凡於第一審程序中所未提出，或已為法院依法排除，或已經捨棄者，於第二審程序中再行提出者，均屬新攻擊防禦方法，而非原有攻防之補充。因而所謂原有攻防之補充，範圍極度限縮。第一審言詞辯論終結後始發生之事實，亦為新攻擊防禦方法，惟得依第 2 款規定提出。第 4 款，事實於法院已顯著或為其職務上所已知或應依職權調查證據者。因為事實於法院已顯著或為其職務上所已知情形，法院心證業已形成，與准否新攻防提出並無關涉；至於法院應依職權調查之事實，本即屬法院職務義務，允許新攻防方法之提出，對於以失權作為促進當事人訴訟義務之履行，亦無關連，而無禁止新攻防提出之必要。第 5 款，其他非可歸責於當事人之事由，致未能於第一審提出者，此為保障當事人訴訟權及財產權必要手段，否則失權效將失其正當性。第 6 款，如不許其提出則顯失公平者。所謂顯失公平，有衡平法性質，須從各個具體案例當事人之程序地位是否對等以為判斷。例如有無委任訴訟代理人、是否具備一般人之法律知識水準以及證據是否偏在等，綜合判斷之。本條項但書例外允許提出新攻防之各款事由，惟當事人應釋明之（第 447 條第 2 項）。

違反規定提出新攻防方法者，第二審法院應駁回之（第 447 條第 3 項）。又第二審新攻防提出之禁止，兼含有司法資源之合理分配、減輕第二審訴訟負擔及作為促進訴訟義務履行手段之公益目的，非全屬私權保護目的而已。因此即使他造不予責問，法院亦應依職權禁止其提出，屬法院之義務性規定。

五　言詞辯論範圍

處分權主義，第二審上訴程序仍受聲明拘束。因此言詞辯論，應於上訴聲明範圍內為之（第 445 條第 1 項）。例外者如，遺產分割、共有物分割之訴，法院不受當事人分割方法聲明之拘束。又，法院須依職權裁判事項者，如未成年子女保護教養之附帶請求事件。再者，第二審法院認第一審訴訟程序存在重大瑕疵，或違背專屬管轄規定者，而將原判決廢棄發回或發交者，亦不受上訴聲明拘束。

➤ 第三節　第二審訴之變更、追加及反訴

一　意義及態樣

　　第二審之審判對象有變更者，為訴之變更；有追加者，為訴之追加；被上訴人二審中提出反訴者，為反訴提起。第二審中為訴之變更追加或反訴，外觀上固為第二審上訴程序，實質上為行第一審訴訟程序。因屬審級之減縮，影響當事人審級利益，其要件除應具備一般訴之變更、追加或反訴要件外，本法另特別規定，應得他造同意，以維護審級利益。

　　第二審訴之變更或追加，類型甚多，態樣複雜。第二審追加第一審所無之新請求，屬訴之追加，且常見請求將審判順序變更。又訴之合併方式改變，亦為訴之變更，類型包括選擇合併、競合合併、預備合併、指定審判順序之變更，尤以預備合併先備位間之變更為多，甚或出現在先備位間，有第一、二、三等先位，及第一、二、三備位合併之訴。而指定審判順序之變更，於我國審判實務亦曾發生，如不涉及他造當事人之審級利益，此類審判順序之變更，鮮見法院以變更不合法裁定駁回者，加以客觀預備訴之合併，審判實務有朝不以先備位請求之法律關係或事實關係須有不能併存為條件趨勢，第二審訴之變更、追加之複雜度，殊難想像。

　　以預備訴之合併為例。第一審原告依票據法律關係（甲）請求，經法院駁回其訴。第二審中變更聲明，追加先位依借貸法律關係（乙）請求，備位依（甲）請求。此類先備位請求，有訴之追加及審判順序指定之變更，不涉及（甲）請求實質內容變更。當先位追加（乙）請求有理由，第二審無須再就備位（甲）請求審判，惟第二審須否將原判決廢棄，改判（乙）請求有理由？從避免裁判矛盾（甲乙請求均有理由），且原告就（甲）已提起上訴角度，第二審應為廢棄第一審判決之諭知。第二審如認（乙、甲）請求均無理由者，則應諭知上訴及追加之訴均駁回。先位（乙）請求無理由，備位（甲）請求有理由者，則應諭知原判決廢棄，改判如備位（甲）訴之聲明，並駁回先位（乙）追加之訴。

　　再如原告在第一審提出得兩立之先備位請求，均經第一審判決駁回，原告第二審中將先備位請求之聲明變更為單純合併請求。此類情形，無涉第二審訴之變

更追加，且該二訴於第一審均經審理裁判，亦與被告審級利益無關（111 台上 912 判決）。

原告就得為兩立之債權：票據債權（甲）、原因債權（乙），於第一審為選擇合併請求。第一審依（甲）債權判命被告給付，第二審中原告將請求態樣變更為先位依（乙）請求，備位依（甲）請求，第二審認原告先位之（乙）請求有理由，且甲與乙債權有實質關連一體性，合於選擇合併要件，此時第二審法院是否逕為上訴駁回判決即可，或須將原判決廢棄。問題關鍵在，此類型是否屬訴之變更，如以訴之變更視之，則只就變更後之（乙）請求判決即可，無須就備位訴再為審判。日本最高裁判所（最判昭 39.4.7 判決）採此說，認為第二審法院為上訴駁回之諭知即可。學說多數說亦支持該見解。惟日本下級審認為，須考慮第一審有無假執行宣告等各種情況，至少於判決理由中須明示第一審判決當然失效❷。

二 要 件

訴之變更或追加，非經他造同意，不得為之。但如有本法第 255 條第 1 項第 2 款至第 6 款情形者，不在此限（第 446 條第 1 項）。訴之變更追加，不經他方同意之例外情形，均以第一審之訴訟資料，於變更追加後之訴得予援用者。亦即對他造審級利益及防禦權行使，以最小妨害為要件。如無害及審級利益時，應可擴張解釋不經同意之適用範圍；但實務採嚴格解釋，認為當事人在第二審為訴之變更或追加，經他造同意外，無準用第 255 條但書第 7 款，法院因不甚礙被告之防禦及訴訟之終結，而許訴之變更或追加之餘地（80 台抗 43 判例）。至於他方之同意，得否因責問權喪失而視為同意，實務卻又採肯定見解，認為當事人在第二審為訴之追加，固非經他造同意不得為之，但依第 460 條準用第 255 條第 2 項規定，他造於此項訴之追加無異議而為本案之言詞辯論，即應為同意追加（29 上 359 判例）。審級利益雖非訴訟權核心領域，屬立法形成自由，得以當事人合意放棄，亦得由立法限縮。但責問權喪失與默示同意不同，不得因未予責問即解為同意捨棄審級利益；且他造於第二審未為責問，其所實施之程序，形式上仍屬第二審程序，審級救濟僅餘第三審程序，明顯減少一個審級利益。因此即使第二審就新訴之審理內容已臻充實，仍與第 446 條第 1 項明文准予變更追加之基本法理──即第一審原有之訴訟資料，於變更追加後之新訴得予援用者有別，自不得任

---

❷ 參看自兼子著【條解】，第 1579 頁。

意附引為第二審訴之變更追加之依據，或以訴訟經濟為名，任意侵害他造之審級利益。

提起反訴，非經他造同意不得為之。例外規定為，於某一法律關係之成立與否有爭執，本訴裁判以該法律關係為據，並請求確定其關係者；或就同一訴訟標的有提起反訴利益者（第 446 條第 2 項）。雖則如此，反訴提出如無害審級利益，且有一次解決紛爭之需求時，亦應採寬鬆態度。例如原告以傷害為由，請求被告負損害賠償責任，被告抗辯原告與有過失己亦受有傷害，原審判命被告負損害賠償責任，被告不服上訴並反訴請求原告賠償自己之醫療費用，反訴被告不同意反訴提出，雖不符本法第 446 條第 2 項但書規定，但反訴訴訟標的所須之攻擊防禦方法，第一審中已提出並為辯論，無使反訴被告失其審級利益之虞，而應許其任意反訴提出。

三　提出方式

在第二審為訴之變更、追加或反訴提出，應以合法之上訴為前提。第一審敗訴一方，無論全部或一部敗訴，得為上訴，並於第二審中為訴之變更、追加或反訴提出。全部勝訴一方，因無不服利益，不得上訴。但其得否因有訴之變更、追加或反訴需求，而承認其上訴利益？通說及實務向採否定見解（88 台抗 77 裁定），認僅能於他造提出之上訴程序中為之。

至於全部勝訴一方，於他方上訴中之變更追加或反訴提出，要否依附帶上訴程序之問題，此與全部勝訴一方，得否在他方上訴中為附帶上訴，及訴之變更、追加或反訴，應以何種方式提出有關。前者，又與附帶上訴本質論有關。採附帶上訴為上訴本質論者，全部勝訴者因無不服利益，自不得為附帶上訴；反之，非上訴本質論者，認為附帶上訴僅係攻擊聲明而已，非上訴不服聲明，因此獲得全部勝訴當事人，得為附帶上訴，之後再為訴之變更、追加或反訴提出。至於新訴提出方式，採非上訴本質論者認為，全部勝訴一方，雖不得上訴，但得以附帶上訴方式，擴張自己有利判決，乃不利益變更禁止原則之排除，如有擴張利益必要，即應以附帶上訴方式，為訴之變更、追加或提起反訴。反之，上訴本質論者，既認附帶上訴為上訴性格，全部勝訴者無不服利益，自不得以上訴或附帶上訴方式為之。

本法之第二審訴之變更、追加或反訴提出方式，未明定應以附帶上訴方式為之，而附帶上訴之本質，通說及實務見解均採上訴本質論。因此，第一審全部勝

訴者，如有合法之第二審上訴繫屬，並符合變更、追加或反訴要件者，即得為之，無須依附於附帶上訴。

四 變更追加或反訴之處理

(一)不合法之處理方式

第二審訴之變更、追加及反訴，為另一新訴，應具備訴之合法要件及前開變更追加反訴提出之一般要件，第二審法院並應依職權調查。如不合變更、追加或反訴之法定要件，以裁定駁回之，不得以他造無異議而為本案言詞辯論為由，視為同意。不合法之變更，固仍應就原訴繼續審理，但不合法之追加或反訴之處理，如符合獨立訴之要件者，應以裁定移送第一審管轄法院。我國實務就不合主參加訴訟要件者，認為「在第二審提起主參加訴訟者，必須以本訴訟中兩造為共同被告，為該訴訟之成立要件之一，如不備此要件而具備獨立之訴要件時，第二審法院應以裁定將該訴訟移送於第一審管轄法院」（73 台上 856 判例）。依相同法理，已備獨立訴之要件之不合法追加或反訴，因涉及時效利益，自應以裁定移送管轄法院。

本法第 258 條第 2 項規定，第一審程序就不備訴之追加要件，駁回其追加之裁定確定者，原告得於該裁定確定後十日內聲請法院，就該追加之訴為審判。追加不合法，應以裁定駁回為處理，僅原告另有聲請時，始就該追加之訴為審理，無庸依職權移送或逕為審理，此方式亦可保障其時效利益，但與前述方法不同。同法第 446 條規定，第一審程序於第二審準用之，因此解釋論上，第 258 條第 2 項之規定，於第二審為訴之追加，追加不合法者，亦應準用之。至不合法之反訴，雖第一審反訴不合法者，並無如第 258 條第 2 項規定，但依相同法理，第二審反訴不合法時，應類推適用第 258 條第 2 項規定。

(二)上訴撤回之處理方式

在第二審為訴之變更、追加或反訴，因須依附於上訴程序，如上訴經撤回者，即受其影響。

於訴之變更、追加情形，第二審為訴之變更，原訴即為撤回，應就新訴審理。原告上訴者，除非撤回新訴，否則無上訴撤回問題。但被告上訴，原告為訴之變更，被告撤回上訴，對原告訴之變更將有影響。第二審為訴之追加或擴張者，亦同。本法准上訴人於終局判決前，得任意撤回上訴，但已為附帶上訴者，應得其

同意（第 459 條第 1 項）。訴之變更、追加或擴張係附隨於上訴程序，因此上訴撤回時，變更、追加或擴張之訴，失所附麗；再者，第二審係以原判決之不服為審判客體，第二審訴之變更追加反訴，應具附隨性，此與附帶上訴同（獨立附帶上訴例外），而不能與上訴程序分離單獨存在於第二審。

　　於反訴情形，上訴之撤回，反訴得否繼續存在之問題，此與第二審反訴有無獨立性，及與審級利益有關。有認為反訴具有獨立性，不因本訴撤回而消滅；通說認為，反訴只是利用上訴程序之便宜措施，同具從屬性，本訴撤回，反訴當然消滅。第一審之反訴，因不害及他造之審級利益，不因本訴撤回或不合法而受影響。獨立附帶上訴之訴訟資料第一審中已經審理，不致損及他造審級利益，得不受本訴撤回影響；但第二審反訴，反訴之對象未必於第一審中審理，與他造審級利益有關，本訴撤回，反訴部分不應準用第一審反訴規定。因此第二審之反訴雖具備訴之要素，仍有從屬性，本訴之上訴繫屬消滅時，反訴同為消滅。

▶ 第四節　附帶上訴

一　本質及意義

㈠意　義

　　本法第 460 條第 1 項規定，被上訴人於言詞辯論終結前，得為附帶上訴。依此附帶上訴者，係當事人一造於他造上訴開始之程序中，附帶請求上訴法院廢棄或變更第一審判決之訴訟行為之謂。附帶上訴之本質為何，影響附帶上訴之意義、提出方式、附帶上訴費用徵收否、代理權限、附帶上訴之捨棄撤回效力，及與第二審訴之變更、追加反訴之關係。

㈡學　說

　　附帶上訴之本質，有非上訴本質說與上訴本質說。前者，認為附帶上訴制度，自羅馬法、1877 年德國舊民事訴訟法以來，均不具上訴之不服利益本質，因此主張附帶上訴非上訴本質說❸，並成為通說見解。1966 年學者 Baur，則對通說提出批判，主張附帶上訴乃真正之上訴性質，附帶上訴並應具備不服要件。

　　上訴本質說最大難題，在於何以已逾上訴期限，或已捨棄上訴權者，仍得為

---

❸ 小室直人，附帶控訴の本質，上訴制度の研究，1961 年，有斐閣，第 99 頁。

附帶上訴。就此，Baur 提出附帶上訴乃使已消滅之上訴權回復理論，藉以迴避「無上訴權上訴」概念之困難；又認為附帶上訴一經開始，即具有阻斷判決既判力效果，而有與上訴相同之特質。因此，上訴人不得僅因為主張新的請求目的（如變更、追加、擴張或反訴），而提起上訴；同理，附帶上訴人如僅為於上訴審中為新請求，而無需受不服利益限制，則將享有較優於上訴人之地位。其後 Klamaris 延續其見解，並為若干教科書及註釋書所採用，但亦非無反對論，聯邦最高法院則仍採非上訴本質說立場❸❶。日本學者，早期採非上訴本質說，但晚近上訴本質說有增多現象。

㈢影　響

上訴本質說所謂附帶上訴意義，指被上訴人在他造之上訴而繫屬第二審之訴訟程序中，對原審判決不利於己部分聲明不服，請求更有利於己判決之獲得為目的，而具有附屬性之訴訟行為之謂。依此，附帶上訴既係上訴，即須具備上訴之實質要件——不服利益存在，而其機能則被定位在上訴權之回復，使附帶上訴回歸上訴論，附帶上訴乃與第二審為訴之變更追加及反訴，各有不同目的。

非上訴本質說主張，把握附帶上訴功能，在排除不利益變更禁止原則，以之作為在第二審求為較有利於原判決之機會，並作為在他造提起之上訴審中，為訴之變更追加或提起反訴之媒介。因此，原審獲得全部勝訴之被上訴人，亦得以附帶上訴為媒介，在第二審中求獲得更有利於原判決之方法，而有排除推翻不利益變更禁止原則之機能。

我國學說向採上訴本質說，附帶上訴須對原判決有不服利益存在，始得為之❸❷。最高法院亦持相同態度，認為全部勝訴當事人，不得為附帶上訴。第二審附帶上訴，為當事人對於所受不利益之第一審終局判決聲明不服之方法，在第一審受勝訴判決之當事人，無許其提起附帶上訴之理（41 台上 763 判例）。

二　附帶上訴程序

㈠提出時期、方式

附帶上訴得於言詞辯論終結前為之，但經第三審法院發回或發交後不得為之

---

❸❶ 上野泰男，附帶上訴の本質，新堂幸司編，講座民事訴訟(7)，1985 年，弘文堂，第 176 頁以下。

❸❷ 三人合著，第 579 頁。

（第 460 條第 1 項）。附帶上訴係因上訴發生移審效後，依附於上訴程序，其提出應有合法之上訴為前提。附帶上訴得於言詞辯論時為之（第 460 條第 1、2 項準用第 261 條）。本法未明定其提出方式，但因上訴本質說，附帶上訴準用第 441 條有關上訴狀提出之規定，惟亦得於第二審言詞辯論時，以言詞提出，由書記官記載於言詞辯論筆錄；如他造不在場，應將筆錄送達於附帶被上訴人（第 460 條第 3 項準用第 261 條）❸❸。附帶上訴為上訴本質，非為攻擊聲明，須繳納裁判費。被上訴人之訴訟代理人受有特別委任者，有附帶上訴之代理權，上訴人之訴訟代理人對附帶上訴，亦有代理權。日本早期學說及實務見解認為，附帶上訴既為上訴本質，因此提起附帶上訴應有特別授權；但晚近學者認為，附帶上訴乃利用上訴人上訴機會，對於原判決聲明不服，在上訴審中就審判對象，擴大自己有利之聲明，因此並不須經特別授權❸❹，附帶上訴人仍有被上訴人之對抗性格，對他造上訴有對立聲明，被上訴人防禦地位仍存。因此，附帶上訴人得以被上訴人地位，先位請求以上訴無理由請求為駁回上訴人之上訴，並預備為附帶上訴之聲明。

㈡附帶上訴客體

附帶上訴應有自己對原判決之不服聲明，其不服對象客體，與上訴人之不服對象，兩者無須出於就同一請求所為之判決❸❺。例如在數請求事件，第一審就數請求均為判決，上訴人就其中一請求聲明不服，使事件繫屬第二審，被上訴人亦得就他請求為附帶上訴（21 上 168 判例）。

㈢附帶上訴之審判

附帶上訴為上訴，第二審法院應審查其合法要件，不合法之附帶上訴應以裁定駁回，此項裁定得抗告。附帶上訴亦為上訴，第二審法院就附帶上訴及上訴，除得為一部判決者外，應命合併辯論及裁判。

三　附帶上訴之捨棄、撤回

上訴本質說主張，附帶上訴應與上訴同，得為捨棄❸❻。撤回附帶上訴，因不

---

❸❸ 吳著【中國下】，第 1317 頁。

❸❹ 新堂著【民訴法 5 版】，第 891 頁。

❸❺ 大審判昭和 6 年 3 月 31 日判決。參看飯塚著，第 95 頁。

❸❻ 有從訴訟程序處分權觀點認為，上訴權之捨棄，含有程序處分性質，與一般處分權主義下之訴訟標的捨棄認諾不同，不得任意為捨棄。訴訟程序聲明權之放棄，屬訴訟程序之處分，

影響上訴，無需得上訴人同意，此與被上訴人已為附帶上訴時，上訴人撤回上訴應得其同意者不同。

捨棄附帶上訴權，不得再為附帶上訴。但附帶上訴撤回，得否於言詞辯論終結前再為附帶上訴之問題，上訴本質說認為，如準用本法第 459 條第 3 項規定，撤回上訴喪失上訴權規定結果，即不得再為附帶上訴。但如從本法第 460 條規定，在上訴期間已滿，或曾捨棄上訴權或撤回上訴後，亦得為附帶上訴之規定以觀，曾撤回附帶上訴者，於上訴審言詞辯論終結前，當仍得再為附帶上訴。附帶上訴之功能，乃對上訴之制衡，解釋上應不準用本法第 459 條第 3 項規定。即於撤回附帶上訴後，仍得於言詞辯論終結前再為附帶上訴。日本最高裁判所亦採相同見解（最判昭 38.12.27）**❸❼**。

四　附屬性與獨立性

附帶上訴，分為一般附帶上訴與獨立附帶上訴。一般附帶上訴，指具有附隨性之附帶上訴，隨上訴程序之消滅而消滅。本法第 461 條規定，上訴經撤回或因不合法被駁回者，附帶上訴失其效力即指之。獨立附帶上訴，指具備一般上訴要件之附帶上訴，其不隨上訴程序消滅而消滅，具有獨立性，同條但書規定之附帶上訴，即屬之。獨立附帶上訴要件，須在上訴期間內提起上訴，且未曾捨棄上訴權。獨立附帶上訴，如採上訴本質說，自須具上訴不服利益。附帶上訴之本質，如採上訴本質說時，獨立附帶上訴當然屬上訴之性質；非上訴本質說者，亦因獨立附帶上訴已具備上訴要件，僅因以附帶之形式提出而已，同被承認其為性質特殊之上訴**❸❽**，而不認係一種攻擊聲明。

五　附帶上訴之失效

具附隨性之一般附帶上訴，如上訴已不存在者，附帶上訴存在基礎滅失，而隨同失效，不須以判決宣示，如有爭議，得以裁定宣示**❸❾**。上訴經撤回或因不合

當事人對訴訟程序及訴訟行為種類，除法有明文外，並無處分權，否則即牴觸便宜訴訟禁止原則。高見著，第 115 頁。又飯塚著，第 94 頁。

❸❼ 高見著，第 115 頁；飯塚著，第 94 頁。

❸❽ 小室直人，附帶控訴の本質，上訴制度の研究，1961，有斐閣，第 116 頁。

❸❾ 高見著，第 109 頁。

法駁回者，附帶上訴失其效力（第461條）。但如其具備上訴要件者，視為獨立附帶上訴（第461條但書）。

撤回上訴，溯及上訴繫屬時失效，上訴審程序因而終結，附帶上訴同失其效力。不合法之上訴，須經裁定駁回確定後，附帶上訴繫屬始消滅，但駁回確定後始提出附帶上訴者，並無本條當然失效規定適用，應以附帶上訴不合法裁定駁回。同理，上訴人撤回上訴後始提出附帶上訴者亦同。本條但書，限於上訴經撤回或不合法駁回情形，上訴無理由或因上訴人捨棄或認諾本案請求者（捨棄或認諾判決），不影響附帶上訴程序進行。

附帶上訴經實體裁判者，其訴訟費用負擔，應於主文中諭知。但因撤回上訴使附帶上訴失效者，應由上訴人（即附帶被上訴人）負擔。

▶ 第五節　第二審判決

一　上訴無理由之判決

(一)駁回判決

1.上訴無理由

第二審法院認上訴無理由者，應為駁回之判決（第449條第1項）。第二審上訴採嚴格續審制，上訴有無理由，應審酌第一、二審訴訟資料後為實體判斷，審理結果與第一審相同時，上訴人請求廢棄或變更第一審判決之請求，即為無理由，而應以判決駁回其上訴。第二審言詞辯論，應於上訴聲明範圍內為之（第445條第1項），上訴無理由時，第二審法院之駁回判決，僅能在上訴聲明不服範圍內為之，不能更為不利於原判決之判決（53台上3173判例），此為不利益變更禁止原則之一。

2.依其他理由正當

原判決依其理由雖屬不當，依其他理由認為正當者，應以上訴為無理由（第449條第2項）。因既判力限於判決主文判斷，不及理由判斷，理由判斷之更迭，原則上不使既判力範圍變更。但理由中之判斷，有既判力者，如抵銷之抗辯，則主文如何記載問題，學說尚有爭議。例如，第一審因被告預備抵銷之抗辯，駁回原告請求，原告上訴，第二審認借貸關係不成立，原告之請求無理由，有無本條

第 2 項依原理由不當但依其他理由適當，仍應駁回上訴之適用？換言之，應為上訴駁回判決，或應先廢棄第一審判決，再為請求駁回之判決？學說有認為，抵銷抗辯不過是理由中之判斷，不應揭示於判決主文，只應為上訴駁回之判決即可。但亦有認為，應將第一審判決廢棄，另為請求駁回之判決。其與後述不利益變更禁止原則有關。

3.不得廢棄原判決

應適用簡易訴訟程序之事件，第二審法院不得以第一審法院行通常訴訟程序而廢棄原判決（第 451-1 條第 1 項）。因對於當事人之程序保障並無欠缺，故受理其上訴之第二審法院，包括地方法院合議庭及高等法院，不得廢棄原判決將之發回第一審之簡易庭。如有第 1 項情形者，則第二審法院之處理程序，應適用簡易訴訟事件之第二審程序規定（第 451-1 條第 2 項）。至對於第二審判決得否上訴第三審，仍應適用簡易程序有關規定。

㈡不當上訴之處罰

第二審法院以上訴無理由駁回上訴時，如認上訴人上訴，顯無理由或僅係以延滯訴訟之終結為目的者，得處上訴人新臺幣六萬元以下之罰鍰（第 449-1 條第 1 項）。惟本條與訴訟權保障有衝突可能。上訴有阻斷判決確定效力，敗訴之一造利用上訴制度以為救濟，但為防止濫用上訴權，致訴訟遲滯造成他造利益損害，並維護法院裁判之公信力及司法資源之合理分配，對於濫用上訴制度者，科以罰鍰，以防濫行上訴弊端，在合理範圍內，當無侵害訴訟權之虞。

本項規定，限於第 1 項上訴無理由，不包括第 2 項之依其他理由認為正當情形。附帶上訴，係因他造之上訴提出而為，當非以遲延訴訟為目的，亦無本條適用。獨立附帶上訴，如具有意圖延滯訴訟目的者，同有適用❹。

二　上訴有理由判決

上訴有理由者，應將原判決全部或一部廢棄。何謂上訴有理由，法無明文，一般認為應包括原判決關於本案之判斷不當、原判決訴訟程序違背法令以及判決成立過程違背法令言。廢棄結果，第二審法院之處置有：由上訴審自為裁判（第 450 條）、發回原審法院（第 451 條）、發交有管轄權法院（第 452 條）。

---

❹ 右田堯雄，控訴濫用に對おける制裁，鈴木正裕、鈴木重勝編，注釋民事訴訟法⑻，1998 年，有斐閣，第 162 頁。

㈠基本原則

1.聲明拘束原則

　　第二審法院認上訴為有理由者，應於上訴聲明之範圍內，為廢棄或變更原判決之判決（第 450 條），乃為聲明拘束原則，其與不利益變更禁止原則概念尚非完全一致。

2.不利益變更禁止原則

⑴意　義

　　第二審言詞辯論，應於上訴聲明範圍內為之，第二審法院認上訴為有理由者，應於上訴聲明之範圍內為廢棄或變更原判決。因此，辯論及判決之範圍均受上訴聲明之拘束，不能逾越上訴人聲明不服範圍外，更為有利於上訴人之判決，此為利益變更禁止原則。又，因上訴人勝訴部分並非其聲明不服對象，不得對之審判，亦不得更為其不利益之判決，此為不利益變更禁止原則。例如，原告請求給付一百萬元，其中七十萬元請求勝訴，三十萬元請求敗訴，原告就敗訴部分中之二十萬元提起上訴，請求再命給付，雖全部發生移審效，但第二審法院不得逾越該二十萬元判命再給付三十萬元，否則為違背利益變更禁止原則。又，第二審法院，縱認上訴人於原審之請求無理由，亦不得將原判決原告勝訴部分廢棄，改命更不利於上訴人之判決，否則為違背不利益變更禁止原則[41]。上開原則與禁止訴外裁判原則概念不同；後者，係不得就未請求事項予以裁判。

　　不利益變更禁止原則之原理，學說有二。一，聲明拘束原則說，認為其係在上訴審中被劃定之審判範圍，其法源為本法第 450 條「第二審法院認上訴為有理由者，應於上訴聲明範圍內，為變更原判決之判決」規定。二，獨立意義說，認為該原則乃上訴制度本質使然，有其獨自意義，非聲明拘束原則。前說為通說見解，但獨立意義說，漸為有力見解[42]。

　　羅馬法之上訴共通原則[43]，至 19 世紀有了變化。其被質疑者，為上訴人為保護自己權利提起上訴，何以竟使相對人獲得利益。上訴人未聲明不服，且被上訴

---

[41] 高橋宏志，控訴について㈣，法學教室，第 161 號，1994 年，第 96 頁。

[42] 宇野著，第 402 頁。

[43] 羅馬法優士丁尼大帝法典之訴訟制度中，當事人對原判決均有上訴權利，當一方上訴時，未上訴一方亦得說明其對原判決不服；又，當被上訴人缺席時，上訴審法官亦得依職權審酌，更為有利於被上訴人之變更判決，此為上訴共通原則。宇野著，第 401 頁。

人未為附帶上訴聲明者，法官不得更為有利被上訴人之判決，因此附帶上訴應為上訴共通原則發生之唯一原因。換言之，不利益變更禁止原則之指導原則，在於尊重當事人之處分意思❹。現今第二審上訴制度，仍存在著不利益變更禁止原則與上訴共通原則，該二大原則交錯於上訴制度。但不利益變更禁止原則，已成為主要原則，只在少數例外情形，上訴共通原則始有適用。

⑵內　容

決定有無違背不利益變更禁止原則，應以發生既判力之主文為準，原則上與判決理由之判斷無關，惟有例外。例如對待給付判決，如僅被告就命其給付部分上訴，依通說認全部有移審效，但第二審認應為無條件給付判決時，僅能為被告上訴駁回之諭知，如其變更為無條件給付之判決，即係牴觸不利益變更禁止原則。反之，僅原告上訴且無理由時，應僅能駁回其上訴，不得併同已命被告給付部分一併廢棄，改駁回原告之訴，否則即有牴觸本原則之虞。

抵銷之抗辯之情形，例如（第一例）原審以原告請求債權存在（被動債權），被告抵銷主張要件不合法（如未屆期或非同種類不適合抵銷），為原告勝訴判決。此種情形，僅被告得上訴。第二審認為原告請求債權存在，且抵銷之合法要件具備，但被告之自動債權不存在時，第二審如廢棄原判決，再為原告之訴有理由之判決時，則因上訴審對自動債權之存否已為實體判斷，並為自動債權不存在判斷，將擴張既判力範圍至自動債權部分。如此，被上訴人（原告）之請求仍為勝訴判決，原告之請求債權存在，但自動債權實體上已被判斷不存在，兩者均生既判力。第二審判決，較諸原審只就請求債權存在為判斷，自動債權部分（因原審認為不合法未為實體判斷）不生既判力者，第二審判決將使上訴人（被告）更陷於不利地位，即違反此原則；惟我國實務並不認有牴觸此原則。又如（第二例），原審認原告債權存在，適於抵銷，被告自動債權存在，抵銷結果，原告之訴駁回，僅原告上訴，第二審認為原告請求債權不存在，如果廢棄原判決，駁回原告之請求，將使原告喪失其因抵銷自動債權而獲得之利益，而將牴觸此原則。

⑶違背本原則之處理

為避免違背不利益變更禁止原則，第二審法院應為如何處理，即以第二例為說明。學說因此原則之法理依據不同，處理方式亦有差異。

第一說為獨立意義說。主張如第二審認原告請求債權不存在，不能就自動債

---

❹ 宇野著，第 402 頁。

權存否為判斷，只須駁回原告上訴即可。否則廢棄後，原告之請求債權即成為不存在，較諸第一審判決之以原告請求無理由之原因，係因抵銷同使被告債權消滅言，將更不利於上訴之原告。

第二說為聲明拘束說。認為第二審受聲明拘束，原告之請求債權不成為第二審對象，第二審只能就自動債權審理；縱第二審法院認原告請求債權不存在，仍不得對之審判，此部分應維持原審見解。因此，自動債權不存在時，應廢棄原判決，為原告有理由之判決；自動債權存在者，駁回原告之上訴。其結果與獨立意義說不同。

聲明拘束說，把握聲明拘束原則之適用，當然不會造成上訴人更不利判決結果；而獨立意義說，認不利益變更禁止原則有其獨立意義，並應善加運用，以避免上訴人更受不利之判決。雖其目標一致，但方法之不同，仍造成前述結論之差異。

(4)本原則之例外

不利益變更禁止原則之例外，例如訴訟要件之欠缺，屬法院依職權調查事項，非處分權主義範圍外又與公益有關，即無此原則之適用。又職權事項者，如裁判費、假執行宣告或人事訴訟程序，離婚後親權事項之酌定，即無此原則適用。形式上形成判決，如確認經界訴訟，有非訟性格，當事人主張之經界並無有利或不利情事，不受聲明拘束原則適用，當無不利益變更禁止原則適用。

(二)廢棄自為判決

第二審以上訴有理由而廢棄第一審判決，因第二審屬續審制，而應由第二審自為裁判（第450條）。法文上所謂變更原判決，係指廢棄原判決自為判決之意（29上936判例）。變更原判決之判決，其主文第一項應記載原判決廢棄（院1932號）。

(三)廢棄發回判決

1.要　件

第一審之訴訟程序有重大之瑕疵者，第二審法院得廢棄原判決，而將該事件發回原法院。但以因維持審級制度認為必要時為限（第451條第1項）。前項情形，應予當事人陳述意見之機會，如兩造同意願由第二審法院就該事件為裁判者，應自為判決（第451條第2項）。依第1項之規定廢棄原判決者，其第一審訴訟程序有瑕疵之部分，視為亦經廢棄（第451條第3項）。

　　　所謂第一審訴訟程序有重大瑕疵，係指違背訴訟程序規定，且其違背與第一審判決內容有因果關係，或因訴訟程序違背規定，不適於第二審辯論及判決之基礎而言（48 台上 127 判例）。例如，未經合法通知即准為一造辯論判決（69 台上 3752 判例）、違背就審期間規定而為一造辯論判決（69 台上 1522 判例）、違背闡明義務（43 台上 12 判例），均屬之。亦包括判決程序之瑕疵，例如，法院組織不合法、應迴避法官參與裁判、訴訟程序未經合法代理、未行言詞辯論公開程序、訴訟程序停止期間為判決、應依職權調查事項未予調查、未參與言詞辯論之法官參與評議、判決未記載必要記載事項、訴外裁判，均屬之。原審准為訴之變更，仍就原請求判決，為維護審級利益，有廢棄發回必要時，亦得為發回❹❺。但本案判斷不當者，不屬訴訟程序之瑕疵。

　　　維持審級利益，以原審之實質審理內容為斷，如已使兩造盡其攻防責任，並充足闡明義務者，對當事人審級利益之實質權利並無危害。維持審級制度必要，指當事人因審級利益被剝奪致受不利判決者言，如本受勝訴判決之當事人，即無廢棄發回必要❹❻。應行簡易程序誤用通常程序，程序保障並無欠缺，不得為廢棄發回（第 451-1 條第 1 項）。反之，應行通常訴訟程序，誤用簡易訴訟程序者，其程序即有重大瑕疵。

2.發回裁量權

　　　第二審法院廢棄原判決，是否發回原法院屬法院裁量權，而不採日本民事訴訟法第 388 條之必要發回立法方式，因此縱使第一審以訴不合法判決駁回原告請求，經第二審廢棄時，亦無發回原審必要。有此情形，應準用第 451 條第 1 項規定，由第二審法院裁量有無發回必要，當事人同意由第二審法院自行判決者，解為拋棄審級利益。發回判決得不經言詞辯論為之（第 453 條）。

3.發回判決範圍及效力

　　　以一訴為數請求，就其中之一請求，原法院之程序有重大瑕疵，應廢棄發回時，其餘請求部分如可分離者，將該部分廢棄發回即可，否則應將全部判決廢棄發回❹❼。發回判決之性質為終局判決❹❽，不服該判決，得上訴第三審。確定之發

---

❹❺ 宇野聰，任意的差戻し，鈴木正裕、鈴木重勝編，注釋民事訴訟法⑻，1998 年，有斐閣，第 193 頁。

❹❻ 最高法院 92 台上 1188 號判決。

❹❼ 日本最高裁判所昭和 42 年 3 月 31 日判決。

回判決使事件移審於原法院，受發回之法院程序，為原程序之續行❹，此為發回判決之移審效。

第三審之廢棄發回判決，其法律上判斷，有拘束受發回法院效力（第 478 條第 4 項）。第二審發回判決則未明文。發回判決，有認係審級制度本質使然，如不承認廢棄發回判決拘束力，同一問題於上下級審間，因意見相左無從確定，因此不限第三審，即使第二審之廢棄發回判決，亦有拘束力。有認係為統一解釋法令目的所具有之特殊效力，上級審之法律上判斷，如無拘束力則無從完成統一解釋法令目的。第二審既無統一解釋法令權，即無拘束下級審效力。日本裁判所法第 4 條設有上級審判決對下級審拘束力之一般性規定，其通說不採第三審特殊效力說。我國學者亦有採通說見解，認係審級制度本質，應肯定其拘束力❺。

4.發回後程序

廢棄發回，第一審訴訟程序有瑕疵部分，已視同廢棄（第 451 條第 3 項）。惟所謂視同廢棄，係指法院訴訟行為部分，不包括當事人原已有之主張、聲明、攻擊防禦方法或訴訟資料提出之訴訟行為。受發回法院，應回復第一審程序，當事人得提出新攻擊防禦方法。但受發回法院得否為較原判決更不利益之判決，有認為新審理程序，既係言詞辯論程序之再開，在原告聲明範圍內，更為不利於先前之判決，並未違背不利益變更禁止原則。反對見解認為，如此將使上訴人反受不利益判決，而有失上訴之本意❺。不利益變更禁止原則，如採聲明拘束原則說，發回後第一審判決，如仍在聲明範圍內，便無違背此原則。如認此原則有獨立意義，即不能更不利於先前判決。應以獨立意義說為可採。

㈣廢棄發交判決

第二審法院廢棄第一審判決，而將事件移送於其管轄法院之判決，稱為移送判決（第 452 條第 1 項），但為符合訴訟經濟原則，應以第一審法院違背專屬管轄者為限，第二審法院不得以第一審法院無管轄權而廢棄原判決。專屬管轄通常與公益有關，本即屬法院應依職權調查事項。第二審法院以第一審法院違背專屬管轄規定，廢棄原判決者，即應移送於管轄法院（第 452 條第 2 項）。該第二審法院

---

❹ 加藤著，第 487 頁；兼子著【判例】，第 148 頁。

❹ 駱永家，第二審程序泛論，民事法研究 III，第 50 頁以下。

❺ 駱著【拘束力】，第 176 頁，亦採相同見解。

❺ 高橋宏志，控訴について㈣，法學教室，第 161 期，1994 年，第 100 頁註 9。

為管轄法院者，應由第二審法院廢棄原判決，就該事件自為裁判（30上138判例）。本條之移送，因未涉及實體事項判決，得不經言詞辯論為之（第453條），亦不得自為訴訟費用之裁判。因屬終局判決，得以上訴方式為救濟，並得對之提起再審之訴。

三　複數請求之第二審判決

㈠選擇合併、預備合併之處理

依傳統上訴不可分理論，選擇合併之類型，第一審就其中一請求為原告勝訴判決，被告上訴時，未審理之請求亦生移審效。第二審雖認原請求之判決不當，但另一請求正當時，仍應為上訴駁回判決。他請求亦無理由時，應廢棄原判決，駁回原告之訴。依新說，未審理之他請求部分，不生移審效，第二審不得對之審理，如已判決部分原告之請求無理由時，應廢棄原判決，駁回原告之訴。

預備合併請求類型，第一審為先位請求有理由判決（備位無須審理），被告上訴，備位請求部分同生移審效，第二審如認上訴有理由時，應將原判決廢棄，如備位請求有理由時，應為備位有理由之判決。第一審認先位請求無理由而備位請求有理由，兩造均上訴時，第二審如認先位請求有理由，則備位請求解除條件成就，僅須就先位請求為判決即可。至於備位請求部分，有認當然失效者，無須另為廢棄判決；亦有認為應將先位無理由及備位有理由判決均廢棄，另再為先位請求有理由之判決。如依新說，先位請求無理由而備位請求有理由時，如僅被告就備位上訴，先位部分不移審，不能就之審判。如僅原告上訴，只先位發生移審，當上訴有理由，應廢棄原判決關於駁回先位請求部分，另為先位有理由判決，不得廢棄原審備位請求判決。此時，先位請求與備位請求，同時在第一、二審均獲得勝訴判決，此說之見，應俟先位請求勝訴判決確定時，備位請求解除條件成就，當然失其效力。

㈡審判對象變動

1.一部撤回

第二審始為請求之部分撤回，該部分溯及起訴時訴訟繫屬消滅，不得審判。未撤回部分，上訴無理由者，應駁回上訴，惟為避免誤以第一審判決主文為執行名義，除上訴駁回之諭知外，可另為原判決請求部分減縮之諭知。此減縮之諭知屬告示性質。

2. 訴之變更

在第二審為訴之變更，如為單純變更，此時舊訴視為撤回，只就新訴審理判決，新訴有理由時，縱內容與原審判決主文完全相同，仍不能為上訴駁回之諭知，應另就新訴有理由判決。新訴無理由，應為變更之訴駁回之判決❺❷。訴之變更包括質之變更，例如將確認之訴變更為給付之訴，此時確認之訴視為撤回，只就給付之訴為審理。

預備合併變更情形，如原告以 A、B 兩請求為選擇合併，原審認 A 請求有理由；原告在第二審就勝訴之 A 請求變更為備位，B 請求為先位。此時，上訴審應先就 B 請求審理，B 請求有理由時，應為 B 請求有理由判決，但應否廢棄第一審判決，日本最高裁判所認為，先位有理由，備位請求解除條件成就，因此僅為先位請求判決即可，備位請求無庸為廢棄，乃當然失效❺❸。

3. 預備追加

其情形如，第一審為原告勝訴判決，被告上訴，原告在第二審為預備追加。第二審認先位無理由，應廢棄原判決，就預備請求為判決。如備位亦無理由時，應依追加之例，另於主文中就預備追加請求為駁回判決；如備位有理由，縱其主文與第一審判決主文相同，仍不能為上訴駁回之判決，應廢棄原判決駁回先位請求，再為預備請求有理由之判決。

又如，第一審為原告敗訴判決，原告上訴並為預備追加，第二審認為先位有理由，應廢棄原判決，另為原告先位請求有理由之判決，無須另就預備請求為判決。如第二審仍認先位無理由，即應為上訴駁回判決，並就預備請求有無理由於主文中諭知。

4. 請求之減縮

請求之減縮，如屬法律關係個數之減少，則減少部分視為撤回。如為聲明數量之減縮，其處理方式如同一部撤回。聲明質之減縮者，因屬給付義務態樣變更，減縮後請求如仍應維持原審判決時，應為上訴駁回，但應揭示其變更後之內容。

---

❺❷ 為少數說。第二審上訴係對第一審判決之當否為審查，原告請求本身，經第一審判決即有該審判決外觀，第二審有事後審性格，訴之變更仍不能無視其性格。第一審判決本身也成為審判對象，僅是審判對象變更為對第一審就新請求判決當否為審查之擬制。因此，上訴如與第一審判決為相同判斷時，應為上訴駁回之判決。

❺❸ 日本最高裁判所昭和 39 年 4 月 7 日判決。

5.一部捨棄認諾

第二審中為請求之一部捨棄者，在捨棄範圍內，原判決失其效力。其餘部分如與原判決主文相同認定者，應駁回上訴諭知，但應於主文另為減縮之告知。第二審中始為一部認諾情形，應就認諾部分廢棄原判決，而為認諾判決。原審為被告敗訴判決，被告上訴後為部分認諾，其餘部分如與原判決為相同認定時，應駁回上訴，但理由應為認諾之說明。

四　假執行宣告

㈠類　型

第二審法院關於執行宣告之裁判，依裁判形式之不同，有以判決形式為之者，有以裁定形式為之者。依對象之不同，有就不服第一審假執行判決為之者，有自行為判決者。依發動原因之不同，有依聲請為之者，有依職權為之者。依作成時間不同，有先於本案裁判為之者，有與本案判決同時為之者。第二審對於發回更審案件，仍得依聲請就其更審判決宣示假執行（17 聲 14 判例）。

1.以裁定形式為之者

按一部上訴，有遮斷全部判決確定效力。如第一審判決未宣告假執行或宣告附條件之假執行者，為避免勝訴當事人因敗訴一方就判決之一部提起上訴，致已勝訴部分未能確定及早實現權利，本法第 456 條第 1 項規定，第二審法院應依當事人之聲請，就未經聲明不服之部分，以裁定宣告假執行。上開之聲請不限於言詞辯論時為之，以書狀或於準備程序時為聲請，亦無不可。又如第二審法院認為上訴人係意圖延滯訴訟而提起上訴者，應依被上訴人聲請，以裁定就第一審判決宣告假執行；其逾時始行提出攻擊或防禦方法可認為係意圖延滯訴訟者，亦同（第 456 條第 2 項）。

2.以判決形式為之者

⑴先於本案判決為之者

第二審法院應依聲請，就關於假執行之上訴，先為辯論及裁判（第 455 條）。有關假執行部分先為辯論判決者，仍為終局判決，此類假執行宣告判決與本案判決間具有獨立性，但以有本案合法上訴為前提。又此之辯論及審判範圍，以第一審法院有關假執行宣告為限，不及於本案判決之當否。第二審法院先於本案判決為關於假執行宣告之判決者，如其後本案判決部分，經廢棄並駁回原告請求時，

假執行宣告即失所附麗、當然失效，在此範圍有從屬性。如第一審假執行宣告先經廢棄駁回請求，其後本案判決部分維持第一審之請求者，該被廢棄之假執行宣告並不因而回復。

⑵本案判決同時為之者

關於財產權之訴訟，第二審法院之判決，維持第一審判決者，應於其範圍內，依聲請宣告假執行（第457條第1項）。前項宣告假執行，如有必要，亦得以職權為之（第457條第2項）。本條情形係指原告於第一審受勝訴判決情形言。原告於第一審受敗訴判決，經第二審判決認其上訴有理由，於本案判決同時，應分別情形，或依職權宣告假執行，或依聲請宣告之。

㈡不得聲明不服

對第二審法院關於假執行之裁判，不得聲明不服（第458條）。但因本法第395條第2項及第3項所為之裁判，乃法院因廢棄或變更宣告假執行之本案判決，而依被告聲明命原告返還及賠償被告因假執行，或因免假執行所為給付及所受損害之裁判，對該裁判如不得聲明不服，恐影響當事人權益，因此例外排除適用（第458條但書），而得為上訴或抗告。惟仍受同法第466條上訴第三審法定金額之限制。

五 判決書之記載及卷宗處置

第二審判決書，事實之記載，得引用第一審判決。當事人提出之新攻擊防禦方法，應併記載之（第454條第1項）。理由記載，如關於攻防意見及法律上意見與原判決相同者，得引用之；如有不同應另行記載。就第二審新攻防意見，則應併記載之（第454條第2項）。上訴因判決而終結者，第二審法院書記官應於判決確定後，速將判決正本附入卷宗，送交第一審法院（第462條第1項）。

▶ 第六節 裁判以外方式之終結

一 撤回上訴

上訴人於終局判決前，得將上訴撤回（第459條第1項）。被上訴人已為附帶上訴者，應得其同意（第459條第1項但書）。因附帶上訴之附屬性，上訴撤回附

帶上訴失其效力（第 461 條前段）。必要共同訴訟有合一確定必要者，其中一人或數人上訴，其效力及於全體（第 56 條第 1 項），理論上，其撤回上訴亦應經其他人之同意，但為避免提起上訴之人撤回上訴之困難，同條第 2 項特別規定，訴訟標的對於共同訴訟之各人必須合一確定者，其中一人或數人於提起上訴後撤回時，法院應即通知視為已提起上訴之共同訴訟人，命其於十日內表示是否撤回，逾期未為表示者，視為亦撤回上訴（第 459 條第 2 項）。撤回上訴程序，準用第 262 條第 2 項至第 4 項有關訴之撤回規定（第 459 條第 4 項）。撤回上訴者，喪失其上訴權（第 459 條第 3 項），但不影響其附帶上訴權。

二　和　解

第二審程序中成立訴訟上和解者，第二審程序亦為終結，其卷宗處理準用因判決終結之規定（第 462 條第 2 項）。

三　撤回起訴

第二審程序中原告撤回起訴者，第二審程序終結，但被告已為言詞辯論者，應經其同意（第 463 條、第 262 條第 1 項）。其卷宗處理方式與上訴因判決而終結者同（第 462 條第 2 項）。

第三章　第三審上訴

▶ 第一節　意義及要件

一　目的及客體

　　第三審上訴乃對第二審之終局判決所為之法律審上訴之謂。上訴制度目的主要為統一解釋法令，乃以公益目的為主，但在具體事件中，亦可因糾正法令適用錯誤結果，間接達到保護當事人私權目的，而兼有保護私權目的。第三審既為法律審，以審查第二審適用法規有無錯誤為目的，原則上以第二審判決所確定之事實為判決基礎，於審理過程中，當事人不得提出任何新事實新證據，有法律事後審性格。

二　實質要件

㈠不服利益

　　對於第二審之終局判決，除別有規定外，得上訴於管轄第三審之法院（第464條）。因此得上訴第三審之事件，以經第二審終局判決者為原則。惟本法於第466-4條第1項特別規定當事人對於第一審法院通常訴訟程序所為之終局判決，就其確定之事實認為無誤者，得合意逕向第三審法院上訴，為飛躍上訴制度。其合意，應以文書證之，連同上訴狀提出於原第一審法院（第466-4條第2項）。對第二審之中間判決，僅能與終局判決併受第三審審查，不得單獨對之上訴（28上2407判例）。第三審上訴為審級救濟程序之最終審，仍屬上訴性質，須因第二審判決受有不利益，始有不服利益存在，因此第三審上訴之聲明事項，如不在第二審判決範圍內者，即不能認其第三審上訴為合法（64台上2589判例）。第二審廢棄發回之判決，廢棄理由之判斷對下級審有拘束力，如不服該廢棄理由者，亦得對之提起第三審上訴權❺❹。

---

❺❹ 日本最高裁判所昭和45年1月22日判決。

㈡有上訴權人

第三審上訴係因第二審判決受有不利益，非第二審判決之當事人，自不得對該判決提起第三審上訴（37 上 7009 判例）。第二審全部勝訴之當事人不得為上訴第三審（27 上 536 判例）。判決理由說明之不服，並無不服利益，無上訴權（31 上 3261 判例），但因第二審判決理由所生既判力受不利益者，則得為上訴第三審。有不服利益之人有上訴權，被上訴人則須對第二審他造當事人或其繼受訴訟當事人為之（37 上 7769 判例）。

第三人為輔助參加後，如未撤回其參加，亦未受法院駁回其參加之確定裁定，則在該訴訟未因確定裁判或其他原因終結前，隨時得輔助當事人為訴訟行為，並不以參加時之一審級為限，故在第一審為參加者，雖在第二審未為訴訟行為，亦得對於第二審判決提起上訴（30 抗 273 判例）。

三 特別要件

㈠判決違背法令

本法規定對於第二審判決上訴，非以違背法令為理由，不得為之（第 467 條），為上訴第三審之特別要件，或為第三審上訴之實質要件。所謂判決違背法令，指判決不適用法規，或適用不當者（第 468 條）。另同法第 469 條則有當然違背法令之具體規定。

1. 法令範圍

法令係法規之意，包括法規命令。其範圍相當廣泛，凡本國制頒之法律、條約，以及與憲法或法律不相牴觸之有效命令、省法規、縣單行規章，均屬之。不問其為實體法、程序法、公法或私法，又民事，法律所未規定者，依習慣，無習慣者，依法理。故判決應適用習慣或法理而不適用，或適用不當時，概屬違背法令❺❺。判決違背現尚有效之司法院解釋，或司法院大法官憲法解釋、或憲法法庭裁判意旨，亦為判決違背法令。

法令不限於形式意義之法律，凡得成為裁判規範依據之實質意義法令，均屬之。本國中央或地方立法機關依立法程序制定之法律、條例、自治法規，固不待言。經立法授權制頒之規範命令（含規則、細則、規程、標準、辦法），亦屬之❺❻。我國承認之國際法上條約，涉外民事法律適用法應適用之外國法規，亦同。

---

❺❺ 79 年第 1 次民事庭會議決議。

法承認之習慣、法理（民法第 1 條），亦屬之❺。憲法因具有客觀法價值，違反憲法所保障之權利，如平等權、自由權者，亦屬違背法令。

　　關於判例（要旨）之違背問題，最高法院 79 年第 1 次民事庭會議決議雖認包括在本條所指之判決違背法令。但判例係抽象規範意義之存在，非立法機關依立法程序完成，而由最高法院民、刑事庭法官會議，係依修法前法院組織法第 57 條授權選編法律見解，報請司法院備查而成。判例係自案例事實判決先例中抽離事實，留存法律見解部分，以闡述法律意義為主要內容，而被認有規範效性格，但因非法律本身，依大法官解釋，其相當於命令位階；因法官只服從憲法、法律及習慣法理（等同於法律位階），因此判例之命令規範效，對法官解釋及適用法律，並無法之拘束力。但立法者對於實質逾越立法權之判例，卻又給予一定程度之承認，例如刑事妥適審判法第 9 條，判決違背判例者，為第一審無罪判決得提起第二審上訴之理由；於實務個案審判方面，違背判例者即屬適用法規顯有錯誤（57 台上 1091 判例），因而判例成為具有實質意義之規範拘束力，如有違背亦屬判決違背法令，得為第三審上訴理由。惟判例制度已因大法庭制度實施，其如有裁判全文可查考者，以一般判決視之，如無全文者，即不再援用。亦即，後案如有與判例全文相同之案例事實者，判例全文可作判決先例，但非法之拘束力，係因同案同判法理平等原則之故。因此，後案如採與之不同法律見解者，應提案由大法庭裁定之。

　　大陸法系國家法官造法或法之續造活動，受到侷限。一般而言，判決先例無非係法官就某一具體個案，依證據法則認定事實，並將事實涵攝入既存法律規範後之判斷而已。因此判決先例，應只能被理解為：就特定事實，某有權解釋法律及適用法律者，曾為如是之判斷而已，其為「事實之存在」而非「規範之存在」本身。惟判決先例既係有權者就特定事實適用法律之評價，則於相同事實發生時，依憲法平等原則之規範作用，判決先例之內容事實被作為與後案事實比較之工具、媒介或材料，兩案之事實等之者，判決先例內容所表示之法律見解，可為後案法律適用之「被認識的法源」。此等被認識之法源非規範拘束力，否則如後案判決有

---

❺ 第二審依各機關就其職掌所作法規釋示之行政命令，雖依法律表示其確信之見解作成之裁判，第三審如認其見解違法不當，仍應認為違背法令。79 年第 1 次民事庭會議決議參照。

❺ 習慣、地方制定之法規及外國之法規為法院所不知，當事人未主張及舉證時，如法院未依職權為調查及適用，不得謂為違背法令。79 年第 1 次民事庭會議決議參照。

當然適用前案法律見解義務，後案法官不能為相反法律見解判斷，後案當事人亦不能主張相反之法律意見，後案既判力之正當性將受到危害。總之，成文法國家判決先例係適用法律之結果，不能自我提升為法規範本身，無直接拘束相同事實後案效力，此與不成文法國家之判決先例本身即具法規範意義者不同；以此為前提，後案所持法律見解之與判決先例相違者，非判決違背法令。有疑義者，如承認法官之造法、續法功能，法官因個案審判創造之法規範，其判決先例是否等同於案例法國家之判決先例，而有規範效力，乃涉及法之定義之法哲學根本問題。

關於經驗法則或論理法則之違反問題，經驗法則乃指依經驗歸納得事物之狀態或因果關聯之知識法則，包括一般日常知識及具有專業之知識。其性質為何，學說不同，有認係法規範者，亦有認為經驗法則不在法令範圍，基於自由心證主義之尊重，只在其適用顯著不當情形下，不得認係屬事實問題，應屬違背法令而已❺❽。亦有學者認為，在確定之事實是否該當於法律要件之判斷時，屬法律問題；但如係證據證明力問題，如從間接事實論主要事實或其他間接事實時，乃事實認定範圍。而法官於事實認定時，基於自由心證主義之內在限制，應依經驗法則與論理法則，本於一定之證據或間接事實，以推定必然之一定事實，因此如違反高度或然率之經驗法則之事實認定，即屬經驗法則之違反，亦即為自由心證主義法則之違反，可成為第三審上訴理由❺❾。

原判決基礎之法令存否及效力，或法令之解釋，或舉證責任規定、事實推定規定解釋之不當，亦屬判決違背法令。法院裁量權行使固不受上級審法院審查，但逾越裁量權範圍或有裁量權濫用情形時，亦同。至於再開辯論當否，原屬裁量權範圍，不得以之為第三審上訴理由，但如因再開辯論，將使當事人有提出攻擊防禦方法機會者，有認為屬程序正義之違反，被認係裁量濫用❻⓿。

2. 法令違背原因

判決有不適用法規或適用不當之原因，通常係因法院對應適用之法令內容解釋之誤解所致之錯誤，或一定事實應否該當一定法規要件判斷之錯誤。

法令之適用與事實之認定，前者受第三審之審查，後者為事實審權限。第三審應以原判決確定之事實為判決基礎（第 476 條第 1 項），但究屬第三審所得審究

---

❺❽ 新堂著【民訴法 5 版】，第 909 頁。

❺❾ 中野等著【講義】，第 514 頁。

❻⓿ 日本最高裁判所昭和 56 年 9 月 24 日判決。

之法律問題或不得審究之事實問題，並非明確。原判決確定之事實須為合法確定
之事實，始有拘束第三審效力。學說上區別標準，有二個理論方法對立：第一說
認為，實際上不可能區別事實問題或法律問題，兩者係互通，應從個別情形判定
之；第二說從上訴制度目的為出發，如為完成法統一目的與法安定性所不可欠缺
者，乃為法律問題。原判決確定事實所適用之法規當否，一般認係法律問題；而
不確定法律概念，例如受過失或公序良俗法律之評價之具體事實之確定，則屬事
實問題。但該事實應否受過失或公序良俗法律之評價，則為法律問題，後者之判
斷有錯誤時，即屬適用法令不當，得為第三審上訴理由❻。

　　法令違背，有屬訴訟法規定之違背，如證據調查程序之違背、自認效力之誤
認是。程序上錯誤，得因責問權喪失其瑕疵得以治癒。違背程序上訓示規定者，
亦不得成第三審上訴理由。第二審違背闡明義務之行使者，如其程度達於足以影
響判決結果者，應認係程序上之違背，得為第三審上訴之理由。

3. 法令違背與判決結果

　　判決違背法令應達足以影響判決結果，始足當之，如對判決結果不生影響，
不得據以提起第三審上訴，此觀諸本法增訂第 477-1 條「除第 469 條第 1 款至第
5 款之情形外，原判決違背法令而不影響裁判之結果者，不得廢棄原判決」，以及
本法另於第 469 條規定當然違背法令者自明。是否足以影響判決結果，其判斷標
準，應指如未違背，即有為與原判決不同之判決結果之可能時，即可認足以影
響❻。

(二)判決當然違背法令

　　本法第 469 條規定，有下列情形之一者，其判決當然為違背法令。本條係因
訴訟程序之重大錯誤，立法上即以列舉規定第三審上訴事由，無論其違背是否足
以影響判決結果，均構成第三審上訴事由，又稱為絕對上訴事由。

　　一、判決法院之組織不合法者（第 469 條第 1 款），包括非法官參與審判，或
構成合議庭法官人數之不足（33 上 6535 判例），或參與判決之法官未參與判決之
基礎辯論（38 台上 292、40 台上 916 判例）即屬之。

　　二、依法律或裁判應迴避之法官參與裁判者（第 469 條第 2 款）。

　　三、法院於審判權之有無辨別不當或違背專屬管轄之規定。但當事人未於事

---

❻ 中野等著【講義】，第 514 頁。
❻ 新堂著【民訴法 5 版】，第 909 頁。

實審爭執,或法律別有規定者,不在此限(第469條第3款)。所謂法院無審判權限,例如對有治外法權之人為裁判,或不屬民事訴訟事件,如行政訴訟事件為裁判。法院對於所受理之無審判權事件,誤認為有審判權而為判決,或違背專屬管轄規定,其判決當然為違背法令。惟判決違背專屬管轄實無害重大公益,或審判權爭議,當事人於事實審均未予爭執,從程序安定、訴訟誠信及司法資源有限性觀點,並無由第三審將第二審判決廢棄必要,因此增設但書予以排除。但書之增訂另一意義,違背專屬管轄,及違背審判權劃分所為判決,有此情形,已非當然違背法令之絕對上訴第三審事由。惟如當事人於事實審已有爭執者,法院仍應依職權調查事項,並為第469條第3款之當然違法令。

因審判權爭議,110年12月本法與法院組織法第7-1條至第7-11條,有新增劃分規定,普通法院因新規定有審判權者,自非無審判權。法律別有規定者:⑴經最高行政法院依法院組織法第7-5條第1項後段規定指定,或⑵當事人就普通法院無審判權之事件,依本法第182-1條第1項第2款規定,合意由普通法院裁判。合意普通法院有審判權,係審判權相對化(緩和)內涵。⑶依第182-1條第4項規定,移送未經最高行政法院裁判確定,普通法院所為裁判,上級審法院不得以其無審判權而廢棄之;⑷商業事件審理法第4條第5項規定,受商業法院移送之法院所為裁判,上級法院不得以其違背專屬管轄為由廢棄原裁判(參照110年12月第469條立法理由)。

四、當事人於訴訟未經合法代理者(第469條第4款),包括無訴訟能力人未由法定代理人代理,及訴訟代理人欠缺訴訟代理權(28上1887判例)。此項欠缺得於原判決廢棄前,因當事人之追認而使其瑕疵治癒。

五、違背言詞辯論公開規定者(第469條第5款);因對審權及公開審判權之保障為訴訟權內容之一,如有違背則構成第三審上訴事由,但公開程序得予以限制,例如本法第195-1條規定,當事人提出之攻擊防禦方法,涉及當事人或第三人之隱私、業務秘密時,經當事人聲請,法院認為正當者,得不公開。

六、判決不備理由或理由矛盾者(第469條第6款)。前者,指判決理由全部或一部理由記載之欠缺,包括事實認定、法律適用,及其判斷推論過程之不明確,或不附理由;其他足以影響判決重要事項之判斷脫漏,亦屬之。各個攻擊防禦方法爭點之判斷,如證據取捨之理由不備,是否為理由不備?實務見解原認為,攻擊防禦方法,例如某文書之提出,原判決理由中未記載其取捨意見者,屬之(29

上 842 判例)。但其後略有修正,認為法院就當事人提出之各項攻擊防禦方法及聲明之證據,僅就其中主要者予以調查審認,而就非必要者漏未斟酌,如不影響判決基礎者,即非理由不備❸。又,判決理由應記載認定事實所用之證據,及其論理過程依自由心證主義,就證據證明力、證據價值之判斷,並應記載證據內容與待證事實之關聯。惟自由心證係綜合全部證據之價值判斷予以形成,自不許單獨分離各個證據,以評判其價值,此與法定證據主義不同,因之日本最高裁判所即認無將各個證據價值一一論述之必要,又認為證據證明力之形成,乃依證據內容、成立過程,及與其他證據資料相互間之關聯,因此不得單獨觀察❹。因此當事人提出之證據被排斥時,並無一一說明理由之必要。但判決應具足以使當事人信服之理由,就形成心證事由之說明,證據之採否,不能全以因一一分離說明之困難而漠視,仍須視該被排斥之證據,是否為主要證據方法為斷。例如證人之證詞、文書證據之證明力,如其排斥足以影響判決結果者,判決理由中未予說明,應可構成判決理由不備之違法。判決理由矛盾,則指判決理由前後相反,或與判決主文不符情形而言(53 台上 3571 判例)。本款之違背雖為當然違背法令,得為上訴第三審理由,但如原判決違背法令不影響判決結果者,不得為廢棄原判決(第477-1 條)。亦即,判決不備理由或理由矛盾得為上訴第三審理由,其上訴要件具備,縱經審理結果,認不影響判決,應以上訴無理由駁回,非上訴不備上訴要件。

四 第三審上訴利益之計算

對於財產權訴訟之第二審判決,如因上訴所得受之利益,不逾新臺幣一百萬元者,不得上訴。司法院得因情勢需要,以命令減至新臺幣五十萬元,或增至一百五十萬元。本法第 466 條第 1、3 項定有明文。現司法院已以命令核定增至一百五十萬元。上開數額之計算,準用關於計算訴訟標的價額之規定(同條第 4 項)。

原告於第一審之訴訟標的價額未逾該數額,於第二審中為訴之追加,合計價額逾該數額,第二審法院就該數訴訟標的於同一判決中為裁判者,上訴人對判決全部或一部聲明不服,上訴利益價額應合併計算。第二審法院如就原訴訟標的為本案實體判決,又認追加之訴部分,其追加不合法,另以裁定駁回該部分之訴者,受不利益裁判之當事人,如僅就第二審本案實體判決聲明不服提起第三審上訴,

❸ 最高法院 78 年度 8 月 1 日第 17 次民事庭會議決議,第貳項第四點。
❹ 日本最高裁判所昭和 32 年 6 月 11 日判決,及昭和 29 年 2 月 18 日判決。

或僅就裁定抗告，因未上訴或抗告部分未聲明不服，計算上訴或抗告之不服利益，應僅就不服部分計算其數額❻。如同時對判決及裁定分別提出上訴及抗告者，則應合併計算❻。

同一訴訟程序，法院分別為判決及裁定主文，對當事人之請求為回答，應合併計算其不服利益。蓋所謂上訴之實質意義，係指因不服原判決，請求上級審救濟，因而生移審效及遮斷效。對原裁定之不服，亦生移審效與遮斷效，則抗告亦屬上訴性質❻。

同一審判程序，當事人請求就訴訟標的有無理由為裁判，無論是否為同一訴訟標的，或因聲明之擴張或為訴之追加，非有特別情事而為分別辯論分別裁判，否則應於同一裁判示裁判結果。法院如為分別審理及裁判時，為保障審級利益，計算上訴利益數額，應合併計算之。法院如認訴訟標的，有部分應為實體判決，其餘部分之訴有不合法情事，以裁定駁回該部分時，受不利判決一方，就其不利部分均聲明不服，而提出上訴與抗告者，則計算其不服利益，應合併計算之。

▶ 第二節　上訴之提出

一　上訴程式遵守

㈠法定期間內提起

提起上訴，應於第二審判決送達後二十日之不變期間內為之。但宣示或公告後送達前之上訴，亦有效力（第 481、440 條）。上訴逾期者，第二審法院應以裁定駁回之；未駁回者，第三審法院亦應以裁定駁回之（第 481 條、第 442 條第 1項、第 444 條）。當事人於第二審判決宣示或送達後，得捨棄上訴權（第 481、439 條），於終局判決前亦得將上訴撤回（第 481 條、第 459 條第 1 項），如上訴人已捨棄上訴權或撤回上訴者，其第三審上訴即不合法。

---

❻ 最高法院 102 台抗 447 裁定。

❻ 最高法院 107 台抗 875 裁定。

❻ 24 年第 486 條立法理由說明：「查民訴律第 594 條理由謂抗告為上訴之一種，故合法之抗告，即合法之上訴也。抗告既合法，則應以其事件移送於抗告審判衙門」。

㈡法定程式上訴書狀

第三審上訴，應提出記載法定事項之上訴狀。包括本法第 441 條第 1、2 項所定第二審上訴狀應記載之事項（第 481 條準用第 441 條）。又因第三審為法律審，於第 470 條第 2 項特別規定，應表明下列各款事由：原判決所違背之法令及其具體內容、依訴訟資料合於違法令之具體事實、依第 469-1 條規定提起上訴者，具體敘述為從事法之續造、確保裁判之一致性或其他所涉及之法律見解具有原則上重要性之理由。上訴狀未表明上訴理由者，上訴人應於提起上訴後二十日內提出理由於原第二審法院，未提出者，毋庸命其補正，由原第二審法院以裁定駁回（第 471 條第 1 項）。補提上訴理由之二十日期間，如係在判決宣示後送達前提起上訴者，其期間自第二審判決送達日起算（第 471 條第 4 項）。上訴理由書提出乃強制提出，與第二審上訴理由提出不同。上訴人於第三審判決前亦得提出上訴理由追加書狀（第 472 條第 1 項後段）。

上訴狀或上訴理由應具體指出原判決認定事實有如何違背法令事由，如未指明其違背法令之條項或其內容，僅泛稱原審審判不實，違背法令等語，不得謂已合法表明上訴理由（70 台上 720 判例）。又上訴狀內宜記載因上訴所得受之利益（第 470 條第 3 項）。

㈢上訴狀之提出

第三審上訴，應以上訴狀記載前述應記載內容，提出於原判決法院（第 470 條第 1 項）。被上訴人得於上訴狀或理由書送達後十五日內，提出答辯狀於原第二審法院（第 471 條第 2 項），第二審法院，應於收到答辯狀或前開十五日期間屆滿後，將訴訟卷宗送交於第三審法院（第 471 條第 3 項）。被上訴人亦得於第三審判決前，提出答辯狀及其追加書狀於第三審法院，上訴人亦得提出上訴理由追加書狀（第 472 條第 1 項）。

二　律師強制代理

第三審上訴為貫徹法律審功能，上訴理由應具體指摘原判決有何違背法令情事，因此現行法改採律師強制代理制度，委任律師為訴訟代理人為第三審上訴合法要件。但上訴人或法定代理人具有律師資格者，不在此限（第 466-1 條第 1 項）。上訴人之配偶、三親等內之血親、二親等內之姻親，或上訴人為法人、中央或地方機關時，其所屬專任人員具有律師資格並經法院認為適當者，亦得為第三

審訴訟代理人（第 466-1 條第 2 項），但應於提起上訴或委任時釋明之（第 466-1 條第 3 項）。本法強制律師第三審代理規定，係以上訴人一方為限，被上訴人則無此強制代理規定。上訴未依規定委任訴訟代理人或其委任不適當者，第二審法院應定期先命補正。上訴人無資力委任訴訟代理人者，得依訴訟救助之規定，聲請第三審法院為之選任律師為其訴訟代理人（第 466-2 條第 1 項），以保障其訴訟之實質平等權。選任辦法由司法院定之（第 466-3 條第 2 項）。律師之酬金，為訴訟費用之一部，並應限定其最高額（第 466-3 條第 1 項）。

三　上訴提出之效果

第三審上訴提出，有遮斷效及移審效，並使第二審法院法官職務義務解除，第三審法院法官職務因而發生之效果。移審時期，有認為於上訴狀提出原第二審法院時即生移審效，亦有認應以第二審認為上訴合法將卷宗移送第三審法院時發生。不合法之提起第三審上訴，雖由第二審法院審查並以裁定駁回，應係法律特別規定由第二審代行第三審之職權，非其固有權限，應以前說為妥。

就訴訟資料之移審言，本法雖明定第三審應行言詞辯論為原則，但亦賦予不行言詞辯論之裁量權（第 474 條第 1 項）。如法院認無行言詞辯論必要者，即無本法第 445 條第 2 項有關第二審言詞辯論時，第一審言詞辯論要領陳述問題。又因第三審應受第二審認定之事實拘束，為審查其適用法令當否，其所用認定事實之證據資料當然發生移審效。

移審範圍，第二審上訴基於上訴不可分原則，一部上訴效力及於全部，上訴人得在第二審擴張聲明不服範圍，被上訴人得為附帶上訴。但第三審上訴，不得擴張上訴聲明或變更，被上訴人不得為附帶上訴（第 473 條第 1、2 項）。因此在單一判決中，當事人僅就判決之一部為上訴，其未上訴部分無發生移審效必要。上訴係就原第二審就訴訟標的所為判決為之，上訴不得僅就特定攻擊防禦方法，例如僅就原判決有關時效完成特定部分為之，換言之，不得就特定爭點限定上訴。第三審上訴許可，亦不得僅就特定爭點許可上訴。

➤ 第三節　審理程序及範圍

一　第二審程序之準用

除另有規定外，第三審程序準用第二審程序（第 481 條）。準用應以性質相同者為限，第三審為法律審，應以第二審判決確定之事實為判決基礎，事實審之調查證據認定事實之程序，即無從準用。惟因第三審亦以行辯論程序為原則，如有行辯論程序必要，如法律見解之言詞陳述，即所謂任意性言詞辯論者，亦得由審判長指定受命法官行準備程序（第 481 條準用第 463 條及第 265 條以下）。第三審上訴，被上訴人不得附帶上訴（第 473 條第 2 項），因此第二審上訴之附帶上訴程序規定，亦不在準用範圍。

二　上訴程序之審查

㈠原審法院之審查

上訴狀未依規定表明上訴理由者，原第二審得逕行裁定駁回其上訴。因上訴狀之提出即發生移審效，第二審法院法官職務解除，其裁定駁回乃代行第三審法院職權。又依本法第 481 條準用第 442 條第 1、2 項規定，上訴逾期或係對不得上訴之判決而上訴者，亦由第二審以裁定駁回；上訴不合程式或有其他不合法之情形，可以補正者，由第二審法院定期命其補正，如不補正者，由第二審法院以裁定駁回。但駁回裁定乃職務代行，應法有明定者為限，除上開應由原第二審代行職權者外，第二審法院應即將上訴狀併同卷宗送交第三審法院自行裁定，不得代為裁定。例如當事人對於駁回其上訴之原審判決不服，於法定期間提起第三審上訴後，聲請選任律師為其訴訟代理人，就選任律師聲請之准駁，依本法第 466–2 條第 2 項規定，專屬第三審法院管轄，非第二審法院所得代行之職權，不得因第二審以其聲請不合訴訟救助要件，裁定定期命其補正委任律師為訴訟代理人，逾期未補正為由，認其上訴不合法，裁定予以駁回，仍應將訴訟卷宗送交第三審法院 [68]。

---

[68] 最高法院 106 台抗 1263、109 台抗 1013 裁定。

㈡第三審程序審查

上訴提出，除法有明定應由第二審裁定命其補正或裁定駁回外，第三審法院於收受卷宗，即應審查上訴之合法要件，如有應由第二審代行裁定駁回上訴事由，未為裁定者，第三審亦應自行以裁定駁回，無須將訴訟卷宗退回原法院。如有其他不合法情事，其情形可以補正，亦須自行裁定命補正，但第二審法院已裁定命補正未為補正者，得逕以裁定駁回上訴（第481條準用第444條第1、2項）。不合法不能補正者，如無上訴權人之上訴，第二審無從代為裁定，應由第三審自行以裁定駁回上訴。第三審上訴狀未表明上訴理由，固得由第二審法院裁定駁回，但如已表明上訴，但未依第470條第2項規定表明各款具體事由者，應由第三審以裁定駁回（26鄂上236判例），第二審不得代行。

㈢法之續造許可審查

第三審上訴，原則上採許可上訴制，本法第469-1條第1項規定，以當然違背法令以外之事由提起第三審上訴者，須經第三審法院之許可，此為許可上訴制。上訴狀或理由書如未具體表明為從事法之續造、確保裁判之一致性或其他所涉及之法律見解具有原則上重要性之理由，或其所表明與上開規定不合時，上訴不合法，應由第三審以裁定駁回。

三　調查及審判範圍

1.上訴聲明範圍之限制

第三審法院應於上訴聲明之範圍內，依上訴理由調查之。但應依職權調查之事項或有統一法令見解必要者，不在此限（第475條）。第三審認上訴有理由者，應就該部分廢棄原判決（第477條第1項）。依此，第三審審判範圍仍受聲明拘束原則限制，調查範圍及審判範圍，均應在上訴聲明範圍內。例如對於第二審認原告A及B二請求均有理由之判決，被告僅就A部分提起第三審上訴，請求廢棄，則B請求不在調查範圍，B請求即使明顯錯誤，亦不得廢棄。又因第三審上訴聲明不得變更或擴張（第473條第1項），因此就原判決敗訴部分上訴，即無就勝訴部分為調查必要。

上訴不可分原則，於第三審上訴程序受到限制。依上訴不可分原則，受敗訴判決之一造就原判決不利於己之部分提出上訴，因當事人得於上訴審中為上訴聲明之變更、擴張，他造當事人亦得為附帶上訴，因而得以阻斷判決全部之確定。

以預備訴之合併為例。所謂預備訴之合併，乃以先位訴有無理由為備位訴請求審判之前提條件，第一審程序，當事人就先備位訴，受不利判決者，得各就該不利部分提出上訴，依上訴不可分原則，無論何造之上訴，因得為變更、擴張或附帶上訴，因而上訴效力及於先備位判決之全部，即均生移審效與遮斷效。惟第三審上訴，依同法第 473 條第 1、2 項規定，上訴之聲明，不得變更或擴張之，被上訴人亦不得為附帶上訴。因而第二審判決後，受敗訴判決之當事人一方就敗訴部分提出上訴，其效力不及於未聲明不服部分，受不利判決之他方當事人亦因不得上訴，亦無移審效與遮斷效可言。此於預備訴之合併，亦有相同法理適用。惟不無例外，其例外，以避免裁判矛盾目的，而使預備訴之合併類型，縱未聲明不服部分，亦生移審效。第二審為先位訴無理由，備位訴有理由之判決。如兩造各就敗訴部分上訴，全部移審，第三審自得就判決全部審理判決；如僅原告就先位訴判決上訴，第三審認上訴有理由時，為避免先備位裁判同為有理由判決之矛盾，則須將先位連同備位判決一併廢棄，自為先位訴有理由之判決，或將先備位訴同發回原審（有上訴不可分原則適用）；如僅被告就備位判決上訴，因原告就先位訴判決未為不服，又不得於第三審為附帶上訴，因此先位判決確定，第三審僅能就備位判決為審理裁判（無上訴不可分原則適用）。惟後者，學說有不同見解，認為得就先位訴部分為調查判斷，其係將先備位訴之判決視為全部判決，不服聲明及於全部，備位訴之不服聲明，效力及於先位訴，均生移審效，第三審得就全部為判決，惟不能違背不利益變更禁止原則 ❻❾。

第二審為原告先備位均無理由之判決，僅原告有上訴權，其如先備位均聲明不服者，全部移審；如僅就先位或僅就備位判決聲明不服，未不服之先位或備位訴不生移審效，於第二審判決後即告確定 ❼⓪。換言之，無上訴不可分原則適用。

附此說明者，如依新說立場，因無上訴不可分原則適用，有無移審效及遮斷效，結論不同，詳如前述第一章上訴概說。

---

❻❾ 鈴木正裕、鈴木重勝，上訴，注釋民事訴訟法⑻，第 321 頁以下。

❼⓪ 最高法院 109 台上 2299 裁定意旨，原告為先備位之請求，於第一、二審均受敗訴之判決，原告僅就備位之訴聲明不服向第三審提出上訴，於上訴期間屆滿後，再就先位請求部分聲明不服，依本法第 473 條第 1、2 項規定，第三審上訴聲明不得為變更、擴張或附帶上訴。因此，第二審就先位之訴為原告敗訴判決，上訴期間屆滿後，該部分即告確定，無上訴不可分原則之適用。

2.調查範圍受上訴理由之限制

第三審法院審理調查判斷之對象，原則上限於上訴理由，即上訴人指原判決違背法令部分（第 475 條本文）。但法院應依職權調查之事項，例如訴訟要件欠缺等重大程序違背法令，即使上訴人已喪失責問權，或未據為上訴理由，亦在審查範圍。又，第三審有統一法令解釋之功能，非僅以保護私權為目的，因此如為統一解釋法令必要，雖不在上訴理由範圍，亦得依職權調查判斷（第 475 條但書）。第三審雖因例外情形，其調查範圍不受聲明範圍拘束，但審判範圍仍受上訴聲明範圍拘束。換言之，第三審不得就未聲明不服部分為判決（第 481 條準用第 450 條），更不得違背不利益變更禁止原則，此與第二審上訴同，不再贅論。

四　事實判斷之拘束

㈠言詞辯論之範圍

第三審法院，應以原判決確定之事實為判決基礎（第 476 條），此為事實審判斷對第三審之拘束原則。第三審為法律審，以原判決是否違背法令為其審查對象，審理程序中不得提出新訴訟資料，此為事後審制當然解釋。本法第 470 條第 1 項規定，除認為不必要者外，第三審之判決應經言詞辯論為之。本條所定應行言詞辯論範圍，限於上訴聲明範圍內，又因上訴理由僅以違背法令部分為限，因此所辯論者，原則上僅在上訴聲明範圍內，原判決適用法規之有無違背法令。又第三審應依職權調查事項，不受事實認定拘束❼，亦在辯論範圍內。第三審為法律審，以原判決違背法令與否為審查對象，並受第二審事實認定之拘束，因此言詞辯論目的在發現原判決有無違背法令，非謂第三審就本案事實得自行調查認定事實，不受事實審認定事實之拘束。

㈡法律問題與事實問題

1.最高法院 79 年第 1 次民事庭會議決議

事實判斷為事實審職權，原判決違背法令審查為第三審職權。事實問題為事實存否之確定，法律問題為事實存在之法律評價問題，兩者概念明確不同。其實兩者區分不易。就此爭議，最高法院 79 年第 1 次民事庭會議，曾作概括性宣示，第二審與第三審對於調查證據與認定事實職權之界限，第二審為事實審，有調查

---

❼ 有關訴權要件，如當事人適格之要件、權利保護必要之要件，經當事人提起合法上訴，縱上訴理由未指摘及此，第三審法院均應依職權調查之。

證據、認定事實之職權；第三審為法律審，原則上雖不得自行調查證據、認定事實，然對於第二審法院調查證據、認定事實及適用法規是否違法，則有審查之權。除概括性闡述外，決議文並作較細緻之具體說明。摘錄如下：(1)實體上事實之確定，屬第二審之職權，第三審則審查確定事實有無違背法令；第二審訴訟程序違背法令，為第三審上訴理由，所舉違背之事實，第三審法院得審查之。(2)所謂違背法令，範圍甚廣，法規命令、解釋、習慣、國際規約，均包括之。且不以成文法為限，成文法以外之法則，如論理法則、經驗法則、證據法則，仍應認第二審判決確定之事實違背法令。(3)論理法則，指依立法意旨或法規之社會機能就法律事實所為價值判斷之法則；經驗法則，指由社會生活累積的經驗歸納所得之法則；證據法則，指法院調查證據認定事實所應遵守之法則，且該證據須於應證事實有相當之證明力。若一種事實得生推定證據之效力，須現行法規有所依據，亦即以現行法規所明認者為限，不得以單純論理為臆測之根據。

2.尊重事實認定專權

事實問題，常會因擴張法律問題解釋範圍而成為事實之法的評價問題，或法令適用脫漏問題，而成為法律問題。事實認定應依證據為之，但證據法則卻為法律問題；又依當事人不爭之事實或其他證據以推定事實，或法律上推定所須之經驗法則，又為法律問題，因此任何一件事實問題，均內含事實與法之評價相互構造而成，並無純粹之事實問題。

不確定法律概念，例如構成要件中之故意或過失、公序良俗、難以維持婚姻之重大事由等，一定事實存在是否該當該法律要件，究為事實問題或法律問題，爭議頗大。不確定法律概念，包含三個層次問題，即：一、社會事實存在與否；二、該不確定法律概念如何解釋問題；三、包攝即適用問題。第一層次為事實問題（亦涉及前述事實問題或法律問題爭議），後二者為法律問題。不確定法律概念之解釋，因法官主觀認識是否與立法目的相合，為完成法統一目的，當受第三審法律審查；包攝則屬判定概念而非法官自由裁量，因此有關一定事實是否該當於該不確定法律概念，應屬法律問題。

作為裁判基礎之事實認定，採自由人證主義者，由法官本於心證之確信形成，乃事實審事實認定專權，證據之採否，由證據以認定間接事實及主要事實，或由間接事實以認定主要事實，均在自由心證範圍，但認定事實過程中須符合經驗法則與證據法則，而判決違背法令者構成第三審上訴理由，第三審非不得審查❼❷。

我國審判實務，如前述決議文，第三審得予審查。審查範圍，原僅應侷限於違反經驗法則之事實認定部分，屬自由心證主義範圍部分之事實認定，不得介入。又證據評價，本屬自由心證主義，又因涉及經驗法則，且不能違背證據法則，第三審又得以違背法令為由加以審查。日本學說發展，關於經驗法則違背，有主張作為第三審上訴理由者，限於違反一般人之常識經驗，不包括專業經驗的經驗法則[73]。

　　意思表示之解釋問題，意思表示中之事實，作為表示行為之要素，為事實問題；換言之，作為解釋資料之具體事實存否，為事實之確定問題，但該事實存在法之評價，例如意思表示之內容及效力，則為法律問題，因此錯誤之法的評價或法律解釋，亦為法律問題。實體法構成要件事實認定為事實審職權，但事實之評價，或構成要件中，是否已盡注意義務，醫療糾紛是否符合診斷常規等，學說理論歸入經驗法則範圍，亦得為第三審上訴理由[74]。

　　以上因不確定法律概念、經驗法則、證據評價、意思表示解釋，究為事實問題，而應受事實審事實認定專權拘束，或屬第三審得審查之法律問題，亦只能任由實務視各個具體個案以為判斷，但法律審之自我克制，尊重事實認定專權，則更顯可貴。

㈢不受事實認定拘束

　　本法第 476 條第 2 項規定，言詞辯論筆錄記載當事人陳述之事實，第三審法院得斟酌之。又第 478 條第 1 項第 1 款增列「因依法得斟酌之事實，不適用法規或適用不當廢棄原判決，而事件可依該事實為裁判者」，應自為判決，乃允許第三審法院得本於第二審言詞辯論筆錄記載之事實陳述，為本案事實之認定而自為判決；但事實認定屬事實審專權（第 476 條第 1 項），乃為符合辯論主義及直接審理主義要求。本案事實之認定，須經嚴格證明程序，第三審如未於言詞辯論程序過程中，本於證據法則直接獲得心證，僅執原審筆錄記載內容，即憑為自由心證基礎，乃有違辯論主義及直接審理主義之虞，是以第 476 條第 2 項之規定並非妥適。例如第二審筆錄記載，被告固為清償之抗辯，並提出收據一紙為證，原判決就已清償之事實未予審酌，仍為被告敗訴判決。如依本條規定，第三審法院得為

---

[72] 兼子著【條解】，第 1385 頁。
[73] 兼子著【條解】，第 1385 頁。
[74] 兼子著【條解】，第 1386 頁。

清償事實之認定，廢棄原判決，改為原告敗訴之判決。惟清償之文書證據為證據方法之一，原審未予審酌原因或基於全辯論意旨之結果，且證據價值之判斷，須綜合全部證據之價值而形成，不能單獨分離評價，此與法定證據主義不同，因之判決理由無須將各個證據價值一一論述之必要，已如本章第一節所述。本條規定適用範圍即自須限縮至第三審應依職權調查之事項，而不及於本案事實之認定。

以違背訴訟程序之規定為上訴理由時，所舉違背之事實及以違背法令確定事實、遺漏事實或認作主張事實為上訴理由時，所舉之該事實，第三審法院亦得斟酌之（第 477 條第 3 項）。例如違背闡明義務者，就該事實之有無，不受第二審認定事實之拘束。

➤ 第四節　第三審之判決

一　駁回上訴判決

㈠上訴無理由

第三審認為上訴無理由者，應為駁回之判決；第二審判決依其理由雖屬不當，而依其他理由認為正當者，應以上訴為無理由，駁回其上訴（第 481 條準用第 449 條）。上訴無理由者，指第二審判決並無違背法令情事，第三審即應駁回其上訴。又第二審判決不適用法規或所適用之法規不當，但依其他理由，上訴人仍應受敗訴判決者，亦應為上訴駁回判決，例如第二審以原告之請求權已因時效完成而受敗訴判決雖為不當，但依原告所訴理由仍無請求權存在者，即仍應為上訴無理由之判決。

㈡不得廢棄原判決

原判決有違背法令情形應予廢棄，但本法第 477-1 條另定有不得廢棄原判決之原因，即原判決雖違背法令但不影響裁判之結果者。所謂不影響，指其違背法令與裁判之間無因果關係言，目的在減少訟累；惟第 469 條第 1、2、4、5 款列舉之情形，為判決當然違背法令，屬絕對上訴理由，原判決如有其情形之一者，即為上訴有理由，而不問其違背法令與判決結果間因果關係存否。同條第 3 款增訂當事人於事實審不爭執者，非當然違背法令，第三審自不得予以廢棄，如有爭執且屬專屬管轄違背者，則應予廢棄。同條第 6 款關於判決理由不備或矛盾，如於

裁判結果無影響，則仍應予維持，不得廢棄原判決。

又，就第466-4條之第一審判決逕向第三審上訴情形，因必以兩造對原判決所確定之事實均認為無誤為限，如第三審法院仍得就原判決確定事實是否違背法令為調查斟酌，自有違其立法意旨，因而明定第三審不得以原判決確定事實違背法令為理由廢棄該判決（第477-2條）。

二　廢棄自為判決

㈠廢棄原因

第三審認為原判決有違背法令情事者，應於上訴聲明範圍內，廢棄原判決（第477條第1項）。

㈡自為判決情事

原判決經廢棄者，原則上應將事件發回原法院或發交他法院，但有下列情形之一者，應自為判決（第478條第1項）：

一、因基於確定事實或依法得斟酌之事實，不適用法規或適用不當廢棄原判決，事件已可依該事實為裁判者（第478條第1項第1款）。第三審受事實審認定事實之拘束，因此如基於事實審確定之事實，認原判決不適用法規或適用不當而廢棄者，得自為判決。例如原判決認為系爭工程係由承攬人提供材料之工程承攬契約，則關於材料提供部分，屬買賣關係不適用承攬工作報酬之短期時效期間規定，而仍依短期時效判決駁回承攬人之全部費用請求，判決自有違背法令之處，此時第三審就材料費部分廢棄原判決改命定作人清償即足。第三審以原判決違背經驗法則為由而廢棄者，不能自為判決，應發回原審為當❼⑤。本款後段所定，第三審應本於依法得自行斟酌之事實，自為判決之不當，已如前述。

二、原判決就訴或上訴不合法之事件，誤為實體裁判者（第478條第1項第2款）。訴或上訴之合法，為第三審法院應依職權調查事項，此權限不受事實認定之拘束，第三審認為訴或上訴不合法者，原判決本應從程序為駁回裁判，仍誤為實體判決者，由第三審廢棄原判決自為判決即可。但如其不合法可以補正者，第一、二審未命其補正，第三審仍應先定期命其補正，不得逕依本條款規定自為變更判決。

---

❼⑤ 參看菊井維大、村松俊夫，法律學全集コンメンタール民事訴訟法(3)，1986年，日本評論社，第300頁。

三、法院應依職權調查事項，第三審得自行確定事實而為判斷（第 478 條第 1 項第 3 款）。既係第三審應依職權調查者，自應由第三審自行調查，不生發回原審調查問題。

四、當事人為訴訟標的之捨棄或認諾者，應為捨棄或認諾之判決（第 384 條），如該判決未為捨棄或認諾判決者，即違背法令，經第三審廢棄時，自為判決即可（第 478 條第 1 項第 4 款）。

五、其他無發回或發交使重為辯論之必要者（第 478 條第 1 項第 5 款）。本款規定係在補充前四款規定之缺漏部分，有無發回必要，由法院裁量。其情形，例如不屬普通法院權限之事件，原判決誤為原告勝訴之實體判決，第三審法院即得廢棄原判決自行改為駁回原告之訴之判決[76]。此外原判決程序之違背，雖以發回為原則，但仍有例外情形，詳如後述程序違背與自為判決說明。

(三)廢棄自為判決之主文

1.第二審上訴駁回

第二審上訴應為不合法或無理由，第二審誤為上訴有無理由，因而廢棄第一審判決，改為上訴有理由之判決者，經敗訴一造上訴，第三審即應將第二審判決廢棄，如基於確定事實已得自為判決者（第 478 條第 1 項第 1 款），第三審判決主文應為「原判決廢棄，被上訴人在第二審之上訴駁回」[77]。

2.廢棄第一審判決

其情形有：

(1)發回第一審法院

第一審法院誤為訴訟判決，第二審法院未予廢棄仍為上訴駁回之判決，經第三審法院廢棄第二審判決自為判決者，因認其有審級利益考量，應由第一審為實體判決者，因第三審廢棄理由判斷有拘束力，第二審受其拘束，此時由第三審廢棄第一、二審判決，直接發回第一審即可，無庸廢棄發回第二審法院，再由第二審廢棄第一審判決再發回第一審，因此第三審判決主文應為「原判決及第一審判決均廢棄，發回第一審法院」[78]。

---

[76] 吳明軒，民事訴訟法（下），第 1474 頁。

[77] 例如最高法院 93 台上 486、487 判決。

[78] 日本最高裁判所昭和 45 年 7 月 15 日判決。參看谷口安平、井上治典編，新・判例コンメンタール民事訴訟法(6)，第 311 頁。

⑵移送第一審專屬管轄法院

第一審法院違背專屬管轄規定，未將事件移送有管轄權法院誤為判決，第二審未予廢棄亦誤為實體判決（第478條第1項第2款），第三審法院自為判決時，則判決主文應為「原判決及第一審判決均廢棄；本件移送○○地方法院」。

⑶駁回原告之訴

第一審應以訴不合法，或應以訴訟判決駁回原告之訴，或依確定之事實應為原告之訴無理由之判決，誤為原告之訴有理由之判決，第二審法院仍為上訴駁回判決，第三審認應予廢棄，基於確定之事實，已可為裁決者（第478條第1項第1、2、3款），此時應作成「原判決及第一審判決均廢棄；被上訴人在第一審之訴駁回」之判決 [79]。

⑷原告之訴有理由之判決

第一審為駁回原告之訴判決，原告上訴第二審又受上訴駁回之判決，第三審依確定之事實，認為原告之訴有理由，而廢棄第二審判決，如應自為判決時，亦得將第一審判決併予廢棄，自為原告之訴有理由之判決。但此種判決甚少發生，實務通常將原判決廢棄發回事實審法院更為審理。

㈣**程序違背與自為判決**

一般而言，因程序之違背，例如違反辯論主義、違背經驗法則，而廢棄原判決後，均將事件發回，但日本實務仍有自為判決之特例者，參最判平成6年6月13日及平成7年1月20日判決。

三 廢棄發回或發交判決

第三審認上訴有理由廢棄第二審判決，除有應自為判決情形外，於必要時，得將該事件發回原法院或發交其他同級法院（第478條第2項）。所謂發回原法院，指發回曾就該事件為審判之第二審法院而言，且應受發回之原第二審法院，不因其原管轄之第一審法院上訴事件於發回前改隸他法院管轄而變更；所謂發交其他同級法院，指將該事件發交原第二審法院以外之其他第二審法院而言。又第三審法院廢棄原判決後，究應為發回或發交之判決，原有斟酌之權，不受當事人請求之拘束。

受發回或發交之法院，就該事件取得管轄權（82台抗300判例）。因發回或

---

[79] 例如最高法院93台上1805、92台上627判決。

發交亦具移審效，下級審法院法官之職務義務因此產生。

(一)發回或發交判決屬性

1.終局判決

第三審廢棄原判決為發回判決（含發交判決），並未使訴訟事件審理全部終結，乃移往下級審而已，因此有認其為中間判決非終局判決者[80]。現今通說認為，發回後下級審程序之再實施，並非第三審程序之續行，下級審法官非受上級審法官之委託代行審判，因此發回判決非中間判決，且中間判決係訴訟上之中間爭點，如訴訟要件之欠缺、訴撤回之效力，或就本案法律效果之主張或抗辯等獨立攻擊防禦方法之爭點所為之判決言。發回判決係對法律解釋適用之判斷，因此非中間判決而為終局判決[81]，有終結該審級之效果。亦有立於實質功能之考量，認為如不承認其為終局判決，對之如有不服，不能單獨上訴，須俟受發回法院為本案判決後，對本案判決提起上訴，始併由上級審審理；如又對第二審判決不服，則須再俟第三審為本案判決時，就發回判決之當否為確認，如此較諸直接承認其為終局判決，得直接依上訴程序審理救濟，使廢棄發回判決之當否，早受上級審之判斷確定，自較妥適[82]。

2.確定終局判決

第三審廢棄發回判決，本案實體部分固未審理終結，須由受發回法院更為判決，判決內容對訴訟標的請求判斷，不具實質上確定力，因而我國實務一向認為不得對第三審廢棄發回判決提起再審之訴[83]。但第三審發回判決，雖對本案請求不生既判力、執行力或形成力效果，但發回判決本身，亦有終結該審級效果，且已無從再依通常上訴程序聲明不服，於判決宣示時發生形式確定力，並生一定訴訟法效果，如移審效、遮斷效，及理由判斷拘束效等實質程序法上效果。因此，第三審廢棄發回判決，亦屬確定判決，如有再審事由時，並無排除再審之訴提出之理由[84]。

---

[80] 日本大審院昭和 5 年 10 月 4 日判決。

[81] 加藤著，第 487 頁；兼子著【判例】，第 438 頁；兼子著【拘束力】，第 90 頁。日本最高裁判所昭和 26 年 10 月 16 日判決，已變更大審院見解，認為廢棄發回判決為終局判決。

[82] 鈴木正裕，終局判決，鈴木正裕、青山善充編，注釋民事訴訟法⑷，1997 年，有斐閣，第 13 頁。

[83] 例如 78 台再 105、79 台再 2、84 台再 140、87 台再 7、91 台再 57、92 台再 39 判決。

[84] 小室直人，再審－總括，齋藤秀夫、小室直人、西村宏一、林屋禮二編，注解民事訴訟法

㈡廢棄發回判決之拘束力

1.拘束力原理

　　第三審廢棄發回判決理由之法律上判斷，對受發回或發交法院有拘束力（第478 條第 4 項），其原理為何，學說有二。一、審級制度本質說，認為如不承認廢棄發回判決拘束力，則使該事件來回於上下級審間，無從確定，因此基於審級制度之必然，應承認廢棄理由之拘束力。二、第三審特殊效力說，認為如不承認第三審之廢棄理由之法律上判斷拘束力，將無從完成統一解釋法令目的。

　　因前述拘束力原理學說之不同，廢棄發回判決效力之解釋及適用範圍，亦有不同。採統一解釋法令說者，僅有第三審廢棄理由之法律上判斷有拘束力，事實判斷則無；又第二審因無統一解釋法令功能，因此第二審之廢棄發回判決理由之法律上判斷或事實上判斷，對第一審法院無拘束力。如採審級制度本質說者，則第三審廢棄理由之法律上與事實上判斷，均有拘束力，甚至第二審之廢棄發回判決，亦同有拘束力。

　　日本民事訴訟法第 325 條第 3 項後段規定，受發回或發交法院在審判上，受第三審法院廢棄理由之法律上或事實上判斷之拘束；其裁判所法第 4 條規定，上級法院裁判之判斷，就該事件對下級審法院有拘束力。因此，日本關於廢棄發回判決理由之拘束力，通說採審級制度本質說。本法第 478 條僅規定受發回法院，應以第三審法院所為廢棄理由之法律上判斷為其判決基礎，不含事實上判斷，又無如日本裁判所法第 4 條上級審判斷拘束下級審之通則性規定，因此拘束力範圍為何，將有解釋空間，而我國多數學說採審級制度本質說❽。但實務則謂「第三審發回更審之案件，下級審所應受其拘束者，以關係法律上之見解為限，至第三審所指示應予調查之點，不過為應行調查之例示，並非限制下級審調查證據之職權，下級審於所指示之外，當然可為別種事實證據之調查」（20 上 1407 判例），依其「以關係法律上之見解為限」文義，似採統一解釋法令說。如不承認上級審意見之拘束力，將生訴訟事件反覆來回於上下級審間，有礙於訴訟事件之終局解

　　⑽，1996 年，第一法規，第 208 頁。

❽ 駱著【拘束力】，第 176 頁；陳著（上），第 286 頁，亦採相同見解。石志泉原著、楊建華增訂，民事訴訟法釋義，三民書局，第 509 頁，認為「第一審應受發回判決之羈束，此因第二審判決有形式上確定力及第一審居於下級審之地位而然」，應係採審級制度必要說立場。又三人合著，第 571 頁。

決，不能合理維持審級制度目的，因而承認事實上判斷之拘束力，且擴張解釋及於第二審法院廢棄發回理由之法律上及事實上之判斷，確有其必要性，且為審級制度本質使然。

2.拘束力性質

廢棄發回判決理由判斷之拘束力性質，學說亦有不同見解。

(1)既判力說

德國自統一法草案以來，廢棄發回判決理由判斷拘束力之性質，即以既判力視之。日本採既判力說者，認為既判力概念不應只限於實體法上權利義務關係，可擴張至訴訟判決，廢棄發回判決之拘束力，乃在實體權利以外之訴訟標的產生既判力。亦即以形成判決之形成力，為與形成要件之確定相連結，所生之效果為前提，上訴乃訴訟內之附隨的形成訴訟，以原判決之違法或不當為訴訟標的，因此當第三審將原判決廢棄發回時，該判決即係以確定之終局判決，對原判決之違法或不當，發生既判力，以此型態拘束下級審及其他各審級法院。因此廢棄發回判決之既判力，在訴訟內發生效力，上訴為訴訟內之附隨的形成訴訟之故，性質上當然與既判力相同 [86]。但既判力說為多數學者批評，因廢棄發回判決理由判斷之拘束力，以既判力視之，將擴張既判力固有概念與範圍；且廢棄判決乃在理由中判斷發生拘束力，非主文之拘束，廢棄發回之訴訟內效力，仍不能為原來既判力概念所涵攝 [87]。

(2)羈束力說

認為受發回法院其後續行之程序，為發回判決法院即上級審之續行，兩者之審理程序成為一體，下級審為上級審審理之代行，因此上級審之發回判決為中間判決，為終局判決之下級審，即應受上級審中間判決之拘束，此為廢棄發回判決理由判斷之拘束力。採此說者，即前述日本大審院時期之判決是。但更審案件之審理，乃係受發回法院之下級審程序之續行，其所進行之程序為原審級程序（例如第二審程序），非發回法院之程序之續行（例如第三審之法律審）；且何以第二審法院得以代行第三審法官職務，此說均不能合理說明，因此中間判決羈束力說，現幾已無學說採之 [88]。

---

[86] 兼子著【拘束力】，第 90 頁。又日本最高裁判所昭和 26 年 10 月 16 日判決採之。

[87] 小室著【上級審】，第 230 頁。

[88] 參看自小室著【上級審】，第 231 頁；駱著【拘束力】，第 174 頁，

⑶特殊效力說

　　此說不將廢棄發回之拘束力建構在判決之一般效力上，認係程序法特別承認之特殊效力。其拘束力之來源，有審級制度本質說及第三審特殊效力說，通說採審級制度本質說，已如前述。認為拘束力與既判力之不同，在於如採既判力說，則廢棄發回判決理由之拘束力，因既判力之作用，不僅於本案發生拘束力，於其他案件亦有拘束力結果。特殊效力說，則拘束力侷限於該事件，不及於其他事件。又就該事件之程序言，廢棄發回判決理由之否定判斷，之以對該事件之受發回法院、發回後同審級法院及第三審，發生拘束力原因，乃因法律之特別承認之故。此說，現為通說見解❽。

⑷訴訟資料限制說

　　認為廢棄發回後之訴訟程序，就廢棄判斷——否定判斷部分之訴訟資料言，已達於一部終局解決功能，該部分不再成為受發回法院判斷對象，而有拘束力，此與在事實審所確定之事實得以拘束第三審者之原理相同。此說將拘束力解為係一種消極性、排除性方法，且將廢棄判決理由判斷及有關前提問題之抽象判斷，視為係對訴訟資料之一部的終局判斷，並非適當，且廢棄理由判斷之拘束力，對下級審言，係一種積極性拘束，非僅是消極的、排除的效力而已，故現亦少有採之者❾。

3. 拘束力之範圍

⑴客觀範圍

　　判斷拘束固包括事實上判斷，但第三審為法律審，此所謂事實上判斷之拘束力，應僅限於第三審應依職權調查之事實，或再審事由有無之判斷而已，不及於本案事實認定。

　　廢棄理由拘束力以原判決被廢棄部分，亦即否定判斷部分為限。例如，上級審認原判決適用甲法規有誤，因而廢棄，並教示應適用乙法規，下級審僅受不得再適用甲法規之拘束而已，並未拘束其應適用乙法規❾。廢棄理由中有數個判斷，其中成為直接廢棄理由判斷，當然有拘束力，但其他判斷（間接判斷）拘束力並

---

❽ 中野等著【講義】，第 524 頁；新堂著【民訴法 5 版】，第 925 頁；小室著【上級審】，第 232 頁；又最高裁判所昭和 28 年 5 月 7 日判決。

❾ 參看小室著【上級審】，第 232 頁。

❾ 加波著，第 326 頁；小室著【上級審】，第 246 頁；兼子著【拘束力】，第 96 頁。

非當然排除。間接判斷如與直接廢棄理由，有論理上必然關聯性，並以之為前提者，即使為肯定判斷，或默示判斷，應承認該間接判斷之拘束力❷。換言之，凡該前提判斷已被包含於廢棄理由中者，應例外承認其拘束力❸。第三審如以原判決有脫漏，或未盡審理之事，或原判決理由不備而廢棄時，其拘束力僅具指示受發回法院積極作為義務而已❹。此外，亦有學者主張構成多數上訴理由，如已依序被排斥，至最後之理由成為廢棄理由時，該被排斥之上訴理由，雖未構成否定判斷之一部，但如其重要性相當於廢棄理由判斷時，應擴大拘束力範圍，承認該肯定判斷之拘束力❺。

(2)拘束判斷之主觀及時間範圍

　　廢棄理由拘束力之主觀範圍，及於廢棄後該事件之各級法院。因此，第三審廢棄理由判斷，拘束第二次之第一審、第二審及再上訴後之第三審。第二審之廢棄理由判斷，拘束發回後之第一審及第二次之第二審。但同為第三審法院，就該事件審理之第三審法院，應否同受拘束？日本實務認為為避免事件在法院間來回往返，如果第三審本身之見解動搖不定，將何以強加拘束下級審，因此第一次之第三審法律上判斷，應承認其自我羈束力，學者贊同此論❻。飛越上訴第三審之廢棄，受發回之第一審，當然受拘束。但再審程序為不同程序，不受原事件上級法院廢棄理由判斷拘束。抗告程序，抗告審之判斷同有拘束力，但不及於其他事項判斷。例如對查封命令之抗告審之拘束力判斷，不及於其後執行異議程序❼。

　　拘束力時之界限。當事人在受發回法院，仍有言詞辯論更新權，得提出新事實新證據。上級審拘束判斷之基礎事實不變，固可發揮其事實判斷之拘束力，下級審判斷應受其拘束，不得為與以前相同之判斷；但因更新權行使及新事實之提出，使判斷基礎之事實關係變更者，其拘束力當然消滅。適用之法律如有變更，因適用新法關係，拘束力也消滅。判例變更情況，則有不同見解；如認判例具有法之拘束力時，判例之變更，亦應認廢棄理由拘束力消滅❽，反之則否。

❷ 小室著【上級審】，第 248 頁。

❸ 加波著，第 326 頁。

❹ 加波著，第 327 頁。

❺ 遠藤功，差戾判決の拘束力，法學，第 34 卷 2 號；加波著，第 327 頁。

❻ 最高裁判所昭和 28 年 5 月 7 日之小法庭判決；三ケ月章，判例民事訴訟法，第 333 頁。

❼ 小室著【上級審】，第 254 頁。

❽ 兼子著【拘束力】，第 99 頁；加波著，第 327 頁。

4.發回後下級審之程序

受發回法院之訴訟程序，非發回之上級審程序之續行，而為之前下級審訴訟程序之續行。原判決雖被廢棄，如廢棄理由非關於訴訟程序之違反，以前之訴訟程序不當然失效。反之，如以程序之違背為由，其違背程序部分，視為亦廢棄（第477 條第 2 項），受發回法院其後之程序，應避免程序之再違反，而有拘束力❾❾。

當判決全部被廢棄時，受發回法院之審理程序，乃為全新程序，應重新踐行訴訟程序，為全部訴訟資料之調查、審理、辯論。但本法修正時特別明定，經第三審法院發回後，不得提出附帶上訴（第 460 條第 1 項但書）。廢棄前不違法之程序，於發回後程序可繼續援用，惟應為辯論更新。受發回法院得否較發回前，更為不利於上訴人之判決？即有無不利益變更禁止原則之適用？有認為新審理程序，既係言詞辯論程序之再開，如仍在上訴聲明範圍內，更為不利於原先之判決，並未違背不利益變更禁止原則。反對見解認為，如依肯定說見解，將使上訴人反受不利益判決，而有失平衡。本問題與不利益變更禁止原則是否源自於聲明拘束原則有關，如為肯定，則新的第一審判決，仍在原告聲明範圍內，即無違背聲明拘束原則。但如認不利益變更禁止原則係上訴本質，上訴人則不能因上訴結果反更受不利益判決。不利益變更禁止原則有其獨立意義，非源自於聲明拘束原則，因此廢棄發回後之判決，雖經辯論更新程序，仍不應因其上訴結果更受到較發回前不利之判決，應有該原則之適用。

5.發回判決之無效

不得上訴第三審事件，第三審誤為廢棄發回判決，受發回法院應否受其拘束？司法解釋上有二說。有認不受拘束，惟所謂不受拘束，係指不受發還意旨之拘束，非謂第三審之判決根本無效，原第二審判決既因廢棄結果不復存在，則更審法院自應仍依第二審程序辦理❿❿；有認雖不生效力，但應依再審程序救濟者⓫。學說

---

❾❾ 小室著【上級審】，第 254 頁。

❿❿ 24 院 1369 號：「第三審法院對於舊民事訴訟法第四三三條第一項所定不得上訴之上訴不予駁回，反將該案發回更審，既與當時法律明文牴觸，即非法律上之判斷，更審法院自不受其拘束」。26 院 1661 號：「院字第一三六九號解釋所謂，第三審法院非法律上之判斷，更審法院不受拘束者，乃指不受發還意旨之拘束，非謂第三審之判決根本無效，原第二審判決既因廢棄結果不復存在，則更審法院自應仍依第二審程序辦理」。

⓫ 釋字第 135 號：「民刑事訴訟案件下級審法院之判決，當事人不得聲明不服而提出不服之聲明或未提出不服之聲明，而法院誤予廢棄或撤銷發回更審者，該項上級法院之判決及發回

上，有認為第二審判決，不因第三審法院誤為廢棄而受影響，第三審發回之法律上意見，第二審法院不受拘束，應由第二審法院以上訴人對於不得上訴之判決提起上訴不合法為由，裁定駁回其上訴❿；亦有認為第三審既誤將第二審判決廢棄發回更審，原第二審判決已因廢棄而不存在，受發回法院，仍應依第二審程序辦理❿。

　　第三審誤將不得上訴第三審事件之第二審判決廢棄發回，第三審係對不存在之訴為判決，屬無效判決，但非判決不存在。終審法院之無效判決仍具形式確定力，但不生本來判決效力（含實質確定力及訴訟上發回效果）。無效之第三審廢棄判決，雖具形式確定力，但僅指不得再依上訴程序聲明不服而已，第二審之本案確定判決部分受無效廢棄發回判決影響，惟因第三審之廢棄發回判決本身，仍屬終局確定判決，有形式確定力，自應依再審之訴救濟。

　　無效之發回判決，不生使事件往受發回法院移審之訴訟法上效果，因此受發回法院無審判之職務義務。又廢棄發回判決之拘束力，乃以判決有效為前提，無效之廢棄發回判決，無所謂廢棄理由拘束力可言，對受發回之第二審法院無拘束力。惟因第三審之廢棄發回判決外觀形式存在，應曉諭由主張第三審廢棄發回判決為無效判決一方對之提起再審之訴（詳如後述再審之訴章節），如第三審亦認係無效判決者，應自行廢棄原判決，否則應駁回再審之訴，即由受發回法院繼續原更審程序。但我國實務向以廢棄發回判決，不生本案實質確定力為由，駁回再審之訴，而使問題趨於複雜。

更審後之判決，均屬重大違背法令，固不生效力，惟既具有判決之形式，得分別依上訴、再審、非常上訴及其他法定程序辦理」。

❿ 陳著（下），第 355 頁。

❿ 吳著【民訴下】，第 1481 頁。

第四章 抗告程序

▶ 第一節 基本概念

一 意 義

　　抗告者，為當事人或訴訟關係人，不服原法院之決定或命令，而向上級審法院聲明不服，請求廢棄或變更之程序上行為。抗告之客體固為原法院之裁定，審判長所為之裁判，如係獨立於合議庭審判機關外所為之裁判，對之如有不服，應直接為抗告；但如係以合議庭一員身分代表之行為，對之不服者，應向合議庭法院聲明異議，非為抗告適格對象。

　　抗告程序與上訴程序，同係對原審裁判主張其不當，請求上級審再予審查之裁判法之救濟手段。不同者，抗告程序為求程序之簡易迅速處理，乃不以行辯論程序為必要，內容構造較諸上訴程序所實施之訴訟程序，屬更簡易之一種決定程序。

　　受原裁定或審判長不利裁定之當事人，除法有明文不得抗告外，均有請求上級審再予審查權利，此為抗告權。但抗告權得為捨棄（第 495-1 條準用第 439 條），並以向法院為捨棄之意思表示時，發生捨棄效力。提起抗告後得為撤回抗告，撤回抗告無須經相對人同意，其方式得以書面或言詞為之。

二 當事人

　　抗告為受裁定之當事人或其他訴訟關係人，對於裁定聲明不服之方法，若非受裁定之當事人或其他訴訟關係人，即不得為之（44 台抗 104 判例）。抗告係就裁定之不服救濟程序，因原裁定受有不利益，請求上級審再予審查，求予廢棄或變更，因此抗告人須因原裁定受有不利益者，始有抗告權。惟抗告權人，與原事件之形式當事人概念及範圍不同，不以事件當事人為限，當事人以外之訴訟關係人，如因裁定受不利益者，亦有抗告權，得為抗告之提出。所謂上訴之不服利益，與有不服之利益，略有不同。前者，有利害關係對立兩造存在，因裁判結果一造

受有利益，他造因而受有不利益，可稱為雙方抗告；後者，不以有對立之利害關係存在為必要，又可稱為單方抗告，例如對證人之處罰鍰（第 303 條第 1 項）、命第三人提出文書命令與拒絕提出之處罰（第 349 條第 1 項），並不存在抗告之相對人 ❿。

三　得與不得抗告之裁定

㈠原則得為抗告

抗告係對原裁定之不服。此之裁定，不以裁定外觀形式為之為限，凡有實質決定內容者，例如法院之通知，其內容足以認係法院對事件之意思表示，性質上即為裁定，而得對之提起抗告 ❺。但非謂對法院之任何決定、命令存有不服利益者，均得提出抗告，而有一定範圍限制。本法第 482 條第 1 項規定，對於裁定得為抗告，但別有不許抗告者，不在此限。因此，得抗告範圍，係採概括允許例外限制之方式。

㈡例外不得抗告之裁定

1.有關訴訟程序之進行者

本法第 483 條規定，訴訟程序進行中所為之裁定，除別有規定外，不得抗告。有關訴訟程序之裁定，為附隨性裁定，目的在解決訴訟程序進行中之爭議，並與訴訟指揮有關，其非終局確定實體權利之有無，而不經言詞辯論為之，因此以不得抗告為原則，得抗告者為例外。

所謂訴訟程序進行中所為之裁定，係指每一審級訴訟程序開始後尚未終結以前所為之裁定而言。例如經終局判決後之准許以保證書代提存之裁定，即非訴訟程序進行中所為之裁定，不在本條所指不得抗告範圍，自得為抗告（50 台抗 225 判例）。聲請延長裁定期間，經裁定駁回者，係訴訟程序進行中所為之裁定，既無准許抗告之特別規定，依本條規定，不得抗告（32 抗 775 判例）。第二審法院於當事人提起第三審上訴時，所為命上訴人補繳裁判費之裁定，係在第三審程序開始後尚未終結前為之，亦屬第三審訴訟程序中所為裁定，除別有規定，不得抗告（29 抗 127 判例）。命再開言詞辯論，屬於法院之職權，當事人無聲請權，法院

---

❿ 本法、非訟事件法、破產法、強制執行法所定之聲請事件，均包含雙方抗告與單方抗告。陳、林著（下），第 748 頁。

❺ 67 年第 11 次民事庭庭長會議決定。

無須就其聲請予以裁判，即使裁判，亦屬訴訟程序進行中所為之裁定，不得抗告（28 抗 173 判例）。

例外得為抗告者，通常為當事人就該訴訟程序有聲請權，而經法院以裁定駁回其聲請之情形。例如聲請法官書記官迴避之裁定（第 36、39 條）、聲明承受訴訟之裁定（第 177 條）。日本民事訴訟法第 328 條第 1 項規定，對於不經言詞辯論之訴訟程序之聲請，對於裁定駁回之決定或命令，得為抗告。所謂有關訴訟程序之聲明，乃指有關法院對訴訟程序處理之聲明。因此，當事人有聲請權，並由法院以決定或命令裁判之事項，得對之提起抗告。本法關於訴訟程序，當事人如有聲請權者，所為裁定，大多規定得為抗告，如前述之裁定得抗告外，再如當事人對第三人參加訴訟聲請法院駁回之裁定（第 60 條第 2 項）、聲請命供擔保之裁定（第 100、106 條）、聲請返還或變換擔保之裁定（第 104 條第 2 項、第 105 條第2 項、第 106 條）、聲請訴訟救助之裁定（第 115 條）、駁回聲請公示送達之裁定（第 149 條）、關於聲請停止訴訟程序之裁定是。

2.就當事人無聲請權事項所為之裁定

法院就不屬當事人聲請權範圍事項所為裁定，因聲請僅係促使法院發動職權而已，因此駁回其聲請，乃法院裁量權行使，不得對之抗告。例如關於再開辯論之聲請駁回決定、或聲請再開準備程序駁回之決定、聲請變更期間之駁回決定、命分別辯論或合併辯論之裁定，對言詞辯論期日指定之決定（第 250 條），因均不得聲明不服，均不得為抗告。

3.不得聲明不服之裁定

不得聲明不服之裁定，係指裁定後不得對之聲明不服，且不併同本案訴訟判決受上訴審法院審查之裁定言（第 438 條但書），因此不得對之提出抗告，此類型之裁定，一般均已明定不得對該裁定聲明不服。例如指定管轄之裁定（第 23 條第4 項）、駁回移送訴訟聲請之裁定（第 28 條第 3 項）、拒卻鑑定人或通譯之聲明為正當之裁定（第 333 條、第 207 條第 3 項）、駁回支付命令聲請之裁定（第 513 條第 2 項）。

4.得提出異議之裁定

對於法院之裁定，僅得對之向原法院提出異議者，即不得向上級審提出抗告，其情形，例如：

⑴第二審法院就不得上訴第三審事件為之裁定

此類裁定不得抗告，但下列裁定，得向原法院提出異議：一、命法院書記官、執達員、法定代理人、訴訟代理人負擔訴訟費用之裁定。二、對證人、鑑定人、通譯或執有文書、勘驗物之第三人處以罰鍰之裁定。三、駁回拒絕證言、拒絕鑑定、拒絕通譯之裁定。四、強制提出文書、勘驗物之裁定（第 484 條第 1 項）。其異議，準用對於法院同種裁定抗告之規定（第 484 條第 2 項）。受訴法院就異議所為之裁定，不得聲明不服（第 484 條第 3 項）。

第二審法院以本條第 1 項規定為由，駁回其抗告者，因第二審法院之裁定屬第一次裁定，抗告人對之如有不服，因不屬本條項所稱事件之裁定，而應適用第 482 條第 1 項規定，以得抗告為原則方式處理。質言之，抗告人對第二審法院之第一次裁定抗告，非抗告不合法問題，抗告審僅能以抗告有無理由為裁定。又本條所稱之裁定，指屬於本訴訟事件之裁定，其事件不得上訴於第三審，及其他裁定，其本案訴訟事件不得上訴於第三審者而言（74 台聲 30 判例）。

⑵受命法官或受託法官之裁定，不得抗告

對於受命或受託法官之裁定，不得抗告（第 485 條第 1 項）。但其裁定如係受訴法院所為而依法得為抗告者，得向受訴法院提出異議（第 485 條第 2 項）。此即為準抗告，詳如後述。

5. 其他明定不得抗告情形

明定不得抗告之情形，例如抗告事件裁定前所為停止原裁定執行或其他必要處分之裁定（第 491 條第 3 項）。

對於第三審法院之裁定，除得聲請再審外，不得抗告。因此對於第三審法院以上訴不合法駁回上訴之裁定，不得抗告（32 抗 667 判例、19 抗 238 判例）。宣示判決乃裁判之諭知，不得提起抗告（18 抗 227 判例）。對於再抗告之裁判，不得更為抗告（19 抗 305 判例）。

四　種　類

㈠最初抗告與再抗告

抗告又可稱為最初抗告，指對法院或審判長所為裁定所提起之抗告；再抗告，則指對於抗告法院所為之決定，向上級法院再為抗告之謂。最初抗告者，不因不同審級所為之裁定而有不同，凡對第一次裁定提起抗告者，均稱為最初抗告，例如對第二審法院所為第一次裁定，向第三審法院提起抗告者，亦稱為最初抗告。

而再抗告者，亦須對最初抗告法院所為抗告裁定，再為抗告，始得稱為再抗告。

㈡即時抗告與通常抗告

　　即時抗告制度為德國與日本所採之一種抗告類型，為我國法所無。其與通常抗告之不同，在於即時抗告有期間限制。例如日本民事訴訟法第 332 條規定，即時抗告應於一星期之不變期間內提出，目的在求裁定之迅速確定。反之，通常抗告則無抗告期間規定，凡對於裁定有提出抗告利益者，均得隨時提出。兩者另一不同在於，即時抗告之提出有停止執行效力，但通常抗告則無。日本得為即時抗告者，一般均做個別規定，非概括規定所有之裁定均得即時抗告。例如第 21 條關於管轄移送裁定之不服，係個別明定得為即時抗告。

　　惟本法並不區分即時抗告與通常抗告，凡對得抗告之裁定，統一規定應於裁定送達後十日不變期間內為之，但送達前之抗告，亦有效力（第 487 條）。

㈢準抗告

　　準抗告，指對受命法官或受託法官所為裁定，向受訴法院聲明不服之方法，一般稱為異議。本法第 485 條第 1 項規定，受命法官或受託法官之裁定，不得抗告。但其裁定如係受訴法院所為，而依法得為抗告者，得向受訴法院提出異議。受命或受託法官係因受訴法院之授權，其權限較受訴法院為弱並受其拘束，因此當事人對之不服，應先向受訴法院聲明異議，並允許對受訴法院就聲明異議所為裁定提出抗告。聲明異議為抗告之準備行為，不得逕對受命或受託法官之裁定抗告。

㈣附隨性裁定之抗告與獨立性裁定之抗告

　　附隨性裁定與獨立性裁定區別，因觀察角度不同而異。

　　自同一法體系觀察，例如本法之中間裁定，乃附隨於本案審理之程序裁定，相對於本案裁判而言，可稱為附隨性裁定，對此類裁定不得單獨抗告，須併同本案裁判同受上級審審查。獨立性裁定，例如准予或駁回訴訟救助聲請之裁定，相對於本案訴訟程序裁判，屬獨立性裁定，有抗告權之人得單獨對之抗告（第 215 條）。

　　自不同法體系觀察，例如依本法所為裁定，因係附隨於民事訴訟程序為之，稱為附隨性裁定，對之所為抗告，為附隨性裁定之抗告；但依本法以外之程序法所為裁定，例如依非訟事件法、家事事件法、破產法、強制執行法所為裁定，因係獨立於本法以外所為裁定，相對於本法之裁定，可稱為獨立性裁定，對之所為

抗告，為獨立性裁定之抗告。此類裁定及其抗告，如無特別規定且性質相同者，得準用本法之規定。有特別規定者，例如非訟事件法第 41 條第 3 項因裁定而公益受侵害者，檢察官得為抗告，而不準用本法抗告規定。

獨立性裁定或附隨性裁定之定義，或因程序階段觀點而有不同。例如家事事件法第 85 條暫時處分之聲請，以本案請求已繫屬法院為前提，而與本案請求事件有附隨性關係。但因對暫時處分裁定得單獨抗告，無須附隨於本案裁判聲明不服，亦得稱之為獨立性裁定。又因此類裁定，會隨同本案請求之經裁定駁回確定而失其效力（家事事件法第 89 條第 1 款），非不得以附隨性裁定稱之。

▶ 第二節　抗告之要件及效力

一　要　件

抗告要件分為形式要件與實質要件。前者，又稱為合法要件，後者為有效要件。

㈠形式要件

形式要件有三：

1.法定程式要件

抗告除抗告編有規定外，準用關於第二審程序規定（第 495-1 條第 1 項規定準用第三編第一章）。抗告程序亦為裁判程序，故有關第二審程序之規定，於性質相通者，亦可準用。例如第 439、441、442 條等之規定是。抗告編已有規定者，例如本法第 488 條第 1 項，提起抗告除別有規定外，應向為裁定之原法院或原審判長所屬法院提出抗告狀為之，其目的在保留原法院有再審查機會，並得以迅速更正原裁定（立法理由參照）。因此如逕向抗告法院提出抗告狀者，雖亦生抗告效力，但抗告法院仍須將事件移交原裁定法院或審判長自行審查。又第 488 條第 2 項規定，適用簡易或小額訴訟程序之事件，或關於訴訟救助提起抗告，及由證人、鑑定人、通譯或執有證物之第三人提起抗告者，得以言詞為之；但簡易程序，依本法第 436-2 條第 1 項規定提起抗告者，不在此限。亦即簡易事件之第二審裁判，其上訴利益得上訴最高法院者，其向最高法院提出抗告時，仍應以書狀表明抗告理由，並須委任律師為訴訟代理人，始得謂為合法（第 495-1 條第 2 項準用

第三審上訴程序)。

抗告書狀如未使用抗告名稱者，仍應以提起抗告論（31 抗 415 判例）。抗告應表明對於原裁定不服之程度，及應如何廢棄或變更之聲明，亦有聲明拘束原則適用，此為準用第二審程序當然結果，因此抗告法院不得就未經聲明之事項予以裁判。此外，提起抗告，應表明抗告理由（第 488 條第 3 項）。但不以詳細理由書為要件（20 抗 65 判例）。抗告及再抗告，均應預納裁判費，此為其法定程式，未為預納者，審判長應限期命其補正，不得逕以裁定駁回（第 495-1 條準用第 444條）。

2. **遵守法定抗告期間**

提起抗告，應於裁定送達後十日之不變期間內為之。但送達前之抗告，亦有效力（第 487 條）。此期間為不變期間，不得由當事人以合意或由法院以裁定伸長或縮短之（18 抗 24 判例）。抗告狀如以交付郵務局送交原法院者，須到達於原法院時，始得謂有抗告狀之提出（29 抗 49 判例）。抗告期間為不變期間，非法院所得伸長，送達於當事人之裁定正本記載抗告期間縱有錯誤，其期間亦不因此而伸長（30 聲 42 判例）。

3. **抗告權人**

抗告應由有抗告權之人為之，其不以訴訟當事人為限，訴訟關係人亦得就不利自己之裁定提起抗告。又抗告應就得為抗告對象之裁定為之，此均如前述。

㈡**實質要件**

抗告與上訴同，以原裁判有不利於己為要件，不利於己即為抗告之實質要件，欠缺實質要件者不得為抗告提出。有無不服利益，與不服之學說有關，判斷基準則以裁定主文所記載之，對裁定所說明之理由不能滿意者，無不服利益，其抗告不合法（21 抗 237 判例）。提出抗告時雖有不利益，其後已無不利益者，仍應以不合法裁定駁回其抗告。

不服利益人不以當事人為限，因原裁定而受有反射不利益之關係人，亦有抗告利益。例如參加人參加訴訟之聲請被駁回時，參加人固得為抗告，被參加人因駁回參加裁定，亦受有反射不利益，即應承認其得依第 60 條第 2 項規定提起抗告。又如本法第 28 條第 1 項之移送訴訟規定，訴訟之全部或一部法院認無管轄權者，得依原告之聲請或依職權裁定移送管轄法院。駁回原告之聲請者，原告不得聲明不服，有無管轄權屬法院職權事項，因此駁回聲請者，不得聲明不服，當然

不得為抗告，但准為移送或依職權為裁定移送者，被告將因此受有反射不利益，即得為抗告。

二　效　力

抗告為廣義之上訴，合法抗告提出，與上訴同可生移審效及遮斷效[106]。但其效果並不明顯。對受命法官或受託法官之裁定聲明異議，由受訴法院裁判，不生移審效，因此異議不得謂為廣義之上訴。

㈠移審效

抗告係向上級審法院為之，並於向原法院或審判長提出抗告狀時發生移審效，使抗告事件繫屬於上級法院，上級審法官職務義務因而發生。因不合法抗告由原法院或審判長裁定駁回者（第495-1條第1項、第442條），乃立法授權代行上級審職權。至原法院或審判長認抗告有理由者，應撤銷或變更原裁定（第490條第1項），目的在使自己得自行就原裁定當否再為審查，以更正原裁定，此與判決之原法院不得自行更正者，更有緩和裁判羈束力效果。如未以抗告不合法駁回抗告，亦未依前項規定為裁定者，應速將抗告事件送交抗告法院，如認為必要時，應送交訴訟卷宗，並得添具意見書（第490條第2項）。

㈡遮斷效與執行力

合法抗告可使原裁定阻斷裁定之確定力，此為遮斷效。雖則如此，抗告除別有規定外，並無停止執行之效力（第491條第1項）。裁判確定力與執行力概念不同，裁定之形式確定力因合法抗告而阻斷，但本法不採德日即時抗告制，無因即時抗告提出而停止執行效力之規定；因此，本法之抗告並不阻斷裁定之執行力。惟原法院或審判長或抗告法院，得在抗告事件裁定前，停止原裁定之執行或為其他必要處分（第491條第2項）。所謂必要處分，如命供擔保後准停止執行或繼續執行是。前項裁定，不得抗告（第491條第3項）。

本法特別規定抗告有停止執行效力者，例如第104條第2項之提存物或保證書返還裁定、第105條第2項擔保物變換之裁定、第303條第4項處證人罰鍰裁定、第310條第2項拒絕證言當否裁定、第311條第2項不當拒絕證言處罰裁定、第315條拒絕具結處罰裁定、第249條第3項之不從提出文書命令之處罰裁

---

[106] 本法第三編上訴審程序，立法理由說明「上訴者，乃聲明不服，以要求廢棄裁判，或變更裁判之方法，分控告、上告、抗告三種」。

定，對之不服之抗告提出，均明定停止裁定之執行力。本條第 2 項之停止執行或其他必要處分，係暫定性，於抗告事件裁定生效時，當然失其效力。

▶ 第三節　抗告程序

一　抗告管轄法院

抗告，除別有規定外，由直接上級法院裁定（第 486 條第 1 項）。抗告亦屬廣義上訴，因抗告之提出，而發生往上級審移審效果。所稱別有規定，例如第 490 條第 1 項之由原法院或審判長自行撤銷或變更原裁定。如原法院或審判長認抗告為無理由者，自應移由抗告法院審理，不得自行裁定駁回，否則即屬違法（32 抗 1017 判例）。對抗告法院之裁定不服者，亦由其上級審法院管轄。依第 486 條第 2 項規定，抗告法院以抗告不合法而駁回者，不得再為抗告。

二　抗告審理程序

抗告，除本編別有規定外，準用第三編第一章之第二審上訴程序規定（第 495-1 條第 1 項）。但第 436-2 條第 1 項之簡易訴訟第二審裁判，其上訴利益逾第 466 條所定數額，得逕向最高法院抗告之事件，或第 486 條第 4 項之對抗告法院裁定之再為抗告事件，則準用第三編第二章之第三審上訴程序規定（第 495-1 條第 2 項），已如前述。

抗告程序之審理，可分為原裁判法院之審理及抗告法院之審理。

㈠原法院或審判長之裁判

原法院或審判長於受提出抗告狀後，其處理結果如下：

1.抗告不合法者

抗告有本法第 442 條第 1 項所定不合法原因者，即已逾抗告期間或對不得抗告裁定為抗告者，原法院或審判長應以裁定駁回之；有同條第 2 項之抗告不合程式或其他不合法情形，可以補正者，應命其補正，不為補正者，應以裁定駁回之。此為本法第 495-1 條規定準用第 442 條之結果。又抗告不合法者，其抗告縱有理由，原法院或審判長亦不得自行更正裁定（80 台抗 7 判例）。

2.抗告有理由者

抗告提出即生移審效（如前述移審效），抗告事件即繫屬於上級審，惟第 490 條第 1 項規定，原裁定法院或審判長認為抗告有理由者，應撤銷或變更原裁定❿，此為本法第 495-1 條所謂之別有規定情形之一。抗告雖屬廣義的上訴，兩者處理程序，仍略有不同。第二審上訴，原法院認上訴有理由，受判決之羈束力，不得自為廢棄或變更，但裁定程序為緩和羈束力原則，使原裁定法院或審判長有再行審查機會，明定得自為撤銷或變更，排除此原則適用。又原裁定之自我撤銷與上級審之廢棄裁定，兩者性質不同；後者（廢棄），有錯誤裁判審級救濟性格，屬廣義上訴性質；前者（自我撤銷），非錯誤裁判審級救濟性格，有裁判後更正原裁定，以符時宜，其情形包括裁判後之情事變更。

㈡抗告法院之審理裁判

原法院或審判長未依前述情形駁回抗告，或自為撤銷變更裁定者，應將抗告事件送交抗告法院，如認有必要者，應送交訴訟卷宗並得添具意見書（第 490 條第 3 項）。而抗告法院之審理構造及裁判型態，再分述如下：

1.續審構造

抗告亦為上訴，準用第二審上訴程序，本法第二審雖仍採續審制，但規定以不得提出新攻擊防禦方法為原則，因此抗告人於抗告審程序，亦以不得提出新攻防方法為原則；但如符合本法第 447 條但書所列情形者，則例外有更新權，而得為提出。既屬續審制，抗告有無理由如同第二審上訴，以裁定時證據資料為斷，非以原裁定時為準。抗告程序雖以書面審理為原則，但抗告法院得裁量行言詞辯論程序。如以言詞辯論方式審理者，應準用第二審程序，公開宣示裁定。

2.裁定形態

⑴抗告不合法

抗告法院對於不合法抗告，準用第二審上訴程序，即應由第二審以裁定駁回之（準用第 444 條），不得將抗告事件退回原法院⓫，因原裁定法院或審判長，其裁定駁回係代行第二審職權。但抗告不合法可補正者，應由抗告法院審判長定期命其補正，逾期不補正，抗告法院始得以駁回。又抗告人於抗告駁回裁定前所為補正，即與補正期間內之補正有同一效力（29 抗 355 判例）。抗告法院之裁定，

---

❿ 57 年本條項修法理由，原法院或審判長認抗告為有理由者，應更正原裁定。

⓫ 最高法院 73 年 8 月 11 日民事庭會議決議。

以抗告不合法而駁回者，不得再為抗告。但得向原法院提出異議（第 486 條第 2 項）。前項異議，準用第 484 條第 2 項及第 3 項之規定。當事人對於第二審法院所為之初次裁定提起抗告，實務認為其抗告不合法者，應依本法第 495-1 條第 1 項準用第 444 條第 1 項規定，以裁定駁回[109]。

⑵抗告無理由

抗告法院認抗告無理由者，應為駁回之裁定（準用第 449 條第 1 項）。裁定依其原理由雖屬不當，但依其他理由認為正當者，應以抗告為無理由（準用第 449 條第 2 項）。抗告已失其目的者，應認其抗告為無理由（31 抗 190 判例）。對於第二審法院之初次裁定提起抗告，實務認為抗告無理由者，則應依第 495-1 條第 1 項準用第 449 條第 1 項或第 2 項裁定駁回[110]。抗告雖亦有上訴性質，但本法第 449-1 條不當上訴之處罰，其目的在避免訴訟之延滯，於抗告程序應無準用餘地。

⑶抗告有理由

抗告準用第二審程序，採續審制，當事人有更新權，因新事實新證據之提出，原裁定有無不當，應依抗告裁定作成時之訴訟資料以為決定。抗告法院認抗告有理由者，應廢棄或變更原裁定（第 492 條前段）。對於第二審法院所為初次裁定提起抗告者，亦由最高法院依第 492 條規定廢棄或變更原裁定，非有必要，亦不得命原法院或審判長更為裁定[111]。抗告有理由，指原裁定有不當之謂。原裁定不當，有時僅以廢棄為已足，例如認為原裁定處證人罰鍰之裁定不當，予以廢棄即可。屬處分權主義範圍之事件，抗告法院應在抗告不服聲明範圍內廢棄原裁定，同時亦有不利益變更禁止原則適用。廢棄原裁定如需另為裁定者，應自為變更之裁定，非有必要，不得命原法院或審判長更為裁定（第 492 條後段）。是以自為裁定為原則，發回乃不得已之例外[112]。如為發回之裁定，其發回理由之事實上及法律上之否定判斷對受發回法院或審判長有拘束力，此與第二審之廢棄發回拘束力同。原法院或審判長因違背專屬管轄者，抗告法院應將原裁定廢棄，將事件移送於管轄

---

[109] 最高法院 92 年度第 15 次民事庭會議決議。

[110] 最高法院 92 年度第 15 次民事庭會議決議。

[111] 最高法院 92 年度第 15 次民事庭會議決議。

[112] 56 台抗 554 判例：「抗告法院以抗告為有理由者，應為廢棄原裁定之裁定，同時自為裁定代之，或將事件發回原法院或審判長命更為裁定，此在抗告法院有自由選擇之權。事件已達可為裁定程度無行其他程序之必要時，固以自為裁定為宜，若尚須其他程序，則予發回亦無不可」。

法院（準用第 452 條）。

3. 抗告裁定記載方式

抗告裁定記載並無明文規定，應準用第二審判決書方式。有相對人之抗告事件，應記載相對人，否則無記載必要。事實得引用原裁定，當事人提出新攻擊防禦方法者，應併記載之。抗告裁定應記載理由，以說明其主文決定之依據，如攻擊防禦方法之意見及法律上意見與原裁定相同者，得引用之，如不同者應另行記載，當事人提出之新攻擊防禦方法之意見，應併記載之（準用第 454 條）。

三　抗告程序終了

抗告程序準用第二審上訴程序。抗告自因法院之裁定而終了。撤回抗告者，亦同。抗告人與相對人間有處分權限之事件，亦可於抗告程序中成立和解，而使抗告程序終結。

四　附帶抗告

附帶抗告雖法無明文，實務採否定說（19 抗 579、26 抗 445 判例）。就法理言，應有承認附帶抗告必要。有相對人之裁定，其裁定對抗告人一部有利一部不利者，於抗告中承認相對人之附帶抗告權有其實益。例如確定訴訟費用裁定，於命兩造當事人負擔情形，其一部有利一部不利，因有處分權主義適用，受不利益變更禁止原則及抗告聲明拘束限制，不得更為不利於抗告人之裁定，基於平等原則，為保障相對人權益，應承認相對人之附帶抗告權❶❸。而本法之解釋論，得依第 495-1 條準用附帶上訴規定。

---

❶❸ 對附帶抗告採否定見解者，其主要理由為抗告之性質係對原裁定法院法官之抗議，乃為單方性質，無附帶抗告餘地。通說則認為存有相對人之抗告事件，對原裁定之請求廢棄與對原裁定法院法官之抗議不能混為一談，附帶抗告之承認不僅適合於對原裁判不服聲明之本質，且在他造抗告中如剝奪其受有利裁判機會，亦有違武器平等原則，齋藤等編【注解 10】，第 87 頁。

➤ 第四節　再抗告

一　範　圍

　　再抗告者，指不服抗告法院之抗告裁定，再為抗告之意。再抗告亦須對抗告法院之關於裁定有不服利益，始得再為抗告。再抗告之對象既對抗告法院之抗告裁定為之，因此如為抗告法院之初次裁定，只能對之抗告，非屬再抗告範圍。

　　立法上，本法對於裁定以得抗告為原則（第 482 條前段），但再抗告並無相同規定，而係以兩種方法予以限制。即：明示排除方式與適用法規錯誤為條件方式。

㈠明示排除

　　在通常或簡易訴訟程序，不得上訴第三審之事件，其第二審法院所為裁定不得抗告（第 484 條第 1 項前段），既不得抗告當然無再抗告問題。又，本法第 486 條第 2 項規定，抗告法院之裁定，以抗告不合法而駁回者，不得再為抗告，僅得提出異議（第 486 條第 2 項），不因其係屬得上訴第三審之事件而有不同。

㈡適用法規錯誤條件

　　本法已明定排除再抗告者，自不得對之再抗告，但亦非謂未排除之抗告裁定，均得對之提出再抗告，本法另設有再抗告之條件限制。即對於抗告法院之裁定，再為抗告者，僅得以其適用法規顯有錯誤為理由，始得為之（第 486 條第 4 項）❶❹。換言之，得再抗告之事件，應同時具備以下要件：須屬得上訴第三審之事件、須非經原法院以抗告不合法駁回之事件（即須經抗告法院以抗告有無理由裁定之事件）、須以抗告裁定適用法規顯有錯誤為再抗告理由，始得再抗告。

　　所謂適用法規顯有錯誤，指抗告法院所為裁定，就其取捨證據自行確定之事實，適用法規顯有錯誤而言，包括消極不適用法規與積極適用法規錯誤（第 468 條），但事實認定不當情形不屬之（80 台上 1326 判例）。事實認定為事實審專權，再抗告法院應受抗告法院事實認定拘束。顯有錯誤則指無待調查即可發現其錯誤者而言。

---

❶❹ 98 年修正本條時，已將須經法院許可規定予以刪除。

二　程　序

㈠再抗告狀提出

再抗告亦為抗告，抗告程序規定，於再抗告程序當然適用。再抗告提出，應於抗告裁定送達後十日內為之（第 487 條），並依本法第 488 條第 1、3 項規定，向原抗告法院提出抗告狀表明再抗告理由，此為其法定要件，屬法定強制提出主義。再抗告程序復準用第三審程序（第 486 條第 4 項、第 495-1 條第 2 項），而抗告審為法律審，本法第 470 條第 2 項抗告狀內應記載之抗告理由，須表明原抗告裁定適用法規有如何顯有錯誤情事之具體內容與具體事實，以及其再抗告所涉及之法律見解有何原則上之重要性（準用第 470 條第 2 項第 1、2、3 款），上開法定要件之欠缺，抗告法院得依本法第 495-1 條第 2 項準用第 471 條第 1 項規定，毋庸命其補正，逕由抗告法院以再抗告不合法裁定駁回。

㈡準用第三審上訴程序

本法第 495-1 條第 2 項規定，關於第 436-2 條第 1 項之逕向最高法院抗告、第 486 條第 4 項之再為抗告，準用第三編第二章關於第三審上訴之規定。再抗告與第三審上訴同為法律審，其性質相同者，自得準用第三審上訴程序規定。因此，再抗告應委任律師或其他具有法定資格之人為訴訟代理人[115]，未委任者，原抗告法院得以再抗告不合法駁回之（準用第 466-1 條）。再抗告應於抗告裁定送達後十日內之不變期間內為之（第 487 條），其逾期者，或係對不得再抗告之裁定為再抗告者，由原裁定法院以裁定駁回之（第 495-1 條第 2 項準用第 486 條及第 442 條第 1 項）。再抗告不合程式或有其他不合法之情形而可以補正者，原抗告法院應裁定命其補正，如不於期間內補正者，應以裁定駁回之（第 495-1 條第 2 項準用第 481 條、第 442 條第 2 項）。

再抗告審理程序，準用本法第 476 條規定，再抗告法院應以抗告法院確定之事實為裁定基礎，抗告法院如行言詞辯論者，再抗告法院得斟酌言詞辯論筆錄記載當事人陳述之事實（準用第 476 條第 1、2 項）。

---

[115] 最高法院 92 年度第 15 次民事庭會議決議。

三　再抗告之裁判

(一)原抗告法院之裁判

原抗告法院認抗告不合法，除有前述應命其補正者外，應以裁定駁回其再抗告。原抗告法院認抗告有理由者，依同法第 490 條第 1 項規定，撤銷或變更原裁定之規定，於再抗告程序亦有適用。

(二)再抗告法院之裁判

抗告法院未自為撤銷或變更原抗告裁定，亦未以裁定駁回再抗告者，應速將抗告事件送交再抗告法院，如認有必要時應送交訴訟卷宗，並得添具意見書（第 490 條第 2 項）。再抗告法院如認再抗告不合法，得依第 495–1 條第 2 項準用第 481、444 條，以抗告不合法裁定駁回，但其情形可以補正者，由審判長定期命其補正，但已經由抗告法院命其補正未為補正者，不在此限。

再抗告法院認再抗告無理由者，應以無理由裁定駁回其再抗告，原抗告裁定依其理由雖有不當，但依其他理由仍為正當時，亦屬再抗告無理由（第 495–1 條第 2 項準用第 481、448、449 條第 1、2 項）。再抗告有理由者，應廢棄原抗告裁定（第 495–1 條第 2 項準用第 477 條第 1 項）。抗告裁定雖適用法規有錯誤，但如不影響裁判結果者，除有本法第 469 條第 1 款至第 5 款情形外，不得廢棄原裁定（第 495–1 條第 2 項準用第 477–1 條）。抗告有理由而應廢棄抗告裁定者，應否依本法第 492 條規定應自為裁定，非有必要，不得命原抗告法院更為裁定？因再抗告審為法律審，雖不以自行裁定為原則，但如有第 478 條第 1 項所定第三審應自為判決事由者，應自為裁定（第 495–1 條第 2 項準用第 478 條第 1 項）。除此之外，再抗告法院於必要時，得將事件發回或發交。其發回或發交時，就應調查事項應詳為指示，而其廢棄理由之法律上判斷有拘束力（準用第 478 條第 2、4 項）。其如自為裁定，如抗告裁定與原裁定均有不當時，即應一併廢棄自為變更裁定。

再抗告法院之裁定，不得對之抗告，如有法定再審事由時，得對之聲請再審（第 507 條），但簡易訴訟程序之裁定，逕向最高法院提出抗告，經以抗告無理由駁回者，不得更以同一理由聲請再審（第 436–6 條）。

▶ 第五節　準抗告

一　意　義

準抗告類型有三。

一、本法第 485 條第 1 項規定，受命法官或受託法官之裁定，不得抗告。但其裁定如係受訴法院所為而依法得為抗告者，得向受訴法院提出異議，此為準抗告類型之一。受命或受託法官基於受訴法院之授權，在權限範圍內為特定行為之處理並受其指示拘束，當事人對受命或受託法官之裁判如有不服，請求廢棄或變更，即應向受訴法院為異議，不得直接向上級審提出抗告。此種異議雖係不服受命或受託法官之裁判而為，但因非向上級審為之，因此無發生上訴之移審效，不得以上訴性質視之，乃係將來抗告之準備之訴訟行為。

二、不得上訴第三審事件，第二審法院之裁定，有本法第 484 條第 1 項但書情形之一者，得向原法院提出異議。即關於：第一、命法院書記官、執達員、法定代理人、訴訟代理人負擔訴訟費用之裁定。第二、對證人、鑑定人、通譯或執有文書、勘驗物之第三人處以罰鍰之裁定。第三、駁回拒絕證言、拒絕鑑定、拒絕通譯之裁定。第四、強制提出文書、勘驗物之裁定。

三、抗告法院之裁定，以抗告不合法而駁回者，不得再為抗告。但得向原法院提出異議（第 486 條第 2 項）。

二　對受命或受託法官裁定之異議

㈠適格對象

依本法第 485 條第 1 項規定聲明異議之對象，為受命或受託法官之裁判，因此受命法官準備程序之裁判，得為異議。但限於受訴法院之授權範圍內所為之裁判，始得為異議之適格對象。本條第 1 項但書既規定「但其裁定，如係由受訴法院為之，而得為抗告者，得向受訴法院提出異議」，依反面解釋，該裁定如由受訴法院所為，依法不得抗告者，則受命或受託法官之裁定，即不得對之提出異議。

審判長以合議庭一員身分所為之裁定，對之不服者，仍為異議性質。例如言詞辯論期日之指揮、闡明權行使與否決定，因審判長仍係受合議庭之監督，即得

成為異議對象。本法第 201 條規定，參與辯論人如以審判長關於指揮訴訟之裁定，或審判長及陪席法官之發問或曉諭為違法而提出異議者，法院應就其異議為裁定。但如係獨立於合議庭審判機關外所為之裁判，對之如有不服，應直接為抗告。

㈡異議之程序及裁判

對受命或受託法官裁判之異議，準用對於法院同種裁定抗告之規定（第 485 條第 2 項）。依此，異議應以書狀或以言詞提出（第 485 條第 2 項準用第 488 條第 1、2 項），並表明對原裁定不服程度及應如何廢棄或變更之聲明，以及異議之理由（準用第 488 條第 3 項）。

異議之管轄法院，在第一審或第二審程序受命或受託法官之裁定，得向訴訟繫屬之受訴法院提出。訴訟繫屬於第三審法院者，其受命或受託法官所為裁定，得向第三審法院提出異議。不得上訴於第三審法院之事件，第二審法院受命法官或受託法官所為之裁定，得向受訴法院提出異議（第 485 條第 4 項）。

受訴法院對聲明異議之審理方式，既準用抗告程序，即無經言詞辯論程序必要。受訴法院認異議不合法或無理由者，應以裁定駁回之（第 485 條第 2 項準用第 495-1 條第 1 項、第 444、449 條）；有理由者應廢棄原裁定或變更之（第 485 條第 2 項準用第 495-1 條第 1 項、第 492 條）。受訴法院就異議所為之裁定，得依第四編抗告程序之規定抗告（第 485 條第 3 項）。其得否再抗告，依前述再抗告程序規定。

三 其他異議程序

依本法第 484 條第 1 項但書規定提出異議者，其異議準用對於法院同種裁定之規定（第 484 條第 2 項），受訴法院就異議所為裁定，不得聲明不服（第 484 條第 3 項）。

依第 486 條第 2 項規定提出異議者，其異議準用第 484 條第 2、3 項異議規定（第 486 條第 3 項）。

四 擬制抗告或異議

依本編規定，應為抗告而誤為異議者，視為已提起抗告；應提出異議而誤為抗告者，視為已提出異議（第 495 條）。

第七編

既判力破除

第一章　再　審

▶ 第一節　總　說

一　意　義

　　再審者，係因確定判決之程序有重大瑕疵，或為判決基礎資料有重大缺失時，請求撤銷原判決，另為正確裁判之非常救濟方法。質言之，再審係對確定判決聲明不服之方法，與對未確定判決係依通常審級上訴程序方法救濟者，其本質不同。因此上訴之本質，即移審效及遮斷效，於再審程序並不適用。再審，自其有請求撤銷原確定判決功能言，有形成訴訟性格，但如自原訴訟因再審之允許而復活之效果觀察，亦有稱其為附隨訴訟者❶。

　　確定終局判決基於法之安定性，應尊重其確定判決效，不許任意變更，否則無從完成紛爭解決之訴訟目的。再審係對法院違反適正判決義務之救濟手段，但同時對法之安定性造成破壞，因而再審含有私權保護及法安定性衝突面之調整機能，再審即有嚴格限制其要件之必要，限於一定期間內始得為之，並以原確定判決程序之重大瑕疵及判決基礎之特別欠缺為必要。

　　再審係以確定終局判決為救濟對象，其確定判決存在之程序瑕疵或基礎之欠缺，係於原程序即已存在，此與強制執行法債務人異議之訴，乃因確定判決執行名義成立後，有消滅或妨礙權人請求事由發生為原因，兩者之事由及存在時間，均有不同。再審之訴有理由時，應撤銷原判決，回復原訴訟程序重為判決，此與撤銷除權判決於有理由時，僅將原除權判決撤銷，無庸另為裁判者有別❷。仲裁判斷成立者雖與確定判決有同一效力，但仲裁判斷之經法院撤銷，並不回復原仲裁程序，反因仲裁判斷之撤銷，而使仲裁契約失其效力，兩者之效果不同。

---

❶ 中野等著【講義】，第 536 頁。
❷ 陳、林著（下），第 980 頁。

二　再審訴訟之基本構造

再審之訴之請求，包括請求將原確定判決撤銷，及請求就原確定判決之本案重為審判。惟再審訴訟之審理程序構造，有三階段構造論與二階段構造論之分。所謂三階段論，乃將再審分為訴之合法性、再審事由存在及本案理由具備之審理。二階段論者，則不分上開三個階段之先後審理階段順序。學說以採三階段論為主。前者，以再審之訴應否重開及續行之許可為審理目的或客體；後者，即為本案訴訟部分。前者之審理，再分為合法要件之審查，及有無再審事由之審查，各階段之審查，有其先後順序。依此，再審之訴之審理，先為再審之訴合法要件審查，不合法者，以裁定駁回。其次，就再審理由之有無為審查，欠缺再審理由者，以判決駁回，如具備再審理由者，即為本案之審理程序。如不具備前階段要件者，法院無再就後階段為本案審理必要，此為日本新法所採，而有避免訴訟浪費之憂❸。又前者之審查得不行公開程序❹，但後者之程序，原則上應公開，僅在依本案事件性質，得例外的不為公開程序。我國再審訴訟實務，固於合法要件欠缺或欠缺再審事由時，即以裁定或判決駁回再審之訴，惟審理程序係以一體程序構造方式，並不區分階段先後順序，於審理程序全部終竣時，再以不合法或欠缺再審事由為由駁回再審之訴者，亦常有之，似採二階段說。

三　再審之訴之訴訟標的

㈠二元論與一元論

再審之訴訟標的，有訴訟標的二元論與一元論之分。二元論為早期通說見解，本說認為再審之訴訟標的，包括就確定判決為撤銷（廢棄）之請求，及就本案再為審理之請求。此說係將再審二階段構造中之第一階段，即請求撤銷原確定判決，亦認為係再審訴訟之一，此階段訴訟屬形成之訴，並獨立於第二階段之本案訴訟

---

❸ 再審構造有所謂一體程序構造者，意即並不區分階段先後順序。其缺失為再審事由與本案攻擊防禦方法因同時提出常造成審理之複雜性；其次，於第一審程序認有再審事由並為本案判決，但於第二審中認無再審事由時，第一審之本案審理成為浪費。日本民事訴訟法為改正其失，於新法第 345 條至第 347 條設階段構造程序，不再採用一體構造程序。坂原著，第 92 頁。

❹ 小室直人監修，新民事訴訟法講義，第 312 頁。

程序外，又認為第一階段撤銷之訴有理由，為第二階段本案訴訟之前提要件。本說中採舊訴訟標的理論者，又將不同再審原因，解為不同形成權，構成不同的訴訟標的。但新訴訟標的理論者，則將之視為同一的形成地位，不同再審原因，只是攻擊防禦方法而已❺。

　　一元論則認為再審之訴，仍以本案訴訟為訴訟標的，再審原告之請求撤銷（廢棄）原確定判決，非獨立於本案訴訟外之另一訴訟標的。再審之訴亦如同上訴程序，上訴雖係請求將原判決撤銷變更，但於上訴審中仍以原判決之本案訴訟標的，為其訴訟標的，請求撤銷原判決並非獨立之訴。本說再主張，再審之訴原確定判決之撤銷請求，僅係再審之合法要件。換言之，為附隨訴訟。

㈡理論檢討

　　二元論將第一階段認為係另一形成訴訟，成為另一訴訟標的，則於再審理由被承認時，即應以形成判決撤銷原確定判決，惟於訴訟實務上並非如此處理。換言之，請求撤銷原判決，如屬另一獨立之訴，則再審理由之存在為再審原告之形成原因，並成為訴訟標的，於審理終結時，自應於主文中為宣示。惟實務上，當本案審理結果，縱認再審事由存在，再審法院如認仍應維持原確定判決結論時，亦須以判決駁回再審原告全部之請求，而無撤銷（廢棄）原確定判決之諭知。反而再審事由存在乃為本案訴訟再為審理之要件，而非確定判決撤銷要件。此為二元論所不能合理說明者。

　　一元與二元論之爭，可自日本平成 8 年之新民事訴訟法第 345 條至第 348 條修正後，再度引發爭議所持理論，知其原由。新法增設關於再審之訴合法否，及再審事由存否判斷之決定程序，一般認為較符合一元論將再審之訴，分為訴訟要件及本案審理階段之設計理論。因為訴訟要件乃從程序保障觀點為設計，但訴訟標的乃從判決程序觀點設計，此為訴訟要件與訴訟標的之最大區別❻。換言之，法院為開始再審決定，乃法院所認再審事由存在之決定，如依二元論，豈不將之視為再審之訴之訴訟標的。且開始再審決定，並無規定應於決定主文中為原判決撤銷之諭知。開始再審決定只不過是法院單純就再審事由存否所為之確定程序而已，判決之撤銷乃本案審理最後之判決，開始再審決定不過如法院就事件整理所為之原因判決而已。且再審理由縱然存在，但本案審理結果如與原判決相同時，

---

❺ 新說如新堂著【民訴法 2 版】，第 809 頁。小室直人監修，新民事訴訟法講義，第 312 頁。
❻ 坂原著，第 95 頁。

依其民事訴訟法第 348 條第 2 項規定，仍為再審之訴駁回，並未規定應將原確定判決撤銷❼。凡此均有利於一元論之主張。

雖然一元論對二元論提出嚴峻批評，但一元論本身並非全無缺點。一元論將再審事由視為本案重為審理之程序要件，再審事由存否非屬再審之訴訟標的，將使再審理由之重要性喪失。再審理由既非訴訟標的，無須於判決主文中顯示，則原確定判決之既判力是否消滅，將不如二元論之明確。二元論將原確定判決撤銷請求視為再審訴訟標的之一 ， 日本前開第 348 條第 3 項既明定 ， 原判決經撤銷時，應更為裁判，因此其新法係規定，如原確定判決撤銷者，應於主文中顯示，乃保有二元論之特點。因此，新法雖增訂開始再審決定程序，仍不能遽論新法係採一元論見解。一元論不將原確定判決撤銷請求視為訴訟標的，則其原確定判決既判力之消滅問題點，難予突破。

再審之訴為本案之再為審理，無法避免涉及原確定判決既判力之破除或消滅；而二元論於判決主文中明確宣示原確定判決之廢棄，然一元論既不於主文中明示，則原確定判決究應如何消滅？又，一元論者認為再審事由之存在，即意味著原確定判決既存瑕疵之存在，成為否認既判力拘束之正當化依據，再審事由存在之開始再審決定確定時，既判力即予否認者，將使既判力之積極作用與消極作用，受到開始再審決定之限制，因此原判決縱未經撤銷，亦得為本案再為審理❽。換言之，意味著既判力破除不以裁判形式為之，仍可以完成。一元論認為，既判力之破除，求諸於既判力本身條件限制即足，再審事由存在而使既判力效果受到限制，似非正論。

一元論另有主張原確定判決既判力停止效說，即當法院認為再審事由存在，而為開始再審之決定確定時，原判決之既判力作用及活動均應停止，其依據為第338 條規定，即有再審事由時，得以再審之訴聲明不服。惟此說被質疑，認為開始再審之決定與要件之審查程序不盡相同，其較類似於形成訴訟性格，非一般之訴訟要件，當應準用形成之訴❾。

---

❼ 坂原著，第 95 頁以下。

❽ 加波真一，新民事訴訟法における再審訴訟の手續構造，北九州大學法政論集，第 25 卷第 1 號，第 23 頁以下。

❾ 坂原著，第 101 頁以下。

(三)我國再審之訴訟標的

本法再審之訴，雖無開始再審決定階段設計，但一元論理論，仍較具說服力❿。二元論將原判決廢棄視為一獨立的形成訴訟，以再審原因為形成原因，惟此形成原因非基於實體法上之形成權，而為訴訟法上之形成原因，將之視為如同實體法上之形成原因而成為訴訟標的，即有未當。再者，再審原因係原確定判決程序有瑕疵或為判決基礎之重要資料欠缺所致，惟仍係透過法院之訴訟行為（判決）形成，因此以確定判決存有法院訴訟行為瑕疵，為再審原因者，應係為完成適正裁判請求權目的而設，含有訴訟權及訴權保護意義，非直接以實體權形成原因觀點出發，因此以之解為係再審原告訴權保護要件有無之判斷，自較可採。

(四)一元論之程序實施

如採一元論，則程序應如何進行？首先，關於各個不同再審事由間相互關聯問題，亦即法院如認無該受請求之再審事由，而駁回再審請求時，未受再審原告執為主張之其他再審事由，可否再執為再審事由？有認為應依失權法理解決；有認為以駁回再審決定時點為基準時，如依一般通常注意即可發現之其他再審事由存在者，其後即不得再為主張，使生失權效果⓫。日本民事訴訟法第 346 條關於再審之決定手續，第 1 項規定法院認有開始再審之事由時，應為開始再審之決定；第 2 項規定法院於前開決定前應先經任意言詞辯論程序。依此再審理由之有無，與本案審理階段更易於區分，自較符合一元論理論，將再審之訴分為再審之訴要件，且先於本案訴訟決定階段。本法雖無開始再審決定規定，如採一元論，則當再審合法要件或再審事由存在與否發生爭議時，亦非不得先行以中間裁定確認之。

(五)再審之補充性

再審之訴以列舉之再審事由為限。但當事人已依上訴主張其事由或知其事由不為主張者，不得再以之為再審事由，是為再審之補充性（第 496 條第 1 項但書），目的在維護確定判決之安定性。但當事人對於第二審判決主張適用法規顯有錯誤，經第三審駁回其主張，再審原告認第三審判決亦係適用法規顯有錯誤，對第三審確定判決提起再審之訴，因第三審適用法規顯有錯誤情形，當事人不可能以上訴主張，即不能認係當事人已依上訴主張其事由，因此本條但書情形，應限

---

❿ 我國學者採一元論見解者，如陳、林著（下），第 984 頁。

⓫ 松本、上野著，第 464 頁。

於對下級審法院判決而言❷。以法院應依職權調查之事項，有再審之事由者，因當事人縱未主張，法院仍須依職權調查其事由，可逕認係已經法院判斷該事由不存在，不得再執為再審事由，但如法院未明示其已為判斷者，不在此限。上訴係因不合法而被駁回者，因未受上級法院實體審判，無但書規定適用，而許其以相同事由提起再審之訴。以有第 496 條第 1 項第 7 款至第 10 款情形為再審事由者，因須以宣告有罪之判決已確定，或其刑事訴訟不能開始或續行非因證據不足者為要件，因此所謂當事人已依上訴主張其事由或知其事由而不為主張，係指前訴訟程序終結前，已知且已完足該要件者言（78 台上 413 判例）。

▶ 第二節　再審之訴合法要件

一　再審之客體

再審之訴以已發生既判力之確定終局判決為客體，對於確定裁定再審者，為聲請再審。尚未合法送達之判決，因未確定，即不得對之提起再審之訴（18 抗2871 判例）。已確定之再審判決，亦為確定終局判決，自得以其有再審事由，提起再審之訴（53 台上 986 判例）。中間判決非屬終局判決，非僅不得對之單獨上訴，當然亦不得單獨對之提起再審之訴，但得以中間判決有再審之事由，對其所依附之確定終局判決提起再審之訴❸。

除權判決，另設撤銷除權判決之訴（第 552 條），已有確定判決之救濟程序，不得為再審之訴。至撤銷除權判決，亦為確定終局判決，則得對之提起再審之訴❹。與確定判決有同一效力之法院調解，有無效或得撤銷之原因時，得提起調解無效或撤銷之訴（第 416 條第 2 項）；訴訟上和解，則得請求繼續審判（第 380條第 2 項），通說認為因已有救濟程序，故不得對之提起再審之訴❺。但與確定判決有同一效力之訴訟上和解、法院調解，既判力之有無，學說固存在爭議，但縱僅具執行力，如有再審事由時，學說有認無不許其提起再審之訴之理❻。訴訟上

---

❷ 最高法院 63 年度 2 月 3 日第 6 次民事庭總會決議。

❸ 上田著，第 596 頁；三ケ月著【民訴】，第 547 頁。

❹ 吳著【中國下】，第 1480 頁。

❺ 陳、林著（下），第 987 頁；吳著【中國下】，第 1480 頁。

和解有無效或撤銷之原因，得請求繼續審判，其期間、請求程式，均準用再審規定；而再審目的在破除既判力，機能似有重疊，但再審理由與和解無效或撤銷原因，並非相同，故無因有請求繼續審判規定，而不許其提起再審之訴之正當理由。支付命令未聲明異議者，與確定判決有同一效力，實務原認為當事人得依本法第507條準再審規定，聲請再審，但不得提起再審之訴（68台上2684判例），惟現行法規已於第521條第2項明定得提起再審之訴❶。

　　第三審法院所為之廢棄並自為判決，有再審事由者，得為再審對象。因此類判決有形式確定力，且就本案部分有實質確定力；但第三審所為廢棄並發回或發交判決，有再審事由者，有認為得對之提起再審之訴，如因再審而被廢棄時，受發回發交之下級審法院所為判決當然失效❶。另有認為因上級審之該判決，就本案部分無實質內容，而無本案實質確定力，一旦為廢棄並發回或發交判決後，事件即繫屬於受發回發交法院，上級審已無從因再審而再開或續行前訴訟程序可能。基此，得為再審之訴之確定判決，限於具有民事訴訟法第400條有既判力之判決，因此第三審之廢棄並發回或發交判決，不成為再審之訴對象❶。現行實務持否定見解，認為廢棄原判決將本案為發回，本案即須由受發回之法院更為判決，難認屬具有實質上確定力之終結訴訟之確定判決，不得對之提起再審之訴（100台再30判決）。日本早期判例認為，大審院發回判決僅具中間判決性質，不得對之提起再審之訴；其後變更見解，認為屬終局判決，得為再審之訴對象❷。

---

❶ 大審判昭和7年2月25日。訴訟上和解因有再審原因，且非伴隨著私法上無效原因時，得提起再審之訴，但因和解有私法契約性質，私法上無效原因乃當然無效，即不許以其理由提起再審之訴。又無權代理人締結之和解，當事人本人請求確認和解無效時，亦不得以無權代理為由提起再審之訴。學者有認為與確定判決有同一效力之「調書」（如日本民事訴訟法第267條之和解或請求之拋棄或認諾之調解書），有私法無效原因爭執其效力者，亦應準用再審之訴（實質上為調書無效確認請求）。新堂著【民訴法2版】，第813頁。

❶ 日本學者有認其民事訴訟法之假執行支付命令與確定判決有同一效力，如有再審事由者，得提起再審之訴，上田著，第596頁。

❶ 三人合著，第626頁。依此說，第三審之發回發交判決有再審理由時，應依本法第496條規定對第三審之發回發交判決，提起再審之訴。

❶ 吳著【中國下】，第1502頁。依此說，第三審所為發回發交判決，如有再審事由，而受發回發交之法院以之為裁判基礎，則僅能對受發回發交之法院所為確定判決，依本法第498條提起再審之訴。

❷ 大審判昭和14年4月19日判，及最高判昭和26年10月16日判，參看齋藤等編【注解

　　否定說以有無本案判決實質確定力為辨別基準，廢棄並發回或發交判決，對本案固不生實質確定力，但此類判決仍有形式確定力，至其實質確定力，雖不以本案實體權為對象，惟廢棄發回發交判決仍生原判決廢棄及發回發交之判決效力，在此範圍亦生訴訟上之法效果，如有再審理由者，並無排除之理。且釋字第135號解釋指出，關於第三審誤將已確定之第二審判決廢棄發回或發交者，該判決為無效判決（不生實質確定力），但仍具形式確定力，如有本法所定再審事由者，自得對之提起再審之訴[21]。依此，第三審廢棄發回發交判決，既生形式確定力及廢棄發回或發交之程序上效果，如有再審事由者，當得對之提起再審之訴。故以肯定說為當。

　　案經廢棄發回或發交，受發回或發交之下級審已為本案終局裁判並確定，上級審之廢棄發回發交判決本身經再審之訴廢棄後，受發回發交之下級審法院之確定判決，仍具形式確定力，依釋字第135號解釋，係屬重大違背法令，得對之提起再審之訴。

二　當事人

　　再審之訴以原判決一部或全部敗訴之當事人為再審原告，以勝訴者為被告。再審當事人應以前訴訟程序之當事人及原判決既判力所及之人為限，從參加人或第三人不得為再審之訴當事人（19抗32判例）。惟第三人如因既判力主觀作用擴張所及，且因該確定判決而受實體上不利益者，應承認其為再審之訴適格之原告，得以前訴訟程序之雙方當事人為被告，此為第三人再審之訴。當事人之一般繼受人，如繼承人得為再審之訴當事人；特定繼受人，如為訴訟標的法律關係之特定繼受人，因受確定判決效力所及，為再審當事人適格。其他特定繼受人，如甲於敗訴確定後將土地讓與丙，因我國民事訴訟法第254條採當事人恆定主義，除其已於前訴訟中依同條第1項但書或第2項取得當事人資格，否則既非前審程序當事人，無從成為再審當事人適格。為他人占有請求標的物之人，雖受原確定判決

10】，第208頁及第211頁註2。

[21] 大法官釋字第135號：「民刑事訴訟案件下級審法院之判決，當事人不得聲明不服而提出不服之聲明或未提出不服之聲明，而法院誤予廢棄或撤銷發回更審者，該項上級法院之判決及發回更審後之判決，均屬重大違背法令，固不生效力，惟既具有判決之形式，得分別依上訴、再審、非常上訴及其他法定程序辦理」。

拘束，但無為自己之利益，故無再審之訴原告適格。必要共同訴訟人之中一人提起再審之訴，其效力及於全體必要共同訴訟人，受訴法院應將全體共同訴訟人列為原告，一併予以裁判❷。

三　再審期間

　　再審之訴乃對確定判決效力之破除，自法之安定性而言，再審之訴提起之期間應設一定期間限制。本法即規定，再審應於判決確定後三十日不變期間內提起（第 500 條第 1 項）。前項期間自判決確定時起算，判決於送達前確定者，自送達時起算；其再審之理由發生或知悉在後者，均自知悉時起算（第 500 條第 2 項前段），此為再審之不變期間。

　　依本條解釋，再審理由於判決確定時知悉其事由者，自判決確定時起算三十日期間。判決確定前，當事人已知悉再審事由者，因判決尚未確定，並無再審之訴對象存在，該不變期間之計算，當然仍應從判決確定時起算❷。再審理由知悉或發生在判決確定後者，均自知悉時起算（第 500 條第 2 項中段）。如以本法第 496 條第 1 項第 7 款至第 10 款為再審理由者，再審期間應自知悉有罪判決確定或刑事訴訟不能開始或續行時起算（78 台上 413 判例）。當事人收受判決正本送達時，對於判決理由有無適用法規顯有錯誤，即可知悉，不因其對法規之了解程度而影響不變期間之起算，無但書所謂知悉在後之適用（71 台再 210 判例）。以判決理由與主文顯有矛盾為由者，亦同（69 年 2 月 5 日最高法院民事庭會議決定）。主張知悉在後者，應負舉證責任。上訴期間內提起上訴，因其他不合法事由經駁回確定後，對原判決提起再審之訴，在駁回其上訴之裁定確定前，尚無從確認其上訴不合法，應自駁回上訴之裁定確定時起算（67 台抗 495 判例），但逾越上訴期間後之上訴，上訴審以上訴逾期為不合法裁定駁回者，不變期間仍自原判決確定翌日起算（78 台抗 149 判例）。

　　自判決確定後已逾五年者，即不得為再審之訴（第 500 條第 2 項後段），此為除斥期間，當事人未為主張，法院亦應依職權援用。所稱五年除斥期間為曆年期間非不變期間，縱有不可歸責於當事人之事由，亦不得任意延長或縮短，以求法之安定性。但同條第 3 項定有 3 款例外事由，即以本法第 496 條第 1 項第 5 款當

---

❷ 61 年 8 月 22 日民事庭庭推總會議決議。

❷ 齋藤等編【注解 10】，第 308 頁。

事人未經合法代理；第 6 款知他造住居所，指為所在不明與之涉訟者；第 12 款發現可受有利裁判而未經斟酌或得使用之證物者，不受五年除斥期間限制（第 500 條第 3 項），即成不受期間限制之再審事由，但仍受知悉在後三十日期間之限制。再審事由發生在判決確定後者，自知悉時起算，但是否仍受五年除斥期間限制，非無疑義。如自第 2 項文義結構言，規定「其再審之理由發生在後者，自知悉時起算。但自判決確定後已逾五年者不得提起」，以及第 3 項不受五年期間限制事由，已特別列舉三款事由，依此再審事由發生在判決確定後者，當仍應受五年期間限制。此與日本民事訴訟法第 342 條第 2 項明定，「判決自確定日（再審事由發生於判決確定後者自事由發生日）起算，已逾五年者，不得提起再審之訴」，明示再審事由發生在後者，自事由發生日起算五年，非從判決確定日起算，有所不同。我國法規定應係著重於法之安定性。

再審之訴提起後，變更或追加新的再審事由者，再審期間應以何者為準？依舊訴訟標的理論，因屬訴之變更或追加，因此應以新的事由定其再審期間（72 台聲 392 判例）。依新訴訟標的理論，因再審事由均屬攻擊防禦方法，即仍應以原先再審之訴提起時作為基準。

確定終局裁判適用法律或命令所持見解，經大法官解釋認為違背法令之本旨時，就該聲請釋憲案之當事人得以適用法規顯有錯誤或違背法令為由，提起再審之訴（釋 188 號），而其提起再審之訴或聲請再審之三十日法定不變期間，自該解釋公布當日起算，但民事裁判確定已逾五年者，仍不得以其適用法規顯有錯誤而提起再審之訴或聲請再審（釋 209 號）。

四　管轄法院

再審之訴，專屬為判決之原法院管轄（第 499 條第 1 項）；對於審級不同之法院就同一事件所為之判決，提起再審之訴者，專屬上級法院合併管轄。但對於第三審法院之判決，係本於第 496 條第 1 項第 9 款至第 13 款事由，聲明不服者，專屬原第二審法院管轄（第 499 條第 2 項）。再審管轄法院具專屬性，不得以合意變更，違背專屬管轄者，判決當然違背法令（第 469 條第 3 款）。無管轄權法院依職權調查後，應將案件裁定移送於管轄法院。

㈠專屬原判決法院管轄情形

第一審法院判決未經上訴而告確定，有再審理由時，當然由該第一審法院管

轄，為最單純之原型專屬管轄。上訴第二審法院經以無理由判決駁回上訴者，因第二審法院仍屬事實審及採續審制，應就事實之認定及法律之適用再為審理，僅能對第二審確定判決提起之，亦專屬第二審法院管轄（第 496 條第 3 項），此為民國 92 年新增規定。第二審法院將第一審判決予以廢棄並自為判決者，因第一審判決已經廢棄不存在，只能對第二審判決提起再審之訴，故為同條第 1 項之專屬第二審法院管轄。對第一審判決提起上訴，因不合法或因撤回上訴而確定者，對於該第一審確定判決提起再審之訴者，則專屬第一審法院管轄。

　　對第二審判決提起上訴，第三審法院以上訴不合法裁定駁回者，對該第二審判決提起再審之訴者，仍專屬第二審法院管轄。但對於第三審法院以不合法駁回上訴之裁定，認有再審事由聲明不服者，因上訴合法與否屬第三審法院應依職權調查之事項，且非第二審法院所能裁判者，應由原裁定之第三審法院依聲請再審程序審理之（28 聲 122 判例）。

　　對第三審確定判決提起再審之訴，專屬第三審法院管轄（第 499 條第 1 項）。依此，第三審法院以第二審判決確定之事實為判決基礎，並認第二審法院之判決認事用法均無不當而維持第二審法院之判決者，當事人單以第三審法院適用法規顯有錯誤為由提起再審之訴，僅得對第三審法院之判決為之，此亦屬第 499 條第 1 項之專屬管轄（65 台上 1276 判例）❷❹。第三審為法律審，因此主張第三審確定判決有本法第 496 條第 1 項第 9 款至第 13 款之再審事由，依同條第 2 項但書規定，專屬第二審法院管轄。例如主張第二審判決基礎之證物係偽造，或證言係虛偽，仍為第三審援為判決之基礎，而駁回其上訴為由，對第三審法院之判決提起再審之訴者，仍屬第二審專屬管轄，第三審應以裁定將再審事件移送於第二審管轄法院。但第三審法院自行以調查證據所得資料，非以第二審判決認定之事實為判決基礎者，則第三審法院為再審之訴專屬管轄法院。例如偽造之證物係於第三審審理中始行提出，為第三審援為判決之基礎者是。對第三審判決，同時以有本法第 496 條第 1 項第 1 款或至第 8 款，及第 9 款至第 13 款之再審事由，提起再審之訴者，除係以前述自行調查證據為判決基礎者外，第三審法院應將該再審之訴分為二部分，即將第 9 款（至第 13 款）再審事由部分，裁定移送第二審法院管轄，其餘部分自為審理。惟因係對同一確定判決提起再審之訴，其訴為單一，分

---

❷❹ 其如捨棄第三審判決僅就第二審判決提起再審之訴者，再審之訴不合法。參照最高法院 72 台上 3563 判決。

析處理結果，造成同時存在二個再審事件繫屬，此時如其中一再審之訴獲得有理由之判決並確定者，因原確定判決已經廢棄不存在，另一再審之訴，則應由繫屬法院以欠缺權利保護要件判決駁回之。

㈡就同一事件同時對不同審級之確定判決聲明不服

本法第 499 條第 2 項規定，就同一事件由不同審級之法院所為之判決，提起再審之訴，專屬上級法院合併管轄，此為合併管轄。蓋因審級制度使同一事件，於各審級法院判決確定，如各審級之確定判決均有再審理由者，當事人本得選擇各該再審事由，向各該法院分別提起。惟如同時就各個再審事由，分別向各該審級提出，可能使各再審判決結果相互矛盾，基於法之安定性考慮，及由一個法院管轄之方便性，因而規定如同時聲明不服者，專屬上級審法院管轄。但當事人因對各審級所存在之再審理由，並無同時提起再審之訴規定，因此是否合併提起，或僅就其一提起再審之訴，得由當事人自行選擇。

所謂對同一事件之判決同時聲明不服，於第一、二審之同一事件判決情形，因本法第 496 條增列第 3 項規定，第二審法院就該事件已為本案判決者，對於第一審法院之判決不得提起再審之訴。依此，第一審判決經第二審以實體理由為上訴駁回之判決，當只得對第二審判決提起再審之訴，同時對第一審判決聲明不服者，已非第 499 條第 2 項之專屬上級法院合併管轄情形，而為第 1 項之專屬管轄，則因第一審判決非再審之訴之對象，因此第二審法院，得逕以再審不合法將該部分之訴裁定駁回之，僅就第二審確定判決有無再審理由審理即足。第二審法院廢棄第一審判決者，第一審判決已不存在，應為相同解釋。第二審法院非為本案判決，而以上訴不合法裁定駁回上訴者，則得單獨對第一審判決以有再審事由，提起再審之訴，如同時對第一審判決為再審之訴，及對第二審裁定聲請再審者，應分別由第一審法院及第二審法院專屬管轄，非本條第 2 項所指之合併專屬上訴審法院管轄。

本法第 496 條第 3 項適用對象，限於第一、二審間始有適用。同時對第二審及第三審確定判決提出再審之訴者，依第 499 條第 2 項前段規定，專屬第三審法院合併專屬管轄。例如對第二、三審判決主張有第 496 條第 1 項第 1 款適用法規顯有錯誤，同時對第二審及第三審確定判決提起再審之訴者，即專屬第三審法院合併專屬管轄。但同時對第二審及第三審之確定判決，以有第 496 條第 1 項第 9 款至第 13 款事由，聲明不服者，此時依第 499 條第 2 項後段規定之相同法理，則

應專屬原第二審法院合併管轄。換言之，此種情形雖非單獨對第三審法院判決，本於第 496 條第 1 項第 9 款至第 13 款事由之聲明不服，但應解為由第二審法院合併專屬管轄。

第三審法院依職權調查結果，以不合法裁定駁回上訴，對該裁定聲請再審，並同時對原第一審及第二審確定判決提起再審之訴者，並非第 499 條第 2 項前段所謂專屬上級審法院合併管轄範圍。就不合法駁回之確定裁定聲請再審部分，依第 507 條準用第 499 條第 1 項規定，專屬第三審法院管轄；就第一審及第二審確定判決合併提起再審之訴部分，則依同法第 499 條第 2 項前段規定，專屬第二審法院管轄，惟應注意前述本法第 496 條第 3 項增訂規定。

第三審應自行依職權調查證據為判決之基礎者，有前開第 9 款至第 13 款再審事由者，既非原第二審法院所能審判，因此對第二審及第三審確定判決同時以不同事由提起再審之訴者，第三審確定判決部分仍專屬第三審管轄，第二審確定判決部分，由第二審專屬管轄。

對第二審判決提起再審之訴，經駁回確定後，再就第三審判決主張有再審理由，提起再審之訴者，非第 499 條第 2 項前段之情形。但如先對第二審判決提出再審尚未確定，又對第三審判決提出者；或先對第三審判決提出後再就第二審判決提出再審者，應認係對同一事件同時聲明不服，應由第二審將再審事件裁定移送第三審法院合併審理。本條第 2 項已明定合併由上級法院專屬管轄，下級審未為移送逕為再審裁判者，屬判決違背專屬管轄規定。

(三)專屬管轄與再審客體之辨

按再審之訴，專屬為判決之原法院管轄，稱為專屬管轄，如同時對審級不同之法院就同一事件所為判決，提起再審之訴者，則專屬上級法院合併管轄，稱為專屬合併管轄，為本法第 499 條第 1 項、第 2 項所明定。因此如僅就某審級之確定判決提起再審之訴者，仍專屬於為判決之原法院管轄。又再審之訴客體，係指再審原告就某一審級之確定判決，包括第一、二、三審法院判決，指摘其有同法第 496 條等再審事由，請求該專屬管轄法院就該確定判決予以再審之謂，而該確定判決成為再審之訴客體（再審對象），屬再審之訴客體之適格。本來任何審級之判決，一經判決確定發生既判力，均可為再審客體，惟本法於第 496 條第 3 項特別規定，第二審法院就該事件已為本案判決者，對於第一審法院之判決不得提起再審之訴，乃指該已確定之第一審判決，非適格之再審之訴客體。惟有此情形者，

如再審原告僅就第一審判決提出再審之訴，仍應由第一審法院依專屬管轄規定，自行以再審之訴不合法裁定駁回。

上開規定於已經確定之裁定，有同法第 496 條第 1 項或第 497 條情形者，依第 507 條規定，得予準用。已確定之家事訴訟事件裁判，提起再審之訴或聲請再審者，依家事事件法第 51 條規定，亦得準用之❷⑤。

五　訴狀之記載

提起再審之訴，應以訴狀表明當事人及法定代理人，聲明不服之判決及再審之表示、如何程度廢棄原判決及就本案應如何判決之聲明，再審理由及關於再審理由並遵守不變期間之證據（第 501 條第 1 項）。此為再審法定必備程式，不得以言詞為之。另再審訴狀內宜記載準備本案言詞辯論之事項，並添具確定終局判決繕本或影本（第 501 條第 2 項）。此為記載事項，屬訓示規定，不因未記載而以不合法視之。

(一)法定必要記載事項

再審之訴，係對原確定判決之聲明不服，須具體指明其不服之對象。所謂原確定判決，並不以最終審之判決為限，凡該訴訟事件經以裁判終結者，則各審級之判決，均為確定判決。例如該事件經第一、二、三審判決確定者，則所指之確定判決，不以第三審之判決為限，第一、二審之判決，均為確定判決。但不服第一審判決上訴第二審，第二審法院就該事件已為本案判決者，則不得對第一審法院之判決提起再審之訴（第 496 條第 3 項）。再審客體表明為再審原告義務，其表明須達足以與其他裁判區別程度。再審訴狀須記載於如何程度範圍內廢棄原判決，係指原確定判決之全部或特定一部應予廢棄之意，原則上以發生既判力、形成力及執行力之原確定判決為對象。承認其他判決效者，例如爭點效、構成要件效、事實上效力，亦包括之，且不以原確定判決主文記載者為限。所謂本案應為如何裁判，則指請求再審法院就原事件應為如何裁判之意。至再審理由，以本法第 496 條第 1 項第 1 款至第 13 款，及第 497 條、第 498 條之再審事由為限。再審理由為請求廢棄原確定判決之原因事實，正如同本法第 244 條第 1 項第 2 款起訴時應記載原因事實一般，乃發生再審之原因事實言，因此再審訴狀應具體表明發生

---

❷⑤ 最高法院 112 台聲 41 裁定意旨。

再審原因事實，不能僅抽象表明「適用法規顯有錯誤」，而須具體表明有如何適用法規錯誤之具體情事（61 台再 137 判例）。因此如僅泛言確定判決有不備理由，及未斟酌其所提出之證據之違法情形，並未表明任何法定再審原因者，乃法定必要記載事項欠缺，再審之訴為不合法，毋庸命其補正，逕以裁定駁回之。依二元論之舊訴訟標的理論，不同再審事由構成不同廢棄原因，於再審訴狀送達於再審被告後，如再審理由有變更追加時，應依本法第 255 條變更追加之訴處理，此時再審期間應依各該再審事由計算。

(二)宜記載事項

為便於認定再審之訴之對象，及利於受訴法院之審理，再審訴狀內宜記載準備言詞辯論之事項，並添具確定終局判決繕本或影本（第 501 條第 2 項），因屬訓示規定，未記載者不得認再審之訴不備法定方式。

第三節　再審理由

一　意義

再審理由，指再審原告對確定判決聲明不服，得據以請求再審法院予以廢棄或變更之法定事由。再審乃對確定判決力之破除，影響法秩序之安定性，故本法除採法定列舉方式外，並應限定解釋，非有重大事由，不得任意擴張解釋[26]。再審之訴訟標的因一元或二元論而有不同，已如前述。又各個法定再審事由相互間之關係，採新訴訟標的論者，認各個再審事由，同係請求廢棄原確定判決之攻擊方法，非各自獨立訴訟標的；依此再審書狀所記載之再審理由，於起訴後理由有變更或追加者，非訴之變更追加。反之，舊訴訟標的論者，則須依訴之變更追加方式為之。再審理由僅具補充性，因此如得以上訴方式聲明不服者，即不得提起再審之訴（第 496 條第 1 項但書）。當事人已依上訴主張其事由，係指當事人就得依上訴主張之事由，已依上訴主張之者而言。如當事人在第二審言詞辯論終結後，始發見之證物，因不能在第三審提出，縱曾依第三審上訴主張而被擯斥，仍得據以提起再審之訴（33 上 2600 判例）。

---

[26] 例如證人未經具結所為證詞，採為判決基礎，不能擴張解釋，而準用本條第 1 項第 10 款證人之虛偽陳述之再審事由規定。

法定列舉再審事由，可再分為四類：訴訟程序之重大瑕疵、與判決基礎資料有關之犯罪之重大瑕疵、與其他裁判或行政處分牴觸之瑕疵、重要事項判斷之重大瑕疵。

二　訴訟程序之重大瑕疵

訴訟程序之重大瑕疵，包括下述幾款：

㈠判決法院組織不合法（第 496 條第 1 項第 3 款）

例如不具法官資格者參與辯論裁判，或未參與辯論之法官與裁判，或參與辯論裁判之法官不足法定人數均屬之（29 上 2013 判例）。

㈡應迴避法官參與裁判（第 496 條第 1 項第 4 款）

應迴避法官，包括本法第 32 條應自行迴避，以及第 33 條聲請迴避，法院或院長依第 35 條、第 38 條已裁定命其迴避之法官。其參與之裁判，指參與判決基礎之辯論及裁判而言，如僅參與準備程序、調查證據程序或宣示判決程序，因與判決基礎無關，無適用餘地。

㈢未經合法代理（第 496 條第 1 項第 5 款）

未經合法代理，包括法定代理與訴訟代理。惟得據以提起再審之訴者，僅限於代理權有欠缺之一方始得為之（68 台再 145 判例）。聲請事件於裁判前，相對人之法定代理權消滅，未由新法定代理人承受訴訟，即依聲請人書面聲請之事由，不經言詞辯論而為裁判者，非此所稱未經合法代理（97 台聲 1092 判例）。

㈣明知他造住居所指為住居所不明（第 496 條第 1 項第 6 款）

當事人知他造住居所，應向法院陳明（第 244 條第 1 項第 1 款），如指為不知而聲請公示送達，使他造喪失聽審權及攻擊防禦方法提出之機會，因訴訟程序權保障顯然欠缺，敗訴一造得以之為再審事由[27]。但相對人已知悉公示送達之事由，並行使攻擊防禦權，或知悉判決已提起上訴，或於判決確定後承認其瑕疵放棄責問權者，即不得再執其理由提起再審（第 496 條第 1 項第 6 款但書）。送達處所，包括住居所、事務所、營業所及會晤應受送達人之處所外，又依本法第 136 條第 1、2 項，尚有就業處所，均包括之（99 台上 144 判決）。

---

[27] 日本學者認為如明知對造之住居所而故意指為住居所不明，為公示送達，以獲取勝訴判決，屬訴訟詐取罪，於受有罪判決確定時，得依日本民事訴訟法第 338 條第 1 項第 5 款（他人刑事人之可罰行為）提起再審之訴。

㈤不得上訴第三審事件，當事人有正當理由不到場，法院仍為一造辯論判決者（第 497 條後段）

言詞辯論期日當事人一造無正當理由者，法院得依到場當事人之聲請，或依職權由一造辯論而為判決（第 385 條）。所謂無正當理由，係指本法第 386 條各款所列情形，不到場當事人如有正當理由不到場辯論者，為保障其合法聽審權，即不得任由一造聲請或依職權為一造辯論判決。確定判決訴訟程序有該事由者，其程序存在重大瑕疵，應許其提起再審之訴，以為救濟。本條但書規定情形，解釋上仍受前段之限制，限於不得上訴於第三審法院之事件，如其係得上訴第三審法院者，應依上訴程序救濟。第三審雖為法律審，但第三審判決，除法院認為不必要者外，應經言詞辯論為之（第 474 條第 1 項）。其行言詞辯論時，應由兩造委任律師代理為之（第 474 條第 2 項）。當事人如有正當理由未到場辯論，第三審法院仍為一造辯論判決者，同構成再審事由。

三　可罰行為

與判決基礎資料有關之犯罪之重大瑕疵，即所謂可罰行為。各種可罰行為再審事由之共通點在於，該重大瑕疵之可罰行為，須經刑事上有罪判決或處罰鍰裁定確定，或非因證據不足之原因而不能確定者為限，始得提起再審之訴（第 496 條第 1 項）。所謂非因證據不足之原因，而不能為有罪判決或罰鍰之裁定，例如被告死亡、大赦或追訴權時效完成、或經緩起訴者。其情形有：

㈠法官違背職務犯刑事之罪或受懲戒處分（第 496 條第 1 項第 7 款）

參與裁判之法官有本款情事，自不能期待判決之公正，得為再審理由。本款所稱法官乃指參與確定判決之本案裁判而言。所謂違背職務行為，例如枉法裁判、偽造文書、收受賄賂均屬之。本款再審理由，可分為：法官違背職務行為，因此而受刑事有罪判決確定者；或因此受懲戒處分兩情形。其不同在於，後者須其違背職務行為，達足以影響原判決程度（92 年新增立法理由），前者則無此限制。

㈡當事人之代理人或他造或其代理人有刑事上應罰之行為（第 496 條第 1 項第 8 款）

此即他人之可罰行為，指提起再審之訴當事人以外之人有該行為言。當事人之代理人、他造、他造代理人，關於該訴訟有刑事上可罰行為，經有罪判決確定，或因證據不足以外之原因而不能確定者，該當事人得提起再審之訴。因此當事人

不得以自己有可罰行為而提起再審之訴。代理人包括法定代理人與訴訟代理人，及法院依本法第51條選定之特別代理人。他人犯有刑事上應罰之行為，須以關於該訴訟所發生者為限，與該案無涉者，不屬之；刑事上應罰之行為應達足以影響判決之程度。例如代理人怠於為訴訟之遂行而犯背信罪；或行為人明知他造住居所，故意指為不知，而為公示送達，以騙取法院之勝訴判決，得依第6款提起再審之訴外，如經有罪判決確定或非因證據不足者，亦得以本款為再審理由。

(三)判決基礎之證物係偽造或變造（第496條第1項第9款）

判決基礎之證物係指事實認定之證據，如文書、物品。除直接證據外，包括用以推論主要事實之間接事實之證據。偽造或變造之證物究由何人為之，舉證者是否知悉其為偽造或變造，在所不問。自行提出該偽造或變造證據之一方，依誠信原則，不得自為主張。如偽造或變造之證物已為原確定判決所不採者，即非判決之基礎；至是否為判決之唯一基礎，有無其他未經偽造變造之證物併經審酌，是否除去該偽造變造之證物，仍應為與原判決相同之結論，因本款並未要求應達足以影響判決程度，應認凡有偽造變造之證物成為判決基礎者，均構成本款再審理由。但本款同須具備第496條第2項經有罪判決確定之要件。

(四)判決基礎證言或有關事項為虛偽陳述者（第496條第1項第10款）

依法具結之證人、鑑定人、通譯、當事人或法定代理人，就判決基礎證言、鑑定、通譯或有關事項為虛偽陳述者，得為再審事由。依法具結之證人、鑑定人、通譯，在本案中為虛偽內容之陳述，足以影響本案判決之基礎者，構成刑法第168條之偽證罪，經判決確定後，亦構成本款再審事由。當事人或法定代理人為虛偽陳述，雖不構成偽證罪責，但法院認為必要時，得依職權訊問並命其具結；故意為虛偽陳述，足以影響裁判結果者，法院得裁處新臺幣三萬元以下罰鍰（第376-1條第1項、第376-2條第1項），經裁處罰鍰確定，而陳述成為判決基礎者，得為再審事由。

四　與其他裁判或行政處分牴觸之瑕疵

本項情形，在於避免裁判之歧異，包括：

(一)為判決基礎之民事、刑事、行政訴訟判決及其他裁判或行政處分，依其後之確定裁判或行政處分已變更者（第496條第1項第11款）

本款規定目的，在避免裁判相互牴觸。凡為本案判決基礎之其他民事、刑事、

行政訴訟裁判或行政處分，如有變更，無論其是否具有拘束本案裁判效力，如於本案中，經援用其認定之事實，為裁判基礎者，均屬之。依此如確定判決非以變更前之裁判或行政處分為基礎，乃法院自行依調查證據認定事實，以為判斷，即無本款適用（63 台上 2313 判例）。本款既規定以其他裁判或行政處分已變更為要件，因此被援用為判決基礎之檢察官起訴或不起訴處分，如有變更者，實務見解認非得據為再審理由（43 台上 780 判例）。亦有認為檢察官之起訴或不起訴，其後均得因裁判或異議經上級檢察長之處分而變更，而得依本款規定執為再審理由❷❸。惟自再審乃對確定判決法之安定性破壞，當採限縮解釋為宜。

㈡同一訴訟標的在前已有確定判決或和解、調解或得使用該判決或和解、調解者（第 496 條第 1 項第 12 款）

本款以前後兩訴之訴訟標的同一為要件。同一訴訟標的之前既已有確定判決或和解、調解存在，即生拘束力。後訴受訴法院應依本法第 247 條第 1 項第 7 款裁定駁回。如未發現而為本案判決確定，而其判決結果相反；或在確定判決前，已有訴訟上和解或調解者，均應以後之確定判決為準❷❾。但後確定判決較諸前判決更不利者，當事人復不知其前已有確定判決，未於後確定判決訴訟程序中為主張時，即無使該當事人因其後之確定判決，更蒙受不利，應准其就後確定判決提起再審之訴。同一訴訟標的在前已有確定判決，除有本法第 402 條第 2 款所列情形外，應包括已受本國法院承認之外國法院判決。主張抵銷之對待請求，其成立與否經裁判者，以主張抵銷之額為限，不得更行主張（第 400 條），亦有本款適用。所謂在前已有確定判決，應以前後兩案判決確定之先後為準，非以宣判日期先後為準。又，本款既以除去後確定判決為目的，因此當事人不得以後之確定判決有利於己為由，對前確定判決提起再審之訴（35 院解 3063 號）。所謂得使用該判決或和解、調解，係指當事人在前訴訟程序中，雖知其有此種確定判決或和解、調解之存在，但因事實上之障礙或其他原因不能使用，其後始得使用者而言（26 抗 453 判例）。

---

❷❸ 吳著【中國下】，第 1497 頁。

❷❾ 25 年院字第 1550 號解釋：「同一訴訟標的，先後受兩個相反之確定判決，其先一確定判決勝訴之當事人，於後之訴訟進行中，已依上訴而為已有確定判決之主張，即不得提起再審之訴，自應以後之確定判決為準」。

五　重要事項判斷之重大瑕疵

　　法院應依認定事實依據法律以為裁判，如有與本案裁判有關之重要事項，法院之判斷有重大瑕疵者，應准予提起再審之訴。此重要事項，包括事實之認定與法律之適用。

㈠適用法規顯有錯誤（第 496 條第 1 項第 1 款）

　　以適用法規顯有錯誤為再審事由，為德國及日本民事訴訟法所無。法官就個案審判，於認定事實後，其次為法規之適用，此為涵攝作用。惟法規適用前，法官須先就法規意義本身為解釋。亦即法規解釋為法規適用之前置作用，解釋法規為法官職權，依憲法第 80 條規定，法官依據法律獨立審判，因此確定判決中如因法規解釋意見（見解）之不同，致所適用之法規有異者，應不能認係本款所稱之適用法規顯有錯誤。惟大法官釋字第 177 號解釋，認為確定判決消極的不適用法規，顯然影響裁判者，屬本款所定適用法規顯有錯誤；又釋字第 188 號解釋，認為司法院就法律或命令所為之統一解釋，為各機關適用法令之準據，於其處理引起歧見之案件及同類案件，適用是項法令時，亦有其適用。引起歧見之該案件經確定終局裁判，而其適用法令所表示之見解，經司法院解釋為違背法令之本旨時，即屬適用法規顯有錯誤或違背法令。亦即消極不適用法令，或所作法令解釋與司法院解釋意旨相違背者，視為本款所稱之適用法規顯有錯誤。

　　大法官解釋有憲法位階，其所指之適用法規顯有錯誤，限於消極不適用法規，及法規解釋違背司法院解釋情形。司法院解釋，包括院字、院解字及大法官解釋。院字、院解字解釋，非由具有憲法法官身分者所作成，性質上屬行政解釋，難認具憲法或法規位階，對具體個案審判法官法律見解，不具拘束力，因此應限於違背大法官解釋而言。我國實務，擴張所謂適用法規顯有錯誤範圍，將法規解釋違背判例要旨情形列入（99 台再 60 判決）。此係延續 60 台再 170 判例「所謂適用法規顯有錯誤，係指確定判決所適用之法規顯然不合於法律規定，或與司法院現尚有效及大法官會議之解釋，或本院尚有效之判例顯然違反者而言」之見解❸⓪。然而所謂適用法規顯有錯誤之「法規」，係指原裁判確定時，具實質意義規範性，對外有拘束力之法規言，包括法律、規範性命令。判例要旨、判決先例，於實證

---

❸⓪ 本則判例其中關於「消極的不適用法規」，不包括在本條款所稱之適用法規顯有錯誤情形，已經釋字第 177 號宣告應不再予以援用。

法國家不具法規範性，係前案例中法官就個案適用法令所為法令見解之闡述而已，不能以規範視之。具體個案審判法官，本於法之確信，於法規適用前所作法規內涵解釋，縱與判例要旨、判決先例相違，並非適用法規顯有錯誤。同理，終審法院作成之決議，並非狹義審判權作用，亦屬行政解釋性質，目的僅在統一該院法律意見，當然不具規範拘束力，因此具體個案審判法官所持法律見解與之不合者，同非適用法規顯有錯誤。實務上有直接援引判例、決議，作為解釋法令規範依據，該被援引之判例、決議，實質上成為該具體案件審判之法規範依據，如該判例、決議內容與應適用之法規或大法官解釋牴觸者，當然亦屬本款之適用法規顯有錯誤，得為再審事由。該判例或決議內容牴觸憲法者，於判決確定後，當事人得聲請大法官就該判例、決議宣告違憲，此為具體規範違憲審查。

　　確定裁判作成時，所適用之法規並無錯誤，其後因法令或解釋之變遷，不能認適用法規顯有錯誤。適用法規顯有錯誤，不包括漏未斟酌證據及認定事實錯誤之情形（63 台上 880 判例）。法官適用法規時所為解釋，為法官職權，縱與學說見解有異（57 台上 1091 判例），當不包括之。不確定法律概念之解釋適用，例如「有難以維持婚姻之重大事由」、「情事變更」，或為事實審法院認定事實之職權，或為法律審法院就該法律規定事項所表示之法律上意見，無適用法規顯有錯誤可言（63 台再 67 判例）。解釋意思表示，屬事實審法院職權，其解釋縱有不當，亦不屬之（64 台再 140 判例）。消極不適用法規，須以顯然影響裁判者，始屬適用法規顯有錯誤（釋 177 號）。

　　確定終局裁判所適用之法令，經大法官解釋為違背法令之本旨時，僅限於該引起歧見之案件，始得謂為適用法規顯有錯誤，而得提起再審之訴，其他同類事件之當事人，則非受保護主體，無提出再審權利（釋 188 號）。但大法官就人民聲請解釋之案件作成解釋公布前，原聲請人以外之人，以同一法令牴觸憲法疑義聲請解釋，雖未合併辦理，其聲請經大法官認定符合聲請釋憲之法定要件者，就其據以聲請之案件，亦可適用，而得提起再審之訴（釋 686 號）。至提起再審之訴或聲請再審之法定不變期間，自該解釋公布當日起算，如裁判確定已逾五年者，即不得提起之（釋 209 號）。

㈡判決理由與主文顯有矛盾（第 496 條第 1 項第 2 款）

　　判決理由與主文顯有矛盾，指判決依據當事人主張之事實，認定其請求或對造抗辯為有理由或無理由，而於主文為相反之諭示，且其矛盾為顯然者而言（80

台再 130 判例)。判決理由矛盾,或與事實記載不合,或判決理由不備,屬判決違背法令問題,並非理由與主文矛盾。

㈢發現未經斟酌之證物或得使用該證物者(第 496 條第 1 項第 13 款)

本款適用以證物為限,不包括發見新證人(29 上 696、23 上 2951 判例)。又所謂發見,指該證物於前訴訟程序事實審言詞辯論終結前即已存在,因當事人不知有此,致未經斟酌,現始知之者言,若在前訴訟程序事實審言詞辯論終結前,尚未存在之證物,即非發見,自不得以之為再審理由(29 上 1005 判例)。所稱證物,不以證明在前訴訟程序所已提出主張之事實為限,凡當事人得在前訴訟程序中作為新攻擊防禦方法之事實,而得以該證物證之者,亦屬此所稱證物(36 院解 3584 號)。惟學說認為辯論主義,法院不得審酌當事人所未提出之事實,當事人在前審中既未提出新攻擊防禦方法,法院即不得予審酌,因此應以已提出之事實為限❸。法規解釋適用屬系爭訴訟法院職權,當事人自不得以提出另件判決之法律見解,作為本款所稱之新證物(64 台聲 58 判例)。

當事人不知有此證物,致未斟酌,或知有該證物存在因當時未能檢出者,須當事人在客觀上確不知該證物存在,或依當時情形有不能檢出該證物者始足當之。惟按其情狀依一般社會通念,尚非不知該證物或不能檢出或命第三人提出者,均無該條款規定之適用 ,且當事人就該事由存在應負舉證責任 (98 台上 1258 判決)。以發現新證物為再審事由者,應以如經斟酌,足以動搖確定判決之基礎,可受較有利之裁判者為限。

㈣不得上訴第三審事件經第二審判決確定,就足以影響判決之重要證物漏未審酌(第 497 條前段)

本法第 496 條第 1 項各款所列事由 , 無論其是否得為上訴第三審 , 均有適用,因再審事由係採嚴格限縮解釋,不得任意擴張,以維護法之安定,但不得上訴第三審法院之事件,經第二審法院判決即告確定,為避免二審制法院判決錯誤,例外地於有特殊情形則得為再審事由,以補正第二審確定之缺失,即本款前段所述之重要證物漏未審酌;而後段之當事人有正當理由不到場,法院仍為一造辯論判決者,屬訴訟程序之重大瑕疵,前已述及。

不得上訴第三審事件,包括簡易訴訟程序之上訴利益未逾第 466 條所定之數額,不得上訴第三審者。若上訴利益逾該數額者,固得以適用法規顯有錯誤為由,

❸ 吳著【中國下】,第 1499 頁。

逕向第三審提起上訴（第 436–1 條第 1 項），但因上訴第三審僅能以適用法規顯有錯誤為由，不及於本款之重要證物漏未審酌，故本法第 436–7 條另設特別規定，得以之為再審之訴或聲請再審。

所謂就足以影響判決之重要證物漏未斟酌，係指該重要證物在前訴訟程序中業已提出，但法院未加審酌或判斷，或忽視其證據聲明不為調查者，此種情形，顯侵害當事人聽審權，亦屬程序之重大瑕疵，而得為再審理由。但須該證物如予調查、斟酌、判斷後，足以影響判決之基礎為限。判決理由項下，如已說明無調查必要，或縱經斟酌亦不影響判決結果者，即不能認係漏未斟酌。

㈤為判決基礎之裁判，有再審事由者（第 498 條）

為判決基礎之裁判，指確定之本案判決應受其拘束之裁判言，如本法第 383 條之中間判決，及第 478 條第三審法院廢棄原判決未自為判決，而為發回或發交判決時，受發回或發交之法院，應以第三審法院所為廢棄理由之法律上判斷為其判決基礎。該中間判決或該發回發交之第三審判決，有再審事由者，本案確定判決即得以之為由，提起再審之訴。但其範圍僅限於本案判決前之裁判，如為他件訴訟之裁判，縱該他案裁判為本案確定判決之基礎，仍無本條適用。

➤ 第四節　再審之審理程序與判決

一　概　說

再審之訴內容，包含請求將原確定判決廢棄，及請求就原確定判決之本案重為審判，而有二階段構造論。第一階段之審查為第二階段本案再為審理之前提條件，因此第一階段可再分為再審之訴合法要件審查，及再審之訴有無理由審查。未能通過再審之訴合法要件之審查者，即無就再審理由之有無再為審查必要；未能通過再審理由存在審查程序者，當然無就本案判決為審理必要。又縱有再審理由存在，如就本案審理結果，認為仍應維持原確定判決結論者，仍應駁回再審之請求。

二　再審程序之一般事項

再審之訴一經提起，法院即應依職權就訴之合法要件為審查，包括一般訴之

合法要件及再審之訴之合法要件。一般訴之合法要件，於本法第244條以下規定，於再審之訴亦有適用。再審之訴合法要件，包括：再審訴狀是否合於法定程式、當事人是否適格、是否遵守法定期間、再審客體是否為確定判決、受訴法院有無管轄權、是否違反本法第498-1條之同一事由，是否前已經法院認無再審理由而判決駁回情形。

　　本法第498-1條規定，再審之訴，法院認無再審理由，判決駁回後，不得以同一事由，對於原確定判決或駁回再審之訴之確定判決，更行提起再審之訴。本條規定於再審聲請準用之。本條立法目的，為避免當事人以同一事由對於原確定判決（前段），或駁回再審之訴之確定判決（後段），一再提起再審之訴，致浪費司法資源。審判實務固有引用本條，以再審之訴不合法駁回再審之訴❷。惟從事理或從邏輯角度，再審原告對原確定判決（甲確定判決）以適用法規顯有錯誤為由提起再審之訴（乙案），經確定判決駁回其再審之訴，其後再以乙案確定判決有同一適用法規顯有錯誤為由，對乙案提起再審之訴，其請求再審對象係乙案，且係第一次指摘乙案有該再審事由，要無所謂以「同一理由更行提起再審之訴」可言。

　　再審之訴不合法者，除得以裁定命其補正，或無管轄權得依聲請或依職權裁定移送有管轄權法院外，應以不合法裁定駁回（第502條第1項）。再審之訴合法要件之審查得專就當事人提出之書狀、證據及其他卷內資料為書面審查，但如有必要者，得命其以書狀補充之，亦得行任意言詞辯論。再審之訴逾越再審法定期間，為再審之訴不合法。為維護法之安定性，再審事由禁止擴張解釋，再審原告主張之再審理由，為本法所定以外事由者，為不合法，但主張有再審事由，經審理結果查無此事由時，為再審之訴無理由❸。起訴狀雖主張其有法定再審事由，但未依本法第501條第1項規定載明再審理由之具體事實者，仍應認為未主張再審理由，應以裁定駁回。違反本法第496條第1項但書再審補充性規定者，為再審之訴有無理由問題，非再審之訴合法要件（48台抗157判例）。但再審原告主張有本法第496條第1項第7款至第10款之可罰行為，而未主張第2項之有罪

---

❷ 例如99台再10裁定。本件再審原告認本院原確定判決有適用無效解釋之適用法規顯有錯誤之再審事由，對之所提起之再審之訴，業經本院再審確定判決駁回確定，其再以同一事由對原確定判決、再審確定判決提起再審之訴，自非合法。

❸ 民國36年10月3日民刑庭總會決議。

判決或處罰裁定已確定者，有認為有罪判決確定為第 7 款至第 10 款之構成要素，為有無再審理由之問題（78 台上 413 判例）；惟有部分學說及實務見解，認屬再審之訴不合法，應以裁定駁回❹。

　　再審之訴源於德國舊民事訴訟法第 585 條規定，在普通法時代即將再審稱為不生移審效果之非常上訴；在外觀上雖為新訴，但實質上有如上訴程序，僅不生移審效果而已。再審之訴，以原確定判決程序之重大瑕疵及判斷資料之特別欠缺為要件，因此含有就確定判決請求廢棄，及請求就本案重為判決之雙重目的。但因該雙重目的，在外觀形式上區別不明確，而於再審程序過程中出現一體性現象，法院僅得本於程序裁量權，就再審事由存否先行辯論，就再審理由之存在為中間判決，而得藉由中間判決予以區別。再審之訴外觀，雖與上訴程序不同，但實質上仍有如上訴程序一般，係就本案事件再為審查，以保護當事人之實體權。此由再審之用語，乃用聲明不服或不服（第 496、501、503 條），與上訴之用語同即知（第 438、441 條）。另兩者相同處尚有，基於處分權主義，再審亦得於原確定判決宣判，知有再審事由後，拋棄再審訴權，或於提起再審後撤回。原確定判決宣判前，當事人亦得先以合意為再審訴權之拋棄。兩造如曾以合意拋棄再審訴權，如有違反提起再審之訴者，法院應以不合法裁定駁回，但如僅約定一方拋棄再審訴權者，因易生經濟上弱者受壓迫情事，學說認屬無效❺。

　　再審之訴訟代理權，我國民訴法並無特別規定。原審之訴訟代理權人得否提起再審之訴，肯定說認為當然有此權利。亦有認為再審程序既係對原確定判決之聲明不服，則如同上訴一般，自應與原程序分離，上訴程序既有特別代理權，提起再審之訴亦應有特別代理權，始得為之。如採再審程序與上訴程序並無不同，僅再審不生移審效果之見解者，當以後說為當。再審應具有提起再審之訴之利益，否則應認係欠缺權利保護要件。因此本案判決已執行完畢無回復可能，縱提起再審之訴獲得勝訴判決，亦無從回復已完畢之執行程序時，即欠缺再審利益。再審之提出，應按一般通常訴訟程序及審級繳納裁判費，對確定支付命令提起再審之訴者，亦同。再審程序並不阻斷原確定判決之確定力與執行力，因此本於確定判決之執行名義仍然存在，不當然停止執行，但再審原告得聲請裁定停止執行（強

---

❹ 民國 36 年 5 月 23 日民刑庭總會決議。另日本學說有採此說者，齋藤等編【注解 10】，第 317 頁。

❺ 齋藤等編【注解 10】，第 270 頁。

執法第 18 條第 2 項）。

　　再審當事人得於再審之訴本案言詞辯論時，為新攻擊防禦方法之提出，亦得為訴之變更，包括：訴之聲明及原因事實之變更，以及再審事由之變更或不服聲明範圍之擴張或減縮。後者之變更，與訴訟標的理論有關。依舊訴訟標的理論，不同再審事由，構成不同廢棄原判決之形成原因。一元論與二元論之不同，已如前述。一元論因認再審訴訟標的，乃指被再開之本案訴訟之訴訟標的，因此再審事由之變更，並非再審訴之變更。

　　必要共同訴訟規定於再審之訴準用之。再審被告主張有個別獨立再審事由時，於再審期間內，得為再審之反訴。再審反訴準用反訴規定，須具備反訴利益及與再審本訴有關聯性，始得為之。而得否提起附帶再審問題，意見不一，通說認為再審被告為附帶再審，並無不可，並準用附帶上訴程序規定；且縱已失其再審訴權者，亦得為附帶再審。附帶再審與再審反訴不同，再審反訴為獨立之訴，附帶再審，除具有獨立再審反訴要件外，將因再審之本訴撤回而失其效力。

三　再審理由之審查

　　再審訴權雖得拋棄，亦得於提出再審之訴後予以撤回，或為撤回之合意。惟再審事由之存否，涉及原確定判決應否廢棄問題，與公益有關，處分權主義在此範圍內受到限制，因此再審之訴之當事人，不得任意就再審事由之有無為捨棄、認諾、或和解。

　　再審之訴之法定期間遵守、被主張之再審理由是否該當法定再審事由、受訴法院有無管轄權等，法院均應依職權調查。但法院為職權探知或職權調查時，只能就其主張之再審事由為之，未主張之再審事由，法院仍不得仿職權調查❸❻。再審事由本案部分，仍採處分權主義。因此，再審之訴之審理，係職權探知主義與辯論主義併行。在第一階段之審查程序，採職權探知主義；第二階段之本案審理，則採辯論主義。又雖屬職權探知主義階段，當事人仍負有舉證責任。

　　再審當事人具體主張有法定再審理由，經審查結果認顯無再審理由者，得不經言詞辯論，以判決駁回（第 502 條第 2 項）。所謂顯無再審理由，乃指依再審原告之主張再審理由，不經調查即可認定無理由者為限，如尚須經調查證據，始得判斷有無者，即非顯無理由。如非顯無再審理由者，應命兩造就有無再審理由為

❸❻ 三谷忠之，民事再審の法理，1988 年，法律文化社，第 52 頁。

言詞辯論，其程序準用各審級程序，如認無再審理由者，即得以判決駁回，無庸再就本案有無理由為審判。又雖認有再審理由，但如認原判決正當者，亦應以判決駁回（第 504 條）。採舊訴訟標的理論者，各個再審理由均為不同訴訟標的，因此於再審中，得為再審理由之變更或追加。再審之訴訟程序，原則上準用關於各該審級訴訟程序規定（第 505 條）。第三審雖為法律審，得不行言詞辯論程序，但仍應就有無再審事由為審查。

法院審理結果認為無再審事由者，即得以判決駁回。法院審理結果認有再審事由，惟當事人間存有爭議者，得先為中間判決，惟實務多未先為中間判決，而於終局判決中併予宣示，因此再審事由審查與本案有無理由審理階段，並不明顯。日本為解決此現象，改採階段設計，於其民事訴訟法第 345 條第 1 項規定，法院認再審之訴不合法，應為不合法之決定；同條第 2 項，認無再審事由者，應為再審之訴無理由之決定。反之，法院認有再審理由時，應為再審開始之決定（同法第 346 條第 1 項），法院為開始再審之決定時，應向他造為詢問（第 346 條第 2 項）。我國民事訴訟法無開始再審決定制度，因此實務上，再審之合法要件、再審理由有無程序審查與本案有無理由之審判程序，區別並不明顯。換言之，未採階段構造設計，任由再審事由存否之與本案有無理由之攻擊防禦方法同時提出，有審理一體性現象，致使再審訴訟程序趨於複雜化，浪費司法資源而有害訴訟經濟。

四　本案有無理由之審判

法院認再審之訴合法且有再審理由時，應逐為本案有無理由之辯論及裁判。

㈠再審之訴審理範圍

處分權主義於再審之訴同有適用，再審原告就再審之訴得自行決定審判對象與範圍。本法第 503 條規定，本案之辯論及裁判，以聲明不服之部分為限，而再審原告提起再審之訴時，即被要求於訴狀中記載「應於如何程度廢棄原判決及就本案如何判決之聲明」（第 501 條第 1 項第 3 款），此為必要記載事項，法院審理範圍受此再審聲明拘束，不得逾其聲明範圍，而與上訴程序之上訴審應受上訴聲明範圍之限制同。因此，原確定判決有二個以上訴訟標的，而再審原告僅就其一為再審之請求者，法院不得就未請求部分為廢棄裁判，否則屬訴外裁判。

㈡再審之審理程序

再審之訴訟程序準用各該審級程序，亦即視再審訴訟繫屬法院，分別適用第

一審、第二審、第三審程序規定，實行再審程序。再審程序之本案審理，當事人得提出新攻擊防禦方法。再審程序不能全然無視於原訴訟程序已踐行部分，但原訴訟程序是否繼續有效，仍應視再審事由而定。例如因代理權欠缺之再審事由，則前程序中由無代理權之人所實施之該程序，即應重新踐行❸。

㈢再審判決

再審之訴雖有再審理由，但法院認原判決並無不當時，仍應以判決駁回再審之訴，此類似上訴程序之原判決依其理由雖屬不當，但依其他理由認為正當時，仍應駁回上訴者同。

第一審法院審理結果，認再審之本案有理由時，應廢棄原確定判決另為適法判決。第二審法院認有再審理由且本案為有理由時，應廢棄確定判決，回復第二審程序另為適法判決。事件經第三審判決確定，而對第二審判決提起再審之訴，如認有再審理由且本案為有理由時，即應將第一審至第三審法院之判決均廢棄，另為適法判決。第三審認有再審理由，本案亦有理由時，應將原確定判決廢棄，依第三審程序，另為適法判決。再審之訴並不停止原確定判決之執行，如再審原告已依確定判決為履行，或已依原判決為假執行或本案執行程序終結者，再審法院為廢棄原確定判決時，依本法第 505-1 條，準用同法第 395 條第 2 項規定，由再審法院於廢棄原確定判決時，依再審原告聲明，將再審原告因假執行或因免假執行所為給付及所受損害，於判決內命為返還及賠償。如不知為聲明者，應告以得為聲明，以免另行起訴，以保護再審原告權利及訴訟經濟。

當事人對於各審級之再審判決，自得依各審級程序規定提起上訴，但已不得上訴者不在此限，僅能視其有無再審理由，另為再審之訴提出。

五　再審判決效力

再審之訴如因不合法以裁定駁回，或因無再審理由經以判決駁回，或雖有再審理由，但原確定判決正當，經以判決駁回者，原確定判決不受影響。但再審法院如以再審判決廢棄原確定判決，另為有利於再審原告之判決確定時，當事人間之法律關係受到影響，因此如本於原確定判決所為執行程序，其執行名義所依之原確定判決即不存在，執行名義失其效力，強制執行程序自應停止，將已踐行之執行程序撤銷，但已終結之執行程序，無從回復。原確定判決經廢棄後，依本法

❸ 三谷忠之，民事再審の法理，1988 年，法律文化社，第 54 頁。

第 506 條規定，善意第三人已經取得之權利，不受影響。

再審程序之第一階段，以廢棄原確定判決為目的，其後階段，學說認為得提出新的攻擊防禦方法，因此於原訴訟程序言詞辯論終結後，如有新的事由發生時，亦得提出，此時縱判決結果仍與前確定判決相同，但因有新的事由提出，使判決既判力之基準時，發生變動至再審之訴最後事實審言詞辯論終結時❸。

▶ 第五節　準再審

一　準再審客體

再審之訴以確定判決為對象，其目的在破除確定判決之既判力。判決既判力以外之其他法院所為意思表示，如有與判決相同之再審理由者，亦應賦予其對之聲明不服之機會。本法第 507 條規定，裁定已經確定，而有第 496 條第 1 項或第 497 條之情形者，得準用再審編之規定。故確定裁定如有再審事由者，即得準用再審之訴規定聲請再審，稱為準再審或聲請再審。

準再審係以確定裁定為客體，非訟事件法雖以裁定為意思表示，但因非訟事件法並無準用再審規定，實務因此認為縱有再審理由，仍不得聲請再審（59 台抗 387、67 台聲 60 判例）。確定之支付命令雖有裁定性質，但因與確定判決有同一效力，本法已明定如有再審理由時，得提起再審之訴，自非準再審客體。

對於終審法院之裁定有所不服者，除合於法定再審原因，得聲請再審外，不容以其他方法聲明不服，故不服終審裁定雖未以聲請再審之程序為之者，仍應視其為再審之聲請，須依聲請再審程序調查裁判（34 聲 263 判例）。

二　準用範圍

準再審程序準用再審之訴規定，其準用範圍包括再審理由、管轄法院、再審期間、再審聲請狀記載方式、審理範圍、審理程序之準用各審級規定，及本法第 498–1 條之一事不再理原則。但準再審理由，本法已特別限於須有第 496 條第 1 項或第 497 條之再審理由，依明示其一排除其他之法理，有本法第 498 條情形者，即非聲請再審事由❸。本法第 505 條之規定，同準用之，即準再審應依各審

❸ 三ケ月著【民訴】，第 550 頁。

級法院所適用之裁定審理程序。準再審程序屬非訟性質,其審理裁定無經言詞辯論必要。

三　準再審之裁定

　　再審法院對於再審之聲請,均以裁定為之。聲請再審不合法,或無再審理由,或有再審理由但原裁定並無不當者,均以裁定駁回聲請。聲請合法且有再審理由,本案並有理由者,即應廢棄原裁定,另為適法裁定。原確定裁定雖有再審理由,如已無聲請之利益時,亦應為再審聲請無理由之駁回裁定。例如原確定裁定所繫之本案訴訟已經為終局判決,縱廢棄原確定裁定亦無實益是。

---

❸❾ 有認為第 498 條之再審事由乃應準用者,吳著【中國下】,第 1536 頁。

第二章　第三人撤銷訴訟

▶ 第一節　概　說

一　意　義

　　第三人撤銷訴訟，以保障因受他人判決效擴張，致權益受到損害之第三人之程序權為目的。民事訴訟制度為擴大紛爭解決功能，常須將原僅及於兩造當事人之判決效擴張及於訴訟外第三人；為保障該第三人之程序權，應允許未受程序權保障，受判決效不利影響之法律上利害關係第三人，得以原確定判決之兩造為共同被告，就該確定終局判決提起撤銷訴訟，請求撤銷對自己不利部分，此為第三人撤銷訴訟之立法原意與程序機能。但第三人撤銷訴訟為不得已手段，如第三人依法應循其他法定程序請求救濟者，即無許其利用此制度之必要。

二　原　理

　　第三人撤銷訴訟係對確定判決判決效之破除，得提起此訴者，限於原確定程序當事人以外、並有法律上利害關係之第三人，且該第三人須非因可歸責於己之事由而未參加訴訟者。此訴之原告適格，須為原確定判決效力所及之第三人，且須係未參與原確定判決程序之第三人，因此判決效之正當性——程序權保障為基本原理之一。因處分權主義、辯論主義，本於自己責任原則，僅在親自參與訴訟實施，或有代理人參與之當事人，始受判決結果拘束，此為自羅馬法以來，所謂「任何人未能為有效防禦者，不能成為確定之敗訴者」之程序法理。程序保障原則，亦為既判力正當性理論及判決相對效原則之基本立論。我國民事訴訟法第401條、日本民訴法第115條、德國民訴法第325條，莫不以之為基本原則。判決相對效原則，第三人雖有不受他人訴訟結果影響之優點，但法安定性同為社會生活共同需求，而有例外的使判決效擴張及於第三人必要，為調和兩者衝突，乃一面承認判決效主觀作用之擴張，另一方面應賦予因欠缺程序權保障，且受不利判決之人，得有一定程序制度，以切斷判決效之擴張，作為事後程序保障機制，

而與事前程序保障——訴訟告知，相互發揮程序權保障作用。

其次，第三人撤銷訴訟目的，在排除判決效主觀作用擴張，但判決效所及之第三人，並非全然為實體權受到損害之人，例如非為自己利益占有請求標的之人，固受判決效擴張拘束，惟實體權未受到損害，即無提起第三人撤銷訴訟利益。因此，第三人撤銷訴訟第二個法理，即與實體權發生連結，即該第三人之實體權因確定判決主觀作用擴張，致受不利益之故。是以，提出此訴者，須受程序及實體雙重要件限制。換言之，程序要件為判決效擴張與程序權保障之欠缺；實體要件為實體權益受有不利。

三 性 質

第三人撤銷訴訟係對確定終局判決為之，以第三人程序權保障欠缺為原因，請求撤銷對其不利部分之訴訟。此訴目的，與再審之訴同，在於確定判決之判決效破除❹。第三人撤銷訴訟之原告獲得勝訴判決時，可發生撤銷或變更原確定判決對其不利效果部分，而有形成訴訟性格。提出此訴之原告適格，須有形成權，其形成原因為本法第507-1條，非因可歸責於己之事由而未參加訴訟。第三人撤銷之訴與再審之訴仍有若干差異性。後者，將原確定判決廢棄，目的在求本案請求之獲得正確判決，訴訟標的仍為原訴之本案請求（一元論）；前者，以撤銷原確定判決不利部分為原則，變更原判決則為例外（第507-4條第1項）。

▶ 第二節 要件限制及當事人適格

一 程序要件之限制

㈠判決效主觀作用擴張

所謂對第三人得以發生判決效作用，係指判決法之效力言，包括既判力、執行力、形成力與附隨效力，又如參加效、失權效、法律要件效力等。於學說上被主張之反射效、爭點效，屬解釋學上被賦予之效力，要否承認其法效力或制度效，尚有爭議，惟如於具體個案判決，反射效、爭點效被援為判決之依據時，亦應承

---

❹ 有不同見解。邱聯恭，第三人撤銷訴訟之運用方針，司法周刊，第1146-1147期，司法院編，民刑事訴訟新制論文集，2003年。

認其屬判決法之效力。至於判決法效力以外之效力，例如事實上效力，或判決對社會生活所生之事實上影響力，例如證明效、波及效，應不包括之。法國判決效，於其民法承認有事實推定之法律效果，但我國法並不承認他案判決之推定真實效，亦即不受他人判決內容事實認定之拘束，即無以第三人撤銷訴訟排除必要❹。

㈡程序權保障欠缺

判決相對效原則，第三人本不受他人判決拘束，訴訟告知得以發揮程序保障機能者，只有在無論第三人參與訴訟否，均受判決效拘束情形下，始有意義。因此，第三人須受程序權保障者，係因判決效主觀作用擴張所及之故。因此，第三人撤銷訴訟，在判決對世效前提下，並非全無適用餘地。

判決效主觀作用擴張之正當性，早期學說及實務認為，應限制處分權主義、辯論主義適用範圍。其具體方法，則採職權探知主義，以發現實體真實，期待判決結果與真實相契合，惟其缺失在於法官可能失其中立性，亦難期待其能真正發揮職權主義、職權探知主義功能。現今學說，則從第三人程序權保障出發，強調訴訟告知、訴訟參加，藉以充足審理程序❷。因而訴訟參加，成為判決效主觀作用擴張之正當性依據；訴訟告知，則為其手段，並以之緩和因判決效擴張之必要所造成之程序權保障欠缺。此外，因第三人撤銷訴訟制度之確立，訴訟告知亦被規劃為有阻斷再為權利爭訟之功能，以之排除第三人撤銷訴訟提出機會❸。是以，訴訟告知，於本法中被視為係事前程序保障，其欠缺之事後救濟手段，本法乃以第三人撤銷訴訟方式為之，未受訴訟告知乃為第三人撤銷訴訟提出之程序要件。

二　實體要件限制

㈠實體權之指示作用

程序權保障乃保障當事人之攻擊防禦方法，此屬判決效之抽象程序權保障。但抽象程序權保障，有賴實體關係之具體化。就判決效客觀範圍言，特定主體間

---

❹ 法國依其民法第 1350 條規定，判決有事實推定效果。此與我國判決效係建立在判決法之效力者不同。

❷ 高田裕成，いわゆる對世效についての一考察㈠，法學協會雜誌，第 8 號，第 1132 頁。

❸ 本法第 67-1 條第 1 項訴訟告知之立法理由謂「法院應依職權通知法律上利害關係之第三人參加訴訟，以避免其提起第三人撤銷之訴」，而與第三人撤銷訴訟之立法理由謂「第三人撤銷之訴目的，在事後保障第三人之程序權，與事前程序保障功能之訴訟參加制度之目的同一」互相呼應，顯將訴訟告知機能，作為阻斷第三人撤銷訴訟提出之正當化事由。

之訴訟，於如何之客觀權利義務範圍內發生判決效作用，此為判決效客觀範圍之決定，須賴實體關係決定。就判決效主觀範圍言，基於法之安定性要求，判決效主觀作用有時須延伸至第三人，但在決定判決效要否擴張及於第三人時，亦有賴第三人與當事人間所依存之實體關係以為確定，此為判決效主觀範圍之決定。因此，實體權關係有指示判決效主觀與客觀範圍作用，並有預告訴訟參加主體之機能❹。此外，同有調整判決效客觀範圍作用，以之決定要否於同一訴訟程序中，擴大紛爭解決必要。因此實體權具有指示判決效主客觀範圍之作用。

第三人撤銷訴訟之基本構想，雖以程序權保障出發，目的在使程序保障欠缺之人得以獲得事後救濟機會。但何人應受判決效拘束，不得於另訴中為相反之主張，須使其於原訴訟程序中有參與訴訟實施機會，因此第三人撤銷訴訟之所謂法律上利害關係之人，仍須依實體權關係予以指示及決定。

(二)實體權之受有損害

得提起第三人撤銷訴訟之人，本法第 507-1 條第 1 項規定，為法律上利害關係之人。第三人如僅具經濟上之利害關係，實務見解認非此所指之法律上之利害關係（100 台上 752 判決）。所謂有法律上利害關係之人，如自程序法觀點出發，將導致凡受判決效主觀作用擴張所及之人，因非可歸責於己之事由致未能參加訴訟者，均得提出此訴結論，其範圍難免過廣。然而受判決效主觀作用擴張所及之第三人，並非全有受訴訟告知必要。例如離婚訴訟判決，形成判決之判決效作用擴張及於第三人，但與離婚訴訟當事人無實體上利害關係之人，並無告知訴訟令其參加訴訟之必要。因此，所謂法律上利害關係之人，應先立於實體權觀點，即有實體權利害關係之人，始有參與訴訟必要。受訴訟告知得以參加訴訟之人，通常為具輔助參加利益資格之人。欠缺固有實體法地位者，無令其參加訴訟必要；例如，專為本人利益占有標的物，或對標的物不具固有交換價值，或無使用收益權能之第三人，固受判決效拘束，惟無受訴訟告知之實體利益。又如形成訴訟之一般第三人，固受判決對世效影響，惟實體權未因此受到損害，亦無告知訴訟必要，非第三人撤銷訴訟之當事人適格。

---

❹ 上田徹一郎，判決效の範圍決定と實體關係の基準性，民商法雜誌，第 93 卷第 5 號，第 4 頁以下。

三　當事人之適格

　　第三人撤銷訴訟，須以原確定判決之兩造為共同被告（第 507-1 條）。適格之原告，應受前開程序及實體上雙重要件限制。是否為此訴之適格原告，分述如下：

㈠非適格之原告

1.形式當事人

　　形式當事人即為實施訴訟程序權能之人。處分權主義、辯論主義之訴訟構造，本於自己責任原則，凡親自實施訴訟程序之形式當事人，自當承受判決結果，不得有任何反對表示。實施訴訟程序者，一般指對訴訟標的內容存在一定實體權利義務關係之人，應受程序權保障，此為當事人主義原型。未受程序權保障之人不受判決拘束，為判決相對效原則之基本理論。形式當事人既親自參與訴訟程序實施，自非有權提出第三人撤銷訴訟之適格原告。

2.實質當事人

　　因法之安定性需求，判決效有時須擴張至參與訴訟實施以外之第三人，此為判決效主觀作用擴張，但仍非第三人撤銷訴訟之適格原告，實質當事人即為其中類型之一。實質當事人自實體權觀察，包括：非為自己利益而占有標的者、因訴訟擔當之實體利益歸屬者，以及言詞辯論終結後之承繼人。此類型之第三人，與形式當事人同視，非欠缺程序保障之第三人。

　　欠缺固有實體法地位而無單獨參與訴訟程序必要之第三人，例如專為當事人本人利益占有標的物之第三人，或對標的物不具固有交換價值，或使用收益權能之第三人。其雖同受判決效拘束，但因其欠缺實體法權利要件，並無親自參與訴訟實施必要，亦非第三人撤銷訴訟之適格原告。有代替程序權保障者，例如訴訟擔當之利益歸屬主體即屬之。訴訟標的內容之實體權歸屬主體，因他人訴訟擔當而實施之訴訟所為判決之既判力，無論勝敗結果，均及於該利益主體。此類之權利關係主體，因訴訟擔當人之代替程序實施，已獲得與形式當事人相同程序主體權保障，須承當判決結果，受判決效拘束，否則豈不實質有二次以上實施訴訟機會，對於他造當屬不公。另因法安定性之要求，有使訴訟實施之訴訟結果，擴張及於被代替程序實施之第三人必要者，例如本法第 41 條之選定訴訟當事人；第 64 條之參加人代其所輔助之當事人承當訴訟，其所輔助之當事人脫離訴訟情形，亦屬之。又為他人利益而成為原告或被告之訴者，例如破產財團管理人，其所

實施之訴訟，判決效力當然及於破產人。訴訟繫屬中，訴訟標的法律關係移轉於第三人，因本法第 254 條當事人恆定原則，受移轉法律關係之第三人，縱未為承當訴訟，判決效力亦及之，即使未受訴訟告知，或非因可歸責於己之事由而未參加訴訟，仍非第三人撤銷訴訟之適格原告。

　　言詞辯論終結後之承繼人，指言詞辯論終結後，訴訟標的法律關係之實體法上法之地位承繼人，無論其是否知悉訴訟繫屬，或訴訟實施態樣，承繼人均應承受判決結果，否則將因敗訴當事人訴訟標的法之地位處分，使勝訴當事人之訴訟實施成為無意義。此類承繼人，雖在判決基準時之後始承繼其法之地位，因在承繼時已得以期待前訴訟程序實行者之實施，其代替程序保障已發揮作用，因此基於法安定性要求，仍應受判決效拘束，自非第三人撤銷訴訟之適格原告。

　　但實質當事人如因其前手或代理人之詐害訴訟，損及自己權益時，法國法許其得提起第三人撤銷訴訟救濟❹❺。我國法將其與當事人同視，因此如有再審事由者，應依再審之訴救濟，仍非此訴之適格者。

㈡適格之原告

　　實體權因他人判決效作用擴張而受有不利影響之第三人，如未受程序權保障，乃第三人撤銷訴訟適格原告。第三人撤銷訴訟以排除判決效擴張為目的，適格原告乃與判決效擴張，呈相互對應狀態。因此判決效擴張所及，及實體權受到損害之雙重要件，成為判斷此訴適格原告之基準。再分述如下：

1.受判決對世效影響之第三人

　　人事訴訟判決，通常以形成判決方式發生對世效，惟確認判決亦具確認身分關係存否之作用，無論原告之請求有無理由，均有此對世效❹❻。此類判決效及於

---

❹❺ 德田和幸，第三者による判決取消の訴え (Tierce-Opposition) 機能と判決效，フランス民事訴訟法の基礎理論，1994 年，信山社，第 200 頁以下。

❹❻ 人事訴訟判決之效力為何，學說有視為實體效力者，認為只需將該判決所形成或確認之法律關係，解為實體法上之對世效即足，無需認為係訴訟法上之對世效。亦有認為判決之反射效者，即第三人係因判決之反射效之故而及之，無須擴張判決效。但如有多數之適格者，或有多數之形成原因存在時，則有將判決效擴張理論及於第三人之必要。依此，判決效之及否，視該第三人是否為當事人適格而定；而當事人適格否，即依實體權之有無決定。例如死後認領之訴，因認領之訴致侵害其繼承權者，應使其參加訴訟。亦有認為係形成判決之形成力者。形成判決所生實體上權利之變動，一般係透過形成判決之對世效而生。而形成判決之形成力，為國家處分意思表示效果，任何人均應尊重該形成結果。此形成力以形

第三人，乃因身分關係有統一確定之本質需求，具強烈公益色彩，於當事人間及一般社會上不容許有不同之身分關係主張，而有合一確定必要。為完成合一確定目的，並保障受身分關係判決影響之第三人程序權，其方法或藉由第三人訴訟參加❹，或由檢察官以社會公益代表人地位參與訴訟，或藉排除若干處分權主義、辯論主義適用，採職權探知主義，以追求實體真實。

　　家事事件法第 48 條第 2 項則特別明定下列之人，得提出第三人撤銷訴訟，即因確認婚姻無效、婚姻關係存在或不存在訴訟判決之結果，婚姻關係受影響者；或因確認親子關係存在或不存在訴訟判決之結果，主張自己與該子女有親子關係者；因認領子女訴訟判決之結果，主張受其判決影響之非婚生子女，如非因可歸責於己之事由未參加訴訟時，該受影響之人，或其他法律上利害關係之第三人，得提出第三人撤銷訴訟，請求撤銷對其不利部分之確定終局判決，並準用本法第三人撤銷訴訟程序規定（家事法第 48 條第 2 項）。然而，上開法律關係受影響之人，既非判決效力所及，不受判決效拘束，得另行提起獨立訴訟，資以解決，何須提出第三人撤銷訴訟，以為保護。又其他法律上利害關係之人，例如婚生子女之婚生子女地位，不因其父與非婚生子女間認領子女之訴判決結果而受影響，無參加訴訟必要，亦非此訴之當事人適格❹。

2.因訴訟標的權利性質不能分歧者

　　訴訟標的權利關係，不能有兩相歧異判決結果者，應統一處理，使判決效擴張及於一般第三人，此為判決效主觀作用擴張之另一原因。多數利害關係人之公司訴訟類型，因公司現狀變更之確定判決，如採相對效原則，法律關係將會發生分歧結果，當須承認其判決之對世效。例如公司設立無效、股東會決議撤銷、公司合併無效之訴是。例如公司股東非因可歸責於己之事由未參加訴訟，其股東權益並因之受有損害者，得提出此訴。又如，與破產債權有關之確定判決之判決效，其分配關係，亦須統一確定，因此有使判決效及於破產債權人全體必要；重整債權或重整擔保權之確定訴訟判決效，亦應擴張及於全體重整債權人、重整擔保權

　　成判決形式存在，以之與實體法律要件該當，發生實體法所預期之效果。

❹ 日本人事訴訟法第 33 條增訂，死後認領訴訟，法院應將訴訟繫屬通知主張其為繼承人之第三人。

❹ 本條立法理由謂，上開之人雖為判決效所不及，卻可能致生前後裁判認定之歧異，且其與原當事人間仍有可能就是否為判決效力所及之問題發生爭執，因而有提出此訴必要；又謂婚生子女亦可能因認領子女之訴判決結果而受影響，其理由非無疑義。

人、股東全體；分配表異議之訴，判決結果須重新製作分配表者，其他參與分配之債權人亦同。此類型訴訟之第三人，將受判決對世效影響，有參加訴訟資格，如非因可歸責於己之事由未參加訴訟時，為第三人撤銷訴訟之適格原告。但亦有自判決相對效立場觀察者，認為此類型之訴訟結果，僅於原告之請求有理由時，判決效始及於第三人，請求被駁回時，無此擴張作用可言❹。如依否定見解，則其他利害關係人因得另行獨立提起他訴，即非第三人撤銷訴訟之原告適格者。

㈢受其他判決效影響之人

1.反射效

　　與當事人一方存有一定實體關係之第三人，無論判決是否有利，均因實體關係之故而受原判決效影響，此為反射效所及之第三人❺。既判力原係透過當事人間之確定判決而存在，如因實體法上與之有依存關係之第三人，在後訴中得援引既判力作用，以為自己有利之主張或因而受不利結果者，屬反射效理論範圍。例如保證債務，債權人對主債務人請求返還借款之確定判決，判決之既判力固不及於保證人，但當主債務人主張之主債務不存在，獲勝訴判決時，保證人同無清償義務，在後訴之保證債務履行之訴，保證人雖不得援既判力作用，但因保證債務之附隨性結果，保證人之保證債務亦不成立。又如不動產抵押權之抵押物所有人，或質權之質物所有人，因擔保債務之附屬性，而與主債務人有實體法上之依存關係，當債權人對主債務人為請求，主債務人非以其個人之事由為抗辯，如該抗辯被駁回確定時，擔保人不得再執相同事由對債權人為抗辯，亦為反射效所及。債權人對連帶債務人中之一人之請求，因抵銷抗辯，駁回其請求確定時，其他連帶債務人，如得援用該判決為有利之主張時，亦屬反射效理論❺。第三人與當事人間存有實體法權利義務依存關係者，有無在原訴訟程序中予以統一處理並受程序保障，使之同受既判力擴張效力拘束必要，學說仍有不同見解。通說認為第三人與當事人一方，因實體法依存關係，兩者之地位一體化，應無允許第三人另訴主張餘地，自須統合處理，擴大判決效及於該第三人❺。亦有認為，僅在第三人參

---

❹ 松本、上野著，第二版，第 431 頁。

❺ 反射效因對應實體法上之法律關係之性質，有將之分為：只第三人得援引有利於己之判決效者，或無論有利與否之判決均得援引者；只有不利於第三人之判決得援引者，鈴木著【既判力】，第 508 頁。

❺ 同❹。

加訴訟前提下，始受原判決效擴張影響❺❷。依此，判決反射效所及第三人，如因原判決受有不利，且非因可歸責於己之事由未參與前訴訟程序者，即有提起第三人撤銷訴訟之資格。但如不承認反射效理論，或採判決相對效原則，於實體法上有依存關係之第三人，不受反射效影響，無須提起此訴排除反射效之必要❺❹。否定說者認為，判決效之擴張，須賦予公平的程序保障，反射效所及第三人未參與該訴訟，即無理由承受該不利益❺❺，因程序保障係以訴訟標的權利義務關係為基礎，例如主債務與保證債務，乃屬不同之實體上權利義務關係，即使訴訟中之爭點事實同一，也須給予該反射效所及之第三人程序權保障，否則不應承認判決之反射效力。又認為反射效係實體法上之法律要件效力，與既判力之訴訟法性質不同，反射效所及第三人，雖允許其為訴訟程序參與，但非為主參加訴訟（共同訴訟輔助參加），程序上只能賦與輔助參加人地位，程序保障仍有不足❺❻。

　　如採反射效否定說，與當事人有實體上依存關係之第三人，不受判決反射效影響，不生判決效擴張問題，自無提起此訴必要。反之，如承認反射效對第三人之拘束力，第三人因而受有不利益，復非因可歸責於己而未參與訴訟時，當非第三人撤銷訴訟之適格原告。

2.其他判決效力

　　判決效可分為判決法之效力與事實上效力。前者，一般指法定效力，例如既判力、執行力、形成力、構成要件效力等；後者，例如證明力、波及效力是。如於實務上承認事實上效力，並認其有拘束效者，同應以法定效處理，受該效力拘束之第三人，亦有第三人撤銷訴訟提出之可能。肯定爭點效學者，認為確定判決效力之性質為何，並非重要，應視程序之保障是否充足，及有無避免紛爭重複提出之必要，以之決定是否擴張既判力主觀作用範圍。而判決理由中爭點判斷，有無拘束力，亦應依此標準決定，如為肯定者，應使爭點效擴張及於參與訴訟之第三人。

---

❺❷ 兼子著【體系】，第 353 頁。

❺❸ 鈴木正裕，判決の反射的效果，判夕，第 261 號，1971 年，第 2 頁以下。

❺❹ 亦有認為，第三人縱為訴訟參加，因處從屬地位，其程序主體權保障並不充足，因此反射效與既判力不同，所謂反射效應是指與既判力有異之特殊判決效。

❺❺ 日本最高裁判所就反射效持反對見解者，如昭和 53 年 3 月 20 日判決，不真正連帶債務人中之一人因實體上有效之抵銷抗辯，在抵銷之範圍內，其他債務人之債務同歸消滅之判決，該判決效力不及於其他債務人與債權人間之訴訟。

❺❻ 參看新堂幸司、鈴木正裕、竹下守夫等編，注釋民事訴訟法(4)，1997 年，第 451 頁。

現今實務，似漸有承認其爭點效傾向。以之為前提，受爭點效主觀作用擴張所及第三人，包括言詞辯論終結後之承繼人、與當事人同視之實質當事人，或參加人與輔助參加人，即有受爭點效拘束之可能，如其曾參與前訴訟程序主要爭點攻擊防禦方法者，應受爭點效拘束。反之，其程序保障尚有欠缺時，自始無爭點效適用，無庸以第三人撤銷訴訟作為排除爭點效手段必要。

▶ 第三節　審理客體及程序

一　審理客體

以第三人撤銷訴訟請求撤銷或變更之判決，為有該撤銷原因之確定判決。所指之確定判決，包括原確定判決所經過之第一審、第二審、第三審，甚至更審前各審級之判決。凡第三人因有非可歸責於己之事由而未參加訴訟，致不能提出足以影響判決結果之攻擊防禦方法者，即得對該審級之判決提出第三人撤銷訴訟。此觀諸本法第 507-1 條規定自明。第三人撤銷訴訟並未準用本法第 496 條第 3 項之第二審法院就該事件已為本案判決者，對於第一審判決，不得提起再審之訴之規定，因此亦得單獨對第一審判決提起此訴。下級審法院之判決經上級審廢棄者，其瑕疵即已治癒，且因廢棄之故該判決已不存在，即不得對下級審法院判決提出第三人撤銷訴訟。惟如原確定判決有其他法定救濟程序者，即不得再依此訴請求撤銷原確定判決。

不服下級審判決而提出上訴後，經上級審以不合法駁回上訴者，第三人亦得對下級審判決提出第三人撤銷訴訟。上級審以無理由駁回上訴者，第三人得單獨對其中之一審級判決，或同時對上下級審判決提出此訴，並專屬原第二審法院管轄。

二　管轄法院

同一事件經各審級法院判決而告確定者，各審級之判決即為第 507-1 條所指之確定終局判決，如有此訴提出之原因，第三人得自行選擇各該事由，向各該審級法院提起，並專屬為該判決原法院管轄（第 507-2 條第 1 項）。如同時就各該審級判決合併起訴，則可能使判決結果相互矛盾，基於法之安定性考慮，及由一

個法院管轄之方便性，因而規定應專屬上級法院管轄。又因第三審為法律審，第三人撤銷之訴中，該第三人有無法律上利害關係，是否非因可歸責於己之事由而未參加訴訟、所提出之攻擊或防禦方法是否足以影響原確定判決之結果，及原確定判決對該第三人不利之範圍等事項，常涉及事實認定及證據調查，故同條第2項規定，專屬原最後事實審即第二審之法院管轄（第507-2條第2項）。如僅對上級法院所為之判決提起此訴，亦同。其未經第二審法院判決者，則專屬原第一審法院管轄。第三人不合併起訴，分別向各審級法院提出此訴時，其他審級法院，依本項相同法理，應以裁定移送第二審法院合併審理裁判。

三 起訴及審理程序

第三人撤銷訴訟目的，在請求撤銷他人間確定判決對自己不利部分，其情形與再審訴訟類似，因此關於再審之訴規定，性質相同者，予以準用之（第507-5條）。即準用第500條第1項關於起訴不變期間、第501條起訴之程式、第502條對訴不合法及顯無理由訴訟之裁判、第503條本案審理範圍、第505條訴訟之審理程序、第506條善意第三人利益保護之規定。

第三人撤銷之訴起訴程序，應以訴狀表明如第501條規定之應記載事項，提出於該專屬管轄法院，並繳納裁判費。其起訴之期間準用第500條再審期間規定，即於判決確定日起三十日不變期間內為之，判決送達前確定者，自送達時起算；再審理由發生或知悉在後者，自知悉時起算，但自判決確定後已逾五年者，不在此限。

第三人撤銷之訴係為賦予非因可歸責於己之事由而未參與訴訟之利害關係人救濟機會之特別程序，原則上不影響該確定判決在原當事人間之效力，故原判決當事人依該確定判決聲請執行時，並不因第三人提起撤銷之訴而受影響，因此明定無停止原確定判決執行之效力（第507-3條第1項）。惟為避免執行程序於第三人撤銷之訴判決確定前即已終結，致第三人權益受損，明定法院因必要情形，或依聲請定相當並確實之擔保，得於撤銷之訴聲明之範圍內，以裁定停止原確定判決對第三人不利部分之效力（第507-3條第1項但書）。法院裁定停止原確定判決效力或駁回第三人之聲請時，因涉及原判決當事人及該第三人之權益，即應許其對該裁定提起抗告（第507-3條第2項）。

四　判決效力

㈠訴不合法及顯無理由

　　法院認第三人撤銷之訴之起訴不合法者，應以裁定駁回之（準用第 502 條第 1 項）；認第三人撤銷訴訟顯無理由者，得不經言詞辯論，逕以判決駁回之（準用第 502 條第 2 項）。法院審理範圍以原告聲明不服部分為限（準用第 503 條）。

㈡無理由之判決

　　第三人撤銷訴訟，法院認其本案請求無理由者，以判決駁回。所指本案請求，乃第三人撤銷訴訟適格原告主張之訴訟標的而言。此訴以「原判決不利於己部分之撤銷」為訴訟標的（請求），形成原因程序權保障之欠缺。本案請求有無理由，與原告適格要件不同。第三人撤銷訴訟為形成訴訟，其適格原告應合於前述雙重要件，即受判決效擴張所及之第三人，其實體權並因此受到不利。不符合上開二要件者，應以當事人不適格訴訟判決駁回。

㈢有理由之判決

　　法院認第三人撤銷之訴有理由時，應撤銷原確定終局判決對該第三人不利之部分，於必要時並依第三人之聲明，在撤銷範圍內為變更原判決之判決（第 507–4 條第 1 項）。第三人撤銷訴訟之勝訴判決，本法採相對撤銷原則，即原判決於原當事人間仍不失其效力，但訴訟標的對於原判決當事人及提起撤銷之訴之第三人必須合一確定者，不在此限，而例外採絕對撤銷（第 507–4 條第 2 項）。此與法國第三人撤銷訴訟同❺❼。

　　但判決效主觀作用擴張及於第三人之目的，在於法安定性之要求，而有合一確定必要，本法採相對撤銷原則，撤銷一部分結果，不無形成相對效結果。因此，具對世效作用之判決，如身分關係判決，第三人請求撤銷有理由時，當採絕對撤銷原則❺❽。雖本法第三人撤銷訴訟，有謂與法國第三人撤銷訴訟不同，可兼顧程序保障及統一解決紛爭目的，不宜將之解為係既判力之破除。但他人間確定終局判決之判決效，如未擴張及於第三人，而採相對效原則下，第三人仍得提起他訴，

---

❺❼　高田著，第 1544 頁。

❺❽　法國第三人撤銷訴訟有理由判決之效力，有相對撤銷與絕對撤銷說之爭議。但關於身分關係之第三人撤銷之訴判決，通說認為，透過法國民法典第 311–10 條，有關身分判決效力係被預定為「暫定之對世效原則」適用，應解為原判決全部無效。高田著，第 1588 頁以下。

而無提出此訴必要，亦不符合提起此訴之要件（第 507-1 條）。是以，此訴提出之價值及功能，當在於判決效主觀作用擴張之破除，即以具對世效判決之判決效破除為目的。而判決效之對第三人發生作用，我國法以判決法之效力為原則，不含判決之證明效、波及效，或其他事實影響力，亦即他人間確定判決內所論斷之與第三人有關之事實部分，對第三人無拘束力，得於自己之訴訟中為相反之主張，無單獨就不利於己判決部分依此訴撤銷之必要。又如承認以充足程序權保障為前提之反射效、爭點效，則因第三人於原訴訟程序中已受程序權充足保障，亦與此訴提出要件有違。

法院認第三人撤銷訴訟有理由，經法院撤銷或變更原判決者，對於善意第三人已取得之權利無影響（準用第 506 條）。

五　與再審之訴之差異性

第三人撤銷訴訟與再審之訴同為確定裁判再審查之法救濟手段，二者間有其同質性，因此準用再審訴訟程序。兩者亦有差異性，故性質不同者，不在準用之列。

再審係對確定終局判決，因原判決程序之瑕疵或判決基礎之欠缺，請求廢棄原確定判決，另為適法判決。再審法院如認原確定判決並無不當，縱有上開瑕疵或判決基礎欠缺情形，仍應駁回再審之訴。是以，再審之訴存在目的，以本案判決錯誤救濟為目的，含有原確定判決實體當否再審查機能，不脫離原訴訟當事人實體權利保護目的。第三人撤銷訴訟，強調保障第三人之程序權，以程序權保障出發，雖立法理由謂，須其權益因確定判決而受影響，始得提出此訴，亦有若干第三人實體權保護目的。但所謂因判決受到不利，與原確定判決錯誤之救濟，兩者概念仍有不同。第三人撤銷之訴，不以原確定判決實體錯誤為前提，凡受不利判決且程序權未受保障，即足以提出第三人撤銷訴訟，並認其訴為有理由。反之，再審之訴雖有再審理由，但原判決正當者，仍應駁回再審請求（第 504 條）。因此第三人撤銷訴訟，成為原確定判決撤銷理由，除程序權未受保障、且受有不利此二要件外，法條文義並無以原確定判決實體錯誤為要件[59]，而無準用本法第 504 條之明文。

---

[59] 法國第三人撤銷之訴，通說認為，第三人應就原判決所形成或確定之身分關係之不正確，負證明責任。高田著，第 1586 頁。

再自訴訟標的為觀察。再審之訴之訴訟標的，無論二元論與一元論❻，本案請求之實體權，均成為再審訴訟標的。第三人撤銷訴訟之訴訟標的或本案請求，非以第三人之實體權本身之確認為對象，而以排除原確定判決效不利於己部分為目的。本法第 507-4 條第 1 項雖明定，必要時得依第三人之聲明，在撤銷範圍內為變更判決之判決，仍非以原判決關於第三人之實體權本身之確認為對象。因此，第三人撤銷訴訟，以「原判決不利於己部分之撤銷」為請求（訴訟標的），其形成原因則為本法第 507-1 條第 1 項之非因可歸責於己之事由而未參加訴訟，致不能提出足以影響判決結果之攻擊防禦方法。

六 第三人救濟方法之選擇

第三人受他人判決不利影響之救濟手段，有二種方式。本法與法國法採第三人撤銷訴訟方式，此為同採判決相對效之德國、日本所無。德日學說，則認為第三人得就他人判決請求再為審理，但多主張採第三人再審制度。我國學者亦有相同主張者。

第三人撤銷訴訟與再審之訴，同被作為確定裁判救濟手段，以原判決效之破除為機能目的。判決效力所及第三人，非無提起再審之訴，以破除原判決效之可能。本法第 58 條第 3 項規定，就兩造之確定判決有法律上利害關係之第三人，於前訴訟程序中已參加者，始得以輔助參加人地位輔助一造提起再審之訴，限制第三人再審之訴提出。但如立法論上，准法律上利害關係第三人受判決效主觀作用擴張，且未受訴訟告知致不能提出獨立攻擊防禦方法，並有本法第 496 條各款所列情形之一者，得獨立提出再審之訴。即以第三人再審之訴取代第三人撤銷訴訟，就錯誤判決之救濟是否略勝一籌，或不可知。至第三人再審訴訟之程序，除適用再審之訴外，其有特殊性者，另須特別規定。

受判決效所及之第三人，程序權保障固有必要，但司法審判最終目的不脫離實體權保護，程序權為完成此目的之手段，而非目的。原判決無論係程序瑕疵或判決基礎欠缺，確定判決效力之打破，應回復正確裁判論述，始符判決錯誤糾正本質，再審之訴即具備此項本質。再審之訴主體範圍，本法第 58 條雖增列訴訟參

---

❻ 再審之訴訟標的，有二元論與一元論之分。二元論認為再審之訴訟標的，包括就確定判決為撤銷之請求，及本案再為審理之請求。一元論認為，訴訟標的，仍指本案請求，至撤銷原確定判決之請求，乃本案重為審理之適法條件，非訴訟標的。

加人，得輔助一造提出再審，尚不能含括第三人撤銷訴訟適格原告，但學說理論已承認言詞辯論終結前，依法得承受訴訟之第三人❻❶以及繼承人之再審適格；另有認為判決效所及第三人，如有撤銷原判決之固有利益者，亦應准許之。其方法，得以獨立參加訴訟形式，以本訴之兩造當事人為共同被告，提起再審之訴。又有學說主張對詐害訴訟判決，亦得以第三人再審之訴救濟❻❷。如能再擴大判決效所及未受程序保障第三人，有再審事由時，得提出第三人再審之訴，當不失為第三人程序權保障之另外選項❻❸。

---

❻❶ 吳著【中國下】，2004 年，第 1512 頁；新堂幸司，新民事訴訟法，第 3 版，第 813 頁。

❻❷ 新堂幸司，新民事訴訟法，第 3 版，第 814 頁。

❻❸ 駱永家教授提出假設，如有第三人再審之訴，第三人撤銷訴訟之存在價值，見氏「訴訟參加與再審訴訟」，法學叢刊，第 197 期，2005 年，第 187 頁以下。吳明軒庭長於司法院第 451 次民訴法研究修正委員會，主張採再審之救濟方式，民事訴訟法研究修正資料彙編，第 10 冊，第 362 頁。陳榮宗，訴訟繫屬中當事人讓與系爭物所引發之法律問題，民事訴訟法之研討㈤，1996 年，民事訴訟法研究基金會，第 193 頁。

第三章 情事變更之變更判決之訴

▶ 第一節 基本法理

一 意 義

民事法所定之情事變更，分為實體法上及程序法上之情事變更。前者，指民法第 227–2 條所定契約成立，或非因契約所發生之債，其後因情事變更，非當時所得預料，依原有法律效果顯失公平時，當事人得請求法院增減給付或變更其他原有效果。後者，即本法第 397 條第 1 項所定，確定判決之內容尚未實現，於事實審言詞辯論終結後，因情事變更，如依原判決內容履行顯失公平者，當事人得更行起訴，請求變更原判決之給付或其他原有效果。此訴稱為情事變更之變更判決之訴[64]。但此訴須以不得依其他法定程序請求救濟者為限（第 397 條第 1 項但書）。

因情事變更而請求法院變更原有之法律效果，無論為實體權之法律效果或程序法確定判決之判決效，均係因實體原因之變遷，非當時所得預料，如仍維持原有法律效果，對當事人一方將顯失公平，而有調整原有法律效果之必要。但何謂情事變更，於我國法上並未有一明確定義，其具體內涵、概念、適用範圍、應否成為一般法律之原理原則，及法院要否依職權援用，尚有爭議[65]。

---

[64] 修正前本法第 397 條之情事變更，適用對象包括：法律行為成立後或非因法律行為發生之法律關係成立後，事實審最後言詞辯論終結前發生情事變更；確定判決之事實審最後言詞辯論終結後發生情事變更（院 2759 號、院解 3829 號）。因前者屬誠信原則在實體法上內容具體化，規定於程序法，體制不合，且民法第 227–2 條已有增訂，因此予以修正。

[65] 德國學說之法律行為基礎理論，似漸成有力見解。彭鳳至，情事變更原則之研究，1986 年，第 90 頁。

二　學說理論

㈠衡平說及追認說

德國變更判決之訴，以未來繼續性給付之訴判決為對象，此訴之判決有無廢棄原判決既判力效力，學說見解不一，主要有衡平說及追認說。前者，主張既判力係以原確定判決訴訟程序最後事實審言詞辯論終結時為其基準時，而情事變更判決之訴，係以未到來之給付訴訟判決為對象，而未到來之給付，於原訴訟程序基準時，已將未到來之事實予以審酌，因此判決既判力所得遮斷之時間範圍，因已包括該未來之情事，因此原判決既判力之基準時，乃被延伸至該未來情事發生時。又基於衡平觀點，言詞辯論終結後，原判決所預測之未來事實發展，與原判決基準時所預測情事不合，例外的賦予受不利判決之當事人，得以變更判決之訴請求廢棄或變更原判決就命其未來給付部分[66]，此即衡平說 (Billigkeitstheorie)[67]。後說則認為，未來之情事如何發展，非基準時所得預測，因此變更判決之訴目的，不在回顧原判決之正當與否，只是單純的因基準時後之情事變更，而請求變更原判決之遮斷效基準時而已。亦即原判決既判力所遮斷之時間範圍，仍為最後事實審言詞辯論終結時所已存在之事實，因基準時後新事實之發生，非原判決法官所得預測，無從遮斷其後發生之事實。因此，以非所得預測之新事實發生，作為原因事實之變更判決之訴目的，不在廢棄或變更原判決就命未來給付部分效力，乃就後發生之事實所為另一新判決，此即追認說 (Bestätigungstheorie)[68]。

㈡日本學說及實務見解

日本平成 8 年增訂第 117 條定期金賠償確定判決變更之訴前，最高裁判所就將來給付判決，認為判決後因社會情事變動，判決內容已不合適者，得有以追加請求方式，實質修正前確定判決之內容。例如，土地所有權人因他人之不法占有，起訴請求給付相當於租金之損害金至返還土地之日止，其後因前訴判決所命給付數額，於判決確定後顯不相當，且前訴訟程序就將來損害額計算，難期當事人事先做合理之推估與舉證者，自不能期待當事人於前訴程序中，得以正確預測未來

---

[66] 松本、上野著，第 453 頁。

[67] 沈冠伶，變更判決之訴，月旦法學教室，第 6 期，第 14 頁；小山昇，西ドイツ民訴三二三條の訴えについて，小山昇著作集第 5 卷，第 75 頁；河野著，第 776 頁。

[68] 河野著，第 785 頁。

可能之情事變化，因認有限制前訴確定判決既判力必要，許土地所有權人就增額請求部分，再為追加請求❻。此與追認說立場一致，亦即認為前訴訟之訴訟標的與變更之訴不同❼。在減額請求情形中，最高裁判所則引用誠信原則，認為前訴判決之債權人所為強制執行之聲請為權利濫用，債務人得提出債務人異議之訴。以上所用追加請求、債務人異議之訴方式，限縮原確定判決既判力之時間範圍而已，不涉及既判力之破除，雖有維護既判力理論完整性之優點，但也同時限縮前訴確定判決之遮斷效。

衡平說以實質原因作為打破既判力，對既判力之維護及法之安定性有重大衝擊，然而原確定判決內容，如已失其妥當性，要否繼續維護既判力，屬社會倫理之評價問題❼。將來給付之訴，或雖為現在給付之訴中以預測未來之事實，作為基礎者，例如侵權行為損害賠償之訴，所命應賠償債權人所失利益部分，係以推測未來可能存在之事實為判決之基礎，該基礎事實，與到來時之實情顯有不合者，則該部分判決之既判力要否維護，當屬價值抉擇問題。但無論如何，均不能否認原訴訟程序就未來之情事已於該訴訟中為審理判決，甚而無視於前訴訟程序之遮斷效。現日本民事訴訟法第 117 條之命定期給付損害賠償金之確定判決變更之訴，學說即認為以確定判決為對象，判決所命損害賠償金額之算定基礎，因該到來之情事與判決時之算定基礎不合時，在牴觸範圍內，即有打破確定判決既判力必要，即採衡平說立場。並認此訴為形成訴訟，或形成訴訟與給付訴訟之複合型訴訟，而變更之訴與前訴之訴訟標的同一，原確定判決既判力在被打破之範圍內，同時變更原損害賠償金額之認定，並在增減給付額內發生形成效❼。

三　本訴之性質

本法第 397 條情事變更判決之訴，訴之性質為何，非無疑義。自法條文義觀察，本條規定確定判決之內容如尚未實現，而因言詞辯論終結後之情事變更，依其情形顯失公平者，當事人得更行起訴；所謂更行起訴，乃有新訴提出之意，似採追認說。但如自請求變更原確定判決內容文義觀之，又有如再審之訴，係確定

---

❻ 最判昭和 61 年 7 月 1 日判決，最判民集，第 40 卷第 5 號，第 941 頁。

❼ 認為如同一部請求，債權之一部請求之存否判決之既判力，不及於殘部請求部分。

❼ 河野著，第 771 頁以下。

❼ 三宅等編【注解 2】，第 320 頁。

判決效之破除，則又與衡平說理論相契合。

　　考諸變更判決之訴修法過程，民事訴訟法修正委員會第440次會議紀錄，關於更行起訴，有委員認為「對於確定判決是更行起訴，不要用變更判決之訴，改為更行起訴較好」，經該次會議決議定稿為「當事人得更行起訴請求變更原判決之給付或其他原有效果」❼❸。本法有關「更行起訴」用語，例如第253條之更行起訴禁止；第498-1條再審之訴經無理由駁回者，不得以同一事由，更行提起再審之訴，均係另一新訴訟程序提出，與原訴訟程序無關，審理程序不受前程序影響，亦無廢棄或變更原判決內容之效果。因此，如僅依法條以更行起訴稱之，認此訴為新訴提出，或本條係採追認說者，尚乏說服力。

　　再自此訴適用對象而言，因本法並未如德國、日本關於變更判決之訴，明定以將來之給付判決為限，自文義解釋，非無擴張至確認判決、形成判決及其他類型給付判決之可能❼❹。依此，變更判決之訴適用對象之原確定判決，即與原判決之是否預測未來情事無關，凡原判決基準時後，發生情事變更，致判決內容顯失公平者，均得適用之。如此較有利於追認說。反之，如以未來之給付為此訴對象者，則不能否認原訴訟程序，確實已就未來之情事予以審理預測，否則又如何作成該部分之判決。

　　為謀求確定判決法之安定性及訴訟當事人信賴利益之保護，當事人因法院審判權行使，自確定判決取得之權利，應受憲法信賴利益保護。判決基準時之基礎事實，如與未來情事之預測無關，僅以基準時已現實存在之事實為判決之基礎者，自不應許當事人事後再為爭執，此為判決既判力存在之最根本目的。再者，變更判決之訴，如不以將來之給付為限，得擴張至其他各類型之訴訟，且僅以原確定判決之內容已否實現，作為得否提出此訴之辨別基準，不無以射倖為要件，自非得宜。民法第227-2條規定，雖得因情事變更，對既存之法律效果再為爭執者，所不同者係其僅停留在私法律關係層次，初不涉及法院確定判決之可信賴性；但

❼❸　司法院編，司法院民事訴訟法研究修正資料彙編(十)，83年，第111頁、第120頁。

❼❹　本條研修過程，就確定之形成判決有無適用。或謂民法第442條調整租金之訴為形成判決，判決確定後如有情事變更，應有其適用，因此僅規定確定判決而不限於何種判決。亦有主張因形成判決有某一程度之對世效力，如所有確定判決隨時可提起變更判決之訴，其全部法律效果都會變動，認為本條適用對象應予限制。亦有認為給付判決已履行，形成判決已形成法律上效果，當然不能適用本條。司法院編，司法院民事訴訟法研究修正資料彙編(十)，83年，第113-120頁。

情事變更之變更判決之訴，則係對確定判決效再予以爭執，其範圍不宜擴張至其他類型之訴，仍應以判決基礎事實因預測錯誤為前提。所謂之情事變更，應限縮至確定判決，係以預測未來之情事為判決基礎者為限。換言之，本訴之提出，係因前訴訟程序最後事實審言詞辯論終結後，現實存在之事實，與原判決基準時因預測而成為判決基礎之事實，有所落差，致原判決內容之法律效果，對當事人一方顯失公平，為平衡當事人之權益，因而有此訴制度之設計。質言之，作為判決基準時之基礎事實，係一尚未到來之社會事實，該事實於原訴訟程序中，已成為判決之基礎事實。因此原訴訟程序判決基準時，須有部分之事實係以預測未來可能之情事者，始得以情事變更為由提出此訴。

四　既判力之破除

㈠基準時之延伸

按判決基準時，係既判力遮斷效之時間範圍，以最後事實審言詞辯論終結為基準。因此既判力遮斷之事務範圍，係基準時已到來之事實為限，基準時以後新發生之事實，自非遮斷效所及。但因原訴訟程序基準時，作為判決基礎之事實，有預測未來情事之必要，否則無從為判決者，例如將來損害額之計算，即有必要將既判力遮斷效之時間範圍，往後延伸至該未來情事到來時，此為既判力遮斷效時間範圍之特例。於該預測之情事現實到來時，因與當時預測結果不符，既判力因而失其正當性，因設此訴以破除原確定判決之既判力❼⑤。

㈡既判力破除原因及正當性

確定判決內容對當事人及與當事人同視第三人間，以及後訴法院有拘束力，此為基於法安定性要求，因而賦予既判力。本法中關於既判力破除之法定程序規定，另有再審之訴、第三人撤銷之訴，均係因原訴訟程序存在瑕疵原因。再審之訴，係因訴訟程序本身之瑕疵，或作為判決基礎資料之瑕疵，或因重要事項判斷之瑕疵之故。第三人撤銷之訴，則係因程序權保障欠缺之瑕疵，惟其瑕疵係於原訴訟程序中即得以發現者。但情事變更判決之訴，作為判決基礎之事實，於言詞辯論終結後因社會情事之變化，已非原訴訟程序基準時所預測情形之故。因此，變更判決之訴提出之事由，乃因判決基礎事實變遷之故，並非原訴訟程序之瑕疵。

既判力因判決基礎事實之變化而予以破除者，亦有害及法之安定性及法院判

---

❼⑤ 採既判力破除者，河野著，第 795 頁。

決之可信賴性，故須有正當事由。惟因既判力而確定之法律關係，僅是合於原判決事實審言詞辯論終結時之現實情況而已，當構成判決基礎之事實，其後發生變化者，既判力之正當性當須檢討。如因其後情事變化，而失其之正當性時，許當事人另訴因應，自有必要。例如判決基準時後之清償，得許債務人提出確認債務不存在之訴或債務人異議之訴，以排除執行名義，均解決既判力遮斷效時間範圍限制之方法。而原判決之基準時，如係預測未來之情事者，雖係既判力基準時之往後延伸至該預測之未來時間點，於該未來之時間到來時，發現所預測之事實，與現實發生之事實不符，致影響原判決內容之正確性時，受不利判決之當事人以之為由，提出此訴破除既判力，並糾正原判決內容之錯誤，有形成訴訟性質[76]，正如同再審訴訟提出，符合既判力破除之正當性，亦與既判力基準時之理論無違。

五　判決基礎之預測

變更判決之訴如採衡平說，訴之目的在既判力破除，其原因為前訴訟言詞辯論終結後現實之情事，與原判決基準時預測之情事不合，因衡平之故，例外准許提起此訴，以變更原判決之內容。此類情形，例如命將來之給付，或命定期給付中之未到期部分是。因債權人之權利及債務人之給付義務，於判決基準時，尚未能確定，法院依基準時既存之原因事實、訴訟資料，以推測未來情事，命債務人就該未來部分為給付。反之，判決基準時依既存之訴訟資料，踐行辯論程序，資以確定權利關係，非本於預測未來情事者，當非此所稱之情事變更。命現在一次給付者，例如侵害他人身體健康所生損害賠償之訴，未來之醫療照護費損害，或所失利益，原判決雖命行為人為一次給付，但就未來之損害部分，係本於預測被害人之可能平均餘命、未來所得、未來之可能醫療科技等情事，作為損害賠償金額之算定基準，均屬之，當未來現實情況變更者，有適用此訴請求變更原判決內容之可能[77]。

---

[76] 三宅等編【注解2】，第321頁。

[77] 學說有認為損害賠償如判命一次給付，即非定期金損害賠償，不能適用變更判決之訴；反對說則認為可適用。例如侵權行為損害賠償，命為一次給付，但判決內容中將來所失利益，或將來之治療費用，雖非此所稱之定期金損害，但因該所失利益，縱命同為一次性賠償給付，仍因基於按被害人之餘命、平均所得等將來不確定情事作為賠償額之算定基準，其後情事顯與基準時之預測不合者，同有此條適用。三宅等編【注解2】，第516頁。

▶ 第二節　要件及審理程序

一　立法例比較

　　日本及德國同有類似變更判決之訴制度，惟無論法定要件、適用範圍，均與本法不同。日本民訴法第 117 條變更判決之訴，適用於定期金損害賠償之訴，且限於此訴提出後給付期限始到來之給付部分❼❽。德國民訴法第 323 條之變更判決之訴，則以將來到期之繼續性定期給付之訴為限，而起訴前已到期之扶養請求，得追溯請求變更，亦屬繼續性給付。可見德日之情事變更判決之訴，以將來到期之定期給付之訴為對象。我國變更判決之訴，條文規定適用範圍，大於德日變更判決之訴，凡原判決內容尚未實現者，不論係確認判決、形成判決，均有因情事變更而請求變更原確定判決內容之可能。而給付判決無論為定期給付、分期給付、一次給付，或現在給付、將來給付；亦不論給付原因，究為損害賠償、契約債務履行、物之返還請求、本於身分關係之請求，或其他原因之給付；以及給付內容係命為金錢、特定物、不特定物、作為、不作為之給付，自文義觀察，均無不可。惟本法之規定，如採衡平說立場，則其適用範圍須予限縮至與德日相同之未來給付部分。

二　適用對象及範圍

　　變更判決之訴目的在既判力之破除，其適用之原確定判決，須具備如下之條件：

1.須同一訴訟標的範圍內

　　本條規定之適用對象，僅「確定判決之內容如尚未實現」。但確定判決內容之對象，係指基準時前已發生之權利義務關係，並經最後事實審言詞辯論終結者而言。此訴之訴訟標的，即當事人請求變更之判決內容，為原判決訴訟標的內容之一部。如該權利義務關係，係言詞辯論終結後新發生，縱與原判決對象之權利義

---

❼❽ 日本民訴法第 117 條變更判決之訴，得變更部分限於變更之訴起訴後給付期限到期之定期金給付。變更之訴起訴前經過期間已到期之定期金給付，不得請求變更。此與德國民訴法第 323 條規定意旨相同。

務關係有繼續性，但因未成為原訴之訴訟標的，自非本條所稱之「確定判決內容」，無所謂基準時後之情事變更可言。例如因繼續性契約所生之債務，或同一侵權行為所生損害之繼續，於言詞辯論終結後，始發生之新債務或新損害賠償債權，於原訴訟程序中非原訴之訴訟標的，不在原訴審理範圍，即非本條適用對象，不受原判決既判力遮斷，應另訴解決。

2.須原判決之基礎本於預測

此訴以確定判決為適用對象，確定判決種類，本法未明文限制。給付之訴判決為其適用對象。而形成判決於判決確定時，即發生法律關係變更或消滅效果，無所謂「尚未實現」問題。例如原判決依民法第442條規定為調整租金之判決，屬形成訴訟之判決，依判決形成之權利義務關係，於判決確定時發生形成效果，無尚未實現可言。原判決並命債務人依新的法律關係為給付者，就命給付部分之判決仍為給付判決，如尚未實現，亦有本條之適用。確認判決為確認現在或過去之法律關係，並無所謂確認判決尚未實現問題，對未來尚未發生之法律關係，則無確認實益。給付判決，如原判決非本於預測未來之情事者，始有適用，理由已如前述。

變更判決之訴之法理基礎，係建立在所命給付之基礎情事，係因預測而得，因此言詞辯論終結時既存之權利義務關係，係以基準時之情狀為評價基準，不涉及未來情況之預測者，並無此訴適用。例如現在給付之訴，判決之基礎與未來情事預測無關，應先排除適用。命一次性給付，如同時命就將來所失利益、治療費等為給付者，就該部分同有適用。

3.須基準時後之情事變更

所謂情事，指一定之客觀事實言，不包括當事人主觀認知，當事人於前訴言詞辯論終結前之主觀認識或主觀預設之立場，於基準時後之主觀立場變更者，非此所稱之情事變更。變更者，指客觀事實情況之變動，包括物價、戰爭、天災、人禍、人為的或自然現象變化。本條目的係因客觀事實之變更，有破除既判力必要，因此該客觀事實須已成為前訴訟確定判決之基礎事實為限。該客觀事實不須成為判決基礎事實者，不能認為情事變更。例如命返還美金借款，言詞辯論終結後，新臺幣兌換美金匯率變化，雖客觀事實基準時後有所變更，但原判決命返還美金借款，並未以兌換美金匯率作為判決之基礎，自不能認係本條之情事變更。

又如原告依所有物返還請求權訴請被告返還被竊汽車一部，作為判決基礎之

事實，無須加入未來汽車物價因素，或未來可能車輛滅失情事，因此即使基準時後汽車物價高漲，或該汽車因滅失不能返還，均非所謂情事變更。情事變更之情事，指與原判決基礎情事有關而言，如係另一個獨立原因，非所稱之情事變更。例如原判決依契約命被告給付一定數額之外國貨幣，其後該外國貨幣因廢止其流通，成為不流通貨幣，該貨幣之廢止流通係另一獨立原因，非此之情事變更。此時應另行起訴。原判決所命給付義務，言詞辯論終結後給付義務不存在者，亦非原判決之基礎情事變更，乃請求權之不存在，應另提起確認債權不存在之新訴，或依強制執行法提起債務人異議之訴。此訴與債務人異議之訴（強執第 14 條）不同；後者，乃因權利阻礙或權利消滅抗辯事由發生，以訴請求排除執行名義，亦即原請求權基礎消滅。前者，為原確定判決所命給付或原有效果之基礎情事，於辯論終結後發生變更，而與基準時所預測之未來情事不同。

本條之情事變更，指原判決之基礎事實，基準時後始發生變更者為限。基準時該基礎情事已發生變更者，當事人應於言詞辯論時主張，其不為主張或不知主張者，仍應受確定判決之遮斷，非此所稱之情事變更，亦非此訴之適用對象。

4.須係最後救濟程序

本法變更判決之訴，限於確定判決及不得依其他法定程序請求救濟者，始得為之。例如，得以異議之訴或其他法定程序請求救濟者，不得提起此訴。此訴與異議之訴區別在於，後者係主張執行名義成立後有消滅或妨害執行名義之事由存在，即以請求權消滅為原因；而變更判決之訴，則僅係攻擊權利之依據要件❼⑨。

和解、調解或其他與確定判決有同一效力者，亦可能發生情事變更情形，因此準用本條第 1 項變更判決之訴規定（第 397 條第 2 項）。

三　訴之提出

變更判決之訴、再審之訴及第三人撤銷之訴提出，形式上為新訴提出。本法第 397 條第 1 項亦以更行起訴稱之，因此提起此訴應如一般訴之提出，並應以訴狀表明第 244 條所定各款事項，提出於法院。本訴以破除原確定判決既判力，起訴狀應記載應予變更之判決，並附具確定判決正本或影本等相關文書。訴之聲明並須載明原確定判決在如何範圍內應予變更。

---

❼⑨ 松本、上野著，第 453 頁。

四　管轄法院

日本法關於情事變更判決之訴，管轄法院明定專屬第一審法院管轄（日民訴第 117 條第 2 項），本法則未規定。惟法條既定為更行起訴，且因變更判決之訴係以情事變更之實體事由為原因，如執行名義成立後，債務人有消滅或妨害債權人請求事由發生之債務人異議之訴，應解為專屬於原確定判決之第一審法院管轄。

五　審　理

當事人依變更判決之訴提出起訴書狀後，法院應審查訴之一般合法要件，訴不合法者，以裁定駁回之，得為補正者，應先命其補正。其次，對於確定判決之訴，以情事變更為由提出此訴，經審查結果，認應以異議之訴、債務人異議之訴，或應依其他法定程序救濟者，法院予以闡明後，得改依其他法定程序審理，或裁定移送其他有管轄權法院審理（例如對未確定裁判，以情事變更聲明不服，應依上訴程序審理）。

起訴之原因事實，以原確定判決最後言詞辯論終結後，情事有變更為原因；至原判決所確定之法律關係及其他未變更之事實，仍為此訴訟之基礎事實，法院不得再行斟酌而與原判決為不同認定之效果。此種訴訟於法院判決變更前，當事人仍受原判決拘束，此與判決既判力基準時後新事實之發生，主張有利於己之法律關係變動，於後訴中得為相反主張者不同。

六　判　決

法院認變更判決之訴，原告之請求無理由者，以判決駁回其訴。如認請求有理由者，應於請求變更聲明範圍內為變更判決。其須否將原判決廢棄，學說有持肯定見解者[80]，亦有否定見解認為變更判決並非在於廢棄，只是原確定判決量之變更[81]。惟我國實務上，僅於變更判決主文諭知變更而已。例如原判決主文第一項命被告按月給付原告新臺幣一萬元，法院認應增加給付為二萬元，主文應記載「原判決主文第一項應予變更；被告應按月給付原告新臺幣二萬元」。此訴為有理由之判決，如將原確定判決變更並增加給付者，該判決兼含形成及給付判決性格。

[80] 松本、上野著，第 454 頁。
[81] 小山昇，西ドイツ民訴三二三條の訴えについて，小山昇著作集第 5 卷，第 205 頁。

第八編

簡易事件及小額
事件程序

第一章　簡易訴訟程序

▶ 第一節　事件範圍及審判程序

一　立法目的

現代訴訟類型已趨多樣化，司法權對人民私權紛爭，有快速解決之公法上義務；而為因應社會需求，民事紛爭解決機制之制度設計，也趨向多元。強制紛爭解決機制方面，除普通訴訟程序外，另就簡易事件設有簡易訴訟程序，以便利人民接近法院，並快速處理私權爭議，減輕當事人及法院負擔。

二　簡易事件之範圍

簡易程序固較簡化，但仍行三審制，審級利益不受影響。簡易事件之範圍，本法限定三大類，依標的之金額數額、事件之性質及當事人之合意而定。

㈠因金額或數額而定者

關於財產權之訴訟，其標的之金額或價額在新臺幣五十萬元以下者，適用本章所定之簡易程序（第 427 條第 1 項）。所定數額，司法院得因情勢需要，以命令減至新臺幣二十五萬元，或增至七十五萬元（第 427 條第 7 項）。

㈡因事件性質而定者

此類訴訟，不問其標的金額或價額，均一律適用簡易程序（第 427 條第 2 項）：1.因建築物或其他工作物定期租賃或定期借貸關係所生之爭執涉訟者（第 427 條第 2 項第 1 款）❶。本款適用範圍頗多限制，以定期之租賃或借貸關係為

---

❶ 民國 79 年修法前原規定，因遷讓而涉訟，依 18 抗 153 判例「訴請法院解除租約，勒令遷房，是兩造並非僅因接收房屋之故而涉訟，不得認為簡易訴訟程序」。又 19 抗 796 號判例「所謂因遷讓而涉訟者，乃指業主（即出租人）與租戶（即承租人）間，因遷讓房屋時生有糾葛以致涉訟者而言，若就賃借有所爭執，即應否解除租約，遷讓房屋之訟爭，不得謂之因遷讓而涉訟。」修法後擴大本款適用範圍，上開判例應不再適用，如因解除或終止定期租賃或借貸而遷房屋或工作物之訴訟有爭議者，仍在本款適用範圍。

限，不定期限者則不含之；因期限屆滿，繼續使用視為不定期限，本於不定期限之租賃或借貸關係而生爭議者，亦非本款適用範圍。所謂因定期租賃或借貸關係所生之爭執，例如因期限屆滿而請求返還租用物，或本於定期限租賃契約請求給付租金、違約金、押租金、損害賠償，或本於定期租賃或借貸關係請求交付建築物或工作物是。2.雇用人與受雇人間，因僱傭契約涉訟，其僱傭期間在一年以下者（第 427 條第 2 項第 2 款）。3.旅客與旅館主人、飲食店主人或運送人間，因食宿、運送費或因寄存行李、財物涉訟者（第 427 條第 2 項第 3 款）。4.因請求保護占有涉訟者。指民法第 962 條占有人之物上請求權言（第 427 條第 2 項第 4 款）。5.因定不動產之界線或設置界標涉訟者（第 427 條第 2 項第 5 款）。所謂因定不動產界線之訴訟，係指不動產之經界不明，或就經界有爭執，而求定其界線所在之訴訟而言（30 抗 177 判例）。惟不包括請求確認不動產至一定界限為其所有或非他造所有之確認所有權存否之訴。6.本於票據有所請求而涉訟者（第 427 條第 2 項第 6 款）。本款之票據權利，係指以占有票據始得行使之權利，如付款請求權、追索權言，如與占有無關，雖為票據法之權利，如票據法第 22 條第 4 項之利得償還請求權，則不包括之。所謂請求，包括確認票據債權存否之訴訟（81 台抗 412 判例）。7.本於合會有所請求而涉訟者（第 427 條第 2 項第 7 款）。8.因請求利息、紅利、租金、贍養費、退職金或其他定期給付涉訟者（第 427 條第 2 項第 8 款）。定期給付與分期給付概念不同，因此分期給付款給付涉訟者，不包括之。9.因動產租賃或使用借貸關係所生之爭執涉訟者（第 427 條第 2 項第 9 款）。本款不以定有期限之租賃、借貸為限，不確定期限或未定期限者均包括之。10.因第 1 款至第 3 款、第 6 款至第 9 款所定請求之保證關係涉訟者（第 427 條第 2 項第 10 款）。

㈢因交通事故事件

本於道路交通事故有所請求而涉訟者（第 427 條第 2 項第 11 款）。因此類型訴訟事件案情較單純，以方便被害人利用簡速程序求償。包含因道路交通事故請求損害賠償，及保險人因此代位向加害人求償而涉訟情形。原告倘係於第二審刑事訴訟程序提起本款之附帶民事訴訟，經法院依刑事訴訟法第 504 條第 1 項規定裁定移送該法院民事庭，民事庭應適用簡易程序之第二審程序為初審裁判（立法理由說明）。

㈣經簡易刑事訴訟裁定移送之附帶民事事件

刑事簡易訴訟程序案件之附帶民事訴訟，經裁定移送民事庭後，應適用簡易程序（第 427 條第 2 項第 12 款）。至於適用刑事簡易訴訟程序案件之附帶民事訴訟移送至地方法院民事庭後，以何審級審理，視原告於刑事簡易訴訟程序第一審或第二審提起刑事附帶民事訴訟而定（立法理由說明）。

㈤因合意而適用簡易程序

不合於第 427 條第 1、2 項規定之訴訟，得以當事人之合意，適用簡易程序，其合意應以文書證之（第 427 條第 3 項）。又屬通常訴訟程序事件，法院誤用簡易程序，當事人不抗辯而為本案之言詞辯論者，視為已有前項之合意（第 427 條第 4 項）。

三　程序之簡化

簡易訴訟程序為達上述立法目的，於制度設計上乃有別於普通訴訟程序：

㈠內部事務分配

簡易訴訟程序之第一審管轄法院為地方法院。因同一地方法院可能分設數個簡易庭，數個簡易庭相互間、及地方法院與其所屬簡易庭相互間，就簡易事件審理權限之劃分，係同一地方法院內部事務分配問題，非管轄權有無；但因事務分配事涉瑣細，本法特別規定，其事務分配辦法由司法院定之（第 427–1 條）。因司法院享有規則制定權，事務分配辦法即為事務分配之一般規則，自應由司法院定之。至於法院組織法第 79 條第 1 項之各法院每年度終結前，由法官會議預定之次年度司法事務分配及代理順序，係指各法官間就承辦事務分配之決定，其決定不能逾越司法院制頒之規則。

㈡審判組織及程序

簡易訴訟程序在獨任法官前行之（第 436 條第 1 項）。簡易訴訟程序之第一審程序，除別有規定外，仍適用第一章通常訴訟程序之規定（第 436 條第 2 項）。所謂別有規定，係為達成簡易訴訟程序目的所為特別規定，具有程序簡化功能，例如其起訴程序、審理程序、判決程序，均有別於普通訴訟程序之簡化規定。

1.起訴程序簡化

通常訴訟程序起訴，應以訴狀記載訴訟標的及其原因事實（第 244 條第 1 項第 2 款）。簡易訴訟事件起訴及其他期日外之聲明或陳述，概得以言詞為之（第

428 條第 2 項），並得僅記載原因事實，無須記載訴訟標的（第 428 條第 1 項）❷。如原告表明之原因事實，不能特定其請求或判斷其主張之法律關係時，審判長應予闡明，命其敘明或補充。以言詞起訴者，應依本法第 122 條規定，於書記官前以言詞陳述，由書記官作成筆錄，載明如簡易訴訟起訴狀應記載之事項；並將筆錄與言詞辯論期日通知書，一併送達於被告（第 429 條第 1 項）。

本法第 432 條第 1 項，當事人兩造得於法院通常開庭期日，不待通知自行到場逕為言詞辯論，由書記官將起訴記載於言詞辯論筆錄，同有簡化起訴程序效能。前項情形，應認當事人已有本法第 427 條第 3 項適用簡易程序之合意（第 432 條第 2 項）。此時，受理法院已因當事人之合意或應訴而取得管轄權。

2.審理程序簡化

通常訴訟程序因準備言詞辯論必要，應於該期日前向法院提出準備書狀，並直接通知他造，此為必要程序。簡易程序，以不提出準備書狀為原則，當事人就其聲明或主張之事實或證據，以他造有非有準備不能陳述者為限，始有提出準備書狀直接通知他造必要（第 431 條前段）；其以言詞為陳述者，由法院書記官作成筆錄，送達於他造（第 431 條後段）。兩造依第 432 條規定，自行到場為訴訟之言詞辯論者，同無先行準備書狀通知情形。上開自行到場之辯論，法院不得任意拒絕或更改期日。

簡易訴訟之第一審程序，除特別規定外，仍適用通常訴訟之第一審程序（第 436 條第 2 項）。但簡易訴訟程序進行，略過準備程序，直接行言詞辯論，其就審期間至少應有五日，但有急迫情形者，不在此限（第 429 條第 2 項），與通常程序應先行準備程序，就審期間至少十日者不同。法院為求以一次期日辯論終結為原則（第 433–1 條），言詞辯論期日通知書，應表明適用簡易訴訟程序，並記載當事人務於期日攜帶所用證物及偕同所舉證人到場（第 430 條）。當事人兩造亦得不待通知，於法院通常開庭之日，自行到場，為訴訟之言詞（第 432 條第 1 項）。另通知證人或鑑定人，得不送達通知書，以電話、電報、電子郵件等法院認為便宜之方法行之，但如不於期日到場者，仍應送達通知書（第 433 條），否則不能課以違背到場義務之處罰。此為通知方法之簡化。至證據調查程序之簡化方面，於民國 88 年 2 月 3 日之修法理由中明示，為配合現代科技之發展，便利證人或鑑定人

---

❷ 原因事實為經法評價之紛爭事實，其記載須足以特定原告之請求。此與日本民事訴訟法第 272 條規定簡易法院訴訟程序訴之提起，得僅記載紛爭要點以代替請求原因之記載者不同。

以書面為陳述，明定證人或鑑定人得以電信傳真或其他科技設備將其陳述之書狀、結文及認證書等文書傳送於法院，其效力與提出文書同❸。

通常訴訟言詞辯論筆錄，書記官應依本法第 212 條、第 213 條規定記載。簡易訴訟程序為減輕書記官之負擔，言詞辯論筆錄經法院之許可，得省略應記載之事項。但當事人有異議者，不在此限（第 433-2 條第 1 項）。但關於言詞辯論程式之遵守、捨棄、認諾、撤回、和解、自認及裁判之宣示，涉及程序公正利益及直接影響判決結果，與當事人權益有重大關係，不適用之（第 433-2 條第 2 項）。證人、鑑定人之陳述、勘驗結果，如足以影響判決者，亦不得任意省略。簡易訴訟程序之重要功能在於快速解決紛爭，故特別規定，言詞辯論期日當事人之一造不到場者，法院得依職權由一造辯論而為判決（第 433-3 條），得不依通常訴訟程序規定為之。

3. 判決程序簡化

簡易訴訟判決，判決書內之事實及理由，得合併記載其要領或引用當事人書狀、筆錄或其他文書，必要時得以之作為附件（第 434 條第 1 項）。亦得於宣示判決時，命將判決主文及其事實、理由之要領，記載於言詞辯論筆錄，不另作判決書；其筆錄正本或節本之送達，與判決正本之送達，有同一之效力（第 434 條第 2 項）。筆錄記載並準用第 230 條規定，由書記官簽名並蓋法院印（第 434 條第 3 項）。

又簡易判決書，如係本於當事人對於訴訟標的之捨棄或認諾者，或受不利判決之當事人於宣示判決時捨棄上訴權，或履行判決所命之給付者，得僅記載主文。

四 改用通常訴訟程序

簡易訴訟程序改用通常訴訟程序之原因，有二：

㈠因案情繁雜而改用

本法第 427 條第 2 項之事件，係依事件之性質而劃入簡易事件範圍，不問標的金額或價額，如因案情繁雜，其訴訟標的金額或價額逾第 1 項所定額數十倍以上者❹，對當事人權益有重大影響，並不適合再依簡易程序快速處理，因此法院

---

❸ 日本民事訴訟法第 278 條規定，簡易法院之訴訟程序，法院認為適當時，證人或鑑定人得以書面之提出代替訊問。

❹ 如司法院已依本條第 7 項，以命令增減者，應依增減額數以十倍計。吳著，第 1207 頁。

得因當事人一方或雙方共同聲請，以裁定改依通常訴訟程序，以維護其使用通常程序之利益（第 427 條第 5 項）。但案情複雜否，或縱金額數額已達十倍以上者，要否裁定改用，屬法院裁量權，無論其為准駁之裁定，對之均不得聲明不服（第 427 條第 6 項）。如裁定改用通常訴訟程序者，由原法官繼續審理（第 427 條第 5 項後段），以免因法官之更迭，影響程序進行，有失簡易程序快速解決紛爭目的。

改用前已依簡易程序進行之訴訟程序，仍然有效。例如已依言詞起訴者，或法院依便宜之方法通知證人或鑑定人者，或直接行言詞辯論而未為準備程序者，或就審期間不足通常訴訟期間十日，惟已進行言詞辯論程序者，均不能因之認程序有瑕疵。但經裁定改用後，即應依程序進行之程度，改依通常訴訟程序進行。例如因準備言詞辯論之必要，應命當事人提出準備書狀或答辯狀，或應有足數之就審期間。依本原因改用通常訴訟程序所為之裁判，得上訴或抗告於管轄之高等法院（第 436-1 條第 4 項），非向地方法院合議庭為之。

㈡因訴之變更追加反訴而改用

因訴之變更、追加或提起反訴，致其訴之全部或一部，不屬第 427 條第 1 項及第 2 項之範圍者，除當事人合意繼續適用簡易程序外，法院應以裁定改用通常訴訟程序，並由原法官繼續審理（第 435 條第 1 項）。前項情形，被告不抗辯而為本案之言詞辯論者，視為已有適用簡易程序之合意（第 435 條第 2 項）。訴之變更追加，無論其為聲明或訴訟標的，或兩者之變更追加，致不屬第 427 條第 1、2 項之簡易事件者，均有本條適用。反訴，非與本訴得行同種之訴訟程序者，不得提起（第 260 條第 2 項），但被告於簡易訴訟程序，提出反訴，而反訴事件不屬簡易事件者，則連同本訴部分，均應改用通常程序，不得依同法第 260 條第 2 項之規定，認為不應准許（29 上 638 判例）。

因訴之變更追加，裁定改用通常訴訟程序者，以合法變更追加為要件，不合法者，裁定駁回變更追加之訴即可，當不影響原簡易程序之進行。原告起訴時，本可選擇以符合簡易程序或通常程序之方式，其於簡易事件進行中，為訴之變更或追加致影響簡易程序之適用，法理上為其程序選擇利益之行使。但由被告提出反訴，當可能影響簡易程序之繼續適用。因反訴提出改用通常訴訟程序者，亦同以反訴合法為要件。

中間確認之訴，或第三人為本法第 54 條之獨立參加，如不屬簡易事件，解釋上仍有本條適用。法院依本法第 205 條第 1、2 項命為合併辯論及合併裁判者，如

兩宗以上之訴訟，原均屬簡易事件，合併後已逾簡易事件之金額或價額者，因合併訴訟僅係因法院訴訟指揮，而生同時辯論裁判而已，非合數宗訴訟為一宗訴訟，其簡易事件之本質不變，且事件程序之改用，本條並未明定因法官訴訟指揮裁量權行使而更易程序適用，應無本條之適用。亦有不同見解認為，除當事人合意續行簡易程序外，否則應裁定改依通常訴訟程序❺。本款原因之改用，雖無如本法第 436-1 條第 4 項因案情繁雜改用通常程序後，第二審法院以高等法院為管轄法院明文，但此乃當然解釋無庸規定。

簡易程序經裁定改用通常程序者，因屬程序進行中所為裁定，不得抗告（第483 條）。

➤ 第二節　審級救濟及再審程序

一　第二審上訴抗告程序

簡易程序仍行三級三審制，其與通常訴訟程序不同者為，不服簡易程序第一審獨任法官之裁判，應向管轄之地方法院合議庭為第二審上訴或抗告（第 436-1條第 1 項），非向高等法院為之。

簡易程序之上訴及抗告程序，準用第 434 條第 1 項、第 434-1 條關於簡易判決書之簡化，及第三編第一章通常程序之第二審上訴程序、第四編之抗告程序規定（第 436-1 條第 3 項）。簡易程序之第二審上訴或抗告程序，不準用簡易程序之第一審程序，前述簡易程序第一審關於程序簡化之各規定，如第 431 條準備書狀不提出原則、第 432 條自行到場言詞辯論、第 429 條第 2 項縮短就審期間、第433 條之證據調查便宜方法規定，於簡易程序第二審上訴程序，均不適用之。僅例外規定準用第一審關於判決書之簡化而已，目的在減輕判決書製作之勞費。學者對規定準用第 434-1 條簡化判決僅記載主文，頗多質疑，認為無判決理由記載，如何對判決適用法規顯有錯誤為具體指摘❻。一般情形，僅記載主文者，乃以當事人對訴訟標的已為捨棄認諾情形，上訴機率不大；或捨棄上訴權已無上訴權存在，或已履行所命給付，而無上訴實益之故。

---

❺ 吳著，第 1240 頁。

❻ 陳、林著（下），第 823 頁；吳著，第 1230 頁。

二　第三審上訴抗告程序

㈠上訴或抗告法院

通常訴訟程序，其上訴抗告應向直接上級法院為之，但簡易訴訟程序之第二審法院為地方法院合議庭，如依上開原則，其上級法院即為高等法院，但本法第 436-2 條第 1 項特別規定，簡易訴訟程序之第三審法院為最高法院，此為越級上訴之特別規定❼。

㈡上訴或抗告之一般要件

簡易程序之第三審上訴或抗告，除別有規定外，仍適用第三編第二章第三審程序、第四編抗告程序之規定（第 436-2 條第 2 項）。因此簡易訴訟第三審上訴或抗告，仍須具備通常事件之第三審上訴或抗告之一般要件，例如第三審之法定程式、上訴或抗告期間遵守等。

㈢上訴或抗告之特別要件

1. 上訴利益及適用法規顯有錯誤

對於簡易訴訟程序之第二審裁判，上訴利益逾第 466 條所定數額者，當事人得以其適用法規顯有錯誤為由，逕向最高法院提起上訴或抗告（第 436-2 條第 1 項）❽。依此，簡易程序第三審上訴或抗告，受到須上訴或抗告利益應逾新臺幣一百萬元（司法院得以命令提高至逾一百五十萬元）以及須第二審裁判顯有適用法規錯誤之限制。此與通常事件程序第三審上訴以判決違背法令者不同。

2. 許可條件

對於簡易訴訟程序之第二審裁判，提起之第三審上訴或抗告，須經原裁判法院之許可（第 436-3 條第 1 項）。而其許可，以訴訟或抗告事件所涉及之法律見解具有原則上之重要性者為限（第 436-3 條第 2 項）。因第三審為法律審，無論

---

❼ 本條規定之越級上訴，與德日之飛躍上訴不同，前者仍為三級三審，只是第二審由地方法院合議庭取代高等法院而已；後者係不服地方法院之第一審裁判，越過第二審裁判直接由第三審審理之審級減縮之謂。

❽ 民國 88 年修法前原條文第 1 項規定，簡易程序得上訴或抗告於最高法院之第二審裁判，以第 427 條第 2 項之訴訟為限，致使同條項以外之簡易程序第二審裁判，其上訴利益雖逾第 466 條所定額數，亦不得上訴或抗告，有害當事人程序上權利之保障，因此將「第 427 條第 2 項」刪除，使同條第 3 項當事人合意適用簡易程序之第二審裁判，得向第三審上訴抗告。

通常訴訟程序或簡易訴訟程序，第三審上訴或抗告目的乃在求裁判上法律見解之統一，須經法院許可。所謂原則上之重要性，指該訴訟或抗告事件所涉及之法律問題意義重大，有加以闡釋之必要言。行許可之法院為原裁判法院，非第三審法院，此與通常訴訟程序之第三審上訴或抗告，如以判決違背法令為理由者，須經第三審法院許可者不同（第 469-1 條、第 495-1 條第 2 項）。原裁判法院為許可者，應添具意見書，敘明合於前項規定之理由，逕將卷宗送最高法院；認為不應許可者，應以裁定駁回其上訴或抗告（第 436-3 條第 3 項）。前項裁定得逕向最高法院抗告（第 436-3 條第 4 項）。

㈣法院之審理程序

1.程序之準用

簡易程序之第三審上訴或抗告，除別有規定外，仍適用第三編第二章第三審程序、第四編抗告程序之規定（第 436-2 條第 2 項）。

2.特別程序規定

簡易程序之第三審上訴或抗告，須具備上訴或抗告合法要件，並表明上訴理由，再經原第二審法院許可，第三審法院就合法要件、上訴理由表明之有無及應否許可應再為審查。

⑴上訴或抗告理由欠缺之處理

簡易訴訟事件依第 436-2 條第 1 項規定，提起第三審上訴或抗告者，應同時表明上訴或抗告理由；其於裁判宣示後送達前提起上訴或抗告者，應於裁判送達後十日內補具之（第 436-4 條第 1 項），未依規定表明上訴或抗告理由者，毋庸命其補正，由原法院裁定駁回（第 436-4 條第 2 項）。第二審法院未以裁定駁回者，第三審法院亦得依第 436-2 條第 2 項，準用第 481 條準用第 444 條規定，以上訴不合法裁定駁回其上訴或抗告。對於第二審法院駁回之裁定，得依後述程序向最高法院為抗告。

⑵一般要件及特別要件欠缺之處理

不具第三審上訴或抗告之一般及特別要件者，第二審法院應依本法第 436-1 條第 3 項準用第 442 條第 1 項或第 2 項，以裁定駁回之。不服第二審關於合法要件欠缺所為駁回之裁定，向最高法院提起抗告者，該裁定固為簡易訴訟程序第二審法院所為之初次裁定，但仍屬第 436-3 條第 1 項所謂之「對於簡易訴訟程序之第二審裁判，提起第三審抗告」情形，而須具備「適用法規顯有錯誤」及「具有

原則上重要性」要件之限制，且須經原法院許可後，始得向最高法院提出抗告❾。但當事人對不應許可之裁定，得逕向最高法院提起抗告（第 436-3 條第 4 項）。最高法院認應許可者，應將原裁定廢棄，又因第三審法院之廢棄理由具有拘束力，此時原法院應添具意見書，檢具卷宗逕送最高法院。

(3)第三審法院之審理

　　簡易訴訟事件，當事人對第二審裁判聲明不服，向第二審法院提出上訴或抗告時，即生移審效。第二審法院未以裁定駁回第三審上訴或抗告，並許可其上訴者，最高法院就事件是否符合第 436-2 條第 1 項所定上訴利益數額、原判決是否適用法規顯有錯誤，以及有無第 436-3 條第 2 項之不應許可情事，均得再予審查。如有上開情事之一者，自行以上訴或抗告不合法裁定駁回之即可（第 436-5 條第 1 項），不得將上訴或抗告事件移由第二審代為駁回之裁定。對最高法院駁回上訴或抗告之裁定確定後，不得聲請再審（第 436-5 條第 2 項）。如認上訴或抗告無前開情事，而應予許可者不須另為裁定，如有爭議時，於終局裁判中說明即可。最高法院如認有其他上訴或抗告不合法情形，如不備法定方式、已逾上訴期間或法律上不應准許者，則依第 481 條、第 463 條準用第 444 條第 1 項規定，裁定駁回其上訴或抗告。又第二審法院認上訴或抗告不應許可，而以裁定駁回，經抗告後，最高法院認其抗告為無理由而駁回之裁定，當然亦有第 436-5 條第 2 項不得聲請再審規定之適用❿。

三　再審程序

㈠再審之一般要件

　　簡易訴訟程序之確定裁判，如具通常訴訟程序再審原因者，除特別明定禁止事由外，應賦予當事人對確定終局裁判聲明不服，提起再審之訴或聲請再審權利。因此，本法第 496 條至第 498 條，以及其他有關再審條文之規定，除別有規定外，於簡易訴訟程序仍有適用。

㈡再審之特別規定

1.同一理由再審之禁止

　　簡易訴訟程序為避免當事人一再提起再審或聲請再審，特別規定對於簡易訴

---

❾ 民國 83 年 8 月 2 日民事庭會議決議。

❿ 87 台簡聲 1 判例。

訟程序之裁判，逕向最高法院提起上訴或抗告，經以上訴或抗告無理由為駁回之裁判者，不得更以同一理由提起再審之訴或聲請再審（第 436-6 條）。此之同一理由，應係指依第 496 條第 1 項第 1 款之適用法規顯有錯誤而言。因為簡易程序裁判，經以原裁判適用法規顯有錯誤為由，逕向最高法院聲明不服，經以無理由駁回其上訴或抗告，則原裁判適用法規是否顯有錯誤，已經審查，即無許當事人就同一理由，提起再審之訴或聲請再審必要，徒增重複認定困擾。惟最高法院如以上訴有理由而為廢棄或變更之判決時，或最高法院係以同條第 1 項第 1 款以外之再審理由者，即不屬本條所指情形，當事人仍得據以提起再審之訴。

2.重要證據漏未審酌再審之允許

對於簡易訴訟程序之第二審確定終局裁判，如就足以影響裁判之重要證物漏未斟酌者，亦得提起再審之訴或聲請再審（第 436-7 條）。就簡易程序之第二審裁判，提起第三審上訴或抗告，須具備適用法規顯有錯誤，及具有原則上重要性二項要件，漏未斟酌重要證物，與前述二項要件不合，如不另予當事人救濟之道，於其權益之保護自有欠周，因而有給予再審之機會。所謂當事人發現未經斟酌之證物，係指在前訴訟言詞辯論終結前已存在之證物，因當事人不知有此，致未經斟酌，現始知之而言。

第二章　小額訴訟程序

> ## 第一節　適用對象及程序特則

一 立法目的

　　為使一般人民就其日常生活中所發生之小額給付請求事件，能循簡便、迅速、經濟之訴訟程序獲致解決，以提升人民生活品質，本法除簡易訴訟程序外，另設小額訴訟程序特別規定，以處理訴訟標的金額或價額在新臺幣十萬元以下之紛爭事件。值得提出者為，小額程序之重要功能在於保障人民有接近法院之權利，使此類事件當事人有便於請求司法救濟機會。為完成小額程序保障人民接近法院權利及教示民眾，日本於民事訴訟審理規則第 222 條規定，小額訴訟應交付當事人記載小額訴訟之審理及裁判程序之說明書，法官於第一次言詞辯論期日，有向當事人說明下列事項義務，證據調查以得即時取得者為限、被告有權利請求移行通常程序、對終局判決如有不服者，應於二星期內向原法院提出異議❶。

二 小額訴訟之對象適格

　　小額訴訟程序適用之客體適格，以關於請求給付金錢或其他代替物或有價證券之訴訟，且其標的金額或價額在新臺幣十萬元以下者為限（第 436-8 條第 1 項）。小額訴訟既以請求給付金錢、代替物及有價證券之訴為限，因此縱然金額或價額在該數額內之其他訴訟，例如確認之訴，或以金錢、代替物或有價證券以外之物為標的之訴訟，即不屬小額訴訟範圍。惟上開標的，其金額或價額在新臺幣五十萬元以下，且係請求給付金錢、代替物或有價證券者，當事人亦得以文書證明其合意時，亦得適用小額訴訟程序（第 436-8 條第 4 項）。

　　當事人之請求不適格者，日本民事訴訟法第 373 條第 3 項第 1 款，規定法院應以裁定改用通常訴訟程序，對此裁定不得聲明不服，我國法應為相同解釋（第 436-8 條第 3 項）。又日本民事訴訟法未禁止利用小額訴訟程序為一部請求。但為

❶ 新堂著【民訴法 2 版】，第 820 頁。

使人民均有使用小額訴訟程序的機會，因此於其民事訴訟法第 368 條第 1 項但書規定，當事人一年內在同一法院僅能使用小額訴訟十次之限制❷。超過十次以上者，即裁定依通常訴訟程序處理，對此裁定不得聲明不服。我國小額訴訟則規定，當事人不得為適用小額程序而為一部請求。但已向法院陳明就其餘額不另起訴請求者，不在此限（第 436–16 條）。如有違反且不為特別陳明者，應以裁定改用簡易程序；如已陳明，後又另行起訴者，應依第 249 條第 1 項第 6 款以其訴不合法裁定駁回❸。本法規定目的，在防免法院案件過度負擔，影響小額程序功能之發揮，同時保護被告程序上權益。

三　小額訴訟程序之特則

㈠起訴程序特則

1.合意管轄限制

本法第 12 條規定，因契約涉訟者，如經當事人定有債務履行地，得由該履行地之法院管轄；第 24 條規定，因一定法律關係而生之訴訟，當事人得以文書證明其合意定第一審管轄法院。但小額事件當事人之一造如為法人或商人，以其預定用於同類契約之債務履行地條款，或合意管轄條款與他造訂立契約者，締約之他造就此類條款幾無磋商變更之餘地，因此為保障經濟上弱勢一方權益，避免其因上述附合契約條款，而需遠赴對造所預定之法院進行訴訟，本法於第 436–9 條特別規定，不適用第 12 條及第 24 條規定。

2.起訴程序表格化

小額程序為保護人民接近法院權利，便利不諳法律之小額債權人起訴及增進程序簡速性，本法第 436–10 條特別規定，許當事人選擇使用表格化訴狀，而其格式由司法院定之。

㈡審理程序特則

1.休息日之訴訟審理

通常訴訟程序之期日，應於一般工作日，但為方便小額程序之當事人無須為審理期日而請假，本法特於第 436–11 條規定，得於休息日或夜間行之，但對部分當事人如有不便者，得准其提出異議。至於夜間或星期日或其他休息日之開庭

---

❷ 小山昇，民事訴訟法，2001 年，第 317 頁。

❸ 陳著（下），第 232 頁。

規則，為因應行政程序法，則立法授權司法院定有「民事小額事件彈性期日規則」。

2.調解期日轉換之特則

　　小額訴訟其標的金額或價額在新臺幣十萬元以下，依本法第 403 條第 11 款規定，起訴前應經法院調解。此種應經強制調解之小額事件，如一造不到場，他造必經二次以上之期日，始能獲得裁判，與簡速目的不合。因此於第 436-12 條第 1 項特別規定，如當事人一造於調解期日五日前，經合法通知無正當理由而不於調解期日到場，法院得依到場當事人之聲請，命即為訴訟之辯論，並得依職權由其一造辯論而為判決，使生失權效果。復為保障欠缺法律知識之當事人，於同條第 2 項規定，法院應於調解期日通知書記載不到場之效果，促其注意以保障其合法聽審權。

3.證據調查程序之特則

　　大陸法系訴訟制度，以發現實體真實主義為原則，因之民事審判法官須依據證據認定事實，但為求訴訟經濟，避免浪費當事人訴訟成本，本法第 436-14 條規定，經兩造同意，或調查證據所需時間、費用與當事人之請求顯不相當者，法院得不調查證據，於審酌一切情況後認定事實，為公平之裁判。本條立法與同法第 222 條第 2 項同以訴訟經濟目的之考量，但後者並有避免對已證明受有損害之當事人過苛目的。經當事人同意而不為調查證據者，仍符合處分權主義精神，惟法官依本條第 2 款情形為審酌時，仍應符合公平原則，並曉諭當事人提出各項訴訟資料作為審酌判斷。法官是否調查證據以認定事實，為法官裁量權，即使兩造同意或調查證據所費不貲，如認為不適當時，亦得為證據調查。

4.訴之變更、追加及反訴之限制

　　小額程序審理程序貴在迅速，證據調查或得為省略，如因訴之變更、追加或反訴結果，其訴訟標的金額或價額已逾第 436-8 條第 1 項所定額數者，法律關係將隨之複雜，而不適合依小額程序解決紛爭，因此本法第 436-15 條特別規定，除當事人合意繼續適用小額程序，並經法院認為適當者外，當事人為訴之變更、追加或提起反訴者，其變更、追加或反訴訴訟標的金額、價額，僅能在新臺幣十萬元範圍內為之。

㈢判決之特則

1. 得僅記載主文

民事判決書製作，因其內容普遍冗長難懂，為訴訟程序不能迅速主因之一。為充分發揮小額程序簡速功能，於判決書製作方式之簡化，本法特別於第 436–18 條第 1 項規定，判決書得僅記載主文，必要時得就當事人有爭執事項，加記理由要領。並得於訴狀或言詞起訴筆錄上記載之（第 436–18 條第 2 項）。又判決之記載得表格化，其格式及正本之製作方式，由司法院定之（第 436–18 條第 3 項）。

2. 訴訟費用額同時確定

通常訴訟程序判決時，法院一般僅就訴訟費用由何造負擔為諭知，至於訴訟費用額確定，均於判決確定後另行聲請確定。為免小額程序之當事人於判決確定後，另行聲請確定訴訟費用之勞費，因而參考本法第 514 條第 2 款，於第 436–19 條第 1 項規定，法院為訴訟費用之裁判時，應確定其費用額。此時，法院得命當事人提出費用計算書及釋明費用額之文書（第 436–19 條第 2 項）。法院漏未確定訴訟費用額者，得準用第 436、394、233 條之規定，聲請或依職權補充判決（第 436–23 條）。

3. 依職權宣告假執行

小額程序為便利勝訴當事人得以早日實現其權利，本法第 436–20 條特別規定，法院為被告敗訴之判決時，應依職權宣告假執行，無庸另為聲請。如有脫漏者，依第 436–23 條準用第 436、394、233 條規定，聲請或依職權補充判決。

4. 自動清償之部分免除判決

小額訴訟程序判決命被告給付，而其訴訟標的金額或價額，在新臺幣十萬元以內者，被告如於一定期限內自動清償時，得免強制執行程序費用之浪費，對兩造之財產利益即有助益。因此基於訴訟經濟，本法於第 436–21 條特別規定，如經原告同意，得為被告於一定期限內自動清償者，免除部分給付之判決。

5. 逾期不履行之加給金額判決

獲勝訴判決之小額程序當事人，被告如有意願為給付法院斟酌其境況及原告利益，為避免進入強制執行程序，法院得命分期給付或緩期清償，以鼓勵被告自動履行。但屆期不履行時，為兼顧原告權益，即有命加給金額或數額必要，資以平衡兩造權益。因此，本法第 436–22 條第 1 項特別規定，法院依被告之意願而為分期給付或緩期清償之判決者，得於判決內定被告逾期不履行時應加給原告之

金額。復為免過苛，同條後段設有上限，即加給之金額不得逾判決所命原給付金額或價額之三分之一。小額程序分期給付或緩期給付判決，含有形成處分性質，日本民事訴訟法第 375 條第 3 項明定，不得聲明不服❶。我國並無此明文，但法理上因分期給付或緩期給付之判決，其實質內容對原告不利，基於實質不服說立場，應如同通常訴訟程序，如原判決又屬違背法令者，原告對此類判決得聲明不服，提出上訴。

四 程序之準用

㈠第一審簡易程序之準用

小額程序之第一審程序，當然先適用本程序之特別規定，其次適用簡易程序，最後再適用通常訴訟程序。基此，本法第 436-23 條規定，有關簡易程序規定，即第 428 條至第 431 條、第 432 條第 1 項、第 433 條至第 434-1 條及第 436 條，於小額程序準用之。

通常程序起訴應表明訴訟標的、原因事實及應受判決事項之聲明（第 244 條第 1 項），簡易程序及小額程序則特別規定，起訴僅須表明原因事實，無須表明訴訟標的。至表明應受判決事項聲明，乃當然之理。且其聲明與陳述，得以言詞為之（準用第 428 條第 2 項）。小額訴訟事件以言詞起訴者，應將筆錄與辯論期日通知書，一併送達被告（準用第 429 條）。辯論期日通知書應記載適用小額程序、當事人務必於期日攜帶所用證物及偕同證人到場（準用第 430 條）❶。應於期日提出之準備書狀，得直接通知他造，以言詞陳述者，由書記官作成筆錄為送達（準用第 431 條）。小額程序兩造得不待通知自行到場為言詞辯論（準用第 432 條第 1 項）。證人、鑑定人得以便宜方法通知（準用第 433 條）。小額程序判決書得表格化並僅記載主文（第 436-18 條），如記載事實及理由時，得合併記載其要領或引當事人書狀、筆錄等文書，或以之為附件。亦得於宣示判決時，命將判決主文及事實理由要領，記載於辯論筆錄，不另作判決書；筆錄正本或節本之送達，與判決正本之送達，有同一之效力（準用第 434 條）。如合於第 434-1 條規定，即當

---

❶ 日本小額程序第一審判決得為分期給付或緩期給付判決，因小額程序判決不得上訴，僅得異議，如經異議判決者，得變更之。

❶ 此與日本民事訴訟審理規則第 222 條小額程序中法院之教示義務，同其旨趣。新堂著【民訴法 2 版】，第 820 頁。

事人對於訴訟標的為捨棄或認諾；或受不利判決之當事人於宣示判決時捨棄上訴權，或履行判決所命之給付者，判決書亦得僅記載主文。

小額程序在獨任法官前行之（準用第 436 條第 1 項）。應適用簡易程序事件，誤用小額程序審結者，如其為新臺幣五十萬元以下，並為請求給付金錢、代替物或有價證券之訴訟，當事人無異議，或無異議而就該訴訟有所聲明或陳述者，其程序瑕疵得因責問權喪失而補正（81 台上 1310 判例）。

㈡通常程序之準用

本法第 436-23 條準用第 436 條第 2 項規定結果，除小額程序、簡易程序之特別規定者外，亦準用通常程序之第一審程序。因此，如與小額程序或簡易程序不違背者，仍有通常程序第一審程序之適用。

▶ 第二節　審級救濟及再審程序

一　上訴審程序

㈠二審二級制

對於小額程序之第一審裁判，得上訴或抗告於管轄之地方法院，其審判以合議行之（第 436-24 條第 1 項）。惟其上訴或抗告，非以其違背法令為理由，不得為之 （第 436-24 條第 2 項）。 又對於小額程序之第二審裁判，不得上訴或抗告（第 436-30 條）。因此小額程序裁判之聲明不服，係採二審二級制❶。

㈡第二審程序特則

小額程序之第二審程序雖為法律審，但仍兼事實審功能。

1.上訴理由限制

小額程序以原判決違背法令為理由，本法第 436-25 條特別規定，上訴狀內

---

❶ 日本民事訴訟法第 377 條，小額訴訟判決不得上訴，但得自「調書」送達後二星期不變期間內，向原判決法院聲明異議（第 378 條第 1 項）。異議不合法者不經言詞辯論以判決駁回其異議（第 378 條第 2 項、第 359 條）。適法之異議，回復原訴訟言詞辯論終結前程序，並以通常程序審理裁判（第 379 條第 1 項）。異議後程序中不得為反訴（第 369 條）。至證人、鑑定人之訊問順序與異議前同，任由法官裁量（第 379 條第 2 項、第 372 條第 2 項）。對於異議以不合法判決駁回，或對異議後之判決，雖均不得上訴第二審，但得向最高裁判所為特別上告（第 380 條第 2 項、第 327 條）。

應記載上訴理由及表明原判決所違背之法令及其具體內容，以及依訴訟資料可認為原判決有違背法令之具體事實。此與通常程序之第二審上訴，得不以判決違背法令為限者不同，而具有法律審性格。

2.更新權之禁止

本法第 436-28 條規定，當事人於第二審程序中不得提出新攻擊或防禦方法，因此當事人第二審無言詞辯論更新權，此有事後審制性格。但如原法院違背法令致未能提出者，不在此限（第 436-28 條但書），以資緩和。可知由第二審行事實審程序，並應經言詞辯論為之，以踐行直接審理主義、辯論主義。

3.言詞辯論審理主義之緩和

小額程序第二審上訴既以判決違背法令為原因，並以不得提出新攻防方法為原則，原判決有無違背法令，以原審訴訟資料判斷為足，非一定須經言詞辯論為之。本法第 436-29 條規定，小額程序之第二審判決，如經兩造同意，或依上訴意旨，足認上訴為無理由者，得不經言詞辯論為之。反之，兩造如不同意且依上訴意旨認為上訴非全無理由者，仍應行言詞辯論。再者，如原審違背法令致未能提出攻防資料，准辯論更新權者，無論兩造是否同意或依上訴意旨足認無理由，仍應行辯論程序，以保障當事人之合法聽審權。

4.訴之變更追加反訴之禁止

小額程序第二審不得提出新攻防，如准為訴之變更、追加或反訴提出，必將再行證據調查及言詞辯論程序，因此特別於第 436-27 條明定，當事人於第二審程序不得為訴之變更、追加或提起反訴。

5.程序準用規定

小額程序第一審程序，關於第 436-14 條之得不調查證據為公平裁判、第 436-19 條之判決同時確定訴訟費用額、第 436-21 條之自動清償債務時之部分免除及第 436-22 條之加給原告金額之規定，於上訴程序準用之（第 436-32 條第 1 項）。

另通常訴訟程序第二審上訴程序，關於第 438 條上訴範圍、第 439 條上訴權捨棄、第 440 條上訴期間、第 441 條上訴程式、第 442 條原審對不合法上訴之裁定補正與駁回、第 443 條上訴狀送達、第 444 條第二審對不合法上訴之處置、第 444-1 條上訴理由補足、第 445 條言詞辯論範圍、第 448 條第一審訴訟行為在第二審亦有效力、第 455 條就假執行部分先為判決、第 459 條之撤回上訴、第 462

條卷宗處理、第 463 條之準用通常訴訟第二審程序，於小額訴訟事件上訴程序準用之。又通常訴訟第三審上訴程序，其中之第 468 條關於判決違背法令之定義、第 469 條第 1 款至第 5 款當然違背法令情形、第 471 條之第三審上訴理由書強制提出、第 472 條答辯狀提出、第 473 條上訴聲明不得變更擴張或附帶上訴、第 475 條第三審上訴調查範圍之規定，於小額事件之上訴程序亦準用之（第 436-32 條第 2 項）。

小額程序之第二審程序，雖以違背法令為上訴理由，但仍兼具部分事實審功能，因此其程序應視情況，準用通常程序之第二、三審程序。

㈢小額程序第二審判決

1.判決限制

小額程序第二審判決種類，限於：

⑴上訴無理由判決

小額程序第二審上訴無理由者，應以判決駁回其上訴（第 436-32 條第 2 項、第 449 條），並有第 449 條上訴顯無理由或僅係以延滯訴訟終結為目的之所謂不當上訴處罰規定適用（第 436-32 條第 2 項、第 449-1 條）。

⑵上訴有理由判決

上訴有理由者，應於上訴聲明範圍內為廢棄或變更原判決之判決（第 436-32 條第 2 項準用第 450 條）。本法第 451 條有關因第一審之訴訟程序有重大瑕疵，第二審法院為維持審級利益，得廢棄發回；及第 452 條有關不得以第一審法院無管轄權而廢棄原判決之規定，則不在準用之列。

本法第 436-26 條復規定，應適用通常訴訟程序或簡易訴訟程序事件，第一審法院行小額程序者，得不經言詞辯論程序，在給予當事人陳述意見機會後得為廢棄發回之判決。惟如屬本法第 436-8 條第 4 項，即訴訟標的金額或價額在新臺幣五十萬元以下事件，當事人無異議而為本案辯論者，或兩造同意由第二審法院繼續適用小額程序者，則應自為裁判。

2.判決書記載

小額程序第二審判決，準用第 454 條第 1 項通常程序第二審判決，而得引用第一審判決事實之記載方式，如當事人於第二審提出新攻擊防禦方法者，則應於判決內併記載之（第 436-32 條第 1 項）。至於判決書內所應記載之理由，亦準用第 454 條第 2 項通常程序第二審判決。即第二審就攻擊或防禦方法之意見及法律

上之意見，如與第一審判決相同者，得引用之；如有不同者，應併記載關於當事人提出新攻擊或防禦方法之意見。

二 抗告程序

不服抗告亦屬上訴性質，因此小額程序之第二審上訴，性質不相牴觸者，於抗告程序同有適用。小額事件上訴程序之第二審程序，當事人更新權受到禁止，不得提出新攻擊防禦方法，同理小額事件抗告程序亦不得為之。

本法第 436-32 條第 3 項又規定，本法第四編通常訴訟之抗告程序規定，於小額抗告程序準用之。但第 436-30 條已明定對小額程序之抗告裁定，不得再抗告，因此本法第四編再抗告程序規定，即不在準用之列。

小額抗告裁定，同有抗告有理由之廢棄變更裁定，及抗告無理由之駁回裁定。但本法第 451 條至第 453 條關於得廢棄或不得廢棄原判決發回原法院之規定，於小額抗告程序，均無準用規定，因此抗告法院就抗告事件，無論抗告有無理由，均須自為裁定，不得將抗告事件為發回或移送裁定，此與上訴程序同。小額程序第一審裁定得為抗告，並由同地方法院合議庭審理之，對於抗告裁定不得再為抗告（第 436-24 條第 1 項、第 436-30 條）。當事人對地方法院合議庭之初次裁定，亦不得向第三審為抗告。小額程序之抗告，非以違背法令不得為之（第 436-24 條第 2 項），並須表明抗告理由。

三 小額程序之再審

確定之終局小額程序裁判，本法第 436-32 條第 4 項規定，如有再審事由者，準用本法第五編再審程序規定。但同法第 436-31 條另有限制，即對於小額程序之第一審裁判提起上訴或抗告，經以上訴或抗告無理由為駁回之裁判者，不得更以同一理由提起再審之訴或聲請再審。

第九編▶

特別程序

第一章　調解程序

一　調解之意義及功能

　　調解之意義有廣義與狹義。廣義之調解，指法院於當事人起訴前或起訴後，依職權或依當事人之聲請，就民事紛爭事件居中安排或協調，勸諭兩造或研議兩造均得接受之方案，使當事人合意解決紛爭，以避免訴訟程序之實施或進行之謂。狹義之調解，則指本法第 403 條之調解程序言，即當事人間就法律所定應行調解之民事紛爭事件，在法院介入下，由當事人自行合意解決，以避免訴訟程序之實施或進行之謂。

　　民事調解，為訴訟外自主紛爭解決機制之一，有分散法院解決民事紛爭負擔之積極功能，一經調解成立即賦予與確定判決同一之效力。家事事件調解之機能，略有不同。家事事件除家事事件法第 3 條所定丁類事件外，於請求法院裁判前，應經法院調解（家事法第 23 條第 1 項）。但丁類事件，當事人亦得於請求法院裁判前，聲請法院調解（家事法第 23 條第 3 項）。丁類事件為較無訟爭性、當事人或利害關係人對於程序標的無處分權限之事件。因此本項事件之調解，其功能並非全在避免爭訟程序之實施。

二　調解之性質及效力

　　調解屬非訟事件性質，而非訟性質較重之事件，為適於調解之事件。而本法所定之調解，其成立約可分為三類型：第一類，自主性解決者，即全經當事人合意而成立之調解。第二類，半自主性解決者，即經兩造同意，由調解委員或法官酌定調解條款解決事件（第 415–1 條）。第三類，法官職權介入調解者。即由法官依職權提出解決方案解決事件（第 417、418 條）。調解聲請有中斷時效及遵守除斥期間之效力。

三　適用調解之事件

　　調解之事件，可分二類：

㈠強制調解

　　本法第 403 條第 1 項規定，下列事件除有第 406 條第 1 項各款所定情形之一者外，於起訴前，應經法院調解：第 1 款，不動產所有人或地上權人或其他利用不動產之人相互間因相鄰關係發生爭執者。第 2 款，因定不動產之界線或設置界標發生爭執者。第 3 款，不動產共有人間因共有物之管理、處分或分割發生爭執者。第 4 款，建築物區分所有人或利用人相互間因建築物或其共同部分之管理發生爭執者。第 5 款，因增加或減免不動產之租金或地租發生爭執者。第 6 款，因定地上權之期間、範圍、地租發生爭執者。第 7 款，因道路交通事故或醫療糾紛發生爭執者。第 8 款，雇用人與受雇人間因僱傭契約發生爭執者。第 9 款，合夥人間或隱名合夥人與出名營業人間因合夥發生爭執者。第 10 款，配偶、直系親屬、四親等內之旁系血親、三親等內之旁系姻親、家長或家屬相互間因財產權發生爭執者。第 11 款，其他因財產權發生爭執，其標的之金額或價額在新臺幣五十萬元以下者。第 11 款所定數額，司法院得因情勢需要，以命令減至新臺幣二十五萬元或增至七十五萬元（第 403 條第 2 項）。

　　學理上，則可分為四種類型：第一類，具非訟性質者，如第 3、5、6 款者是。第二類，注重當事人間之和諧者，如第 1、2、4、8、9、10 款是。第三類，著重迅速經濟解決紛爭者，如第 11 款是。第四類，具有專業性事件者，如第 7 款是。

　　得不經強制調解之事件，當事人為調解之聲請，法院認無調解必要者，本得逕以裁定駁回（第 406 條第 1 項），其情形包括：因法律關係性質，依當事人之狀況或其他情事，可認為不能調解，或顯無調解必要或顯無成立之望者；該事件已經其他法定調解機關調解未成立者；因票據發生爭執者；該事件係提起反訴者；應送達於他造之通知書，須為公示送達或於外國為送達者；該事件為金融機構因消費借貸契約或信用卡契約有所請求者。如屬上開所指之事件，宜於訴狀內表明其具有各款所定之事由，並添具釋明其事由之證據（第 424 條第 1 項）。

　　違反強制調解規定之效果，有：一、視為調解之聲請（擬制調解）。即強制調解事件，逕向法院起訴者，視為調解之聲請（第 424 條第 1 項）。惟離婚之訴，未經調解逕行起訴，法院仍為終局判決者，上訴審不得以此為廢棄原判決之理由（31 上 1816 判例）。

(二)任意調解

強制調解以外之事件，當事人一方於起訴前得聲請調解（第 404 條第 1 項）。此外，當事人於起訴前有先經法院調解之合意者，經他造抗辯後，視其起訴為調解之聲請。但為求訴訟程序安定，已為本案之言詞辯論者，不得再為抗辯（第 404 條第 2 項）。另本法為擴大調解功能，於第 420-1 條第 1、2 項規定，第一審訴訟繫屬中，法院得經兩造合意將事件移付調解。移付調解之事件，其訴訟程序停止進行，調解不成立時，原訴訟程序繼續進行，如調解成立者，原告得於調解成立之日起三個月內聲請退還已繳裁判費三分之二（第 420-1 條第 3 項）。

四　調解程序之實施

(一)聲請程式及管轄法院

調解聲請分為任意聲請及擬制聲請。前者，依當事人之聲請行之（第 405 條第 1 項）。此類聲請，應表明為調解標的之法律關係及爭議之情形，如有文書為證據者，並應提出其原本或影本（第 405 條第 2 項）。後者，指非因當事人之聲請，基於法律之擬制為調解之聲請者。例如本法第 424 條第 1 項之強制調解事件未經調解程序逕為起訴者，視為調解之聲請是。但以一訴主張數項標的，其一部非屬第 403 條第 1 項之事件者，不適用之（第 424 條第 2 項）。又如，本法第 519 條第 1 項，債務人對於支付命令於法定期間合法提出異議者，支付命令於異議範圍內失其效力，而以債權人支付命令之聲請，視為起訴或聲請調解是。

聲請調解之管轄法院，準用第一編第一章第一節之規定（第 405 條第 3 項）。依此，定調解聲請管轄法院乃與訴訟程序同。因財產權事件聲請調解者，應依本法第 77-20 條規定預納聲請費。非財產權事件者，則無費用負擔問題。

(二)實施調解之法院

調解程序由簡易庭法官行之，但依第 420-1 條第 1 項移付調解事件，得由原法院、受命法官或受託法官行之（第 406-1 條第 1 項）。故簡易事件之調解程序實施，由受移付之簡易庭法官行之；通常訴訟程序，則由受移付法院法官行之。另法院組織法第 17-2 條規定，司法事務官得辦理司法院所定調解程序事件。

(三)調解聲請之駁回

法院認調解之聲請有第 406 條第 1 項情形者，得逕以裁定駁回之。對駁回聲請之裁定，不得聲明不服（第 406 條第 2 項）。

㈣調解委員

1.調解委員職權

現行法就調解制度已強化調解委員功能，使之成為調解主導地位，非僅居於協同調解而已，並由其先行調解，待接近於調解成立時再交由法官為之。調解委員之職權，包括：先行調解（第406-1條第2項）、訂定調解之續行期日（第407條第1項）、調解有第406條第1項情形之報請法官處理（第410-1條）、調解程序之指揮（第407-1條）、酌定調解條款（第415-1條）。

2.調解委員之列冊供選

調解委員之產生方式為，先由地方法院將其管轄區域內適於為調解委員之人選列冊，以供選任；至調解委員之人數、資格、任期及其聘任、解任等事項，由司法院定之（第406-2條第1項）。法官於調解事件認有必要時，亦得選任前項名冊以外之人為調解委員（第406-2條第2項）。當事人對於調解委員人選有異議或兩造合意選任其他適當之人者，法官得另行選任或依其合意選任之（第406-1條第3項）。

3.調解委員之報酬

調解委員行調解，得支領日費、旅費，並得酌支報酬，其計算方法及數額由司法院定之（第411條第1項）。前項日費、旅費及報酬，由國庫負擔（第411條第2項）。

㈤調解程序之進行

1.調解委員之產生

調解由法官選任調解委員一人至三人先行調解，但兩造當事人合意或法官認為適當時，亦得逕由法官行之（第406-1條第2項）。

2.調解期日指定及通知

第一次調解期日，由法院依職權指定，續行之調解期日，得委由主任調解委員或調解委員指定（第407條第1項）。本法第156條關於期日告知、第159條期日之變更延展規定，於定調解期日準用之（第407條第2項）。法院應將調解聲請書狀或言詞聲請之筆錄與調解期日之通知書，一併送達於他造（第407條第3項），並將不到場時之法定效果記載於通知書（第407條第4項）。當事人兩造或一造於期日不到場者，法官酌量情形，得視為調解不成立，亦得另定調解期日（第420條）。

3.調解處所及方式

調解程序於法院行之，必要時經法官之許可，亦得於其他適當處所行之（第410條第1項）。調解程序，得不公開之（第410條第2項）。調解由法官選任之調解委員先行調解，俟至相當程度有成立之望或其他必要情形時，再報請法官到場（第406-1條第2項）。調解時應本和平懇切之態度，對當事人兩造為適當之勸導，就調解事件酌擬平允方案，力謀雙方之和諧（第414條）。法官、書記官及調解委員因經辦調解事件，知悉他人職務上、業務上之秘密或其他涉及個人隱私之事項，應保守秘密（第426條）。

4.到場義務及處罰

法官於必要時，得命當事人或法定代理人本人於調解期日到場；調解委員認有必要時，亦得報請法官行之（第408條）。當事人無正當理由不於調解期日到場者，法院得以裁定處新臺幣三千元以下之罰鍰，其有代理人到場而本人無正當理由不從前條之命者亦同（第409條第1項）。前項裁定得為抗告，抗告中應停止執行（第409條第2項）。

5.參加調解

就調解事件有利害關係之第三人，經法官之許可，得參加調解程序，法官並得將事件通知之，命其參加（第412條）。第三人之參加調解，其調解成立者是否生調解效力，法無明文。但如以自己名義參加調解成為當事人者，應受調解拘束，學說有認為得類推適用第380-1條規定，得為執行名義，但無與訴訟判決同一效力❶。亦有認為僅在第三人成為調解主體，且調解內容在得其同意前提下，始得對其發生效力❷。

㈥法官或調解委員之處置

1.聽取意見及調查證據

調解委員或法官行調解時，為審究事件關係及兩造爭議之所在，得聽取當事人及其他關係人之陳述，察看現場或調解標的物之狀況（第413條前段）。但關於調查證據程序，則仍應由法官行之（第413條後段）。蓋調解不成立時，依第419條第1項規定，於兩造到場情形，得依當事人聲請命為訴訟之辯論，而調查證據屬審判核心，非法官不得為之。

---

❶ 吳著，第1191頁。
❷ 姜世明，民事訴訟法（下），2013年，第321頁。

2.為暫時處置

為達成調解目的之必要，法院得依當事人之聲請，禁止他造變更現狀、處分標的物，或命為其他一定行為或不行為，必要時得命聲請人供擔保後行之（第409-1條第1項）。依此，暫時處置以聲請為原則。關於暫時處置聲請之裁定，無論聲請之准否，均不得抗告（第409-1條第2項）。法院為處置前，應使當事人有陳述意見機會，以保障當事人之程序權，但如認為不適當或經通知而不為陳述者，不在此限（第409-1條第3項）。法院之暫時處置，不得作為執行名義，並於調解事件終結時失其效力（第409-1條第4項）。因調解係當事人自主解決紛爭，目的在促進調解程序，本質上不適於為執行名義。又其既為暫時性處置，調解事件終結時失其效力，乃屬當然之理。本條暫時處置規定，並不排除當事人依相關規定聲請證據保全或為假扣押或假處分之聲請。當事人無正當理由不從法院暫時處置之命者，法院得以裁定處新臺幣三萬元以下之罰鍰（第409-1條第5項）。對此裁定得為抗告，抗告中應停止執行（第409-1條第6項）。

3.酌定調解條款

財產權之爭議，如經兩造同意，得由調解委員或法官酌定解決事件之調解條款（第415-1條第1項）。其成立要件以財產權之爭議為限，身分關係爭議之調解，應依家事事件法相關規定辦理。調解條款之酌定，除兩造另有約定外，以調解委員過半數定之（第415-1條第2項）。調解委員不能依前項規定酌定調解條款時，法官亦得於徵詢兩造同意後，酌定調解條款，或另定調解期日，或視為調解不成立（第415-1條第3項）。調解條款之作成方式，如由調解委員酌定者，應作成書面，記明年月日，或由書記官記明於調解程序筆錄，由調解委員簽名後，送請法官審核，經法官核定時，視為調解成立（第415-1條第4項），並以該核定之書面，視為調解程序筆錄（第415-1條第5項）。由法官酌定之調解條款，於書記官記明於調解程序筆錄時，視為調解成立（第415-1條第6項）。

4.提出解決方案之調解

關於財產權爭議之調解，當事人不能合意但已甚接近者，法官應斟酌一切情形，其有調解委員者，並應徵詢調解委員之意見，求兩造利益之平衡，於不違反兩造當事人之主要意思範圍內，以職權提出解決事件（第417條第1項）。解決方案之調解，應將方案送達於當事人及參加調解之利害關係人（第417條第2項）。此類之調解，僅得由法官提出。當事人或參加調解之利害關係人對此類調解方案，得於送達後十日之不變期間內，提出異議（第418條第1項）。於期間內提出異議

者，視為調解不成立，否則，視為已依該方案成立調解（第 418 條第 2 項）。對調解方案之異議，法院應通知當事人及參加調解之利害關係人（第 418 條第 3 項）。

(七)調解筆錄

法院書記官應作調解程序筆錄，記載調解成立或不成立及期日之延展或訴訟之辯論，但調解委員行調解時，得僅由調解委員自行記錄調解不成立或延展期日情形（第 421 條第 1 項）。法官依第 417 條提出解決事件之方案，經法官當場宣示者，應一併記載於筆錄（第 421 條第 2 項）。調解成立者，應於十日內以筆錄正本，送達於當事人及參加調解之利害關係人（第 421 條第 3 項）。本法第 212 條至第 219 條之規定，於調解筆錄準用之（第 421 條第 4 項）。

五 調解程序之終結

(一)調解成立

調解無論係因當事人合意而成立，或因由調解委員或法官酌定調解條款而成立，或因法官依職權提出解決方案而成立，均使調解程序終結。

調解成立者，與訴訟上和解有同一效力（第 416 條第 1 項後段），又訴訟上和解與確定判決有同一效力（第 380 條第 1 項）。確定判決效力，為羈束力、既判力、形成力與執行力；惟調解成立有無既判力，有持肯定見解者。但否定說認為，調解成立如有既判力，則應許其提起再審之訴，以破除既判力，惟本法第 416 條第 2 項規定，調解有無效或得撤銷原因者，當事人得向原法院提起宣告調解無效或撤銷調解之訴，非提起再審之訴，故無既判力。惟民國 102 年修法後第 416 條第 6 項明定，第五編之一第三人撤銷訴訟程序之規定，於調解成立情形準用之，依此，調解成立者對第三人言，有既判力。至於有無形成力，同有肯定及否定見解，惟實務關於分割共有物之調解類型，採否定說，認為判決為法院對於訴訟事件所為之公法的意思表示；調解或和解，為當事人就訴訟上之爭執互相讓步而成立之合意，其本質並非相同。故形成判決所生之形成力，無由當事人以調解或和解之方式代之，從而以調解或訴訟上和解分割共有不動產者，僅生協議分割之效力，非經辦妥分割登記，不生喪失共有權及取得單獨所有權之效力（58 台上 1502 判例）。調解成立者，有關調解費用之負擔及聲請返還，準用本法第 84 條和解成立之規定（第 423 條第 2 項）。

(二)調解不成立

調解不成立之情形，包括：兩造於調解期日到場，但不能成立合意者；調解

委員無法酌定調解條款，或酌定之調解條款法官不予核定者；法官提出之解決方案，當事人於十日不變期間內提出異議者；兩造或一造於調解期日不到場，法官依第 420 條規定，酌量個案情形視為調解不成立者。

　　當事人兩造於期日到場而調解不成立者，法院得依一造當事人之聲請，按該事件應適用之訴訟程序，命即為訴訟之辯論，但他造聲請延展期日者，應許可之（第 419 條第 1 項）。此類情形之調解不成立，視為調解之聲請人自聲請時已經起訴（第 419 條第 2 項）。當事人之聲請調解不成立者，如聲請人於調解不成立證明書送達後十日之不變期間內起訴，視為自聲請調解時，已經起訴，其於送達前起訴者，亦同（第 419 條第 3 項）。以起訴視為調解之聲請或因債務人對於支付命令提出異議而視為調解之聲請，如調解不成立，除調解當事人聲請延展期日外，法院應按該事件應適用之訴訟程序，命即為訴訟之辯論，並仍自原起訴或支付命令聲請時，發生訴訟繫屬之效力（第 419 條第 4 項）。

　　調解程序中，調解委員或法官所為之勸導及當事人所為之陳述或讓步，於調解不成立後之本案訴訟，不得採為裁判之基礎（第 422 條）。蓋調解過程須雙方之讓步，其所為之讓步或證據上之不爭執，均係為達調解成立之妥協，自不能成為裁判之基礎。調解不成立後起訴者，調解程序費用，應作為訴訟費用之一部，如不起訴者，則應由聲請人負擔（第 423 條第 1 項）。

㈢調解聲請之撤回

　　調解之聲請經撤回者，視為未聲請調解（第 425 條第 1 項），並準用第 83 條第 1 項撤回起訴時訴訟費用負擔之規定（第 425 條第 2 項）。

六　調解之救濟程序

㈠調解無效之訴或撤銷調解之訴

1.意　義

　　調解有無效或得撤銷之原因者，當事人得向原法院提起宣告調解無效或撤銷調解之訴（第 416 條第 2 項）。此與訴訟上和解有無效或得撤銷原因者，係請求繼續審判者不同。惟調解之無效或得撤銷原因，其事由應與訴訟上和解同。撤銷調解之訴為形成之訴，宣告調解無效之訴性質，則非無疑義。有採形成判決說者❸，本文從之。

---

❸ 吳著，第 1216 頁。

2.起訴程式

當事人提起調解無效或撤銷之訴者，應向原法院為之，其有專屬管轄意義。提起此訴者，為調解之當事人或得承受訴訟之人；調解效力所及之第三人，本法已有第三人撤銷之訴規定（第 416 條第 6 項）。原調解事件之聲請人，得就原調解事件合併起訴或提起反訴，請求法院於宣告調解無效或撤銷調解時合併裁判之，並視為自聲請調解時，已經起訴（第 416 條第 3 項）。此項規定有使合併之事件或他造之反訴標的實體關係發生時效中斷效果，雖可達同一程序解決紛爭之效，惟亦可能改變實體法律關係，其得失未定。

當事人提起調解無效或撤銷之訴，其程序準用第 500 條第 1 項再審之訴規定。亦即應於三十日之不變期間內提出。該期間自調解成立日起算，該原因知悉在後者，自知悉時起算；自調解成立日起已逾五年者，即不得提起，惟以第 496 條第 1 項第 5 款當事人未經合法代理，或以第 6 款當事人知他造之住居所指為所在不明為原因者，不受五年不變期間限制。其以第 12 款當事人發現就同一訴訟標的在前已有確定判決或和解、調解或得使用該判決或和解、調解之情形為原因者，亦同（第 416 條第 4 項準用第 500 條第 1、2、3 項）。提出此訴應預納裁判費，並以書狀表明法定應記載及宜記載準備事項，向原調解法院為之（準用第 501 條）。

3.審判程序及其效果

宣告調解無效之訴或撤銷調解之訴，法院審理結果認其訴不合法者，應以裁定駁回，認其訴顯無理由者，得不經言詞辯論，逕以判決駁回（第 416 條第 4 項準用第 502 條第 1、2 項）。此類情形，有確認訴訟性質。法院認調解有無效或得撤銷原因者，應以判決宣告調解無效或將調解予以撤銷，使既已成立之調解，溯及於調解成立時失其效力，並回復調解成立前之原狀。但第三人以善意取得之權利無影響（第 416 條第 4 項準用第 506 條）。

(二)第三人撤銷調解之訴

調解成立之效力如及於第三人，且該第三人固有權益受有損害者，因有關宣告調解無效或撤銷調解之訴，限於調解之當事人始得提起，為保障第三人固有權益及程序權，於第 416 條第 6 項明定準用第三人撤銷訴訟規定。

第二章　督促程序

一　督促程序之意義

　　所謂督促程序，指法院就以給付金錢或其他代替物或有價證券之一定數量為標的之請求，法院依債權人之聲請及釋明，信其請求可能為真時，即命債務人為給付，並以債務人提出異議為解除條件所行之簡易迅速程序。我國支付命令之聲請，債權人須表明請求之原因事實，並應釋明之（第511條第1項第3款、第2項），惟就債權人主張之真偽並不行言詞審理程序，債權人即得取得執行名義，故屬略式訴訟特別程序。略式訴訟程序相對於通常訴訟程序，目的在追求事件之迅速處理，對債務人之防禦方法多所限制，且不採辯論主義，亦不採嚴格證明責任而以釋明代之。此種略式程序，德國自普通法時期即有之，督促程序及保全程序均屬之。本法於第508條第1項明定，債權人之請求，以給付金錢或其他代替物或有價證券之一定數量為標的者，得聲請法院依督促程序發支付命令，即屬此略式程序之一。

二　督促程序之要件

(一)依債權人聲請為之

　　督促程序係命債務人為一定財產之給付，仍有處分權主義適用，須依債權人之聲請，法院不得依職權為之（第508條第1項）。督促程序之債權人，係主張其有私法上權利存在之人，且其權利須為債權。至於其債權之取得，無論係基於契約、不當得利、侵權行為、無因管理或其他法律關係，均無不可。因債務不履行而生之損害賠償之債，債權人亦得聲請之。因於物權或身分關係而生債之請求，例如自由處分金權利之債權人，亦得為聲請。但督促程序係以金錢或其他代替物或有價證券為標的適格，因此如為特定物之請求，例如因所有物返還請求權所為物之返還，或租賃房屋之返還，其給付標的均屬特定，此類之權利人即不適格為督促程序之聲請人。

㈡請求對象適格

督促程序以使債權人快速取得執行名義為目的,請求之對象適格性受到限制,乃以金錢或其他代替物或有價證券一定數量之給付為標的。因督促程序不經言詞審理,僅行略式程序,為免債務人所受損害無從回復,因此執行標的僅能以可代替性之物為對象,使損害賠償責任發生時,得以為回復之請求❹。一定數額之金錢,無論其為本國或外國通用貨幣,均無不可,但如該貨幣已為特定物而無代替性時(如交付保管封包之貨幣),已無代替性,故不屬之。所稱代替物,指種類之債之標的言;有價證券則指為表彰一定財產權之書面言。

債權人應為對待給付者,本法特別明定,於其對待給付提出前,不得為之(第509條)。對待給付之請求,如債務人有先為給付義務,或債權人已為給付之提出者,債權人得為聲請。預備請求情形,須法院就先位請求為判斷,此與督促程序法院不為實質審查之特質有違,故非請求之對象適格。代償請求,本以原標的物之交付為目的,於不為履行或履行不能時改以損害賠償代之,是否為適格之對象,則有否定說與肯定說。否定說之理由,有認其性質與預備請求同;有認代償請求係以原請求之不能為條件,與督促程序不能為實質審查者有違;有認因屬將來之請求之故,而不得為之。肯定說之理由,有認為主請求與代償請求間非屬預備合併關係,乃單純合併,亦即以主請求存在為前提,預定以主請求之給付不能,而預為損害賠償之代償請求,兩者為現在給付請求與將來請求之單純合併關係。亦有認為兩請求均為現在之請求,僅於強制執行時附以條件而已,因此並無不能聲請核發支付命令之理由。選擇請求,係指有二個以上之請求,當一請求被承認時,另一請求消滅。例如督促程序,聲請命債務人給付一定數量之有價證券或給付金錢若干,如各個請求均符合督促程序對象適格時,此種型態之支付命令於將來執行時,債務人有其選擇權,故對之並無不利,當無禁止之理❺。

三　管轄法院

㈠專屬管轄

支付命令之聲請,專屬債務人為被告時,依本法第 1 條、第 2 條、第 6 條或依第 20 條規定有管轄權之法院管轄　(第 510 條)。 督促程序一方面為債權人利

---

❹ 石川、高橋編,第 119 頁。

❺ 石川、高橋編,第 126 頁。

益，而行迅速程序以取得執行名義，另一方面則應保障債務人對支付命令之異議權，其異議提出時，應避免其遠離住所地之應訴不便，造成缺席判決，因此乃設專屬管轄規定，以債務人住所地法院管轄為原則。亦有認為，督促程序並不行辯論程序，當於債務人提出異議後之通常訴訟程序，規定專屬債務人所在地法院管轄為已足，無在督促程序中定專屬管轄必要❻。本法採前者之立法。智慧財產案件審理法第 50 條，智慧財產民事事件支付命令之聲請與處理，依民事訴訟法第六編規定（第 1 項）。債務人對支付命令提出合法異議者，發支付命令之法院應將卷證移送智慧財產法院處理（第 2 項）。

　　本法第 1 條為自然人之普通審判籍法院規定，第 2 條為法人或得為訴訟當事人團體之普通審判籍法院，第 6 條為設有事務所或營業所之人，因其事務所或營業所業務涉訟之特別審判籍法院規定。如同時有本法第 1 條、第 2 條或第 6 條，乃管轄權競合情形，則各該法院均有管轄權。

　　本法第 20 條為共同訴訟之特別審判籍法院規定。共同訴訟之被告數人其住所不在一法院管轄區域內者，各該住所地法院俱有管轄權，但依第 4 條至第 19 條規定有共同管轄法院者，由該法院管轄。所謂共同訴訟，本法第 53 條所定範圍甚廣，包括訴訟標的權利義務為其所共同（第 53 條第 1 款），或本於同一事實上及法律上原因（第 53 條第 2 款），或本於事實上及法律上同種類之原因者（第 53 條第 3 款）。訴訟標的有上開原因，且其管轄法院復有不同者，則各該法院對全體債務人有無督促程序之管轄權？因督促程序應兼顧債務人應訴權利，本條範圍以限縮解釋為當，因此督促程序經異議後之訴訟標的權利義務，為多數債務人之共同債務者，固得由同一法院核發支付命令；但如僅為同一或同種類之事實上及法律上原因，非權利義務關係共同者，應解為不在本條適用範圍，須依第 1 條、第 2 條或第 6 條分別定其管轄法院❼。

　　定督促程序法院管轄權之時期，法無明文，應準用本法第 27 條規定，以債權人為支付命令聲請時為準。

---

❻ 五十部豐久，裁判へのアクセス，講座民訴 (1)，第 115 頁。

❼ 日本民事訴訟法督促程序，有關共同債務人在不同普通審判籍，對全體共同債務人，有無其民事訴訟法第 7 條合併請求管轄權之適用問題，大審院及部分學說採否定說見解。石川、高橋編，第 132 頁。亦有認為得準用訴之合併審判籍規定，如新堂著【民訴法 2 版】，第 838 頁。

㈡違背專屬管轄之效力

向無管轄權法院為支付命令之聲請者，法院應依第 513 條第 1 項規定以裁定駁回。有管轄權法院誤為無管轄權為駁回裁定者，依同條第 2 項規定，亦不得聲明不服。受聲請法院無管轄權時，亦無庸為移送裁定。若違背專屬管轄規定，誤為支付命令之核發，因違背專屬管轄規定所為訴訟行為，固得上訴第三審（第 469 條第 3 款），但非再審事由，不符再審要件，因此債務人僅能依異議程序為之，未為異議者，該支付命令仍生效力。

㈢聲明異議與專屬管轄

債務人對支付命令聲明異議，即以支付命令聲請視為起訴或調解之聲請（第 519 條第 1 項）。債務人以違背專屬管轄規定為由聲明異議者，法院應依移送管轄（第 28 條）、合意管轄（第 24 條）及應訴管轄（第 25 條）規定處理❽，否則對債權人可能發生時效上之不利益。蓋債權人因信賴法院之支付命令為有效，任令時效期間之繼續，但因違背專屬管轄，異議後為通常訴訟程序法院予以撤銷時，債權人再另行向有管轄權法院聲請核發支付命令或起訴，請求權或將因時效完成而受不利益。因此異議後之通常訴訟法院，如認無管轄權者，應以裁定移送有管轄權法院為當。支付命令經債務人聲明異議後，即與督促程序脫離，無專屬管轄規定適用，自得為合意管轄或因應訴而取得管轄權。智慧財產事件支付命令之聲請與處理，仍依本法督促程序規定，但債務人對支付命令提出合法異議者，發支付命令之普通法院，應依智慧財產案件審理法第 50 條規定，將卷證移送智慧財產法院處理。

四　支付命令聲請提出

㈠聲請程式

支付命令聲請應向法院提出書狀為之，或依本法第 122 條於法院書記官前以言詞聲請之。又支付命令聲請與處理，得視電腦或其他科技設備發展狀況，使用其設備為之，其辦法由司法院定之（第 508 條第 2 項）。而司法院依本法第 116 條第 3 項、第 153–1 條第 2 項、第 305 條第 8 項、第 324 條及第 508 條第 2 項規定，制頒有「民事訴訟文書傳真及電子傳送作業辦法」，依該辦法第 10 條，法院收受以該設備作成之文書後，應列印並於文面加蓋機關全銜之收文章，註明頁數

---

❽ 石川、高橋編，第 126 頁。

及加蓋騎縫章後，按收文程序辦理。該文書如為訴訟文書者，可依「法院辦理民事事件訴訟文書之影印攝影抄錄及翻譯費徵收標準」第2條規定，徵收列印費。

支付命令聲請，無論依何種方式，均應表明：當事人及法定代理人、請求之標的及數量、請求之原因事實、應發支付命令之陳述、法院（第511條）。所謂請求標的及數量，即請求之聲明。請求對象，則須符合前述之對象適格，並應明確、合法、可能，否則無從據以為強制執行。多數債務人情形，則應明示各債務人究為共同債務或連帶債務等關係。種類之債，如未表明其品質者，將來執行時即以中等品質給付之。

請求原因事實之記載，應否達到與本法第244條第2項第2款起訴狀相同程度，見解不一。有認為，因支付命令與確定判決有同一效力，不能僅記載特定請求之事實，而須達到請求有理由所須之事實程度；亦有認為，只記載足以特定請求之事實即可，以利非法律專業人士之聲請❾。按原因事實，係具有一定法效果之事實，起訴應於起訴狀記載受一定法律效果評價之原因事實，原告起訴時表明之事實，不能判斷其法律效果時，法院應行使闡明權，令其補正，以特定起訴之請求及使被告得以行使其防禦權，並藉以決定起訴後訴有無變更追加。支付命令聲請目的，在便利債權人取得執行名義，債務人得不具理由聲明異議，固無如起訴狀記載具備一定法律效果之原因事實必要，但本法所定之確定支付命令有既判力，記載之事實須足以與他請求得以區別，否則既判力客觀範圍不能確定。再者，債務人對支付命令有決定是否提出異議之權利，如聲請狀所記載之事實，不足以特定其請求標的時，債務人無從判斷是否聲明異議。因此，當解為須記載原因事實。

支付命令之聲請，債權人應釋明之（第511條第2項）。釋明者，使法院得其合理懷疑該債權存在即足；未提出釋明者，其聲請不合於法定程式，法院應依第513條第1項規定，以裁定駁回債權人之聲請。釋明之提出，及請求原因事實之表明，目的在提供法院為聲請有無理由之一貫性審查用，但支付命令一般係由司法事務官審查核發，並不行實質審理程序，因此提供釋明之證物，有無偽造、變造，或與請求原因事實有無關連，形式上之一貫性審查仍難予發現，德國及日本之督促程序，並無提出釋明證據之明文。

支付命令聲請，應依本法第77–19條規定繳納裁判費，此項費用於將來異議

---

❾ 新堂著【民訴法2版】，第837頁。

提出時，充為訴訟費用之一部（第 519 條第 2 項）。

㈡聲請之合併、變更

對同一債務人有數請求，均符督促程序要件者，得於同一督促程序聲請，此為客觀合併。至得否於同一督促程序對數債務人聲請之，即主觀合併，則有不同見解。反對見解認為，主觀合併除得減輕聲請費用負擔外，並無減輕訴訟負擔之實益。惟如聲明異議後之共同訴訟所須具備之要件，均已具備，例如法院對數債務人均有督促程序管轄權，且符合本法第 53 條共同訴訟要件，於將來聲明異議視為起訴時，得成為合法之共同訴訟，實無禁止主觀合併督促程序聲請必要。

聲請支付命令，於聲請後核發支付命令前，其聲請之標的或數額，或聲請原因事實有變更，但基礎事實不變，且變更後之聲請亦符合督促程序要件者，應予允許。其法理與起訴同，即請求基礎事實不變者，當事人得任意為訴之變更。

㈢聲請之效力

支付命令聲請，於到達法院時發生中斷時效之效力（民法第 129 條第 1 項第 2 款）❿。程序法上，支付命令聲請程序尚在進行中，再為聲請並無利益存在，法院應以裁定駁回後聲請，其另行起訴者，亦有重複起訴禁止原則適用。但何者屬後聲請或後起訴，與訴訟繫屬先後有關。我國學說以原告提出訴狀於法院時定其訴訟繫屬關係⓫；不同意見認為，以起訴狀送達被告時發生繫屬效果。依此，於決定何者為後聲請或後起訴，即應以送達債務人先後次序為準。

五　法院審理程序

㈠不經訊問

法院應不訊問債務人，就支付命令之聲請為裁定（第 512 條），以符快速經濟方便債權人取得執行名義之原則。但法院認有必要訊問債權人時，則非不得令債權人以書面或言詞陳述。本條所指之法院，司法院得依法院組織法第 17-2 條規定，將督促程序事件，以命令移交由司法事務官處理，司法事務官處理該事件時，應依本法第 240-1 條至第 240-4 條規定為之。

---

❿ 50 台抗 311 判例。

⓫ 陳、林著（中），第 469 頁。

(二)駁回聲請裁定

支付命令聲請不合於第 508 條至第 511 條規定，或依聲請意旨認債權人之請求為無理由者，法院應以裁定駁回之（第 513 條第 1 項前段）。支付命令聲請不合法之情形，有：一、請求標的適格之欠缺。即非以金錢、代替物或有價證券為標的者。二、聲請人應為對待給付而尚未履行，或應於外國送達或公示送達者（第509 條）。三、違背專屬管轄者。自督促程序制度目的，及本條規定應以裁定駁回以觀，向非有管轄權法院聲請核發支付命令者，法院無庸裁定移送有管轄權法院，得逕以裁定駁回即可。但支付命令經核發後，因送達債務人無著，始發現無管轄權者，亦得依本條規定駁回支付命令聲請❷。四、聲請程式不合法者。但其不合法情形可以補正時，應先定期命其補正。

債權人之聲請無理由，指依其聲請意旨或從聲請之原因事實記載，已足以知其請求無理由之謂。但支付命令聲請無庸為證據釋明，聲請人如未提出釋明，不得認為無理由。就請求之一部不得發支付命令者，僅能就該部分之聲請駁回其請求（第 513 條第 1 項後段）。

駁回支付命令聲請之裁定，不得聲明不服（第 513 條第 2 項）。駁回之理由，無論為聲請不合法或無理由，均不得聲明不服，亦不得對駁回裁定聲請再審。駁回裁定不具既判力，債權人自得就同一請求再為支付命令之聲請，或另行起訴。

(三)准發支付命令

法院認支付命令聲請為合法並有理由時，應依聲請發支付命令。支付命令為裁定性質，法院核發之支付命令，應記載之事項包括：第 511 條第 1 款至第 3 款及第 5 款所定事項（第 514 條第 1 項第 1 款）；債務人應向債權人清償其請求並賠償程序費用，否則應於支付命令送達後二十日之不變期間內，向發支付命令之法院提出異議（第 514 條第 1 項第 2 款）；債務人未於不變期間內提出異議時，債權人得依法院核發之支付命令及確定證明聲請強制執行（第 514 條第 1 項第 3 款）。第 3 款係民國 104 年 6 月為配合確定支付命令僅具執行力並無既判力之修訂而增訂。關於請求之原因事實及有對待給付已履行之情形，得以聲請書狀作為附件代之（第 514 條第 2 項）。

---

❷ 齋藤秀夫編，注解民事訴訟法(7)，第一法規，第 190 頁。

㈣支付命令之送達

1.送達不能之失效

發支付命令後三個月內不能送達於債務人者，其命令失其效力（第 515 條第 1 項）。督促程序貴在方便快速，三個月不能對債務人送達者，徒使程序懸宕；民國 104 年 6 月修法後之確定支付命令僅生執行力，債權人聲請支付命令後，仍得就同一債權另行起訴。雖則如此，支付命令之送達仍須儘速完成，否則仍有使時效完成之危險。送達為書記官職權，對債務人與債權人支付命令之送達，兩者性質不同。對債務人送達為發生執行力所必要，但對債權人送達為通知性質，因此後者無本條規定之適用。前開三個月期間，非本法之固有期間，應依民法期間規定❸。三個月期間之起算日，學說見解不同，有認自法院作成支付命令日起算；有認自將支付命令原本交付書記官時起算；亦有認自交付原本予書記官作成正本或應作成正本時起算。支付命令失效與時效利益有關，將來宜修法使之明確，現行法解釋應以第三說較妥❹。失其效力為當然失效，無待失效宣告，其後再送達於債務人，仍不生支付命令效力。其送達方法依第一編第四章第二節送達規定，但因須對外國送達者，已明定不得為支付命令聲請，自不得以公示送達為之（第 509 條）。

2.不能送達之處理

支付命令依聲請狀記載之債務人住居所為送達，但因債務人住居所不明不能為送達時，法院應定期命債權人補正，並依補正後住居所送達。不為補正或依新住居所仍不能送達者，並無明文得以裁定駁回，惟仍應於三個月後失其效力，解釋上並無裁定駁回必要。對債權人送達不能時，因支付命令不得為公示送達，而三月送達不能失其效力之規定，對債權人不適用，因此將應送達文書放置，於債務人異議後，改依訴訟程序規定處理即可。債權人與債務人均送達不能時，無從命債權人補正，債務人之異議期間不進行，則於發支付命令三個月後失其效力。

支付命令不能於發出後，三個月內送達於債務人者，其命令固然失其效力，但法院誤發確定證明書者，自確定證明書所載確定日期起五年內，經撤銷確定證明書時，法院應通知債權人。如債權人於通知送達後二十日之不變期間起訴，視為自支付命令聲請時，已經起訴；其於通知送達前起訴者，亦同（第 515 條第 2

❸ 吳著【民訴下】，第 1632 頁；三人合著，2000 年，第 656 頁。
❹ 吳著【民訴下】，第 1633 頁。

項)。本項立法理由指出,實務上常有法院以支付命令已合法送達而核發確定證明書,嗣後因債務人抗辯未合法送達,經查明屬實,而將確定證明書撤銷,致發生支付命令不能於核發後三個月內送達債務人而失其效力,又因民法第 132 條規定支付命令失其效力時,時效視為不中斷,造成債權人不利之情形,因而有本項規定之增修。前項情形,督促程序費用,應作為訴訟費用或調解程序費用之一部(第 515 條第 3 項)。

六　債務人之異議

債務人對支付命令之全部或一部,得於送達後二十日之不變期間內,不附理由向發命令之法院提出異議(第 516 條第 1 項)。

㈠異議主體

得為異議者為受支付命令之債務人。此外,因確定支付命令得為執行名義,因此執行名義之債務人,亦得提出異議。

債權人可否依民法第 242 條代位債務人對支付命令聲明異議?日本學說有採肯定見解[15],認為日本民事訴訟法第 64 條輔助參加,無論參加前或參加後之訴訟繫屬,均應予參加人有攻擊防禦方法提出機會,可以使輔助參加現實化。因此於支付命令送達債務人後,債權人可以一方面為聲明異議,同時為輔助參加之聲請。但實務不採,認為訴訟繫屬係狹義之訴訟,得以判決程序處理之狀態,否則所實施之程序不生訴訟繫屬。支付命令送達於債務人後經聲明異議者,當然移至判決程序,但債務人未聲明異議,則訴訟未繫屬,債權人即非輔助參加人,其聲明異議為不合法[16]。

最高法院 99 年度第 6 次民事庭會議決議採否定見解。另 111 台抗 1094 裁定有如下見解,民法第 242 條所定債權人代位權行使,所欲保全之債務人對他人權利指實體上財產權,固得以訴之方式行使。惟債務人在某一訴訟程序中之訴訟行為,如依法律規定,僅該當事人始得為之,且依其性質,不適於由他人代位行使之訴訟行為,即不適於由他人代位行使,例如提起上訴、對於強制執行方法之聲明異議、對假扣押假處分裁定提起抗告、攻擊防禦方法提出。民事訴訟法第 516 條第 1 項,僅債務人得對支付命令提出異議,並依同法第 519 條規定使支付命令

---

[15] 參閱三宅等編【注解 1】,第 411 頁以下。

[16] 東京高裁昭 576.23 民事第三庭見解。詳請參見谷口、井上編【新判例 1】,第 427 頁。

失其效力，債權人支付命令聲請視為起訴或聲請調解，債權人與債務人成為訴訟或調解程序之當事人，代位行使異議權之債權人並不因此成為當事人，因此支付命令異議權，性質上不適於由債權人代位聲明異議。

(二)異議期間及方式

債務人應於支付命令送達後二十日內為異議提出，否則支付命令具有執行力。此二十日期間為不變期間，法院不得為伸長或縮短。二十日之不變期間，自支付命令送達後起算，如未經合法送達，二十日之不變期間無從起算。本條之期間有本法第 162 條在途期間、第 164 條及第 168 條回復原狀、第 188 條程序停止規定之適用。債務人得不附理由，以書狀或言詞向法院提出異議。

(三)異議之撤回

債務人異議後，支付命令立即失其效力，並以聲請視為起訴而開始訴訟程序，原督促程序即告終了，如准債務人撤回異議，失效之支付命令將回復其原先效力，已開始進行之訴訟程序將因異議之撤回而終結，如此使訴訟程序繫於已終了之督促程序，自不利於程序之安定。但另一方面，因撤回異議，原支付命令即有執行力，對債權人並無不利，為平衡兩者之利益，及兼求程序之安定與訴訟經濟，本法於第 516 條第 2 項明定，債務人得在調解成立或第一審言詞辯論終結前，撤回其異議，但應負擔調解費用或訴訟費用。

(四)異議之駁回

債務人於支付命令送達後逾二十日之不變期間，始提出異議者，法院應以裁定駁回之（第 518 條）。不合法異議不生繫屬通常訴訟法院效力，因此駁回法院應為督促程序法院。駁回異議之裁定應附理由，並得為抗告（第 482 條、第 237 條）。不合法異議經裁定駁回者，與未提出異議同，仍於不變期間經過後與確定判決有同一效力。

當事人對司法事務官核發之支付命令聲明異議，司法事務官認為異議逾期者，得否由司法事務官裁定予以駁回？本法第 518 條之逾期裁定駁回，規定由法院以裁定為之。惟民國 102 年於第 240-4 條第 1 項增訂「當事人對於司法事務官處理事件所為之終局處分，得於處分送達後十日之不變期間內，以書狀向司法事務官提出異議。但支付命令經異議者，除有第 518 條所定或其他不合法之情形，由司法事務官駁回外，仍適用第 519 條規定」。亦即，明定將逾期聲明異議或有其他不合法情形之裁定駁回，授權由司法事務官為之。

　　不合法誤為合法之異議，而開始進行之訴訟程序，應如何處理？換言之，即訴訟法院得否再為審查問題。法院曾以異議不合法裁定駁回異議，抗告法院以異議合法而廢棄原裁定確定者，應認督促程序法院不得再以同一理由駁回其異議而已，對訴訟法院並無拘束力，合法之異議始得視為起訴，起訴之合法要件，仍受訴訟法院審查❼。但訴訟法院應如何處理，究以原告之訴不合法，或就異議不合法裁定駁回異議，以及訴訟法院得否代督促程序法院為之？日本實務以債務人之異議不合法，裁定駁回其異議，應可參考❽。

㈤異議之效力

　　合法提出異議者，支付命令於異議範圍內失其效力，以支付命令聲請視為起訴或調解聲請（第519條第1項）。此種情形，法院應按債權人請求之性質，分別依通常、簡易或小額訴訟程序處理，並以督促程序費用作為訴訟費用或調解費用之一部（第519條第2項）。

1.訴訟程序之開始

　　不合法之異議，由督促程序法院以裁定駁回，無起訴繫屬問題。債務人合法異議，既以支付命令聲請視為起訴，應如同起訴之使訴訟繫屬者為相同解釋。換言之，應以原支付命令送達債務人時發生訴訟繫屬為是。惟我國通說，認為自支付命令聲請時，開始繫屬。

2.異議效力之範圍

　　債務人提出異議，視為起訴，訴訟之審判對象即為因異議而使支付命令失其效力範圍，此即異議效力之客觀範圍。本法第519條第1項規定，一部合法異議者，只就該部分範圍視為起訴或調解，未異議部分之支付命令，仍有執行力❾。異議後之訴訟程序，究應依通常或簡易、小額訴訟程序，亦視異議之客觀範圍定

---

❼ 日本之督促程序聲明異議適法性判斷，學者認為依舊法第441條之反面解釋，督促程序法院認為異議合法，債權人為不服聲明被駁回時，異議合法即告確定，移行訴訟程序後，訴訟法院受其拘束不得再為審查。新堂著【民訴法2版】，第841頁。亦有認為，無論係假執行宣告前或宣告後之聲明異議，異議之合法與否均受訴訟法院審查，實務採得審查說。參看石川、高橋編，第207頁。

❽ 大阪地方裁判所平成4年9月11日判決，谷口安平、井上治典編，新判例コンメンタール民事訴訟法(6)，1996年，第454頁；上田著，第607頁。

❾ 民國92年修正第516條第2項，將債務人就請求之一部提出異議者，其效力及於全部之規定刪除。

之。可分之債、預備合併之債、選擇合併之債、代償合併之債，債務人只就其中一部異議，雖將來訴訟結果，可能與未異議確定部分發生牴觸，起訴審判範圍仍限於異議部分。但給付不可分者，因將來不能分裂執行，應認異議之效力及於全部。

在單純合併之數債務人，或共同債務人給付可分之普通共同訴訟情形，各債務人分別異議時，效力不及其他債務人，但應於同一訴訟程序合併以定其訴訟種類，為支付命令之主觀合併。共同債務人，其為必要共同訴訟類型，或給付不可分，或有主從關係，或為連帶債務情形，其中一人異議者，效力及於全體。

七　支付命令之確定

㈠執行力之取得

債務人對於支付命令未於法定期間合法提出異議者，支付命令得為執行名義（第 521 條第 1 項）。債務人雖提出異議經以不合法裁定駁回確定者，亦應同為解釋。本法之確定支付命令，僅具執行力，無既判力，債務人得隨時爭執支付命令所示債權債務關係之存在，提出確認債權債務關係不存在之訴，或於強制執行程序中提起債務人異議之訴，但無再審訴訟之救濟程序。

㈡既判力之廢除

確定之支付命令，要否賦予確定判決同一效力，使生既判力，本屬立法裁量領域[20]。日本於平成 8 年以前之民事訴訟法第 443 條之支付命令，明定與確定判決有同一效力，學說及實務見解認為，除具有執行力外，並有既判力。其修正後第 396 條之確定支付督促命令，通說認僅有執行力，無既判力。德國之支付命令，於其民事訴訟法第 700 條第 1 項則明定視同缺席判決，而其學說及聯邦最高法院，認有既判力。

確定之支付命令要否賦予既判力，視與支付命令核發主體、程序權保障是否充足，以及支付命令所要完成之功能，有所關聯。日本支付命令原由法官核發，修法後則改由書記官核發，學說即認如賦予既判力，恐有違日本憲法之法定法官

---

[20] 支付命令應否賦予既判力，日本平成 8 年民事訴訟手續法改正要綱第一五督促手續之 9，採否定論；但其現行民事訴訟法 396 條仍規定「與確定判決同一效力」。惟學說仍認無既判力。笠井正俊、越山和廣，新コンメンタール民事訴訟法，2013 年，日本評論社，第 1228 頁。

審判權；加以其民事執行法第 35 條修正，將債務人異議之訴限於既判力基準時後新發生之事由限制予以刪除，學說因而認為確定支付督促命令無既判力，不能依再審程序救濟，應循債務人異議之訴救濟❷。德國則明定支付命令得由司法事務官核發，司法事務官有司法權屬性，由其處理支付命令事宜，並賦予既判力，無違法定法官原則之虞。再就程序權保障之既判力正當性而言，各國支付命令聲請及審查程序，有一階段與二階段之分。德國民事訴訟法自 1877 年以來，即採二階段方式，支付命令之聲請狀等同於起訴狀，第二階段之執行宣告命令，於異議期間屆滿未異議者，有既判力。日本民事訴訟法則自明治、大正時期以來，支付命令之聲請核發均採二階段式，並賦予既判力，平成 8 年因由書記官核發之故，學說乃認確定支付命令無既判力。我國於民國 60 年 11 月修法前，仿德國及日本之二階段方式，並賦予支付命令既判力。第一階段即舊法第 517 條第 1 項規定，支付命令所載期間已滿後，發命令之法院應依債權人之聲請宣告假執行，但宣告前債務人提出異議者不在此限。第二階段即舊法第 518 條所定，宣告假執行之裁定送達後十五日內債務人得為異議，債權人於支付命令所載期間已滿後三十日內不為宣告假執行之聲請者，支付命令失其效力。宣告假執行之裁定，於第 518 條所定期間內未經提出異議，或駁回其異議之裁定確定者，與確定判決有同一之效力（舊法第 521 條）；即於第二階段始賦予既判力。

　　二階段方式之支付命令，因債務人有二次聲明異議機會，其程序權較諸一階段更有保障，既判力之正當性較為充足。惟民國 60 年之修法，因為更簡化支付命令之程序及縮短既判力取得之日程，乃仿奧地利立法例，將原第 520 條刪除，修正第 521 條內容，債務人對於支付命令未於法定期間提出異議者，支付命令與確定判決有同一之效力。

　　支付命令係確定債權存否之略式程序，如能確保障債務人之異議權，不失為有效紛爭解決手段；惟因國人對支付命令效力之法律知識缺乏，竟被利用為詐財手段，雖舊法關於確定支付命令準用第 496 條第 1 項之再審事由（舊法第 521 條第 2 項），惟督促程序屬略式程序，並多由司法事務官核發，因此所謂未參與辯論之法官參與裁判，或參與辯論裁判之法官不足法定人數之法院組織不合法（第 496 條第 1 項第 3 款）等再審事由，於督促程序並無準用餘地。又如未經合法代

❷ 中野等著【講義】，第 569 頁；笠井正俊、越山和廣，新コンメンタール民事訴訟法，2013 年，日本評論社，第 1228 頁。

理之再審事由（第 496 條第 1 項第 5 款），因督促程序之不經言詞辯論，準用機會甚渺。再如判決基礎之證物係偽造或變造之再審事由（第 496 條第 1 項第 9 款），將因督促程序不經訊問且無須檢附證據方法之故，而無從準用。是以督促程序之再審事由準用再審規定，對於支付命令之債務人而言，多屬贅文，致受詐害債務人無從依再審程序救濟，造成民怨四起。民國 104 年 6 月修法，即根本廢除確定支付命令與確定判決有同一效力規定，修正第 521 條第 1 項法文，明定債務人對於支付命令未於法定期間合法提出異議者，支付命令得為執行名義，而無既判力；同時並增訂第 2 項，原裁定之法院應付與裁定確定證明書（第 521 條第 2 項）。為兼顧債權人及債務人之權益及督促程序之經濟效益，參酌非訟事件法第 195 條第 3 項規定，債務人主張支付命令上所載債權不存在而提起確認之訴者，法院依債務人聲請，得許其提供相當並確實之擔保，停止強制執行（第 521 條第 3 項）。

(三)修法檢討

支付命令制度在民事訴訟機制，扮演著篩選機能。在民事紛爭事件中，存在著一部分原即無庸進入實質對審程序之事件，支付命令制度即為篩選器，使有限司法資源得以發揮更大效用。支付命令制度如何運作、要否賦予既判力，各國固有不同，但均肯認其存在價值。我國於民國 60 年修法前，原採二階段方式，並予既判力，當年修法將二階段改為一階段逕賦予既判力時，惜未同時配合修正既判力之救濟程序，仍沿用一般再審要件，致因支付命令制度而受害者，無錯誤裁判救濟途徑，因而民間要求檢討聲音不斷，終於導致民國 104 年 6 月修法，根本取消既判力明文。但從另一角度觀察，確定支付命令賦予既判力，可防止紛爭再起，對於司法資源及訴訟經濟言，亦有正面價值，不能輕言廢止。在司法實務方面，一般銀錢業者已習於選擇利用支付命令制度以確定債權，會否因支付命令既判力制度之取消，為免強制執行程序另生爭端，而選擇改用小額、簡易訴訟事件，造成債務人費用增加，並使支付命令篩選功能減損，當值關心。為兼顧債權人、債務人及減輕司法負擔，立法層面上，應可回復民國 60 年修法前之二階段方式，同時制定另一符合支付命令制度特性之既判力破除之再審要件，使因支付命令之受害人得有救濟途徑。亦即修改原第 521 條第 2 項，明定前項支付命令，因以詐術、背於善良風俗或以其他不法方法取得者，債務人得於支付命令所示債務清償完畢，或強制執行程序終結前，得提起再審之訴，並以原支付命令之聲請，視為起訴，並由債權人預付裁判費。

第三章　民事保全程序

➤ 第一節　基礎理論

一　意　義

　　民事保全之意義，係指為保全民事訴訟本案權利之實現，或有爭執之法律關係，而有定暫時狀態必要時，所實施緊急保護處分之特別訴訟程序。民事保全不以取得終局執行名義為目的，乃因情事急迫，如不為一定之保全措施，將有使未來之本案權利，難以實現可能，因而有由法院為暫定性緊急處分之必要。民事保全有其保全標的，保全標的即為將來本案訴訟所要實現之本案權利，或將來法律關係之決定，其所保全者，如非將來之本案請求或法律關係，保全標的即為不適格。

　　民事保全為符合急迫性需求，法院所為保全決定，並不踐行一般訴訟程序，但仍有部分處分權主義適用，例如非經債權人聲請不得為之。民事保全既屬暫定性，因此於被保全之權利或法律關係之本案判決確定時，民事保全決定，即失其效力。

　　民事保全程序，原包括二部分，取得保全執行名義之程序及本於保全執行名義所為之保全執行程序。日本民事保全法所稱保全程序，即屬之。我國民事訴訟法第七編保全程序，則單指前者而言，至於民事保全執行程序，另定於強制執行法第五章假扣押假處分之執行。民事保全執行名義取得程序，可稱為民事保全決定程序，立法例上有規定須以判決程序為之者，例如日本 1991 年民事保全法實施前之保全程序，原規定於民事訴訟法，關於定暫時狀態假處分程序，即依判決形式審理。我國民事保全程序，則全面以裁定程序為之。保全決定程序如予訴訟化，其結果將有使保全決定程序，發生「本案訴訟化」及長期化缺失，日本制定民事保全法後，亦改以決定方式為之。

　　民事保全應向法院聲請為之，法院所為之決定行為，或以民事保全處分稱之。但處分一語，於本法有其特定意義，狹義法院對於聲請所為准否之決定，本非處

分，因此有關民事保全之決定，以決定稱之，並無不可。但假處分、定暫時狀態處分，本法已以處分稱之。

二　範　圍

我國並無統一民事保全法，有關保全規定，散見於民事訴訟法及其他特別法與實體法中。本法第七編之保全程序，得稱為一般保全程序，其他則為特殊保全程序。特殊保全程序，例如公司法第 287 條規定，法院為公司重整之裁定前，得因利害關係人之聲請或依職權以裁定為公司財產之保全等處分行為。又如破產法第 72 條規定，有破產聲請時，雖在破產宣告前，法院得因債權人之聲請或依職權命為必要之保全處分。非訟事件法則無如本法保全程序專編，而將各種特殊保全程序分別規定於各事件中，例如第 186 條第 1 項，關於公司重整財產保全處分，如其財產依法應登記者，應囑託登記機關登記其事由，其財產依法應註冊者亦同。另同法第 191 條關於公司清算保全處分之登記、註冊或公告規定是。

本法之一般保全程序規定，得否為其他特殊保全程序所準用？特殊保全程序，除有特別規定或性質不同者外，當可準用本法一般保全程序規定。家事事件法施行後，已將民事訴訟法人事訴訟程序編刪除，惟家事事件法並無家事保全規定，其如有保全必要者，除家事非訟事件在符合該法第 85 條以下暫時處分相關規定要件，而得據以聲請暫時處分外，於家事訴訟事件，實務上認為得依該法第 51 條規定準用本法民事保全規定。

三　種　類

民事保全，如從形式上分類，有假扣押與假處分之分。假處分，又可分為標的物假處分與定暫時狀態處分。但如從民事保全之機能區分，則可分為：以保全將來執行為目的之保全，如假扣押與標的物之假處分；以及以除去現在之危險與不安為目的，須暫時形成一定法律關係狀態或維持一定狀態，即定暫時狀態之處分。

假扣押目的，在保全金錢債權之執行。標的物假處分目的，在保全特定物之給付請求權，其為特定態樣之保全請求權，目的有二：第一，以使當事人恆定為目的之禁止主觀現狀之變更❷，因此此類標的物假處分效力及於債務人之承繼人；

---

❷ 瀨木著，第 37 頁。

第二，以使客觀現狀恆定為目的之禁止標的物客觀現狀之變更，其目的在避免本案執行時，因標的物現狀之變更，而增加執行困難或費用。至於定暫時狀態處分，乃就爭執之權利義務關係，為避免債權人有顯著損害或急迫危險，在本案判決確定前，先形成暫時性法律關係狀態，以排除現在之危險與不安，其目的不在保全將來執行。此外，定暫時狀態處分，如有暫時滿足債權人權利內容，排除債務人干涉侵害必要時，亦得為滿足性暫時狀態處分，此種假處分執行結果，實與本案執行無異，而有保障債務人程序權必要，當給予有陳述意見之機會。

四　請求標的

　　民事保全程序之請求事件有訟爭性，本應保障兩造對審權，但因保全程序有緊急性及暫定性，因此制度設計上，其程序即與本案訴訟程序不同。又民事保全程序之實體內容，與將來本案請求有關，以之決定是否已於期限內提起本案訴訟，且其審理亦以一定具體內容為對象，因此，如欲假扣押保全執行之請求，已為確定判決所否認，則其聲請自屬不能准許（27 抗 713 判例）。雖則如此，民事保全審理之對象或請求標的為何，並不能全以實體權概念理解。學說分別從實體法或訴訟法角度出發，並以保全程序須具備被保全權利及保全必要性二要件為中心，形成不同之學說理論。主要者有：第一，實體上保全機能說。認為民事保全之被保全權利，係從實體法上請求權所衍生，發展出假扣押權能或假處分權能，而該權能即為民事保全之請求標的。第二，形成保全狀態之訴訟法效果說。認為保全命令是一種訴訟上之形成訴訟。保全處分乃形成一暫定性的法律狀態，此法律狀態有待保全處分予以創設，因此保全命令程序乃一種訴訟上的形成訴訟。而保全程序之紛爭，即專以聲請之保全狀態是否正當為斷。因此，民事保全程序之請求標的，係指有關保全狀態形成之該紛爭自體，或保全狀態所形成之法律效果，依此，形成保全狀態之實質要件之被保全權利與保全必要性，即同時成為訴訟標的同一性之辨別標準。第三，被保全權利說。認為保全程序，係以被保全權利為請求標的，而形成一暫定性之實體法律狀態之簡易訴訟，而保全必要性乃保全程序之權利保護必要，屬訴訟要件非請求標的或本案判斷對象。但保全之聲請如因欠缺保全必要性被駁回時，則不得再以同一原因為保全聲請。第四，保全地位法益說。認為保全程序之請求標的，為緊急保全請求之法益地位主張[23]。

---

[23] 竹下、藤田編，第 43 頁。

　　訴訟標的論影響保全程序同一性、及是否重複聲請與既判力範圍之判斷。但保全程序並非本案審理之終結，乃暫定性目的之措施而已，並無與本案訴訟程序之訴訟標的同等對待必要，因此保全程序之請求標的，不應單純從實體法上權利或訴訟法地位，應從實體權之被保全權利與程序上保全必要性，作一動態性觀察，以之為對象所實施之一種暫定性略式程序。換言之，被保全權利與保全必要性，兩者均為審理對象或請求標的。

五　保全程序之構造

(一)程序構造屬性

　　民事保全決定程序，始於債權人聲請，保全裁定、保全裁定之異議抗告及保全程序之撤銷，因涉及當事人間之權利義務，並對債務人財產及自由形成重大限制，在決定程序過程中，除考量保全之緊急性、迅速性外，同應給予債務人程序權保障，因此保全程序之全部過程，須同時兼顧債權人與債務人利益。基此，保全程序構造，須調和各種法益之衝突；程序設計上，究應偏重於非訟程序之快速性、暫定性，或仍應保障債務人訴訟程序之對審權，如何權衡妥協其對立性，成為保全程序構造論基本問題。

　　假扣押及標的物假處分程序，咸被認為係民事訴訟目的權利保全之固有程序。定暫時狀態處分，則因含有行政作用性格，部分學說即認為，其有非訟事件性格；惟通說仍認為，無論從裁定之內容或性格觀察，至少在保全程序性格上，乃含訴訟性格。民事保全之程序，因有對立的兩造當事人，並與最終之私權確定程序有關，是在本案訴訟程序確定前先予暫定而已，在此範圍內，乃有訴訟性格。再者，民事保全之定暫時狀態處分，司法機關並非立於國家監護地位，法官之自由裁量受法規範拘束，須在當事人聲請保全範圍內為之，仍受處分權主義限制，處分內容以之為界限。因此，定暫時狀態處分，亦難以視為屬本質上非訟性格。

　　保全程序有對立性及訴訟性，並規定於本法，有關保全程序之當事人能力、代理、當事人適格、管轄，除另有規定外，否則應適用本法規定。

(二)與本案訴訟及回復原狀之關聯

　　民事保全係雖實質內容有訟爭性，但為符合其緊急性、暫定性之基本需求，而實施之一種略式程序。亦即，保全決定程序具有訴訟對立性格，但究係在本案權利實現前所作之暫定性保全措施，除滿足性假處分外，保全執行仍與本於終局

執行名義之執行有所不同，因此，保全執行名義之取得，並不以行嚴格對審構造程序為必要，而以略式程序審理之，攻擊防禦方法應以能即時提出者即足，證明不須達完全證明為必要，代之以釋明。亦即將對審程序預設於未來本案訴訟程序中始予實施。因此，保全債權人違反本案起訴命令，或於本案訴訟受敗訴判決宣示時，債務人得請求撤銷保全命令（第530條第1項）。又因屬略式程序之故，保全決定如有不當，債務人得對債權人請求回復原狀及損害賠償。從上述保全程序之基本理論，可知保全程序構造包含：略式程序之暫定處分性、與本案訴訟之關聯性及保留將來回復原狀與損害賠償之可能性三部分❷。

六　民事保全之特性及程序保障

㈠民事保全特性

1.迅速性

民事保全係在終局權利實現前，所為緊急保全處分，應符合程序簡易迅速要求。因此，保全程序雖具訟爭性，仍以略式程序處理，而具有迅速性與緊急性特質。保全程序審理對象，被保全權利及保全必要性之舉證，以釋明為已足。

2.暫定性

自民事保全內容以觀，暫定性為其最基本特質。又其既屬暫定性決定，其審理結果對本案訴訟當然無任何拘束力可言，本案訴訟亦無庸考慮保全命令與其執行後之法律狀態。其既為暫定性決定，自不能以之為本案之最終滿足執行；滿足性假處分則為例外。蓋承認滿足性假處分之合法性，其結果有造成假處分程序本案代替化現象，而以之完成與本案訴訟相同目的，難免影響至本案訴訟。例如拆除房屋之定暫時狀態處分，假處分執行完畢者，系爭房屋已不存在，本案審理時，因回復原狀已不可能，而須改為損害賠償之訴。

3.附隨性

附隨性與暫定性均與本案訴訟程序有關，民事保全以本案訴訟程序為前提，因此本案管轄法院有保全命令事件之管轄權，本案訴訟不提出者，得為保全決定之撤銷，本案訴訟債權人受敗訴判決時，民事保全程序，亦得因情事變更而撤銷之，均為保全程序附隨性結果。民事保全之附隨性，亦常因定暫時狀態處分之本案代替化結果，而使該特質喪失。例如禁止一定期間為一定作為之定暫時狀態處

❷ 竹下、藤田編，第37頁。

分，當一定期日經過後，再行提出本案訴訟，已失其意義，且假處分抗告程序，亦因時間經過而缺乏必要性❷。

4.隱密性

保全程序中之假扣押及標的物假處分程序，最重要的特質為隱密性。為免債務人於保全決定執行前隱匿財產或變更財產之現狀，增加本案執行困難，此類保全程序尤應注意隱密性特質，不使債務人事前知悉。但債務人已知悉其情事者，例如債務人已請求為任意性言詞辯論，或已提出書狀陳述意見，或債務人顯無隱匿財產之可能者（如以政府機關為債務人），隱密性即失其必要，反應注重債務人之對審權。隱密性要求，並非絕對必要；民事保全執行結果，對債務人權益產生重大影響或危害者，法院權衡債權人與債務人利益後，認有使債務人陳述意見必要者，隱密性之特質則應受限制。定暫時狀態處分，特別是滿足性假處分，其有代替本案執行效果，例如准債權人於一定期間內暫得使用商標專利權，或決定為拆除建物之暫時狀態處分是，則隱密性同受限制❷。

(二)程序保障

民事保全固具暫定性，但實體內容有訴爭性、對立性，自應保障當事人之程序權。日本民事保全法，雖改為決定程序，但就保全審理程序之充實及程序權之保障，同時特別明定，在定暫時狀態假處分之聲請，應使債務人有陳述意見機會及行任意言詞辯論（日本民事保全法第 23 條第 4 項）；又規定法院為明瞭系爭事實關係及當事人之主張，必要時得使當事人為意見之陳述（同法第 9 條）。此外，於保全異議程序之審理及決定，必須指定期日行任意言詞辯論（同法第 29 條、第 31 條、第 40 條第 1、4 項）。

保全程序常因隱密性要求而忽略債務人之程序權保障，在以保全將來執行為目的之保全程序，如假扣押或標的物假處分事件，固有其必要性，其審理通常以書面，或僅對債權人以書面或言詞為詢問。但定暫時狀態之假處分如為禁止債務人使用標的物之假處分，因剝奪債務人對標的物之占有使用權，亦同。本法第 538 條第 4 項亦規定，定暫時狀態處分裁定前，應使兩造有陳述意見機會，乃程序權保障之具體規定。

程序保障與隱密性要求何者為重，應否行任意言詞辯論，應視具體個案以為

---

❷ 瀨木著，第 61 頁。
❷ 瀨木著，第 63 頁。

權衡。倘經任意辯論程序，將不能完成假處分目的時，當應以隱密性為先，否則仍應注意債務人之程序權。此外，保全程序之訟爭性及程序權保障要求，有使保全程序長期化之虞，將因而喪失保全程序迅速經濟特質。被保全權利之審理，如與本案訴訟請求同視，勢將使保全程序造成長期化現象，學者提出實體保留之保全處分，認為保全程序應回歸其迅速性、暫定性之略式審理機能，以避免本案訴訟化結果之弊。被保全權利存否可分為：在事實上及法律上均無疑義之實體性保全處分、以及因事實上及法律上問題，在審理上有複雜性、困難性，僅須決定可否核發保全處分之實體保留保全處分二類。前者，許可其核發，當無疑義；後者於調整債權人與債務人間之利益關係後，亦應予准許❷❼。依此理論，則實體保留之保全處分，在本案訴訟終局前，實體權只須經暫定性審查即得以核發。

▶ 第二節　假扣押程序

一　適用對象

本法第 522 條第 1 項規定，債權人就金錢請求或得易為金錢請求之請求，欲保全強制執行者，得聲請假扣押。假扣押目的，以保全將來金錢請求執行為目的。所謂金錢請求係指以金錢給付為標的者而言，包括本國通用貨幣與外國通用貨幣。得易為金錢請求之請求，係指將來之請求雖非金錢，但原有之請求於債務人不為履行或履行不能時，得改為金錢請求之謂，例如交付不動產之債權，債權人不為假處分保全程序，選擇於保全將來契約解除後之損害賠償請求時，即得為假扣押之聲請。

金錢請求或得易為金錢請求發生之原因並無限制，因債之關係而發生，或因物權關係而發生，甚或基於身分關係而生，均無不可。第三人就執行標的物主張有所有權提起執行異議之訴，其訴訟標的為異議權非給付請求權，自非金錢請求或得易為金錢請求之請求，非本條適用對象（29 抗 409 判例）。公法上義務，如稅款及漏稅所處罰鍰，並非私法上債務關係，除有特別規定外，不能適用保全程序聲請假扣押❷❽，應為對待給付之金錢債權，亦得為被保全權利。

---

❷❼ 野村秀敏，保全訴訟と本案訴訟，1981 年，千倉書局，第 203 頁；竹下、藤田編，第 48 頁。
❷❽ 63 年第 2 次民庭庭推總會議決議。

附條件或期限之請求，亦得為之❷（第 522 條第 2 項）。不確定期限債權，乃有無保全必要問題，非為不適格之債權。附條件或期限之請求，請求將來給付之訴，如有預為請求之必要者，依同法第 246 條規定，得提起將來給付之訴。將來給付之訴不以附條件或附期限之請求為限。92 年修定第 522 條第 2 項時，立法理由說明，原第 2 項僅規定就未到履行期之請求得聲請假扣押，惟本法第 246 條規定已擴大得提起將來給付之訴範圍，於有預為請求之必要者，得提起之，此部分亦有聲請假扣押必要，則得提起將來給付之訴之請求，均可成為假扣押之請求。

所謂將來給付之訴之請求，一般指請求權已經存在，但履行條件或期限尚未成就或到來情形，即未具備履行狀態之請求權之謂❸。假扣押聲請時，尚未確定存在之請求，縱將來有成立之可能，非此所稱之將來給付之訴之請求，不得據以聲請假扣押。最高法院 109 台抗 1166 裁定指出，附條件之請求，係指債權人對債務人之請求權已經成立，僅其效力之發生或消滅繫於將來不確定事實之成就與否，假扣押之原因，須具體主張其對假扣押債務人之請求，係基於已具體存在之得以發生一定法律效果之原因事實，與將來本案訴訟之原因事實須同一，否則無從確定將來本案訴訟之訴訟標的。是以聲請假扣押之請求，以已存在之請求權為基礎，尚未發生或存在之請求，非得據以聲請假扣押之請求。至於最高法院 20 抗 720 判例，謂假扣押為保全程序之一種，係在本案訟爭尚未判決確定以前，預防將來債權人勝訴後，不能強制執行或難於執行而設。法文所謂債權人者，係指主張債權之人而言，至所主張之債權能否成立，尚待本案之判決，非聲請假扣押時先應解決之問題。其意應指保全債權人僅須主張其係債權人即足，實質上有無該債權之存在，係本案判決之應具體認定之事，非謂尚不存在之請求權，即可聲請假扣押。附條件之請求，因繫於將來不確定之事實，具高度不確定性，是否准予假扣押，第 522 條第 2 項立法理由，指明應由法院斟酌個案具體情形而為裁量。

尚未發生或現尚不存在之請求，固不得為假扣押之請求，惟非無例外。本於一定之權利，得以請求法院形成一新的權利義務關係，於法院裁判形成新的權利關係前，雖該新的權利義務關係尚未存在，亦得依原權利義務關係之請求，就未

---

❷ 例如扶養費給付方法應先經協議，不能協議時，由親屬會議定之（民法第 1120 條）；遺產酌給請求權應由親屬會議酌定（民法第 1149 條）；耕地三七五減租條例之租佃爭議，起訴前應先經調解、調處程序（條例第 26 條）。

❸ 新堂著【民訴法 5 版】，第 268 頁。

來可能形成之新請求為假扣押之聲請。例如夫妻離婚附帶請求酌定未成年子女親權之行使，夫妻一方請求法院就親權（共同行使負擔）形成一新的親權關係（由一方單獨行使負擔），基於新的親權關係，再形成由未任親權之他方，負擔未成年子女之保護教養費用，進而命其為給付。雖於法院以形成裁判形成新的法律關係，並命其給付裁判確定前，該給付請求權尚未成立，但為保全將來金錢債權之請求，亦得以該請求，作為假扣押之請求。

假扣押之請求，聲請人要否具體為實體上之權利主張，或單純主張請求之原因事實即足。正如同新舊訴訟標的理論而有不同。本法第 525 條假扣押聲請之程式，第 526 條請求及假扣押原因之釋明，亦同。

將來之請求，例如依土地法第 114 條第 3 款之規定終止契約，苟出租人之終止通知，至事實審言詞辯論終結時，其通知未滿一年者，可認係請求將來給付之訴，如承租人於一年滿後有不返還耕地之虞，法院應判令承租人於一年滿後，依民法第 460 條所定終止期返還耕地（32 上 1707 判例）。原告請求被告為一定給付，同時主張被告如不能為該項給付時，則應給付一定數量之金錢，此類代償請求並非以本來請求無理由為條件，始請求就代償請求裁判，或請求擇一為裁判，故非訴之預備或選擇合併，而為單純之合併，法院應併予調查裁判（最高法院 87 台上 1972 判決），屬將來給付之訴類型。未到期之薪資債權，實務見解固認為可能因受僱人離職或職位變動或調整薪金，而影響其存在或範圍，此與該債權須已確定存在，僅請求權尚未到期，因到期有不履行之虞者不同，不能認其請求有理由（最高法院 86 台上 1385 判決），但所指應係實體上有無理由，非謂不得提起此類型訴訟。無權占有他人之物，而生之相當於租金之不當得利，於返還占用物前因持續占用而生部分；繼續性給付之債，尚未到來之給付義務，現有預為請求之必要者。均得提出將來給付之訴，其請求均得為假扣押之請求㉛。

㉛ 將來給付之訴之請求，於假處分程序亦有適用。最高法院 100 台抗 575 裁定，將來給付之訴，有預為請求之必要者，依同法第 246 條規定，應得為之，故附期限之法律行為或未到履行期等未到期之請求，債權人就金錢以外之請求權，現在雖尚不能行使，但有預為請求而有保全之必要，並合乎聲請假處分之合法程式及有效要件者，依同法第 533 條準用第 522 條第 2 項規定，法院亦非不得准許之。

二　假扣押之聲請

㈠程序之聲請

假扣押聲請事件雖不採判決程序，但仍屬財產權事件，而與本案判決有密切關聯，屬處分權主義適用範圍，是以假扣押命令之核發不得依職權，僅能依聲請為之。聲請假扣押或假處分，於本案訴訟尚未繫屬於法院前或已繫屬法院中，均得為之（22 抗 755 判例）。

㈡聲請方式

本法第 525 條第 1 項規定，聲請假扣押應表明下列各款事項：

1.當事人及法定代理人

聲請人即為債權人，債權人依民法第 242 條前段因保全債權，得以自己名義行使其權利，此項代位權行使之範圍，就同法第 243 條但書規定旨趣推之，不以保存行為為限，凡以權利之保存或實行為目的之一切審判上或審判外之行為，如假扣押、假處分、聲請強制執行、實行擔保權、催告、提起訴訟等，債權人皆得代位行使（69 台抗 240 判例）。此項記載須足以特定聲請人以避免與其他人誤認發生。

2.請求及其原因事實

所謂請求，指假扣押核發法院所為假扣押命令主文相對應所應記載之內容，其內容為被保全債權人對債務人之財產得暫為扣押之意旨。原因事實，則為扣押債權所由發生之原因，亦即為將來本案金錢請求或得易為金錢請求債權發生之原因事實。至於扣押標的財產，應否於聲請時同為具體表明，本法第 525 條第 3 項規定，假扣押之聲請，如係向假扣押標的所在地定法院為之者，應記載假扣押之標的及其所在地。依反面解釋，如係向本案管轄法院為之者，即無表明假扣押標的財產必要。本條項規定目的，是否僅在供標的物所在地法院判斷管轄之有無，或有無其他功能，例如決定擔保額及有無過度假扣押情事之功能。日本最高裁判所原認為假扣押命令之執行標的財產，係就債務人之抽象的概括財產為之，因此並無具體表明假扣押財產之必要，但其現行民事保全法第 21 條及保全規則第 19 條則已規定，扣押命令之聲請，除動產外，應為特定扣押財產之記載，其目的在使法院得以就擔保額之決定及有無過度假扣押情事為判斷[32]。但我國實務就擔保

---

[32] 竹下、藤田編，第 139 頁。

額決定，通常以假扣押所擔保之本案金錢債權數額為標準，非以扣押標的物為準。

3.假扣押之原因

假扣押非有日後不能強制執行或甚難執行之虞者，不得為之（第 523 條第 1 項），應在外國為強制執行者，視為有日後甚難執行之虞（第 523 條第 2 項），此為假扣押之限制。債權人應將此項事由記載於聲請書。

4.法　院

假扣押聲請應向有管轄權之法院為之。假扣押聲請之管轄法院，可分兩類：

(1)本案管轄法院（第 524 條第 1 項前段）

因扣押事件有附隨性，因此將來本案管轄法院即為扣押事件管轄法院，此為原則。本條雖未明示管轄法院為專屬管轄，但應為相同解釋。所謂本案管轄法院，係指本案訴訟已繫屬或應繫屬之第一審法院（第 524 條第 2 項前段）。依本法規定對於本案有管轄之第一審法院即為扣押事件專屬管轄法院。本案管轄法院有數個法院時，即成管轄競合，債權人得向任一法院聲請。本案現繫屬於第二審法院者，則得以第二審法院為管轄法院（第 524 條第 2 項但書）。但如繫屬第三審者，因第三審為法律審，不為本案事實調查，因此解釋上應由本案曾繫屬之第一審法院管轄（29 聲 31 判例）。本案訴訟已終結者，亦應由第一審法院管轄。

(2)假扣押標的所在地法院（第 524 條第 1 項後段）

即假扣押事件管轄法院，得由假扣押標的所在地之地方法院管轄。假扣押之標的如係債權或須經登記之財產權，以債務人住所或擔保之標的所在地或登記地，為假扣押標的所在地（第 524 條第 3 項）。所謂假扣押標的，包括有體物、債權及其他財產權。債務人住所地依本法住居所地規定，至於擔保標的物所在地，包括動產及不動產所在地，如為保證人者，應以保證人之住居所在為其所在地。又須登記之財產權，指非登記不生效力，如民法第 758 條之不動產之得喪變更之登記是；又如礦業法第 17 條之礦業權之設定、移轉變更之登記。

決定假扣押事件管轄法院以債權人聲請時為準，如當事人不在原管轄法院提起本案訴訟者，其管轄權不受影響。聲請假扣押時，受聲請之法院有管轄權，其後定管轄之情事變更者，仍不失其管轄權，故聲請假扣押時，本案訴訟繫屬於第二審者，第二審法院雖於該訴訟脫離其繫屬後始為假扣押裁定，亦不得謂為無管轄權（22 抗 278 判例）。

向無管轄權法院聲請假扣押，於裁定移送前，該法院取得本案管轄權者，如

合意管轄，此時受聲請法院亦取得假扣押事件管轄權。同理，無管轄權法院誤為假扣押命令核發，其後取得本案管轄權者，雖為專屬管轄，其瑕疵即被治癒。

5.其他應記載事項

請求非關於一定金額者，應記載其價額（第 525 條第 2 項）。依假扣押之標的所在地定法院管轄者，應記載假扣押之標的及其所在地（第 525 條第 3 項）。

㈢假扣押聲請之效力

假扣押聲請發生如下效力：假扣押事件發生繫屬效力，及受聲請法院發生職務義務。如被保全權利與保全必要性同一者，不得為同一假扣押事件為聲請，而有雙重聲請禁止原則適用。至假扣押之聲請，因與民法第 129 條第 2 項第 5 款所稱之開始執行行為或聲請強制執行者不同，故尚不生時效中斷效果。

三　假扣押之審理程序

假扣押程序以書面審查為原則，必要時非不得為言詞審理，此係兼顧及其具訟爭性及程序權保障。假扣押聲請後，法院應先為形式審查，後為實體審查。

㈠形式審查

形式審查應先就聲請書為必要記載書狀之審查，並為當事人能力、管轄權、代理權有無欠缺之審查，以及聲請人已否預納裁判費（第 77-19 條第 5 款）、有無重複聲請。形式審查結果如有欠缺，其得為補正者，應依本法第 249 條第 1 項規定先命債權人補正，不能補正或不為補正者，以裁定駁回其聲請。因假扣押程序有對審性格，不屬非訟事件，即所行程序當依本法規定，非依非訟事件法規定。

假扣押係在本案訟爭尚未判決確定以前，預防將來債權人勝訴後，不能強制執行或難於執行而設，因此所謂債權人，係指主張其為債權人即足，至所主張之債權能否成立，尚待本案之判決，非聲請假扣押時先應解決之問題，法院無審查必要（20 抗 720 判例）。

㈡被保全權利審查

假扣押程序之被保全權利，為金錢債權或得易為金錢之債權請求權，法院應就該被保全權利是否屬金錢請求為審查。被保全權利審查，債權人應提出證據釋明之（第 526 條第 1 項）。債權人主張其金錢債權或得易為金錢債權之請求存在，應就該債權發生要件之事實存在釋明之，但無須就全部事實存在為舉證，如其釋明有不足，債權人陳明願供擔保或法院認為適當者，法院亦得定相當之擔保，命

供擔保後為假扣押（第 526 條第 2 項）。法院認有必要時，雖以書面審理為原則，但亦得命債權人為說明。

㈢保全必要性審查

保全程序特有要件為保全必要性，其源自於本案權利或權利關係。保全必要性並無一抽象的、一般的概念，而是隨各個具體保全案件之類型、事實而定，以之作為主張及舉證。債權人即使曾聲請假扣押經裁定駁回，其後如已具備假扣押之要件者，仍得聲請假扣押，不能以其前就該請求所為假扣押之聲請已被駁回，即認其要件有所欠缺（22 抗 2378 判例）。

保全必要性之釋明，依第 523 條規定，以日後有不能強制執行或有甚難執行之虞，為有保全必要性；如應在外國為強制執行者，視為有日後甚難執行之虞。判斷之基本方法即，如不為假扣押，債務人之責任財產將有量及質上之減少，例如債務人任意浪費責任財產、增加負擔，或就其財產為不利益之處分，或以不相當之對價與他人，或隱匿毀損財產，或行方不明移往他處，致執行有事實上困難者，均屬之（19 抗 232 判例）。法院審理時，應綜合債務人之資力、信用、經濟、職業判斷。債權人如已對債務人取得執行名義，債務人之責任財產即使有減少，因已可為執行，而無保全必要性（31 聲 151 判例），但如因執行名義附有條件期限之故而不能執行者，則有允為假扣押保全之必要。債權人之債權如有以抵押權、質權為完全物之擔保者，應認為無保全必要性。但債權人如已釋明抵押物不足供其債權全部之清償或有其他特別情事，當得為聲請（26 渝抗 374 判例）。有保證人保證之債權，對主債務人有無保全必要性，自應依前述方法判斷，但如以保證人為假扣押聲請相對人時，即應同時注意主債務人之資力，以判斷有無保全必要性❸❸。

㈣請求及假扣押原因之釋明

請求及假扣押原因應釋明之（第 526 條第 1 項）。故債權人聲請假扣押應就其請求及假扣押之原因分別釋明之，兩者缺一不可。實務認為，債權人聲請假扣押，如已經第一審判決認其請求存在者，雖係一造辯論而為，亦得認其請求為已釋明（21 抗 1043 判例）。

假扣押審理程序重在迅速隱密並為暫定性處分之故，通常不行言詞審理，不聽取債務人意見，與對審構造之舉證責任分配法則不同。釋明目的在使法院得有

---

❸❸ 竹下、藤田編，第 139 頁。

合理可疑為足，以即時可供調查之證據為方法，無須達與本案訴訟相同證明程度。釋明對象為請求及假扣押原因，即被保全權利發生之要件事實，及保全必要性之具體事實存在。

釋明如有不足，債權人陳明願供擔保或法院認為適當者，法院得定相當之擔保後為假扣押（第526條第2項）。本項仍以釋明為必要，不能逕以供擔保代替釋明。請求及假扣押之原因雖經釋明，法院亦得命債權人供擔保後為假扣押（第526條第3項）。但債權人之請求係基於家庭生活費用、扶養費、贍養費、夫妻剩餘財產差額分配者，前項法院所命供擔保之金額不得高於請求金額之十分之一（第526條第4項）。擔保金額原屬法院裁量權行使，本項特別就夫妻間財產關係，立法限制擔保金額上限，而與其他假扣押債權做差別待遇規定，其正當性頗受質疑。

四 假扣押決定

假扣押程序雖非不得行言詞審理，但因隱密性要求，通常以書面為之，但如有詢問必要時，亦應注意隱密性，而僅對債權人為之。法院之保全決定，以裁定形式為之，可分為：

㈠裁定駁回

假扣押命令聲請，欠缺訴訟要件或有其他不合法情形，不能補正或不為補正者，應以不合法裁定駁回。欠缺實體要件，例如被保全權利或保全必要性欠缺者，則應以無理由裁定駁回。假扣押聲請未就實體要件為釋明者，或經釋明而未供法院所定之擔保者，或所供擔保不能補足釋明之欠缺者，均應以無理由裁定駁回聲請。假扣押聲請一部不合法或無理由者，因假扣押聲請仍有處分權主義適用，應為一部駁回。向本案管轄法院為假扣押聲請，固無表明假扣押標的之必要，惟可能造成法院無從判斷有無過度假扣押情事，法院如發現有該情事時，則得曉諭債權人為部分假扣押聲請之撤回，否則得為部分駁回。債權人向假扣押標的所在地法院聲請，如未表明標的所在者，法院無從知悉管轄權之有無，其未補正者，亦得裁定駁回假扣押之聲請。

㈡假扣押許可決定

假扣押聲請具備形式及實體要件者，應為假扣押許可決定。此決定以裁定為之，而無以判決行之之必要（21上2676判例）。法院為附擔保條件之假扣押決定，債權人須提供擔保，假扣押裁定始有執行力。於決定階段時，法院於假扣押

裁定內，記載債務人供所定擔保金額即足。命為假扣押裁定應記載事項，本法並未明文，但此類裁定為具執行名義，且因基於對審性格，應準用本法第 226 條判決書應記載之內容；即應足以特定假扣押事件之主體、決定、理由、日期、法院。

就當事人而言，即假扣押事件當事人、法定代理人、訴訟代理人，其記載應足以特定權利義務人。就裁定主文而言，主文為法院之決定，其乃對聲請人請求之回答，聲請人及相對人得據以判斷有無不服抗告利益，及是否逾越處分權主義。主文記載通常不指明特定財產，僅抽象表明在若干金額範圍內應予假扣押而已，但如係向標的所在法院聲請者，則假扣押標的（物）應與請求之標的相符，始合處分權主義，並應達足以特定標的之程度。

以供擔保為條件准為假扣押，應於主文內諭知擔保之金額。法院依本法第 527 條規定，假扣押裁定內應記載供所定擔保之金額，或將請求金額提存，得免為或撤銷假扣押。法院漏未免為或撤銷假扣押之諭知時，既已明定為法院應依職權諭知事項，應準用本法第 239、233 條聲請法院補充裁定，或依職權補充。又既屬漏未裁定，即非裁定不利於債務人，債務人無提起抗告不服利益。第一審法院所為假扣押裁定，雖未記載債務人因停止或撤銷假扣押應供擔保之金額，抗告法院本可就此予以變更，自不得據此將命假扣押之裁定廢棄，駁回假扣押之聲請（32 抗 738 判例）。假扣押係以保全金錢請求之強制執行為目的，法院定債務人欲停止或撤銷假扣押時應供擔保之金額，應以請求之金額及其他程序費用為準（23 抗 286 判例）。假扣押裁定主文，應依職權為程序費用之裁判。

㈢裁定之送達

准為假扣押之決定，為避免債務人知悉後隱匿財產，強制執行法第 132 條第 1 項規定，假扣押之執行，應於假扣押之裁定送達同時或送達前為之。實務上對債務人假扣押裁定送達，由執行法院為之。而債權人收受假扣押裁定後已逾三十日者，不得聲請執行（強制執行法第 132 條第 3 項）。

五　抗告程序

關於假扣押聲請之裁定，得為抗告（第 528 條第 1 項）。得為不服抗告之人，乃因對裁定有不服利益之人。有無不服利益，以形式不服說為原則，例外採實體不服說；換言之，以裁定主文對當事人有無不利為斷，但裁定內容實質不利者，亦有不服抗告權。因此准為假扣押裁定，債權人無不服利益，但屬法院裁量權範

圍之擔保金額過高，亦認有不服利益。保全程序具對審性，其效力存在於適格當事人，與一般非訟程序裁定，因裁定主文實質上受不利之第三人得為抗告者不同，第三人雖因假扣押裁定受不利益，如假扣押標的權利人，僅能依強制執行法第 15 條規定提出第三人異議之訴，對假扣押裁定不得聲明不服（23 抗 3561、17 抗 267 判例）。假扣押裁定之抗告，其情形有二：對於駁回假扣押聲請之不服，及對於准予假扣押決定之不服。

抗告法院為裁定前，應使債權人及債務人有陳述意見之機會（第 528 條第 2 項）。准為假扣押裁定，於假扣押執行時，已同時送達債務人，自無再予隱匿必要，此時應保障債務人對審權，使其有陳述意見機會，但駁回假扣押聲請之裁定，仍應注意債務人有無隱匿財產可能，因此抗告程序中，債務人尚不知悉假扣押之聲請者，仍應著重於隱密性。是以抗告法院須調整兩特質間之衝突。

抗告法院認抗告不合法或無理由者，應以裁定駁回抗告。但抗告有理由者，應自為裁定（第 528 條第 3 項）。所謂抗告有理由，指原裁定有不法或不當之謂；應自為裁定，指抗告法院廢棄原裁定應自為假扣押聲請准駁之裁定，不得將假扣押事件發回原裁定法院或發交其他同級法院，以免程序延宕。抗告法院仍受處分權主義限制，於抗告聲明範圍內為之，但屬法院職權事項部分，不受拘束。准許假扣押之裁定，如經抗告法院廢棄，如即予撤銷已實施之假扣押執行程序，其後經再抗告法院廢棄抗告裁定，而重為假扣押程序之實施者，原有假扣押之隱密性要求盡失，因此本法第 528 條第 4 項特別規定，准許假扣押之裁定，如經抗告者，在駁回假扣押聲請裁定確定前，已實施之假扣押執行程序，不受影響。

六　假扣押裁定之撤銷

㈠撤銷原因

假扣押裁定撤銷原因有二：由債權人自行聲請撤銷、因法定事由發生而由債務人聲請撤銷。假扣押裁定之撤銷，與因假扣押自始不當依抗告程序廢棄者不同。後者，係循審級救濟程序之撤銷，且債權人依第 531 條規定，應負損害賠償責任。

1.債權人聲請撤銷

假扣押之裁定，債權人得聲請撤銷之（第 530 條第 3 項）。其聲請應向命假扣押之法院為之，如本案已繫屬者，向本案法院為之（第 530 條第 4 項）。保全程序

並不以權利關係之確定為目的，亦無既判力可言，債權人無須經債務人同意，得任意聲請撤銷假扣押裁定。理論上，因撤銷假扣押裁定受不利益之債權人或債務人得提起抗告，但既由債權人聲請撤銷假扣押裁定，債權人即無不服利益存在，債務人亦不因撤銷假扣押裁定而受不利益，亦不得為抗告。

債權人聲請撤銷假扣押裁定與撤回假扣押聲請不同。前者，應由有管轄權法院為准駁之裁定，對此裁定得為抗告；後者，因撤回假扣押聲請，而使假扣押裁定程序失其效力。假扣押裁定無既判力，對債務人亦無不利，無限制撤回時期必要，因此縱使假扣押決定程序已終結，仍得為撤回。由債權人一方發動之保全程序之消滅，我國規定由債權人聲請撤銷假扣押裁定方式為之，而與日本民事保全法係規定以撤回假扣押聲請者不同❸❹。如同時併存二方式，如何區分及有無實益，均值研究。

2.債務人聲請撤銷

假扣押裁定後，因一定法定事由發生，無繼續對債務人財產假扣押之必要時，應撤銷假扣押裁定，以保護債務人利益。假扣押裁定撤銷，與因假扣押自始不當經依抗告程序廢棄者，不同。

因假扣押不當經抗告程序廢棄，乃對假扣押命令當否，即有無被保全權利及保全必要性之審查，此時應由債權人就該事由負舉證之責。但假扣押裁定撤銷程序，屬獨立於假扣押命令程序外之另一保全程序，其與被保全權利或保全必要性存否無關，乃因假扣押命令後因法定事由發生，由債務人聲請撤銷之程序，其審理對象為法定撤銷事由之有無，此類程序應由債務人負舉證責任。

債務人聲請撤銷假扣押裁定，其法定撤銷事由，可分為二類：

⑴債權人不提起本案訴訟者

保全命令因迅速性要求，於行略式程序審判後，法院乃為暫定性及附屬性裁定，對本案權利義務關係不具確定力。但保全執行實質上對債務人經濟上及心理上造成重大妨害，即有令債權人於一定期間內起訴，以早日確定本案權利必要。本法第 529 條第 1 項規定，本案尚未繫屬者，命假扣押之法院應依債務人聲請，命債權人於一定期間內起訴。債權人不於第 1 項期間內起訴或未遵守前項規定者，債務人得聲請命假扣押之法院撤銷假扣押裁定（第 529 條第 4 項）。第 1 項之

---

❸❹ 日本民事保全法第 18 條，債權人得任意撤回假扣押命令之聲請。解釋上，撤回假扣押聲請於保全異議程序中、假扣押決定確定後，均得為撤回。竹下、藤田編，第 168 頁。

期間係裁定期間非不變期間，債權人未於該期間內起訴，但於撤銷假扣押之裁定前起訴者，即不得為撤銷假扣押之裁定（65 台抗 392 判例）。

所謂起訴，係指得以確定私權關係存在而取得給付之確定判決而言（65 台抗 44 判例），包括附帶民事訴訟（69 台抗 503 判例）。依票據法第 123 條聲請本票准許強制執行，無確定私權效力，不包括之 ❸。法院廢棄或變更宣告假執行之本案判決者，依本法第 395 條第 2 項規定，應依被告之聲明，將其因假執行或因免假執行所為給付及所受損害於判決內命原告返還及賠償，其目的亦在確定其私權存在以取得給付之確定判決，故亦包括之（78 台抗 82 判例）。

第 529 條第 2 項規定，與起訴有同一效力者，包括：依督促程序，聲請發支付命令者；依本法聲請調解者；依第 395 條第 2 項為聲明者；依法開始仲裁程序者；其他經依法開始起訴前應踐行之程序者；基於夫妻剩餘財產差額分配請求權而聲請假扣押，已依民法第 1010 條請求宣告改用分別財產制者。但債權人應於宣告改用分別財產制裁定確定之日起十日內，起訴請求夫妻剩餘財產差額分配（第 529 條第 3 項），否則債務人得聲請撤銷（第 529 條第 4 項）。

⑵假扣押情事變更者

本法第 530 條第 1 項規定，假扣押原因消滅、債權人受本案敗訴判決確定，或其他命假扣押之情事變更者，債務人得聲請撤銷假扣押裁定。假扣押原因消滅、本案敗訴判決，均屬情事變更之例示規定，因此本項撤銷假扣押之原因，乃命假扣押之情事變更，而假扣押原因消滅，指假扣押必要性已不存在而言。債權人受本案敗訴判決確定，則指被保全權利經判決確認不存在而言。至其他情事變更，指假扣押之基礎情事嗣後變更之謂，被保全權利或保全必要性，於假扣押命令發布後消滅，例如假扣押命令發布後債務已清償、抵銷等被保全債權已不存在；又如應在外國為強制執行而聲請假扣押，現債務人國內已有可供清償之財產，亦為情事變更。但主張假扣押命令自始不當者，非此所稱之情事變更。債權人受本案敗訴判決確定之撤銷原因，屬例示規定，且須待本案判決確定，始得判斷有無情事變更，債務人自應待債權人受本案敗訴判決確定後，始得聲請撤銷假扣押裁定 ❸ 。

---

❸ 65 年第 1 次民庭決議。
❸ 93 年第 4 次民庭決議。

㈡撤銷之程序

1.管轄法院

因債權人未依限起訴而聲請撤銷假扣押者，應向命假扣押法院聲請撤銷。因情事變更而聲請撤銷者，亦同。但如本案已經繫屬者，向本案法院為之（第 530 條第 4 項）。

2.聲請方式

撤銷假扣押聲請準用本法第 525 條假扣押之聲請程式，即以書面載明主體、客體（即原假扣押裁定）、撤銷原因、應為撤銷之陳述、法院，並應預納裁判費。

3.裁定及抗告

債務人聲請撤銷假扣押裁定，法院應為裁定，聲請不合法或無理由者，應以裁定駁回；但不合法可以補正者，應先命其補正。聲請有理由者，應以裁定撤銷之。裁定經宣示或送達後發生羈束力（第 238 條前段），對裁定不服提起抗告，除別有規定外，亦不停止執行（第 482 條、第 491 條第 2 項）。依此原則，撤銷假扣押裁定，無庸確定即得為執行力。惟撤銷假扣押之裁定，為免債務人脫產情事，基於與第 528 條第 4 項之同一理由，第 530 條第 2 項特別規定準用之，亦即須於撤銷假扣押裁定確定後，始得撤銷假扣押之執行處分，已執行之假扣押程序不受影響。

關於撤銷假扣押裁定所為之裁定，受不利益之一方得為抗告，並準用本法第 528 條第 3 項、第 4 項之規定。至如由債權人聲請撤銷假扣押裁定者，其抗告程序有如前述。

七　假扣押裁定撤銷之損害賠償

㈠損害賠償之原因

本條之損害賠償係特殊侵權行為類型，其法定要件以假扣押裁定經撤銷為要件，撤銷原因有三，即：假扣押裁定自始不當、因第 529 條第 4 項、第 530 條第 3 項所定事由。當充足該三項原因之一，並經法院撤銷假扣押裁定，假扣押債權人應賠償債務人因假扣押或供擔保所受之損害。法院因後二項原因撤銷者，其文義內容明確，並無疑義，惟所謂「自始不當」，屬不確定法律概念，因採用之解釋方法不同，而異其結果。

㈡自始不當之解釋

本條所謂自始不當，我國審判實務見解，指對該假扣押裁定因抗告，經抗告法院依命假扣押時客觀存在情形，不應為此裁定而撤銷而言，如因本案訴訟敗訴確定而撤銷該裁定者，係屬因命假扣押以後之情事變更而撤銷，非自始不當而撤銷（67 台上 1407 判例）。假處分裁定撤銷之損害賠償，實務亦持相同見解。

判例之見，將自始不當與情事不當，作不同區隔，限於前者情形，係採歷史解釋方法，因 24 年原法條第 527 條之立法理由，已說明自始不當之撤銷，指「假扣押之決定，因抗告而撤銷」之意。晚近學者對判例以該條立法理由作為解釋依據，並不贊同。因立法理由說明，非即法條文義本身，僅供解釋參考，不具規範拘束效，所謂自始不當需從規範目的，作出解釋，應採實質標準說。所稱實質標準，其解釋方法從規範目的論出發，主張應立於損害賠償原理──風險分配歸屬。因民事保全程序有迅速、密行性之特殊需求，保全債務人因保全程序中程序權保障不足，保全債權人因而獲得利益，依風險分配原理，應將風險歸由債權人負責。因此本條所謂自始不當，應解為：當被保全之債權，經本案確定判決確認不存在者，保全債權人即須負損害賠償責任，不以其有主觀上之故意過失及行為具不法性為必要，此與民法第 184 條侵權行為責任之構成要件有別❸❼。

㈢風險分配

人民之財產權應予保障，民事權利保全程序、權利確認程序，及權利實現程序，構成憲法財產權制度性保障。在訴訟制度方面，民事保全程序階段，為求保全程序之迅速性及有隱密性特殊需求，必需降低債務人受程序權保障之密度，保全債權人因此獲有程序利益，如因此致債務人受到損失時，應由保全債權人承擔風險責任，排除一般侵權行為責任主觀上故意過失，及不法性要件，而採無過失責任主義，屬特殊侵權行為性質❸❽。是以，所謂因自始不當而撤銷，其意義及適用對象，應立於本條規範目的之特殊性，方能探求其真意。

㈣損害責任控制機制

1.一般侵權行為責任成立

有損害即應賠償❸❾，如貫徹損害填補原理，一有損害發生，行為人即須負賠

---

❸❼ 陳瑋佑，不當保全命令之損害賠償責任，109 年 6 月 14 日發表於民事訴訟法研究會第 145 次研討會書面意見。

❸❽ 75 台上 2723 判例。

償責任，責任有無限擴大可能，於現代風險社會，有合理控制責任成立原因及賠償範圍必要。因此，損害賠償法理，除風險分配外，尚須作賠償責任及賠償範圍之控制。同屬大陸法系之德國與法國，責任控制方式不同，法國法以預見可能性為要件，由法官依個案情形為裁量判斷。德國法則建構在法規範或法律原則之法體系制度。法體系上，分為責任法與賠償法二部分。前者，包括侵害行為、侵害權益（權利與利益）、責任成立之因果關係、違法性、故意或過失。而因果關係方面，採相當因果關係說及規範目的因果關係論。賠償法體系方面，以損益相抵、與有過失及損害賠償酌減，以控制賠償範圍，並有獨立於責任法外之因果關係，作為界定方法。民法第 213 條至第 218 條，第 192 條至第 198 條，即屬賠償法。另者，責任法體系，建立在四項原則上，即：全部損害賠償原則、禁止得利原則、符合經濟性原則、債權人利益理論及構成要件原則❹。責任法與賠償法，兩者採分離原則，責任成立不受損害範圍而影響成立，此方法有助於人民依法定要件預測其行為之適法性否。

2.本條之損害責任之構成與控制

　　本條損害賠償屬特殊侵權行為，規範目的在平衡保全債權人與債務人因滿足保全程序目的需求，降低對審權保障之風險，將風險責任歸由保全債權人承擔，因採無過失責任主義。惟保全程序係債權人保全財產權之必要，依本法規定為保全之聲請，由法院本於高權裁判作用為保全處分，固不以故意過失或有不法性為要件，但既依法定程序為保全之聲請，降低對審權之風險，劃歸由其承擔，亦不能全部排除責任成立及責任範圍之控制機制。況本條之立法文義，以自始不當經法院撤銷，屬不確定法律概念，需經價值評價。責任成立原因，在因果關係之控制，應從民事保全法相關規範目的，予以探求，保全債權人之歸責事由，非全以本案確定判決，被保全債權存否，作為唯一識別基準。本條之規範目的，既係因保全程序之特殊需求而生，因此「規範目的因果關係」所指之規範目的❹，須將民事保全制度整體制度性設計列入考量，非單純從風險責任判斷。此外，民事保全係民事訴訟程序中之一環，有一般性誠信原則之適用，例如保全權利有無濫用，

---

❸ 劉鐵錚大法官於釋字第 228 號解釋不同意見書，有謂「有損害就有賠償」法諺。

❹ 王澤鑑，前揭書，第 14、15 頁。

❹ 王澤鑑，前揭損害賠償法，第 112 頁。指認定某項損害應否歸由行為人負責，以規範決定法律義務，因違反義務而肇致損害時，則可認為其賠償義務與責任規範具有關連性。

保全之必要性有無，視具體個案事實而定。再如保全債權人受本案敗訴判決之原因為何，如因時效完成、證據取捨原因（如證據偏在、適時提出之失權），同應列為審酌要素。

㈤地及人之適用範圍

外國法院之確定裁判，除有第 402 條第 1 項各款所列情形外，於我國承認其效力，即採自動承認制，其效力，包括既判力、形成力、執行力及構成要件效。本條之特殊侵權行為賠償責任，雖為私法上損害賠償請求權，「法院裁判」為法定構成要件之一。惟民訴法乃主權高權作用法，原即有其適用之領域範圍，本條損害賠償構成要件，因自始不當經撤銷，乃與審判權作用有關，故亦具公法性，自始不當之撤銷。應以依本法實施之民事保全程序為限。非依本法規定實施之保全及依本法規定撤銷保全裁定者，不得依本條規定請求損害賠償。

本條損害賠償，採無過失主義，係因保全程序為達迅速、密行以保全債權人財產而設，因降低對審權保障造成保全債務人損害時，特別給予較優勢之財產權回復方法。換言之，係因應我國特有之保全制度而制定。因此保全債權人之責任原因，應由整體保全制度設計觀察，損害賠償法體系構成，有連續一貫性，諸如保全程序之發動、管轄法院之專屬性、程序之構造、聲請之准駁與撤銷、審級制度等，不能割裂選擇性援引其他國家程序法規定。是以本條責任原因成立，必須是依本法所為之保全聲請與審理裁定之准駁，其撤銷亦須依本法所定撤銷之事由，始足當之。本條假扣押裁定撤銷已明定其原因，包括該假扣押之裁定自始不當，或債權人未依限起訴，或因債權人聲請撤銷，後二項原因，顯指依本法規定而言。所謂自始不當，自應解為該假扣押裁定之聲請，與本國法相關規定難以鍥合之謂。本此說明，外國法院依外國程序法規定，為假扣押裁定，並依外國程序法相關規定撤銷裁定者，即無本條特殊侵權行為賠償規定之適用，最高法院 109 台上 687 民事判決，即採相同見解。

㈥其他程序規定

為求訴訟經濟，第 531 條第 2 項規定，如假扣押所保全之請求已起訴者，法院於第一審言詞辯論終結前，應依債務人之聲明，於本案判決內命債權人為前項之賠償。債務人未聲明者，應告以得為聲明。本項適用之前提要件，須以假扣押裁定經法院以裁定撤銷確定。債務人為此項之聲明者，免徵裁判費（第 77–15 條第 2 項）。

▶ 第三節　通常假處分程序

一　意　義

債權人就金錢請求以外之請求，欲保全將來強制執行者，得聲請假處分（第532條第1項）。但假處分可分為通常假處分與定暫時狀態處分。本條屬前者，後者為本法第538條之規定。通常假處分與假扣押均以保全將來強制執行為目的，但假扣押以保全將來金錢請求執行為目的，通常假處分則在禁止標的物之處分，因此又得稱為標的假處分。通常假處分所欲保全之客體除特定物外，尚包括權利在內。又債權人就得易為金錢請求之請求為保全強制執行，不聲請假扣押而聲請假處分，非法所不許（42台抗38判例）。

假處分目的原在預防將來債權人本案勝訴後，因請求標的現狀變更，有日後不能強制執行或甚難執行之虞而設，若已有確定裁判不認其有權利存在者，則不為聲請假處分（82台抗319判例）。又執行名義成立後，除法律另有規定外，不得阻卻其執行力，債務人或第三人不得依通常假處分程序，聲請停止執行（63台抗59判例）；此與日本實務認為拍賣程序之停止、抵押權實行禁止之假處分，均得為之者不同。

通常假處分以保全將來特定物或權利之給付請求為目的，其方式又可分為：一、以使當事人恆定為目的之假處分，即主觀現狀變更禁止之假處分。此種假處分有擴張執行名義效力人之範圍功能，債務人之承繼人乃為假處分效力所及❷。二、以維持標的物於假處分執行時之客觀現狀為目的之假處分，即客觀現狀恆定之假處分，目的在避免將來執行困難或使費用增加，因此又可稱為現狀變更禁止之假處分。

二　審理程序

假處分之聲請準用假扣押之規定，即假處分聲請應表明如假扣押聲請所應表明之事項（第533條準用第525條第1項）。

管轄法院亦準用假扣押規定（第533條準用第524條）。標的物假處分亦以保

---

❷ 瀨木著，第37頁。

全將來執行為目的，為求迅速性，通常不經言詞審理為之，並應注意其隱密性，以防債務人事先隱匿執行標的，因此其審理通常以書面審理，或對債權人以書面或言詞詢問方式為之，而與假扣押程序相同。

學者亦有認為，如為禁止債務人繼續使用標的物之禁止移轉占有之假處分，因對債務人影響甚大，從程序保障觀點言，應使債務人有陳述意見機會，債權人就保全必要性之釋明，應更為嚴格[43]。

三　審理對象

㈠被保全權利

假處分以保全將來特定物之交付或權利之移轉為目的，債權人應對債務人有將來得為本案請求之權利存在[44]。民事保全程序當有本案請求存在，且假處分依第 533 條準用第 529、530 條規定，本案未繫屬前，命假處分之法院應依債權人聲請，命債權人於一定期間內起訴，此限期起訴當指就其所欲保全之權利，以訴請求法院確定之謂。限期起訴之本案，其訴訟標的自當與其所請求假處分之標的具同一性[45]。因此，假處分之本案請求與其所欲保全之權利，為聲請假處分要件之一。此種被保全權利之適格性，無論係基於物權或債權而生之交付、返還請求權，均無不可，但因其本案請求之目的不同，被保全之權利亦有差別。例如以所有權、占有被侵害為由，禁止移轉占有之假處分，其所保全之權利即係基於所有權而生之物權請求權、或占有返還請求權；又如本於買賣契約解除為由而聲請禁止占有移轉之假處分，即為買賣契約解除後之返還請求權[46]。又如為禁止處分之假處分者（如保全登記請求權），則其保全之權利，或為關於所有權之登記請求權，或本於所有權以外權利之消滅、移轉、保存、設定、變更之登記請求權。至為保全基

---

[43] 成田晉司，占有移転禁止の仮処分の被保全権利と必要性，判例タイムズ社，第 1078 號，2002 年，第 40–41 頁。

[44] 參 74 台抗 269、73 台抗 476、81 台抗 443、83 台抗 363、84 台抗 226 裁定。

[45] 61 台抗 326 判決、84 台抗 594 裁定，認為假處分為保全程序，非確定私權之訴訟程序，聲請人聲請保全之請求權是否存在，非保全程序所應審認之事項。惟此係指法院審理假處分聲請時，就被保全權利是否存在，無須依嚴格證明方法為認定之意，非指處分聲請無須主張其被保全之權利為何之意。

[46] 成田晉司，占有移転禁止の仮処分の被保全権利と必要性，判例タイムズ社，第 1078 號，2002 年，第 39 頁。

於債權關係而生之登記請求權，得否為禁止移轉之假處分，學說有不同見解。有認為如予承認，其效力將與物權效力同視，因此採否定見解；亦有認為登記請求權並未排除債權請求權，當予承認❹。抵押權人對於無權占有抵押物之第三人，為維護抵押物之擔保價值，對第三人有物上請求權（民法第767條第2項），因此抵押權人得為禁止第三人將占有移轉他人之假處分聲請，並以之為被保全之權利。標的物假處分之執行，如為動產者，得按其性質（如為禁止使用之占有移轉禁止）移轉占有由債權人保管，或在特殊情況下（如標的物體積龐大或難予移動），得經債權人同意，由債務人繼續保管；如為不動產者，應囑託登記機關為登記。

㈡保全必要性

　　債權人聲請假處分，須具保全必要性。本法第532條第2項規定，假處分非因請求標的之現狀變更，有日後不能強制執行或甚難執行之虞者，不得為之。保全必要性，當應按其保全目的之不同以定之。標的現狀之變更，以對債權人權利之將來執行有不能或有顯著困難，作為有無保全必要性之判斷基準❹。所謂現狀變更不僅物之毀損或失其所在而已，尚包括債務人就物為法律上處分在內（20抗336判例）。

四　定假處分方法

　　本法第533條雖明定關於假扣押之規定，於假處分準用之，但關於定假處分之方法，及不得以供擔保為由撤銷假處分，則另有特別規定。亦即，本法第535條第1項，假處分所必要方法，由法院以裁定酌定之。

　　法院定假處分方法，因假處分目的而有不同。其種類大致可分為：處分禁止之假處分及占有移轉禁止之假處分。法院定假處分時，亦得視各種情況而為適當之裁量，包括選任管理人、及命令或禁止債務人為一定之行為（第535條第2項）。管理人以保管標的物為目的；命令債務人為一定行為，指命其為積極作為；禁止為一定行為，指不得為積極作為，且無論為事實行為或法律行為，均得為之。

　　標的假處分因有隱密性需求，一般不經言詞審理，但如禁止債務人為使用之

---

❹ 土屋毅，処分禁止の仮処分の被保全権利と必要性，判例タイムズ社，第1078號，2002年，第42頁。

❹ 土屋毅，処分禁止の仮処分の被保全権利と必要性，判例タイムズ社，第1078號，2002年，第43頁。

標的物假處分，如占有移轉之標的物假處分，對債務人權益影響甚鉅，法院應視其情況，決定是否行言詞審理或使債務人有陳述意見機會。

五 假處分之撤銷

(一)撤銷原因

假處分裁定之撤銷，準用假扣押裁定之撤銷原因（第 533 條）。準用之情形有：一、由債權人自行聲請撤銷者。二、由債務人聲請撤銷者，包括債權人未於法定期間內起訴者、債權人受敗訴判決確定或其他命假處分之情事變更者。

至於假處分自始不當之撤銷，則係循審級救濟程序之撤銷。依第 533 條準用第 531 條規定，假處分裁定因自始不當而撤銷者，債權人應賠償債務人因假處分而受之損害。假處分因自始不當而撤銷，專指假處分裁定在抗告程序中，經抗告法院、再抗告法院或為裁定之原法院依命假處分時客觀存在之情事，認為不應為此裁定而予撤銷使其失效者而言（69 台上 3653 判例）。

本法第 536 條第 1 項另規定，假處分所保全之請求，得以金錢之給付達其目的，或債務人將因假處分而受難以補償之重大損害，或有其他特別情事者，法院始得於假處分裁定內，記載債務人供所定金額之擔保後免為或撤銷假處分。同條第 2 項規定，假處分裁定未依前項規定為記載者，債務人亦得聲請法院許其供擔保後撤銷假處分。此係以供擔保為原因之撤銷假處分裁定。法院為前二項裁定前，應使債權人有陳述意見之機會（第 536 條第 3 項）。關於假處分裁定之撤銷裁定，因此受不利益之債權人或債務人，均得提起抗告。

(二)裁定及抗告

此與假扣押裁定之撤銷同，不再贅述。

(三)撤銷之損害賠償責任

本法第 531 條第 1 項所定假扣押裁定，因自始不當而撤銷，或因第 529 條第 4 項（未於期限內起訴），及第 530 條第 3 項（債權人聲請撤銷）之規定而撤銷者，債權人應賠償債務人因假扣押或供擔保所受之損害，於撤銷假處分裁定準用之（第 533 條）。所謂自始不當，如同假扣押裁定之撤銷，最高法院認為指假處分裁定後，債務人提起抗告，經假處分裁定法院或抗告法院認為依命假處分時客觀存在之情事，不應為此裁定者而言，若係因以後之情事變更而撤銷該裁定，即與自始不當而撤銷者有間，不得據以請求損害賠償（69 台上 1879 判例）。惟此之

「自始不當」，應如同假扣押裁定撤銷之損害賠償責任，作相同解釋（詳如前述）。

又因假處分所必要之方法，由法院以裁定酌定之，如因法院裁定方法不當，造成債務人之損失，此亦屬風險責任範圍，因此本條但書所指之第 535 條情形，仍有由保全債權人負賠償責任之可能。

以假處分裁定自始不當為原因，而依第 533 條準用第 531 條規定為損害賠償之請求時，必俟撤銷假處分之裁定確定後始得為之，本案判決雖否認債權人之請求，但假處分裁定並未隨之撤銷者，尚無本條規定之適用（58 台上 1147 判例）。

▶ 第四節　定暫時狀態處分程序

一　意　義

本法第 538 條第 1 項規定，於爭執之法律關係，為防止發生重大之損害或避免急迫之危險或有其他相類之情形而有必要時，得聲請為定暫時狀態之處分。

定暫時狀態處分，乃就有爭執之法律關係，為免債權人生有顯著之損害或急迫之危險，在本案判決確定前形成暫時性之法律狀態，以排除現在之危險與不安，在將來權利確定時予以實現，其目的不在保全將來之執行，與標的假處分目的不同。例如當事人對通行權存否發生爭執，或認其通行權已被侵害，債權人認於本案訴訟終結前，有聲請定暫時狀態處分必要，聲請法院先行禁止債務人將為通行權標的物之土地變更現狀，或設置障礙物以阻止其通行，或為其他類似行為，即屬定暫時狀態處分類型（32 抗 756 判例）。

又定暫時狀態處分除得為確保性、禁止性（不作為）假處分外，尚得為滿足性、履行性假處分；但標的假處分則僅能為確保性、禁止性假處分，不得為履行性之假處分。

二　聲請要件

㈠有爭執之法律關係

所謂有爭執之法律關係，乃指得以裁判予以確定之謂，因此第 538 條第 2 項規定，該法律關係得以本案訴訟予以確定者為限。本案訴訟之確定，不限於給付之訴，凡得以確定法律關係之訴者，於確認或形成之訴，均無不可。其聲請無論

於本案起訴前或起訴後，均得為之。

法律關係之爭執，不以當事人間相互存有相反之權利關係主張為必要，雖無此爭議，但因一方不為義務之履行，確有發生重大損害之可能或急迫危險存在時，亦得為定暫時狀態處分❹。又所謂法律關係之爭議，不以有繼續性爭議者為限，凡因法律關係之爭議，有定暫時狀態之必要即可為之。法律關係無論為財產爭議或身分關係爭議，均無不可；財產上法律關係亦不以金錢請求以外者為限。

權利關係並非即為債權人一方之權利或利益，如拍賣程序之停止、抵押權實行禁止之假處分，其本案請求為確認債權不存在，並無權利之請求存在❺。又如停止法人代表人之執行職務，其被保全之權利並非其對債務人有何職務請求權存在。凡有爭執法律關係存在，即得聲請定暫時狀態處分，因此債務人亦得為之。

㈡保全必要性

定暫時狀態處分之保全必要性，一般以因避免重大或顯著之損害，或防範急迫之情事，有就爭執之法律關係定暫時狀態之必要者為定。有無必要性，實務則常衡量聲請假處分所欲避免之損害，與因假處分所受之損害大小，作為判斷是否有定暫時狀態必要之基準❺。

三 滿足性假處分

定暫時狀態假處分之目的，在暫時將現在之危險予以除去，屬暫定性之措施，

---

❹ 鈴木拓兒，仮地位仮処分の争いある権利関係と必要性，判例タイムズ社，第 1078 號，2002 年，第 44 頁。

❺ 瀨木著，第 37 頁。

❺ 91 台抗 294 判決：「……定暫時狀態之必要，係指因避免重大或顯著之損害，或防範急迫之強暴等情事，有就爭執之法律關係定暫時狀態之必要者而言，如債務人就聲請假處分所欲避免之損害遠大於債權人因假處分所受之損害者，即屬因避免重大或顯著之損害而有定暫時狀態之必要，債務人非不得聲請定暫時狀態之假處分。而勞工多為經濟上之弱者，工資收入恆為其一家生計所繫，一旦遭受解僱，經濟來源中斷，生活即陷於困境。且依勞工保險條例第 11 條規定，保險效力亦告停止，其所受損害要難謂非重大。倘受解僱勞工，身兼產業工會常務理事或職工福利委員會委員，若不准其就勞動契約關係為定暫時狀態之處分，該身分亦將因解僱而自動消失，影響更為重大，且非金錢所能彌補。反觀雇主因定暫時狀態之處分，雖受有須暫為給付工資之損害，但顯較勞工就聲請該假處分所欲避免之損害為小，自難謂勞工不得聲請定暫時狀態之假處分。」

此種假處分執行與本案執行，仍有一定程度不同，不能以之達成與本案執行相同功能。滿足性假處分執行結果，卻有使債權人獲得終局滿足之相同效能，有失保全程序暫定性功能之虞，且此種假處分一經執行完畢，法律關係爭執實質上等同於獲得終局解決，當須回復原狀時，已無從回復，因此滿足性假處分，常不被准許。例如拆屋還地之滿足性假處分，於建築物拆除後，當本案終局判決確定債權人無此權利時，因建築物已不存在，而無回復之可能，甚或影響本案訴訟結果（須改提損害賠償之訴）。

　　雖則如此，此類滿足性假處分，並非絕對應予禁止。在必要情況下，非為滿足性假處分無從達定暫時狀態目的時，亦得准許之，其准否當視其必要性而定。如暫為扶養費用之給付、禁止書籍刊物之出版、禁止一定期間為演出行為、禁止行使股東權，或暫為一定地位保全（如暫行董事職務）之假處分是。此種假處分之功能幾與本案執行無異。實務有否定滿足性假處分之合法性者，認為假處分屬保全性質，法院准許假處分之方式，不能到達或超越本案判決執行所能實現之利益，否則無異以假處分代替本案判決，與保全假處分之本質不符[52]。但就通行權爭議事件，債權人聲請定暫時狀態時，得禁止債務人將為通行權標的物之土地變更現狀，或設置障礙物以阻止通行，或為其他類似行為（71 台抗 200 判例）。或因前述通行權假處分內容之執行，其有回復之可能之故。

　　日本關於定暫時狀態處分程序，實務上有本案化現象，在充足債務人之程序權後，滿足性之假處分並無禁止必要，並為學說所肯認[53]。惟其前提須實質保障當事人之對審權，且審理之法官須具備此能力與經驗[54]。

　　定暫時狀態處分，並非在終局確定權利關係，其處分之執行內容僅是暫定性的限制而已，非終局滿足。因此保全程序，對本案訴訟無拘束力，本案訴訟亦不須考慮因保全命令或執行結果而產生之法律狀態。然而，滿足性假處分之執行，實與本案執行無異，實際上有回復不能情形。例如於拆除建物以供自己建築之暫時性假處分，於拆除後，將來只能改為請求損害賠償之訴，自不可能不受保全執行命令之影響[55]。

---

[52] 參照最高法院 85 抗 1664、1814 裁定，及同院 91 台抗 284 裁定。

[53] 鈴木拓兒，仮地位仮処分の争いある権利関係と必要性，判例タイムズ社，第 1078 號，2002 年，第 45 頁。

[54] 瀨木著，第 41 頁。

滿足性假處分之保全必要性尚應斟酌：因保全程序之略式程序，較諸直接為本案訴訟請求，對債務人之程序權保障顯有不足；以及假處分執行是否造成無法回復原狀之損害等因素後，始能予以決定。例如扶養費之暫付、允許商標暫時使用之假處分，未來均得以金錢為賠償，此類滿足性假處分，尚非不得准許；但拆屋還地、有時效利益之展出或演出行為之禁止等之滿足性假處分，有回復不能之虞，當應審酌其准否對兩造之利益及損害，以及其聲請對債權人有無急迫性之不利情事等，綜合判斷之。

四　假處分之競合

當事人對法律關係有爭執，均得聲請定暫時狀態處分，惟雙方聲請內容可能正為相反。無論為標的假處分或定暫時狀態處分，債權人、債務人甚或第三人，同時或先後為不同內容假處分之聲請者，乃生假處分之競合。聲請假處分裁定內容互不相容時，一般認為，後行假處分聲請，應以欠缺適法要件為由裁定駁回❺❻。

所謂假處分內容不相容情形，係指後行假處分有害於先行假處分，或正排除先行假處分執行結果之謂。前者例如通行權之爭議，甲先行聲請禁止乙通行其土地之假處分，其後乙對甲聲請禁止妨害其通行使用之假處分；後者，如先行假處分為滿足性假處分，後行假處分內容為排除先行假處分內容。但如先後假處分均為不作為假處分者，不生牴觸問題。例如雙方對所有權歸屬之爭議，甲先行禁止乙對標的物為占有使用之假處分，其後乙亦對甲聲請相同內容之假處分者是。

不同債權人對同一債務人假處分之競合，例如甲乙債權人，均對同一債務人聲請禁止對標的物為處分之假處分，或先行假處分為處分禁止之假處分，後行假處分為禁止移轉占有之假處分，其假處分內容並不生內容之衝突。但如先行假處分為命債務人對甲為滿足性假處分，後行假處分為禁止債務人對甲為滿足性假處分，即生牴觸問題。

---

❺ 瀨木著，第 52 頁。

❻ 亦有認為係屬不得為保全執行之違法問題，非聲請之不合法，一般認係聲請不合法。參瀨木著，第 152 頁。

五　審理程序

㈠言詞審理

　　定暫時狀態處分聲請後，法院須為程序要件之審查，如不具備法定要件，即以裁定駁回。當程序要件具備時，應再審查是否具備前述定暫時狀態處分之特別要件，不符合者，亦以裁定駁回。其符合各程序及特別要件時，法院應為准予定暫時狀態處分之聲請。定暫時狀態處分裁定，內容有為給付性、履行性或滿足性者，對債務人權利產生重大影響，甚或有不能回復原狀之可能，因此其審理程序，較諸假扣押或標的假處分程序之因隱密性、快速性要求，一般不行言詞審理方式者，大異其趣。本法第 538 條第 4 項特別明定，法院准為定暫時狀態處分裁定前，應使兩造當事人有陳述之機會；但法院認為不適當者，例如將使暫時狀態假處分目的不能完成者，不在此限。

㈡緊急處置

　　法院於裁定前除得命先為一定之給付外（第 538 條第 3 項），本法並增訂第538-1 條「有必要時，得依聲請以裁定先為一定之緊急處置，其處置之有效期間不得逾七日。期滿前得聲請延長之，但延長期間不得逾三日」之規定。因為定暫時狀態處分須使兩造有陳述意見機會，於審理上可能花費時日，為免緩不濟急，致危害發生或擴大，法院得依聲請為緊急處分，但其期間不宜過長，故明定其有效期。前項緊急處置為中間處分性質，故於期間屆滿前，法院以裁定駁回定暫時狀態處分之聲請者，既已有終局裁定，其先為之處置當然失其效力；其經裁定許為定暫時狀態，而其內容與先為之處置相異時，其相異之處置失其效力（第 538-1 條第 2 項）。該緊急處置裁定，既因前項原因當然失其效力，即無聲明不服之必要（第 538-1 條第 3 項）。

㈢抗告法院命返還給付之裁定

　　本法第 538-2 條規定，受聲請法院依本法第 538 條第 3 項命先為一定給付，如抗告法院為廢棄或變更之裁定時，抗告人依原裁定所為之給付，即失其依據，抗告法院，在廢棄或變更範圍內，應同時命聲請人返還其所受領之給付。其給付為金錢者，並應依聲請附加自受領時起之利息。

　　前項抗告法院命返還給付之裁定，係附隨於廢棄或變更定暫時狀態之裁定，二者關係密切，不宜單獨對之聲明不服，以免發生裁判歧異，且命返還所受領之

給付並加給利息內容明確，亦無單獨對該裁定聲明不服必要，因此於第 538-2 條第 2 項前段規定，前項命返還給付之裁定，非對於抗告法院廢棄或變更定暫時狀態之裁定再為抗告時，不得聲明不服。又，抗告法院為前裁定後，如聲請人即應將所受領之給付返還者，如再抗告法院廢棄抗告裁定，並准許定暫時狀態命先為給付之裁定確定，則聲請人須重新聲請執行，其程序將更複雜，且有不能回復之虞，因而規定抗告中應停止執行（第 538-2 條第 2 項後段）。

　　法院依聲請就定暫時狀態之處分為緊急處置後，如以裁定駁回聲請，或雖以裁定許為定暫時狀態，其內容與先為處置相異時，依本法第 538-1 條第 2 項規定，其先為或相異之處置當然失其效力，則該處置所為之給付，失其依據，性質上與前二項規定類似，因此規定準用之（第 538-2 條第 3 項）。至法院為緊急處置後，如以裁定准許定暫時狀態之處分，經抗告法院廢棄原裁定，駁回定暫時狀態之聲請，或變更原裁定，而為內容相異之處分時，則得直接適用第 538-2 條第 1 項規定。

㈣損害賠償之減輕或免除

　　本法第 538-3 條，定暫時狀態之裁定因第 531 條之事由被撤銷，而應負損害賠償責任者，如聲請人證明其無過失時，法院得視情形減輕或免除其賠償責任。定暫時狀態處分裁定，應經言詞審理後為之，而與假扣押或標的假處分不同，因此聲請人雖仍應負無過失賠償責任，但如能證明其無過失時，法院得酌量減輕或免除其賠償責任。

㈤假處分規定之準用及特別規定

　　定暫時狀態處分雖非以保全執行為目的，但亦屬假處分程序，因此除別有規定外，關於假處分之規定，於定暫時狀態之處分準用之（第 538-4 條）。

　　有關定暫時狀態處分之釋明度問題，聲請定暫時狀態之處分時，聲請人就其爭執之法律關係，為防止發生重大之損害或避免急迫之危險或有其他相類之情形而有必要之事實，應釋明之，釋明不足時，債權人陳明願供擔保或法院認為適當者，法院得定相當之擔保後為之，但法另有特別規定，應依該規定處理。智慧財產案件審理法第 52 條第 1 項，已特別規定，其釋明有不足者，法院應駁回聲請（110 台抗 907、112 台抗 256 裁定）。又本法第 284 條之釋明，一般係指所提證據雖未能使法院達於確信，但可使得薄弱之心證，信其事實上主張大概如此而言。惟定暫時狀態處分內容之執行，有本案代替化類似效果，如已與本案請求相同或

接近者，其處分之執行，對當事人權利義務狀態影響較鉅，其釋明不應與一般釋明之證明度等同，應至少高於優越蓋然性之較高蓋然性之證明度，以平衡雙方之實體及程序利益（110 台抗 907 裁定）。

▶ 第五節　自助行為之保全程序

一　意　義

新增本法第 537-1 條第 1 項，債權人依民法第 151 條規定押收債務人之財產或拘束其自由者，應即時聲請法院為假扣押或假處分之裁定。民法所定之自助行為，為保護自己權利，而對於他人之自由或財產施以拘束、押收或毀損者，固不負損害賠償責任，但以不及受法院或其他有關機關援助，非於其時為之，其請求權不得實行或其實行顯有困難者為限。債權人為自助行為後，依同法第 152 條第 1 項規定，應即時請求法院處理。為配合該規定，而增訂本條項，應由債權人即時聲請法院為假扣押或假處分裁定。但如債權人已取得執行名義者，即依強制執行聲請執行，無本項適用。

二　管轄法院

自助行為之假扣押或假處分聲請，專屬押收債務人財產或拘束其自由之行為地地方法院管轄（第 537-1 條第 2 項）。

三　審理程序

債權人於聲請時，應將所押收之財產或被拘束自由之債務人送交法院處理。但有正當理由不能送交者，不在此限（第 537-3 條第 1 項）。法院受理本條事件後，應即調查裁定之（第 537-2 條第 1 項）。為裁定及開始執行前，應就押收財產或債務人為適當之處置。但拘束債務人之自由，自送交法院時起，不得逾二十四小時（第 537-3 條第 2 項）。債權人將所押收之財產或拘束自由之債務人送交法院者，如其聲請被駁回時，應將該財產發還於債務人或回復其自由（第 537-3 條第 3 項）。

債權人為假扣押或假處分之聲請，其不合於民法第 151 條之規定，或有其他

不應准許之情形者，法院應即以裁定駁回之（第 537–2 條第 1 項後段）。扣押或假處分係以拘束債務人自由而為聲請者，法院為准許之裁定前，應先命債權人及債務人以言詞為陳述，否則不得為之（第 537–2 條第 2 項）。如債務人不在場時，亦應依本法第 157 條但書規定，就債務人之所在地令其陳述。

又為保障債務人之身體自由，有從速依法定程序確定必要，本法第 537–4 條規定，因拘束債務人自由而為假扣押或假處分裁定之本案尚未繫屬者，債權人應於裁定送達後五日內起訴；逾期未起訴時，命假扣押或假處分之法院得依聲請或依職權撤銷假扣押或假處分裁定。

第四章　公示催告程序

▶ 第一節　概　說

一　意義及目的

　　法院因當事人之聲請，以公示方法催告不特定或不明之利害關係人，示以不利益之結果，使其在一定期間內向法院聲明權利，於不申報時，使其生不利益效果之特別程序，稱為公示催告程序。本法於第八編即定有公示催告程序，其目的在藉此特別程序，使當事人間不確定之權利得以確定；此外，當事人權利行使如長久處於不確定狀態，亦將影響第三人之交易安全，為維護公益，而有設此制度必要。

二　種　類

　　公示催告程序種類有二，即本法第 539 條之一般公示催告，及第 556 條之宣告證券無效之公示催告。前者對象，為得依背書轉讓之證券或法律有所規定者；後者則為證券。

三　性　質

　　公示催告之性質，學者通說認屬非訟事件。但因除權判決程序有對立性、爭訟性，且公示催告程序規定於民事訴訟法中，自不能完全否定其訴訟性格。

四　要　件

　　公示催告之要件，可自公示催告之聲請人、公示催告之客體、公示催告之方法、公示催告之條件限制等面向觀察。

　　就公示催告聲請主體而言，公示催告係由當事人向法院聲請為之，因公示催告限於法律有明定者，非法律明文允許者，不得任由當事人為聲請。因此公示催告聲請，聲請人資格限法有明文者，非法定之聲請適格主體，法院應以聲請不合

法裁定駁回。法有明定者，除本法所定外，散見於民法及其特別法。例如民法第718條、第725條之指示證券、無記名證券之遺失、被盜或滅失者，法院得因持有人之聲請依公示催告程序宣告證券無效，即以該證券之持有人為適格聲請權人；非該證券之持有人，縱為利害關係人亦欠缺此資格。再如票據法第19條第1項，票據遺失時，票據權利人得為公示催告之聲請，即以票據權利人為聲請適格者。

惟民法第1178條第1項，法院據親屬會議呈報繼承開始及選定管理人之事由後，應依公示催告程序公告繼承人，命其於一定期限內承認繼承。此之公示催告程序，則非即謂以親屬會議成員全體為公示催告之聲請人。無親屬會議，依同條第2項之遺產管理人、利害關係人或檢察官，亦非公示催告之聲請人（院解字2213號）。

公示催告之客體，為權利或請求權；所謂權利或請求權，即利害關係人應向法院申報之內容。申報為向法院單純之報告，不須檢具證據方法；申報內容，如前述之限定繼承、繼承之承認，或其為票據合法權利人之表示。利害關係人不為申報，即生法律上不利效果。其不利益之範圍，有喪失權利之本體者，或有難於主張權利者。

公示催告係由法院以公開對不明之特定人為催告，其方法以公告貼於法院公告處，並登載於公報、新聞紙或其他相類之傳播工具上。法院未經此項公告方法公示催告者，程序違法。公告內容並須載明不為申報，將使權利喪失或行使發生困難之法律效果，不具前述方法者，利害關係人均得以之為由，提起撤銷除權判決之訴（第551條第2項第2款）。

▶ 第二節　一般公示催告程序

一　意義及要件

一般公示催告程序之對象，係指本法第539條所指之得依背書轉讓之證券或法律所規定之權利。得背書轉讓之證券，已如前述。另倉單依民法第618條之規定，係得依背書轉讓之有價證券，其權利之行使與證券之占有有不可分離關係，如有遺失，須依本條規定為公示催告程序，經法院為除權判決後，始使持有人生失權之效果（51台上3197判例）。已簽名或蓋章之未記載絕對必要記載事項之支

票，例如發票日、金額之支票為無效票據，非此所指之證券，不得向法院聲請公示催告❺。不得依背書轉讓之票據，例如票據已載明受款人並經發票人記載禁止背書轉讓者，即屬不得依背書轉讓之支票，不得公示催告。

二 管轄法院

一般公示催告程序，並未明示其管轄法院，應依本法第一編第一章管轄法院及許可公示催告相關法律規定。例如無人承認之繼承人搜索，其公示催告程序依本法第 18 條第 1 項、民法第 1178 條、第 1179 條規定，由被繼承人死亡時之住所地法院管轄。

三 聲請人及聲請程式

公示催告程序由當事人聲請之，其聲請人以法律有明定者為限。聲請方式法復無明文，一般認得以書狀或言詞為之。以書狀聲請者，應依本法第 116 條規定為記載；其於管轄法院以言詞聲請者，則由書記官作成筆錄。

四 審理及裁判

㈠駁回聲請之裁定

法院應就公示催告之聲請為裁定（第 540 條第 1 項）。公示催告之聲請，法院依職權調查結果，認其聲請不合法且不能補正者，應以裁定駁回其聲請。不符合公示催告程序所定之特別要件，如非聲請權人、非就法律所定公示催告之客體者屬之。其可以補正者，例如當事人能力、訴訟能力、未經合法代理之一般程序要件者，法院應先期命其補正，不為補正，始以裁定駁回其聲請。聲請人對駁回公示催告聲請裁定得為抗告。

㈡准許聲請之裁定

法院審理結果認為應准許公示催告之聲請者，應為公示催告（第 540 條第 2 項）。此項准為聲請之裁定，應記載下列各款事項（第 541 條）：聲請人、申報權利之期間及在期間內應為申報之催告、因不申報權利而生之失權效果、法院。

---

❺ 68 年第 15 次民事庭會議決議。

五　方法、期間及效果

㈠公示催告之方法及期間

　　法院准為公示催告之裁定，應於裁定記載申報權利之期間，該期間除法律別有規定外，自公示催告之公告開始公告於法院網站之日起、最後登載公報、新聞紙之日起，應有二個月以上（第 543 條）。所謂有特別規定，例如民法第 1178 條第 1 項之繼承人搜索，法院應定六個月以上之期限，公告繼承人，命其於期限內承認繼承。

　　公示催告之公告，應黏貼於法院之公告處，並公告於法院網站；法院認為必要時，得命登載於公報或新聞紙（第 542 條第 1 項）。前項公告於法院網站、登載公報、新聞紙之日期或期間，由法院定之（第 542 條第 2 項）。聲請人未依前項規定聲請公告於法院網站，或登載公報、新聞紙者，視為撤回公示催告之聲請（第 543 條第 3 項）。

㈡效　果

　　利害關係人不於期間內申報權利者，發生失權或其他不利效果。至於發生如何內容之失權或不利效果，依該公示催告之相關法律規定。例如依民法第 1178 條所定之期限屆滿，無繼承人承認繼承時，其遺產於清償債權並交付遺贈物後，如有賸餘，即歸屬國庫。有疑義者為，繼承人未於公示催告所定期間內為繼承之承認，是否於期間屆滿後，當然發生失權效果？實務認為，無人承認繼承經法院依民法第 1185 條規定，於第 1178 條所定之公示催告期限屆滿，無繼承人承認繼承時，其遺產於清償債權，並交付遺贈物後，如有賸餘，當然歸屬國庫，其當然歸屬國庫之時間為公示催告期滿日（85 台上 2101 判決），而當然生失權效果。學說持不同見解，認為須待以遺產清償債權並交付遺贈物完畢後，繼承人始喪失對賸餘財產之權利[58]。

　　申報權利雖在申報期間已滿後，但在未為除權判決前者，與在期間內申報者，有同一之效力（第 544 條）。

---

[58] 林秀雄，繼承法講義，元照，2005 年，第 209 頁。另院字第 2213 號解釋，遺產於清償債權並交付遺贈物後有賸餘者，於民法第 1178 條所定之期限屆滿無繼承人承認繼承時，當然歸屬國庫。此所指當然歸屬國庫之時間，是否即為公示催告期滿日，非無疑義。

六 權利申報

受公示催告之利害關係人，得在公示催告所定期間內申報。申報權利應向公示催告法院為之，固無疑問；至申報權利之方式，法同無明文，一般認無論以書面或言詞為之均可。其申報方式，當須表明其為利害關係人及辨別其當事人能力、訴訟能力之資料。但得不附任何理由，因申報目的不在確認其所申報之權利是否存在。

申報權利期間非為不變期間，法院得為伸長或縮短之。申報期間亦非除斥期間，申報權利雖於申報權利期間之後，在法院除權判決之前，仍與在期間內申報者，有同一效力。利害關係人於申報權利期間所為權利申報，有使因聲請而開始之公示催告程序終結之效果，法院自無須裁定停止公示催告程序（70 台抗 110 判例）。

七 除權判決程序

㈠除權判決之聲請

一般而言，公示催告聲請人另須依除權判決程序，使利害關係人喪失其權利，但非無例外情形。例如民法第 1185 條所定，遺產於清償債權並交付遺贈物後有賸餘者，於民法第 1178 條所定之期限屆滿無繼承人承認繼承時，當然歸屬國庫，即不以除權判決為此項效果之發生要件（院 2213 號）。

除權判決須依當事人之聲請，法院不得因公示催告期間屆滿，無人申報權利，即依職權為除權判決。聲請除權判決之人，限於公示催告之聲請人，亦即除權判決應本於公示催告聲請人之聲請為之。例如繼承人有無不明，依民法第 1177 條及第 1178 條第 1 項規定，應由親屬會議選定遺產管理人，並將繼承開始及選定遺產管理人之事由呈報法院，其並非聲請為公示催告，亦無從聲請為除權判決，則檢察官不得聲請為除權判決（院 2213 號）。

公示催告之聲請人，得於申報權利之期間已滿後三個月內，聲請為除權判決。但在期間未滿前之聲請，亦有效力，除權判決前之言詞辯論期日，應並通知已申報權利之人（第 545 條）。其已逾三個月者，公示催告程序即告終結，不得再為除權判決之聲請。

㈡審 理

　　法院受理除權判決之聲請後，即應指定期日通知聲請人到場為言詞辯論。此外並應通知已申報權利之利害關係人。又因利害關係人於除權判決前，仍得申報權利，其亦得自行或由法院通知其前往到場並參與訴訟程序。申報權利人未於指定期日到場辯論者，得為一造辯論判決。公示催告聲請人，不於言詞辯論期日到場，其已向法院聲請另定新期日者，應依其聲請另為指定期日（第 549 條第 1 項）；但其聲請，自有遲誤時起，逾二個月後不得為之（第 549 條第 2 項）；聲請人遲誤新期日者，不得聲請更定新期日（第 549 條第 3 項），此時公示催告程序即告終結。至於得否對公示催告聲請人為一造辯論判決，因第 549 條已另有程序規定，應持否定見解為當。

　　法院就除權判決之聲請為裁判前，得依職權為必要之調查（第 546 條）。但值得注意者，此之依職權調查，係指公示催告之程序要件及除權判決之程序要件調查而言。亦即除權判決程序之辯論及調查，法院僅得就除權判決應具備之程序要件為辯論及調查而已，不得就當事人間之實體權利存否為實體辯論及調查。

㈢裁 判

1.駁回裁定

　　法院如認除權判決之要件欠缺，其情形可以補正者，應命其補正，如不能命其補正者，以裁定駁回（第 547 條）。公示催告程序法院未發現其要件不合者，於除權判決程序法院亦應以裁定駁回除權判決之聲請，並終結公示催告程序。

2.裁定停止公示催告程序

　　申報權利人，如對於公示催告聲請人所主張之權利有爭執者，法院應酌量情形，在就所報權利有確定裁判前，裁定停止公示催告程序，或於除權判決保留其權利（第 548 條）。因除權判決程序目的，不在終局確認聲請人與權利人間實體權利關係，關係人間須就本案實體權利存否，另提起確認訴訟予以確認，因此於申報權利有確定終局裁判前，法院應酌量情形，裁定停止公示催告程序，或於除權判決保留其權利。裁定停止公示催告程序，準用關於本法第一編第四章第四節訴訟程序停止規定。

3.保留權利裁定

　　申報權利人對於公示催告聲請人所主張之權利有爭執者，亦得不為裁定停止公示催告程序，得酌量情形，於判決中宣示在就所報權利有確定裁判前，保留申

報權利人之權利。保留權利之除權判決，亦屬除權判決。對於除權判決所附之限制或保留，得為抗告（第 554 條）。有抗告權之人為除權判決聲請人，申報權利人則無抗告權。

4.除權判決

法院審理結果認除權判決合法且有理由時，應為除權判決。除權判決係經言詞辯論之判決，須依法宣示並將判決正本送達聲請人及申報權利人。又因公示催告，應依第 542 條規定予以公告，而除權判決可能使第三人發生失權效果，對該第三人之權利有重大影響，故為保障善意第三人，使其有知悉除權判決之機會，本法另於第 550 條明定，法院應以相當之方法，將除權判決要旨公告之。

法院為除權判決者，程序費用由聲請人負擔。但因申報權利所生之費用，由申報權利人負擔（第 549–1 條）。

八　撤銷除權判決之訴

(一)訴之目的

除權判決，須因公示催告聲請人之聲請為之，該聲請人自無聲明不服之理由，其對除權判決不得為上訴。惟利害關係人，如不知公示催告程序存在，未於法定期間申報權利者，亦無從成為除權判決程序之當事人，無參與除權判決程序，及對除權判決聲明不服上訴之機會。本法第 551 條第 1 項即明定，對於除權判決，不得上訴；依此，除權判決一經宣示，立即發生形成力，並使關於公示催告及除權判決所宣示之失權效果，發生既判力，其既判力並擴張及於受公示催告之所有利害關係人。為保護因該判決受有不利之人有救濟途徑，立法設計上，即以撤銷除權判決之訴為之，利害關係人得以此訴將除權判決予以撤銷。

(二)法定原因

撤銷除權判決之訴為形成訴訟，須具備法定形成原因。本法第 551 條第 2 項規定，有下列各款情形之一者，得以公示催告聲請人為被告，向原法院提起撤銷除權判決之訴。是此訴之適格原告，為具有下列形成原因之法律上利害關係人，而被告適格者為公示催告聲請人。

本條所定撤銷除權判決法定原因，包括：1.法律不許行公示催告程序者。因公示催告以法律有明文規定為限，如無法律依據之公示催告程序，或於除權判決所宣告並經記載於公示催告之法律上不利益，不合於法律之規定者，利害關係人

得提出此訴。 2.未為公示催告之公告,或不依法定方式為公告者。因公示催告須經公告,未經公告或未依公示催告之法定方法、期間、失權效果等重要內容予以揭示者,即屬之。 3.不遵守公示催告之公告期間者。例如申報權利期間,自公示催告最後登載公報或新聞紙之日起,不足二個月者,或違背法定最短期間之限制者是。 4.為除權判決之法官,應自行迴避者。 5.已經申報權利而不依法律於判決中斟酌之者。即申報人已為申報權利,而法院於判決時未依本法第 548 條規定斟酌者。 6.有第 496 條第 1 項第 7 款至第 10 款之再審理由者。

(三)管轄法院及期間

撤銷除權判決之訴,向原法院提起之(第 551 條第 2 項)。所謂原法院係指原除權判決法院,且為專屬管轄。撤銷除權判決之訴,應於三十日之不變期間內提起之(第 552 條第 1 項),該期間自原告知悉除權判決時起算。但以第 551 條第 2 項第 4 款法官未自行迴避,或第 6 款之有再審事由為由,提起撤銷除權判決者,如原告於知有除權判決時不知其事由者,自知悉其事由時起算(第 552 條第 2 項)。除權判決宣示後已逾五年者,不得再提出(第 552 條第 3 項)。

(四)起訴程式

本法第 501 條提起再審之訴程式規定,於撤銷除權判決之訴準用之(第 553 條)。亦即,撤銷除權判決之訴,應以訴狀表明當事人及法定代理人、聲明不服之判決及對之提起撤銷除權判決之陳述、應於如何程度範圍撤銷或變更除權判決之聲明、撤銷之理由及關於撤銷理由並遵守不變期間之證據,提出於管轄法院。另外,撤銷除權判決之訴狀內,宜記載準備本案言詞辯論之事項,並添具原除權判決繕本或影本。

(五)裁判及效力

撤銷除權判決之訴,法院審理結果認其訴不合法者應以裁定駁回;如認顯無理由者,得不經言詞辯論以判決駁回(第 553 條準用第 502 條第 1、2 項)。如無上開情事者,其審理應即依通常訴訟程序審理,並經言詞辯論後,認其訴無理由者以判決駁回。法院認其訴有理由者,應為撤銷除權判決;但原告為撤銷除權判決訴之提出,係以已經申報權利,但在除權判決程序中未經斟酌為理由者,法院應為變更除權判決之判決。上開撤銷除權判決之判決效力,有溯及效,但於第三人以善意取得之權利無影響(第 553 條準用第 506 條)。

關於撤銷除權判決訴之裁判,無論其結果如何,均得為抗告或上訴。

九 公示催告程序之合併

數宗公示催告程序，法院得命合併之（第 555 條）。此之數宗公示催告程序，並不以同一聲請人為限，亦不問其標的有無本法第 53 條共同訴訟要件之限制。

▶ 第三節　宣告證券無效之公示催告程序

一 意 義

宣告證券無效之公示催告程序所指之證券，係指表彰權利行使之書據。因此凡權利之行使與證券之占有，有不可分離關係之書據，包括票據及他項證券，如債權證書等，均屬之。此項程序目的，在使該證券之原持有人因證券被盜、遺失或滅失，聲請以公示方法，催告不明之現在持有該證券之人於一定期間內向法院申報權利，如不申報，使生失權效果之特別程序（69 台抗 86 判例）。

二 管轄法院

公示催告，由證券所載履行地之法院管轄；如未載履行地者，由證券發行人為被告時，依本法第 1 條或第 2 條規定有管轄權之法院管轄；如無此法院者，由發行人於發行之日為被告時，依各該規定有管轄權之法院管轄（第 557 條）。

三 公示催告聲請人

無記名證券或空白背書之指示證券，得由最後之持有人為公示催告之聲請（第 558 條第 1 項）。無記名證券，係指持有人對於發行人，得請求其依所記載之內容為給付之證券（民法第 719 條）。稱指示證券者，謂指示他人將金錢、有價證券或其他代替物給付第三人之證券（民法第 710 條第 1 項）；空白背書之指示證券者，例如票據法第 31 條第 3 項，背書人不記載被背書人，僅簽名於匯票者是；此類情形，則以最後持有證券之人為公示催告之聲請人。

無記名證券及空白背書之指示證券以外之證券，得由能據證券主張權利之人為公示催告之聲請（第 558 條第 2 項）。例如記名支票應依背書及交付而轉讓（票據法第 30 條第 1 項、第 144 條），當指定受款人之支票喪失時，僅受款人或受款

人背書轉讓而持有票據之人得享有該票據權利，始得為公示催告之聲請❺❾。

四　公示催告程序及方法

宣告證券無效之公示催告之聲請，除適用一般公示催告程序外，本法第 559 條特別規定，聲請人應提出證券繕本、影本，或開示證券要旨及足以辨認證券之事項，並釋明證券被盜、遺失或滅失及有聲請權之原因、事實。

此類公示催告除記載第 541 條應記載之各款事項外，應記載持有證券人應於期間內申報權利及提出證券，並曉示如不申報及提出者，即宣告證券無效。其公告方法，除依第 542 條應黏貼於法院之公告處，並登載於公報、新聞紙或其他相類之傳播工具外，如法院所在地有交易所者，並應黏貼於該交易所（第 561 條）。實務並認此為法院必須遵行之法定程式，非僅為訓示規定❻⓪。如法院所在地無交易所者，不在此限❻❶。

五　申報權利及處理

申報權利之期間，自公示催告之公告開始公告於法院網站之日起、最後登載公報、新聞紙之日起，應有三個月以上，九個月以下（第 562 條）。

持有證券人經申報權利並提出證券者，法院應通知聲請人，並酌定期間使其閱覽證券（第 563 條第 1 項）。聲請人閱覽證券認其為真正時，其公示催告程序終結，由法院書記官通知聲請人及申報權利人（第 563 條第 2 項）。因為公示催告程序不在確定實體上權利關係，即使聲請人閱覽證券認其為所喪失之證券，亦應依一般訴訟程序解決。此時聲請人仍請求為除權判決者，法院即以裁定駁回（第 547 條）。如聲請人認申報權利人所提出之證券非其喪失者，或申報人未提出證券，但就聲請人主張之權利有爭執者，法院得依本法第 548 條規定，酌量情形，在就所報權利有確定裁判前，裁定停止公示催告程序，或於除權判決保留其權利❻❷。

---

❺❾ 臺灣高等法院 93 抗 793 判決。
❻⓪ 最高法院 70 台上 4779 判決、71 台再 215 判決。
❻❶ 三人合著，2000 年，第 707 頁。
❻❷ 三人合著，2000 年，第 708 頁。

六　除權判決及其撤銷

　　一般公示催告程序除權判決，只須為失權之宣告，但宣告證券無效之除權判決，應宣告證券無效（第 564 條第 1 項）。且法院應將除權判決之要旨，以職權依第 561 條第 2 項之方法公告之。

　　有除權判決後，聲請人對於依證券負義務之人，得主張證券上之權利（第 565 條第 1 項）。依此，票據執票人於宣告證券無效之除權判決後，對依證券負義務之人聲請強制執行時，得以除權判決替代該經宣告無效之票據。依證券負義務之人因除權判決而為清償者，於除權判決撤銷後，仍得以其清償對抗債權人或第三人，以免受有二重清償之損害。但清償時已知除權判決撤銷者，不在此限（第 565 條第 2 項）。

　　宣告證券無效之除權判決，關於其撤銷之訴，除適用本法第 551 條至第 554 條規定外，本法另設有特別規定。即證券無效之宣告，因撤銷除權判決之訴而撤銷者，為公示催告之法院於撤銷除權判決之判決確定後，應以職權依第 564 條第 2 項方法公告之（第 564 條第 3 項）。因宣告證券無效之除權判決經撤銷者，即回到未經宣告證券無效相同，不但使持有證券之人回復其原有之權利，且因證券具有流通性，欲期第三人得以知悉，因此有將撤銷除權判決之判決公告必要。

七　禁止支付命令及其撤銷

　　因宣告無記名證券之無效而聲請公示催告，法院准許其聲請者，應依聲請不經言詞辯論，對於發行人為禁止支付之命令（第 566 條第 1 項），以保護喪失無記名證券之人。此與民法第 720 條第 1 項，無記名證券發行人，知悉提示證券之持有人就證券無處分權利或受有遺失被盜或滅失之通知者，不得為給付者，相互呼應。此項聲請，以公示催告聲請人為限，法院僅能依聲請為之，不得依職權發禁止支付命令。法院裁定前無庸經言詞辯論，認聲請不應准許者，以裁定駁回；認應准許者，即須對發行人發禁止支付命令。該命令應附記已為公示催告之事由（第 566 條第 2 項），並準用第 561 條之規定公告之（第 566 條第 3 項）。

　　公示催告程序，因提出證券或其他原因未為除權判決而終結者，法院應依職權以裁定撤銷禁止支付之命令（第 567 條第 1 項）。公示催告非因法院為除權判決而終結之原因：因申報權利人提出證券，經聲請人認為真正（第 563 條第 2 項）；因聲請人遲誤辯論期日 （第 549 條）；因聲請人未向法院為除權判決之聲請 （第 545 條）；因聲請人撤回公示催告或除權判決之聲請。公示催告程序已終結，未經法院為宣告證券無效之除權判決，該證券仍然有效，聲請人復不得對發行人主張權利，自應使法院所發之禁止支付命令效力消滅，因此縱未經聲請，法院仍應依職權裁定撤銷之，使證券得以繼續流通。撤銷禁止支付命令之裁定，得為抗告，其撤銷準用第 561 條之規定公告之（第 567 條第 2 項）。

主要參考書目

一、中文文獻

王甲乙、楊建華、鄭健才，民事訴訟法新論，2006 年——簡稱三人合著

王甲乙、楊建華、鄭健才，民事訴訟法新論，2000 年——簡稱三人合著，2000 年

吳明軒，民事訴訟法（中），2013 年——簡稱吳著

吳明軒，民事訴訟法（下），2013 年——簡稱吳著【民訴下】

吳明軒，中國民事訴訟法（下），1993 年——簡稱吳著【中國下】

邱聯恭，程序選擇權論，2001 年——簡稱邱著【程序】

邱聯恭，程序制度機能論，2008 年——簡稱邱著

邱聯恭，口述民事訴訟法講義（二），2017 年

姜世明，選定當事人制度之變革——兼論團體訴訟，月旦法學雜誌，第 96 期——簡稱姜著【當事人】

姜世明，新民事證據法論，2002 年——簡稱姜著

姜世明，民事訴訟法，上冊，2016 年

姚瑞光，民事訴訟法論，2004 年——簡稱姚著

陳計男，民事訴訟法論（上），2007 年——簡稱陳著（上）

陳計男，民事訴訟法論（下），2000 年——簡稱陳著（下）

陳榮宗、林慶苗，民事訴訟法（上），2013 年——簡稱陳、林著（上）

陳榮宗、林慶苗，民事訴訟法（中），2006 年——簡稱陳、林著（中）

陳榮宗、林慶苗，民事訴訟法（下），2009 年——簡稱陳、林著（下）

楊建華，問題研析民事訴訟法㈠，2010 年——簡稱楊著【問題一】

楊建華，問題研析民事訴訟法㈢，2010 年——簡稱楊著【問題三】

駱永家，民事法研究 III，1996 年——簡稱駱著【研究】

駱永家，發回判決之拘束力，民事法研究 I，1995 年——簡稱駱著【拘束力】

二、日文文獻

三ケ月章，民事訴訟法，第3版，弘文堂——簡稱三ケ月著【民訴】

小山昇，訴訟物の研究，小山昇著作集第1卷，1994年——簡稱小山著【研究】

山木戶克己，判決の證明效，民事訴訟法論集，1990年，有斐閣——簡稱山木戶著

上田徹一郎，民事訴訟法，第3版，2001年，法學書院——簡稱上田著

三宅省三、塩崎勤、小林秀之編，注解民事訴訟法(1)，2000年，青林書院——簡稱三宅等編【注解1】

三宅省三、塩崎勤、小林秀之編，注解民事訴訟法(2)，2000年，青林書院——簡稱三宅等編【注解2】

小室直人，上訴要件の一考察——その不服ついて，上訴制度の研究，1961年，有斐閣——簡稱小室著【上訴要件】

小室直人，上級審の拘束的判斷の範圍，上訴制度の研究，1961年，有斐閣——簡稱小室著【上級審】

中村英郎，民事訴訟におけるローマ法理とゲルマン法理，民事訴訟論集第1卷，1977年，成文堂——簡稱中村著

中野貞一郎，民事訴訟における憲法的保障，三ケ月章、青山善充編，民事訴訟の爭點，1988年，有斐閣——簡稱中野著【民訴】

中野貞一郎、松浦馨、鈴木正裕，新民事訴訟法講義，補訂版，2000年，有斐閣——簡稱中野等著【講義】

中野貞一郎、松浦馨、鈴木正裕編，新民事訴訟法講義，第2版，2004年，有斐閣——簡稱中野等著【講義2】。

石川明、小島武司編，新民事訴訟法，1997年，青林書院——簡稱石川、小島編

石川明、高橋宏志編，再審・督促手續・手形訴訟・判決の確定・執行停止，注釋民事訴訟法(9)，1996年——簡稱石川、高橋編

右田堯雄，上訴提起の效果，新堂幸司編，講座民事訴訟(7)，1985年——簡稱右田著【上訴】

加波真一，破棄判決の拘束力，ジュリスト IX——簡稱加波著

加藤正裕，民事訴訟法要論，1950 年，有斐閣——簡稱加藤著

竹下守夫，民事訴訟の目的と司法の役割，民事訴訟雜誌，第 40 號，1994 年——簡稱竹下著【目的】

竹下守夫，辯論主義，小山昇、中野貞一郎、松浦馨、竹下守夫編，演習民事訴訟法，1987 年，青林書院——簡稱竹下著【辯論】

竹下守夫、伊藤真編，注釋民事訴訟法(3)，1993 年，有斐閣——簡稱竹下、伊藤編

竹下守夫、藤田耕三編，民事保全法，1997 年，有斐閣——簡稱竹下、藤田編

宇野聰，不利益變更禁止原則の機能と界限㈠㈡，民商法雜誌，第 103 卷第 3 號——簡稱宇野著

谷口安平、井上治典編，新判例コンメンタール民事訴訟法 I，1993 年，三省堂——簡稱谷口、井上編【新判例 1】

谷口安平、井上治典編，新判例コンメンタール民事訴訟法 III，1994 年，三省堂——簡稱谷口、井上編【新判例 3】

村上正敏，集中證據べ，松本博之編，新民事訴訟法(2)，1999 年，弘文堂——簡稱村上著

坂原正夫，再審の手續構造，竹下守夫編集代表，新民事訴訟法 III——簡稱坂原著

松本博之、上野泰男，民事訴訟法，第 2 版，2011 年，弘文堂——簡稱松本、上野著

河野正憲，確定判決と情事の變更，木川統一郎古稀祝賀集・民事裁判の充實と促進（上），1994 年，判例タイムズ社——簡稱河野著

秋山幹男等著，コンメンタール民事訴訟法 I，2002 年，日本評論社——簡稱秋山幹男等著

兼子一，實體法と程序法，2003 年，有斐閣——簡稱兼子著【程序】

兼子一，民事訴訟法體系，1990 年，酒井書店——簡稱兼子著【體系】

兼子一，判例民事訴訟法，1950 年，弘文堂——簡稱兼子著【判例】

兼子一原著，條解民事訴訟法，第 2 版，2011 年，弘文堂——簡稱兼子著

【條解】

兼子一，上級審の裁判の拘束力，民事法研究 II，1977 年，酒井書店──簡稱兼子著【拘束力】

高見進，附帶控訴，鈴木正裕、鈴木重勝編，注釋民事訴訟法(8)，1998 年，有斐閣──簡稱高見著

高田裕成，いわゆる對世效についての一考察，法學協會雜誌，第 11 號──簡稱高田著

高橋宏志著，重點講義民事訴訟法（上），2011 年，有斐閣──簡稱高橋宏志著【重點講義（上）】

笠井正俊、越山和廣，《新コンメンタール民事訴訟法》，2013 年，日本評論社

渡邊武文，中間判決，鈴木正裕、青山善充編，注釋民事訴訟法(4)，1997 年，有斐閣──簡稱渡邊著

飯塚重男，附帶控訴，谷口安平、井上治典編，新・判例コンメンタール民事訴訟法(6)，1995 年，三省堂──簡稱飯塚著

鈴木正裕，既判力の擴張と反射的效果，神戶法學雜誌，第 9 卷第 4 號，1960 年──簡稱鈴木著【既判力】

新堂幸司，民事訴訟の目的論からなにを学ぶか，1988 年，信山社──簡稱新堂著【民訴】

新堂幸司，新民事訴訟法，第 5 版，2011 年，弘文堂──簡稱新堂著【民訴法 5 版】

新堂幸司，新民事訴訟法，第 2 版，弘文堂──簡稱新堂著【民訴法 2 版】

齋藤秀夫、小室直人、西村宏一、林屋禮二編，注解民事訴訟法(3)，1994 年，第一法規──簡稱齋藤等編【注解 3】

齋藤秀夫、小室直人、西村宏一、札屋禮二編，注解民事訴訟法(10)，1996 年，第一法規──簡稱齋藤等編【注解 10】

瀨木比呂志，民事保全法，2001 年，判例タイムズ社──簡稱瀨木著

伊藤真著，民事訴訟法，第 5 版，2011 年，有斐閣──簡稱伊藤真著【民訴法 5 版】

票據法
鄭玉波　著

票據包含匯票、本票、支票，為日常生活中最常使用之有價證券。本書以票據法為論述對象，就各種法例與概念，採表格圖例說明之；自初版發行以來，由於文從字順、理路清晰、內容嚴謹、體系井然，一直膾炙人口，洛陽紙貴，歷久而不衰，影響我國學界及實務界至為廣大深遠，乃名副其實的經典大作。為保本書常新實用，乃依最新法條重新修訂並予以編制排版；除儘量保存原著面貌，並力求格式統一，所引法規有修正者均加以改訂，原著偶有誤植者亦訂補之，全書印刷因之煥然一新。

公司法原論
廖大穎　著

本書係配合民國一〇七年公司法部分條文修正之最新版，內容以資合性的股份有限公司與人合性的無限公司、兩合公司及有限公司制度為兩大主軸，非常適合學術界與實務界人士參考。本書將我國公司組織的實態與運作，配合現行法的規範，區分為四個單元，十九個章節，針對我國的企業型態與公司法制，提綱挈領，簡明扼要剖析公司與法律的基本設計，並試圖藉由本書，勾勒出現代公司法的原貌，以開啟大學相關科系學生與一般讀者對公司法學的興趣。當然，就企業併購法之相關公司法制部分，亦將之納入本書的範疇，期以完整呈現我國目前的公司法制。

圖解學習六法：民法

劉宗榮　主編／審訂

本書蒐集民法相關法規與勞工社會相關法規，包括民法、司法院釋字第七四八號解釋施行法、涉外民事法律適用法、勞動基準法、勞動事件法等，重要法規如民法等並佐以豐富的法律名詞解釋、實務見解與概念圖解，期能輔助讀者於法學領域的探索與學習，更有助於國家考試的準備。

四大特色：

· 豐富的圖解表格
· 易懂的名詞解釋
· 學者把關，品質保證
· 收錄大量判解，內容充實

圖解學習六法：刑事法

劉宗榮　主編；謝國欣　審訂

本書蒐集刑法與刑事訴訟法相關法規，包括刑法、刑事訴訟法、刑事妥速審判法、少年事件處理法，並收錄法官法、律師法等法律倫理法規，重要法規如刑法、刑事訴訟法等，並佐以豐富的法律名詞解釋、實務見解與概念圖解，期能輔助讀者於法學領域的探索與學習，更有助於國家考試的準備。

四大特色：

· 豐富的圖解表格
· 易懂的名詞解釋
· 學者把關，品質保證
· 收錄大量判解，內容充實

國家圖書館出版品預行編目資料

民事訴訟法／魏大喨著.－－修訂三版一刷.－－臺北
市: 三民，2023
　　面;　　公分.－－（新世紀法學叢書）

　　ISBN 978-957-14-7657-5 （平裝）
　1.民事訴訟法

586.1　　　　　　　　　　　　　　112009589

新世紀
法學叢書

民事訴訟法

作　　者	魏大喨
發 行 人	劉振強
出 版 者	三民書局股份有限公司
地　　址	臺北市復興北路 386 號 (復北門市)
	臺北市重慶南路一段 61 號 (重南門市)
電　　話	(02)25006600
網　　址	三民網路書店 https://www.sanmin.com.tw
出版日期	初版一刷 2015 年 7 月
	修訂二版一刷 2021 年 8 月
	修訂三版一刷 2023 年 8 月
書籍編號	S586210
I S B N	978-957-14-7657-5

三民書局